크라우드 펀딩 도서
시민 165명 참여

시골피디는
지금 이 순간에도 모진 병마와 싸우며
눈물의 검색을 하고 계실 분들을 생각합니다.
누군가에 의해 덧씌워진 이른바 '황우석 트라우마'에서 벗어나
다시 줄기세포의 봄이 찾아오길.
간절히.

소중한 마음을 가득 담아서

＿＿＿＿＿＿＿＿＿ 님께 드립니다.

크라우드 펀딩

이 책은 시민 165분의 크라우드 펀딩에 의해 지어졌다.

2015년 3월 1일부터 4월 30일까지 2개월간 크라우드 펀딩사이트 '굿펀딩'을 통해 총 161분이 참여해 22,023,000원이 모금되었다. 펀딩 마감 직후 개별연락을 통해 4분께서 추가로 참여(35만 원)했다. 5천 원부터 1백만 원까지 귀중한 참여를 하신 시민 여러분의 실명 혹은 닉네임을 참여 날짜 순서대로 기록했다. 편의를 위해 참여자의 존칭은 생략했다. 이름 없는 참여를 원한 분들은 '익명의 후원자'로 통일 후 기록했다.

3월 1일   Niniane, 곽근섭, 김인수, 이철우, 김정미,
           이성준, 김영석, Seong-hoon Bae, 장은향
3월 2일   Chulmin Yoo, 김태관, '시골피디님 응원', 정민권, 이재형, 이연식,
           최규진, 이성구, 박정곤, ㅇ
3월 3일   정민권, 김정민, 이동배, 이연식
3월 4일   익명의 후원자(1), 이상홍, 익명의 후원자(2), 익명의 후원자(3),
           익명의 후원자(4), 익명의 후원자(5), 정한섭, 이병국,
           익명의 후원자(6), 익명의 후원자(7), 익명의 후원자(8),
           익명의 후원자(9), 익명의 후원자(10)
3월 6일   장진영, 김석규, 채무선, 황순복, 홍명기, 김현수
3월 7일   김동신, 김종주, 윤덕, 이칠순, 박세봉, 김치헌
3월 8일   골드알무텐
3월 9일   안미영, 비니
3월 10일   김은정, 김형수
3월 12일   인본, 폭포수, 익명의 후원자(11), 익명의 후원자(12)
3월 13일   조항민
3월 16일   하종민
3월 17일   정현성, '노피디님화이팅', 이재혁
3월 18일   김영천
3월 19일   김덕호, 박시향
3월 20일   조용석
3월 24일   익명의 후원자(13), 이시훈
3월 25일   한일희
3월 31일   dawn, 익명의 후원자(14), 익명의 후원자(15), 익명의 후원자(16),
           익명의 후원자(17), 익명의 후원자(18), 익명의 후원자(19),
           익명의 후원자(20), 익명의 후원자(21), 익명의 후원자(22), 김미현

4월 1일	박수영, 노영만, 서영호
4월 2일	이인렬
4월 4일	강정희
4월 6일	김정숙, 익명의 후원자(23), 익명의 후원자(24), 익명의 후원자(25), 익명의 후원자(26), 익명의 후원자(27), 익명의 후원자(28), 익명의 후원자(29), 익명의 후원자(30), 익명의 후원자(31), 익명의 후원자(32), 익명의 후원자(33), 익명의 후원자(34), 익명의 후원자(35), 익명의 후원자(36), 익명의 후원자(37), 김현수
4월 7일	한완호, 김종호, 전용표, 배강호
4월 8일	박남철
4월 9일	서미숙
4월 10일	구자현
4월 11일	변건웅, Bak Chae-seong, 강병훈, human, 한진욱
4월 12일	Andrew Park, 권오원
4월 13일	김동준
4월 14일	송종원
4월 16일	김한울
4월 17일	배영호, 윤규홍
4월 18일	김두영
4월 19일	Jongmyung Gim
4월 20일	최민호
4월 21일	익명의 후원자(38), 익명의 후원자(39), 익명의 후원자(40), 익명의 후원자(41)
4월 22일	조일흠
4월 23일	백정숙, 최정숙
4월 24일	장재택, 조명희, 이상원
4월 25일	Jh Lee
4월 26일	조준제
4월 27일	봉고비, 송창현, 김상준, 익명의 후원자(42), 익명의 후원자(43)
4월 28일	Tidalforce, 이시우, 김영범, 임성옥, 이민우, 양우석, 심상집, 나보람, Wang Ryeol Kim, Myung Jin Park
4월 29일	김민진, 정남식, 백형철, 익명의 후원자(44), 이명희, 이종호
4월 30일	심준섭, 박정숙, 차채원, Js Jun ('굿펀딩' 참여자 총 161분)
마감 직후	김상호, 이원옥, 송수아, 익명의 후원자(45)

(총 165분)

시골피디는
지금 이 순간에도 모진 병마와 싸우며
눈물의 검색을 하고 계실 분들을 생각합니다.
누군가에 의해 덧씌워진 이른바 '황우석 트라우마'에서 벗어나
다시 줄기세포의 봄이 찾아오길
다시 한 번 간절히
기원합니다.

스틱스탠드 S15 | 표지 (주)국일미디어콤펙 백색 210g/㎡ | 본문 (주)삼성제지 그린라이트 미색 70g/㎡

황우석 미스터리 10년 취재기
그는 대한민국의 과학자입니다

초판 2쇄 인쇄 2016년 5월 9일
초판 2쇄 발행 2016년 5월 16일

지은이 노광준

발행인 임영묵 | **발행처** 스틱(STICKPUB) | **출판등록** 2014년 2월 17일 제2014-000196호
주소 (우)10353, 경기도 고양시 일산서구 일중로 17, 201-3호 (일산동, 포오스프라자)
전화 070-4200-5668 | **팩스** 031-8038-4587 | **이메일** stickbond@naver.com
ISBN 979-11-87197-04-1   03330

- 이 도서는 저작권법에 따라 보호받는 저작물이므로 무단전재와 무단복제를 금합니다. 이 도서 내용의 전부
또는 일부를 재사용하려면 반드시 저작권자와 스틱(STICKPUB) 양측의 서면 동의를 받아야 합니다.
- 이 도서에 사용한 문화콘텐츠에 대한 권리는 각 개인 및 회사, 해당 업체에 있습니다.
연락이 닿지 않아 부득이하게 저작권자의 동의를 받지 못한 콘텐츠는 확인되는 대로 허가 절차를 밟겠습니다.
- 잘못된 도서는 구매한 서점에서 바꿔 드립니다.
- 도서 가격은 뒤표지에 있습니다.
- 이 도서의 국립중앙도서관 출판예정도서목록(CIP)은 서지정보유통지원시스템 홈페이지(http://seoji.nl.go.kr)와
국가자료공동목록시스템(http://www.nl.go.kr/kolisnet)에서 이용하실 수 있습니다.
(CIP제어번호: CIP2016008823)

[원고투고] stickbond@naver.com
출간 아이디어 및 집필원고를 보내주시면 정성스럽게 검토 후 연락드립니다. 저자소개, 제목, 출간의도, 핵
심내용 및 특징, 목차, 원고샘플(또는 전체원고), 연락처 등을 이메일로 보내주세요.
문은 언제나 열려 있습니다. 주저하지 말고 힘차게 들어오세요. 출간의 길도 활짝 열립니다.

[모니터링] 도서 모니터링 요원을 수시로 모십니다. '[모니터링 신청]' 제목만 적어 이메일을 보내주시면
접수 완료됩니다. 도서관심분야, 나이 및 성별, 연락처 등을 함께 보내주시면 선정 시 큰 도움이 됩니다.

황우석
미스터리
10년
취재기

노광준 지음
(시골피디)

그는 대한민국의
과학자입니다

STICK

는 낮이 있는 반면, Risk&Danger의 R&D라는 밤도 있기 마련이다. 낮과 밤이 반복하는 가운데 인간의 생명력도 있는 것처럼, 성공과 실패가 반복하는 가운데 과학자의 창의력이 빛나기 마련이다.

황우석 박사의 연구과정이 바로 이 같은 모델이라는 점에서 인간적 공감대가 형성된다. 이 책을 통해서 더욱 절실한 창의적, 인간적 공감대가 형성되기를 기원한다.

● **양일석** (서울대 명예교수, 당시 수의과대학 학장)

이 책을 읽고 10년 전 일이 새롭게 떠올랐다. 조작의 실체를 알지 못한 언론은 '시키는 대로 했다.'라는 어느 연구원의 말을 대서특필하여 당사자는 '사기꾼'이 되었지만, 검찰 수사와 공판과정을 거치면서 그 연구원은 업무방해죄로 실형을 선고받았다.

자신의 본업에 종사하면서 팩트를 찾기 위해 10년 동안 지속적으로 추적하여 기록으로 남긴 저자의 집념에 찬사를 보낸다.

● **이상희** (헌정회정책위의장, 전 과기처 장관)

인류 역사는 낮과 밤을, 성공과 실패를 수많이 반복하면서 발전해 왔다. 특히, 과학기술 분야는 Research&Development의 R&D라

● **김미화** (방송인)

노광준 PD. 나는 노 피디가 황우석 박사에 대해 이런 집념을 가졌는지 몰랐다. 그의 고뇌가 느껴진다. 덕분에 황우석이라는 한 인간을 다시 바라볼 수 있었다. 고맙다. 그의 문제적 관심이.

● **정은진** (변호사)

저자의 통찰력은 우리가 진실 일부만을 알 때 어떤 결정을 내릴 수 있는지를 알려준다. 저자를 따라 10년 취재기를 동행하다 보면, 감동과 함께 어느새 큰 그림을 그리게 될 것이다.

● **김용민** (《나는 꼼수다》, 《김용민브리핑》 진행연출 방송인)

노광준은 '비판할 게 10이라면 10 정도만 비판하자. 100은 곤란하

다.'라는 소신을 품고 있다. 황우석이 표적이 되던 때에 그랬고 내가 19대 총선 당시 여당과 친정부 언론에 과도한 공격을 당하던 시기에도 일관됐다.

나는 황우석과 그를 둘러싼 논란은 썩 잘 알지 못한다. 그러나 그의 이번 책이 갖는 의미가 황우석에 대한 객관적 평가에 그치지 않고 한국 사회 공론의 장을 건강하게 가꾸고자 함에 있다고 믿는다. 우리 사회 불공정성을 딛는 것에 직업적 소명의식을 건 노광준의 진심을 알기에.

● **성제훈** (과학자, 『성제훈의 우리말 편지 1, 2』 저자)
과학은 논리로 무장하고, 학자는 논문으로 말한다. 그럼 피디는 무엇으로 무장하고 어떻게 말해야 할까?

노광준 피디를 보면, 끈기로 무장하고, 책으로 말하는 것 같다. 그동안 과학을 했다고 말하는 모든 사람은 이 책을 봐야 할 거다. 그리고 스스로를 돌아봐야 한다. 나는 앞으로 논리적이라거나 합리적이라는 낱말을 쓰지 않겠다.

● **최성숙** (총신대학교 평생교육원 미술심리치료 책임교수)
영화를 만들어도 좋을 만큼 마음과 이성을 담아 아주 잘 쓴 책이다. 움베르토 에코처럼. 산도르 마라이처럼.

기회를 주고 입증해보라고 했으면 될 일을 너무 멀리까지 왔다. 이제라도 늦진 않았다. 누구나 다시 일어설 수 있는 기회는 있어야 한다.

● **dawn** (크라우드 펀딩 시민)
기록은 불씨가 될 것이다!

● **human** (크라우드 펀딩 시민)
진실과 정의가 꼭 승리하는 것을 우리 아이들에게 보여주고 싶다.

● **Andrew Park** (크라우드 펀딩 시민)
진실을 가릴 수는 있어도 없앨 수는 없다는 말을 믿는다. 우리 생에 꼭 정의가 실현되는 것을 기대한다.

나의 십 년 취재기

이 사건을 만나기 전까지 나는 아빠로서 남편으로서 그리고 라디오 피디로서 별로 부러울 게 없는 사람이었다. 아이들은 속 썩이지 않고 알아서 책을 펴들고, 아내는 꼭 평강공주처럼 나를 잘 챙겼으며, 라디오 피디라면 한 번쯤 꿈꿔볼 만한 상을 5개나 받았다. 부러울 것도 없고 아쉬울 것도 없었다. 그런 내가 우연히 이 사건 속으로 빨려 들어간 순간부터 내 삶도, 그리고 나를 바라보는 사람들의 시선도 많이 달라졌음을 느낀다. 몇 달 전의 일이다. 방송국에서 기자 후배 한 명이 귀띔해 준다. 어떤 인터넷 사이트를 들어가 봤는데 거기서 내가 아주 '유명인사'가 되어 있더라는 것이다. 뭐라고 써났더냐고 물어보니 그 후배는 그냥 씨익 웃고 만다. 직접 들어가 봤다. 그랬더니 정말, 나보다도 나를 더 자세히 분석해 놓고 있었다. '나무위키'라고 인터넷 백과사전인 '위키피디아'를 패러디해 만든 일종의 '뒷담화' 사이트였는데, 그곳에선 내가 다니는 방송국을 이렇게 소개하고 있었다.

— 여담으로 이 방송국의 노광준 PD가 '악명높은 황빠'인데, 그 때문에 음모론적 관점에서 황우석을 옹호하는 특집 프로그램을 정기적

으로 내보내고 있다.

나는 정말 스타 피디(?)가 되어 있었다. 악명높은 황빠…. 그들이 정의하는 '황빠'란 도대체 어떤 존재인지 찾아보니 이렇게 나온다.

— 대한민국의 과학자라 쓰고 사기꾼이라 읽는 '황우석'을 맹신하는 사람들로, 사이비 종교집단임.

더 재미난 것은 그들이 '황빠'들의 활동방식을 분석해 나름 체계적으로 분류해 놓고 있다는 점이다. 언론계 황빠는 누구누구. 황빠 행동대원은 누구누구 이런 식으로. 나는 '언론계 황빠 5호'로 분류되어 있었고, 언론계 황빠 1, 2, 3, 4호의 명단은 다음과 같았다.

— 김어준. 딴지일보 총수로 주류 권력 비판하는 척 〈PD수첩〉 공격하고 미국과 유대인의 음모론 꺼냄.
— 문형렬. 전 KBS 〈추적60분〉 PD로 섀튼 교수의 특허도용 의혹 제기.
— 김진두. YTN 기자로 〈PD수첩〉의 취재윤리 위반 보도.
— 신상철. 천안함 음모론으로 월드스타가 된 그분 맞음.

이런 쟁쟁한 분들과 내가 '동급'이라니…. 나에 대해서는 뭐라고 써놓고 있는가 봤더니 제법 많이 써놨다.

— 노광준. 필명 시골피디. 방송국 노조위원장 겸 편성제작국장을 겸임하고 있으며 그 지위를 악용해 음모론적 관점에서 황우석을 옹호하는 특집 프로그램을 방송하고, 비슷한 내용의 '냄비받침'도 여러 개 만들었다.

넘비받침? 넘비받침이 뭘까 궁금했다. 그래서 검색해봤더니 내 책이었다. 그들이 말한 대로 나는 세 개의 '넘비받침(?)'과 두 편의 '음모론적 방송(?)'을 제작해왔다. 이를 위해 1심 공판만 44차에 걸쳐 진행된 줄기세포 법정을 서른 번 넘게 오가며 취재했다. 줄잡아 백 명이 넘는 사건의 관련자들을 만나 취재했고 서울대 조사보고서와 검찰수사결과를 수십 번 넘게 밑줄 치며 탐독했다. 국내외 신뢰할 수 있는 공식문서만 출력해 제본을 뜨니 두꺼운 책 네 권 분량이 나오길래 많이 버렸다. 그런데 또 쌓인다. 탈고를 하고 달력을 보니 2015년 12월 31일. 내가 첫 취재를 시작한 날이 2005년 12월 16일이었으니까 정말로 취재 십 년을 꼭 채웠고 날수로 3,665일이다. 도대체 왜? 당연히 내 주변에서는 이렇게 묻는다.

— 주식투자하니? 황우석 관련주?

아니라고 하면 또 물어본다.

— 황우석 박사하고 친해?

만일 내가 그와 조금이라도 관련이 있었다면 그럴수록 더 잠자코 있어야 하지 않았을까. 만일 내가 주식투자에 손톱만큼이라도 관심이 있었더라면 2014년 2월에 초대박을 터뜨렸어야 한다. 아무도 예상치 못했던 일들이 연속으로 벌어졌으니까. 2014년 1월 14일과 15일,[1] 세계 과학 학술지의 양대산맥인 〈네이처〉와 〈사이언스〉가 하루 간격으로 황우석 박사의 복귀 소식을 특집기사로 전했다. 전무후무한 일이다. 그 뒤 20여 일쯤 지난 2014년 2월 11일, 황우석 박사의 1번 줄기세포주(NT-1)가 과학의 본고장인 미국에서 정식 특허로 등록됐다.[2] 이 또한 아무도 예상치 못했던 일이었다. 그런데 나는 미리 알고 있었다. 신뢰할 수 있는 '빨대'(소식통)로부터 이를 듣고 사실 확인까지 끝냈으니까. 그러나 난 그 당시 0.01초도 주식투자에 대한 생각을 하지 않았다. 곧바로 특집방송 제작에 돌입한 것에 지금도 자부심을 느낀다.

> — 경기방송 언론윤리강령 제8조. 프로그램 취재와 제작과정에서 취득한 정보를 주식 및 부동산 거래 등 사적 이익에 이용하거나 타인에게 제공하지 않는다. (2010.5.27. 제정)

이 사건을 계속 파고든 이유는 아주 단순하다. 용기가 없었기 때문이다. 혹시 길을 가다 우연히, 한 사람이 많은 사람에게 둘러싸여 죽도록 몰매를 맞고 피를 철철 흘리는 광경을 본 적 있는가? 그럴 때는 크게 두 가지 용기가 필요할 것이다. 하나는 뛰어들어 싸움을 말릴 용기. 그러나 나에겐 그럴 용기가 없었다. 그렇다고 못 본 척 지나칠 용기도 없었다. 그래서 눈을 뗄 수가 없었다. 참으로 이상한 광경이었다. 맞고 있는 사람의 눈을 보는 순간 뭔가 이상하다는 직감이 들었다. 그는 '논문조작 사기꾼'이라고 몰매를 맞으면서도 누구처럼 펑펑 눈물을 쏟아내지 않았다. 누구처럼 '내 이름이 왜 거기 있느냐?'라며 책임을 회피하지도 않았고, 살려달라고 잘못했다고 싹싹 빌며 애원하지도 않았다. 피투성이가 된 채로 몰매를 맞고 있는 그의 눈이 뭔가 많은 걸 담고 있는 것 같아 도저히 눈길을 뗄 수 없었다. 그를 짓밟고 있는 사람들의 모습 또한 이상했다. 아니 무슨 조폭이나 동네 양아치들도 아니고, 오히려 싸움이 나면 말리고 수습해야 할 언론과 지식인들과 공권력이 앞장서서 그를 두들겨 패고 있었다. 사람 하나 반쯤 죽여놓고 있었다.

— 이건 '황우석 박사님만 주저앉히면 된다.' 이 말이에요.[3]

어느 조폭 영화의 대사가 아니다. MBC 〈PD수첩〉이 취재과정에서 한 말이다. 이 말을 누구한테 가서 했느냐. 바로 황 박사와 서울대 연구원들의 눈을 속이고 줄기세포를 가짜로 조작해 버린 공동연구 그룹의 '진범'한테 가서 한 말이다. 당신은 살려줄 테니 '황우석'에 대해서만 불라고. 이쯤 되면 애초의 취재의도는 물론이고 그 결과까지도 의심할 수밖에 없다. 이런 말이 있다. 농업을 빼앗기면 먹을거리를 빼앗기는 것이고 언론을 빼앗기면 영혼을 빼앗긴다고. 그래서 농업과 언론은 무슨 일이 있더라도 바로 세워야 한다고. 한 사람 주저앉히려고 취재하는 언론에 우리의 영혼을 맡길 수 있는가? 그래서 황우석 사건이 황우석 사건이 아니다. 바로 언론의 민낯이다.

— 재검증을 위해서는 수많은 난자가 다시 필요하며, 특히 어느 누가 천문학적인 돈을 댈 것이냐?[4]

황 박사에게 재연실험 기회를 절대 줄 수 없다며 국립 서울대 총장 (정운찬)이 남긴 말이다. 기가 딱 막혔다. 과학이 마술과 구분되는 건 '실험 재연성'에 있다. 그래서 선진국일수록 의혹에 휩싸인 연구자에게 '네가 다시 만들어보라.'라며 재연기회를 부여한다. 십 년 전 '일본판 황우석 사건'이라던 다이라 가즈나리 교수 사건 때 도쿄대 조사위원회도 그랬다. 연거푸 두 번의 재연기회를 줬다. '2014년의 일본판 황우석 사건'이라 불리는 STAP 세포 사건 때 일본 이화학연구소도 그랬다. 오보카타 연구원과 그 동료에게 재연기회를 줬다. 그러나 국립 서울대학교는 단 한 번도 재연기회를 주지 않았다. 반론권도 보장하지 않았다. 휴일을 포함해 단 28일 만에 속전속결로 끝냈다. 그리고는 '책임은 책임대로 질 테니 6개월만 시간 주면 입증해 보이겠다.'라는 과학자의 절규를 외면했다. 돈 없다고 난자 아깝다고. 그러면, 수많은 난자를 들여 만든 연구를 재연실험도 없이 쓰레기통에 던져버리는 게 난자를 소중히 여기는 행동인가? 그동안 정부 연구비 지원의 15%씩 또박또박 세금 징수하듯 가져간 서울대 대학본부가 무슨 염치로 '돈 없어서 재연기회 못 주겠다.'라고 하는가. 왜 과학을 과학으로 풀지 않는가. 그래서 이 사건은 한국 과학의 민낯이었다.

— 황우석이 공모하지 아니하였다는 답변에 모두 진실 반응이 나옴.[5]

거짓말 탐지기까지 동원한 검찰의 수사결과였다. 누가 가짜줄기세포를 조작했는지 조사해보니 황 박사는 조작의 수괴도 아니었고, 공범도 아니었고, 알지도 못하는 상태로 '공동' 연구자에게 깨끗이 속았다. 물론 그렇다고 해도 연구 총책임자로서, 그리고 사진 부풀리기를 지시한 책임은 절대 가볍지 않다. 그러나 최소한 그는 '아무것도 없이 전 세계를 속인 희대의 사기꾼'은 아니었다. 그를 속인 공동연구자들이 공모해 진짜를 빼돌렸을 가능성 또한 남아 있었다. 하지만 검찰은 그를 사기죄로 기소했다. '특정경제범죄 가중처벌 등에 관한 법률상 사기죄'. 나는 사기 당한 피해자를 사기죄로 기소해버린 2006년 5월 12일의 그 이상한 기소를 도무지 이해할 수 없었다. 정의란 무엇일까. 그러나 차마 용기가 없었다. 나서서 그 이상한 집단구타를 말릴 용기도, 그렇다고 그 참혹한 현장을 보고도 못 본 척 외면할 용기도 없던 나는 눈을 떼지 못한 채 힐끔힐끔 쳐다만 봤다. 도대체 어찌 된 영문인지 찾아봤다. 그리고 맞춰봤다. 법정에 가서 직접 들어봤다. 외신기사며 논문이며 또 찾아보고 찾아보면서 맥락을 좇아가 봤다. 그렇게 삼 년이 지났다. 서당개 삼 년이면 풍월을 읊는다고 처음엔 줄기세포의 줄자도 모르던 내가 어느새 책 한 권을 펴냈다. 그리고 2008년 9월의 어느 가을밤, 그동안의 심경을 한 편의 글과 동영상으로 기록했다.

— 나는 사람을 구하려고 지하철 선로 위에 뛰어들 용기가 없는 사람이다. 그렇다고 집단폭행을 당하는 사람을 못 본 척 무시할 용기도 없는 사람이다. 바로 이것이 지난 3년간 내가 황우석 논란에서 눈을 떼지 못한 이유다. ('나는 용기가 없는 사람이다' 중, 2008.9.30. 밤)[6]

그렇게 눈을 떼지 못한 채 이 사건을 기록하면서 많은 장면을 목격했다. 가장 먼저 떠오르는 장면은 그들이 서울대에서 쫓겨난 이후 경기도의 한 농기구 창고를 고쳐 그곳에서 쪽잠을 자며 연구하던 모습이다. 만일 황 박사가 언론에서 말하는 것처럼 제자의 난자나 뺏고 사기 치고 횡령한 언론플레이어였다면 젊디젊은 20대 연구원들이 스무 명씩이나 그를 따라나서는 일이 가능했을까. 서울대 교수도 뭣도 아닌, 모든 걸 다 잃은 옛 스승을 따라나서며 서울대 연구원 신분을 포기하는 말도 안 되는 상황이 내 눈앞에 펼쳐져 있었고, 그들은 정말로 열심히 맨땅에 헤딩하며 하나하나 입증해갔다. 눈길 하나 주는 사람 없었지만, 그들은 2007년부터 2015년까지 9년간 아무리 적게 잡아도 32편의 SCI급 국제학술논문을 발표했다. 그리고 이곳에서 국외 유학을 떠난 연구원들은 놀랍게도 황우석 박사의 추천서를 바탕으로 하버드 의대, 뉴욕대 의대 등 굴지의 대학에서 줄기세포 연구를 하고 있었다.

— 예전에는 (줄기세포 배양을) 미즈메디나 다른 데에 의존했었어야 하였는데 다른 데 의존하다 보니까 저희가 그런 안 좋은 일들도 생기고 해서 저희 팀에서 지금은 독자적으로 할 수 있거든요. 그런 정도는…. 그거를 더 하여서 정말 줄기세포의 목적…. 치료 쪽으로 다

양한 일을 할 수 있을 만큼의 역량을 키워야 되는 게 저희 앞으로 목표이죠. (돼지 복제줄기세포 논문 발표 후 미국 유학 떠난 김현숙 연구원, 2010.11.7.)

줄기세포 법정에서 황 박사가 최후진술을 하던 장면도 잊을 수가 없다. 1심 공판만 44차례가 열릴 만큼 처절하게 진행되던 서울중앙지법 417호 대법정. 그곳에서 검찰은 황 박사에게 '징역 4년'을 구형했고 방청석을 가득 메운 지지자들은 "국민이 우습게 보이냐?"라며 울부짖었다. 변호인은 목이 메는지 울먹이며 '무죄'를 주장했고 마침내 피고인석에 앉았던 황 박사가 최후진술을 시작했다. 준비된 원고 하나 없이 거의 십여 분에 걸쳐 심경을 토로한 그의 진술은 이렇게 끝났다.

─ 존경하는 재판장님, 이 어려운 재판을 장기간 끌어오시게 된데 대해 사죄드립니다. 마지막으로 베푸실 온정이 있다면…. 저 때문에 불행하게 된 상피고인들에게 좀 더 따뜻한 온정을 베풀어 주시기를 바랍니다. (황우석 박사 1심 최후진술, 2009.8.24.)

다른 사람들에게 온정을 베풀어달라…. 그동안 증인석에 앉은 거의 모든 학자들은 지난날의 잘못에 대해 '나는 모르고 황우석이 다 했다.'라는 투로 말해왔다. 그 볼썽사나운 모습을 지켜봐 온 수백 명의 방청객은 그 순간 눈시울을 붉혔고 법정은 숙연해졌다. 그것은 감동과 슬픔과 분노가 뒤섞인 정적이었다.

그 후 많은 시간이 지났다. 십 년이면 강산도 바뀐다는데 이 사건은 적어도 외형상으로는 바뀐 것이 없다. 비록 대법원에서 '사기 무죄' 확정판결을 받기는 했지만, 황 박사는 여전히 희대의 사기꾼 취급받으며 단 1초도 국내에서 줄기세포 연구기회를 허락받지 못한 채 황해를 오가며 외국에서 재기를 모색하고 있다. 나는 그 새 수십 가지 의혹을 독학으로 더 풀어왔지만, 여전히 여러 개의 냄비받침을 제작한 악명높은 언론계 황빠 5호로 살고 있다.

한때 제풀에 지쳐 펜을 꺾기도 했다. 지난 2014년 2월, 미국에서 줄기세포 특허가 나왔을 때 이제야 봄이 찾아오나 싶었다. 줄기세포 과학자에게 줄기세포 연구기회 정도는 줄 수 있는 그런 봄 말이다. 그러나 한국의 주류 언론과 학계는 미국 특허를 의미 없는 종이쪼가리로 취급했고 곧이어 대법원 확정판결이 나왔다. 사기는 예상대로 무죄였지만….

— (개인 착복 없는) 연구비 횡령 일부 유죄.[7]

괄호 안을 잘 보자. 개인 착복은 없었다고 판결문에 명시됐지만 '횡령 일부 유죄', 무슨 뜻일까?

— (영국에서는 합법이지만 국내법에서는) 생명윤리법 위반.[8]

다시 괄호 안을 잘 보자. 황 박사가 십 년 전에 시행했던 '난자 공여제'를 현재 영국정부는 배아보호법을 통해 정부지원금까지 들여가며 정책적으로 시행하고 있지만, 한국에서는 국내법에 없다는 이유로 '생명윤리법(생명윤리 및 안전에 관한 법률) 위반'이다. 무슨 뜻일까? 이 나라에서는 연구할 생각 말라는 뜻 아닌가. 정 연구하고 싶으면 국적 바꾸고 밖에 나가서 하라는 말 아닌가.

— '넘사벽'(넘을 수 없는 사차원의 벽).

나는 그 판결을 보면서 넘을 수 없는 사차원의 벽이 얼마나 견고한지 절감했고 그 앞에 철퍼덕 무릎을 꿇었다. 그동안 내가 풀어온 숱한 의혹도 진실도 양심도 '유·죄·확·정'이 네 글자 앞에 모두 부질없는 짓거리가 되어버렸다. 나는 그가 이 나라를 떠나 중국에서든 중동의 어느 나라에서든 전 세계 난치병 환자들에게 도움이 되는 과학자로 살아가길 바라며 펜을 뚝 꺾어버렸다. 그러나 그 결심은 반년을 넘기지 못했다. 나는 부러진 펜을 다시 주워 청테이프로 칭칭 감고는 다시 전선으로 나갔다. 새로운 전쟁이 시작됐기 때문이다. 그것은 역사의 전쟁이고 기록의 전쟁이었다. 2014년 가을에 개봉된 영화 〈제보자〉는 분명하게 말해줬다. 불과 십 년 전의 역사쯤 간단히 왜곡시켜 버릴 수 있다고. 팔 년간의 법정에서 확증된 기록쯤 아무렇지도 않게 뒤엎어버릴 수 있다고. 목소리 큰 자신들이 곧 '진실'이고 자신들이 곧 '역사'라고.

— 100번을 대답해도 진실이 먼저이고, 진실은 사실 국익을 떠나서 우리가 살아가는 데 있어서 가장 중요한 가치라고 생각합니다. (임순례 감독의 JTBC 인터뷰, 2014.10.27.) [9]

100번을 대답해도 '진실'이 우선순위라고 대답한 영화감독은 그러나, 대법원 판결을 통해 줄기세포 가짜 사기극의 피해자로 확증된 과학자를 줄기세포 사기극을 주도한 '사기꾼'으로 그려냈다. MBC 〈PD수첩〉의 검증요구에 응해 줄기세포 샘플을 내줬던 과학자를, 영화에서는 방송국으로 피디를 찾아가 협박하고 권력을 동원해 방송을 막은 '절대권력'으로 그려냈다.

— 영화 속 황 박사 : 이제 (방송) 그만두고 물러나는 게 어떻겠습니까?
— 영화 속 PD : 저희는 이 방송 내보내겠습니다.

— 영화 속 황 박사 : 과연 그럴 수 있을까? — 영화 〈제보자〉 중

십 년 전에 태어난 복제개 스너피를 닮은 복제개가 영화 속에서는 짖지도 않고 제대로 일어서지도 못하고 걷지도 못하는 '바보 개'로 나온다. 복제개 '스너피'는 건강하게 새끼까지 낳고, 사람으로 치면 70세를 넘긴 열 살 생일까지 살았는데도 말이다. 취재윤리를 명백하게 위반한 피디를 진실의 수호자로, 숱하게 많은 거짓 의혹을 쏟아낸 정체불명의 제보자를 시대의 양심으로 그려내는 영화 〈제보자〉를 보면서 내 머릿속엔 광해가 떠올랐고 괴벨스가 떠올랐다.

— 광해, 중립외교와 대동법 시행했으나 폭군으로 기록됨.
— 괴벨스, 영화를 통해 나치의 유대인 학살 정당화.

더구나 광해와 괴벨스가 살던 시대에는 없었던, 인터넷과 SNS를 통해 실시간 정보가 날아다니는 이 시대에 벌어지고 있는 '실제 상황'이었기에 나는 도무지 가만히 잠자코 있을 수 없었다. 가슴을 쥐어뜯으며 생각했다. 도대체 내가 뭘 할 수 있을지. 책과 방송, 수백 편의 블로그 글이 영화 한 방에 거꾸러지는 이 숨 막히는 현실 앞에 내가 도대체 뭘 할 수 있을지. 그때 이 말이 뇌리를 스쳤다.

— 자신의 패를 먼저 봐라.

우리 방송에 출연했던 웹툰작가 이종범 씨의 말이었다. 종범 씨는 참담하게 원고 퇴짜를 맞고 있었을 때 자신의 패를 봤고 자신이 심리학과 출신이라는 걸 깨닫고는 심리학자가 나오는 만화를 그렸다고 한다. 그게 네이버 웹툰 인기작 〈닥터 프로스트〉의 시작이었다. 나도

내 패를 살펴봤다. 그랬더니 딱 다섯 글자가 나왔다.

—라·디·오·피·디.

나는 그렇게 팟캐스트 라디오를 만들기 시작했다. 촬영대본도 시그널도 인터뷰조차 없는 백지상태에서 '진심' 하나로 시작했다. 그런데 방송물을 올린 지 한 시간쯤 지나 뜻밖의 반응이 올라왔다.

—동의합니다. 당시 무척 안타까웠습니다. 다른 팟캐스트에서도 한번 시사되면 좋겠다는 생각이 늘 있었습니다. 고맙습니다. (목수)
—언제나 세상이 맑아지려나. 응원합니다. 어둠은 빛을 이기지 못합니다. (ksks137)

격려의 댓글은 다음날에도 그다음 날에도 계속 이어졌고 며칠 뒤 100위권 안에 진입했다. 한 달 뒤 내 방송을 다운로드한 사람이 3천 명을 넘어섰고 청취자의 5%는 미국에서, 3%는 베트남과 중국, 호주, 영국 등 다양한 나라에서 듣고 있었다.

—영화 만듭시다.

우리는 라디오 그 이상의 것을 꿈꾸기 시작했고 영화화의 전 단계로 이 책을 준비했다. 주류 출판사의 프레임에 얽매이지 않기 위해 크라우드 펀딩을 시작해 2015년 3월 1일부터 4월 30일까지 두 달간 시민 165분의 참여로 22,373,000원을 모았다. 그 후 1년 가깝게 책을 썼다. 있는 그대로 느낀 그대로 담담하게 쓰려고 애를 쓰는데 그게 쉽지 않았다. 쓰다 보니 자꾸만 이 이야기가 드라마처럼 느껴진다.

10년째 펼쳐지고 있는 이 각본 없는 드라마가 어떻게 끝날지는 아무도 모른다. 나도 궁금하다. 바람이 있다면 '그 후 그들은 역사의 뒤안길로 사라졌어요.'가 아니라, '그 후 그들은 연구기회를 부여받아 누구보다 열심히 연구하고 있어요.'로 끝났으면 좋겠다. 왜냐하면, 과학자에게 기회조차 줄 수 없는 나라에 더 이상의 미래를 기대할 수는 없기 때문이다. 지난 10년간의 외롭고 황량한 취재여행길에서 참 아이러니하게도 이름 없는 천사들을 많이 만났다. 목소리는 크지 않지만 정의롭고 따뜻한 그들은 내게 인생은 살아볼 만한 것이며 아직도 우리에게 미래가 있다는 것을 일깨워줬다. 이제 21세기 산업혁명에 비견될 바이오 혁명의 불씨를 놓고 펼쳐지는 세계 생명윤리 정치와 경쟁자들의 격돌, 이에 맞서 절대 포기하지 않고 연구를 거듭해온 잡초들의 뭉클한 이야기 속으로 들어가 보자.

— 있는 그대로 쓰셔도 누군가는 소설처럼 읽을 거예요.

'풋' 하고 웃음이 나왔다. 어느 후배 피디의 솔직한 조언이다. 예전 같으면 아마 '그래? 어디 두고 보자.' 하면서 내 책이 결코 꾸며낸 이야기가 아님을 증명해줄 여러 장치를 주렁주렁 매달고 있을 거다. 근거를 더 많이 달았을 거고 참고문헌은 두세 배 늘었을 것이며 내가 얼마나 믿을 만한 사람인지…, 내가 어느 학교를 나와서 어디까지 공부했고 피디로서 얼마나 대단한(?) 활약을 했는지 보여주려 안간힘을 다했을 거다.

그러나 이번에는 그냥 '씨익' 웃고 말았다. 내려놓았다. 있으면 있는 대로 없으면 없는 대로다. 전에는 책을 쓴다는 것, 글을 쓴다는 게 다른 이의 생각을 바꿔야겠다는 생각이 강했다. 그러나 이번에 깨달왔다. 책을 쓰며 정리되고 바뀌는 건 바로 나 자신임을. 다 알아서 책을 쓰는 게 아니라 책을 쓰면서 확실히 알아가는 것임을.

뭘 그렇게 알게 됐느냐고 물어본다면 제1번은 '사람 됨됨이'에 대해서다. 세상사가 다 그러하겠지만, 특히 과학을 한다는 것, 뭐니뭐니해도 됨됨이가 중요한 것 같다. 줄기세포는 결코 한두 명의 천재에 의해 이뤄지는 게 아니다. 다양한 분야 전문가들의 힘과 지혜가 하나로 응집될 때 의미 있는 성과가 나올 수 있다. 뭐로 그 많은 전문가를 응집시킬 수 있을까? 그것은 이상희 전 장관의 이야기처럼 아양을 잘 떨어야 하고 끊임없는 도전정신이 있어야 가능하다. 겸손하고 융화력이 있으며 절대 포기하지 않는 리더 한 사람이 '개개인의 역량은 세계 최고 수준이지만 모래알처럼 흩어져 있는 이 나라 생명공학'을 난치병과의 전투에서 기적을 낳도록 이끌 수 있지 않을까?

그래서 나는 황 박사가 다시 기회를 얻어야 한다고 생각한다. 세상을 바꾼 리더들 가운데 아무 시련 없이 실수나 실패 없이 양지에만 머무른 이가 있던가? 지난 10년은 황 박사 개인에게나 우리 사회 구성원 모두에게 고통과 회한의 시간이었지만 동시에 뼈를 깎는 성찰의 시간이기도 했다. 아픈 만큼 성숙한다는 노래도 있듯이 단단하게 여물어 희망의 열매를 맺어나갈 대한민국 과학을 그려본다. 그래서 이렇게 정리했다. 나는 지난 10년을 쓰면서 다가올 10년을 준비했다고.

이 책이 나오기까지 도움을 주신 너무 많은 분께 어떻게 머리 숙여 감사인사를 드려야 할지 모르겠다.

_아직 늦지 않았다고 믿는 시골피디 올림

목차

추천사 • 4

머리말 • 나의 십 년 취재기 6

제1막 소년과 과학자   **24**

제1부 어린 왕자   26

제2부 마법사   36

제3부 세상의 중심에 서다   43

제2막 세기의 대결   **50**

제4부 UN 총회에서의 1차 격돌   52

제5부 "끝장나게 좋다."   56

제6부 사라진 줄기세포   62

제7부 레미제라블   69

제8부 세기의 대결 '부시 vs 황우석'   75

제3막 "황우석만 주저앉히면 된다."   **82**

제9부 제보자   84

제10부 제보자의 두 얼굴   92

제11부 대담한 왜곡, '연구원 난자 강탈'   103

제12부 대담한 왜곡 "영롱이는 없다."   114

제13부 황우석만 주저앉히면 되는 〈PD수첩〉   125

제4막   육박전   **135**

제14부   뜻밖의 반전   137

제15부   연구원 음독자살기도 'suicide'   142

제16부   섀튼 교수의 결별 선언   148

제17부   멘탈붕괴   156

제18부   〈PD수첩〉의 진격   162

제19부   민심의 반격   166

제5막   "서울대 조사에서 한 방에 끝내자."   **174**

제20부   서울대 총장의 허그   176

제21부   야만의 시대   182

제22부   사표 반려와 노 이사장의 폭로   187

제23부   "아빠, 그럼 나 이제 못 걷는 거야?"   194

제24부   진실게임과 지옥문   203

제25부   놈 놈 놈   211

제26부   점령군 서조위   221

제6막   변방의 북소리   **231**

제27부   크리스마스 촛불   233

제28부   동네수첩   243

제29부   소년탐정 김어준   254

제30부   KBS 〈추적60분〉 '섀튼은 특허를 노렸나?'   262

제31부   검찰조사 63일   274

제32부   어느 원로 과학자의 편지   288

제7막   9회 말 투아웃 상황   292

제33부   9회 말 투아웃에 터진 진루타   294
제34부   변호인   303
제35부   몰락한 자의 비애   317
제36부   몰락한 자의 해맑은 웃음   324
제37부   5억 원이 들어 있는 익명의 봉투   333

제8막   별은 어둠 속에서만 빛난다   337

제38부   별이 빛나는 밤에   339
제39부   늑대인간   349
제40부   반려견 '미씨'의 환생   355
제41부   솔로몬의 해법   362

제9막   리비아 프로젝트   371

제42부   소년의 죽음   373
제43부   리비아에서 온 특사   381
제44부   21세기의 종교재판   388
제45부   목숨을 건 탈출   398
제46부   최후의 진술   406
제47부   경기도지사의 결단 "실패도 받아들일 것이다."   413

제10막 그래도 줄기세포는 있다 423

제48부 줄기세포의 봄 425

제49부 그래도 줄기세포는 있다 432

제50부 120일간의 '관악산대첩' 443

제51부 "이것은 줄기세포 분야 원천특허입니다." 452

제11막 매머드 원정대 459

제52부 코요테 어글리 461

제53부 매머드 원정대 467

제54부 탱크 타고 매머드 무덤 속으로 475

제55부 시베리아 얼음동굴 탈출 483

제56부 가지 않은 길 497

제12막 1.6%의 기적 504

제57부 "안현수가 누구죠?" 506

제58부 캘리포니아 드리밍 518

제59부 제주도의 푸른 밤 529

제60부 도전과 응전 538

취재 Q&A 3,665일 일문일답 551

꼬리말 고3 학생의 편지 한 통 569

주요 사건 일지 • 570

참고문헌 • 580

》제1막

소년과 과학자

대부분의 황우석 이야기는 '줄기세포란 무엇이고 그의 연구는 무언지'에 대한 전문적 배경설명으로 시작한다. 그런데 나는 조금 다른 방식의 배경설명으로 이 이야기를 시작하고자 한다. 그것은 '부모 마음'이라는 인간의 본성이다. 부모 마음…. 아이가 방긋 웃으면 어느새 피곤이 싸악 가시며 나도 웃게 된다. 아이 눈에 눈물이 고이면 내 눈가에 피눈물이 고이는 듯하다. 아이가 기침하면 내 가슴에 못이 박힌 듯 찌릿찌릿 저리다. 내가 두 아이의 아빠가 되어 부모 마음을 조금이나마 헤아릴 수 있게 될 무렵, 나는 한 아이와 그의 부모, 그리고 과학자에 관한 이야기를 접했다. 불의의 교통사고로 하반신 마비가 된 한 아이와 그의 부모. 상상만 해도 끔찍했다. 남의 일이 아닐 수도 있기에 그냥 지나칠 수 없었다. 그런 아이를 어떻게든 다시 걷게 해주고 싶었던 과학자가 있었는데, 바로 이 대목에서 사람들의 평가는 극단적으로 갈렸다. 어떤 사람은 '가증스러운 사기극'이었다고 하고, 또 어떤 사람은 알고 보면 그게 아니라고 했다. 만일 내가 그때 '부모 마음'만 아니었다면 이 골치 아픈 뉴스를 유심히 들여다볼 이유는 없었을 것이다. 그러나 나는 남의 일 같지 않아서, 그냥 조금 더 유심히 들여다봤다. 그랬더니 뭔가 이상한 게 보이기 시작했다. 아니겠지 아니겠지 하며 조금씩 파고들어 갔다. 뉴스가 보여주지 않았던 '인간의 진심'이 보이기 시작했다.

제1부

어린 왕자

> 야구를 좋아하던 8살 소년이 교통사고를 당해 하반신이 마비된다. 그
> 러나 소년은 웃음을 잃지 않았고 휠체어를 밀어 과학자에게 다가간다.
> "교수님이 황우석 교수님이시죠! 저~ 정말 잘 생겼죠? 저 좀 제발 일
> 으켜 주세요."

내가 어린 왕자에 관한 이야기를 처음 접하게 된 것은 한 편의 인터
뷰 기사를 통해서였다. 2005년 12월 20일에 나온 한 편의 뉴스기사
는 황 박사를 인간적인 면에서도 '죽일 놈'으로 만들어 놓았다.

　—황 교수, 10세 내 아들에 임상시험 제안.
　—황 교수, 아들 반드시 걷게 해주겠다고 약속. (오마이뉴스, 2005.12.20.)[1]

　세상에. 돌팔이 의사도 아니고 애한테 가서 헛된 약속을 하고 가
짜줄기세포로 임상시험까지 추진해? 애 잡으려고? 나도 그때는 이
런 생각을 했다. 황 박사의 인간 됨됨이까지 의심하게 됐다. 그 기사
는 소년의 아버지와 나눈 인터뷰 기사였기에 나는 기사의 진실성에
관해 추호도 의심치 않았다. 나만 그런 게 아니었나 보다. 당시 인터
넷에서는 분노의 댓글들이 쓰나미처럼 밀려왔다. 아이 키우는 부모
들은 '사이비 과학자가 임상시험으로 애 잡을 뻔했다.'라며 분노했
다. 특히 교회에 다니는 분들은 황 박사가 예수님 흉내를 낸 사이비
교주라며 분통을 터뜨렸다. 기사가 나온 날은 때마침 성탄절을 코앞

에 둔 시점이었다.

— 전 지금까지 황우석에 대해 '과학자가 아니다.'라고 생각해 왔습니다. 앞으로는 '인간도 아니다.'라고 생각할 겁니다.
— 기가 막혀. 항상 내가 생각했던 것보다 한 술 더 뜨시는 분이시네.
— 뭣이라??? 정말 미친 거 아냐????
— 내가 반드시 너를 걸게 해주겠다…. 하느님 놀이 하냐?[2]

급기야는 황 박사를 예수 재림에 비유해 '패션 오브 더 크라이스트'가 아닌 '패션 오브 더 황'으로 묘사한 패러디 물까지 등장했다. 내가 아는 시사평론가 한 분도 이 기사를 통해 황 박사에 대한 의견을 비판적인 쪽으로 정리했다. 인간적으로나 과학자로서나 도저히 이건 아니라는 견해였다. 더구나 기사는 외신으로도 인용됐다. 2005년 12월 24일 자 미국의 〈뉴욕타임스〉는 "한국의 복제과학자, 위조 결과 앞에 물러나다."라는 2페이지에 걸친 기사에서 위 내용을 인용했다. 그는 다시 지구 반대편 유럽의회에서 줄기세포에 대한 논의자료로 인용되기도 했다. 기사의 영향력은 가히 글로벌 급이었다. 그런데 알고 보니 문제 있는 기사였다. 황 박사에게 문제가 있는 게 아니라 기사에 문제가 있었다. 인터뷰의 맥락을 교묘하게 왜곡한 기사였다. 어느 이름 모를 누리꾼이 인터넷에 올린 글을 통해서 나는 언론의 무서움을 실감하게 됐다.

— 목에 호수를 꼽고 말도 제대로 할 수 없는 아이가, 그저 천진난만하게 "아저씨가 저 일으켜 세울 수 있어요?"라고 물어봅니다. 뜸을 들이다 대답합니다. "그래 아저씨가 일으켜 세울 게. 그때까지 꼬마도 지금 이대로 건강하게 잘 있어야 해?"라고…. 너무도 가슴 아

프고, 이제 8살짜리인 꼬마 앞에서 희망을 주기 위해 순수한 마음으로 대답합니다. 황 박사의 강의 동영상이라도 보신 분은 그가 얼마나 조심스럽게 말을 하는지 아실 겁니다. 함부로 실언하는 사람이 아니라는 걸 말이죠. 그저 순수하게, 부모의 심정으로 한 말이, 사이비종교 교주처럼 모든 병을 치료할 수 있다고 헛소리하는 사람으로 착각하게, 국민의 감정을 자극하는 기사로 탈바꿈해 버리는 거죠…. 언론이 무섭다는 거죠…. 한 사람 매장시키는 거 이렇게 쉽답니다. (누리꾼 'corcoon'의 글, 2006.4.11.)[3]

어, 이런 뜻이었다고? 나는 글쓴이의 뜻에 공감했지만 한편으로는 '황우석 지지자의 글'일 거라는 의심도 들었다. 지금 내 글을 읽는 사람들이 그러하듯 그 당시 나 역시 낯선 논리의 전개가 미심쩍었다. 그래서 찾아보기 시작했다. 도대체 뭐가 진실인지. 황 박사의 예전 동영상 기록을 찾아봤다. 그랬더니 그 이름없는 누리꾼의 말이 맞았다. 이럴 수가. 황 박사가 난치병 소년과 만나던 자리에 동석했던 의사선생님을 수소문 끝에 알아내 통화했다. 역시 그 누리꾼 말이 맞았다. 기사가 틀렸다. 마지막으로 소년의 아버지와 통화를 했다. 아주 짧은 통화였지만 극적이었다. 지금도 생생하다.

—그런 게 한국 방송(언론)의 한계 아닐까요?[4]

이 한마디에 나는 그만 할 말을 잃고 말았다. 내가 너를 일으켜주마. 말한 사람의 의도를 왜곡한 '악마의 편집'이었던 것이다. 그날의 짧은 통화는 2006년의 일이었고, 내가 소년의 아버님을 직접 찾아 인터뷰한 것은 2015년의 일이었다. 거의 9년 만에 제대로 된 인터뷰를 할 수 있었다. 이유는 소년의 상태가 안 좋았기 때문이다. 아주 많이 아팠다. 어린 왕자 김 현. 나는 아버님으로부터 어린 왕자에 대한 진실을 듣는 내내 고개를 들 수 없었다. 죄송함에, 그리고 안타까움에. 내가 이 기나긴 취재기의 첫 시작을 어린 왕자에 관한 이야기로 잡은 것도 그러한 미안함과 무거움 때문이다.

이야기는 2003년의 어느 날로부터 시작된다. 그날이 정확하게 몇 월 며칠이었는지는 아무도 모른다. 어린 왕자의 아버지는 정확한 일자를 기억하지 못했고 기억해내려 애를 쓰는 그 모습이 너무 힘들고 애처롭고 죄송해서 "괜찮습니다."라고 말씀드렸다. 누구에게나 다시는 떠올리고 싶지 않은 그런 순간이 있지 않은가. 어린 왕자의 가족들에게는 2003년의 '어느 날'이 그런 순간이었다.

— 아…. 그 생각하면 참 마음 아프지요. 우리 그…. 제가 참 엄한 아
　버지였어요. (어린 왕자의 아버지 김제언 목사, 2015.2.11.) [5]

달동네 개척교회 목사님 댁 아들 김 현. 현이는 야구를 무척 좋아하고 늘 입가에서 웃음이 그치지 않는 밝은 아이였다. 특히 남을 위하는 배려심이 남달랐던 어린 왕자였다. 어느 정도였느냐 하면 현이가 초등학교 2학년 때, 하루는 동네 형하고 야구를 하다가 야구공에 눈을 맞아 눈을 심하게 다쳐서 왔다. 병원까지 가야 했다. 화가 많이 난 아빠는 '너에게 공을 던진 형 이름이 누구냐?'라고 캐물었다. 그러나 현이는 끝내 그 형의 이름을 말하지 않았다. 현이는 그런 아이였다.

— 이 친구 하는 말이 '괜찮다고. 이건 놀다가 그런 거니까 누구한테
　책임을 물리는 것은 참 비겁한 짓이다.'라며 저를 잡아요. 그래서
　제가 병원에 다녀오면서도 굉장히 마음이 짠하고 한편으로는 흐뭇

하기도 하고…. (이하 어린 왕자의 아버지)

어느 날은 부모님이 모두 일 나가셔서 배고파하는 동네친구들을 전부 집으로 데려와 라면을 끓여주기도 했다. 이 정도면 목사님 댁 아들 맞지 않는가?

― 라면 끓여준 것까진 좋은데 그다음에 뒷정리가 안 돼서 참 난감했던…. 야단치기도 뭐하고 안 치기도 뭐하고….

그런 현이에게 '어느 날'이 찾아왔다. 초등학교 2학년 때, 학교 수업을 마치고 피아노 학원에 다니던 현이가 그날 따라 학원에 가지 않은 게 화근이었다. 피아노보다 친구들하고 노는 게 더 좋았나 보다. 문제는 학원에 빠진 걸 엄하디엄한 아빠가 알게 된 거다. '현이가 학원에 오지 않았다.'라고 학원 선생님께서 아빠에게 전화를 거셨다. 놀다가 뒤늦게 학원에 들른 현이도 그 사실을 알게 되었다. 현이는 아빠에게 혼날 게 두려웠다. 그래서 집에 들어가지도 못한 채 집 근처 대형마트로 가서 컴퓨터 게임을 했다.

― 제가 목회활동을 하면서 아이들이 엇나가서는 안 된다는 생각이 있었기 때문에 첫째, 둘째에게 굉장히 엄했어요. 그런데 이 녀석이 학원을 갔어야 하는데 학원을 빼먹었어요. 그게 음악학원이었는데. 아마 그걸 안 좋아했는지도 모르겠어요. 한 번을 딱 빼먹었어요. 빼먹었는데….

현이는 게임에 푹 빠졌고 어느새 밤 10시. 그새 집에서는 난리가 났다. 아이가 들어오지 않는다고 엄마 아빠는 온 동네를 뒤지고 다녔다. 그러다가 대형마트 앞에서 게임을 하고 나오던 현이와 엄마는 눈이 딱 마주쳤다.

— 10시가 넘으면 이마트에서 그 당시에는 문 닫으니까 나가라고 하거든요. (현이가) 거기서 나오면서 엄마를 봤어요. 엄마도 굉장히 화가 많이 나 있었죠. 그런 적이 한 번도 없었으니까.

화가 잔뜩 나 있던 엄마는 횡단보도 앞에서 녹색 신호등이 켜지자 무심코 현이에게 "가."라고 큰 소리로 말했다. 현이는 엄마 말에 곧바로 길을 건너기 시작했다. 평소 같으면 녹색불이 켜져도 주위를 살피고 건넜지만, 그날은 엄마도 아이도 정신이 없었다. 그때 현이를 향해 과속 차량이 돌진해왔다. 다방 아가씨들을 태우고 이동하는 일명 보도차량. 돌진해오는 차를 본 엄마는 다급하게 현이를 향해 소리쳤다. 엄마 목소리에 깜짝 놀라 뒤를 돌아본 현이는 급히 뒤로 돌아 엄마를 향해 걸어오기 시작했다. 차라리 그냥 가던 방향으로 길을 건너갔더라면…. 현이를 발견하고 현이가 걸어가던 반대쪽으로 핸들을 꺾었던 차는 갑자기 방향을 바꾼 현이와 그만 충돌하고 말았다.

— 횡단보도를 지나가는데 뒤늦게서야 집사람이 정신을 차린 거죠. 차가 휙 오니까…. 집사람도 자기도 모르게 현이를 부른 거예요. 그러니까 현이는 가다가 엄마 쪽으로 뒤돌아서 오는 바람에…. 치어버린 거죠.

조그만 아이의 몸이 붕 하고 하늘로 솟구쳤다. 아스팔트 바닥에 머리부터 떨어지고 말았다. 엄마의 충격과 자책감이 제일 컸다. 그날 이후 엄마는 매일 울었다. 차라리 그때 현이가 그대로 건너도록 놔뒀더라면…. 소식을 듣고 달려온 아빠도 자신을 자책했다. 그렇게 엄하게 대하지만 않았더라도…. 당시 현이의 상태는 거의 절망적이었다.

— 병원장님께 물었어요. 아이 어떠냐… 했더니 불가능하다고 그러더라고요. 이미 이 아이가 (차에 부딪히면서) 한 번 올라갔다가 떨어지면서 머리부터 아스팔트 바닥에 부딪혔었으니까요. 그래서 뇌에 물이 많이 차서 뇌압 때문이라도 어렵다고 그러더라고요.

그러나 아빠와 엄마는 포기하지 않았다. 더 이상은 힘들다는 2차 진료병원을 뒤로한 채 3차 진료병원으로 향했다. 인천길병원. 그런데 그곳에서 기적을 만났다.

— 너무 감사하게도 그날이 아마 길병원이 서해안 시대 응급의료 그런 어떤 연구를 하던 때였던 것 같아요. 그래서 모든 과장님이 퇴근하지 않고 있었고 동시에 여러 가지 수술이 함께 진행된 걸로 알아요. 그래서 살릴 수 있었죠. 안 그랬으면 어려웠을 텐데….

현이는 여러 가지 수술을 받았고 20여 일이 지나 의식을 되찾을 수 있었다. 머리를 다쳐 걱정했지만 아이는 용케도 엄마와 아빠를 모두 알아봤다. 심지어 의식을 찾지 못할 당시 병실 머리맡에서 부모님이 불러준 찬송가 구절까지도 또렷이 기억하고 있었다. 말 그대로 기적이었다.

— 아…. 그거를 생각하면 참 기적 같은 일인데…. 아이가 그러고 있을 때 면회를 가잖아요. 면회를 갈 때 저희가 늘 불러줬던 노래들이 있어요. 그런데 이 녀석이 깨어나면서 그 노래를 알고 있더라고

요. 그 노래를 불렀지요.

그러나 딱 거기까지. 모든 걸 돌려받을 수는 없는 것이었을까. 현이의 의식은 돌아왔지만, 몸은 돌아오지 않았다. 하반신 마비였다.

—젖꼭지 밑으로 쓰지 못하는…. 그래서 하반신이 마비된 채 손만 쓰는 거예요. 목과 손만. 의식이라든가 이런 거는 분명하고요.

더구나 목에 천공이라는 큼지막한 구멍이 뚫려있었다. 말을 할 때에도 손으로 구멍을 막아야 했고 가래가 끓으면 그 구멍에 호스를 집어넣고 흡인기로 뽑아내야 했다.

—호흡을 위해서 입으로 호흡하다가…. 그것만 않았으면 괜찮았다고 생각을 하는데…. 목에 천공을 뚫었어요. 이것이 기도(숨구멍)와 식도(음식물통로)를 함께 뚫어버린 거예요. 기도만 뚫었어야 하는데…. 기도와 식도를 함께 뚫어서…. 아마 기도가 닫히면 식도가 열리고 식도가 닫히면 기도가 열리고 그러는 건데 그 두 가지가 좀 애매했죠.

의학전문용어로 '경추골절'. 차에 부딪혀 튕겨져나간 몸이 거꾸로 떨어지며 목이 부러졌고 하반신의 움직임을 제어하는 척수신경이 끊어져 버렸다. 현재까지 끊어진 척수신경을 다시 이어줄 약이나 치료방법은 확실한 게 없다. 아이는 이제 아홉 살. 이대로라면 아홉 살짜리 아이는 평생을 걷지 못한 채 휠체어 위에서 살아야 할지 모르는 상태였다. 하지만 현이는 보통 아이가 아니었다. 절망적인 상황에서도 웃음을 잃지 않는 어린 왕자였다. 자신의 처지를 비관하지도 않았다. 어떻게든 극복하려 애썼고 공부까지 잘했다.

— (현이가) 일 년 반 정도를 쉬고서 학교에 복학했잖아요. 그런 다음에 성적이 중간보다는 좀 더 잘했던 거 같아요. (공부를) 전혀 안 했는데…. 그러니까 학교 선생님께서 현이랑 친했던 우람이란 아이를 야단치면서 '현이는 말이야 일 년 반을 쉬고 왔는데도 그러는데 너는 그것도 못 푸냐?'라고 그래서 한바탕 웃었던 적이 있었어요.

더구나 현이는 자책감에 괴로워하는 엄마와 아빠를 오히려 위로할 줄 아는 속 깊은 아이였다.

— 어느 날 (우리 교회의) 재정부장님이 봉투를 가져오셨더라고요. 우리 현이가 낸 헌금이에요. 그래서 보니까 "이대로라도 좋아요."라고 쓰인 헌금 봉투가 있더라고요. 굉장히 마음이 좀 그랬지요…. 아이가 감사할 줄 아는 아이였어요.

이대로라도 좋아요. 고맙게도 아이는 긍정적이었다. 그러나 실은 속마음을 겉으로 표현하지 않았을 뿐이었다. 어린 왕자는 겉으로는 웃고 있었지만, 속으로는 간절한 눈물을 흘리고 있었다. 아빠는 대학병원을 오가던 자동차 안에서 어린 왕자의 속마음을 엿보게 되었다.

— 서울대학병원에 갔다 오는 길이었어요. 나는 이 아이가 그 어떤 것들에 대해서 별로 생각이 없는 줄 알았어요…. 이놈하고 서울대학병원에 갔다 오는데…. 이 녀석이 매우 많은 노래를 알고 있더라고요. 제가 의외였었어요. 정말 의외였었는데… 노래들 가운데… 〈너라면 할 수 있어〉 그런 노래가 있어요. 이 아이가 그 노래를 접

하기 참 어려운데 그 노래, 그리고 〈괜찮아〉 이런 노래들을 굉장히 많이 잘 알고 잘 불렀어요. 그러니까 그 노래들을 자주 불렀던 거겠죠? 아이 혼자서….

강산에의 노래 〈넌 할 수 있어〉는 이렇게 시작한다. "후회하고 있다면 깨끗이 잊어버려. 가위로 오려낸 것처럼 다 지난 일이야." 그리고 이한철의 노래 〈슈퍼스타〉는 이렇게 끝난다. "괜찮아 잘 될 거야 ~ 너에겐 눈부신 미래가 있어~ 괜찮아 잘 될 거야~ 우린 널 믿어 의심치 않아~" 현이의 노래를 들으며 운전하던 아빠는 아이 몰래 폭포수처럼 쏟아지는 눈물을 삼켜야 했다.

— 운전하면서 운전을 못 할 만큼 많이… 많이 울었죠…. 혼자서. 애한테 들키지 않으려고 그냥 그렇게 울면서 왔죠.

그런 현이와 가족들에게 두 번째 기적이 찾아왔다. 마법사가 찾아온 거다. 마법사는 그해 가을 현이가 치료를 받고 있던 인천길병원에 나타났다. 그는 현이처럼 걷고 싶어도 걸을 수 없는 어린 왕자들에게 희망이 되는 연구를 하고 있던 줄기세포 과학자였다. 현이는 TV에서 본 마법사의 얼굴을 알아보고는 휠체어를 끌고 그에게 다가갔다. 그리고는 마법사에게 말을 걸기 위해 목구멍에 뚫린 구멍을 손으로 척 막고는 웃으면서 이렇게 말했다.

— 교수님이 황우석 교수님이시죠! 저~ 정말 잘 생겼죠? 저 좀 제발 일으켜 주세요.[6]

제2부

마법사

난치병 소년의 손을 따뜻하게 잡아준 과학자의 실험실에는 이미 줄기세포가 배양되고 있었다. 그것은 훗날 세계 최초의 복제 배아줄기세포주로 특허 등록된 NT-1이었다.

—아저씨가 황우석 교수님이죠? 저 좀 일으켜주세요.

어린 왕자의 말을 들은 마법사는 몸을 숙여 아이의 손을 잡아주었다. 따뜻한 손이었다. 당시 현이와 처음 만나던 순간을 황우석 박사는 이렇게 기억하고 있다.

—너무 밝았어요. 아이 표정이 티끌 하나 없이 너무 해맑고 순수하고…. 웃음이 많았습니다. (황우석 박사, 2015.4.25.)[1]

칠흑같이 어두운 현실 속에서도 해맑게 웃는 사람의 표정만큼 감동적인 게 있을까? 많이 닮았다는 생각이 든다. 어린 왕자와 마법사 말이다. 참 힘들게 살면서도 웃음을 잃지 않은 긍정파들이다. 이제 마법사에 관한 이야기를 해보자. 그는 2015년을 사는 젊은 사람들의 관점에서 보면 영락없는 '흙수저' 출신이다. 부모 덕에 금수저 물고 태어나 좋은 집에서 좋은 학교 다니고 미국 유학 갔다 와 대학교수가 되는 '금수저'들과는 태생부터 다른 '흙수저' 말이다. 그는 6·25

전쟁으로 온 국토가 잿더미로 변한 1953년에 태어났다. 그가 태어난 곳은 찢어지게 가난한 농촌 마을이었다. 충남 부여의 계룡산 자락, 파래골이라 불렸다. 황 박사는 다섯 살 때 아버지를 여의었다. 그래서 아빠 얼굴도 기억하지 못한다. 어머니 혼자 남의 집 소를 대신 키워주며 여섯 명의 아이들과 중풍으로 드러누운 시아버지까지 돌봤다. 그래서 황 박사의 형제들 모두 학교 끝나고 집에 오면 소를 몰고 나가 소 꼴을 먹이는 게 일이었다. 어린 황우석에겐 소가 친구였다. 풀밭에서 한가롭게 풀을 먹는 소의 맑은 눈동자가 그렇게 귀여웠다. 소의 크고 맑은 눈망울에 얼굴도 모르는 아빠의 모습을 그려봤다고 한다. 공부를 잘해서 중학교 때까지 1등을 놓쳐본 일이 없었던 그는 그 시절 촌에서 공부 좀 하는 아이들이 그러했듯 중학생 시절부터 도회지로 유학을 떠나 혼자 살았다. 늘 배고팠다. 학비는 장학금을 받아 해결했지만, 용돈은 빠듯했기 때문이다. 당시 돈으로 12원이던 차비가 없어서 쉬는 날 엄마 얼굴이 보고 싶어도 집에 가지 못했다. 4원이던 이발비가 없어서 두발단속에 걸려 혼나기도 했다. 그렇게 공부해서 명문 대전고등학교에 입학했건만 첫 시험에서 전교생 475명 중 400등. 동급생들은 하나같이 충남지역에서 소문난 시험기계, '넘사벽'들이었다. 그러나 거기서 포기하지 않았다. 죽도록 독하게 공부했다. 머리로 안 되는 걸 노력으로 채우기 위해 심지어는 잠안 자고 공부하는 '(방바닥에) 등 안대기' 클럽을 만들 정도였다.

— 간혹 놀면서 공부 잘하는 친구들을 보면 부럽기도 했다. 그러나 그들만큼 머리가 좋지 않은 나를 비관해 본 적은 없다. 나는 그저 내가 할 수 있는 최선을 다하고자 고군분투했다. 세상사는 공정한 것이어서 조금 시간이 걸리긴 했지만 내 노력에 충분히 답해 주었다고 생각한다. (황우석 박사 저서, 2004.) [2]

대학진학을 코앞에 둔 고3 시절, 마침내 그는 서울대 최상위권 합격이 확실할 만큼 대전고에서도 전교권 학생으로 통하고 있었다. 담임선생님은 그에게 서울대 의대 진학을 권유했다. 그러나 그는 수의대에 가겠다고 버텼다. 자기 어머니처럼 촌에서 소 키우며 사는 농민들이 잘살 수 있도록 소를 연구하겠다고 했다. 그러자 담임선생님은 그의 뺨을 때렸다.

— 야 이놈아, 서울대 의대만 나오면 부잣집 처녀들이 시집오겠다고 줄을 설 텐데 웬 수의대야? 찢어지게 가난한 놈이 '쇠침쟁이' 되어서 어쩌려구. (황우석 박사 저서, 2004.) [3]

의사가 선망의 직업이었다면 당시 수의사는 '쇠침쟁이' 취급을 받았다. 냄새나는 소 똥구멍에 침을 쑤셔 넣고 몇 푼 받아가는 쇠침쟁이 말이다. 그러니 뺨따귀를 맞을 수밖에. 그러나 '소 박사'가 되겠다는 고집불통 까까머리는 끝내 담임선생님의 권유를 뿌리치고 서울대 수의대에 입학했다. 그러고는 정말 소 똥구멍에 수만 번 자기 손을 집어넣으며 '소 박사'가 됐다. 그런데 그가 박사학위를 받던 1980년대, 세상은 빠르게 변하고 있었다. 학문의 흐름이 바뀌기 시작한 것이다. 배고픈 변방의 학문이던 수의학과 축산학, 기초 생물학이 선진국에서는 의학의 미래를 바꿀 재생치료의 밑거름 학문으로 떠오르고 있었다. 그 조짐은 1978년 영국에서 세계 최초의 시험관 아기 '루이스 브라운'이 태어날 때부터 감지되었다. 아기는 산부인과 병원에서 태어났지만, 아기의 배아세포가 시험관 속에서 만들어질 수 있게 도운 사람은 로버트 에드워즈라는 동물유전학자였다. 마이크로 단위에서 세포를 조작하는 세포생물학의 진보를 등에 업고 동물 실험가들이 인간에 대한 의학적 활용에 나선 것이다. 이후 전 세계에서 4백만 명이 넘는 아기가 난임시술을 통해 태어나고 있다. 로버트 에드워즈는 수많은 난임 부모들의 눈물을 닦아준 공로로 지난 2010년 노벨생리의학상을 받았다. 1996년 세계 최초로 포유류 복제에 성공한 이언 월머트도 생식 생물학자였다. 그는 이 공로로 영국 왕실로부터 기사 작위를 하사받고 현재 스티븐 호킹 박사 등이 앓고 있는 '루게릭병' 치료를 위한 줄기세포 연구를 하고 있다. 1998년 세계에서 처음으로 인간의 수정란으로부터 배아줄기세포를 수립한 미국의 제임스 톰슨은 실험의 성공을 위해 일부러 수의학을 전공했다. 엄청난 양의 동물 실험이 그의 성공의 밑바탕이 된 것이다.

이처럼 21세기는 변방의 배고픈 학문이던 농학자, 축산학자, 수의학자, 동물학자들이 의학혁명의 주역으로 나서는 융합의 시대였다. 황 박사는 이러한 시대 변화에 발 빠르게 대처해 나갔다. 지난 1993년 국내에서 처음으로 시험관 송아지 생산에 성공한 그는 국내 최초의 소 수정란 복제(1995년)와 소의 체세포복제(1999년)에 성공하며 선두를 빠른 속도로 따라붙었다. 2000년대에 접어들어 복제효율 면에서 세계 수준을 능가하는 비약을 이뤘고, 이를 바탕으로 그는 지난 2002년 줄기세포 연구에 본격적으로 도전했다. 그가 난치병 연구에 도전한 데에는 또 다른 이유가 있다. 황 박사 자신이 난치병 환자로서의 아픈 경험이 있었기 때문이다. 그는 서울대 교수로 부임한 이듬해였던 1987년 간암 판명을 받고 간 한쪽을 대부분 떼어냈다. 8시간에 걸친 큰 수술을 두 번이나 받은 뒤 언제 다시 재발할지 알 수 없어 자신이 앞으로 얼마나 살지 장담할 수 없었다.

— 우리 아이들이 국민학교를 졸업할 때까지만 저를 살려주시면 소원이 없겠다고 빌었어요. 그때 저 혼자서 아이들을 양육하고 있던 시절이었죠. (황우석 박사, 2015.4.25.)

삶과 죽음이 교차하는 사선에서의 고통. 앞날에 대한 걱정과 남은 가족에 대한 미안함. 그때의 경험이 황 박사로 하여금 단순히 과학자로서가 아닌 한 인간으로서 '자기 좀 일으켜달라.'라는 어린 왕자의 손을 따뜻하게 잡아주게끔 하지 않았을까. 그는 현이의 손을 꼭 잡아주며 이렇게 말했다.

— 이 아저씨가 사회적으로 모진 압박과 갖은 태클을 당하더라도 의사선생님들이 너에게 직접 시술해줄 수 있는 그 단계까지 내가 반드시 이 기술을 개발하고야 말 테니…. 대신 너도 지금의 이 의젓하고 정말 희망적이고 맑은 모습을 잃지 않겠다고 약속해줄 수 있겠니? (황우석 박사 강연, 2004.) [4]

그 말에 현이는 그러겠다고 밝게 웃었다. 어린 왕자와 마법사는 그렇게 새끼손가락을 걸고 약속했다. 나는 당시 그 두 사람의 만남을 옆에서 지켜봤던 어린 왕자의 아버지에게 물어봤다. 황 박사가 '내가 널 걷게 해주겠다.'라며 아이에게 헛된 환상을 심어줬다는 식으로 보도한 기사가 많았는데, 부모님으로서 어떻게 보셨느냐고. 그랬더니 갑자기 아버님의 언성이 높아졌다.

— (기자들이) 저에게 10가지를 물어요. 그 10가지 중에는 다양한 내용들이 있지 않겠어요? 그중에 원하는 것만 뽑아요. 그러면 내 이야기예요? 아니면 짜 집은 이야기예요? 자기들의 이야기란 말이에요. 황우석 박사가 장사꾼이 아니에요. 만나봐야 알아요. 이분이 한 얘기가 '목사님 제가 빨리해서 올해 안에 한번 해봅시다.' 이런 얘기가 장사꾼의 얘기가 아니라 나를 생각해서 부모의 입장을 생각하고…. 그럴 수 있잖아요. 관점이 '그렇게 하겠다.'

가 아니라 '한번 해보자 내가 노력해보겠다.'였어요. 부모에 대한 위로라고요. 그것을 그대로 (기사로) 쳐버리면 황우석 박사는 죽일 놈이 되는 거죠. 그런 게 싫은 거죠. 언론의 그런 게…. (어린 왕자의 아버지 김제언 목사, 2014.2.9.) [5]

현이와 새끼손가락 걸고 약속할 당시 황 박사에게는 학자로서의 자신감이 있었다. NT-1. 현이를 만나기 1년 반 전인 2003년 4월경, 그는 세계에서 처음으로 환자의 체세포를 복제한 배아줄기세포주 수립에 성공한 상태였다. 체세포 핵이식 배아줄기세포주 1번, NT-1. 이것이 지난 2014년 미국에서 최초의 복제 배아줄기세포 특허로 등록된 황우석 1번 줄기세포다. 훗날 서울대 조사위원회는 이 NT-1을 정상적으로 복제된 게 아닌 '처녀생식'에 의한 줄기세포였다고 발표했고 2007년 미국 하버드 의대 연구자 등이 논문으로 이를 뒷받침했지만, 다시 지난 2011년 이를 정면으로 반박하며 NT-1은 복제 줄기세포가 맞다는 논문이 국제 학술지에 발표되며 캐나다 특허청 (2011년)에 이어 미국 특허청(2014년)은 NT-1을 세계 최초의 복제 배아줄기세포 특허로 정식 등록시켰다.

일명 환자맞춤형 줄기세포라 일컫는 이 방식의 줄기세포는 다양한 나라 다양한 방식의 줄기세포가 임상단계를 향해 치닫고 있는 2015년 현재까지도 '안전하고 치료효과가 탁월한 방식'으로 평가받고 있다. 환자의 세포를 복제한 줄기세포를 다시 환자의 몸속에 넣어주니까 면역거부반응 같은 부작용을 최소화시킬 수 있다. 인체의 거의 모든 세포로 분화할 수 있는 배아(Embryo) 상태에서 줄기세포를 만들어 척수손상이나 당뇨, 나아가 루게릭병이나 파킨슨병 등 다양한 난치병 치료에서 강력한 치료능력을 기대할 수 있었다. 현이의 끊어진 척수신경을 다시 이어줄 희망의 동아줄을 황 박사는 갖고 있었던 것이다. 현이를 만날 즈음 황 박사는 NT-1 수립성과를 단순히 학문적인 차원에서가 아니라 실제 치료 효과적인 면에서 입증받으려는 시도를 하고 있었다. 어린 왕자의 복제 배아줄기세포를 만드는 것. 그 후 세계 최고의 의학자들과 손잡고 어린 왕자의 끊어진 척수신경을 치료하는 임상시험을 준비하는 것이었다. 마법사는 그렇게 세계라는 광장을 향해 한 걸음씩 나아갔다. 그 광장에는 생각지도 못한 위험과 도전들이 기다리고 있었지만, 그는 뚜벅뚜벅 걸어나갔다.

제3부

세상의 중심에 서다

황우석 1번 줄기세포(NT-1)의 성과는 〈사이언스〉 표지 논문으로 발표돼 전 세계를 흥분시켰지만 곧 '생명윤리 논란'이라는 엄청난 후폭풍에 휘말렸다.

2004년 2월, 그의 첫 번째 줄기세포 논문이 발표됐을 때 전 세계 과학계는 흥분했다. 그냥 논문이 아니었다. 세계 최고의 과학저널 〈사이언스〉에 표지 논문으로 실린 것이다. 1880년 발명왕 에디슨의 투자를 통해 창간한 미국의 〈사이언스〉는 영국의 〈네이처〉와 함께 과학 분야 두 개의 탑이었다. 누구나 오르고 싶지만 아무나 오를 수 없는 거대한 탑. 그 탑에 황 박사가 올라섰다. 〈사이언스〉는 그의 논문만 실은 게 아니었다. 황 박사를 미국 시애틀로 초청해서 수백 명의 외신기자 앞에서 특별기자회견을 하도록 주선했다. 이후 미국 과학자협회가 개최하는 심포지엄의 가장 중요한 마지막 연사로 초청하기도 하였다. 전 세계 석학들이 축하인사를 건넸다. 영국 케임브리지대학의 줄기세포 학자인 로저 피터슨 교수는 이례적으로 이런 말을 건네기도 하였다.

─18세기 영국은 산업혁명을 일으켜 한 시대를 풍미했고 20세기 미국은 실리콘 밸리에서 정보통신혁명을 일으켰다면 이제 21세기 바이오 혁명은 한국의 서울에서 일어날 것입니다. (세계

일보, 매일경제, 2004.) [1]

왜 이처럼 세계 석학들은 황우석팀의 성과에 흥분한 걸까? 그것은 미래 사회 의학의 패러다임을 바꾸게 될 재생치료에 있어 황 박사의 연구는 골드 스탠더드, 즉 황금표준 역할을 하게 되기 때문이었다. 지난 2000년 〈사이언스〉는 줄기세포에 기반을 둔 재생치료법이 실용화될 경우 미국에서만 약 1억 3천만 명, 세계적으로 25억 6천만 명의 난치병 환자들이 치료대상이 될 것으로 예상했다.

> ― 심장혈관질환 11억 6천만 명, 자가면역질환 6억 명, 당뇨병 3억 2천만 명, 골다공증 2억 명, 알츠하이머 8천만 명 등. (사이언스, 2000.) [2]

'재생치료'라는 신대륙의 발견은, 과학자들을 마치 19세기 황금광산을 찾아 미국 서부를 향해 역마차를 타고 달려가던 '골드러시' 행렬처럼 돌진하게 만들었다. 그러나 서부 개척사에서 정작 금광을 찾아 돈을 번 사람은 극소수에 불과하고 개척자들에게 청바지를 만들어 판 사람만 돈을 벌었듯, 줄기세포 연구 역시 기대보다 성과는 미미했다. 과학자들은 동물복제기술과 배아줄기세포 기술의 비약적 발전을 한데 묶어 '복제 배아줄기세포' 연구에 도전했다. 하지만 어쩐 일인지 인간의 난자는 세포의 복제를 허락하지 않았다. 최고의 연구팀들이 도전했다. 하지만 모조리 실패만 거듭했다. 미국 피츠버그대학의 제럴드 섀튼 교수 역시 금광을 향해 전력 질주했지만 별 소득이 없었다. 지난 2001년 영장류인 원숭이복제 연구에 무려 1,300만 달러(우리 돈 127억 원)라는 천문학적 연구지원을 받을 만큼 실력자였던 그였지만, 이상하게도 인간의 난자에 환자의 체세포를 핵이식한 세포는 8세포기 단계를 넘어서지 못하고 멈춰버렸다. '마의 8세포기'란 말까지 나왔다. 결국 그는 2003년 4월 〈사이언스〉를 통해 포기선언을 했다. 영장류 이상은 복제가 불가능하다는 논문을 발표한 것이다.

— 최근 연구방법으로는 영장류에서 핵이식을 이용한 배아줄기세포 생산이 어려우며 생식복제도 달성될 수 없을 것이다.[3]

그런데 이랬던 그가 불과 반년 만에 자신의 '불가' 입장을 철회했다. 섀튼 교수 자신의 말처럼 '기절초풍할 일'을 경험했기 때문이다. 섀튼은 2003년 9월 한국의 황우석팀 연구실에 직접 찾아왔고, 복제된 세포가 '마의 8세포기'를 넘어 배반포를 형성한 이후 여기서 배아줄기세포가 수립된 것을 자신의 눈으로 똑똑히 목격한 것이다. 당시 섀튼 교수 연구실로 파견되었던 황우석팀 공동연구자 현상환 교수(충북대)는 그 순간을 이렇게 설명했다.

— 이전에는 섀튼 교수가 영장류 복제배아는 4세포기에 세포분열이 멈춰서 추가적인 영장류 복제는 불가능했다고 그렇게 얘기를 했던 양반인데 황 교수님하고 공동연구를 통해서 '아, 이게 복제가 되더라.'라고…. (현상환 충북대 교수, 2010.11.7.)[4]

그러나 섀튼은 눈으로 확인하는 것에 만족하지 않았다. 모든 과학자는 기본적으로 자신의 실험결과를 최우선적으로 믿는다. 그는 황우석의 실력을 검증하고 싶었다. 그래서 자신의 실험실에 황우석 연구원들을 초청하고 복제실험 결과를 지켜본다. 이에 따라 2003년 9월 이후 현상환과 박을순, 두 명의 황우석팀 연구원들이 미국 피츠버그대학의 섀튼 교수 실험실로 파견된다. 그곳에서 섀튼은 황우석팀의 실력을 똑똑히 보게 됐다.

   —현지 연구자들 경우 원숭이 복제배아를 만드는데 6~8시간 정
    도 걸려요. 모든 프로세스가. 그런데 저희가 가서 만드는데 단
    1~2시간 이내에 완료하다 보니 거기서부터 섀튼 교수가 놀라 자
    빠지셨죠. '여기서부터 뭔가가 있구나…'. 탈핵방법에서 squizing
    method라고 짜내는 방법으로 시간을 단축시킨 바가 있고 체세포
    동기화라던가 그런 부분에서 차이들이 좀 (많이) 있었죠. (현상환 교수,
    2010.11.7.)

   이후 섀튼 교수는 황 박사의 열렬한 조력자가 됐다. 그는 한국행 비
행기를 타고 서울대 연구실을 자주 찾아오면서 황우석 박사와 피를
나눈 형제보다 더 깊은 우애를 과시했고, 마침내 황 박사는 〈사이언
스〉라는 탑 위에 우뚝 섰다. 미국 시각으로 2004년 2월 12일 오전 시
애틀의 그랜드하얏트 호텔. 〈사이언스〉가 마련해준 특별기자회견장
에 두 명의 한국인 과학자가 섰다. 서울대 수의대 황우석 교수와 서울
대 의대 문신용 교수. 문 교수는 한국에서 처음으로 시험관 아기 시술
에 성공한 의학자로 2004년 〈사이언스〉 논문의 교신저자를 맡는 등
황 박사의 든든한 동반자였다. 그때까지는…. 기자회견장에는 삼백
명이 넘는 기자들이 취재경쟁을 벌였고 곧 전 세계 주요 언론은 일제
히 한국인 과학자들의 성과를 주요 뉴스로 타전했다. 그들의 과학적
인 성과에 대해선 이견이 없었다.

   —거대한 발걸음(big step). (뉴욕타임스)
   —새로운 치료법의 개발을 가속할 진전. (워싱턴포스트)
   —의학연구의 큰 발전이자 돌파구. (CNN)

— 맞춤치료 개발을 위한 중대한 진전. (BBC)

— 치료용 복제가 이제 이론이 아니라 현실이 됐음을 의미한다. (신화통신)

그러나 정작 외신기사들이 뽑은 '메인 타이틀'은 심상치 않았다. 이 연구가 지닌 과학적 성과와는 별개로 윤리적 논란에 대한 후폭풍을 예상하는 논조들.

— 치료용 복제를 둘러싼 의학적, 윤리적 논쟁의 먹구름. (뉴욕타임스) [5]

— 한국 과학자들, 복제를 말하다. (워싱턴포스트) [6]

— 새로운 복제 논란의 등장. (뉴스위크) [7]

여기에는 이유가 있었다. 21세기는 재생치료의 시대였지만 동시에 배아줄기세포와 복제의 위험성을 둘러싼 윤리논쟁의 시대이기도 했다. 21세기를 앞두고 영화제작자들의 상상력을 자극하는 연구성과가 영국과 미국에서 잇따라 나오면서 논쟁은 후끈 달아올랐다.

— 1996년 최초의 포유동물인 복제양 '돌리' 탄생. (영국) [8]

— 1998년 최초의 인간 배아줄기세포주 확립. (미국) [9]

과학자들이 양을 복제해 내자 곧 복제인간을 만들어내는 '클론공장'에 대한 영화가 나왔다. 미국에서 배아줄기세포를 만들자 곧 로마교황청이 우려를 표명하고 미국 대통령 선거 이슈로 부각된다. 복제인간의 신체장기를 부위별로 판매하는 자판기가 등장하리라는 괴담까지 나왔다. 그러는 사이에 난치병 치료가 가능해질 거라는 '유토피아'와 복제인간이 출현할 거라는 '디스토피아'가 공존하는 21세기가 찾아왔다. 과학자들과 종교·윤리계 사이에 치열한 논쟁이 벌어졌다. 그 중심에 조지 W. 부시 대통령이 있었다. 미국의 제 43대 대통령으로 이라크와 아프가니스탄을 폐허로 만든 세계에서 가장 강한 남자. 그는 오늘의 미국을 건설한 기독교 원리주의에 충실했다. '배아'를 인간 생명으로 보는 그는 대통령에 취임하기 전부터 배아줄기세포에 대한 반대의지를 명확히 드러냈다.

— 나는 살아 있는 인간배아를 파괴하는 줄기세포 연구에 연방 예산을 지원하는 걸 반대한다. (CNN, 2001.8.9.) [10]

그리고 그가 당선됐다. 당선 직후 그는 약속대로 미국에서의 배아 줄기세포 연구를 봉쇄했다. 지난 2001년 8월 9일 밤 9시 자신의 텍사스 크로퍼드 목장에서 부시 대통령은 중대발표를 했다.

— 이 시간 이전에 수립된 인간 배아줄기세포에 대해서만 연방정부 기금을 지원할 것이다.[11]

이것이 미국 내 배아줄기세포 연구에 찬물을 끼얹은 그 유명한 부시 독트린이다. 종교계는 열광했지만, 환자들은 절망했고 과학자들은 속속 미국을 떠났다. 대표적인 사람이 앞서 언급된 로저 피터슨이다. 그는 미국 캘리포니아를 떠나 영국 케임브리지대학에서 배아줄기세포 연구를 하고 있다. 어느새 세계 최강대국 미국은 배아줄기세포에 있어 '겨울왕국'이 되어가고 있었다. 그런데 그런 부시 앞에 조그만 나라 한국의 과학자들이 복제 배아줄기세포를 들고 나타난 것이다. 어떻게 됐을까?

— "난자를 대상으로 한 일체의 복제연구를 중단하겠다." 황우석, 문

신용 교수팀의 귀국 후 일성입니다. 연구팀은 난치병 치료를 위한 학문적인 열정에서 연구를 진행해 큰 성과를 거뒀지만, 인간복제의 가능성과 생명윤리의 문제는 항상 마음에 걸려 왔다고 토로했습니다. 따라서 이 문제에 대한 국민적인 합의가 이루어지기 전까지는 여성의 난자를 대상으로 한 연구를 잠정 중단하겠다고 밝혔습니다. (YTN, 2004.2.19.) [12]

황 박사는 미국에서 돌아오자마자 인천공항에서 귀국 기자회견을 통해 연구 중단을 선언했다. 당시 그들이 미국 현지에서 체감한 윤리적 반발은 상상 그 이상이었기 때문이다. 부시가 이끄는 미국 행정부는 UN 총회를 통해 복제 배아줄기세포 연구를 전면 금지하도록 하는 결의안을 적극 지원하고 있었다. 전면금지결의안이 통과된다면 황 박사는 전 세계 어디에서도 연구할 수 없는 처지에 놓인다. 연구할 수 있느냐 없느냐. 운명의 날은 다가오고 있었고 그날은 2004년 10월 21일이었다.

>> 제2막
세기의 대결

삼복더위가 한창이던 2015년 여름. 나는 원고를 몇 번이나 뒤집으며 머리를 쥐어짰다. 구슬이 서 말이라도 꿰어야 보배가 되는데 도대체 십 년간 모아온 이 소중한 옥구슬들을 어떻게 꿰어야 할지 몰라 방황하고 있었다. 도무지 원고를 진척시키지 못하던 그때, 22년 전 우리 대학원 사부님께서 해주신 말씀이 떠올랐다. 나는 대학원 석사과정 때 '토양학'을 전공했다. '토양학'은 말 그대로 맨땅에 삽질하는 학문인데, 한평생 맨땅에 삽질하며 전 세계 토양을 연구해오신 우리 사부님께서는 이런 말씀을 하셨다.

— 광준아, 어떻게 해야 땅을 잘 파고들어 가는지 아니? 처음부터 좁게 파고들어 가면 깊이 들어가지 못해. 넓게 파야 깊게 들어갈 수 있어. 학문의 세계도 마찬가지다. 넓게 봐라. 그래야 깊게 들어간다.

그래 이거야. 나는 무릎을 쳤다.

— 넓게 파야 깊게 들어갈 수 있다.

그랬다. 처음부터 나는 너무 좁게 파고들어 가고 있었다. 황우석 박사 개인의 잘잘못에 초점을 맞추거나, MBC 〈PD수첩〉이나 노성일 이사장, 서울대 조사위원회 등 겉으로 드러난 조연들과의 대립에만 포커스를 맞췄으니까. 그러니 깊게 들어가지 못했고, 깊이가 없으니 정리가 안 될 수밖에. 왜 이런 문제를 알아차리지 못했을까? 그래서 넓게 파고들어 가봤다. 사건을 원점부터 다시 늘어놓고 좌악 벌려봤다. 한쪽에는 한국에서 일어난 사건들, 그리고 다른 한쪽에는 태평양 건너 미국에서 벌어지고 있던 사건들. 그랬더니 세상에나 마치 퍼즐처럼 딱딱 맞아떨어져 갔다. 옥구슬들이 일목요연하게 정리되기 시작했다. '왜'라는 물음표가 하나씩 둘씩 '그랬군.' 하는 느낌표로 변해가고 있었다. 마치 신대륙을 발견한 느낌이었다. 닻을 올린 내 원고는 쭉쭉 앞으로 나아갔고, 마침내 지난 2004년과 2005년 태평양을 사이에 두고 펼쳐졌던 미국의 조지 W. 부시 대통령과 한국의 황우석 박사 사이의 대결구도를 향해 가고 있었다. 줄기세포를 둘러싼 윤리적 논란, 그것은 부시 대 황우석의 '세기의 대결'이었다.

제4부

UN 총회에서의 1차 격돌

종교·윤리적으로 황우석 연구를 반대해온 미국의 부시 행정부는 줄기
세포를 찬성하는 라이벌 존 케리 후보와의 힘겨운 대통령 선거전을 치
르며 UN 총회에서 '복제연구 전면금지결의안'을 지원했다. 그러나….

2004년 10월 21일, UN의 법제사법위원회 격인 총회 6 위원회에 올
라온 안건은 두 가지였다. 하나는 미국과 가톨릭 국가 등이 주축이
돼 마련한 일명 '코스타리카 안'으로 인간복제는 물론이고 치료목적
의 세포복제 연구까지 전 세계 모든 나라에서 금지하자는 '복제 전면
금지안'이었다. 통과되면 전 세계 어느 나라에서도 이 연구를 할 수
없게 된다. 이에 대해 한국과 일부 유럽 국가들은 일명 '벨기에 안'으
로 맞섰다. 인간복제는 금지하되 치료목적의 세포복제는 허용하자는
'제한적 허용안'이었다. 둘 중 하나를 채택해야 하는 UN은 이틀간의
찬반 토론에 들어갔고 물밑에서는 치열한 득표경쟁이 벌어졌다.

황우석은 절박했다. 연구할 수 있느냐 없느냐. 그는 이미 잠정적으
로 연구를 중단한 상태였다. 반면 생명윤리에서 자유로운 중국 등 경
쟁국들의 연구에는 가속도가 붙고 있었다. 부시도 절박하기는 마찬
가지였다. 재임에 성공하느냐 마느냐. 당시 그는 힘에 겨운 선거전을
치르고 있었다. 민주당 존 케리 후보와의 박빙의 대통령 선거. 부시
는 선거 막판 최대 화두로 떠오른 '배아줄기세포 논쟁'에서 어떻게든

밀리면 안 됐다. 강력한 상대였던 존 케리(민주당) 후보는 수시로 부시의 배아줄기세포 정책을 공격해 여론의 지지를 얻고 있었기 때문이다. 게다가 대선을 불과 3주 앞둔 10월 10일, 영화 〈슈퍼맨〉의 주인공이었던 크리스토퍼 리브가 사망하면서 줄기세포 논쟁은 정점에 달했다. 절정의 인기를 달리던 할리우드 스타 크리스토퍼 리브는 승마하다 말에서 떨어지는 사고를 당해 10년 동안 어깨 아래 전신이 마비된 채 살아왔다. 그러나 영화 속에서 지구를 거꾸로 돌린 '슈퍼맨'은 숨을 거두기 직전까지도 자신의 인생을 되돌릴 줄기세포 연구 지원을 호소해왔다.

— 나는 그렇게 고결한 사람이 아니다. 내 나이 51세인데 70세가 되기 전 줄기세포 과학의 덕을 보고 싶다.[1]

그가 사망하기 1년 전에 남긴 말이다. 이랬던 슈퍼맨이 끝내 일어서지 못한 채 숨을 거둔 것이다. 슈퍼맨이 살아생전 남긴 인터뷰와 동영상들이 미국 전역에 방송됐고, 미국인들은 그를 애도하며 줄기세포 등 재생치료 연구의 발전을 기도했다. 민주당의 존 케리 후보는 슈퍼맨의 이름을 부르며 부시를 강하게 압박했다. 그리고 마침내 여론조사 기관들은 케리가 우위를 점할 수 있는 카드로 줄기세포 논란을 꼽았다. 줄기세포는 두 후보 간의 견해차가 가장 극명하게 갈리는 사안이었기 때문이다.

— 선거 여론조사 기관은 줄기세포 관련 논쟁이 케리가 부시의 지지기반을 뺏을 수 있는 가장 확실한 현안이라고 전했다. (머니투데이, 2004.10.12.)[2]

이런 국면에서 부시 진영은 UN 본부에서 날아올 반가운 소식을 고대하고 있었을 것이다. 만일 10월 21일 UN 총회에서 복제 전면금지안이 채택되었더라면 그것은 부시의 재선을 위한 확실한 보증 수표였다. '보라. 미국만이 아니다. 전 세계가 이 연구를 금지하는 것에 동의했다.' 이 한 마디로 끝일 테니까. 미국은 UN에게 구속력 있는 '금지조약'을 원했다. 그러나 UN의 결정은 부시의 바람대로 되지 않았다. 세계는 윤리 논란 속에서도 재생치료의 미래를 보고 있었고, 그 중심에 슈퍼맨과 황우석이 있었다. 황우석 박사는 한국정부의 지원 아래 UN 총회가 열리는 뉴욕으로 다급히 날아왔다. UN 토론을 일주일 여 앞둔 10월 13일. UN 본부 인근 강연회장에 각국 외교관과 UN 출입 기자들이 초청된 가운데 그는, 과학자들이 연구할 기회를 달라고 절박하게 호소했다.

— (황우석 박사는) 치료목적의 배아 복제연구는 수많은 난치병 치료의 희망이라고 강조했습니다. 황 교수는 또 인간복제와 치료목적의 배아복제는 별개라며 인간복제에 반대한다고 말했습니다. (YTN, 2004.10.14.) [3]

그의 강연은 UN 회원국들 사이에서 미국이 주도하는 '전면금지안'보다는 '제한적 허용안'이 더 많은 공감을 얻고 있음을 간파한 한국정부가 다양한 외교채널을 동원해 마련한 이벤트였다. 그리고 이자리에서 한 사람의 동영상이 공개됐다. 고인이 된 슈퍼맨, 크리스토퍼 리브의 영상 메시지였다. 슈퍼맨은 원래 휠체어를 타고 이 자리에 참석해 황 박사 연구를 돕는 연설을 하기로 약속했던 사람이었다.

— (슈퍼맨은) 고인이 되기 얼마 전에 (저와) 직접 전화통화를 했었습니

다. (UN 총회가 열리는) 뉴욕으로 직접 오겠다고 하셨어요. 꼭 돕고
싶다고. (황우석 박사, 2015.4.25.) [4]

비록 슈퍼맨은 뉴욕에서 황 박사를 만나지 못한 채 자신의 고향
크립톤 행성으로 돌아갔지만, 그가 이 연구를 도우려고 생전에 남겨
둔 짤막한 영상 메시지는 참석자들의 마음을 움직이고 있었다.

― 옳은 결정을 내리길 기대합니다. 도덕적으로 올바른 과학적인 지
식은 전 세계 수많은 환자에게 희망을 줄 것입니다. 감사합니다.
(크리스토퍼 리브의 동영상 메시지 내용, YTN, 2004.10.14.) [5]

슈퍼맨이 하늘나라에서 도운 덕분일까? 결국 UN은 전면금지안
을 채택하지 않았다. 2004년 10월 21일과 22일 이틀간 치열한 찬반
토론을 벌인 UN 회원국들은 전면금지안(미국 부시)과 제한적 허용안
(한국 등) 두 가지 안 중 그 무엇도 전 세계적으로 비준을 받을 만큼의
구속력을 지니기 어렵다고 판단하고 결론을 내리지 않았다. 이후 비
공개 논의만 거듭했다. 그 사이 미국의 대통령 선거는 끝났고 UN은
구속력이 없는 '선언'만 채택한다. 인간복제에 대한 금지 선언. 논란
의 핵심이었던 치료목적의 세포복제 연구에 대해서는 구속력을 갖지
않는 사실상의 연구 허용안이었다. 이렇게 해서 부시정부가 고대하
던 UN에서의 복제연구 금지조약은 폐기되었고, 황우석 박사는 어느
새 공식적인 연구재개를 선언하고 있었다.

제5부

"끝장나게 좋다."

[
새 라인업을 짜 연구를 재개한 황 박사는 어린 왕자를 비롯한 여러 난
치병 환자들의 세포를 척척 줄기세포로 만들었는데 줄기세포의 배양
상태는 한마디로 끝장나게 좋았다.
]

황 박사는 이미 연구 재개를 위한 모든 준비를 마친 상태였다. 어린
왕자의 줄기세포를 만들기 위한 새로운 실험. 여기에 새로운 라인업
이 투입됐다. 지난 2003년 최초의 1번 줄기세포를 수립한 주요 연구
원 대부분은 미국 유학을 떠난 상태였지만 2004년 2번 줄기세포 실
험에 투입된 새 멤버들은 선배들의 역량을 뛰어넘을 만한 베테랑들
이었다. 가장 중요한 체세포 핵이식 실험은 각종 동물실험에서 탁월
한 성과를 쌓아온 김 수, 박선우 연구원이 맡았다.

— 약 7년간을 근무하면서 대략 따져보니까 15만 개의 난자를 다루
   었던 것 같습니다. 그중에서 약 10만 개의 난자를 가지고 체세포
   핵이식 연구를 했고 소, 돼지, 개⋯ 심지어 원숭이까지 체세포복제
   연구를 수행해서야 비로소 황우석 박사님으로부터 인간체세포복
   제 연구를 수행하라고 지시를 받았고. (김 수 박사, 2007.2.10.)[1]

7년간 15만 개의 동물 난자 실험을 하는 연구팀은 전 세계적으로
도 유례가 없다. 열악한 연구여건 속에서도 새벽부터 피비린내 나는

도축장에서 동물의 난소를 채취해와서, 목이 돌아가지 않을 만큼 현미경을 들여다보며 핵이식 실험을 해온 연구원들. 황 박사는 그 길고도 힘든 동물실험을 통해 검증된 베테랑들만 인간 난자를 이용한 실험에 투입했다. 인간의 난자는 세상 무엇보다도 소중하고 귀한 신줏단지였기에 아무에게나 만지게 하지 않았다. 체세포 핵이식은 베테랑인 김수와 박선우 연구원이, 실험기록과 관리는 동료와의 불화로 실험실을 떠난 의사 출신의 '닥터 K'(제보자) 대신 권대기 연구원이 맡았고, 줄기세포로의 배양과 검증을 맡았던 공동연구자 미즈메디 연구팀 또한 유학을 떠난 박종혁 연구원의 뒤를 이어 김선종 연구원이 업무를 맡았다.

그리고 난자 제공 방식도 바뀌었다. 2005년 1월 1일부터 난자 수급을 엄격히 규제하는 생명윤리법이 한국에서 시행됨에 따라 황우석팀은 소중한 여성의 난자를 연구에 활용함에 있어 보다 글로벌 스탠더드에 맞는 방식을 택했는데 그것은 '난자 공여제'였다. 시험관아기 시술을 위해 여성의 난자는 1회에 적게는 7~8개부터 많게는 25개까지 채취된다. 이 가운데 1개 혹은 2개만 사용되고 나머지는 다른 사람에게 기증하거나 냉동시켜 5년이 지나면 자동 폐기된다. 그래서 미국이나 영국 등 선진국에서는 많은 여성들이 시술 후 남는 자신의 난자를 줄기세포 연구용으로 기증한다. 냉동시켜 폐기하느니 신선한 상태에서 누군가를 위한 난치병 치료에 보탬이 되고 싶다는 바람, 이것이 난자 공여제도의 핵심이다. 황우석팀은 생명윤리법이 발효되자 당시 국가생명윤리위원으로 활동하던 생명윤리학자의 조언을 받아 '난자 공여제'를 통해 연구했다.

— 2004년 9월 17일부터 2005년 12월 24일까지 모두 80회 난자를
   제공받아 이 중에서 72회에 걸쳐 체세포 핵이식을 실시했습니다.

총 26명 환자의 체세포를 사용했고 이 가운데에는 척추손상환자, 당뇨병환자, 선천성 면역결핍증환자, 홍반성 낭창환자가 포함되어 있습니다. (김수 박사)

연구는 빠른 속도로 진척되었다. 지난 2003년에 성공한 1번 줄기세포의 경우 연구돌입 4~5개월이 지나서야 줄기세포 전 단계인 '복제 배반포' 수립에 성공했지만 2004년에 착수한 2번 줄기세포는 불과 일주일 만에 배반포 단계를 통과했다. 검찰수사기록에 따르면 2004년 9월 17일경 김수 연구원이 핵이식을 실시한 어린 왕자 현이의 세포는 약 일주일 뒤인 9월 24일경 복제 배반포로 형성됐다. 그리고 10월 5일경 배반포 단계를 넘어 줄기세포 단계(콜로니)로 진입했다. 놀라운 진전이었다. 이것은 크게 두 가지 의미를 담고 있었다. 하나는 본격적인 환자맞춤형 줄기세포 시대의 개막이었다. 1년 전에 수립된 1번 줄기세포는 난자를 제공한 여성의 체세포를 복제해 만들었다. 이 때문에 여성에게만 적용될 수 있는 것 아니냐는 의구심이 들었다. 그러나 이번 어린 왕자의 2번 줄기세포는 난자를 제공할 수 없는 남성의 세포로도 줄기세포를 만들 수 있다는 점을 확인시켜줬다. 앞으로 이 치료가 남녀노소 구별 없이 환자맞춤형으로 진척될 수 있다는 가능성을 열어준 거다. 이것이 연구가 지닌 핵심가치였다. 그래서 논문 제목도 이렇게 붙였다.

— 환자맞춤형 배아줄기세포의 수립.[2]

더구나 성공효율의 진전은 놀랍다 못해 무서울 정도였다. 이전 실험(1번 줄기세포)에서 그들은 256개의 난자를 핵이식해 27개의 복제 배반포를 만들고 그중 1개가 줄기세포로 수립됐다. 10.54%의 배반포 성공효율. 10개의 난자를 써서 그중 1개의 복제 배반포를 만든 꼴인데 이 정도만으로도 영국 뉴캐슬대학의 스토이코비치 박사는 '대단한 업적'이라고 평했다. 그 누구도 10%가 넘는 배반포 성공률은 상상조차 할 수 없던 상황이었다. 그런데 어린 왕자의 세포는 단지 4개의 여성 난자를 써서 1개의 배반포를 만들었다. 25%의 배반포 성공률. 그 한 개의 배반포가 곧바로 줄기세포로 만들어졌으니 소중한 여성 난자 4개만으로 줄기세포 1개를 만든 셈이다. 외국 경쟁자들이 놀라 자빠질 만한 수준이었다.

이후 마치 봇물 터지듯 다양한 난치병 환자들의 세포가 척척 수립됐다. 11월 25일경에는 3번 줄기세포가 수립됐다. 14개의 난자를 핵이식해서 2개의 배반포를 수립했다. 배반포 성공률 14.3%. 그리고 12월 5일경 한꺼번에 7개의 복제 배반포가 만들어졌고 그중 4개가 12월 10일경 줄기세포로 수립됐다. 4번, 5번, 6번, 7번 줄기세포의 수립. 바로 이 대목에서 황 박사는 자신의 연구가 '본궤도에 올랐음'을 확신했다. 28개 난자를 써서 7개의 배반포를 만들었으니 배반포 성공률은 무려 25%. 여기서 4개의 줄기세포가 만들어졌으니 결과적으로 10개 미만(7개)의 여성 난자를 이용해 1개의 줄기세포를 만드는 효율적인 시스템이 갖춰진 것이다. 게다가 배반포의 상태도 아주 좋았다. 이는 황 박사의 연구를 고의로 방해해온 미즈메디 배양책임자 김선종 연구원조차도 법정에서 인정한 사실이었다.

— 2004년 (논문 실험)에 비해 확실히 (배반포 상태가) 좋았습니다. (김선종 법정증언, 2007.8.28.) [3]

당시 황 박사팀이 수립한 복제 배반포 사진을 살펴본 줄기세포 전문가들은 충분히 줄기세포를 수립할 만큼 배반포의 상태가 좋았다고 검찰에서 진술했다. 충북대 현상환 교수는 법정증언을 통해 의학계에서 가장 광범위하게 활용되고 있는 D. Gardner 교수의 '인간 배반포 평가 시스템'에 준해 황우석팀 당시 배반포 상태를 평가한 자료를 공개했다.

— 상위 등급(5AA) 양질의 배반포를 포함해 다수의 양호등급(3AA) 이상을 수립했습니다. 미국 하버드 연구팀이 양호등급(3AA) 이하에서도 줄기세포를 수립했다는 보고를 볼 때 충분히 줄기세포를 수립해낼 만한 수준이었다고 봅니다. (현상환 교수, 2009.1.12.) [4]

그리고 이런 상태에서 배반포를 넘겨받아 줄기세포를 배양하던 미즈메디 파견 연구원 김선종 박사는 황 박사의 기대에 부응해 줄기세포를 척척 수립해냈다. 검찰수사기록에 따르면 2004년 10월부터 2005년 4월 25일까지 황우석팀이 수립해낸 줄기세포는 모두 12개. 10년이 지난 현재까지도 이 정도 성과를 낸 팀은 하나도 없을 만큼 독보적인 성공이었다. 황 박사는 곧 논문작업을 위한 줄기세포의 진실성 검증을 지시했다. 검증을 맡았던 미즈메디의 김선종 연구원이 2번과 3번 줄기세포의 DNA 검증결과 모두 환자의 체세포와 틀림없이 일치하는 복제줄기세포라고 황 박사에게 보고했을 때 황 박사는 기뻐서 어쩔 줄 몰라 했다.

특히 2004년 11월 11일경 어린 왕자 현이의 줄기세포가 확실한 복제줄기세포라는 보고를 받았을 때 그는 공식 회의 석상에 참석하던 중 혼자서 'good good good'이라고 환호하기도 했다. 흥분한 사람은 황 박사만이 아니었다. 모든 연구자가 부둥켜안고 좋아했다. 서울대 연구원들은 미즈메디 김선종 연구원을 '신의 손'이라 부르며 그의 배양기술을 배우려고 했다. 권대기 연구원의 실험일지에는 이런 표현이 있었다.

— 내가 배양하는 2번, 3번, 4번, 5번, 6번, 7번 줄기세포 모두 끝장나
　게 좋다.[5]

"끝장나게 좋다." 줄기세포들의 상태가 너무 좋아서 그중 일부를
버리고 키울 정도였다는 것이다. 그런데 이 무렵 미즈메디 김선종 연
구원은 이해할 수 없는 행동을 했다. 그렇게 상태가 좋던 줄기세포
중 4개를 어디론가 몰래 들고 나간 것이다. 당시 한국의 국가정보원
과 경찰청은 황 교수 연구실을 '국가중요연구시설'로 지정해 24시간
경호 감시를 하고 있었다. 황우석 박사 본인도 세포를 외부로 반출할
때는 반드시 정보기관에 신고절차를 밟고 있을 때였다. 그런 상황에
서 김선종은 아무도 모르게 줄기세포 4개를 들고 나갔다. 4번, 5번,
6번, 7번 줄기세포들. 그중 4번과 5번은 당뇨병을 앓고 있던 미국 시
민권자의 것으로 미국 의학계에서 각별한 관심을 쏟고 있는 줄기세
포들이었다. 검찰수사기록에 따르면 김선종이 그런 줄기세포들을 감
시망을 피해 들고 나간 날은 2004년 12월 28일. 그는 도대체 왜, 그
리고 어디로 줄기세포를 들고 간 걸까?

제6부

사라진 줄기세포

국가정보기관의 감시망을 뚫고 미국인 당뇨환자의 세포가 포함된 줄기세포 4개를 몰래 들고 나간 공동연구자는, 꼬마가 몰던 자전거와 충돌해 넘어지면서 세포들이 모두 죽어버렸다고 증언했고, 법정은 소란스러워졌다.

2007년 8월 28일 서울중앙지방법원 417호 대법정. 황우석 사건의 진실을 밝히는 일명 '줄기세포 법정'이 술렁이기 시작했다. 김선종 연구원이 들고 나간 줄기세포들이 어디로 갔는지에 대한 심문이 펼쳐졌기 때문이다. 증인석에 앉은 김선종 연구원을 향해 황우석 박사 측 이봉구 변호사가 증인신문을 시작했다.

—증인은 줄기세포의 유출을 막기 위한 국가정보원의 24시간 감시
　체계가 가동되고 있는 위험을 무릅쓰고 줄기세포들을 마음대로 반
　출한 뒤 이를 소멸시켰죠?
—예.[1]

소멸시켜? 줄기세포를 없애버렸다고? 방청석이 웅성거렸다. 그랬다. 김선종 연구원은 그날 자신이 들고 나간 줄기세포들은 모두 버려졌다고 답했다. 그런데 그 이유가 놀라웠다. 우선, 4개의 줄기세포를 김선종 자신이 소속되어 있던 미즈메디병원에 몰래 갖다놓으려했다는 사실에 놀랐고, 미즈메디병원 앞에서 꼬마가 타던 자전거와

부딪혀 넘어지면서 모두 버려졌다는 그의 진술에 다시 한 번 깜짝 놀랐다.

— 검찰수사기록에 따르면 증인은 줄기세포의 향방을 묻는 수사검찰의 질문에 대해, '미즈메디에 도착한 후 연구실로 이동하던 중 꼬마가 몰던 자전거와 부딪혀 줄기세포를 담은 이동형 인큐베이터가 전도되며 줄기세포를 버릴 수밖에 없었다.'라고 답변했죠?
— 예.

방청석은 제대로 소란스러워졌다. 웅성거리는 방청객들. 그중엔 평생 연구만 해온 생물학자도 있었다. 서울대 수의대 양일석 학장. 수의생리학자로 다양한 세포 실험을 해온 그는 저건 아니라는 듯 고개를 절레절레 흔들었다. 상식적으로 말이 안 된다는 것이다.

— 아니 줄기세포를 보온 도시락 그릇에 담아 간 것도 아니고… 혹시 세포를 옮기는 이동식 컨테이너를 보신 적 있으신가요?[2]

그는 훗날 서울대 근처 식당에서 가진 인터뷰 자리에서 펜을 꺼내 들더니 내 수첩에 줄기세포를 옮기는 컨테이너의 모양을 그려줬다. 세포를 옮길 때 쓰이는 컨테이너는 마치 아이스박스처럼 생겼다. 위는 넓적하고 아래로 갈수록 좁아지는, 생각보다 컸다. 그리고 무겁다고 했다. 두 사람이 양쪽에서 들거나 적어도 한 사람이 양손을 다 써서 들어야 한다. 그래서 보통의 연구자들은 컨테이너를 실은 자동차를 연구소 앞에 바짝 대놓고 컨테이너를 들어 옮긴다고 한다. 김선종의 진술처럼 연구소 저 멀리 차를 대놓고 혼자서 그 무거운 컨테이너를 들고 간다는 것은 상식 밖의 일이고, 게다가 자전거에 부딪혀 컨

테이너 안의 세포들이 다 쏟아진다는 것은 그렇게 하고 싶어도 할 수
없는 변명에 불과하다는 것이다.

— 아이스박스 같은 크기에 그 안에는 적정한 온도를 유지하는 항
   온시스템이 내장돼 있어서 상당히 무겁습니다. 넓적하고 무게
   가 제법 나가서 일부러 엎으려고 작정해도 엎어지지 않아요. 그
   걸 혼자서 들고가다 자전거에 부딪혀서 다 엎어졌다? (양일석 전 학장,
   2012.6.20.)

그러나 김선종 연구원은 정말로 그랬다고 진술할 뿐이었다. 변호
인이 파고들었지만, 그는 아랑곳하지 않았다.

— 다른 연구원들의 진술로는 줄기세포나 시료를 옮길 때는 미즈메디
   주차장과 연구실 간의 거리가 멀어 먼저 연구실 앞에 차를 주차해
   물건을 내린 뒤 연구실로 옮겨가는 것이지 증인(김선종)의 주장처
   럼 옥외 주차장에 차를 세워두고 물건을 들고 장거리를 이동하지
   않았다고 합니다. 증인(김선종)도 평소에는 이런 방식으로 세포를
   옮겨왔죠?
— 아닙니다. 그것은 세포의 양이 많을 경우나 중요한 세포일 경우에
   만 그렇습니다.

중요한 세포일 때만 그렇게 옮긴다…. 그렇다면 그가 들고 나간
줄기세포들은 중요한 세포가 아니란 말인가? 중요하지도 않은 세포
를 왜 국정원 감시망을 피해 몰래 들고 나갔는가? 그가 지난 2004년
12월 28일 몰래 반출해나간 4개의 줄기세포 가운데 4번과 5번 줄기
세포는 당뇨 질환을 앓고 있는 미국 시민권자, 일명 '클라라'의 세포

였다. 당시 황 박사는 이 줄기세포를 미국 슬로언케터링 암센터에 분양해 미국에서 임상시험까지 추진하려고 계획하고 있었다. 당연히 미국 의학계의 관심이 쏠릴 수밖에 없는 상황. 그래서 황 박사 역시 김선종 연구원에게 특히 4번 줄기세포에 대해서만큼은 각별히 신경 써달라는 주문을 하고 있었다. 이런 점을 모를 리 없는 김선종 연구원이다. 그랬던 그가 법정에서는 '자전거에 부딪혀 다 없어졌다.'라는 말만 되풀이하고 있었다.

법정공방은 계속 이어졌다. 또 다른 사건이 나왔다. 의문의 오염 사고 사건. 김선종이 줄기세포를 무단 반출해 간 지 9일 뒤 이상한 일이 생겼다. 서울대 연구실에는 오염사고가 일어난 것이다. 줄기 세포들이 곰팡이에 오염돼 나가떨어지기 시작했다. 최초 발견일은 2005년 1월 6일. 그러나 배양책임을 지고 있던 김선종 연구원은 오염사고가 일어난 지 3일이 지나서야 황 박사에게 이 사실을 보고했다. 이미 곰팡이균의 일종인 이스트가 퍼질 대로 퍼진 상황. 결국, 4번, 5번, 6번, 7번 이 네 개의 줄기세포들은 손 한번 써보지도 못한 채 모두 죽어버렸다. 변호인은 김선종의 고의성 여부를 의심했고, 김선종은 이를 강하게 부정했다.

— 오염사고는 곰팡이의 일종인 이스트로 인한 사고였죠?
— 정확히 뭔지는 모르겠습니다.
— 오염사고는 초기에 증인(김선종)이 발견 즉시 이를 황우석 피고인에게 보고하고 적절한 조치를 취했다면 충분히 회생시킬 수 있는 사고였죠?
— 장담 못하겠습니다.
— 그러나 증인은 줄기세포를 살릴 수 있음에도 고의적으로 보고도

안 하고 조치도 취하지 않아 결국 모두 죽고 폐기되게 했죠?

— 고의는 아닙니다.

고의는 아니었다는 김선종 연구원. 그러자 이봉구 변호사는 당시 김선종의 동료 연구원들의 증언을 통해 확보한 김선종의 수상한 행적을 법정에서 꺼냈고, 김선종은 더 이상 부인하지 못했다.

— 증인(김선종)은 이렇게 살릴 수 있는 줄기세포를 방치해 죽게 하면 서도 미즈메디 연구소 동료와의 술자리에서 "줄기세포를 살리려면 살릴 수 있는데 이걸 살려야 돼 말아야 돼?"라며 호기를 부렸죠?

— 예.

이걸 살려야 돼 말아야 돼? 이 말이 과연 줄기세포의 배양책임을 지고 있던 사람에게서 나올 수 있는 말인가.

— 더구나 증인은 오염사고 이전에 미즈메디에서 배양하던 NT-1에 서 이스트 오염사고가 발생한 사실이 있었음에도 이를 황우석에게 보고한 사실이 없죠?

— 예.

— 당시 미즈메디에서 배양하던 NT-1이 이스트에 오염됐을 때 미즈 메디는 '펀지존'이라는 항진균제를 사용해 오염사고를 극복한 사실이 있죠?

— 오염사고는 못 막았고 다시 동결시킨 세포를 해동하느라 3주 동안 은 실험을 하지 못했습니다.

— 결국, NT-4, 5, 6, 7번 줄기세포는 일부를 증인이 냉동 보관시키기 전인 초기 상태에서 임의로 들고 나가 소멸시켰고, 곧이어 서울대

실험실에서 배양되던 것들도 오염사고로 다 죽어서 결국 냉동보관
되기 전에 모두 죽어 버린 거죠?

— 예.

당시 서울대 실험실에서 발생한 오염사고는 청와대에 보고될 정
도로 중대한 사안이었다. 황 교수와 연구원들은 발을 동동 구르며 어
떻게든 살려보려고 노심초사를 했지만, 줄기세포의 배양책임자 김
선종 연구원은 "살려야 돼 말아야 돼?"라며 호기를 부리면서 사고를
방치한 것이다. 더구나 오염사고로 죽은 줄기세포는 모두 9일 전 김
선종이 몰래 들고 나갔던 바로 그 4개의 세포였다. 모든 줄기세포는
배양에 성공하면 만일의 경우를 대비해 일부를 냉동시켜 보관해뒀
지만 유독 그 네 개의 세포만은 냉동보관조차 시켜두지 않았다. 그런
상태에서 김선종은 일부를 몰래 들고 나갔고 그 뒤 일어난 오염사고
로 서울대에 남아 있던 네 개의 줄기세포들은 흔적도 없이 사라져버
린 것이다.

그러나 그 당시에는 누구도 김선종을 의심하지 않았다. 줄기세포
를 몰래 들고 나간 사실도 나중에서야 알았고, 오염사고를 사흘 뒤에
야 보고했다는 사실도 나중에서야 알았다. 그때는 그저 사람의 힘으
로는 어쩔 수 없는 오염사고라며 아쉬워했을 뿐이었다. 그만큼 서울
대 연구원들도 그리고 황 박사도 김선종을 철저히 믿고 있었다. 특히
황 박사는 지금도 김선종 연구원의 당시 행적에 관해 이해할 수 없다
고 말한다.

— 김선종 연구원과 관련해서 제가 주변사람들로부터 '사람을 너무
쉽게 믿는다.'라고 쓴소리를 들었지만 저는 지금도 그 친구가 왜
그랬는지 잘 모르겠어요. 젊은 친구가 너무나 성실했습니다. 저희

실험실이 늘 새벽부터 연구를 시작했지만, 그 친구가 제일 일찍 나와서 연구했어요. 어떨 때는 저보다 더 일찍 나와서 세포를 돌보던 그 성실함에 저는 홀딱 반했습니다. 그렇게 성실하고 여린 마음이던 그 친구가 저희 실험실에서 어떤 짓을 저질렀는지 나중에 수사기록과 자료들을 확인해보면서 어떨 때는 '이건 이 친구 수준에서 할 수 있는 일이 아니다.'라는 생각이 들기도 했어요. 저는 정말 모르겠어요. (황우석 박사, 2015.9.19.) [3]

제7부

레미제라블

학자로서 황 박사가 잘못한 부분이 분명히 있다. 그러나 그의 잘못은 빵 한 쪽 훔쳤다는 이유로 평생을 감옥에서 썩어야 했던 레미제라블에 비유된다.

팟캐스트 방송을 듣고 청취자 한 분이 방송국으로 전화를 걸어오셨다. 이리저리 수소문해서 내 연락처를 아셨나 보다. 내 목소리를 듣더니 '이제야 통화할 수 있어 다행'이라고 하시는 그 중년 남성은 느닷없이 내게 이런 질문을 던졌다.

— 도대체 황우석 박사가 잘못한 게 뭔가요?

정말로 궁금해하는 목소리였다. 황 박사가 연구총책임자로서 짊어질 도의적 책임 외에 이 연구에서 잘못한 게 도대체 뭔지 아무리 검색을 해봐도 잘 모르겠다는 것이다.

— 뉴스나 인터넷 정보도 정확하지 않은 게 대법원에서 (황 박사가) 사기 무죄 판결을 받았다는 사실조차 언급하지 않더라고요. 심지어 위키백과조차도. 무조건 모든 걸 사기 친 것처럼 묘사하는데 그건 믿기 힘들고, 그렇다고 황우석 박사를 지지하는 분들의 글을 봐도 황 박사가 억울하다는 말만 하지 어떤 빌미를 주었길래 그 수모를

당했는지에 대해선 알 수 없어요. 그래서 이렇게 전화를 돌려 돌려 여쭤보게 됐습니다.

그분은 정말 많이 찾아본 분이셨다. 그랬다. 모 아니면 도라고, 황 박사는 인터넷 세상에서 사기꾼 아니면 영웅이다. 그 중간에 끼인 사실 관계를 구하려는 보통 사람들로서는 믿을 만한 정보조차 얻기 힘든 척박한 시절이다. 실은 나도, 수십 차례 법정공방을 보고 연구자들을 만나보지 않았더라면 잠시 안타까워하다가 잊어버렸을 것이다. 직접 방송국까지 전화를 걸어 진실을 구하는 그분이야말로 대단한 분이다.

— 제가 법정에서 확인한 바로는 이러저러한 잘못입니다.

나는 내가 보고 들은 바를 있는 그대로 말씀드렸다. 그랬더니 그분께서 다 듣고 하시는 말.

— 장발장이네요. 빵 한쪽 훔쳤다고 평생을 감옥에서 썩어야 했던….

명쾌했다. 장발장. 나는 왜 그런 표현을 생각하지 못했던가. 또다시 청취자들께 배운다. 빅토르 위고의 〈레미제라블〉의 주인공 장발장은 흠결이 있는 사람이다. 비록 빵 한쪽을 훔쳤더라도 잘못은 잘못 아닌가. 문제는 그에 합당한 처벌과 속죄의 기회가 주어졌는가에 있다. 이제, 내가 그 청취자에게 설명해드렸던 '황 박사의 잘못'에 대해 독자 여러분께도 똑같이 말씀드린다. 판단은 여러분의 몫이다.

2005년 1월 15일. 황 박사는 비통한 심정으로 오염된 줄기세포를 모두 폐기하라는 지시를 내렸다. 결국 오염사고를 막지 못한 채 소중한 줄기세포 4개가 사라져버리고 만 것이다. 그리고는 고민에 휩싸였다. 그것은 중대한 선택의 기로였다.

— 오염사고로 사라져버린 4개의 줄기세포를 논문에 포함시킬 것인가 말 것인가.

분명히 만들었는데 지금은 없다. 그렇다면 이 4개를 만들었다고 써야 하는가 아니면 제외시켜야 하는가. 나 같으면 누군가 신뢰할 수 있는 이에게 물어봤을 것이다. 당신 같으면 어떻게 하겠느냐고 말이다. 황 박사도 그러했다. 그는 2005년 1월 15일경 인도에서 열린 영장류 센터 개소식에 참석한 자리에서 제럴드 섀튼 교수에게 물어봤다. 섀튼 교수는 당시 황 박사를 자신의 '형제'라 부르며 논문의 대표 저자를 맡아 미국에서 직접 논문을 작성하기로 한 거장이었다. 황 박사는 섀튼에게 오염사고 상황을 자세히 설명하며 고민을 털어놨다. 그러자 섀튼은 대수롭지 않다는 반응을 보였다. 오염사고야 다른 실험실에서도 일어나는 일이고, 줄기세포를 못 만든 것도 아니고 만든 것이니 논문을 강행하자고. 나중에 다시 만들어 놓으면 되는 것 아니냐고.

— 제가 오염사고에 대해 아주 상세히 설명하고 섀튼 교수가 그렇게 조언한 것은 사실입니다.[1]

황 박사는 2015년 11월 5일의 전화 인터뷰를 통해 내게 이렇게 말했다. 그렇지만 이내 다른 말을 이었다. 비록 섀튼 교수가 그렇게 조언하긴 했지만, 최종적인 판단은 자신의 몫이었다고.

— 최종 판단은 저의 결정이었죠. 섀튼 교수의 탓을 할 생각은 없습니

다. (황우석 박사, 2015.11.5.)

내가 보기에 황 박사는 남 탓하는 것을 일종의 굴욕이나 비겁함으로 여기는 듯하다. 그래서인지 그가 사건 당시 여러 번에 걸쳐 했던 기자회견은 늘 첫마디가 '모든 것은 자신의 잘못이고 책임'이라는 말로 시작된다. 영문도 모르는 외국인들은 '거봐 자기 스스로 인정하잖아.'라며 모든 조작이 그에게서 비롯된 것으로 여겼다. 그러나 그는 손아래 연구원의 잘못도 결국은 자기 잘못이라고 여기는 동양적 사고관의 소유자였다.

새튼 교수의 조언을 듣고 고심하던 황 박사는 결국 20여 일 뒤인 2005년 2월 5일, 연구원들에게 지시를 내렸다. 사라진 줄기세포 4개를 포함해 논문을 작성하라고. 이것이 이 사건에 있어 황우석 박사가 짊어지고 가야 할 '원죄'였다.[2] 이제 와서 보면, 그냥 정직하게 '줄기세포를 만들었지만 이러저러해서 현존하지 않는다.'라고 썼어야 했다. 그러나 황 박사는 아무 설명 없이 사라진 4개의 줄기세포를 연구성과에 포함하도록 지시했다. 그 과정에서 지금은 없는 줄기세포 4개에 대한 거짓 사진과 데이터가 조작되었고 황 박사도 그리고 논문을 작성한 새튼도 이를 알면서 〈사이언스〉 논문으로 제출했다. 데이터 과장. 그것이 파국의 불씨였다. 그의 지시는 훗날 진짜 줄기세포가 하나도 남아 있지 않는 엄청난 사건 국면에서 황 박사가 모든 책임을 뒤집어쓰게 된 원죄로 작용한다. 무척 아쉬운 결정이었다. 그의 연구는 나머지 데이터만으로도 아주 놀라웠기 때문이다.

오염사고가 일어난 이후에도 2개의 줄기세포가 남아 있었다. 오염사고 이후 6개의 줄기세포가 새로 배양되었다. 수사기록에 따르면 연구팀이 〈사이언스〉 논문 투고의 최종 마감일이던 2005년 4월 25일 전까지 수립한 줄기세포는 모두 12개. 이 가운데 사라진 미국 시민권자의 줄기세포를 다시 만들어낸 성과(NT4+)를 제외하고 11개를 만들었다고 논문에 썼다. 여기서 사라진 줄기세포 4개를 제외하더라도 7개. 10년이 지난 2015년 현재까지도 이 정도 성과를 낸 연구팀은 전 세계를 통틀어 단 한 팀도 없었다. 오염사고로 죽은 줄기세포 4개를 제외한 채 논문을 내도 논문이 됐다는 말이다. 테라토마 검사까지 마친 두 개의 줄기세포로만 논문을 썼더라도 놀라운 실적이었다. 그러나 황 박사는 지금은 갖고 있지 않은 4개의 줄기세포를 논문에 포함시켰다. 지나친 과욕이었다. 왜 그랬을까?

— 욕심이었습니다. 저는 당시 국익적 측면에 대한 생각뿐이었습니다. (황우석 박사, 2015.11.5.)

국익. 당시 황 박사는 〈사이언스〉 논문 이후의 미래를 설계하고 있었다. 그것은 누구도 따라올 수 없는 독보적인 기술력을 입증받은 뒤 그의 조국 대한민국이 줄기세포를 이용한 재생치료 연구에서 세계의 중심 역할을 하게 될 '바이오 코리아'의 꿈이었다. 그는 이미 마스터 플랜을 한국정부 수뇌부와 함께 구상해 놓고 있었다. 그 1단계 구상이 〈사이언스〉 논문 발표 이후에 설립된 '세계 줄기세포 허브'였다. 전 세계 줄기세포 전문가들을 불러모아 난치병 환자들에 대한 임상시험을 비롯해 다양한 실용화 연구를 과학강국인 미국도 영국도 일본이나 중국도 아닌 한국에서 추진한다는 꿈같은 계획. 그러나 황 박사와 정부 요인들에게 그것은 1단계 구상에 불과했다. 당시 그와 한국정부는 2단계, 3단계 로드맵을 치밀하게 짜놓고 있었다. 그는 〈사이언스〉 논문을 통해 누구도 따라올 수 없는 진입장벽을 확실히 쳐두고 그 꿈을 실현하려 했다. 그것이 원죄였고, 작은 나라에서는 실현되기 힘든 과욕이었다.

그 무렵 이상한 일이 벌어지고 있었다. '바이오코리아'를 대비하며 거액을 투자해 한국정부 기관이 사육하고 있던 임상시험용 원숭이 무려 99마리가 한꺼번에 죽어버리는 사고가 터진 것이다.

— 한국생명공학연구원에서 실험용으로 사육되던 백 마리 가까운 원
숭이가 한꺼번에 죽는 어처구니없는 일이 벌어졌습니다. 갑작스러
운 정전으로 사육실 안에 있는 온도센서가 고장 난 것이 원인으로
추정됩니다. (YTN, 2005.4.26.)[3]

2005년 4월 20일경 떼죽음을 당한 원숭이는 99마리. 한국생명공학연구원 국가영장류센터에 있는 원숭이들의 절반이 죽어버린 엄청난 사고였다. 모두 한국정부가 수억 원을 들여 생명공학 연구를 위한 실험용으로 사육하던 '무균 원숭이'였다. 완전 멸균 처리한 사료를 주고, 고성능 필터를 거친 청정 공기만을 공급하는. 그래서 마리당 연간 1,000만 원 정도의 사육 비용이 드는 값비싼 원숭이들이었다. 그런 원숭이들의 절반이 하룻밤 새 죽어버린 것이다. 원인은 갑작스러운 정전. 건물 변압기에 과부하가 걸려 폭발했고 경보장치와 원숭이 사육실의 온도센서까지 말을 듣지 않은 채 원숭이들은 5시간여 동안 50도 가까운 열기를 견디지 못하고 모두 죽어버렸다. 폐사한 원숭이 값만 5억 원. 더구나 시간이 미뤄졌다. 인간에 대한 임상시험을 하기 전 꼭 필요한 영장류 실험들이 어쩔 수 없이 미뤄지게 된 것이다. 비록 황우석팀의 연구와는 직접적인 관련성이 적었지만, 그 무렵 한국에서는 이처럼 이해할 수 없는 일이 벌어지고 있었다.

2005년 4월 25일 논문이 최종적으로 〈사이언스〉에 투고됐다. 이제 다시 세계를 향한 카운트다운이 시작된 것이다.

제8부

세기의 대결 '부시 vs 황우석'

> 2004년 10월 부시가 대통령 선거전에서 줄기세포로 수세에 몰리고 있을 때 제보자는 한국에서 1차 제보를 했고, 2005년 6월 부시가 황우석 쇼크를 맞아 재선 이후 최대 위기를 맞고 있을 때 제보자는 2차 제보로 MBC 〈PD수첩〉을 움직였다.

우리 아버지는 권투 광팬이었다. 권투를 너무 좋아하셔서 직접 권투 체육관을 차리고 30여 년간 KBS에서 권투 해설자로 일했다. 권투의 매력은 의외성에 있다. 골리앗, 그 거대한 몸집의 공포스러운 강자가 듣지도 보지도 못한 다윗의 한 방에 침몰하는 모습은 사람들의 눈을 떼지 못하게 한다. 내가 황우석 박사의 2005년 〈사이언스〉 논문 발표 순간을 권투중계에 비유하는 것도 이 같은 '의외성' 때문이다. 전 세계를 전쟁의 공포로 떨게 한 골리앗 부시 대통령이 작은 나라 과학자 황우석의 논문 한 방에 나가떨어지게 된다. 부시정권 최대의 위기. 외신들은 이 기이한 현상을 '황우석 쇼크'라고 불렀다.

세기의 대결이 개막된 날은 2005년 5월 19일이었다. 영국 런던에 있는 '사이언스 미디어센터'에는 40여 명의 기자가 몰려들었다. BBC, 더 타임스, CBS, AP 등 하나같이 세계 최고의 언론사 기자들이었다. 〈사이언스〉가 '미디어센터'를 운영한 이래 가장 많은 기자가 전 세계에서 몰려오다 보니 관계자들도 모두 놀랐다. 그리고 곧 '슈퍼 논문'의 주인공 중 한 명인 미국인 과학자가 입을 열었다.

— 백신이나 항생제 발견보다 더 획기적인 사건이 한국에서 일어났다
고 생각합니다.[1]

미국 피츠버그대학의 제럴드 섀튼 교수. 황 박사를 도와 이 논문
을 직접 작성한 2005년 〈사이언스〉 논문의 공동 교신저자였다. 그
는 1년 전에 발표한 2004년 논문의 성과를 뛰어넘는 이번 연구성과
에 대해 자신 있게 말했다.

— 이제 난자를 제공하지 못하는 남성의 세포로도 줄기세포를 만들어
내는 '환자맞춤형 줄기세포'의 시대가 열렸다. 성공효율 면에서 놀
라운 진전을 거뒀다. 아직 많은 부분에서 해결할 과제들이 산적해
있지만, 이 연구가 환자에 대한 임상 치료 단계로 갈 때까지 부단
히 노력해나갈 것이다.

이들의 논문은 〈사이언스〉 표지를 장식했다. 그리고 논문 맨 뒤에
달린 구절은 이 연구의 지적재산권이 어느 나라에 있는지를 명확히
하고 있었다.

— 모든 실험은 한국에서 한국인 과학자들에 의해 수행되었다. 그리
고 모든 실험결과는 한국의 기자재와 한국의 지원에 의해 한국에
서 얻어졌다.[2]

기자들은 이제 이날의 주인공, 한국에서 온 과학자를 향해 플래시
를 터뜨렸다. 36년간 남의 나라 지배를 받다가 3년간의 전쟁으로 폐
허가 됐고 60년이 넘게 동족끼리 총부리를 겨누고 있는 지구 상 유
일한 분단국가. 그런 나라에서 이런 성과를 냈다는 사실이 믿기지 않

는지 외신 기자들의 질문이 쏟아졌다. 한 영국 기자가 물었다. 한국 정부에서 얼마나 지원받고 있느냐고. 그러자 과학자가 답했다.

— 정부로부터 연간 24만 달러 정도의 지원을 받습니다.[3]

장내가 술렁였다. 아니 그렇게 적은 지원을 받으면서도 어떻게 이런 성과를 낼 수 있느냐는 의아함이었다. 혹시 240만 달러를 잘못 말한 것이 아니냐는 수군거림도 일었다. 과학자는 다시 한 번 24만 달러가 맞다고 확인했다. 자신들은 소중한 국민의 혈세와 정부지원 아래 연구하는 걸 늘 고맙게 여긴다고 말했다. 그의 이름은 전 세계로 타전됐다. 황우석 쇼크. 특히 미국 본토는 후끈 달아올랐다. 〈뉴욕타임스〉 1면 톱. 〈워싱턴포스트〉와 〈월스트리트 저널〉, 그리고 CBS 현장 생중계. '코리아'라는 이름이 미국 주요 언론의 톱을 장식한 적이 북핵문제 말고 또 몇 번이나 있던가.

미국의 주류 언론이 이처럼 뜨겁게 반응한 데에는 이유가 있었다. 배아줄기세포를 둘러싼 생명 윤리 논쟁. 당시 미국은 배아줄기세포의 겨울왕국이었다. 미국의 연구를 꽁꽁 얼려버린 살아 있는 권력 조지 W. 부시 제43대 미국 대통령은 취임 즉시 배아줄기세포에 대한 연방정부지원을 틀어막았고, 그런 그가 '슈퍼맨의 죽음'이라는 선거 악재 속에서도 경쟁자 존 케리 후보를 따돌리고 재선에 성공했다. 이라크와 아프가니스탄을 잿더미로 만들고 재선에 성공한 부시 앞에 그 누가 도전장을 내밀 수 있단 말인가. 그런데 그런 부시 앞에 한국의 과학자가 복제 배아줄기세포를 들고 나타난 것이다. 그러자 겨울왕국 미국이 꿈틀거리기 시작했다. 이제 명분이 생긴 것이다. 부시에 맞서 얼어붙은 미국의 연구를 해동시킬 수 있는 아주 강력한 불씨가 한국에서 지펴진 것이다.

―줄기세포연구는 유망한 새로운 첨단의학으로 미국이 이 분야에서 뒤처지고 있다.[4]

당시 민주당 상원의원 다이앤 파인스타인의 말이었다. 미국의 줄기세포 찬성론자들은 황 박사의 논문이 발표되자 미국이 규제에 묶여있는 사이 한국한테까지 뒤지게 됐다며 부시 대통령을 강하게 압박하기 시작했다. CNN은 온종일 한국의 황우석 연구팀 성과를 보도하면서 이에 대한 미국 내 찬반 논쟁을 다뤘다. 미국하원에서는 그동안 먼지만 쌓인 채 계류되어 오던 배아줄기세포 지원법안을 다시 꺼내 들었다. 그러자 2005년 5월 21일, 부시 대통령이 불을 끄기 위해 직접 나섰다. 거부권을 행사하겠다. 자신은 의회에서 어떤 법안이 오더라도 배아줄기세포를 지원하지 않을 것임을 분명히 했다. 그러면서 한국 황우석 박사 연구에 대한 태도도 분명히 밝혔다. 부시 대통령은 가톨릭 조찬기도 모임에 참석한 자리에서 황우석팀 연구에 대한 생각을 묻는 기자들의 질문을 받고 명료하게 답했다. 나는 그의 연구를 반대한다고.

―나는 복제에 대해 매우 우려한다. 복제를 용인하는 세상이 걱정된다. (연합뉴스, 2005.5.21.)[5]

그러나 배아줄기세포를 지원해야 한다는 여론은 들불처럼 번지고 있었다. 2005년 5월 24일, 미국 하원에서 지원법안이 표결에 부쳐지는 날 아침, 〈뉴스데이〉에는 "오늘 줄기세포에 찬성표를 던져라."라는 기고문이 실렸다. 〈LA 타임스〉의 마이클 킨슬리 논설위원은 칼럼을 통해 부시 대통령에게 이런 충고를 했다.

—부시 대통령은 (자신의 일을) 신에게 보고하는 것이 아니라 국민에게 보고하는 것임을 명심해야 한다.[6]

그리고 미국의 한 내과의사는 〈뉴욕타임스〉에 장문의 편지를 보내 부시 대통령을 통렬하게 성토했다.

—수백만 미국인은 황 박사가 의료 연구용 줄기세포 추출을 위한 인간배아복제에 성공한 것에 가슴이 벅차올랐습니다. 나는 그날 당뇨병을 앓고 있는 열 살배기 아들에게 그 아이의 병을 치료할 수 있는 중요한 발걸음이라고 말해줬죠. 그러나 얼마 되지 않아 부시 대통령은 나의 희망을 꺾어 버렸습니다. (연합뉴스, 2005.5.25.)[7]

희망을 꺾지 마라. 찬성 여론은 거세졌고 미국 하원은 격론을 벌인 끝에 표결에 들어갔다. 부시 대통령은 하원이 표결에 들어가기 직전 백악관에서 기자회견을 갖고 다시 한 번 거부권을 행사할 뜻임을 비쳤다. 그런데 이를 어쩐다. 찬성 238표, 반대 194표로 법안이 통과된 것이다. 배아줄기세포 연구에 미 연방정부의 예산을 쏟아 부으라는 게 하원의 결정이었다. 소수당이던 민주당만의 힘으로는 불가능한 결정이었다. 부시의 소속정당인 공화당에서 무려 50명의 의원들이 찬성표를 던진 것이다. 부시는 고립되고 있었다. 만일 법안이 상원까지 통과해 백악관에 도착하면 그는 자신의 재임기간 중 첫 번째 거부권을 행사해야 한다. 크나큰 정치적 부담이 아닐 수 없다. 더구나 그 무렵 미국의 지방정부들과 주요 대학들은 마치 도미노처럼 급속히 배아줄기세포 연구 지원에 나서고 있었다.

—이 무렵에 캘리포니아만이 아니라 뉴저지, 코네티컷, 미주리, 매사

추세츠, 일리노이, 메릴랜드 등의 주에서도 줄기세포 및 배아복제 연구 추진 움직임이 일어났다. 미국의 주요 대학으로는 하버드대학, 스탠퍼드대학, 컬럼비아대학, 캘리포니아대학 등에서 이를 위한 연구기관을 설립했다.[8]

과학사학자인 김근배 교수의 분석이다. 여담이지만 김 교수가 언급해 놓은 수많은 곳 중 한 군데에서 당시 황우석 박사를 스카우트하는 조건으로 천문학적인 지원을 제시하기도 했다. 황우석 쇼크. 이 급속한 변화가 모두 황우석 연구팀이 발표한 논문으로부터 비롯됐다. 부시로서는 얼마나 얄미웠을까. 취임 초창기부터 한결같이 지켜온 자신의 철학과 노선이 흔들리고 있다. 그것도 조그만 나라의 과학자 한 명 때문에 말이다. 더구나 부시가 당시 한국의 대통령이 갖고 있던 복안을 알았더라면 더 질렸을 것이다. 한국의 대통령은 후발주자가 경기를 주도하는 법을 알고 있었다. 그는 과학 강대국인 미국과 유럽이 모두 생명윤리 논란에 휩싸여 있는 점, 그러면서도 연구주도권을 놓지 않으려 으르렁대고 있는 점을 십분 활용했다. 그래서 미국도 유럽도 아닌 제3지대 한국에 '줄기세포 허브'라는 거점을 마련하고 여기에 전 세계 줄기세포 연구자들과 환자들을 불러 모은다는 구상이었다. 판을 한국에 깔아놓고 상용화로 가는 길목에서 이뤄질 엄청난 투자와 연구성과들을 전 세계와 공유하겠다. 무서운 구상이었다.

대통령은 이를 위해 서울대 황우석 박사 연구실을 수시로 드나들며 구상을 구체화하는 한편, 지적재산권 보호를 위해 특허청 전문가를 파견하고 외교적 지원을 위해 현직 외교관을 '바이오 대사'로 임명하는 등 전방위적 지원을 아끼지 않았다. 만일 한국에서 계획대로 '줄기세포 허브'가 만들어지고 의미 있는 성과물들이 나오기 시작했다면 그로 직격탄을 맞게 될 최대 피해자는 조지 W. 부시 미국 대통령이었을 것이다. 그런데 곧 수호천사가 나타났다. 의문의 제보자 '닥터 K'. 그는 황우석 연구를 한방에 부숴버릴 핵폭탄을 들고 한국의 방송사를 찾았다.

─ 줄기세포는 하나도 없습니다.

황우석팀의 전직 연구원으로 '닥터 K'라는 별명을 갖고 있던 익명의 제보자가 '논문조작'에 관한 투서를 한국의 방송사(MBC)에 접수한 날은 2005년 6월 1일로 확인된다.[9] 신기하게도 이날은 미국 하원에서의 표결로 부시가 코너에 몰린 지 불과 열흘도 안 된 시점이었다. 당시 제보자에게는 아무런 물증도 없었다. 줄기세포가 가짜임을 입증할 물증도 없이 그는 방송국 문턱을 넘어 제보한 것이다. 더구나 그 제보는 처음이 아니었다. 그는 황우석 연구를 둘러싸고 UN총회와 미국의 대통령선거전이 한창이던 지난 2004년 10월경, 황우석 연구의 난자의혹에 대한 최초의 제보를 한국의 시민단체에 했지만 불발된 적이 있었다. 그가 제보를 한 두 시점, 2004년 10월과 2005년 6월, 모두 부시가 줄기세포 논란에 휘말려 비틀거리던 시점이다. 이것이 과연 우연한 일치일까? 역사학자 E.H. 카[10]의 저서에는 이런 문장이 나온다.

─ 필연은 우연이라는 옷을 입고 나타난다.

» **제3막**

"황우석만
주저앉히면 된다."

목적을 위해서는 수단, 방법을 가리지 않던 언론이 있었다. 그들은 과학자의 민낯을 까발리려 했지만 먼저 까발려진 것은 그들 자신의 민낯이었다.

— 피디 : 저희는 솔직하게 말씀드리면, 황우석 선생님만 다쳤으면 좋겠어요.
— 연구원 : 다친다니….
— 피디 : 예, 황우석 선생님만… 다른 사람들한테는 피해가 안 갔으면 합니다.
— 연구원 : 무슨 말씀인지 잘 모르겠습니다. 허허.

그들은 가짜줄기세포를 진짜처럼 위장시켜 전 세계를 속여온 조작의 진범을 찾아간 자리에서 이처럼 어처구니없는 말을 하고 있었다.

— 피디 : 저희가 그래서… 진심으로 이건 진심이거든요. 같은 동년배로서 우리 세대에서 이것이 이럴 일이 아니다. 이건 황우석 박사님만 주저앉으면 된다. 그런 뜻이에요.

그런 그들의 방송 프로그램이 지난 2006년 3월 1일 '올해의 PD상'을 받았다. 나는 그때 진지하게 고민했다. 우리 집 가보 1호로 갖고 있던 '이달의 PD상' 상패, 아주 고맙고 기쁘고 귀하게 여겼던 그 상패를 다시 반납할 것인가 말 것인가. 너무 답답해서 혼자 허공을 향해 중얼거리기도 했다.

— 목적을 이루기 위해 반칙하면 안 된다고 하셨죠? 논문 윤리, 난자 윤리… 공감합니다. 그러면 취재윤리는요? 이 사건을 지켜보고 있을 언론고시생들에게, 한 사람 주저앉히려고 취재하는 게 방송이라고 가르치시겠습니까?

방송을 이끈 책임 프로듀서는 '부패방지 유공 국민훈장' 수여 대상자로 올라가기도 했다. 그러나 2007년 3월 31일, 노무현 정부는 취재윤리위반 사실과 국민적 논란 때문에 〈PD수첩〉에게 훈장을 주지 않겠다고 발표했다. 참으로 옛날이야기지만 다시 봐도 어이가 없다.

제9부

제보자

논문조작에 관한 물증 하나 없이 방송국 PD를 찾아온 의사출신의 황
우석팀 전직연구원 '닥터 K'. 그는 황우석에 대해 꽤 많은 제보를 쏟아
냈지만, 꽤 많은 부분이 사실과 달랐다.

MBC 한학수 피디는 〈이제는 말할 수 있다〉 등 진보적 성향의 시사
고발 프로그램을 다수 제작해온 중견 피디이자 독실한 가톨릭 신자
였다. 대부분의 사람이 황우석 박사의 쾌거에 박수 치고 있을 때 그
는 황 박사 연구를 반대하는 로마 교황청과 미국 부시 대통령의 발언
을 유심히 보고 있었다. 그런 그가 〈PD수첩〉 팀으로 발령받은 것은
2005년 5월경이다. 한 피디는 그의 〈PD수첩〉 첫 아이템으로 황우석
을 잡았다. 가제목은 '세기의 대결 황우석과 부시'.

— 사실 당시 (PD수첩) 아이템으로 생각했던 건 생명윤리 논란에 대한
　세기의 대결, 황우석과 부시였다. (한학수 PD 인터뷰, 뉴스1, 2012.12.17.)[1]

　그러나 세기의 대결편은 제작되지 못했다. 한 PD는 미국의 부시
대통령 측이 MBC 취재에 응하지 않아서였다고 설명했지만, 또 다른
이유도 있었던 것 같다. 그 당시 한국민의 정서였다. 2005년 6월. 당
시 한국에서 황우석 박사는 국민적 영웅이었다. 여야가 따로 없었고
진보와 보수가 따로 없었다. 국민주 모금으로 설립된 대표적인 진보

언론지 〈한겨레 신문〉도 예외가 아니었다. 〈한겨레〉는 지난 2005년 6월 황우석 박사를 한겨레의 제2창간 운동본부 공동위원장으로 위촉하기도 했다. 이후 "황우석 교수님과 한겨레, 닮았느냐?"라는 자체 광고를 통해 세계적으로 유례가 드문 국민주 신문으로 탄생한 한겨레와 세계 초유의 줄기세포 연구로 난치병 치료에 기대를 모으고 있는 황우석 교수를 연관 지으며 자사의 제2창간을 홍보하는 광고를 무려 7번에 걸쳐 실었다.

— 세계 최초의 국민주 신문, 세계 초유의 줄기세포 연구성과. 이 모두가 아무도 가지 않은 도전의 벤처정신이 일궈낸 쾌거입니다. 한겨레가 제2창간을 통해 새로운 도약에 나섰습니다. 세계와 겨루는 글로벌 신문. 인터넷 그 이상의 미디어로 거듭나겠습니다. 제2창간위원, 황우석 교수님과 함께 한겨레의 꿈이 되어주십시오! 한겨레의 주인이 되어주십시오! (한겨레 신문 광고문구, 2005.6.)[2]

반면 부시 대통령에 대한 한국 사람들의 평가는 싸늘했다. 악의 축. 부시 대통령은 테러를 일삼는 '악의 축'을 뿌리 뽑겠다며 이라크와 아프가니스탄에 대한 대규모 공습을 명령했지만, 미군의 무차별 공습에 참혹하게 죽어나가는 민간인들과 어린아이들의 울음소리를 보면서 대다수 한국인, 특히 한국의 진보 진영은 부시를 '악의 축'으로 규정하고 있었다.

— 미국의 최첨단 미사일이 엉뚱하게도 바그다드의 한 마을을 강타했습니다. 2층짜리 가정집은 한쪽 벽면만을 남긴 채 폭삭 주저앉았습니다. 날벼락을 맞은 시민의 분노는 하늘을 찌를 듯합니다. "이곳은 50년 전부터 살던 곳이에요. 부시가 우리에게 바라는 게 뭡

니까?" 파편에 머리를 다친 엄마는 충격에 벌벌 떠는 아이 가 더 걱정입니다. 그제와 어제 이틀 동안 계속된 미국과 영국 연합군의 공습으로 민간인 98명이 숨지고 490명이 다쳤다고 사하프 이라크 공보장관이 밝혔습니다. (YTN, 2003.3.25.) [3]

더구나 전쟁이 장기화하면서 부시 미 대통령은 한국정부에 '이라 크 파병'을 정식으로 요청했고, 한국의 길거리에는 '파병 반대, 부시 반대'의 깃발이 나부꼈다. 그런 상황에서 부시 대통령은 '생명'을 존 중하기 위해 황우석 연구를 반대한다는 태도를 밝혔다. 그의 발언을 바라보는 한국 사람들의 표정은 어땠을까?

— 보이지도 않는 배아의 생명까지 보호하자는 사람이 이라크 양민과 어린 애들을 그렇게 무자비하게 학살하는가?

부시를 조롱하는 패러디물이 인터넷에 등장했다. 한국의 진보적 종교지도자 강원용 목사는 생명윤리에 대해 로마교황청의 입장과 다 른 목소리를 내기도 했다.

— 난치병 치유도 생명윤리이다. [4]

진보의 기본은 '인간에 대한 배려'다. 당시 한국의 진보는 치료법 도 없는 난치병과 싸우며 눈물짓고 있는 환자들과 그 가족들의 입장 을 결코 외면하지 않았다. 이런 분위기 속에 '부시의 생명윤리 정책 을 귀담아들어 보자.'라고 하는 목소리가 얼마나 설득력을 얻을 수 있을까? 부시 반대 진영에서 부시를 지지하는 아이러니. 그래서 생 명윤리 차원에서 황우석 연구에 제동을 걸어야 한다는 사람들은 늘 소수에 불과했다. 그 사람이 그 사람이었다. 가톨릭 교단과 가톨릭의 지원을 받는 생명윤리학계, 그리고 일부 시민단체들. 그런데 그런 소수파에게 구세주와도 같은 흑기사가 나타났다. 어디선가 나타난 제보자가 '논문조작'이라는 엑스칼리버 검을 그들에게 쥐여준 것이다. 그것도 부시 대 황우석의 윤리논란을 다루려다 실패한 한학수 피디에게 정확히, 적시에 나타난 것이다. 제보가 방송국에 접수된 날은 2005년 6월 1일이었다.

— 황우석 교수 관련입니다. (MBC 〈PD수첩〉 시청자 게시판, 2005.6.1. 12:45) [5]

그로부터 이틀 뒤인 6월 3일 한학수 피디를 만나던 날, 제보자는 대뜸 이렇게 물었다. 진실이 먼저냐 국익이 먼저냐고.

— '진실이 먼저냐, 국익이 먼저냐.'라고 물었다. 그는 '한 PD가 0.1초의 망설임도 없이 '진실이 곧 국익'이라고 답했다.'라며 '만약 잠시라도 주저했다면 나는 제보를 안 하고 자리를 박차고 일어나려 했었다.'라고 했다. (경향신문, 2014.10.22.) [6]

마치 영화의 한 장면 같은 만남. 실제로 이 장면은 지난 2014년 가을에 개봉된 영화 〈제보자〉에서 강렬하게 그려지기도 했다.

— 그럼 황 교수가 논문을 조작했다는 증거는 있나요?
— 증거요? …없습니다. (영화 〈제보자〉의 한 장면, 2014.) [7]

영화의 한 장면이자 〈PD수첩〉 한학수 피디가 취재회고록(2006)에서 스스로 밝힌 제보자와의 첫 만남 순간이기도 하다. 제보자는 황우석팀 전직연구원이긴 했지만 정작 2005년에 발표된 〈사이언스〉 논문실험에는 참여해 본 적이 없다. 확실한 물증도 확보하지 못한 상황에서 방송국 피디를 만나 제보를 한 것이다. 정말로 영화 같은 일 아닌가? 물증 하나 없이 방송국에 찾아가 제보를 한다는 것, 보통 사람은 상상조차 할 수 없는 일이다. 그러나 딱 거기까지. 영화도 그리고 그 많았던 언론보도들도 '그렇게 물증도 없이 허술한 상태에서 어떻게 5개월이 넘는 장기 취재가 이뤄졌는지.' 어리둥절하기만 한 보통 사람들의 상식적인 궁금함에 아무런 답을 주지 않고 있다. 그래서 내가 써본다.

— 황우석은 능히 그러고도 남을 인물입니다.[8]

제보자는 '설마 그럴 리가' 하며 미심쩍어하는 피디의 표정을 살피며 황 박사에 대한 다양한 이야기들을 쏟아냈다. 마치 황 박사가 얼마나 위선적이고 가식적인 인물인지 증명해 보이겠다는 듯…. 이런 식이었다. '황우석은 현미경도 못 본다.'

— 현미경을 조작하는 게 아니라 그냥 눈으로 보시는 거고, 체세포 탈핵하는 것은 다른 사람 손입니다. 한번 황 교수님이 해봤으면 좋겠습니다. 허허…. (한학수 PD 저서, 91-92쪽)[9]

만일 그때 피디들이 제보자의 말만 믿지 말고 한 번쯤 황 박사의 초창기 논문만 살펴봤더라도 방송은 최소한의 공정성을 유지하지 않았을까. 황 박사를 '소 박사'로 만든 1982년도 박사학위 논문이나 1987년 서울대 교수로 임용된 직후 연구원도 갖춰지지 않은 상태에서 거의 혼자 쓰다시피 한 학술논문들은 모두 현미경도 볼 줄 모르는 문외한이라면 절대로 쓸 수 없는 논문들이었다. 과학사학자 김근배 교수는 연구초창기 황 박사의 연구성과에 대해 이런 평가를 하고 있다.

— 당시 황우석이 익힌 기법에는 현미경이 장착된 미세조작기가 사용되었다. 현미경 아래에서 미세유리바늘과 마이크로 피펫을 가지고 수정란이나 난자를 정밀하게 분할하거나, 후에는 핵을 제거하는 일이 가능해졌다. (김근배 교수 저서, 51쪽) [10]

황 박사는 마이크로 단위의 생식생물학을 수의학 분야에 적용한 선두주자였고 그가 일본 홋카이도대학에서 기술연수를 마치고 서울대 교수로 임용되었을 때 가장 먼저 들고 온 것이 '현미경이 장착된 미세조작기'였다. 이후 연구인력을 조금씩 보강해가며 이룬 국내 최초 시험관 송아지 생산(1993년)이나 국내 최초 소 수정란 복제 성공(1995년)의 성과들은 모두 현미경이 장착된 '미세조작기'를 활용한 성과물이다. 당시 국내 학계에 현미경을 보며 세포를 정밀하게 만지는 미세조작기법을 정착시키는 데 이바지한 연구자를 향해 제보자는 '현미경도 못 보고 세포도 못 만진다.'라고 아무 거리낌 없이 말한 것이다. 그러나 이 정도 왜곡은 빙산의 일각이었다.

— 백두산 호랑이 프로젝트는 언제 된다 언제 된다 언론에 금방 될 것처럼 말만 무성하다 결국 유산되고 조용히 사라졌죠. [11]

제보자는 세간의 관심이 쏠렸던 황 박사의 백두산 호랑이복제 시도에 대해서도 언론플레이용 '쇼'였다고 단언했다. 아무런 실체가 없었다는 것이다. 이 또한 관련 논문과 특허출원 기록만 찾아봐도 사실관계를 확인할 수 있는 속 보이는 주장이었다. 이 연구를 통해 2명의 석사와 1명의 박사가 나왔고 1편의 국제학술논문과 국제특허가 출원됐다. 비록 불미스러운 사고로 호랑이 복제실험은 중단됐지만, 그들은 호랑이가 안 되면 사자, 사자도 안 되면 돼지 등 할 수 있는 동물은 다해보며 많은 양의 실험 자료를 축적해갔다. 실제로 김정태 연구원의 박사논문을 보면 2001년 상반기부터 2003년 10월까지 약 2년 반 동안 돼지 뱃속에 넣어준 백두산 호랑이의 복제 수정란 개수만 6만 4,980개에 달한다. 황우석 박사가 이끄는 타이거팀은 하루 21시간 가동되며 일주일에 평균 500개씩의 복제 수정란을 이식하는 눈물겨운 노력을 해온 것이다.

— 우리가 몇 년째 백두산 호랑이 복제실험을 하고 있는 거 아시지요? 앞으로 몇십만 번 더 실험을 해야 할지 모릅니다. 과연 성공할 수 있을지도 장담 못합니다. 그래도 우리는 그 일을 합니다. 그게 과학자에요. [12]

황 박사가 지난 2001년 5월 24일 동아일보와의 인터뷰를 통해 밝힌 심경이었다. 그의 말은 과장된 게 아니었고, 그들의 연구는 아무 성과 없이 끝난 신기루도 아니었다. 호랑이를 복제하기 위해 고양이, 돼지, 개, 호랑이, 사자 등 다양한 동물을 다루는 과정에서 당시 '복제의 에베레스트'라고 불릴 만큼 불가능의 영역으로 여겨지던 '개복제' 성공으로 가는 핵심기술이 축적된 것이다.

— 황우석 연구팀은 호랑이 복제연구과정에서 부딪친 거대한 난관을 돌파하려고 새로운 실험을 다양하게 벌였다. 이 다양한 실험 기법과 경험은 우연히도 개복제 연구에 유용하게 쓰여 그 기술적 토대의 중요한 일부가 되었다. 이렇게 과학자들의 상상력은 많은 노력

이 거듭되는 가운데 새로운 결과를 낳아 실제 현실과 연결이 된다.

(김근배 교수의 저서, 194쪽) [13]

　비록 호랑이복제에는 실패했지만, 여기서 이룬 기술의 진보가 2005년 세계 최초의 복제개와 복제늑대의 성공으로 이어진 것이다. 그것은 맨땅에 헤딩하며 하나하나 쌓아올린 노력의 돌무지 석탑이었다. 그런 시간의 결정체를 제보자는 불과 몇 마디 말로 부숴버렸다. 쇼라고. 언론플레이라고. 아무렇지도 않게 낙인찍어버렸다.

　　— 이 사람이 정말 황우석팀에서 연구했던 사람이 맞나? 어떤 원한이나 곡절이 있었기에 이렇게까지….

　나는 그에 대해 좀 더 알아보고 싶어졌다. 제보자 '닥터 K'. 그는 누구인가?

제10부

제보자의 두 얼굴

제보자는 〈PD수첩〉 팀과 황우석에 대한 폭로방송을 준비하면서도 황 박사를 자신이 근무하는 병원으로 초대해 환자들 앞에서 황 박사와의 친분을 과시했다. 우리 교수님(황 박사)이 여러분 다 낫게 해줄 거라며….

닥터 K. 제보자가 '닥터 K'라는 별명을 갖게 된 것은 그가 의대를 나온 의사 면허증 소유자이기 때문이다. 그는 부산의 고신대 의대를 졸업한 뒤 지난 2002년 서울대 수의학과 황우석 연구실에 석사 과정 대학원생으로 입학했다. 지금도 그렇지만 의사 면허 소지자가 의학 대학원이 아닌 수의학 대학원에 진학하는 일은 극히 드물다. 그런 만큼 나는 그가 황우석 연구실에 들어가게 된 과정을 유심히 들여다봤다. 그는 최근 언론 인터뷰를 통해 이렇게 말하고 있다.

— (황 박사와는) 2000년도에 처음 만났습니다. 군 복무를 하고 있을 때, 전문 기초의학자로 학자의 길을 가려고 몇 군데 타진했는데 황 전 교수에게서 응답이 있었습니다. 황 전 교수는 대동물수의사로 서는 상당히 뛰어난 사람이고 복제 분야는 후발주자였으나 줄기세 포팀이 있다고 해서 2002년 3월에 대학원 전임 풀타임으로 들어 갔습니다. (제보자의 〈주간경향〉 인터뷰, 2015.1.14.) [1]

그의 말을 들으면 굳이 황우석팀이 아니라 다른 곳도 갈 수 있었는데 황 박사의 콜을 받고 간 것처럼 보인다. 그런데 그의 과거 발언은 지금과는 뉘앙스가 많이 달랐다. 제보자가 황우석팀에 들어갈 무렵인 지난 2001년 한국일보에 실렸던 인터뷰 기사에서 그는 이렇게 말하고 있었다.

— 황 교수님까지 '이 길이 얼마나 험난한지 아느냐?'라며 (들어오는 걸) 말리시더군요. (한국일보, 2001.12.2.) 2

황우석 박사는 그의 진학을 말렸다. 제보자 본인 입으로 말하고 있었다. 그런 황 박사를 주기적으로 찾아가 조언을 구해왔다는 내용도 있었다.

— 그(제보자)에게 줄기세포의 등장은 하나의 '빛'과 같았다. 수많은 학술모임을 쫓아다녔고 황 교수를 만나 2년 전부터 조언을 구하고 있다. (한국일보, 2001.12.2.)

지난 2001년의 인터뷰와 최근의 인터뷰. 뉘앙스가 많이 다르지 않은가. 황우석 박사를 만나 들어봤다. 그랬더니 황 박사는 자신의 기억으로 제보자의 입학 요청을 두 번 거절했고 세 번째 찾아왔을 때 그 정성에 감복해 받아줬다고 말했다. 그것도 풀타임 석사과정이 아닌 연습생 신분으로.

— '결혼까지 한다며 굳이 왜 배고픈 생활을 하려 하느냐.'라며 두 번 거절했고 오히려 의학연구자로 자리 잡은 뒤 나중에 공동연구를 하자고 조언했습니다. (황우석 박사, 2015.1.29.) 3

그러나 제보자는 세 번째 찾아올 때는 자신의 약혼녀까지 데려와 '집사람이 생활을 책임지기로 했으니 자신을 받아달라.'라고 간곡히 청했고 황 박사는 결국 연습생 생활을 허락했다. 황 박사는 제보자의 요청을 받고 부산에 내려가 그의 결혼식 주례를 서기도 했다. 그리고 제보자는 몇 달씩의 연습생 생활을 거쳐 서울대 대학원 시험(전공, 영어)을 통과해 대학원생이 된 것이다.

그 후 그는 2002년부터 2004년 초까지 황 박사를 도와 줄기세포 연구를 했고 그 시절 황 박사의 총애를 받아왔다고 말한다. 이는 사실인 것 같다. 황 박사는 의사출신인 그를 이종장기이식 연구 등 의학자와의 협업이 필요한 분야에서 중용하려 했다. 이제 막 석사학위를 마쳤을 뿐인 제보자를 2004년 〈사이언스〉 논문의 제2저자로 등재시켰으니 그에 대한 신뢰는 깊었던 것 같다. 더구나 황 박사는 제보자의 배우자까지 실험실 연습생으로 채용해 이들 부부에게 학비와 생활비 일부를 지원하는 파격적인 대우를 했다. 이를 두고 제보자는 '자신이 2인자격인 '리틀황'으로 통할 만큼 실력을 인정받았다.'라는 언론 인터뷰를 했다. 나아가 '황우석은 한 게 없고 자신이 다 했다.'라는 취지의 발언도 했다.

— 황 전 교수하고는 매일 아침 6시가 넘으면 저하고 둘이 앉아서 어제 무슨 일이 있었고 오늘 뭘 할 건지 의논하고…. 두 사람 간의 믿음은 있었어요. 그런데 자기 말과는 다르게 줄기세포 연구를 하시는 게 별로 없었어요. 3개월쯤 지나면서 믿음이 완전히 깨지기 시작했습니다. 그분의 실력에 강한 의심을 가지게 된 거죠. (제보자의 〈주간경향〉 인터뷰, 2015.1.14.) [4]

그러나 이 대목에서 황 박사의 기억은 제보자와는 많이 달랐다. 황 박사는 제보자에게 훗날을 기대하기는 했지만, 이병천, 강성근 두 명의 젊은 교수들을 제쳐놓고 제보자하고만 실험실 이야기를 나눠본 일은 없었다며 이렇게 말했다.

— 저희 팀은 그때나 지금이나 실험실 모든 구성원이 다 모이는 전체 미팅으로 하루를 시작합니다. 교수나 박사급부터 연습생들까지 다 모여서 실험성과나 일과를 공유하지 둘 만 만난다는 것은… 교수들이 두 분이나 계셨는데 허허…. (황우석 박사, 2015.1.29.) [5]

당시 함께 실험실 생활을 했던 동료들의 기억도 제보자의 발언과는 많이 달랐다. 나는 지난 2002년부터 2004년 사이에 제보자와 함께 실험실 생활을 한 3명의 연구자를 각각 인터뷰해봤다. 제보자의 인터뷰 내용을 알려주고 그들의 의견을 청취하는 방식으로 진행했다. 그랬더니 한 연구자가 대뜸 이런 말을 했다.

— 매일 아침 6시에 (실험실에) 나왔다고요? 본인이 그러던가요? (전직 연구원 A 씨, 2015.2.5.) [6]

당시 제보자는 다른 연구원들보다 실험실에 늦게 나오기로 소문이 나서 '형평성에 어긋나지 않느냐.'라는 뒷말들이 무성했었다는 것이다.

— 심지어 여학생들까지도 필요하면 도축장 가서 난소 채취해오고 실험실 궂은일 다 하는데 이 친구는 꿈쩍도 안 해요. 몇몇 선배들이 '너 이러면 안 된다. 지금이라도 다른 사람 하는 거 비슷하게라도

해라.'라고 충고했지만… 안 들어요. 황 교수님이 (자기더러) 안 해도 된다고 했다고. (전직 연구원 A 씨, 2015.2.5.)

동료 연구원들의 기억이 모이는 지점이 있었다. 당시 제보자는 동물에 대한 핵이식 실험을 기본으로 하던 실험실에서 동물 난소 채취 등 궂은일도 안 하고 세포에 대한 핵이식 실험능력도 부족했으며 그런 제보자가 황 박사의 배려를 등에 업고 대장 행세를 한 것이 다른 연구원들의 반발을 불러일으켰다는 것이다.

— 인정 안 했어요. 황 교수님은 어떠셨는지 몰라도 저희는 한 실험실 식구라고 인정 안 했어요. 그냥 번외. (전직 연구원 B 씨, 2015.2.6.) [7]
— 솔직히 핵이식이 복제연구 핵심인데 그런 실험실에서 핵이식을 못한다고 하면 말 다한 거죠. 그 친구가 한 거는 자기 엘란트라 승용차 몰고 미즈메디 가서 난자 가져온 거? 그것도 운전은 배우자가 하고…. (전직 연구원 C 씨, 2015.2.6.) [8]

실험실에서 연구능력을 인정받지 못한 사람은 황 박사가 아니라 제보자였다는 것이다. 연구원들의 말은 사실이었다. 제보자가 황 박사 연구의 핵심인 '체세포 핵이식'에 서툴렀다는 것은 당시 황우석팀과 공동연구를 했던 서울대 Y 교수와의 인터뷰를 통해서도 확인할 수 있었다. 그리고 서울대 조사와 검찰수사를 통해 확인된 당시 줄기세포 연구라인의 구체적인 업무분장에서도 분명히 알 수 있었다.

— 체세포 핵이식 박을순, 구자민, 이유진. (서울대)
— 줄기세포 배양 박종혁, 김선종. (미즈메디)
— 제보자의 역할은 난자운반, 줄기세포 보관, 반·출입 등 관리 담당,

데이터 정리 및 논문초고 작성. (서울대 조사보고서, 2006.1.10.) [9]

그는 당시 핵이식 실험을 수행할 만한 능력도 경험도 인정받지 못했다. 의사 신분이었기에 미즈메디병원으로 가서 여성 난자를 받아 서울대로 옮기는 작업을 맡았고, 논문 작성을 맡은 강성근 교수를 도와 실험데이터 정리를 했다. 그러면서도 논문의 제2저자로 등재되고 황 박사의 총애를 받았으니 실험실 내 공기는 갈수록 험악해질 수밖에 없었다. 그리고 2004년의 결별. 제보자는 마치 자신이 황우석 박사의 거짓과 무능함에 질려 스스로 실험실을 나온 것처럼 언론인터뷰에서 말한다.

— 제가 팀장으로서 맡은 일들은 마무리하고 나오려 했지만, 연구원 난자 제공 문제가 터졌고, 계속 문제가 터졌어요. 실험을 스케줄에 따라서 해야 되는데 황 전 교수는 아침에 오면 스케줄을 다 바꿔버려요. 이 세포 쓰지 말고 저 세포를 쓰라든지, 데이터를 가져가면 볼펜으로 고친다든지…. 그분의 실력과 도덕성에 대해 신뢰감을 잃었기에 떠날 마음을 먹었습니다. (제보자의 〈주간경향〉 인터뷰, 2015.1.14.) [10]

그러나 이 또한 옛 동료들의 기억과는 180도 달랐다. 당시 제보자는 2004년 2월에 석사 학위를 받은 뒤 황우석 연구실 박사 학위 과정에 들어가 있었다. 황 박사의 거짓과 무능함에 배울 게 없다고 판단했다면 왜 굳이 황우석 밑에서 박사를 하려고 서울대 박사 학위 입학시험을 봤느냐는 게 옛 동료의 말이다. 제보자가 힘들게 들어간 박사 과정을 한 학기도 채우지 못하고 그만둔 데에는 그럴 만한 이유가 있었다는 말도 나왔다. 당시 황 박사를 보좌하던 젊은 교수들과 고참 연구원들이 황 박사를 찾아가서 '도저히 제보자와는 같이 실험 못 하겠다.'라며 집단 청원을 했다는 것이다.

— 황 교수님한테만 깍듯이 하고 나머지 사람 말은 무시했어요. 특히 젊은 교수님들하고 문제가 많았죠.
— 한번은 이병천 교수나 강성근 교수하고 상의도 없이 (자기가) 밖에서 연구인력을 채용했다고 실험실에 데려온 적이 있어요. 실험실이 뒤집어졌죠. (전직 연구원 B 씨, C 씨, 2015.2.6.) [11]

실험실 분위기는 험악해졌고, 사태의 심각성을 파악하기에 이른 황 박사는 결국 제보자를 불러 '객원 연구원'을 제안하기에 이르렀다.

— (제보자가) 저에게는 너무 잘했습니다. 단 한 번도 제 의견과 부딪치거나 무시한 적도 없이 "예, 선생님.", "예." 하며 고개 숙이던 그 예의 바른 청년이 우리 연구원들과 그런 문제가 있다는 게…. 그래서 (제보자에게) 잠시 밖에서 시간을 갖자고 제안했어요. 객원연구원 대우를 해줄 테니 밖에서 자리를 잡고 다시 일하자고. (황우석 박사, 2015.1.29.) [12]

그때까지 황 박사는 의사 출신인 제보자에 대한 미련을 버리지 않았다고 했다. 특히 미니돼지 복제를 통한 이종 장기이식 연구에서는 의사 출신인 제보자가 빛을 발할 거라 믿고 그와의 관계를 지속했다. 황 박사는 지금도 '제보자가 논문에 의심을 품었다면 왜 자신에게 먼저 말하지 않고 밖에다 제보했는지 이해할 수 없다.'라고 말했다. 혹시 제보자와의 결별상황에서 감정적 대립은 없었느냐고 물어봤더니 그는 이렇게 답했다.

— 객원 연구원 대우를 하면서 제가 두 부부의 계좌로 매월 350만 원의 급여를 지급했습니다. 안에 있던 연구원들이 알면 서운해할 만한 돈이었고요. 이후 원자력 병원에 전공의로 들어가고 싶다는 부탁을 해 당시 의대 교수님들께 부탁드려 성사시킨 바 있습니다. 상식적으로 (저하고) 싸우고 나갔다면 (제가) 그렇게 할 수 있었겠습니까? (황우석 박사, 2015.1.29.)

그러나 제보자는 비교적 최근인 2014년 CBS 시사프로그램 인터뷰를 통해 '줄기세포가 가짜임을 황 박사에게도 전했고 황 박사가 이를 묵살하자 언론에 폭로할 수밖에 없었다.'라고 말했다.

— 일단 황 전 교수팀에 알렸습니다. '검증을 해라, 11개는 있을 수 없다.' 그래서 제가 강성근, 이병천 그다음에 황 전 교수에게 바로 직접 말할 수 있는 팀 내부 사람한테 전달했습니다, 세 번이나. 그런데 두 번은 중간에 다른 사람에 의해서 막혔고 한 번은 황 전 교수가 직접 부인을 합니다.
— 이건 분명히 있다?
— 있다가 아니고, '쓸데없는 소리 하지 마라.' (제보자의 CBS 라디오 인터뷰, 2014.10.28.) [13]

황 박사는 그의 인터뷰 내용을 보더니 어이가 없다는 듯 웃으면서 이렇게 말했다.

— (제보자는) 단 한 번도 저희 연구에 대해 네거티브한 말이나 그 비슷한 말을 한 적이 없었고요…. 2005년도 여름으로 기억합니다. 아기가 태어났다고 저한테 병원으로 와서 축하해달라고 초대하더

라고요. 그래서 화분을 들고 원자력 병원에 찾아갔더니 신생아 병실에 있던 친척들에게 저를 인사시키더니…. 제 손을 꼭 잡고 신경병동을 돌아다니며 동료 의사들과 환자들한테 "저희 교수님 오셨습니다.", "여러분 이제 아무 걱정 마세요. 저희 교수님이 여러분다 낫게 해주실 겁니다."라고… 제가 무안해질 만큼 자랑을 하고 다녔습니다. (황우석 박사, 2015.1.29.) [14]

2005년 여름이면 제보자가 한창 〈PD수첩〉 제작진들과 황우석에 대한 각종 의혹을 가다듬고 있을 때였다. 그가 제보한 의혹 중에는 '황우석이 여기저기 다니면서 환자들 낫게 해주겠다고 다니더라.'라는 내용도 포함돼 있었다. 그러면서 정작 자신은 병동을 다니며 저희 교수님 오셨다고? 저희 교수님이 여러분 다 낫게 해줄 거라고? 이를 어떻게 받아들여야 할까.

그리고 제보동기. 제보자는 열살 소년이 가짜줄기세포를 맞고 목숨이 위험해지는 일을 막기 위해 제보를 했다고 말한다. 열살 소년이면 혹시 어린 왕자 현이? 그렇다. 그는 어린 왕자의 줄기세포가 가짜였으며 그걸 조작한 황우석이 무리하게 임상시험까지 가려 하자 어린 왕자를 살리기 위해 방송국을 찾아갔다고 언론인터뷰를 통해 말하고 있다.

— 황 전 교수가 '노벨상', '사회적 파워' 등 돈이나 명예를 탐하는 건 몰라도 사람 목숨까지 위협하는 경계를 넘실거리는 걸 보고 가만히 있을 수 없었습니다. 2005년 5월에 〈사이언스〉 두 번째 논문이 발표됐는데, 안전성 검증도 없는 상태에서 임상시험을 하겠다고 장애 아동 부모한테 이야기를 한 겁니다. 아이의 생명이 달려 있지

않습니까. 발상 자체가 도를 넘었다고 생각했습니다. (제보자의 《주간경향》 인터뷰, 2015.1.14.) [15]

나는 그의 인터뷰를 보며 그가 더욱 의심스러워졌다. 황우석 줄기세포가 가짜였다고 하더라도 가짜줄기세포로는 임상시험 근처에도 갈 수 없기 때문이다. 임상시험은 황우석 박사가 하는 게 아니라 임상전문의들이 시행한다. 그리고 임상의들은 임상에 들어가기 전 자체적으로 환자와 줄기세포 간의 면역적합성 여부를 판단하기 위해 DNA 검사, HLA 검사 등 다양한 검사를 한다. 안전성 여부가 확인되어야 임상에 임할 수 있는 것이다. 당연히 줄기세포가 가짜였다면 아이에 대한 임상시험은 사전 검증을 통해 취소되었을 것이고. 오히려 누군가 가짜로 뒤바꿔놨음을 연구진 모두 알아차렸을 것이다. 그런데 임상을 막기 위해 제보를 했다고? 줄기세포 치료학회장을 맡은 신문석 의학박사 역시 제보자의 발언에 대해 이해할 수 없다는 듯 이렇게 말했다.

— (이미 임상시험이 많이 이뤄지고 있는) 제대혈 줄기세포의 경우도 임상을 앞두고 DNA 검사나 HLA 검사(조직적합성 검사)는 기본 중 기본으로 하거든요. NT-2에 대한 임상도 역시 그 전에 DNA 등 기본 검사 통해 만일 소년의 세포가 아니면 임상은 들어갈 수 없는 구조이죠. (신문석 박사, 2015.2.5.) [16]

이처럼 제보자가 풀어놓은 '황우석 종합선물세트'는 대부분 사실관계와 다른 일방적 주장이었지만, 황 박사를 반대하는 이들에게는 더없이 구체적이고 적나라한 '진실'로 통했다. 굳이 대중들에게 반감을 살 만한 부시나 로마 교황청, 복잡한 생명윤리적 설명을 끌어들이지 않아도 능히 이 연구를 주저앉힐 만한 '보검'이었다. 일거에 판이 바뀌었다. 골치 아픈 '윤리논쟁'이 아니라 '진실게임'으로. 제보자와 〈PD수첩〉은 논문조작에 관한 물증을 찾아 나섰고, 극비리에 지원그룹이 형성됐다. 제보자를 정점으로 언론(MBC), 종교(가톨릭), 시민단체(시민과학센터), 학계(생명윤리)의 사각 피라미드가 완성된 것이다. 그들은 '진실'이라는 이름의 칼을 갈았고 칼끝은 황우석의 목젖을 겨냥했다.

제11부

대담한 왜곡, '연구원 난자 강탈'

제보자 '닥터 K' 부부는 '황 박사가 시집도 안 간 여성연구원에게 난자 기증을 강요했다.'라고 폭로했지만, 검찰수사결과 황우석의 강압은 사실무근으로 밝혀졌고, 그 여성 연구원은 지난 2010년 황 박사를 찾아와 결국 사람들이 진실을 알게 될 거라며 황 박사에게 자신의 결혼식 주례를 부탁했다.

엄마와 두 아들이 아빠를 고발했다. 아빠와 아빠 집안사람들로부터 자그마치 10년 동안이나 성매매를 강요받아왔다는 충격적인 폭로였다. 더구나 아빠는 목사였다. 아이들은 목사인 아빠가 사람들을 데려와 자신들을 성폭행하게 시켰다고 말했고, 엄마는 최근 열 달 사이에만 남편과 시아버지 등 44명으로부터 성폭행당했다며 36번이나 고소했다. 이것이 바로 2015년의 한국을 발칵 뒤집어 놓은 일명 '세 모자 사건'이었다. 그런데 사건의 결말은 더더욱 충격적이었다. 그 모든 폭로가 새빨간 거짓말이었음이 밝혀졌으니 말이다. 아빠 쪽 재산을 노린 무속인이 엄마를 배후조종해 거짓 폭로를 사주했고, 엄마는 아이들을 협박해 거짓 진술을 강요했다. 결국, 무속인과 엄마 사이의 통화 내역이 공개되고 아이들이 자백하면서 수사는 종결됐다. 나는 이 어이없는 폭로전을 보면서 다시 한 번 언론의 역할을 생각해본다. 만일 우리 언론이 제대로 따져보지도 않고 세 모자의 충격적인 폭로만 일방적으로 전했더라면 목사인 아빠는 어떻게 됐을까? 아마도 경찰조사를 받기도 전에 이미 '파렴치범'이나 '위선자', 혹은 '성매매업자'로 낙인찍혀 피눈물을 흘렸을 것이다. '경찰조사에서 다 밝혀질 것'이라는 항변은 더러운 변명이나 회피성 발언으로 여겨졌을 것이다. 그러나 다행스럽게도 언론은 중심을 잡아줬다. 제보자가 내놓은 '자극적인 폭로'에 휘둘리지 않고 반대편과 제보자 모두를 균형 있게 검증했다. 참 다행이다. 그런데 십 년 전에는 왜 그랬을까? 2005년의 MBC 〈PD수첩〉 말이다. 제보자가 내놓은 사실무근 자극적 폭로를 그대로 방송으로 내보냈다. 덕분에 과학자는 검찰조사가 시작되기도 전 쳐죽일 놈이 돼버렸다. 시집도 안 간 제자의 난자를 강제로 빼앗은 파렴치범이라는 주홍글씨가 새겨졌다.

— 그 아이가 (수술을) 안 받겠다고 결심한 상태에서 황 교수님에게 이
   야기를 했어요. 자기는 (난자기증을) 안 하겠다며 이야기하니까 황
   교수님이 막 화를 내면서 '왜 (난자 수술) 안 하냐.'라고 그런 식으
   로 얘기를 해 가지고 걔가 마음이 그랬어요. 그래서 거의 끌려가다
   시피 한 거죠. (제보자의 말, 한학수 PD 저서, 147쪽) [1]

황우석 박사가 논문을 조작하고도 남을 만큼 파렴치한 인간이라는 걸 증명이라도 하듯 제보자 '닥터 K'는 그의 부인 Y와 함께 〈PD수첩〉 제작진에게 또 다른 의혹을 폭로했다. 연구원 난자 강압. 황우석은 제자인 여성 연구원의 난자까지 강제로 빼앗은 무서운 사람이라는 폭로였다. 그들이 내놓은 시나리오는 이랬다. 자신들과 함께 실험했던 박 모 연구원이 어느 날 난자가 담긴 접시를 엎지르는 실수를 저지르자 황 박사가 크게 혼냈고, 이 실수로 행여 〈사이언스〉 논문의 저자 명단에서 빠질까 두려웠던 박 모 연구원은 '자신의 난자를 기증해 채워넣겠다.'라고 황 박사에게 약속했다는 것. 하지만 난자를 채취하는 수술을 앞두고 두려웠던 박 모 연구원이 난자기증을 못 하겠

다고 하자 황 박사는 그녀에게 '왜 안 하냐.'라며 혼냈고, 그녀는 울음을 참으며 수술대 위에 올랐다는 것.

> — '안 되면 언니, 제가 난자를 제공하지요.' 막 그런 식으로 말했어요. 그때는 농담인 줄 알고, 그렇게 얘기하고 넘어갔어요. 그런데 그게 발단이 됐는지, 이 이후에 P가 직접 난자를 제공하게 됐다고 그렇게 얘기를 하더라고요. (한학수 PD 저서, 146쪽) [2]

마치 옆에서 본 듯한 생생한 묘사. 제보자와 그의 부인 Y는 자신들과 함께 연구했던 박 모 연구원이 그렇게 황 박사에게 난자를 강요당했다고 진술했다. 그들은 피디들에게 증거를 들이밀었다. 그것은 황 박사에게 난자를 강요당한 여성 연구원이 수술 직전 자신들에게 보냈다는 이메일이었다. 이메일의 내용은 무시무시했다. 난자를 빼앗긴 여성 연구원의 안타까운 목소리가 담겨져 있었다.

> — 이 방법은 아니었는데, 끝까지 포기하지 못했던 것, 선생님께 대적하지 못했던 것, 이런 나 자신을 용서할 수 있도록 다녀와선 더 열심히 공부할래요.
> — 시작은 제가 했지만, 무서워요. 전신마취, self cloning (이건 있을 수 없는 일 – 자신의 난자를 자신이 복제하고 지독하게 독해요. – 나 자신이)(MBC 〈PD수첩〉, 2006.1.3.) [3]

탄탄한 구성과 실감 나는 증거. 제보자들의 이야기를 의심 없이 들으면 누구라도 황우석 박사에 대해 인간적인 적대감을 가질 수밖에 없을 것이다.

— 제자에게 저런 갑질을… 황 교수가 저런 인간이었나?[4]

문제는 그들의 폭로가 사실이 아니었다는 점이다. 서울대 조사와
검찰수사를 통해 제보자 부부가 제기한 관련 의혹은 거의 '소설' 수
준의 허위사실임이 밝혀졌다. 우선, 난자접시를 엎지른 사건 자체가
없었다. 처음부터 꾸며낸 이야기였다. 난자를 기증한 박 모 연구원
은 비록 나이는 이십 대 초반에 불과했지만, 당시 황우석팀 내에서
도 최고의 '체세포 핵이식' 실력을 인정받고 있던 '베테랑'이었다. 무
려 2년간의 연습생 생활을 거쳐 황우석팀 대학원생이 된 그녀는 숱
한 동물 난자 실험에서 실력을 인정받아 줄기세포팀에 발탁됐다. 어
린 나이임에도 자신보다 나이가 많은 연구원들을 보조로 두고 실험
을 했던 그녀는 난자접시를 엎지르는 실수를 저지른 적이 없다. 그녀
뿐 아니라 줄기세포팀 소속 연구원 어느 사람도 그런 일이 없었다.

— ○○○ 전 연구원은 자신이 실수로 난자를 깨뜨려 그 죄책감 때문
에 난자를 제공하게 되었다는 소문은 사실무근이라고 진술하였다.
(서울대 조사보고서, 33쪽)[5]

논문저자에서 빠질까 봐 두려워서 자신의 난자를 제공했다는 설
정 역시 거짓이었다. 이는 여성 연구원의 난자 기증이 이뤄지던 당시
상황을 조금만 살펴봐도 알 수 있다. 박 모 연구원이 첫 진료를 받은
날은 2003년 2월 7일. 이것은 MBC 〈PD수첩〉 스스로 방송을 통해
공개한 미즈메디병원 진료기록이었다. 이때는 실험이 실패에 실패
를 거듭해 논문은커녕 실험 성공 여부조차 장담하지 못하던 암울한
시기였다. 서울대 조사에 따르더라도 연구팀이 실험성공을 확인하
고 논문작업에 들어간 것은 이때로부터 적어도 한두 달 뒤인 2003년

4월경. 더구나 결혼도 안 한 미혼 여성이 2월 7일부터 병원진료를 받기 시작했다면 이미 그전부터 여러 고민과 상의 등 의사결정 과정이 있었을 터인데. 그 시기는 황우석 연구팀 전체가 실패만 거듭하던 암흑기였다.

— (박 모 연구원은) 논문저자로 참여하려는 걱정 때문에 난자를 제공하게 되었다는 소문도, 당시 실험 자체가 너무 진척이 안 된 상태여서 논문이 나갈지에 대해서는 생각조차 하기 어려운 형편이었기에 역시 사실이 아니라고 진술하였다. (서울대 조사보고서, 33쪽)[6]

2006년 5월에 나온 검찰수사 결과 역시 마찬가지였다. 사실무근. 검찰은 황우석 박사의 연구비 내역을 탈탈 털어 사기 및 횡령 등으로 기소할 만큼 황 박사에 대해 부정적이었지만 그런 검찰조차 제보자가 제기한 연구원 난자강압의혹에 대해서는 '사실무근'이라는 결론을 내린 것이다. 아무리 털어봐도 황우석 박사의 강압성 여부가 나오지 않았던 것이다.

— 난자제공 과정에서 황우석의 강압성은 없었던 것으로 확인됨. (검찰수사결과, 110쪽)[7]

오히려 검찰수사를 받는 과정에서 제보자 부부의 민낯이 드러나기도 했다. 제보자 부부는 마치 자신들이 난자를 기증한 박 모 연구원과 매우 친했고 그래서 속사정을 다 터놓고 지내온 것처럼 언론에 말해왔다. 하지만 정작 검찰조사실에서 제보자와 마주친 박 모 연구원은 새파랗게 질린 얼굴로 제보자를 피하더라는 증언이 나왔다. 2007년 발간된 문형렬 등의 저서에 실린 황우석팀 연구원의 목격담.

— 검찰수사를 받으러 온 (박 모) 연구원이 제보자 K 씨를 복도에서 보았는데요. 그 순간 얼굴이 파랗게 공포상태로 변하며 입술을 바르르 떨었어요. 그리고 제보자 K를 피해 다시 수사관실로 들어갔어요. (문형렬, 정미권, 리처드유의 저서, 124쪽) [8]

나는 또 다른 황우석팀 연구원 출신 과학자로부터 제보자 부부가 박 연구원 간의 평소 관계가 어땠는지에 대한 비슷한 증언을 들을 수 있었다.

— 교수님이 박 연구원한테만 (핵이식을) 시키니까 (제보자가) '너는 왜 자기 배우자(연습생)한테는 기회를 안 주냐?', '혼자만 생각하냐?', '팀워크도 없다.'라며 박 연구원한테 욕하고… 그녀가 저한테 한 말이 더 있는데…. (전직연구원 B 씨, 2015.2.6.) [9]

제보자 '닥터 K'는 당시 연습생 신분이던 자신의 부인 Y에게 핵이식 실험기회가 주어지지 않는 것에 불만을 품고 당시 핵이식 실험을 전담하던 박 모 연구원에게 심한 말과 심한 행동까지 해왔다는 것이다. 실제로 제보자 부부는 검찰수사 과정에서 황우석팀이 처음 수립한 1번 줄기세포는 박 연구원이 핵이식해 만든 게 아니라 제보자의 부인 Y가 우연히 연습하다가 만들어낸 줄기세포였다고 주장하기도 했다. 이 역시 수사결과 허위였음이 드러났지만, 그들이 연구원 난자에 대한 폭로를 강력하게 제기한 데에는 또 다른 이해관계가 있었음을 짐작할 수 있는 대목이다. 그러나 MBC와 〈PD수첩〉은 사실무근으로 드러난 조사결과 앞에 어떤 언급도 해명도 없었다. 심지어 그런 수사결과가 나왔다는 사실조차 보도하지 않았다. 사람 하나 죽일 놈 만들어 놓고 '아니면 말고' 식이었다. 더구나 그 태도가 너무도 당당했다. 마치 검찰수사조차 잘못됐다는 투였다. 뭔가 믿는 구석이라도 있는 걸까? 그래서 더 알아봤다. 나는 박 모 연구원을 만나고 싶었다. 만나서 이렇게 묻고 싶었다.

— 자발적으로 난자를 기증했다고 수사결과 나오는데, 그러면 "이런 내가 지독해요."라는 이메일은 왜 제보자에게 보낸 건가요?

그러나 그녀의 소재를 파악할 길이 없었다. 그녀는 미국의 섀튼 교수 실험실에 파견된 이후 줄곧 한국에 돌아오지 않고 외국에 체류하고 있었다. 그녀와 연락을 주고받을 만한 연구원들을 연락해봤지만, 그 누구도 그녀의 이메일을 알려주지 않았다.

— 순하디순한 ○○이가 이젠 조용히 살도록 도와주세요.

나도 굳이 무리수를 두지 않았다. 그러던 2015년 5월, 그녀에 대한 한가지 사실을 알게 되었다. 그녀가 한국에 잠시 들어와 결혼식을 올렸는데 결혼식 주례를 맡은 사람이 다름 아닌 황우석 박사였다는 것이다.

— 2010년 10월 10일 서울 모 호텔, 주례 황우석.

만일 그녀가 황 박사에게 난자를 뺏겼다면, 그래서 '선생님께 대적하지 못했다.'라는 메일까지 보냈다면. 그런 사람에게 결혼식 주례를 부탁할 수 있을까? 지금은 서울대 교수도 뭐도 아닌 옛 스승에게… 모든 것이 분명해졌다. 나는 그날 그녀의 결혼식 사진을 찍어준 황우석팀 젊은 연구원을 통해 기초적인 사실여부를 확인할 수 있었다. 아울러 그녀와 함께 미국 유학생활을 했던 충북대 현상환 교수는, 그녀가 외국에서 연구원 생활을 하면서도 한국에 올 때면 꼭 황우석 박사를 찾아와서 '선생님 힘내시라.'라고 응원하고 갔다고 말한다.

— 예전하고 똑같았어요. 황 박사님을 대하는 모습이 공손하고 깍듯하고. 힘내시라고 멀리서도 응원하고 있다고. 저는 그런 모습을 옆에서 보니까 〈PD수첩〉을 본 일도 없지만 의혹제기는 말이 안 된다고 생각하죠. (현상환 교수, 2015.6.8.) 10

좀 더 자세한 상황을 황우석 박사에게 물어봤다. 그날은 메르스 바이러스가 온통 퍼져있던 2015년 6월 9일 아침 7시 반. 전화를 걸어 그녀의 이야기를 꺼내자 황 박사는 무척 조심스러워했다. 그러나 이내 하는 수 없다는 듯 웃으며 말했다. 박 모 연구원이 신랑과 함께 인사를 드리러 온 자리에서 자신에게 결혼식 주례를 부탁하던 상황에 대해서.

— 제가 웃으며 그랬죠. "야 세상 사람들은 모두 내가 네 난자 빼앗았다고 알고 있는데 어떻게 주례를 서겠니?"라고 하며 거절했어요. (황우석 박사, 2015.6.9.) 11

그러나 난색을 보이는 황 박사에게 박 연구원은 거듭 주례를 부탁했다고 한다.

— 여자에게 있어 일생에 단 한 번 가장 소중한 게 결혼식 주례인데 사람들 앞에서 제 주례를 맡아주시면 그 모든 게 다 해소될 거라고 그렇게 말하더군요. (황우석 박사, 2015.6.9.)

그렇게 그녀는 황우석 박사의 주례로 화촉을 올렸다. 나는 황 박사에게 이메일에 대해서도 물어봤다. '선생님께 대적하지 못했다.'라는 이메일에 대해 혹시 박 연구원에게서 들은 말은 없느냐고. 그랬더니 황 박사는 당시 사건이 한창 진행될 무렵 그녀가 자신에게는 이런 취지로 말했다고 전했다.

— 저에게는 이런 말을 했어요. '그 이메일은 자기가 보낸 게 아닌데 자기가 보낸 것처럼 됐더라.'라고. 이메일 계정을 잠깐 빌려달라고 하더래요. 그래서 빌려줬더니… 마치 자기가 보낸 것처럼… 저한테는 그렇게 말했습니다. (황우석 박사, 2015.6.9.)

그렇다면 연구원 난자기증의 진실은 무엇일까? 황 박사는 당시 기자회견을 통해 '연구원 난자기증을 말렸다.'라고 해명한 적 있다.

— 제게 찾아와 난자를 제공하겠다는 뜻을 밝혔습니다. 그러나 그 여성 연구원이 아직 결혼도 하지 않은 나이 어린 대학원생이었기 때문에 아무리 난자가 부족한 상황이었음을 감안하더라도 교수입장에서 그 의사를 받아들일 수 없었습니다. (황우석 박사의 당시 기자회견, 2005.11.24.) [12]

당시 그의 말은 사실이었고, 훗날 법정에서 드러난 연구원 난자기증의 진실은 가슴 아픈 사연이었다. 두 명의 연구원이 자신의 난자를 연구에 기증했다. 당시만 해도 연구 관련자가 자신의 신체를 연구에 활용하는 것을 금기시하는 국제 의료 규범(헬싱키 선언)이 있다는 것조차 알고 있는 사람이 드물던 시기였는데, 제일 먼저 난자를 기증한 K 연구원은 결혼해서 두 아이를 키우고 있는 엄마 연구원이었다. 그녀는 난치병으로 고생하시던 자신의 어머니를 떠올리며 자신이 하고 있던 줄기세포 연구가 성공하기를 진심으로 바라고 있었다. 그러나 연구는 아무런 진전이 없었고 실험은 실패만 거듭하자 그녀는 연구에 조금이라도 보탬이 되고자 자신의 난자를 기증하기로 마음먹는다. 남편과 가족들의 동의까지 구했다. 그러나 황우석 박사에게는 이 문제를 상의하지 않았다. 황 박사가 난자기증을 허락하지 않을게 불 보듯 뻔했기 때문이다. 그녀는 곧바로 의사를 찾아갔다. 미즈메디 노성일 이사장. 그녀의 말을 들은 노 이사장은 '자기 아내도 못하는 결단을 했구나!' 하며 동의해줬고, K 연구원은 절대로 자신이 난자를 기증했다는 사실을 황 박사에게 알리지 말아 달라고 당부하며 조용히 자신의 난자를 기증했다. 검찰수사결과 K 연구원은 황 박사가 나중에라도 이 사실을 알까 봐 연구팀에 제공되던 난자기증자 정보도 자기 이름이 아닌 다른 이름으로 기재하도록 했다. 그녀는 누구에게 보이려는 게 아니라 진심으로 이 연구의 성공을 바라고 있었던 것이다.

그런 사실을 동료 연구원인 박 연구원이 알게 되었다. 박 연구원은 K 연구원을 언니처럼 따르면서 속 깊은 이야기를 나누던 사이였는데 K의 난자기증 사실을 알게 되었다. 그리고는 자신도 난자기증을 하겠다는 결심을 한다. 박 연구원은 황 박사의 총애를 한몸에 받고 있던 줄기세포 연구의 핵심이었기 때문에 더욱더 그러했다. 2003년 1월경 황 박사를 찾아가 상의를 했다. 그러나 황 박사는 허락하지 않았다. 아무리 실험 진척이 없어도 시집도 안 간 처녀 몸으로 난자기증을 하게 할 수는 없다고 말렸다. 그러자 그녀는 굽히지 않고 당시 연구팀의 생명윤리 자문을 맡고 있던 서울대 의대 문신용 교수를 찾아간다. 문 교수는 쉽지 않은 결정이라고 동의하며 미즈메디 노성일 이사장에게 이 사실을 전했고 노 이사장은 황 박사에게 '이런 정성이라면 못할 게 없지 않느냐.'라며 전화했다. 결국, 두 명의 의사 동의를 통해 황 박사 또한 박 연구원의 난자기증을 허락하게 된 것이다.

> ─노 이사장이 제게 "일 났네! 일 났어. 이런 정성이면 못할 게 뭐 있
> 어."라고 특유의 어투로 전화를 했어요. 이 녀석(박 연구원)이 오죽
> 했으면 그분들께 찾아갔을까 싶어 결국 난자기증을 허락했고, 이
> 왕 하는 거 병원까지 차라도 태워줘야겠다는 생각에 제가 운전해
> 서 데려다 주고 기다렸다가 데려왔습니다. (황우석 박사, 2015.6.9.)

난자 채취 수술을 받던 날 황 박사는 자신의 차로 박 연구원을 병원에 데려다 줬다. 정확한 날짜는 2003년 3월 10일. 당시 그의 행동은 논란의 소지가 있다. 이 사실이 서울대 조사를 통해 알려지자 일부 언론은 그것이 '황우석 난자 강압'의 증거인 양 대서특필했다. 그러나 내 생각은 좀 다르다. 만일 내가 아끼는 사람이 수술을 받으러 가면 그냥 '잘 다녀오거라.'라며 보낼 수 있을까? 말릴 수 없다면 뭐라도 도울 수 있는 방법을 찾았을 것이다.

이것이 근 10년에 걸쳐 내가 파악한 연구원 난자기증의 진실이었다. 그러나 진실은 너무 길고, 그에 반해 자극적인 폭로는 너무 가까운 것 같다. 단 몇 분 만에 터져 나온 제보자 부부의 허위 폭로전은 〈PD수첩〉 제작진들에게 다시 한 번 황우석 박사에 대한 '인간적인 적개심'을 불러일으켰고, 그 후 〈PD수첩〉과 제보자는 한마음 한뜻이 되어 황우석에 대한 물증사냥에 나섰다.

제12부

대담한 왜곡 "영롱이는 없다."

제보자는 당시 소 팀장으로부터 '복제소 영롱이는 가짜'라는 말을 들었다고 〈PD수첩〉에서 폭로했지만, 정작 당시 소 팀장은 그런 말을 한 적도 없으며 영롱이가 가짜였다면 그보다 훨씬 어려운 개복제는 어떻게 진짜 일 수 있느냐고 내게 되물었다.

제보자의 폭로전은 계속됐다. 이번엔 황 박사의 연구능력을 송두리째 날려버리는 제보였다. 황우석 박사가 국내에서 처음으로 복제한 것으로 알려진 복제소 '영롱이'가 가짜였다는….

— 소(牛) 팀장으로부터 영롱이가 가짜라는 말을 들었습니다. 이것은
     황 교수 실험실 내부에서도 어느 정도 심급에 오른 사람들에게는
     공공연한 비밀이었던 겁니다. (제보자의 이메일, 한학수 PD 저서 114쪽) [1]

황우석 반대자들에게는 더할 나위 없이 환상적인 제보였다. 황우석 박사가 그의 언론 데뷔 첫 작품인 '영롱이'부터 사기를 치기 시작하다 결국 '줄기세포'라는 희대의 사기극으로 발전한 거라는 나름의 가설을 갖출 수 있어 좋았고, 나아가 황우석의 복제연구를 지원한 대통령과 정부까지도 '사기극에 놀아난 얼간이'로 만들며 정부 관계자들이 함부로 지원에 나설 수 없게끔 규제논리를 강화시킬 수 있어 좋았다. 황우석 반대자들에게 '영롱이'는 얄미운 존재였다. 지난 1999년 2월 12일에 태어난 홀스타인 젖소 '영롱이'는 한국 최초의

복제송아지로 언론의 주목을 받으면서, 그전까지 이름없는 변방의 수의학자이던 황 박사를 단번에 '스타 과학자'로 만들고 결국에는 '복제줄기세포 연구'에 이르게 한 디딤돌이었기 때문이다. 사실 황 박사는 수의학계에서는 국내 최초의 시험관 송아지 탄생(1993년), 소 수정란의 핵이식 복제 성공(1995년) 등 꾸준한 성과를 내왔다. 하지만, 연구비 지원의 단위 자체가 달랐던 '대형 과제'를 받기에는 매번 힘에 겹던 변방의 과학자였다.

> — 교수로 부임한 1986년 이후 한해도 거르지 않고 나는 정부 부처에
> 연구비 지원 신청을 냈다. 모두 거절됐다. 자연과학, 의학, 약학, 공
> 학 등 귀족학문이 아닌 수의학 교수였기 때문이다. (황우석 박사의 서울
> 대 강연, 2000.12.16.)[2]

이랬던 그가 '영롱이'가 태어난 뒤 중심부로 들어온다. 과학기술부 장관이 그를 만나더니 이내 대통령의 눈에 든다. 노벨 평화상 수상자인 한국의 김대중 대통령(제15대)은 영롱이에 이어 태어난 복제한우 '진이'의 이름을 직접 지어주기도 했다. 대통령은 시대를 앞서 간 황진이처럼 온 국민의 사랑을 받는 소가 되라며 복제한우에게 '진이'라는 이름을 선사해줬다. 이는 단순한 이벤트가 아니었다. 국민의 정부는 당시 수입개방 때문에 송아짓값이 바닥을 치고 있는 상황에서 경쟁력 있는 고품질 한우의 복제를 통해 축산 농가의 경쟁력을 높이려는 정책을 처음 도입했다. 이는 복제 반대론자들에게는 '재앙'으로 비쳤다. 그들은 조금씩 미끄러지다 보면 나중엔 걷잡을 수 없이 미끄러져 내린다는 '미끄러운 비탈길(Slippery Slope)' 이론을 강조하며 황우석의 동물복제에 관해 처음부터 강경했다. 실제로 1999년 9월에 열린 시민단체 공개토론회에서는 시민 패널들 사이에 복제줄기세포 연

구뿐 아니라 '동물복제 연구'까지도 금지해야 한다는 의견을 나누기도 했다.

— 다수가 '인간배아복제 실험을 금지'(16명 중 14명)하고 심지어 소수는 '동물복제까지도 제한'(6명)해야 한다는 의견을 내놓았다. (김근배 교수의 저서, 276~277쪽) 3

그러나 국민의 정부는 반대론자들의 말을 듣지 않았다. 알려진 대로 김대중 전 대통령은 가톨릭 신자였다. 그리고 시민단체와 말도 통하는 야당 지도자 출신의 통치자이기도 했다. 헌데 그런 사람이 복제연구를 금지하는 법안을 만들기는커녕 복제소의 이름이나 지어주며 황우석 연구를 밀어주고 있었으니… 반대자들에게 황우석과 복제소들은 얼마나 밉상스러운 존재였을까. 이런 와중에 제보자가 '영롱이 없다'는 선물 보따리까지 안겨준 거다. 얼마나 기뻤을까. 지난 2006년 1월 10일 〈PD수첩〉은 제보자의 말을 근거로 영롱이 가짜 의혹을 제기했다.

— (영롱이) 논문을 찾다 찾다 안 돼서 선배님들한테 도움을 요청했는데 기가 막힌 이야기를 들어서… '영롱이, 진이는 논문이 없다.'라는 걸 처음에 이야기하고 그럼 "논문이 없으면 어떻게 과학적으로 입증됩니까?"하고 물으니까 그냥 뭐 데리고 나와서 음료수 사주고 담배 피우시고… 무언의 양해를 그때부터 하시는 거죠. (제보자의 MBC 〈PD수첩〉 인터뷰, 2006.1.10.) 4

'선배들은 논문은 없다고 하면서 담배만 피우더라.'라는 제보자 '닥터 K'의 실감 나는 방송 인터뷰 내용. 그러나 이 역시 허상에 불과했다. 나는 〈PD수첩〉이 방영되고 몇 해가 지나서 '닥터 K'의 인터뷰에 등장하는 실존 인물, 담배 피우며 논문은 없다고 말해줬다고 하는 '소 팀장'을 수소문 끝에 만날 수 있었다. 그는 내게 이렇게 반문했다. 최초의 복제소인 영롱이가 가짜라면 최초의 복제개인 스너피는 어떻게 진짜인 것으로 판명돼 살아남을 수 있었겠냐고.

— 영롱이가 가짜였다면 그 이후에 발표된 수많은 황 박사님 랩의 논문 실험도 제대로 됐을 리가 없겠죠. 하지만 재검증 논란 속에서도 논문들은 엄연히 살아 있고 스너피 복제까지도 진실이었음이 입증됐습니다. 이게 뭘 의미하겠습니까? (당시 소 팀장 인터뷰) [5]

현재 국립대학교수로 동물복제 연구를 하고 있는 당시 '소 팀장' A씨는 나와는 2007년 11월에 한 번, 2015년 2월에 한 번, 모두 두 번에 걸쳐 인터뷰했지만 두 번 모두 자신의 실명을 허락하지 않았다. 너무 두렵다고 했다. 말도 안 되는 의혹을 천연덕스럽게 하고 다니는 제보자가 무섭고, 그의 제보를 앞세워 일방적으로 몰래카메라를 들고 쳐들어온 〈PD수첩〉이 무섭고, 단지 황우석 박사의 제자라는 이유만으로 학계에서조차 불이익을 주던 세상이 무섭다고 했다. 그는 제보자 '닥터 K'하고는 평소 담배를 함께 피운 일도 없었고 논문에 관한 이야기를 나눈 적도 없다고 말했다.

— 〈PD수첩〉 보니까 제가 '담배 피우러 나가자.'라고 하면서 (제보자에게) 담배를 권하면서 '영롱이 논문 같은 건 없다.'라고 말했다고…. 저는 그 친구와 담배 같이 피울 만큼 친하지도 않았고요. 단한 번도 같이 담배 피운 적도 없고요. 그 친구가 저에게 영롱이 논문이 있네 없네 물어볼 위치도 되지 않았어요. 그런데 그렇게 나오

니까 황당하죠. 그 비슷한 이야기를 나눈 적도 없는데….

그는 당시 언론보도를 접하고는 부들부들 떨었다고 말했다. 방송국에 전화를 걸어 항의하고 싶었지만 그럴 힘도 없었다고 한다. 고압적인 태도로 몰래카메라까지 동원하던 〈PD수첩〉의 당시 취재행태를 떠올리던 그는 질렸다는 듯 내쉬었다.

— 처음에는 (자신들이) 생명과학 다큐멘터리팀이라면서 여성 작가분한테 전화가 왔어요. 예의 바르고 정중했어요. 제가 그랬죠. 영롱이는 당연히 체세포복제로 태어난 소라고.

하지만 그는 자세한 인터뷰를 요구하는 방송국의 요청을 거절했다. 이미 자신은 서울대에 적을 두고 있지 않기에 인터뷰는 연구책임자인 황우석 박사가 하는 게 맞다고 봤기 때문이다. 그 뒤 두 번째 인터뷰 요청 전화가 왔다고 한다. 첫 번째하고는 분위기가 많이 달랐다.

— 솔직히 밝히더라고요. 자기들은 사실 〈PD수첩〉인데 영롱이 복제가 가짜라는 제보가 들어왔다고. 근데 굉장히 뭐랄까 거만하고 공격적이었어요. 마치 죄인을 취조하는 느낌이 들더라고요. 그래서 '당신들 물어볼 거 있으면 황 교수님한테 하고 연구하는 사람 괴롭히지 마라.'라고 하고는 전화를 끊어버렸죠. 그랬더니 나중에 〈PD수첩〉 피디가 쓴 책에는 '제가 황급히 전화를 끊더라.'라고 써놨더군요.

그런데 그게 끝이 아니었다. 세 번째에는 〈PD수첩〉의 제작진이 아예 그가 근무하는 연구실로 찾아왔다. 그들은 인터뷰를 거절한다는 그의 말에 아랑곳하지 않았다. 녹음도 안 하고 몰래카메라도 쓰지 않고 아무것도 없이 찾아왔으니 그저 이야기나 해보자고 했다. 그런데… 아무것도 없이 찾아온 게 아니었다.

— 제 방(연구실)에 앉아서 피디 분인가 하고 이야기를 하다가 저쪽을 보니까 건너편 건물에서 제 방을 카메라로 찍고 있는 거예요. 카메라맨이. 저한테 거짓말한 거잖아요. 저도 모르게 고래고래 소리 지르면서 '당신들 나가라.'라고 악을 썼어요. 잊을 수가 없어요.

이후 그는 언론에 대한 트라우마가 생겼다. 인터뷰 대상자에게 취재 목적과 의도를 정확히 설명할 것. 고압적이거나 모욕감을 주지 말 것. 몰래카메라나 동의 없는 녹취 등을 하지 말 것. 모두 MBC 방송 강령에 명시된 취재준칙들이지만 어느 것 하나 지켜지지 않았다. 진실(?)을 위해선 과정 따위는 필요 없는가?

— 〈PD수첩〉 팀은 절대 과학권력의 문제를 파헤치기 위해 불가피하게 취재 윤리를 위반했다고 하나 그 주도자가 나중에 쓴 책을 보면 취재과정에서 만난 많은 사람의 인권, 프라이버시, 의사결정 등을 의도적으로 무시했다는 것을 알 수 있다. (김근배 교수의 저서, 302쪽)[6]

이제 영롱이의 진실을 알아보자. 제보자는 영롱이의 논문이 없다는 점을 근거로 제시했고 〈PD수첩〉은 '황우석 소복제 논문은 아예 검색도 되지 않는 듯' 방송했다. 그러나 이는 사실과 달랐다. 우리 집 컴퓨터로 검색해봐도 소복제 논문만 30편 넘게 나온다. 그중 영롱이가 태어난 1999년부터 2002년 사이 3년간 나온 SCI급 국제학술 논문만 15편이다. 모두 황우석 박사를 대표저자로 한 영문 논문이었다. 이상했다. 나 같은 시골뜨기도 두자릿수 넘게 찾는 황우석 논문을 왜 〈PD수첩〉 같은 엘리트들이 하나도 못 찾았을까. 그것은 그들이 잘못된 검색어를 썼기 때문이다. 그들은 복제 과학자들이 대중적 거부감 때문에 논문에 거의 쓰지 않는 '복제(Cloning)'라는 검색어를 사용했다. 당연히 안 찾아질 수밖에. 대신 체세포 핵이식을 뜻하는 'SCNT(Somatic Cell Nuclear Transfer)'라는 검색어를 쓰면 좌르르 찾아진다. 그들은 논문이 없음을 강조하기 위해 잘못된 검색어로 이미지 조작까지 한 것이다. 그렇게 찾아낸 소복제 논문들을 살펴봤다. 가장 빨리 논문이 제출된 시기가 2001년 3월이었다. 논문에 보고된 복제소는 소의 임신기간이 평균 277일인 점을 고려해볼 때 1999년부터 2000년 초 사이에 태어난 것으로 보인다. 영롱이가 태어난 게 1999년 2월이니까 그 직후 태어난 많은 소가 줄줄이 국제학술논문으로 보고되었고 그 많은 논문은 줄기세포 사건 이후 지독한 검증공세 속에서도 단 한편도 취소됨 없이 살아남아 있었다. 만일 제일 처음 복제한 '영롱이'가 가짜였다면 논문으로 현존하고 있는 그 많은 복제소 성과물들은 무엇인가. 전직 소 팀장 A 교수는 영롱이가 복제소임을 믿어 의심치 않는다고 말했다. 다른 연구원 역시 마찬가지였다. 황 박사팀의 동물복제 초창기 연구원으로 미국 유학시절 세계 최초로 고양이를 복제한 논문을 〈네이처〉에 발표한 바 있는 신태영 박사는 단호한 어조로 말했다.

— 소의 임신기간이 약 10개월입니다. 제가 유학을 떠나기 전 분명히 복제소의 임신을 확인했고요, 이는 체세포 핵이식을 통한 정상적인 실험결과였습니다. (신태영 박사, 2011.11.4.) [7]

그렇다면 영롱이의 논문은 왜 없을까? 그것은 영롱이가 가짜여서가 아니라 당시 국제학계의 복제연구를 둘러싼 경쟁속도가 '소 한 마

리 복제했다고 논문으로 덜컥 받아줄 분위기가 아닐 만큼' 빨랐다는
데에 있었다.

— 영롱이 태어나기 2년 전에 다른 나라에선 8마리씩 태어나서 〈사이
언스〉, 〈네이처〉에 꽝꽝 발표하는데 달랑 한 마리 태어났다는 것…
그 자체로는 (논문) 어려웠죠. 황(우석) 선생님이 누구보다 잘 아셨
을 거예요. 그래서 (복제 사실) 자체에 대한 논문보다는 복제효율에
서 앞서 가는 쪽으로 처음부터 방향을 잡으신 거죠. (당시 소 팀장 인터뷰)

영롱이는 세계에서 다섯 번째로 보고된 복제소였다. 첫 번째가 아
닌 이상 논문적 가치가 작았고, 이미 영롱이가 태어나기 1년 전인
1998년 7월, 일본 긴키대학의 쓰노다 유키오 연구팀이 일본의 육
우 8마리를 복제했다는 논문을 〈사이언스〉에 발표했다. 실험은 이미
1997년에 끝났다. 영롱이 태어나기 2년 전에 세계는 저만치 앞서 가
고 있었기에 황우석팀은 '우리도 했다'에 만족한 뒤 곧바로 복제효율
경쟁에 들어갔다.

— 영롱이의 성공을 통해 이제 우리도 할 수 있다는 기술의 세트업
(setup)을 확인했죠. 이후 한우복제, 스너피 복제로 이어지는 연구
성과들이 이를 증명하는 겁니다. 추호도 의심한 적이 없어요. (신태
영 박사, 2011.11.4.)

기술의 세트업. 그 후 빠른 속도로 체세포 핵이식 효율의 향상이
입증되고 형질전환 기법이 더해지면서 황우석팀의 소복제 연구는 국
제적으로 인정받는 논문으로 된 것이다. 2015년에 만난 황 박사는
이럴 줄 알았더라면 그때 국내 학술지에라도 하나 발표할 걸 그랬다

며 쓴웃음을 지었다.

> — (영롱이) 논문이 왜 없다는 건 (제보자) 본인이 더 잘 알고 있었을 겁
> 니다. (황우석 박사, 2015.3.26.) [8]

비록 논문은 없었지만, 영롱이의 흔적은 수두룩했다. 1999년 8월
15일 미국의 캘리포니아 주 타호에서 열린 국제학술콘퍼런스 포스
터 발표 자료와 황우석팀이 갖고 있던 영롱이의 당시 DNA 검증결
과, 그리고 〈PD수첩〉의 검증에 응해 넘겨준 영롱이 체세포 제공소의
샘플에서 찾아볼 수 있다. 물론 보기에 따라 빈약한 기록 관리일 수
있겠지만 그때는 영롱이에 이어 국내에서 두 번째로 복제소를 발표
한 국가연구기관에서조차 DNA 검증 기록조차 갖고 있지 않을 만큼
호랑이 담배 물던 복제 초창기였다. 그러나 반대론자들은 재검증을
요구했다. 복제양 '돌리'도 논란이 일자 재검증에 임해 당당히 입증
받지 않았느냐면서 황우석과 영롱이는 당당하면 정밀 재검증에 응하
라고 외쳤다.

> — 영롱이는 체세포복제 소라고 한다. 그렇다면 체세포 공여젖소(원
> 본)에서 세포를 떼어내 핵을 제거한 난자에 넣어 세포를 융합시킨
> 후 이것을 대리모의 자궁에 넣어 임신시켜 복제한 것이다. 결국,
> 대리모는 단지 대리모일 뿐 실제로 영롱이는 체세포 공여소의 분
> 신인 셈이다. 그런데 황 교수는 영롱이와 대리모만 공개했을 뿐이
> 었다. 체세포 공여소에 대해서는 그 어떤 자료도 제시하지 않았다.
> (MBC 〈PD수첩〉, 2006.1.10.) [9]

그러나 이는 한국의 복제연구 현장을 모르는 탁상공론 의심이었

다. 영롱이에게 체세포를 제공한 소는 이미 남아 있지 않았다. 농가에서 도축장으로 넘겨져 도축됐으니까. 시간이 지나 영롱이를 열 달 동안 뱃속에 품고 있던 어미소도 도축되었다. 당시 정부에서 받은 연구비로는 실험에 쓰일 소 한 마리 사기 힘든 열악한 연구 여건 속에 황 박사가 목장주인들에게 머리 조아리고 사정해 실험에 사용하도록 허락받았던 '남의 소'들이었다. 실험에 쓰이는 모든 동물을 연구소 소유로 관리하고 있던 영국 로슬린 연구소 식의 검증은 애당초 꿈도 꿀 수 없는 현실이었다.

— 정부지원금이 커봐야 천만 원 정도였고 보통은 5~6백만 원 수준이었어요. 소를 사는 건 꿈도 꿀 수 없고요. 그때는 모든 연구원이 밥을 해먹을 땐 데, 목장주들에게 가서 사정사정하면서 실험했어요. 젖소는 수태기간이 일주일만 늦어져도 약 20~30만 원의 손해를 보거든요. 잘 안 빌려주려고 하죠. (황우석 박사, 2015.3.26.)

다들 실험소를 꺼리다 보니 한 군데 목장을 지속해서 갈 수 없었다. 경기도 화성으로 여주로, 고양으로, 멀리 경주(경북)와 함평(전남)으로까지 다니며 복제실험을 했다. 그렇게 만든 '영롱이'였다. 인터뷰가 끝나갈 무렵, A 교수는 당시 〈PD수첩〉 제작진들에게 정말 궁금했던 게 있었다고 하며 이렇게 말했다.

— 나중에라도 〈PD수첩〉 제작진을 만나면 물어보고 싶어요. 정말로 당신들 보기에 ○○이(제보자 '닥터 K')가 진정한 과학자라는 생각이 들었느냐고 묻고 싶네요. (당시 소 팀장 인터뷰) [10]

과학사학자인 김근배 교수는 2007년 그의 저서를 통해 제보자가 황우석 박사에 대해 크고 작은 과장과 편견을 늘어놓게 된 배경에 대해 이렇게 분석한다.

— 줄기세포 조작을 입증할 구체적인 증거가 없었기 때문에 주변의 다른 문제들을 되도록 많이, 강력하게 제기해야 자신의 제보가 설득력을 지닐 수 있었다.

여기에 〈PD수첩〉 팀의 의견까지 덧붙여져 말도 안 되는 '의혹의 종합선물세트'가 완성되었다.

— 예컨대 영롱이는 경쟁상대의 연구소식에 자극받아 느닷없이 꾸며졌고, 광우병 내성소는 아무 준비 없이 어느 날 갑자기 발표됐으며, 한 연구원의 난자는 실험에서의 실수 때문에 지도교수의 강요로 제공했고, 어린 척수마비 환자를 당장 치료하여 일으켜주겠노라는 말도 안 되는 소리를 했다는 것 등을 사례로 들 수 있다. (김근배 교수의 저서, 291쪽) [11]

말도 안 되는 소리들. 그랬다. 이제 와 돌이켜보면 '말도 안 되는 음해들'이었지만 당시 그의 제보는 황우석 반대자들과 〈PD수첩〉으로 하여금 황우석을 '사기꾼'으로 확신하게 만든다. 그리고 몇 달 뒤, 제보자는 그들의 확신에 보답이라도 하듯 '큰 거 한방'을 제시했다. 결국 가짜줄기세포를 입증할 물증이 터진 것이다. 2005년 10월 19일이었다.

제13부

황우석만 주저앉히면 되는 〈PD수첩〉

> 제보자는 마침내 줄기세포가 가짜라는 물증을 확보해 〈PD수첩〉에 넘
> 겼고, 〈PD수첩〉은 줄기세포를 조작한 진범을 찾아가 '이건 황우석만
> 주저앉히면 된다.'라는 말을 반복하며 황우석의 허물만 캤다.

— 황 선생과 관련한 두 번째 보고.

제보자와 함께 물증을 찾으려고 혈안이 되어있던 〈PD수첩〉 한학
수 피디는 MBC 내부에서 그동안의 취재경과를 이렇게 보고하고 있
었다. 2005년 8월 24일의 경과보고.

— 지금 진행하고 있는 것은 자료조사를 통한 취재라인의 확장을 넘
  어서 '2라운드 탐색전'이다. 이것은 이후 진행될 3라운드 '근접 육
  박전'과 4라운드 '최종공격'을 위한 것이다. (한학수 PD 저서, 99쪽) [1]

탐색전과 육박전, 그리고 최종공격. 마치 '전시 작전 문서'를 보는
듯하다. 그들의 공격대상은 황우석 박사였다.

— 앞으로의 일정 및 시민사회와의 연대방안 등에 대한 논의가 필요
  함… 프로그램으로서 완결성을 갖기 위해서는 최소한 다음의 3가
  지 테마가 필요할 것으로 보입니다.

1) 진상과 폭로 : '영롱이 진이 사건'과 '2005년 〈사이언스〉 논문'
   중심
2) 신화 탄생 과정 : 황 선생의 수법과 언론플레이
3) 한국 생명공학의 현 단계 : 윤리와 시스템
2005년 8월 24일 한학수 올림 (한학수 PD 저서, 99쪽)

이처럼 당시 〈PD수첩〉은 처음부터 단발성이 아닌 시리즈 폭로전
을 준비하고 있었다. 그리고 실제로도 방송은 그렇게 이어져 나갔
다. 제1탄 황우석의 난자윤리의혹, 제2탄과 제3탄 줄기세포 논문조
작, 제4탄 황우석 신화의 형성과정, 제5탄 생명공학계 진단. 한 나라
의 공영방송이 과학자 한 명에 대한 폭로방송을 무려 5번이나 연속
해 편성하는 전례 없는 사건은 결코 우연히 터진 게 아니다. 제보자
와 〈PD수첩〉을 필두로 한 언론 – 생명윤리 – 종교 – 시민단체의 4각
동맹은 철저히 보안을 유지하며 황우석에 대한 '최종공격'을 준비해
왔다. 그리고 마침내 10월 19일. 최종병기가 도착했다. 제보자 '닥터
K'가 물증을 찾아낸 것이다. 그는 〈PD수첩〉 제작진에게 다음과 같은
요지의 이메일을 보냈다.

— 황우석 2번 줄기세포(NT-2)의 DNA 지문은 환자의 체세포와 일치
   하지 않았음. 따라서 복제된 게 아님, 미즈메디 4번 줄기세포(Miz-
   4)와 정확히 일치함.[2]

2번 줄기세포는 다름 아닌 '어린 왕자' 현이의 세포였다. 아이의
세포는 복제된 게 아니라 가짜, 즉 미즈메디가 만든 수정란 줄기세
포였다는 충격적인 검증결과를 보내온 것이다. 여기서 또 다른 미스
터리가 제기된다. 그렇다면 제보자는 그런 검증결과를 어디에서 어

떻게 얻어낸 걸까. 만일 당시 〈PD수첩〉의 제작진들이 최소한의 공정함을 유지하고 있었더라면 그 과정에서 '뭔가 이상하다.'라는 느낌을 받았을 것이다. 제보자가 입수한 '어린 왕자'의 줄기세포는 황 박사의 실험실에 은밀하게 숨겨져 왔던 게 아니었기 때문이다. 그것은 황 박사가 서울대 치의대 줄기세포 실험실에 분화연구를 의뢰해 맡긴 줄기세포였다. 줄기세포의 존재를 확신하며 어린 왕자에 대한 임상시험을 준비하던 황우석 박사는 서울대 치의대뿐만 아니라 미국, 영국, 한국의 여덟 군데 연구실로 자신의 줄기세포를 보내 공동연구를 하고 있었다. 특히 미국의 슬로언케터링 암 연구소에는 별도의 연구비까지 주면서 어린 왕자 줄기세포를 신경세포로 분화시키는 연구를 부탁하고 있었다. 당시 KBS 특집 방송을 통해 관련 사실이 방송되기도 했다. 그렇다면 이런 의문이 들지 않는가?

— 만일 황 박사가 가짜를 조작한 사기꾼이었다면, 세상의 어떤 바보 같은 사기꾼이 자기가 조작한 가짜줄기세포를 다른 연구자들에게 보내주겠는가? DNA 검증 한 방이면 탄로 날 줄 알면서.

그랬다. 영국의 케임브리지대학, 미국의 슬로언케터링 암 연구소, 한국의 서울대 의대와 치대, 고려대, 가톨릭 의대, 한양대, 포항공대… 사기꾼이라면 어떻게 이 많은 연구소들에 가짜줄기세포를 연구해보라고 넘겨줄 수 있는가? 그러나 황우석 사냥꾼들에겐 이런 의심조차 없었던 것 같다. 결국은 대법원으로부터 사기 무죄 판결을 받아낸 황우석 박사의 변호인 이봉구 변호사는 당시 〈PD수첩〉의 보도 행태에 대해 이런 아쉬움을 토로했다.

— 미국의 암 연구소에는 무려 30만 달러를 주고 (어린 왕자의) 치료에

사용할 수 있는 분화방법을 연구하라고 줬어요. 그러면 가짜를 만들어서 30만 달러를 주고 (세포를) 줬다가 다 들통 나라고요? 그렇게 머리 나쁘지는 않죠. 서울대 교수가 그렇게 머리 나쁘겠어요? MBC 피디가 책 썼는데 (서울대) 치과대학에 준 거 하나만 있다고 얘기하면서 '이건 아마 황 박사가 잠깐 실수로 줬을 거다.'라고… 왜냐하면 '지가 가짜를 만들고도 이걸 외부로 내보내지는 않을 거니까.'라고 책을 쓴 걸 본 적 있는데요…. 언론인 자격이 없어요. 이미 10여 군데 나왔다는 건 검찰수사발표에 나왔었어요. (이봉구 변호사, 2014.2.18.) 3

당시 제보자의 부인 Y는 자신이 근무하고 있던 서울대 치의대 실험실에 황 박사가 보내온 어린 왕자의 줄기세포가 들어오자 그중 일부를 재빨리 남편인 '닥터 K'에게 넘겨줬고 '닥터 K'는 이를 DNA 분석기관에 의뢰해 물증을 확보했다. 그리고 피디들은 이메일을 열어보고는 환호성을 질렀다.

— 결과를 받았을 때 조연출 김보슬 PD하고 저하고 환호했다. 제가 〈사이언스〉 표지논문 2개를 일거에 뒤집은 거라서…. (미디어스, 2015.4.30.) 4

세계적인 특종을 잡았다며 기뻐하는 환호성 소리에 제보자의 순수성이 의심되는 또 다른 정황증거가 묻히고 있었다. 제보자는 어린 왕자의 줄기세포가 실은 미즈메디에서 만든 4번 줄기세포라고 콕 짚어냈다. 그렇다면 제보자는 미즈메디병원에서 만들어낸 줄기세포들의 정보까지 갖고 있었다는 말이 된다. 미즈메디병원 소속이 아니었던 제보자는 어떻게 해서 미즈메디 줄기세포, 그것도 1번도 2번도

3번도 아닌 4번 줄기세포였다고 족집게처럼 알아맞힌 걸까. 훗날 검찰수사발표에서 그 실마리가 풀렸다. 2006년 5월 12일, 서울중앙지검 특별수사팀 이인규 3차장의 인터뷰 답변.

— (제보자는) 미즈메디 연구원을 통해 미즈-1부터 미즈-15까지 미즈메디 측 수정란 줄기세포와 비교할 수 있었다. 유 씨(제보자)는 한학수 씨(PD수첩)에게 검증자료를 보냈고 NT-2가 미즈-4라는 점을 알게 된 것이다. (머니투데이, 2006.5.12.) [5]

미즈메디병원의 누군가 제보자에게 관련 정보를 넘겨줬다는 것이다. 검찰은 그 누군가의 이름을 밝히지 않았지만, 분명한 것은 미즈메디병원에서 만든 모든 줄기세포의 정보를 알고 있는, 그것도 외부로 공개되지 않은 미공개 세포들의 정보까지 파악하고 있는 인물이라는 것이다. '닥터 K' 혼자서 맞춰볼 수 있는 정보가 아니었다. 정보력을 갖춘 누군가 이 취재에 도움을 주고 있었다.

다음날인 2005년 10월 20일. 운명의 날이 밝았다. 물증을 움켜쥔 〈PD수첩〉은 이제 피츠버그 의대로 향했다. 그곳에는 이번 취재에서 황우석 박사에 대해 가장 핵심적인 증언을 해줄 젊은 연구원이 있었기 때문이다. 사실 물증을 확보할 당시 〈PD수첩〉 제작진은 이미 그를 만나기 위해 미국에 와 있었다. 얼마나 중요한 인물이기에 카메라를 들고 태평양을 건너온 걸까. 그가 바로 김선종 연구원, 황우석팀에서 줄기세포의 배양을 맡은 미즈메디 출신의 배양책임자였다. 줄기세포 4개를 어디론가 들고 나가버렸던 바로 그 의문의 연구원 말이다.

— 증인은 줄기세포의 유출을 막기 위한 국가정보원의 24시간 감시 체계가 가동되고 있는 위험을 무릅쓰고 줄기세포들을 마음대로 반출한 뒤 이를 소멸시켰죠?

— 예. (김선종 연구원 법정증언, 2007.8.28.) [6]

훗날 법원은 그에게 이런 판결을 내렸다. '황우석 연구팀에 대한 고의적인 업무방해'.

— 미즈메디 출신 배양책임자로 배양단계에서 가짜줄기세포를 조작해 황우석 연구를 방해한 혐의가 법원에서 인정돼 2010년 12월 16일 '업무방해 유죄' 확정. (서울고법 형사3부 판결 참조) [7]

그는 황우석 박사 몰래 줄기세포를 배양단계에서 가짜로 조작해 온 사기극의 진범이었다. 훗날 법정에서 황 박사와 김선종 연구원이 대면했을 때 황 박사는 김선종에게 물었다. 왜 그랬냐고. 왜 사실대로 말해달라는 자신의 요청을 거절했느냐고. 그러자 김 연구원은 고개를 숙인 채 아무 말도 하지 못했다.

— 황우석 : 증인(김선종)은 2005년 12월 하순 저와의 마지막 통화 기억하시죠? 지금까지 무슨 일을 했든 모든 책임은 나 혼자 지고 가겠으니 사실대로 말해달라고…. 기억나시죠?
— 김선종 : 예….
— 황우석 : 그때를 실기하고 지금 증인과 내가 이런 모양으로 이 자리에 서 있는 현실이 안타깝습니다. (서울중앙지법 417호 대법정, 2007.8.28.) [8]

그런 김선종 연구원을 2005년 10월 20일에 피디들이 만났다. 만일

〈PD수첩〉이 제3자적 태도를 견지하고 있었더라면 그들은 당연히 김선종 연구원부터 먼저 의심했을 것이다. 미즈메디와 서울대 실험실을 자유롭게 오가며 줄기세포를 만진 사람은 김선종이 유일했었으니까.

> — 알고 보니 미즈메디 줄기세포로 나옵니다. 당신이 배양과 검증을
>   맡았던데. 어떻게 된 일인가요?

이런 의심이 정상 아닐까? 누구에게 시킴을 받았든 간에 가짜 조작은 김선종 연구원을 빼놓고는 도저히 설명할 수 없으니 말이다. 그러나 〈PD수첩〉은 김선종 연구원에게 일반적인 저널리스트라면 상상할 수도 없는 말을 건네기 시작했다.

> — 한학수 피디 : 저희는 솔직하게 말씀드리면, 황우석 선생님만 다쳤
>   으면 좋겠어요.
> — 김선종 : 다친다니….
> — 한학수 피디 : 예, 황우석 선생님만…. 다른 사람들한테는 피해가
>   안 갔으면 합니다.
> — 김선종 : 무슨 말씀인지 잘 모르겠습니다. 허허. (MBC 〈PD수첩〉,
>   2005.12.15.) 9

〈PD수첩〉이 공개한 당시 인터뷰 녹취영상에서 피디들은 처음부터 공격대상을 분명히 드러내고 있었다. 황우석만 다쳤으면 좋겠다고. 김선종 당신은 안 다쳤으면 좋겠다고. '플리바게닝'. 죄를 갖고 거래한다는 뜻의 수사용어로 표적수사를 하는 공권력이 특정인을 기소하려고 특정인의 주변사람들을 회유하는 '잘못된 조사' 방식을 꺼내든 것이다. 그러나 김선종이 딴청을 피우자 피디는 좀 더 강도를 높

인다. 자신들은 이미 줄기세포가 가짜라는 걸 알고 있다고.

— 한학수 피디 : 어차피 이제 미국에 오셨고 앞길이 창창하시고, 그래서 저희가 좀 그렇습니다. 솔직하게 말씀드리면…. 저희가 2005년 그 연구결과가 거짓이라는 것을 알고 있습니다.
— 김선종 : 황 교수님하고 직접 얘기하시죠. 저는 뭐가 어떻게 됐는지 잘 말씀 못 드리겠는데요.
— 한학수 피디 : ….
— 김선종 : 지금 녹음하세요?

그래도 김선종이 모른 체하자 피디는 결국 마지막 카드를 꺼낸다. 협박카드. 곧 검찰수사가 시작될 거다. 우리는 황우석만 주저앉히면 된다. 젊은 당신은 살아야 할 거 아니냐.

— 한학수 피디 : 저희가 그래서… 진심으로 이건 진심이거든요. 같은 동년배로서 우리 세대에서 이것이 이럴 일이 아니다. 이건 황우석 박사님만 주저앉으면 된다. 그런 뜻이에요.
— 김선종 : 정말 죄송한데요. 황 교수님하고 직접 말씀을 하시죠. 제가 어떻게 말씀을 드릴 부분이 아니라….
— 한학수 피디 : 황 교수님 같은 경우에는 다음 주에 저희가 따로 인터뷰를 할 거고. 검찰수사가 시작될 겁니다.
— 김선종 : ….
— 한학수 피디 : 그런데 저희가 그거를 황 교수님으로만 정리를 했으면 좋겠어요. 정리를 했으면 좋겠고. 그래서 젊은 분들이 다치는 걸 원하지 않아요.

그러자 마침내 김선종의 입이 열렸다.

— 다른 데로 가는 게 어떻겠어요?

그렇게 장소를 옮겼고 그들의 대화는 철저히 황우석에 맞춰진다. 황 박사가 논문조작에 어느 정도로 개입했는지. 그렇게 해서 결국 그날의 인터뷰는 황우석 박사의 사진 부풀리기 지시에 대해 김선종이 증언하는 것으로 종결된다.

— 한학수 피디 : 라인 3개를 가지고 사진을 여러 개 찍어서 사진을 11개로 만들었다는 겁니까?
— 김선종 : 예.
— 한학수 피디 : 누가 시킨 겁니까?
— 김선종 : 황우석 교수님이 하셨습니다.
— 한학수 피디 : 황 교수님이 직접 말씀하셨습니까?
— 김선종 : 네. (MBC 〈PD수첩〉, 2005.12.15.)

김선종이 털어놓은 황 박사의 논문 사진 부풀리기 지시는 사실이었다. 그러나 11개의 줄기세포가 모두 가짜로 뒤바뀐 이 엄청난 범죄와는 무관했다. 하지만 황우석만 주저앉히면 되는 〈PD수첩〉은 황우석의 그 유일한 흠결을 잡아냈고, 이제 그들이 원하던 그림이 완성됐다. 이렇게.

• 논문이 조작됐다는 제보가 들어왔음.
• 취재해보니 조작 맞았음. 줄기세포는 가짜임.
• 황우석팀 연구원에게서 충격적인 증언을 들었음.

- "황우석 교수님이 (사진을 조작하라고) 하셨습니다."
- 황우석은 사기과학자. 게임오버.

마침내 모든 조작은 황우석으로부터 시작됐을 거라는 그들의 믿음을 그럴듯하게 입증시켜줄 만한 큰 그림이 그려졌다. 딱 황우석을 주저앉힐 만큼의 진실이 확보된 것이다. 이제 남은 건 목표물에 대한 최종공격뿐. 〈PD수첩〉은 황우석 박사에 대한 직접 인터뷰를 따기 위해 서울대로 진격했다.

이 복잡한 사건을 날짜별로 분류해 살피다 보면 가끔 소스라치게 놀랄 때가 있다. 메가톤급 사건 몇 가지가 알고 보니 같은 날 순차적으로 터져 나온 것이다. 그날은 2005년 11월 12일이었다. 먼저 한국의 서울에서는 황우석팀이 MBC 〈PD수첩〉의 검증요구에 응해 줄기세포들을 넘겨줬다. 그러자 이 소식을 전해 들은 미즈메디 김선종 연구원이 미국에서 과량의 약을 먹고 자살기도를 했다. 그리고 미국 뉴욕에서 황우석 박사와 '다음 주에 서울에서 보자.'라며 따뜻한 포옹을 했던 〈사이언스〉 논문의 공동 교신저자 제럴드 섀튼 교수가 불과 몇 시간 뒤 돌연 황우석 박사 곁을 떠나겠다는 '결별' 선언을 했다. 마치 누군가 정교하게 짜놓은 각본에 의한 것처럼, 사건은 연쇄반응을 일으키며 폭발하기 시작했다.

제14부

뜻밖의 반전

> 〈PD수첩〉은 황우석 박사를 찾아가 줄기세포를 검증하고 싶으니 세포를 넘겨 달라고 요구했는데, 뜻밖에도 황 박사는 순순히 응하며 15개의 세포를 넘겨줬다. 그에게는 줄기세포에 대한 확신이 있었기 때문이다.

물증과 진술을 확보한 뒤 황 박사가 있는 서울대로 진격했다. 2005년 10월 31일이었다. 이날 〈PD수첩〉은 황 박사와의 인터뷰에서 영롱이부터 줄기세포까지 다양한 질문을 던졌고, 마침내 그들이 준비한 최고의 카드를 꺼내 들었다.

— 의혹을 해소하는 차원에서 (줄기세포 진위여부를) 검증하는 것이 어떻겠습니까?[1]

재검증을 해봐야겠으니 줄기세포 샘플을 넘겨 달라. 〈PD수첩〉의 카메라가 모든 걸 촬영하고 있었다. 그들이 예상한 황우석의 반응은 즉각적인 거절이었을 것이다. 가짜를 만들어 놓고도 언론사 검증에 응하는 바보는 없을 테니까. 그런데 황우석 박사의 입에서 의외의 답변이 나왔다.

— (시료) 채취하실 때 그때는 카메라 가지고 들어가셔서 채취하는 거 다 찍으실 수 있게 할게요. 모두 해보시고 그래도 의심이 들

면 그거 가지고 방송을 하시든가 아니면 다시 우리한테 의구심 나
는 부분에 대해 질문을 하시든가…. (황우석 박사 인터뷰, MBC 〈PD수첩〉,
2005.12.15.) [2]

황 박사는 흔쾌히 검증에 응했다. 원하는 대로 샘플을 다 넘겨주겠
다는 것이다. 아마도 〈PD수첩〉 내부에서는 '이건 뭐지?' 하는 당혹스
러움이 있었을 거다. 황우석도 조작을 모르는 것 아닐까 하는 상식적
의심도 있었을 거다. 열하루 뒤인 2005년 11월 12일, 서울대 연구실
에 〈PD수첩〉 제작진이 들어왔다. 황 박사팀이 넘겨주기로 한 검증용
줄기세포 샘플을 받으러 온 것이다. 변호사가 입회했고 계약서를 작
성했다. 분자생물학 전공교수가 제3자 전문가로 입회했다.

— 안규리 교수 측에서 지정하고 제작진이 동의한 변호사, 역시 안규
리 교수 측에서 추천한 분자생물학 전공 과학자 교수가 참가했다.
(연합뉴스, 2005.12.2.) [3]

검증 참 요란하게 했다. 살벌하기까지 했다. 그런데 여기에는 그럴
만한 이유가 있었다. 며칠 전까지 양측 간에 줄기세포 넘겨주는 '방
식'을 두고 주네 못 주네 하는 실랑이가 벌어졌기 때문이다. 이를 두
고 〈PD수첩〉은 자신들의 방송에서 '황 박사가 말로는 검증에 응한다
고 해놓고서 실제 갔더니 못 준다고 하더라.'라며 마치 황 박사가 꼼
수 부린 듯 말했다. 그러나 이는 일방적 주장에 불과했다. 실랑이의
원인은 줄기세포가 가짜란 걸 모르고 있던 황우석팀과 가짜란 걸 알
고 있던 〈PD수첩〉 사이에 '각자가 원하는 검증방식'의 차이였다.

황우석팀은 과학계에서 일반적으로 쓰고 있던 방식 그대로 줄기세

포를 넘겨주려 했다. 블라인드 테스트(Blind Test). 검사자의 편견이 개입되지 못하도록 시료의 내용물이 뭔지 모르도록 한 상태로 DNA 검사를 해 조사의 객관성을 확보하는 방식이다. 친자 확인 검사를 할 때 '이건 회장님의 머리카락이고 이건 돈 주는 내 머리카락이요.'라며 맡기는 게 아니라 그냥 '1번, 2번' 적어 넘기며 일치여부만 판별해 달라고 의뢰하는 게 DNA 검증의 정석이다. 당시까지 황우석팀은 줄기세포가 〈사이언스〉 논문에 보고된 것과 똑같은 진짜라고 확신하고 있었기에 줄기세포와 체세포를 모두 일련번호만 매겨서 〈PD수첩〉에 넘겨주려 했다. 어느 게 몇 번 줄기세포인지는 논문에 나온 그대로 찾아보라는 뜻이었다. 그러나 〈PD수첩〉은 이미 줄기세포가 논문에 보고된 것과는 다른 '가짜'라는 걸 알고 있었다. 그러다 보니 황 박사팀이 주는 방식 그대로 넘겨받으면 곤란했다. 그들이 원하는 방송은 '황우석이 준 2번 줄기세포도 가짜, 3번 줄기세포도 가짜…' 이런 식의 입증이었기 때문에 일련번호만 죽 매겨서 주지 말고 '몇 번 줄기세포, 몇 번 체세포…' 이런 식으로 시료의 내용을 표기해달라고 요구했다. 그러자 곧 실랑이가 벌어졌다. 〈PD수첩〉을 의심한 황우석팀은 줄기세포를 넘겨주지 않았다. 블라인드 테스트의 기본조차 지키지 않는 〈PD수첩〉이 공정한 조사를 수행할 능력도 의지도 없다고 봤기 때문이다.

— 참 이상하게도 넘겨달라고 하는구나 싶었어요. (안규리 교수, 2008.4.8.) [4]

검찰 측 증인으로 출석한 안규리 교수의 법정 진술이다. 비전문가인 언론이 과학을 검증하면서 이상한 방식으로 줄기세포를 넘겨달라고 하니 의심스러울 수밖에. 황 박사팀은 그렇게는 넘겨줄 수 없다고 거절했다. 그러자 〈PD수첩〉은 외국 출장을 가 있던 황 박사에게 약속대로 검증에 응해달라며 이메일을 보내 '이렇게 계속 거절하면 미국 슬로언케터링 암연구소에 찾아가 그곳에 분양된 당신들의 줄기세포를 검증할 수밖에 없다.'라고 압박한다. 그것은 압박이 아니라 협박에 가까웠다. 미국의 공동연구자에게까지 찾아가서 욕보이겠다는 말 아닌가. 결국, 황 박사는 줄기세포를 넘겨주겠다고 약속했고 대신 공정한 검증을 위해서 양측 간의 합의로 변호인과 전문가를 입회시키고 계약서까지 작성한 다음 줄기세포를 넘겨주기에 이른 것이다. 그날이 2005년 11월 12일이었다. 황 박사팀은 〈PD수첩〉의 요구대로 줄기세포 샘플을 순순히 넘어줬다. 줄기세포 5개, 환자 체세포 5개, 그리고 영양세포 5개까지 모두 15개의 시료를 넘겨줬다. 이는 〈PD수첩〉이 기자들 앞에서 밝혔던 사실이기도 하다.

> —〈PD수첩〉 측에 따르면 황 교수팀으로부터 넘겨받은 줄기세포와 체세포, 영양세포는 각각 4개씩 분리됐는데 이 중 1쌍은 변호사가 보관하고 있으며 나머지 3쌍은 〈PD수첩〉이 검증용으로 썼다. (연합뉴스, 2005.12.2.) [5]

이후 〈PD수첩〉은 황 박사가 제대로 된 샘플을 넘겨주지 않았다고 방송을 통해 주장한다. 누군가 시료에 약을 타서 분석이 제대로 이뤄지지 않았다는 것이다. 그러나 그들의 주장은 설득력이 떨어진다. 그 무렵 황 박사로부터 똑같은 샘플을 건네받은 다른 언론사 YTN은 아무 문제 없이 DNA를 분석했기 때문이다.

> —MBC 측에 체세포와 줄기세포를 모두 주었고, 이와는 별도로 동일한 샘플로 YTN을 통해 별도의 DNA 지문분석을 실시한 점. (검찰수사결과 43쪽) [6]

황 박사는 왜 〈PD수첩〉뿐 아니라 YTN에도 줄기세포 샘플을 넘겨 줬을까? 그것은 일종의 보험이었다. 황 박사는 자신에게 이상하리만 큼 적대적이던 〈PD수첩〉을 의심하고 있었다. 〈PD수첩〉이 검증결과 를 왜곡시킬 때를 대비해 자신이 믿고 있던 다른 언론사(YTN)에 똑 같은 시료를 건네주며 검증을 의뢰한 것이다. YTN 검증결과는 며칠 후 도착했다. 그런데 그전에 끔찍한 일이 벌어졌다. '자살기도'. 황 박 사가 〈PD수첩〉에게 줄기세포와 환자 체세포까지 넘겨준 바로 그날, 2005년 11월 12일. 미국에서 그 소식을 들은 미즈메디 배양책임자 김선종 연구원이 치사량의 약을 먹은 것이다.

제15부

연구원 음독자살기도 'suicide'

황 박사가 〈PD수첩〉 검증에 응해 줄기세포를 넘겨준 날 밤, 미국에 있던 조작의 진범은 치사량의 수면제를 먹고 의식을 잃은 채 피츠버그대학 응급실로 실려간다.

이것은 꾸며낸 이야기가 아니다. 팩트에 픽션을 가미한 '팩션(Faction)'도 아니다. 공개된 검찰수사기록과 법정증언을 통해 입증된 사실의 기록들이다.

황우석 박사가 MBC 〈PD수첩〉의 검증요구에 응해 줄기세포를 넘겨준 날, 2005년 11월 12일. 서울대 연구팀의 눈을 속이고 어둠 속에 몸을 감춰오던 조작의 진범이 튀어나왔다. 김선종 연구원, 사실 그는 그전부터 꼬리를 잡히지 않기 위해 안간힘을 다해왔다. 그는 서울대 황우석 연구팀 몰래 줄기세포를 가짜로 만들고 어떤 세포들은 밖으로 들고 나갔다. 그런 엄청난 범죄를 저지른 뒤 미국 유학을 떠났지만 늘 뒤가 불안했다. 그를 철석같이 믿고 있던 황 박사는 줄기세포를 미국에 있는 슬로언케터링 암센터에 넘겨줘 난치병 소년에 대한 임상시험을 준비했다. 더구나 미국의 코넬대학이 슬로언케터링과 공동연구를 추진한다는 아찔한 소식까지 들렸다. 아뿔싸. 코넬에는 미즈메디 세포가 건너가 있는데. 그런 코넬과 슬로언케터링이 공동연구를 하면서 서로의 줄기세포를 맞춰보는 날이면, 그의 사기극이 들통 나게 될 판국이다. 그는 미즈메디 동료에게 걱정을 토로했다. 검찰수사결과 39쪽과 40쪽에 기록된 내용이었다.

— (코넬대학과의) 공동연구 계획을 알리자 김선종이 서울대 NT Cell
을 건드리지 말라면서 걱정함.[1]

더구나 〈PD수첩〉이 냄새를 맡고 접근해왔다. 물론 그들은 황우석만 주저앉히면 된다며 김선종에게 면죄부를 주고 있었지만…. 그러나 얼마나 버틸 수 있을까. 김선종에게 있어 최악의 상황은 〈PD수첩〉이 황 박사에게 재검증을 요구하고 황 박사가 이에 응해 줄기세포를 넘겨준 뒤 결국 황 박사도 모든 진실을 알아버리는 시나리오였다. 완전 꼬리가 잡힐 판국이다. 그는 안간힘을 썼다. 미국에서 수시로 한국 내 지인들에게 연락을 취하며 증거를 인멸시켜 나갔다. 김선종은 우선 〈PD수첩〉이 눈독 들이고 있었던 '테라토마 슬라이드'부터 없애 나갔다. 줄기세포의 전분화 능력을 쥐에게 실험하는 시료인 '테라토마 슬라이드'에는 기본적으로 줄기세포의 DNA가 남아 있다. 이것만 손에 넣어도 줄기세포의 가짜여부를 검증할 수 있기에 피디들은 그토록 '테라토마'가 어디 있는지 찾았다. 그러나 〈PD수첩〉이 '테라토마 슬라이드'를 손에 넣었을 때 그것은 이미 누군가 검증이 불가능하도록 손을 써놓은 상태였다. '파라클로로벤젠'이란 약품을 처리해 DNA를 판독할 수 없도록 해둔 것이다. 바로 김선종의 지시에 따라 움직인 미즈메디 연구원의 짓이었다.

— 김선종은 위 테라토마의 유전자(DNA) 지문분석 시 (자신의) 섞어심기 사실이 발각될 것을 우려하여 (미즈메디) 김진미에게 약품처리를 부탁한 것임. (검찰수사결과, 40쪽)[2]

훗날 〈PD수첩〉은 이런 방해 행각조차 모두 황우석의 지시로 이뤄진 것처럼 방송했지만, 검찰의 수사결과는 김선종이 미즈메디 연구원에게 은밀히 지시해 〈PD수첩〉과 황우석 박사가 알아차릴 수 없도록 증거를 인멸시켰음을 말해주고 있다. (이처럼 김선종은 단독으로 움직인 게 아니다. 그럼에도 그의 단독범행이었다고 결론짓고 더 이상 김선종의 뒤를 캐지 않은 검찰수사를 지금도 납득하기 힘들다.)

테라토마는 막았다. 그러나 더 큰 걸 막아야 했다. 황 박사가 〈PD수첩〉의 검증요구에 응해서 줄기세포를 넘겨주려 했기 때문이다. 김선종은 서울대 권대기 연구원에게 전화해 '줄기세포를 넘겨주지 마라.'라고 설득했다. 권대기는 서울대 소속이기는 했지만, 김선종과는 '형 동생' 할 만큼 친한 사이였다. 이후 법정증언에서 김선종이 권대기에게 '미즈메디로 오면 연봉 얼마까지 줄 수 있다.'라며 이직을 제안한 사실이 밝혀질 만큼 김선종은 권대기에게 영향력 있는 인물이었다. 그는 황 박사 몰래 권대기에게 전화를 걸어 〈PD수첩〉에게 줄기세포를 절대 넘겨주지 말라고 지시했다. 환자의 체세포만 둘로 쪼개서 주면 된다고 권유했다. '체세포 쪼개기'는 그동안 김선종이 황우석팀 전체를 속여온 DNA 검증 조작 수법이었다.

— 변호인 : 증인은 2005년 11월 9일 권대기와의 통화에서 MBC가 검증을 위해 체세포와 줄기세포, 모근까지 요구한다는 사실을 듣고, "줄기세포를 뭐하러 주냐, 다 체세포로 줘!"라고 지시했죠?
— 김선종 : 예. (김선종 연구원 법정진술, 2007.8.28.) [3]

그러나 권대기는 김선종의 말을 듣지 않았다. 황 박사가 모든 시료를 있는 그대로 넘겨주라고 지시했기 때문이다. 당시 황 박사는 〈PD

수첩〉뿐 아니라 YTN에도 똑같은 줄기세포 시료를 넘기며 검증의 정확성을 기했다. 전문가까지 입회한 자리에서 권대기 연구원이 직접 줄기세포의 시료를 뽑아 건네줬다. 상황은 이미 권대기가 김선종의 바람대로 '체세포 쪼개기' 조작을 하고 싶어도 할 수 없는 국면으로 치닫고 있었다. 결국 줄기세포 시료들은 언론사에 넘어갔고, 권대기는 이런 사실을 미국에 있던 김선종에게 알려줬다. 황 박사의 지시대로 〈PD수첩〉 측에 줄기세포와 체세포를 넘겨줬다고. 그러자 그 뒤 끔찍한 일이 벌어졌다. 이메일을 확인한 김선종 연구원은 극심한 스트레스를 받고 그날 밤 약을 먹는다. 수면보조제. 한 시간 사이 모두 21알을 넘게 먹었다. 치사량이었다. 새벽 2~3시경 의식을 잃고 동공이 풀린 채 응급실로 실려간다. 법정진술을 통해 김선종은 이 같은 사실을 모두 인정했다.

　—변호인 : 11월 12일 권대기로부터 (MBC 〈PD수첩〉에게) 줄기세포와
　　체세포를 함께 내줬다는 이야기를 듣고는 그날 과량의 약물을 복
　　용해 응급실로 실려간 사실 있죠?
　—김선종 : 예. (김선종 연구원 법정진술, 2007.8.28.)

　　김선종이 피츠버그대학병원(UPMC) 응급실로 실려가자 그와 함께 미국 유학 중이던 미즈메디 출신 박종혁 박사는 한국에 있던 황우석 박사에게 다급한 목소리로 전화를 걸었다. 한국시각으로 2005년 11월 13일 저녁 7시 반경이었다.

　—교수님, 제가 (한국) 나가서 PD 이 새끼, 배를 찔러 죽이고 말겠습
　　니다. (김)선종이가 약을 먹고 의식불명입니다.[4]

울부짖는 그의 전화를 받은 황 박사는 사태가 심각하다는 걸 깨닫고 옆에서 식사를 함께하고 있던 서울대 의대 안규리 교수를 바꿔준다. 전화로 몇 가지 질문을 던지며 환자의 상태를 파악한 안 교수는 이런 말을 한다.

— suicide. [5]

자살시도였다는 것이다. 놀란 황 박사는 박종혁에게 '사람 목숨이 제일 중요하니 돈 걱정하지 말고 최고 의료진 찾아 최선을 다해달라.'라고 말한 뒤 다음날 미즈메디 출신의 윤현수 교수(한양대)에게 부탁해 입원비와 치료비를 미국으로 보내줬다. 당시 급박한 상황에 대해서 나는 서울대 의대 안규리 교수의 법정증언을 통해 확인할 수 있었다.

— (당시) 식사 중 전화를 받고 박종혁 박사와 통화를 했는데, 상황을 들어 보니 그 나이에 젊은 사람이 그럴 경우 선천적 간질이 있거나 아니면 자살인 것 같다는 판단을 했습니다. 혹시 주변에 약봉지나 유서가 없나 찾아보라고 조언해줬습니다. (안규리 교수 법정증언, 2008.4.8.) [6]

다행히 김선종 연구원은 목숨을 건졌고 일정 기간 정신과 치료를 받은 다음 퇴원했다. 훗날 그는 언론 인터뷰와 검찰조사에서 '자살시도는 아니었다.'라며 당시 정황을 부인하기도 했다. 불면증에 시달려 약을 좀 많이 먹었을 뿐 자살기도는 아니었다고. 그러나 진료기록부는 거짓말을 하지 않는다. 당시 검찰이 입수한 '피츠버그대학병원 진료기록'을 살펴본 의료 전문가는, 검사에게 자신의 소견을 이렇게 밝혔다.

— 입원 당시 약물 과다 복용으로 의식이 혼미하고 동공이 열린 상태였다는 점, 당시 복용한 약의 종류 및 분량에 비추어 치료목적이 아닐 수 있다는 의료 전문가의 소견. (검찰수사결과 53쪽) [7]

자살기도. 그것은 막다른 골목에 몰린 진범의 극단적 대응이었다. 그러나 아직 내막을 모르고 있던 황 박사는 '어떻게든 우리 김 박사 살려야 한다.'라며 거액의 치료비와 귀국 비용을 두 차례에 걸쳐 챙겨 보냈다. 이를 두고 비판자들은 사기꾼 황우석이 김선종을 조종하기 위해 보낸 '입막음용 회유자금'이었다고 비난했지만. 당시 미국으로 가서 김선종을 만나고 돌아온 안규리 교수는 법정에서 이런 말을 했다.

— 당연히 제자를 위한 마음일 거라고 생각했습니다. 왜냐하면, 그전에도 비슷한 사례가 있었는데… 김선종 연구원이 쓰러지기 몇 달 전, 황 교수팀의 제자 중 인도네시아에서 유학을 온 연구원이 있는데 그분이 쓰러지자 황 교수가 (제가 있던) 서울대병원에서 뇌수술을 받을 수 있도록 주선하고 수술비 2천2백여만 원 전액을 부담했던 일이 있습니다. (안규리 교수 법정증언, 2008.4.8.) [8]

제16부

새튼 교수의 결별 선언

> 뉴욕 JFK 공항에서 황 박사에게 '다음 주에 한국에서 보자.'라며 다정
> 하게 포옹을 나눈 공동연구자 새튼 교수는, 그로부터 여섯 시간 뒤 〈워
> 싱턴포스트〉 기자를 만나 황 박사와의 결별을 선언했다.

역시 2005년 11월 12일, 미국 뉴욕의 록펠러대학. 황우석 박사는 이
곳에서의 일정을 끝까지 소화하지 못한 채 한국으로 돌아가야 했다.
당시 록펠러대학에서는 각국의 대표적인 줄기세포 연구자들이 한데
모여 논의하는 '세계줄기세포 정상회의(Summit)'가 사흘간의 일정으
로 거행됐고, 황 박사 역시 이곳에 참여했다. 하지만 그는 한국에서
의 특강 일정 때문에 마지막 날 일정을 소화하지 못한 채 공항으로
향했다. 한국에서의 특강은 그동안 황 박사팀에게 아무 조건 없이 매
년 10억 원씩의 지원을 약속한 SK 그룹 최태원 회장 측이 초청한 것
인데다 사전에 잡혀있었기에 도저히 빠질 수 없었다. 황 박사는 뉴욕
에서의 마지막 날 일정을 그와 피를 나눈 형제처럼 다정했던 새튼 교
수에게 부탁하고 공항으로 떠났다. 공항으로 떠나기 전 새튼은 늘 그
러했듯 황 박사를 두 팔 벌려 끌어안았다. 등을 두드려주며 '서울에
서 보자.'라고 했다.

— 제 등을 두드려주면서 허그를 하고 서울에서 만나자고 했어요. 그
  다음 주에 서울에서 〈세계줄기세포〉 허브 논의 미팅이 있었거든요.

(황우석 박사, 2015.3.26.) [1]

그러나 이 순간이 두 사람 사이의 끝이었다. 섀튼은 서울에 오지 않았다. 아니, 두 팔 벌려 끌어안은 지 불과 몇 시간 뒤 섀튼은 황우석 박사와 '결별선언'을 했다. 서울행 비행기 안에서 이 소식을 들은 황 박사는 처음엔 믿기지가 않아 멍했을 뿐이라며 그날의 기억을 떠올렸다.

─그때 강성근, 이창규 교수와 함께 KAL기(대한항공)를 타고 귀국하는데 조종실에 텔렉스가 와있다고 해요. 그래서 조종실로 가서 텔렉스를 확인해보니 (섀튼 박사가) 일방적으로 파기선언을 했다는 국가기관의 전언이었어요. 불과 몇 시간 전에 서울에서 보자며 허그하던 사람이….

섀튼 교수는 황 박사와 헤어진 뒤 〈워싱턴포스트〉의 릭 웨이스 기자와의 인터뷰를 통해 결별을 공식 선언했다.

─그에 대한 나의 믿음이 흔들려왔다. 가슴이 아프다. 나는 더 이상 '우석'과의 연구를 하지 않을 것이다. (워싱턴포스트, 2005.11.12.) [2]

불과 몇 시간 전에 '서울에서 보자!'라며 따뜻한 포옹을 했던 섀튼은 그렇게 황우석과의 인연을 접었고, 그는 황우석 연구의 난자 윤리위반을 결별의 첫 번째 이유로 들었다.

─나는 (난자 관련 소문에 대해) 황 박사가 나를 잘못된 길로 인도해왔다는 걸 깨닫게 하는 정보를 갖고 있다. (워싱턴포스트, 2005.11.12.)

난자 윤리 위반 때문에 결별한다? 그러나 이는 명분쌓기에 불과했다. 연구원 난자 제공 의혹은 이미 6개월 전부터 제기돼왔고. 섀튼 교수는 두 명의 여성 연구원들이 자발적으로 자신의 난자를 기증한 사실을 황 박사에게 전해 들어 알고 있었다. 그는 오히려 황 박사에게 외부에는 사실 그대로 밝히지 말 것을 주문하기도 했다.

— 그 부분(연구원 난자)에 대해서 섀튼 박사도 잘 알고 있었어요. 사실 그대로 말이죠. 그런데 당시 섀튼 박사가 저한테 굳이 그거를 팩트 그대로 말할 부분이 없다고 조언해줬어요. 당시 그네들(언론)의 의혹제기가 우리의 성공을 되돌리려는 목적이 아니라 스크래치(흠집) 내는 부분이므로 굳이 팩트대로 말할 필요 없다고…. (황우석 박사, 2015.3.26.)

실제로 섀튼 교수가 〈워싱턴포스트〉와 나눈 인터뷰 내용을 세밀히 살펴보다 보면 결별의 다른 원인이 있음을 알 수 있다. 그는 2004년에 발표된 1번 줄기세포 논문에 대해선 확신한다고 하면서도 2005년 논문에 뭔가 결함이 있는 걸 알고 있는 듯한 뉘앙스를 살짝 풍긴다.

— 섀튼은 또한 그가 올해 황우석과 함께 발표한 논문에서 기술적인 실수들(Technical Mistakes)을 발견하게 됐다고 말했다. 비록 그런 실수는 의도적인 것도 아니고, 과학적 범죄행위의 증거도 아니지만. 그러나 그는 2004년 논문은 확실히 신뢰할 수 있다고 강조했다. (워싱턴포스트, 2005.11.12.)

고수의 레토릭(Rhetoric)이다. 2005년 논문을 작성한 사람은 바로 새튼 자신이었다. 따라서 조금이라도 논문에 대한 진위논란이 불거지면 책임을 면할 길이 없다. 그래서 그는 자신이 책임지지 않아도 되는 윤리문제를 꺼내며 배에서 탈출하면서도 자신이 논문에 대해 뭔가 알고 있었다는 여운도 살짝 남겨둔다. 훗날 그는 피츠버그대학 조사위원회로부터 조사를 받고도 아무런 처벌 없이 무사히 살아남았다. 그는 이날의 결별선언을 통해 조작된 논문의 '공범'이 아닌 또 다른 '제보자'가 된 것이다. 절묘한 타이밍, 절묘한 레토릭. 그것은 신의 한 수였다. 〈워싱턴포스트〉 역시 이러한 새튼의 행보에 대해 의문을 제기했다. 새튼의 결별선언을 단독보도했던 릭 웨이스 기자는 8일 뒤인 2005년 11월 20일 후속기사를 통해 새튼 교수의 과거 행적을 보도했다.

> — 새튼이 난자 스캔들의 어두운 그림자 속에 있었던 경우는 이번이 처음이 아니다. 10년 전 그는 캘리포니아대학의 발생학 연구 프로젝트와 관련된 난자 윤리 범죄에 연루되어 조사를 받았다. 그는 당국의 승인을 받지 않은 잔여 난자를 연구용으로 제공받았다. 의사 한 명이 구속됐고 두 명은 기소를 피해 외국으로 피했지만, 새튼은 아무런 처벌도 받지 않고 깨끗이 살아남았다. (워싱턴포스트, 2005.11.20.) [3]

나는 이 기사를 읽으며 도대체 새튼 교수의 뒤에 누가 있는지 궁금해졌다. 불사신 새튼, 그는 두 번에 걸친 연구 스캔들 속에서도 털끝 하나 다치는 일 없이 살아남았다. 어떤 배경이 있길래… 중요한 것은, 그가 줄기세포의 문제점에 대해서 적어도 황우석 박사나 한국의 국가정보기관보다 빨리 파악했다는 점이다. 황 박사는 언론사 검증결과가 도착한 2005년 11월 18일 이후에서야 사태의 진상을 파악하기 시작한다. 그러나 섀튼은 이미 2005년 11월 12일에 미국에서 결별을 선언하며 탈출했다. 그가 일찌감치 뭔가를 알고 황과의 결별을 준비해왔었다면, '서울에서 보자!'라며 따뜻한 포옹을 하던 뉴욕에서의 마지막 순간은 할리우드 영화배우를 뺨치는 명연기가 된다. 또, 그때까지는 모르고 있다가 황 박사가 한국으로 떠나고 난 뒤 누군가로부터 알게 되었다면, 그의 옆엔 정보력이 매우 뛰어난 유능한 친구들이 있다는 말이 된다. 황우석 박사는 아직까지도 그날의 결별 직전 장면에 대해 뭔가 석연치 않다는 표정이었다.

> ─그가 (결별을) 미리 준비해 왔다면 그날 제게 그렇게 따뜻한 인사를
> 한 게 다 '연기'였다는 것인지…. 저는 이제 와 돌아보더라도 잘 모
> 르겠어요. 그랬던 그가 갑자기 왜 떠났는지…. (황우석 박사, 2015.8.4.) [4]

여기서 잠시 제럴드 섀튼 교수가 황 박사와 어떤 관계에 있었는지 살펴보자. 'egg man'으로 불릴 만큼 난자 연구에 집중해온 섀튼 교수는 그러나 난자를 이용한 체세포복제 실험에서는 실패에 실패를 거듭했고 결국 2003년 4월, 영장류 이상은 복제가 불가능하다는 〈사이언스〉 논문을 발표하며 포기선언을 했다. 그랬던 그가 2003년 하반기, 한국의 황우석 실험실을 찾아와 복제줄기세포의 실체를 확인한 뒤 황우석의 손을 굳게 잡으며 이렇게 말했다.

> ─이제 섀튼의 해는 지고 내일부터 우석의 해가 뜰 것이다. (매일경제 과
> 학기술부 저서, 2005.6.) [5]

그 후 섀튼 연구실에 파견된 현상환과 박을순 두 명의 연구원들이 원숭이복제 배반포 실험에 결정적인 이바지를 했고, 2004년 12월 원

숭이복제 배반포 성공이라는 어메이징한 논문을 발표하는 자리에서 섀튼 교수는 한국의 연구자들에게 고마움을 표했다.

— 한국의 방법이 실제로도 커다란 돌파구가 됐으면 했는데. 어이구. 그건 실제로도 무척 감명 깊었다. (wire.com 인터뷰, 2004.12.6.) [6]

이후 섀튼은 황우석 박사와 태평양을 사이에 둔 형제(Brother)가 됐고 2005년 〈사이언스〉 논문을 직접 작성하며 그 연구 성과에 대해 입이 침이 마르도록 칭찬해왔다.

— 향후 수십 년 동안 불가능할 것이라고 여겨졌던 환자맞춤형 인간 배아 복제줄기세포를 이토록 빨리 만들어낸 것은 세계를 놀라게 할 만한 성과이다. (한국일보, 2005.5.20.) [7]

이는 단순한 립서비스가 아니었다. 섀튼 교수는 〈사이언스〉 논문을 통해 어마어마한 실익을 챙겼다. 미국 현지 언론의 보도(피츠버그 트리뷴 리뷰)에 따르면 그는 〈사이언스〉 논문 성과를 바탕으로 미국 국립보건원(NIH)으로부터 5년간 1천6백십만 달러, 우리 돈 156억 원의 연구보조금 지원을 약속받았다. 그는 미국정부에 보조금 지원을 신청하면서 논문 성과와 함께 특히 황우석 박사와의 관계를 강조했고, 황 박사 역시 미국 국립보건원에 서한을 보내 '인적보증'을 서 주기도 했다.

— 보조금 신청서에서 섀튼 교수는 〈사이언스〉 논문을 여러 차례 거론하면서 황 교수팀과의 국제협력관계를 강조했습니다. 황 교수도 미 국립보건원에 서한을 보내 섀튼 교수의 연구프로젝트에 대한

지지를 표명한 것으로 나타났습니다. (YTN, 2006.2.23.) [8]

미국정부의 연구보조금 지급은 논문이 취소된 이후에도 중단되지 않았다. 섀튼 교수는 황 박사와의 동거를 통해 확실한 실속을 챙겼던 것이다. 그뿐만이 아니었다. 그는 앞으로 이 연구가 뻗어 나갈 주요 길목을 예측하고 미리 선점하려 했다. 세계줄기세포허브. 섀튼 교수는 줄기세포 임상시험 연구를 추진할 '세계줄기세포허브'의 이사회 의장 자리와 전반적인 운영권을 자신이 맡겠다고 밀어붙였다. 허브는 줄기세포 상용화의 길목이다. 황 박사로서도 그의 제안을 받아들일 수는 없는 상황이었다. 이미 한국정부는 세계줄기세포허브를 한국에 유치하고 주도하겠다는 프로젝트를 진행하고 있었으니까. 그러자 섀튼 교수는 황우석팀에서 당시 2인자 역할을 하고 있던 서울대 의대 안규리 교수에게 수시로 자신이 허브를 주도하고 싶다는 의지를 드러냈다. 안규리 교수의 법정 증언을 보자.

— (전 세계줄기세포허브) 전체 그룹 운영에 (섀튼 교수) 본인이 이사장을 하고 싶다는 말을 했습니다.
— 줄기세포 만드는 허브를 (미국) 캘리포니아에도 만들고 (세계) 다른 곳에도 만드는 역할을 함에 있어 운영위원회가 필요하고, 그 운영위원회에서 자기가 리딩하고(이끌고) 실험실 역할은 한국에서 하는 쪽으로. (안규리 교수 법정증언, 2008.4.8.) [9]

실험은 한국에서, 운영은 미국에서. 법정에서 안 교수가 밝힌 섀튼의 구상이었다. 그는 황 박사와의 공동연구를 통해 거액의 국비지원을 받았고 황우석팀 연구원들을 받아들여 다수의 논문을 발표하는 등 속된 말로 '남는 장사'를 했다. 앞으로도 그가 그토록 갈망하던

'세계줄기세포허브'라는 미래 지분이 있었다. 이랬던 그가 그 모든 걸 놔둔 채 느닷없이 배에서 뛰어내려 탈출한다. 도대체 누구에게서 어떤 암시를 받은 것일까?

섀튼이 미국에서 결별을 선언한 지 열흘 뒤인 2005년 11월 22일, MBC 〈PD수첩〉의 1차 폭로가 시작됐다. 섀튼이 탈출하며 사용했던 바로 그 명분, 난자 윤리 위반이 메인 테마였다.

제17부

멘탈붕괴

줄기세포를 확신하며 YTN에도 검증용 샘플을 넘겨줬던 황 박사는 '모든 것이 가짜'라는 검증결과 앞에 멘붕상태에 빠졌고 곧 MBC〈PD수첩〉의 1차 폭로방송이 시작된다.

멘탈붕괴. 황 박사는 멘붕상태에 빠졌다. 2005년 11월 18일 경이었다. 황 박사는 〈PD수첩〉의 재검증 요청에 응하며 줄기세포를 넘겨줬고, 똑같은 줄기세포 샘플을 그가 믿고 있던 YTN에게도 넘겨주며 복수 검증을 의뢰했는데, 이날 YTN 쪽으로부터 하늘이 무너지는 듯한 검증결과가 넘어온 것이다.

　　—논문에 수록된 줄기세포의 DNA와 다름.[1]

　YTN의 의뢰를 받아 줄기세포의 DNA를 분석한 고려대 법의학 교실의 결론이었다. 1차 멘붕. 그가 갖고 있는 줄기세포는 논문에 발표한 복제줄기세포가 아니라는 것이다. 그는 당황했다. 그럴 리 없다고 뭔가 잘못된 거라고 판단했다. 곧바로 그동안 줄기세포의 검증을 맡아온 미즈메디 출신의 윤현수 교수(한양대)를 불렀다. 윤 교수는 〈사이언스〉 논문의 모든 DNA 검증을 책임져온 전직 미즈메디 연구소장이었다. 논문 제출 당시 틀림없이 모든 DNA 검증결과 복제된 게 맞다는 데이터를 건네줬던 그였다. 황 박사는 그런 윤현수 교수를 불러

다시 한 번 줄기세포를 검증해달라고 부탁했다. 급히 검증해본 윤 교수는 황 박사에게 전화로 충격적인 사실을 알려줬다. 복제줄기세포가 아니라고. 미즈메디 줄기세포의 DNA와 일치한다고. 그러자 2차 멘붕이 왔다. 어쩔 줄 몰라 하는 황 박사에게 윤현수 교수가 제안했다. 지금까지는 냉동보관된 줄기세포들만 검사해봤는데, 이번에는 얼리지 않고 배양시키고 있던 줄기세포들을 검사해보면 어떻겠냐고. 그렇게 했다. 이왕이면 〈사이언스〉 논문 검증을 맡았던 국립과학수사연구소(장성 분소)에 다시 검증을 맡겼다. 곧 국과수의 검증결과가 나왔다. 2005년 11월 20일이었다.

— 배양 중이던 줄기세포 역시 미즈메디병원에서 수립한 수정란 줄기
　세포 DNA와 일치함.[2]

꼼짝없이 당했다. 누군가 배양단계에서 가짜줄기세포로 바꿔놓은 것이다. 이미 〈PD수첩〉과 섀튼 쪽은 이를 알고 있었지만, 황 박사는 그제야 상황을 직시했다. 완전한 멘탈붕괴. 황 박사는 결과를 통보받고 즉시 회의를 소집했다. 세계줄기세포허브 사무실에 서울대 수의대의 이병천, 강성근 교수, 그리고 서울대 의대 안규리 교수가 급히 달려왔다. 그들 앞에서 황 박사는 비통한 심정을 토로했다.

— 모든 것을 밝히고 내 목숨을 희생하는 것이 조금이라도 (국민들께)
　사죄할 수 있다면 그것이 저의 도리라고 생각했습니다. (황우석 박사,
　2015.8.4.)[3]

그러자 교수들도 황 박사를 따라 울었다. 이날의 대책회의는 그 후 사건의 전개 흐름에 있어 무척 중요한 의미가 있는 분수령이었다. 죽

느냐 사느냐. 사실 그 무렵 MBC〈PD수첩〉도 가장 신경 쓰던 부분 중 하나가 '황 박사의 자살'이었다. 가짜라는 게 밝혀지게 된 판국에서 황 박사처럼 자존심이 센 사람이라면 분명 극단적 선택을 할 텐데, 그러면 오히려〈PD수첩〉자신들이 거센 여론의 역풍을 맞지나 않을까 염려한 대목이 한학수 피디 저서에 담겨 있다. 그러나 그날의 대책회의는 죽음이나 고백 대신 '적극 대응'을 선택했다.

> — 안규리 교수가 저를 만류하며 이렇게 말했어요. 이것은 사고일 뿐이다. 항해사고. 배를 몰고 긴 항해를 떠나다 보면 늘 뜻밖의 사고를 만나는데 그 사고로 선장이 배를 지휘하지 못할 때는 항해사가 키를 잡고 나아간다고. 이제부터 자신(안규리)이 임시 선장이 되어 지휘할 테니 황 교수님은 안정을 취하시고 다른 교수님들은 제 지휘에 따라 주시라고. (황우석 박사, 2015.8.4.)

멘붕상태에 빠진 황 박사 대신 안규리 교수가 사태 수습에 나선 것이다. 훗날 법정 증인석에 나온 그녀는 '자신은 황 박사가 시키는 대로 움직였을 뿐이고 당시 황 박사의 눈빛은 무서웠다.'라며 황 박사의 기억과는 정반대의 진술을 했다. 그러나 이날의 대책회의가 끝난 뒤 객관적으로 입증된 그녀의 이후 행적은 확실히 '임시선장'의 포스였다. 줄기세포 임상시험이나 무균돼지 장기이식에서 중추적인 역할을 맡고 있던 안규리 교수는 다급히 미국행 비행기를 탔다. 자살기도 후 피츠버그 대학병원에서 치료를 받고 있던 김선종 연구원을 찾아간 것이다. 1차적으로는 그의 치료비를 전달하고 건강상태를 점검하는 게 목적이었지만 다른 이유도 있었다. 줄기세포를 배양해온 그를 통해 줄기세포의 진실을 파악해보려는 것이었다. 여기엔 YTN 기자도 동행했다. YTN 역시 줄기세포가 가짜로 나온다는 엄청난 결과를 두고 실체적인 진실파악에 나서고 있었으니까. 그때 만일 황 박사가 국민들 앞에 모든 걸 사실대로 밝혔다면 어땠을까? 모든 걸 다 잃었겠지만, 지금처럼 '사기과학자'라는 누명은 쓰지 않았을 거라는 아쉬움이 남는다. 그런데 그에게는 당시 쇠심줄 같은 믿음이 있었던 것 같다. 어디엔가 자신이 만들어낸 진짜 줄기세포가 존재할 거라는. 과학자들은 때때로 남들이 보기에 말도 안 되고 헛되어 보이는 믿음을 자신의 생명처럼 소중히 여기는 경우가 있다. 황우석 박사의 경우도 그러했다. 그 믿음이 얼마나 질긴지 그는 사기꾼 취급을 받으며 십 년 넘게 살아온 지금까지도 그러했다.

— 어딘가에 제대로 된 줄기세포가 있을 거라고 봤습니다. 특히 3번, 4번, 5번, 6번 줄기세포는 지금도 (존재를) 확신합니다. 저는. (황우석 박사, 2015.6.9.)[4]

한국의 한 의학전문기자는 그가 '정신착란' 증세까지 보인다고 비난하기도 했다. 그러나 만일 그 기자가 44차례에 걸친 1심 재판 중 몇 번만 와서 직접 봤더라도 그런 비난을 할 수 없었을 것이다. 그가 제일 처음 만들어낸 1번 줄기세포는 엄연히 존재하고 있고, 2번, 3번, 4번 등 순차적으로 만들어진 후속 줄기세포들이 단순히 배반포 단계에서 멈춘 게 아니라 실제 줄기세포로 만들어졌다는 정황증거들이 뜻밖에 많았기 때문이다. 특히 '어린 왕자' 현이의 줄기세포가 진짜로 수립됐을 가능성을 암시하던 2007년 10월 30일의 공판장면을 떠올려보면 지금도 가슴이 저려온다.

— 다음날인 2004년 10월 7일 사진을 보면 전날 아직 부착되지 않았던 1번 웰에 작은 콜로니가 형성됐음을 알 수 있죠?

— 예.5

권대기 증인에 대한 심문에서 황우석 박사 측 변호인은 세포 사진한 장을 제시했다. 그것은 김선종이 섞어심기 한 가짜줄기세포 옆에서 조그맣게 자라고 있던 '작은 콜로니(세포 군락)'의 모습이었다.

1번 웰   2번 웰

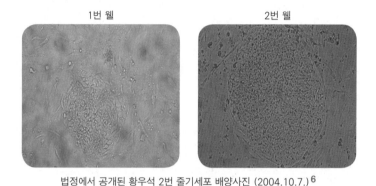

법정에서 공개된 황우석 2번 줄기세포 배양사진 (2004.10.7.)[6]

세포를 배양하는 배양접시는 크게 4부분으로 나누어져 있다. 각각의부분을 우물처럼 움푹 들어갔다고 해서 웰(Well)이라고 부르는데 맨 위왼쪽을 1번 웰, 오른쪽을 2번 웰이라 부른다. 1번과 2번 웰을 유심히 보자. 그 안에 들어 있는 세포의 크기가 다르지 않은가? 좀 더 큰 세포가 들어 있는 2번 웰이 바로 김선종이 미즈메디에서 가짜를 섞어심은 부분이다. 이미 무럭무럭 잘 크는 수정란 줄기세포(가짜)를 갖고 들어왔기에 크기가 크다. 그런데 그 옆 1번 웰을 보자. 여기에는 가짜를 섞어심지 않고서울대 세포만 온전히 키운 곳이다. 그런데 뭔가 보이지 않는가? 서울대세포의 상태가 워낙 나빠져서 미즈메디 가짜줄기세포로 섞어 넣을 수밖에 없었다는 김선종의 검찰진술과는 달리 사진에는 섞어심지 않은 1번웰에서 어린 왕자의 세포가 정상적인 콜로니 상태, 즉 초기 줄기세포 군락으로 살고 있었다는 게 관찰된 것이다. 그러나 이후 며칠 뒤 관찰된 줄기세포들은 모조리 가짜로 드러났다. 그렇다면 사진에서 관찰된 어린 왕자의 진짜 세포는? 가능성은 둘 중 하나였다.

— 죽었거나 어디론가 빼돌렸거나.

한편 〈PD수첩〉은 황우석이란 거대한 배에 구멍이 뚫려있음을 확인하고 전속력으로 돌진해 왔다. 2005년 11월 22일 밤. 첫 방송이 전파를 탔다. 황우석 신화의 난자의혹편.

제18부

〈PD수첩〉의 진격

> 황 박사와 공동연구를 해오면서 배양 중이던 줄기세포를 관찰한 적 있었던 미즈메디 노성일 이사장은 그러나 2005년 11월 18일 〈PD수첩〉과의 인터뷰에서 '줄기세포를 본 적은 없다.'라고 말했다.

—지난 몇 개월간의 취재로 600여 개가 넘는 난자들이 매매로 제공되었다는 증거를 확보했지만 이를 공개할 것인가를 놓고 제작진은 많은 고민을 해야 했습니다. 이런 상황에서 갑자기 미즈메디병원이 연루된 난자매매 사건이 터지고 미국의 섀튼 교수가 결별을 선언하면서 파장은 일파만파 확대되었습니다.

섀튼 교수가 결별을 선언한 지 열흘 뒤인 2005년 11월 22일 밤. 〈PD수첩〉의 첫 방송이 전파를 탔다. 황우석 신화의 난자의혹편. 줄기세포가 가짜라는 본 방송을 알리기 위한 일종의 예고편 성격이었다. '설마 〈사이언스〉에 실린 논문이 가짜일까?' 의심하는 보통 사람들의 상식 저항을 최소화하기 위해 그들은, 황우석 연구에 뭔가 부적절한 비밀이 감춰져 있다는 느낌을 강하게 풍기는 '난자의혹'부터 터뜨린 것이다. 난자 관련 의혹들은 상당수 팩트이기도 했다. 황 박사 연구팀에게 난자를 제공했던 미즈메디병원의 노성일 이사장은 황 박사 모르게 상당수 매매된 난자를 연구팀에게 전달해왔다. 미즈메디병원은 매매 난자를 자신들의 병원에서 시행하던 '난임시술'(시험관 아기)에 다수 사용하다 2005년 하반기 경찰수사까지 받기도 했다. 이 문제는 인간의 난자를 다루는 의사 노성일 이사장이 책임질 영역이었다. 노 이사장 역시 같은 취지의 말을 했다.

— 난자 채취는 의사의 책임하에 수행하는 수밖에 없었다. 황 교수는 전혀 모르는 사실이었다. (노성일 이사장 기자회견, 2005.11.21.) [1]

그러나 〈PD수첩〉은 매매난자 의혹을 다루며 '미즈메디'라는 말 대신 '황우석 연구팀' 혹은 '황우석 연구팀 협력병원'이라는 용어를 썼다. 어떤 식으로든 황우석 박사에게 뭔가 문제가 있음을 강조했다. 반면 '미즈메디'는 슬그머니 가려졌다. 이상했다. 진실을 말하는 〈PD수첩〉이라면 그 무렵 매매 난자 사용으로 경찰조사까지 받고 있던 황우석 협력병원의 실명을 굳이 보호해줄 이유가 있었던 것일까? 미즈메디는 단순히 난자만 제공해준 협력병원이 아니었다. 줄기세포의 배양과 검증까지 맡아온 이 사건의 실질적인 원인제공자였다. 배양 단계에서 미즈메디 가짜줄기세포로 조작해온 김선종 연구원은 미즈메디병원에서 월급을 받고 있는 미즈메디 소속이었다. 그런 그가 지난 2005년 11월 12일에 미국에서 약을 먹고 쓰러졌다. 당연히 미즈메디 노성일 이사장은 김선종과의 연락을 통해 알고 있었을 것이다. 〈PD수첩〉이 무슨 말을 했고 뭘 취재하고 있었는지. 더구나 〈PD수첩〉이 들고 있던 물증에는 미즈메디가 개입되어 있었다.

— 황우석 2번 줄기세포의 정체는 미즈메디 4번 줄기세포. [2]

그런 미즈메디의 수장을 〈PD수첩〉이 찾아간다. 〈PD수첩〉은 첫 방송이 나가기 나흘 전이던 2005년 11월 18일 미즈메디 노성일 이사장을 찾아가 이야기를 나눴다. 그리고는 줄기세포에 대한 질문을 던진다. 황우석 줄기세포를 실제로 본 적이 있느냐고. 노성일 이사장은 〈사이언스〉 논문의 제2저자로서 서울대 황우석 연구실에 들어가 영국에서 온 이언 윌머트와 함께 배양되고 있던 황우석 줄기세포를 분명히 본 적 있는 사람이었다. 그러나 그는 '본 적 없다.'라고 〈PD수첩〉에게 말한다.

— PD : 실제로 줄기세포를 보신 적은….
— 노성일 : 본 적은 없습니다. (MBC 〈PD수첩〉, 2005.12.15.)[3]

이처럼 사실과 다른 노 이사장의 인터뷰는 결과적으로 황우석 박사가 논문 주요저자에게까지 뭔가를 숨기며 조작을 주도했다는 〈PD수첩〉 측 시나리오에 날개를 달아줬다. 한편 한학수 피디의 저서를 보면 당시 노성일 이사장이 한학수 피디를 따로 불러 '황 박사와 자신이 계속 함께 서는 게 좋은지.' 묻기도 한 장면이 나온다.

— 노성일 : 한 피디, 솔직히 황 교수가 어떤 사람이오?
— 한학수 : 네? … 어떤 뜻으로 말씀하시는 건지요?
— 노성일 : 그동안 많이 취재했으니 나름대로 판단이 있을 것 아니오? 황 교수가 인간적으로 어떤 사람인지 솔직한 이야기를 듣고 싶소.
— 한학수 : … 여러 부분에서 검증이 필요한 사람입니다.
— 노성일 : 그러면 내가 앞으로 기자회견을 하게 될 때, 황 교수랑 함께 서는 것에 대해서는 어떻게 생각하시오? (한학수 PD 저서, 382쪽)[4]

모두 〈PD수첩〉의 첫 방송이 나가기도 전에 벌어지고 있던 일이다.

한 피디는 노 이사장에게 '황 박사와 함께 움직이지 않는 것이 좋겠다.'라고 조언했고 실제로 노성일 이사장은 이후 기자회견을 모두 단독으로 했다. 그리고 그가 첫 번째 기자회견을 열어 미즈메디병원에 대한 난자의혹에 대해 해명한 시점 또한 〈PD수첩〉의 난자의혹 방송이 전파를 타기 하루 전날인 2005년 11월 21일이었다. 노 이사장은 이미 〈PD수첩〉의 방송 내용을 예측하며 자신의 거취를 저울질하고 있었던 것이다. 당시 노성일 이사장의 기자회견 내용을 보면 황 박사에 대한 미묘한 감정이 읽힌다.

ㅡ 황 교수가 나에 대해 잘못 알고 있는 점도 있다. 그분은 수의사, 나는 의사다. 입장이 다르다. 우리는 하나하나 연구과제마다 신중함과 인권의 특성을 이해해야 하고, 하고 싶은 말이 있어도 참아야 하는 특성이 있다. (노성일 이사장 기자회견, 2005.11.21.) [5]

이렇게 〈PD수첩〉은 첫 방송이 전파를 탈 무렵 강력한 우군을 얻어나가고 있었다. 논문의 제2저자인 미즈메디 노성일 이사장이 바로 황 박사의 공동연구자였지만 동시에 〈PD수첩〉의 우군이기도 했다. 이제 핵심물증이 확보됐고, 황우석의 우군이던 섀튼은 달아났으며, 노 이사장이 가깝게 다가왔다. 모든 것을 '황우석'에게 겨룬 맞춤형 폭로방송은 이제 본 게임인 2탄 '줄기세포 검증' 편을 향해 순항하고 있었다. 이제 독 안에 든 쥐, 황우석의 목줄을 끊어버릴 차례였다. 그런데 예상치도 못했던 반격이 터져 나왔다. 그것은 정부의 압력이나 정보기관의 공작도 아닌, '민심'의 역습이었다.

제19부

민심의 반격

난자의혹을 다룬 〈PD수첩〉의 1차 폭로방송 이후 국민여론은 오히려
섣부른 폭로를 비판하는 쪽으로 기울었고, 〈PD수첩〉의 강압취재 의혹
이 사실로 드러나자 빗발치는 여론에 의해 MBC 광고가 끊기고 〈PD
수첩〉의 방영은 취소됐다.

— 모든 논란과 파문의 책임은 저에게 있습니다. 어떤 변명도 하지 않
겠습니다.

초췌한 얼굴, 침통한 표정. 황 박사는 〈PD수첩〉이 연구원 난자제
공과 매매된 난자의 사용 등 '난자 윤리 의혹'을 터뜨린 지 이틀 뒤인
2005년 11월 24일, 기자회견을 열어 입장을 밝혔다. 연구원 난자제공
은 사실이다. 알고 있었지만 밝히지 못해 죄송하다. 내가 책임지겠다.

— 저는 국민 여러분께 조금이라도 속죄하기 위해 오늘부터 세계줄기
세포허브 소장직을 비롯한 정부와 사회 각 단체의 모든 겸직을 사
퇴합니다.[1]

이미 그는 만신창이가 된 상태였다. 〈PD수첩〉이 그다음 카드로 무
엇을 뽑아들지 알고 있었기에. 그럼에도 어떻게든 연구를 지켜야 하
는 상황이었기에 그래서 자신의 양심에 충실할 수 없었기에 더더욱
그는 힘겨웠을 것이다. 그런데 그가 기자회견장을 떠난 직후부터 반

전 드라마의 막이 올랐다. 그를 지지하는 여론이 들끓기 시작한 것이다. 인터넷에서는 찬반 투표까지 벌어졌고 기사에는 수천 개의 댓글이 달렸다. 신기한 것은, 한국사회에서 진보적 태도를 견지하던 인터넷 댓글들에서도 거의 9 대 1의 비율로 황 박사를 여전히 지지한다는 입장이 쏟아졌다는 점이다. 황 박사 지지카페에는 하루 사이 3천 명이 넘는 신입회원이 가입해 들어오기도 했다.

— 이날 회견 직후 네이버가 황 교수의 공직 사퇴 입장에 대해 인터넷 투표를 실시한 결과 참가자 4천800여 명 중 90%가 사퇴에 반대해 찬성한 10%를 크게 앞섰다.

— 황 교수의 팬카페 '아이러브 황우석'의 경우 전날 하루에만 3천여 명이 가입해 회원수가 1만 5천 명 가까이로 크게 늘어났다. (연합뉴스, 2005.11.24.)[2]

압도적인 황우석 지지여론은 MBC 〈PD수첩〉에 대한 비난여론으로 점화됐다. 〈네이처〉 등 다른 나라 언론에서 지적하는 것은 차라리 이해하겠는데 왜 자기 나라 과학자에게 더 엄격한 잣대를 들이대 '사람 저 지경 만들어놓느냐.'라는 다분히 국익 우선적인 관점이었다.

— 네티즌 '존경심'은 "황 교수가 인신매매나 납치로 난자를 채취하기라도 했느냐, 당신들의 부모나 자식들이 난치병에 걸렸을 때도 윤리 운운할 수 있겠느냐?"라며 "우리나라의 기술력을 끌어내리려는 국제사회의 놀음에 시민단체들이 오히려 앞장서고 있다."라고 비난했다. (연합뉴스, 2005.11.24.)

초창기 다분히 국익 우선적이던 여론은 사실상 외신들의 보도를 통해 불 지펴진 측면이 있다. 황 박사의 기자회견 소식을 타전하던 전 세계 주요 언론들은 대부분 '과학자는 명예를 잃었고 한국은 기회를 잃고 있다.'라고 평했으니까.

— 이번 파문은 미국으로의 연구 확대 계획 등에 먹구름을 드리울 수 있다. (뉴욕타임스)
— 세계적 전문적 기술을 한국으로 유치하려는 계획은 후퇴할 수 있을 것. (인터내셔널 헤럴드 트리뷴)
— 그가 공직을 사퇴함에 따라 세계줄기세포허브의 미래가 어떻게 될지가 주요 의문 사항 중 하나. (르 몽드)[3]

사람은 합리적이려고 노력은 하지만 그다지 합리적인 존재는 아니다. 당시 감정적, 정서적으로 화가 돋은 한국인들이 많았을 것이다. 자국 언론의 폭로로 자국의 과학적 성과가 침몰해가는 모습을 보면서 '잘 까발렸어. 역시 우리나라는 저널리즘이 살아 있는 정의로운 나라'라며 자부심을 느낄 국민들이 과연 몇이나 될까? 2005년 11월 28일부터 〈PD수첩〉에 반대하는 MBC 앞 촛불시위가 시작됐고 11월 29일 〈PD수첩〉의 광고가 모두 끊어졌다. 미국 방송에 무슨 광고를 붙이느냐는 네티즌들의 성난 전화가 광고주들 회사로 이어졌기 때문이다.

— 한국방송광고공사에 따르면 한국캘러웨이가 29일 'PD수첩' 방송 시간대에 나갈 예정이던 광고를 취소키로 결정함에 따라 'PD수첩' 방송 시간대에 광고가 나가던 12개 기업 모두 광고를 취소했다. (연합뉴스, 2005.11.28.)[4]

급기야 〈PD수첩〉의 강압취재 의혹까지 나왔다. 그들이 지난 2005년 10월 20일 미국에 있던 김선종 연구원의 입을 열기 위해 했던 그 수많은 위협 말이다.

— 이건 황우석 박사님만 주저앉히면 된다. 그런 뜻이에요.
— 황 교수님 같은 경우에는 다음 주에 저희가 따로 인터뷰를 할 거고. 검찰수사가 시작될 겁니다.[5]

그러자 대통령까지 이 논란에 가세했다. 노무현 대통령은 〈PD수첩〉의 의혹 폭로와 이에 대한 네티즌들의 대응방식 모두에 깊은 우려를 표명하는 장문의 글을 현직 대통령으로서는 이례적으로 기고문의 형식을 빌어 공개했다.

— 나도 MBC의 이 기사가 짜증스럽다. 그리고 취재의 계기나 방법에 관하여도 이런저런 의심을 하는 이야기를 듣기도 했다. 그리고 연구과정의 윤리에 관하여 경각심을 환기시키는 방법이 꼭 이렇게 가혹해야 할 필요까지 있을까 하는 생각도 있다. 그러나 막상 MBC의 이 보도가 뭇매를 맞는 모습을 보니 또 다른 걱정으로 가슴이 답답해진다. 관용을 모르는 우리 사회의 모습이 걱정스럽다. 비판을 용납하지 않는 획일주의가 압도할 때 인간은 언제나 부끄러운 역사를 남겼다. (노무현 대통령, 2005.11.27.)[6]

그러나 〈PD수첩〉도 네티즌들도 대통령의 자제 요청을 듣지 않았다. 〈PD수첩〉은 이미 도살을 앞두고 전의를 불태우던 상태였고 국민들은 직감적으로 그들의 살기를 느끼며 저항했다. 〈PD수첩〉은 촛불시위나 대통령의 우려에도 방송을 강행한다고 천명했다.

― 취재과정을 담은 후속편을 가급적 빠른 시간 안에 방영하겠습니다. (MBC 〈PD수첩〉, 2005.11.29.) [7]

광고가 모두 떨어져 나간 〈PD수첩〉 2005년 11월 30일 방영분 말미에 최승호 책임프로듀서가 한 말이었다. 그는 자신들의 강압취재 의혹에 대해서도 '사실왜곡'이라며 반박했다.

― 취재과정에서 위협과 협박이 있었다는 이야기부터, 제보자가 처음부터 잘못된 제보를 했다는 의혹까지 많은 왜곡이 빚어지고 있습니다. (MBC 〈PD수첩〉, 2005.11.29.)

그러나 거짓말이었음이 며칠 지나지 않아 만천하에 드러났다. 황우석 박사는 〈PD수첩〉 관계자에게 취재윤리위반에 대해 강력히 항의했고 〈PD수첩〉 역시 일정 부분 사실을 인정했다.

― 황우석 : 검찰 운운하는 말씀을 하실 수가 있나요?
― PD : 그 부분은 제가 유일하게 한 군데(연구원)서만 (언급했습니다.) (YTN, 2005.12.4.) [8]

검찰수사가 시작될 거다. 황 박사에 대해서만 말하라. 젊은 사람은 살아야 하지 않느냐? 결국 이 사실이 안규리 교수와 함께 김선종, 박종혁 연구원을 만나고 온 YTN의 취재를 통해 터졌다. 2005년 12월 4일이었다.

― 미국에 있던 연구원들은 〈PD수첩〉 팀이 황우석 교수의 논문이 취소되고 검찰에 구속될 것을 여러 차례 말했다고 주장했습니다. 연

구원들은 〈PD수첩〉이 검찰수사를 계속 거론하면서 연구원들의 미국 생활에 대한 보장도 언급했다고 말했습니다. (YTN, 2005.12.4.)[9]

여론은 부글부글 끓었다. MBC에 항의전화가 폭주했고, 네티즌들의 광고중단 요구는 〈PD수첩〉을 넘어 하루 중 가장 광고단가가 '비싼 시간대'였던 MBC 뉴스데스크에 대한 광고 거부 운동으로 이어졌다. MBC는 오후 네 시 반 긴급임원회의를 열어 취재윤리 위반 사실을 확인한 뒤 즉각 대국민 사과성명을 발표했다.

— 국민의 알 권리를 위한 취재에 있어서도 취재방법이 올바르지 않았다면 그 취재의 결과물 또한 정당성을 인정받기 어렵다는 점을 국민 여러분께 밝히지 않을 수 없습니다. (MBC, 2005.12.4.)[10]

아울러 MBC는 강압취재를 한 〈PD수첩〉 제작진이 자체 방송강령을 위반한 점을 들어 징계위원회에 회부할 것임을 밝혔다.

— 제작진이 취재원들을 상대로 '검찰수사'를 언급하며 강압으로 느낄 수밖에 없는 언행을 한 것은 공영방송 종사자로서의 취재윤리에 어긋나는 행동임은 물론, 본사의 방송강령을 위반한 것.[11]

며칠 뒤 〈PD수첩〉의 방영은 취소됐고 제작진은 징계를 받았다. 그러나 성난 민심은 쉽게 가라앉지 않았다. 심지어 'MBC에는 출연도 않겠다.'라는 사회 명사들이 너무 많아 다른 프로그램 제작에도 차질이 빚어질 지경이었다. MBC 구성원 전체가 방송국 존폐위기를 걱정할 만큼 민심의 파고는 높았다. 그것은 단순한 애국주의가 아니었다. 목적을 위해서는 수단 방법을 가리지 않는 언론권력에 대한 저항이었다. 오만과 독선에 대한 일침이었다. 특히 기존 언론에 비해 참신하고 진보적일 거라는 〈PD수첩〉의 취재윤리 위반이었기에 실망은 광범위했다. 'MBC 너마저'였다.

— 진실에는 눈이 없다. [12]

그 당시 논란 속에서 드라마 〈모래시계〉의 작가 송지나가 인터넷에 남긴 글은, 〈PD수첩〉의 편도 아니고 그렇다고 황우석 박사의 편도 아니던 수많은 중간계 사람들의 심정을 잘 대변하고 있다.

— 80년대 중반, 저는 소위 사회고발 다큐멘터리의 구성작가였습니다. 그때만 해도 사회고발 프로그램이란 것은 거의 최초였던지라 나름대로 굉장히 자부심을 갖고 있었지요. 어느 날, 어떤 모 피디가 찍어온 테이프를 프리뷰할 때였습니다. 안마시술소에 대한 프로그램이었고, 피디는 그곳에서 영업을 하던 젊은 아가씨 하나를 앞에 놓고 인터뷰를 하는 중이었습니다. 요지는… 안마만 한 게 아니라 매춘도 했다는 증언을 받아내려는 것이었습니다. 아무 대답도 안 하려는 여자를 설득하는 피디의 대사는 점점 거칠어지고 있었습니다. 자세한 내용은 기억 못 하지만 아마 이런 식으로 흘러가고 있었을 겁니다. "당신이 했다는 게 아니잖아. 당신은 강요를 당한 걸로 하자고. 그렇게 해준다니까. 이봐 이봐 다 아는 얘기잖아. 말을 해." 그러다가…. 예. 그러다가… 느닷없이 피디가 여인의 뺨을 후려쳤습니다. 그랬습니다. 그 여인은… 그 젊은 아가씨는… 프로그램 중, 그 안마시술소가 매춘행위를 한다는 걸 증언해줄 유일한 대상이었겠지요. 방송날짜는 다가오고 더 이상 취재 여유는 없어서 초조해졌겠지요. 이른바 매춘여성이어서 인권 따위는 돌보지 않아

도 되는 대상이라고 생각했는지 모르지요. 그렇다 해도 그럴 수는 없는데 그랬습니다. 다시는 그 피디의 눈을 마주칠 수도 없었고, 단 한마디도 더는 말을 섞기 싫어서 정면에서 물어보지 못했습니다. 왜 그랬냐고. 물어보았다면 아마도 그 피디는 대답했겠지요. '진실을 알아낼 수 있는 유일한 방법이었다.'라고. '안마시술소가 사회의 악이란 걸 알고 있지 않느냐? 우리가 아니면 누가 그 실태를 널리 알리겠는가? 그 여자 하나만 입을 열어주면 되는데 좀 무리한 방법 쯤은 어쩔 수 없지 않나? 이 사회를 위해서 진실을 밝혔을 뿐이다.'라고요. (중략)

오늘 아침 보도에는 한학수 피디가 '그래도 진실은 밝혀져야 한다.'라고 했다는군요. 그가 생각하는 진실이란 무엇일까요? 수단과 방법을 가리지 않고 인간을 말살시키며 추구해도 되는 가치란 것이 이 세상에 있을까요? 우리가 갖고 있는 모든 가치는 인간을 위한 것이 아닌가요? (중략) 아마 황 박사님과 〈PD수첩〉을 보면서 많은 사람이 분노하는 것은 33조의 국익이나 애국심 따위의 이유가 아닐 거라고 생각합니다. (실제로 더한 국익이나 더한 애국심에도 냉소하는 우리인걸요.) 그렇게 많은 사람이 우선 느꼈던 것은, 안마시술소에서 매춘 행위를 했건 안 했건 그 진실과는 상관없이 피디라는 힘으로 그 여인의 뺨을 후려친 행위에 대한 분노 아닐까요? (송지나, 2005.12.9.)

"서울대 조사에서
한 방에 끝내자."

이 사건을 통틀어 가장 손에 땀이 많이 흐른 대목은 황우석 연구를 과학적으로 검증해야 했던 서울대의 조사 장면이다. 과학의 문제는 과학으로 풀 때 가장 명쾌하고 깔끔하게 풀린다. 그러나 비전문가들로 구성된 서울대 조사위원회는 과학검증의 기본인 '재연실험' 기회조차 주지 않고 한 달도 채 되지 않는 속전속결 조사 끝에 황우석 연구를 거의 전면적으로 부정해버린다. 그리고 훗날 나는 법정에서, 당시 서울대 조사에 임하던 미즈메디 공동연구자들 사이의 전화통화 녹취록을 확인하고는 내 귀를 의심했다.

─ 서울대 조사에서 한 방에 끝내자. 시간 끌 필요 없어. 힘내라. 숫자가 적어도 우린 이길 수 있어. (서울대 의대) 문(신용) 선생도 다리 죽 펴고 자겠다고 하더라.
(법정에서 공개된 노성일/김선종 전화녹취록, 2007.8.28.)

─ 어차피 서울대 조사위는 황(우석)을 죽이려고 하더라. 서울대 조사위는 (너를 찍은 게) 아니야. 조사위원들 분위기는 확고하다. (법정에서 공개된 윤현수/김선종 전화녹취록, 2007.8.28.)

제20부

서울대 총장의 허그

서울대 총장은 황 박사를 병문안하러 온 자리에서 서울대 조사위원회를 가동해 잘 처리하겠으니 황 교수를 잘 이해하는 전문가 50인의 명단을 빨리 보내달라고 요청했다. 그러나 정작 황 박사가 보내준 50명의 전문가명단 중 단 한 명도 조사위원으로 선임된 사람은 없었다.

가수 강원래 씨는 황 박사가 몹시 걱정됐다. 평소 문자를 보내면 아무리 바빠도 바로바로 회신을 주던 황우석 박사가, "힘내세요."라는 문자를 받고도 아무런 회신이 없었다. 필시 무슨 일이 생긴 거 아닌가.

　강원래 씨는 원조 한류스타였다. 〈꿍따리샤바라〉, 〈초련〉 등 메가히트곡을 계속 터뜨리며 한국을 넘어 대만 시장까지 진출해 한류의 불을 댕겼다. 그러나 강남대로에서의 불의의 교통사고. 평생을 휠체어 위에서 지내야 하는 척수장애인이 됐다. 그런 강원래에게 '황우석'이라는 존재는 0.001%의 희망이었다. 언젠가 다시 무대에 올라두 발로 모두가 탄복하던 강원래 댄스를 다시 출 수 있다는 0.001%의 가능성. 그는 황 박사를 만나 꿈을 꿀 수 있었고 그의 세포는 논문에는 보고되지 않았지만 NT-13번이라는 이름의 줄기세포로 배양되고 있었다. 칭찬은 고래를 춤추게 하고 희망은 휠체어도 춤추게 하는 것일까? 원래 씨는 그 무렵 단독 콘서트를 준비하고 있었다. 사고를 당한 지 5년 만의 일이었다. 휠체어를 탄 장애인도 무대에 올라 댄스가요를 소화해낼 수 있다는 걸 사람들에게 보여주고 싶었다. 난치병 환자들에게 용기를 주고 싶었다. 그리고 그 자리에 꼭 황 박사를 초대하고 싶었다. 그러나 뉴스를 보니 황 박사가 올 수 있는 상황이 아닌 것 같았다. 뭔가 심상치 않았다. MBC 방송국 앞 촛불시위 현장에 참가해 조용히 촛불을 들었던 강원래는 휴대폰을 꺼내 문자메시지를 보냈다.

— 힘내세요. 우리가 있잖아요.[1]

그러나 감감무소식. 황 박사로부터는 어떤 회신도 오지 않았다. 더 큰 걱정이 밀려들었다.

— 전에는 교수님에게 문자메시지를 보내면 '잘 지내냐?'라는 안부전화가 바로 왔는데 이번에는 "아빠! 힘내세요. 우리가 있잖아요."라는 메시지를 보내도 답이 없었어요. (강원래 씨의 기자회견, 2005.12.8.)

그 무렵 황 박사는 모든 연락을 끊고 경기도 용인에 있던 지인의 숙소에 있었다. 칩거 13일째. 2005년 11월 24일 모든 공직에서 사퇴한다는 기자회견 이후 그는 아무것도 손에 잡히지 않고 아무것도 떠오르지 않는 멘탈붕괴 상태에 있었다. 심한 우울증과 수면장애. 극단적인 선택도 우려됐다. 기자들 사이에서는 이미 '황 박사의 상태가 별로 좋지 않다.'라는 소문이 좍 퍼져있었다. 입원을 서울대병원으로 하느냐 아니면 한양대병원으로 하느냐가 남았을 뿐 그의 병원 입원치료는 시간문제였다. 2005년 12월 7일 새벽 마침내 그가 입원했다. 기자들의 카메라를 피하는 과정은 마치 〈전격 Z작전〉을 방불케 했다. 기자들이 진을 치고 있던 병원 정문을 피해 쪽문으로, 지하주차장으로, 거기서 비상용 엘리베이터를 타고 올라간 뒤 다시 여러 번 엘리베이터를 갈아타고 병실에 도착. 당시 서울대병원의 의료진들은 그가 언론에 노출되지 않고 안정을 취할 수 있도록 병원 내부통로 지도까지 펼쳐 들고 기자들을 따돌렸다. 그러나 가만있을 한국의 기자들인가. 약이 바짝 오른 몇몇 기자가 병실에 침투했고. 잠든 황 박사의 모습이 공개됐다. 수염이 덥수룩한 중년 남자. 이 사람이 황우석 맞는가. 당시 황 박사의 입원을 두고 연출된 '쇼'였다고 비난하는 사람들도 있다. 어떤 교수는 『잊지 말자 황우석』이란 책을 통해서 '마치 할리우드 배우의 명연기를 보는 것 같았다.'라고 썼다. 그러나 설득력이 떨어지는 지적이다. 황 박사가 병원에 드러누워 동정이나 사는 일명 '나이롱 환자'였다면, 당시 그의 상태를 브리핑했던 서울대병원 의료진은 '돌팔이'가 되는 건가?

—성명훈 서울대병원 기조실장은 황우석 교수의 건강상태와 관련한 브리핑에서 심한 피로와 수면장애, 스트레스가 겹쳐 탈진 상태이며 일정 기간 안정가료가 필요하다고 밝혔습니다. 또 입원기간은 일주일 정도 될 것이라고 말했습니다. (YTN, 2005.12.7.)[2]

훗날의 법정증언에서 안규리 교수(서울대 의대)는 '당시 황 박사의 상태가 입원을 할 만큼 심각했느냐?'라는 검찰 측 질문에 이렇게 대답했다.

—당시 상황을 어떻게 생각하실지 모르겠지만, 저희 병원 전문의들의 의료소견과 진단서를 보면 심한 우울증, 다소 극단적인 위험행동을 할 수 있는 것으로 저희는 판단되었습니다. 그때 입원을 권유한 것을 지금도 잘했다고 생각합니다. (안규리 교수의 법정증

병실에서 하루가 가고 이틀이 지났다. 그 새 많은 주요 인사들이
병문안을 오겠다고 했지만, 황 박사는 한사코 만류했다. 김영삼 전
대통령(제14대)이 격려 전화를 했고 김대중 전 대통령(제15대)은 격
려 전화와 함께 비서관을 통해 '불도장'이라는 중국의 보양식을 보
내왔다. 이해찬 국무총리가 직접 오겠다고 했지만, 황 박사는 강력히
만류했다. 입원 사흘째, 병실을 찾아온 인사가 있었다. 당시 제1야당
을 이끌며 유력한 대선 후보였던 박근혜 대표(제18대 대통령)가 황 박
사를 찾아왔다. 박 대표는 유정복 비서실장과 함께 2005년 12월 9일
오전 9시경에 찾아와 약 10여 분간 이야기를 나눴다.

— 뜻밖의 방문이셨습니다. '기운 차려라. 절망하면 안 된다.'라고 격
    려해주셨어요. 나중에 유정복 비서실장께 '바쁘신데 다시는 오시
    지 마라.'라고 말했더니 유 실장은 저에게 '대표께서 전날도 찾아
    오시려 했으나 병원장의 만류로 오시지 못해 간밤에 다시 병원장
    에게 연락을 취해 면회가 성사된 것'이라고 말씀하시더군요. 저로
    서는 몸 둘 바 모르는 상황이었습니다. (황우석 박사, 2015.3.26.) [4]

박 대표가 다녀간 뒤 약 30분 후, 또 한 사람이 찾아왔다. 정운찬
당시 서울대 총장이었다. 그는 총장 비서실장, 서울대병원장, 진료
부원장과 함께 황 박사의 병실을 찾았다. 오전 10시 경이었다. '기
쾌유'라고 적힌 난을 들고 온 징 총장은 황 박사를 따뜻하게 안아
줬다. 병원장에게 거듭 황 박사의 건강상태를 주시해달라고 당부한
정 총장은 이날 황 박사에게 매우 의미심장한 말을 건넸다. 조사위
를 꾸려 잘 처리할 테니 황 박사를 잘 이해하는 전문가 50인의 명

단을 보내달라고.

> ─ '내가 오늘 오후에 조사위원회를 가동해서 (이 문제를) 잘 처리하겠
> 다.'라고 하시면서 '황 교수를 잘 이해하는 이 분야 전문가 50명의
> 명단을 보내달라.'라고 요청하셨어요. (황우석 박사, 2015.3.26.)

모든 논란을 서울대 검증을 통해 풀 테니 검증을 맡을 전문가들을
추천해달라는 그의 말은 황 박사에게 분명 우호적인 뉘앙스로 전달
된 게 분명했다. 황 박사 옆에 있던 서울대 의대 신경외과 교수, 정신
과 교수, 그리고 황 박사의 부인도 함께 들었고 그녀는 오열하며 정
총장에게 연신 고맙다는 인사를 했다.

> ─ 저희 집사람은 눈물을 터뜨리면서 '총장님 너무 감사드린다.'라고
> 계속 인사를 드렸고 정 총장은 제 등을 두드려주면서 저를 위로했
> 어요. (황우석 박사, 2015.3.26.)

총장 일행이 떠난 뒤 황 박사는 신속히 연락을 취해 관련 분야 전
문가 50인의 리스트를 꾸리도록 했다. 본인들의 참여 의사를 확인한
후 이를 총장실에 전달했다. 총장이 다녀간 뒤 황 박사는 안도의 한
숨을 쉬었다. 이제 진실검증은 과학계에 맡기고 자신은 연구에만 전
념할 수 있을 거라는 부푼 희망. 그러나 이후 결과는 황 박사의 바람
과는 정반대로 진행됐다. 황 박사가 건넨 50인의 전문가 명단 중 단
한 사람도 실제 서울대 조사위원으로 선임된 사람은 없었다.

> ─ 아무리 저하고 친하더라도 전문성이 떨어지거나 이 분야와 무관하
> 신 분들은 제외하고 드렸습니다. 그런데 단 한 분도 (서울대 조사위

원회에) 포함돼 있지 않으셨어요. (황우석 박사, 2015.3.26.)

이름을 밝히지 않은 황 박사의 지인은 이런 말을 했다. 황 박사가 서울대 총장에게 완벽하게 당한 거라고.

— 결과적으로 황 교수님이 추천한 전문가들은 다 빠지고 비전문가들로 조사위가 구성된 거죠. 총장의 의도는 실제 조사위원으로 임명하기 위해 황 교수님에게 50인의 명단을 달라고 한 게 아니라, 과학계에서 누구누구가 황우석 인맥인지를 파악하고 그들을 선임대상에서 제외시키려고 한 것 아닌가. (D 교수, 2015.3.26.) [5]

제21부

야만의 시대

> 황우석 연구는 인간 난자를 사용해 복제과정을 거친 줄기세포 연구였
> 지만, 줄기세포를 검증한 서울대 조사위원 8명 가운데 인간 난자를 관
> 찰해 본 사람도, 복제 관련 발생학자나 줄기세포 전문가도 없었다.

— 조사위원장을 맡고 있는 정명희 전 부총장은 정운찬 총장에게 황
  교수 논문을 조사해야 한다고 강력히 진언했던 것으로 알려져 있
  습니다. 하지만 정 전 부총장을 제외한 나머지 조사위원들에 대
  해서는 서울대 교수 6명과 외부대학 교수 2명 등 8명이라는 것만
  알려져 있고 구체적인 신원은 철저히 비밀에 부쳐지고 있습니다.
  (YTN, 2005.12.24.) [1]

서울대 조사위원회는 어떤 사람들로 구성됐을까? 궁금했지만 알
수는 없었다. 서울대는 9명의 조사위원 선임을 확정 지은 2005년
12월 15일부터 조사위원들의 이름을 일절 밝히지 않았다. 조사의 공
정성과 조사위원들의 신변을 보호하기 위해서라고 했다. 그러나 누
리꾼들 사이에서는 이상한 소문이 돌고 있었다.

— 비전문가로 구성된 조사위가 전문가를 검증하고 있다.

처음에 나는 그 소문이 터무니없는 '음모론'일 거라고 여겼다. 코

너에 몰린 황 박사 쪽에서 나온 일방적인 '추문'일 거로 생각했다. 그런데 사실이었다. 2009년 2월 2일의 서울 중앙지법 417호 대법정. 재판부는 증인으로 나온 정명희 당시 서울대 조사위원장에게 돌직구를 던졌다.

> — 이 사건의 중대성과 핵심쟁점에 비춰봤을 때 증인이 조사위원장을 맡는 것은 조금 부적절해 보이는데, 혹시 고사(자리를 맡지 않음)를 해볼 생각은 없었나요?[2]

대단히 모욕적인 질문이었다. 감히 서울대 의대 교수한테 판사가 '내가 보기에 니가 맡을 자리가 아닌데 넌 왜 그 자리를 맡았니?'라고 물어본 거 아닌가. 그런데 증인석에 앉은 서울대 조사위원장의 대답은 의외였다. 자기도 그렇게 생각한다는 투였다. 열 받거나 불쾌한 표정도 전혀 없이 당연하다는 어투로 이렇게 답했다.

> — 제 스스로 안 맡겠다고 했었습니다. (제 자신이) 줄기세포를 만진 적이 없기 때문에 전문성 면에서 자격이 없다고 고사한 적이 있었고, 사건이 워낙 크니까 뒤에 돌아올 책임이 무겁게 느껴져서….[3]

당시 조사위원장을 맡았던 정명희 서울대 교수(의대)의 전공분야는 약리학. 암을 촉진하는 원인물질로부터 인체를 방어하는 메커니즘 연구가 그의 주 분야였다. 다시 말해 암 연구하는 사람이 줄기세포의 진실을 검증한 거다. 황 박사의 변호인이 법정에서 물었다.

> — 만일 증인의 연구를 암이나 약리학과는 무관한 황우석 피고인이

조사위원장을 맡아 검증을 주도한다면 (증인은) 그 조사결과를 흔쾌히 받아들이겠습니까?[4]

그러자 정명희 교수는 즉답을 피했고, 그래서 자신도 조사위원직을 고사한 적 있다고 말했다. 2007년 3월 20일의 법정에서는 조사위원회에 외부전문가 자격으로 참여했던 이 모 교수가 나와서 충격적인 증언을 했다. 서울대 조사위원들 가운데 인간의 난자를 관찰해본 사람도, 세포의 생식기전을 연구하는 발생학자도 없었다고 말이다.

— 변호인 : 증인은 사람의 난자를 관찰해본 적 있나요?
— 이 모 교수 : 없습니다.
— 변호인 : 서울대 조사위원 중 발생학이나 산부인과 등 인간 난자에 대해 전문성을 가진 사람이 있었나요?
— 이 모 교수 : 발생에 대해서 하신 분도 없고 난자 분야도 없습니다.[5]

그들이 검증한 황우석팀 연구는 인간의 난자라는 생식세포를 이용해 세포를 복제한 발생학적 연구다. 또한, 줄기세포를 배양한 연구다. 그렇다면 당연히 복제 관련 발생학자나 줄기세포 전문가들이 조사에 참여해야 하는 것 아닐까. 그런데 단 한 명도 없었다. 정운찬 총장의 지시로 꾸려진 서울대 조사위원회 조사위원 중 단 한 명의 발생학자도 줄기세포 전문가도 심지어 인간의 난자를 관찰해본 사람도 없었다. 줄기세포와 무관한 조사위원장에 인간의 난자를 한 번도 본 적 없는 8명의 조사위원들. 그러나 그들은 단호했고 자신감에 넘쳐 있었다. 휴일 포함 단 28일간의 조사만으로 모든 검증을 끝내버린

결과가 이를 말해줬고, 당시 수의대 학장을 맡고 있었던 양일석 교수 (수의대)의 그들에 관한 증언이 이를 뒷받침하고 있다.

— 서울대 앞 식당에서 정명희 조사위원장 주재로 조사위원들끼리 저 녁을 먹으며 기본적인 대화를 나눴답니다. 거기서 수의대 교수와 다른 위원들 간에 생각 차이가 많았나 봐요. 모임을 다녀온 뒤 수 의대 교수가 저에게 '내가 참여하는 게 의미가 없을 것 같다.'라며 사퇴했어요. (양일석 전 학장, 2015.3.26.) [6]

양 학장은 이 조사에 수의대 교수가 소수라도 포함되어야 하지 않겠는가 하는 판단에 두 명의 수의대 교수를 조사위원으로 추천했 었다. 그런데 그중 한 명은 '자신이 전문성이 딸려 못하겠다.'라고 스스로 고사했고, 또 한 명은 참여를 결심했지만, 조사위원회 예비 모임에 참석한 뒤 분위기를 보고 자진해서 사퇴했다는 것이다. 양 학장은 '그래도 한 명은 참여해야 한다.'라며 사퇴하기로 한 수의대 교수를 설득했고, 결국 마음을 돌린 수의대 교수는 조사위 참여를 다시 결정했다. 하지만 이번에는 조사위원회가 그의 참여를 받아들 이지 않았다.

— 다시 하기로 했다고 (조사위원장에게) 전화로 알려주니까 '알겠다. 위원들끼리 논의해보고 전화드리겠다.'라고 하고 그 뒤 연락이 다 시 왔어요. 안 받아들이기로 했다고. (양일석 전 학장, 2015.3.26.)

이미 조사방향은 서 있었다. DNA 시퀀싱. 황우석 줄기세포와 환 자 체세포의 DNA와의 일치여부를 판정해 불일치하면 '가짜', 일치 하면 '진짜'. 오로지 논문조작 여부만 판단할 뿐, 그게 왜 어떻게 가짜로 조작되었는지를 판단하는 '본조사'와 보유하고 있는 기술은 어디까지였는지를 사전에 세밀히 판단하는 '예비조사', 그리고 당사자가 불복할 경우 다시 만들어보게 하고 이를 검증하는 '재연실험' 단계를 모두 생략해 버렸다. 그것은 미래의 먹거리 과학기술을 쓰레기통에 처박아버리는 비극의 시작이자 국제적인 재검증 관행마저 무시하는 야만의 시대였다.

제22부

사표 반려와 노 이사장의 폭로

> 황 박사는 서울대 본부에 교수직 사직서를 제출한 뒤 미즈메디 노성일 이사장을 불러 '모든 게 미즈메디 가짜줄기세포로 나오지만, 진짜가 남아 있는지 최종 검사를 할 때까지 어떤 발표도 하지 말고 결과가 나오면 함께 국민 앞에 사죄드리자.'라고 당부했다. 그러나 사직서는 반려됐고 노 이사장은 곧바로 MBC에 폭로했다.

운명의 날은 2005년 12월 15일이었다. 오전 9시경. 양일석 수의대 학장은 봉투 하나를 전달받았다. 서울대병원에 입원해 있던 황우석 박사가 직접 쓴 사직서였다. 줄기세포의 진위여부에 상관없이 연구 책임자로서 모든 논란에 책임을 지고 서울대 교수직에서 물러나겠다. 황 박사는 그렇게 한국에서 하늘이 내려준 자리라는 서울대 교수직을 스스로 벗어던졌다. 브릭 등 인터넷 사이트를 중심으로 논문 사진 중복에 대한 의혹이 제기되고 있는 국면에서 그는 고뇌 끝에 결단을 내린 것이다.

— 더 이상 제가 몸담고 있는 대학에 누를 끼치고 싶지 않았고 모든 걸 내려놓은 채 조사를 받는 게 학자적 양심에 충실한 것이 아닐까 싶었습니다. (황우석 박사, 2015.3.26.) [1]

양 학장은 곧바로 이 내용을 대학본부 측에 알렸다. 노정혜 당시 연구처장은 황 박사의 사표를 반기는 듯한 목소리였다고 한다.

— 곤경에 빠진 대학을 먼저 생각해주시는 황 교수님의 결단에 감사 드린다는 취지로 제게 말했습니다. (정운찬) 총장님이 출근하시면 즉시 보고하겠다고 하며 전화를 끊었죠. (양일석 전 학장, 2012.6.20.) [2]

대학본부 측이 왜 황 박사의 사표를 반겼을지 곰곰이 따져보면 이해는 간다. 당시 논란의 중심은 더 이상 MBC 〈PD수첩〉이 아니었다. 취재윤리를 위반해 스스로 무너진 MBC 측은 오히려 변호사를 통해 황우석 연구를 긍정적으로 조망하는 특집을 내보내겠다는 물밑제의를 하고 있었다. 그 무렵 논란의 중심은 인터넷이었다. 포항공대가 운영하던 생명공학 전공자들의 사이트 '브릭'(BRIC)에서 제기된 논문 사진 중복설이 젊은 연구자들 사이에 설득력을 얻고 있었다. 대학의 입장에서는 하루빨리 이 논란의 불씨가 대학본부로 옮겨붙기 전에 선을 긋고 싶었을 것이다. 그런 찰나에 들어온 황 교수의 사직서였다. 모든 논란은 황우석에게 넘기고 서울대는 쏙 빠질 기회 아니던가. 그러나 이날의 사직서는 사람들에게 공개되지 않았다. 나 역시 황 박사가 나중에, 그러니까 서울대 조사 중간발표로 줄기세포가 가짜임이 확인된 직후 사직 기자회견을 하던 2005년 12월 23일의 모습만 알고 있었다. 그러나 실제로 황 박사는 조사가 시작되기 전인 2005년 12월 15일에 일찌감치 사표를 제출했다. 그 순간은 왜 역사의 기록에서 지워진 걸까. 그것은 정운찬 총장이 그의 사직서를 수리하지 않았기 때문이다. 황 박사의 사직서를 전달한 지 두 시간 반이 지난 오전 11시 30분경 노정혜 연구처장이 양일석 학장에게 전화를 걸었다. 정운찬 총장이 황 교수의 사직서를 반려시켰다는 전화였다.

— (정운찬) 총장님께서 (지금은) 조사위원회가 구성되었으니 사표를 받을 수 없다고 사표를 돌려드려야겠다고… 그런 취지로 기억합니

다. (양일석 전 학장, 2012.6.20.)

이것이 첫 번째 사표 반려였다. 그 뒤 2005년 12월 23일에 황 박사가 기자들 앞에서 공개적으로 말한 두 번째 사직 의사표명 역시 받아들여지지 않았다. 정운찬 총장의 서울대는 조사위원회 최종보고서가 제출된 이후인 지난 2006년 3월 30일 징계위원회를 열어 황 박사에게 공무원법상 최고 수위의 징계인 '파면' 조치를 결정했다. 황 박사 본인의 사퇴의사를 받아들이지 않고 다시는 교수직으로 복귀할 수 없도록 잘라버린 것이다.

— 외국 대학에서는 논문을 조작한 교수들은 대부분 해임당합니다. (중략) 해임되면 나중에 교수직으로 복귀할 수 있지만 파면은 복귀가 불가능합니다. 서울대 측은 스스로 사퇴하는 것과 파면당하는 것은 엄연히 다르다며 조사위 조사결과가 끝나는 대로 황 교수를 징계위원회에 회부하겠다고 밝혔습니다. (YTN, 2005.12.24.) [3]

2005년 12월 15일 오전 10시경, 황 박사가 입원해있던 서울대병원 병실로 한 남자가 들어온다. 그들은 다정하게 인사를 주고받는다. 미즈메디병원 노성일 이사장. 병실에서 아침 일찍 서울대에 사표를 제출한 황 박사는 이후 그에게 전화를 걸어 긴히 할 이야기가 있다며 부른 것이다.

— 황 박사가 방문을 해달라고 아침 8시 반인가 전화를 해서 의논할 사항 있다고 절 찾아서 갔습니다. (노성일 이사장 법정진술, 2007.1.30.) [4]

가난한 농부의 아들인 황 박사가 전형적인 흙수저였다면 노 이사장은 금수저 가문이었다. 노 이사장의 부친은 제일병원을 창설한 고 노경병 박사로 자타가 공인하는 산부인과 분야 명의였다. 노 이사장은 부친의 뒤를 이어 미즈메디병원을 이끌고 있고 경기고등학교와 연세대 의대를 졸업한 한국사회 파워엘리트였다. 그런 그가 흙투성이 황 박사와 손을 잡게 된 것은 복제 배아줄기세포 연구가 지닌 특성과 잠재력에서 비롯된다.

사실 노 이사장은 한국 내에서 차병원과 더불어 난자를 이용한 배아줄기세포 연구를 할 만한 최적의 조건을 갖추고 있었다. 산부인과 병원은 인간의 난자와 배아를 접할 수 있는 유일무이한 공간이기 때문이다. 전 세계적으로 이 분야 연구가 산부인과 병원을 중심으로 이뤄지는 것도 바로 이 때문이다. 그래서 그는 한국에서 처음으로 시험관 아기 시술에 성공한 서울대 의대 문신용 교수와 호형호제하며 배아줄기세포 연구에 돌입했다. 미즈메디 연구소를 운영하며 다수의 인간배아줄기세포주를 수립해 미국 국립보건원(NIH)에 일부를 등록시키기도 했다.

그런 그가 갖지 못한 게 바로 세포를 복제하는 기술이었다. 환자의 세포를 복제해 줄기세포를 만들어야 면역거부반응 없는 맞춤형 치료가 가능한데 그 기술은 의사들의 영역이 아니라 소똥 돼지똥 묻혀가며 동물과 씨름해온 수의사나 축산학자들의 영역이었고 황우석 박사가 제일 잘했다. 그래서 노성일은 황우석이 필요했고 황우석 또한 노성일이 필요했다.

수의학자인 황우석팀은 인간의 난자에 접근할 수 있는 권한도 없었고, 배아줄기세포를 배양시켜본 경험도 없었다. 그래서 황 박사는 서울대 의대 문신용 교수와 손을 잡았고 문 교수는 노 이사장을 데려왔다. 그렇게 해서 서울대 수의대-서울대 의대-미즈메디로 이뤄진 '3자 동맹'이 만들어졌다. 일명 도원결의라고 불렸다.

—두 사람의 인연이 시작된 것은 2002년 후반으로 황 교수와 서울 의대 문신용 교수, 노 이사장 등 3명이 회동을 갖고 난치병 환자 치료를 위한 치료복제(therapeutic cloning)를 시도하기로 합의한 것. 동물복제 전문이었던 황 교수는 줄기세포 분야에서 많은 경험과 노하우를 갖고 있을 뿐 아니라 불임 치료 등으로 다수의 난자를 확보할 수 있는 미즈메디병원의 도움이 절대적으로 필요했다. (연합뉴스, 2005.12.16.) [5]

연장자인 문신용 교수를 큰 형님으로 모시며 동갑내기인 황 박사와 노 이사장이 서로를 서로를 '황 교수', '노박'으로 부르며 다정하게 손을 잡은 세 사람 사이의 우정은 2004년과 2005년 연속으로 〈사이언스〉 논문이 발표될 당시만 해도 평생 깨어지지 않을 만큼 단단해 보였다. 2005년 12월 15일까지는 말이다. 황 박사는 이날 노이사장에게 줄기세포 상황에 대해 고백을 했다. 그것은 노 이사장을 신뢰하지 않으면 도저히 할 수 없는 은밀한 고백이었다.

—검사를 해본 7개 줄기세포 중에서는 복제줄기세포가 아니고 미즈메디 것으로 판명됐습니다. 그러나 아직 검사하지 않은 8개를 추후에 해동해서 이 중에라도 일부 (진짜)가 있을 가능성에 마지막 희망을 갖고 있으니…. (황우석 박사 법정진술, 2007.1.30.) [6]

황 박사는 이 사실을 절대로 외부에 알리지 말고 기다려 달라고 당부했다. 조사결과가 나오면 자신과 함께 짐을 지자고. 자신은 절대로 미즈메디에 책임을 떠넘길 생각이 없으니 당황하지 말고 침착하게 대응하자는 '친구에 대한 배려'였다.

— '그전까진 어떤 발표도 하지 말고 결과가 나오면 저와 노박(노성
  일)이 국민 앞에 사죄하고 이 사안을 정확하게 이야기합시다.'라
  고 (노 이사장이) 나가는 뒤에도 이야기했습니다. (황우석 박사 법정진술,
  2007.1.30.)

황 박사는 노 이사장을 끝까지 믿은 것 같다. 신뢰할 수 없었다면
그를 불러 굳이 이런 말을 할 이유가 없지 않은가. 설명을 들은 노 이
사장 또한 고개를 끄덕이며 인사를 나눈 뒤 병실을 빠져나갔다. 둘
사이에는 다툼도 없었다. 고성도 없었고 얼굴 붉히는 갈등도 없었다.
그러나 그 시간 이후 두 사람은 철천지원수가 되어 외나무다리에서
맞서게 된다.

오후 3시경, 노성일 이사장은 병실 문을 나선 뒤 몇 시간 만에 기
자들 앞에서 폭로 인터뷰를 가진다. MBC 기자를 부른다. 그리고는
이렇게 말한다. 황우석이 그러는데 줄기세포 없단다.

— 황 교수가 요청해 병문안을 갔다가 그동안 알지 못했던 얘기를 듣
  게 됐습니다. 그동안 믿어왔던 배아줄기세포 전혀 없다는 것이 사
  실이라고 (노성일 이사장의 MBC 인터뷰, 2005.12.15.) 7

모든 줄기세포가 '미즈메디 것'으로 뒤바뀐 현실에서 '미즈메디'라
는 단어를 쏙 빼고 대신 '줄기세포는 하나도 없다.'라는 프레임으로
바꿨다. 조작의 책임을 황우석에게 전가하는 노련한 전략가의 '프레
임' 전쟁이었다. 훗날 노 이사장은 법정에서, 조작의 책임이 미즈메
디로 오는 것을 피하려고 그날의 폭로를 했다고 시인했다.

— 변호인 : 증인(노성일)은 검찰조사에서, 기자회견을 한 이유는 황 교수의 미즈메디 줄기세포로 바뀌었다는 말이 미즈메디가 뭔가 책임을 져야 된다는 말로 여기고 위기를 느꼈고 책임이 미즈메디로 전가될 것을 걱정해 진실을 밝히기로 결심했다고 이야기했죠?

— 노성일 : 예. (2007.1.30.) [8]

그의 폭로로 세상은 완벽하게 뒤집어졌다. 모든 뉴스가 그의 폭로를 속보로 타전했다. 중단됐던 MBC 〈PD수첩〉은 긴급방송 결정을 허락받고 편집되고 있었다. 밤 9시, MBC 뉴스데스크의 엄기영 앵커는 잔뜩 굳어진 표정으로 첫마디를 이렇게 열었다.

— 여러분, 이 뉴스를 어떻게 전해드려야 할까요. [9]

김주하 앵커가 이어받았다.

— 황우석 교수의 줄기세포가 없다고 합니다.

— 미즈메디병원의 노성일 이사장은 오늘 MBC와의 인터뷰에서 줄기세포가 지금은 전혀 없다고 밝혔습니다. (MBC 뉴스데스크, 2005.12.15.)

제23부

"아빠, 그럼 나 이제 못 걷는 거야?"

> 노 이사장의 폭로 직후 방송을 재개한 MBC 〈PD수첩〉은 '황우석 2번
> 줄기세포가 가짜로 드러났다.'라고 폭로했고, 이 방송을 지켜본 2번
> 세포의 주인공 10세 소년은 절망 어린 표정으로 말했다. "아빠, 나 그
> 러면 못 걷는 거야?" 소년은 이듬해 9월 쓰러졌다.

―황 교수가 요청해 병문안을 갔다가 그동안 알지 못했던 얘기를 듣
게 됐습니다. 그동안 믿어왔던 배아줄기세포 전혀 없다는 것이 사
실이라고…. (2005.12.15.)[1]

노성일 이사장의 폭로는 다 죽어가던 MBC와 〈PD수첩〉을 되살렸
다. 2005년 12월 15일 밤 10시. 취재윤리 위반으로 중단됐던 MBC
〈PD수첩〉이 긴급 편성돼 전파를 탔다.

―특집, 〈PD수첩〉은 왜 재검증을 요구했는가?[2]

긴급 편성된 〈PD수첩〉에서는 우선 최초 제보자 '닥터 K'의 인터
뷰 영상이 흘러나왔다.

―이때까지 있으면서 황 교수님의 과오를 다 아는데 황 교수님이 지
금이라도 과거를 묻고 새로 시작하면 좋았는데….

제보자는 마치 황우석 박사가 온 세상을 속이는 엄청난 범죄행각을 꾸며왔고 자신은 이를 다 알고 있다는 듯 발언의 강도를 높였다.

— 문제는 2005년 5월에… 이건 도저히 양심을 가진 사람으로서 저건 사실이 아닌데 저렇게 해버리면 안 되죠.

뒤이어 닥터 K의 부인인 Y가 등장한다. 두 사람은 부부 사이였지만 〈PD수첩〉은 '부부'라는 말 대신 '또 다른 황우석팀 전직 연구원'이라고 그녀를 소개한다. 마치 황 박사에 맞서 진실을 까발린 사람은 '닥터 K' 혼자가 아니었다는 듯.

— 황 교수님이 권력이 있으니까… 아무도 그 앞에서는 말을 못하는 거죠.

황 박사의 주례로 결혼해 매월 300만 원이 넘는 생활보조금과 학비 지원에 실험실에서 나온 뒤에도 황 박사의 추천으로 병원과 연구소 취직까지 했던 부부의 말이었다. 이제 〈PD수첩〉의 카메라는 2005년 〈사이언스〉 논문의 저자들을 찾아가기 시작한다. 그들에게 묻는다.

— 논문에서 구체적으로 어떤 역할을 하셨나요?

국가정보기관에 의해 줄기세포 반출이 엄격하게 통제된 상황에서 다양한 실험데이터에 근거해 세분화된 역할을 수행했던 공동연구자들은 '어떤 역할을 했나?'라는 뜬금없는 질문에 대해 말끝을 흐렸다. 방송이 노리는 것은 하나였다. 논문이 허술하구나…. 황우석이 뭔가를 숨겨왔구나…. 그리고 그런 의심을 증폭시켜주는 인터뷰가 나온다. 그것은 어느 날 갑자기 황 박사로부터 등을 돌린 논문의 제2저자 노성일 이사장의 인터뷰였다.

— 실제로 (줄기세포를) 보신 적은?
— 본 적은 없습니다.

거짓말이었다. 그는 줄기세포를 본 적 있었다. 2007년 1월 30일 노 이사장은 법정에 출석해 '줄기세포 본 적 있나?'라는 검사의 심문에 '영국의 이언 윌머트와 함께 본 적 있다.'라고 답했다.

— 줄기세포를 이안 월머트라고 영국에서 오신 분하고 같이 한 번 본 적은 있습니다. (노성일 이사장의 법정진술, 2007.1.30.) [3]

다른 증인들의 증언을 참고할 때 노 이사장이 서울대 황우석 실험실에서 줄기세포를 관찰한 날은 2005년 4월 5일경. 이언 월머트라는 석학과 함께 줄기세포도 관찰하고 점심식사까지 한 그날을 동석했던 다른 교수들은 분명히 기억했다. 그런데도 노 이사장은 〈PD수첩〉 카메라 앞에 '줄기세포 본 적 없다.'라고 답하며 〈PD수첩〉의 의혹제기에 힘을 실어줬다. 그가 사실과 다른 〈PD수첩〉 인터뷰를 한 날은 2005년 11월 18일. 적어도 이때부터 그는 황우석과의 선 긋기를 시작해오다 2005년 12월 15일의 폭로를 단행한 것으로 보인다. 어찌 됐든 〈PD수첩〉의 방송에는 이렇게 나갔다.

— 논문의 제2저자조차도 "줄기세포 본 적 없다…." [4]

〈PD수첩〉은 또 한 곳을 찾아간다. 한국세포주은행. 황우석 박사가 지난 2004년에 발표한 1번 줄기세포에 대한 특허를 출원하면서 세포를 기탁해 이를 보관하고 있던 일종의 줄기세포 저장소다. 이곳에서 그들은 또 다른 의혹을 제기한다. 왜 2004년 논문세포는 기탁했으면서 2005년 논문세포는 기탁하지 않았느냐고.

— 논문발표 후 6개월 내에 기탁을 하는 것이 일반적인 관례. 2004년 줄기세포의 경우도 논문 발표전인 1월에 기탁했다. 그렇다면 이번 11개 줄기세포도 기탁이 되었을까? (MBC 〈PD수첩〉, 2005.12.15.) [5]

이 역시 이는 의혹을 위한 의혹제기였다. 세포를 기탁하는 문제는 미생물 관련 발명 특허출원에 관한 부다페스트 조약에 따른 것으로, 만일 관련 물질의 입수가 쉬운 경우에는 '특허법 시행령 제2조 제1항' 단서에 의해 굳이 그 미생물을 기탁할 필요가 없었다. 황 박사는 2004년 세포에 이어 2005년 세포 역시 세포주은행에 기탁하려고 절차를 준비했었지만, 오히려 세포주은행 쪽에서 관련 조항을 알려주면서 '굳이 기탁하지 않으셔도 특허출원에는 문제없다.'라고 알려왔다. 그래서 줄기세포를 기탁하지 않았고 특허는 정상적으로 출원되고 있었다.

— 기탁에 필요한 서류와 비용을 다 준비해서 절차를 밟고 있던 중 그 쪽에서 연락이 왔어요. 이미 방식이 동일한 NT-1(1번 줄기세포)이 기탁된 만큼 2005년 줄기세포들은 굳이 안 하셔도 된다고. 은행 쪽 관리인력이나 비용도 만만치 않다고. (황우석 박사, 2015.03.26.) [6]

당시 〈PD수첩〉과 인터뷰를 했던 한국세포주은행의 구자록 교수

도 훗날 법정에 나와서 이렇게 증언했다. 줄기세포 기탁을 꼭 해야
하는 것은 아니라고.

> — 변호인 : MBC 〈PD수첩〉 팀은 증인의 대답을 인용하면서 마치 배
> 아줄기세포 특허출원을 위해서는 줄기세포 기탁이 의무인데도 황
> 우석 연구팀이 마치 뭔가 문제가 있어서 기탁하지 않은 것처럼 일
> 반인들이 오해하게끔 편집해 방영한 사실을 알고 계시죠?
> — 구자록 증인 : 그렇게도 생각할 수 있겠습니다. 그런데 꼭 세포를
> 기탁해야 되는 것은 아닙니다. (2008.1.8.) 7

그러나 〈PD수첩〉은 '황 박사 연구에 뭔가 문제가 있다.'라는 자신
들의 의혹제기에 필요한 부분만 편집해 방송에 내보냈다. 이 역시 악
마의 편집이었다.

> — 저희한테 아직 기탁을 안 하셨는데요. (구자록 인터뷰)
> — 확인결과 2005년 줄기세포는 논문이 발표되고 6개월이 지났지만,
> 지금까지 기탁이 되지 않고 있다. 8

그리고 미국에서 가진 인터뷰가 나온다. 미즈메디 배양책임자 김
선종 연구원과의. 곧 검찰수사가 시작되고 자신들은 '황우석만 주저
앉히면 된다.'라며 협박과 회유 끝에 얻어낸 2005년 10월 20일 미국
피츠버그대학 의대에서의 인터뷰 말이다.

> — 한학수 피디 : 라인 3개를 가지고 사진을 여러 개 찍어서 사진을
> 11개로 만들었다는 겁니까?
> — 김선종 : 예.

— 한학수 피디 : 누가 시킨 겁니까?

— 김선종 : 황우석 교수님이 하셨습니다.

— 한학수 피디 : 황 교수님이 직접 말씀하셨습니까?

— 김선종 : 네.[9]

그리고 마침내 〈PD수첩〉은 회심의 결정타를 날린다. 직접 검증해봤더니 황우석 줄기세포는 가짜였다고.

— 법의학전문가에 따르면 황 교수가 준 줄기세포 2번과 논문의 줄기세포 2번은 일치하지 않으며⋯.[10]

방송은 전파를 탔고 전국 각지의 많은 사람은 충격에 빠졌다. 그중에는 '어린 왕자'도 있었다. 〈PD수첩〉이 가짜라고 폭로한 2번 줄기세포의 주인공 현이. 어린 왕자는 아빠와 함께 방송을 보고 있었다. 자신의 줄기세포가 가짜라는 내용에 이르자 어린 왕자의 눈에는 눈물이 고이기 시작했다. 이제 열 살짜리 난치병 소년에게 그것은 감당하기 힘든 충격이었다. 그리고는 아빠에게 물어봤다. 아빠 그럼 나 이제 못 걷는 거야?

— 아⋯ 현이가⋯ 아, 그건 진짜로⋯. 아⋯ 그걸 막 보고 난 다음인데요⋯. "아빠, 나 그러면 못 걷는 거야?" 그랬죠. 그러자 그걸 보면서 현이한테 했던 말이 "현아, 우리는 하느님을 믿고 하느님이 현이를 고쳐줄 거라고 아빠는 믿어."라고 했죠. 그때 그 아이가 절망하는 표정은⋯ 참 그렇네요. 아주 많이 절망하는 표정이었지요. (아버지 김제언 목사, 2015.2.11.)[11]

아버지 김제언 목사는 10년이 지난 지금도 그때 그 아이의 절망하던 표정을 잊을 수 없다면서 한동안 말을 잇지 못했다. 한두 해 늦어지는 것은 얼마든지 견딜 수 있었다고 말했다. 그러나 아예 희망 자체가 사라져버리고 싹을 잘라버리는 것은 도저히 견딜 수 없었다고 했다. 줄기세포가 가짜일 거라고는 꿈에도 생각하지 못했던 황 박사는, 폭로가 터지기 직전까지도 어린 왕자에 대한 임상시험을 준비해왔다. 영국 케임브리지대학 등 국내외 10개가 넘는 연구기관에 줄기세포와 체세포를 넘겨주며 공동연구진을 꾸렸다. 특히 척수신경세포 분화에 있어 세계 최고 권위자로 꼽히는 미국 슬로언케터링 암센터의 로렌스 스투더 박사를 찾아가 거액의 연구비까지 지원하며 소년의 줄기세포를 신경세포로 분화시켜달라고 부탁했다.

— 미국 슬로언케터링 암연구소 로렌스 스투더, 말콤 무어 박사에게 신경세포 등으로의 분화연구 목적으로 1, 2, 3번 줄기세포 등 넘겨주며 2005년 4~5월경 연구비용 15만 달러 지원. (검찰수사 별첨자료) [12]

그리고 만일 스투더 박사가 현이의 세포를 신경세포로 성공적으로 분화시킨다면 현이에 대한 임상시험은 미국 뉴욕에 있는 대학병원에서 시행한다는 계획까지 세워놓고 있었다. 잠정적인 목표는 2006년 하반기였다. (물론 〈PD수첩〉의 폭로가 아니었더라도 임상시험을 준비하는 단계에서의 면역적합성검사 등 사전검증을 통해 줄기세포의 정체가 밝혀졌겠지만, 당시 임상시험에 대한 준비가 매우 빠른 속도로 진척된 것은 사실이다.)

— 황 박사님이 그 임상을 빠르게 말씀하셨어요. 너무 빠르게 말씀하

어린 왕자의 아버지는 당시 황 박사의 계획을 전해 듣고 난 소감에 대해 이렇게 말했다. 솔직히 반신반의했다고.

— 처음에 황 박사님이 말씀하셨을 때에는 우리 아이가 빠른 시간 내에 그와 같은 일이 벌어질 것이란 생각을 안 했어요. 이 아이가 장성해서 20세. 제가 봤을 때 그때 생각에 스무 살 넘어서도 괜찮다. 이 아이가 언젠가는 이루어질 것이라고 하는 먼 안목을 봤었기 때문에 사실은 저희로서는 그것(임상)에 대한 빠른 시간 내에 대한 기대도 없었고 그랬었지요.

늦어도 상관없었다. 언젠가 될 거라는 희망으로도 충분했다. 이미 김 목사는 마음을 비우고 난치병과의 장기전을 치를 준비를 해왔다. 집 옥상에 현이와 함께 낚시할 수 있는 간이 낚시터와 낚시기구를 만들었고, 현이가 옥상까지 휠체어를 타고 오르내릴 수 있도록 엘리베이터까지 설치했다. 낚시는 현이가 일반인 못지않게 잘할 수 있는 것이 놀이였고, 아빠와 현이가 함께하며 많은 대화를 나눌 수 있는 소중한 시간이었다. 현이는 물고기의 손맛을 처음 느낄 때 까르르 까르르 마음껏 웃었고 집 근처 낚시터로 아빠와 함께 놀러가는 그 순간을 즐겼다.

— 낚시터에 가서 휠체어를 딱 고정시켜주고서 이제 고기를 잡게 했어요. 근데 고기를 잡았어요. 너무 감사하지요. 잡혀준 고기가. 애가 이거 손맛에 어쩌지를 못하는 거야. 얼마나 신 났겠어요. 스트레스도 풀리고…. (김제언 목사, 2015.2.11.)

아이와의 즐거운 추억을 회상하며 김 목사는 해맑은 미소를 지었다. 그러나 곧 〈PD수첩〉의 언론폭로를 떠올리며 그의 얼굴은 굳어졌고 눈시울은 빨개졌다. 2005년 12월 15일의 폭로, 그날 이후 모든 게 달라졌다. 희망은 절망으로 바뀌었다. 황 박사와 노 이사장 간의 진실게임이 벌어졌고 서울대 조사 이후 모든 언론은 황 박사를 희대의 사기꾼으로 몰아갔다. 황 박사는 마지막 순간까지도 재연실험 기회를 달라며 절규했지만, 재연기회는 주어지지 않았다. 그리고 2006년 9월 10일. 어린 왕자는 쓰러졌다. 의식을 잃은 채 산소호흡기에 의지하며 목숨을 연명하는… 무의식의 세계로 들어갔다.

제24부

진실게임과 지옥문

> 줄기세포의 '줄' 자도 몰랐던 나는 황우석 박사와 노성일 이사장 간의 진실게임을 구경하다 문득 인간의 진정성이 궁금해졌고 그날 열린 인터넷 검색창은 10년 취재로 들어서는 지옥문이었다.

다음날인 2005년 12월 16일. 그날은 금요일 아침이었고 주말을 준비하던 사람들은 TV로 생중계되는 과학자들끼리의 '난타전'을 관전하며 넋을 잃었다. 황우석 대 노성일. 엊그제까지 한배를 타던 공동연구자들이 벌이는 '진실게임'은 그것이 CSI 드라마가 아닌 눈앞의 현실이란 점에서 더더욱 흥미진진했다. 손에 땀을 쥐게 했다. 싸움판이 벌어지자 구경꾼들이 몰려왔다. 지나가던 행인들이 '뭔데?'라고 하며 몰려들었다. 그중에 나도 있었다. 사실 나는 황우석 박사보다는 〈PD수첩〉 쪽에 더 가깝게 서 있는 사람이었다. 취재윤리 위반은 분명 잘못된 것이었지만, 그렇다고 피디들이 땀 흘려 만든 제작물은 방송을 통해 심판받아야지 방송 자체를 막아선 안 된다고 생각했기 때문이다. 아마 현업 피디라면 누구라도 그렇게 생각했을 것이다. 더구나 광고중단과 출연거부 등 MBC 구성원들이 받고 있는 피해는 상상그 이상이었다. 당시 나는 MBC에 근무하던 후배 피디로부터 이런전화까지 받았다.

— 형님. 섭외가 안 돼요. MBC라고 하면 다 출연거부예요. 혹시 저희

쪽에 나와주실 만한 전문가 추천 좀 해주세요.

살다 보니 천하의 MBC 피디가 나 같은 시골피디한테 전문가 섭외를 부탁하는 때도 있더라. 그 정도로 당시 MBC는 방송사 전체가 과학자 잡아먹는 '매국방송'으로 치부되며 광고는 물론 출연자 섭외까지 애를 먹고 있었다. 특히 대학교수급 전문가들이 MBC에 대해 품고 있던 불쾌감은 거의 방송국 문 닫게 해야 한다는 수준이었다.

— 선진국 어떤 저널리즘도 국익을 저버리는 일은 없어요.

MBC 출신 대학 교수님이 내게 해준 말이다. 그분은 내가 물어보지도 않았는데 먼저 이 말씀을 꺼내시며 몹시 화를 내셨다. 하지만 나는 왠지 씁쓸했다. 국익이라는 게 뭔지는 잘 모르겠지만 그래도 방송은 방송을 통해 평가받아야 하는 것 아닐까. 그렇게 강 건너 불 보듯 이 사건을 관망하고 있을 때 난리가 나기 시작했다. 세상에 줄기세포가 하나도 없단다. 그것은 마른하늘에 날벼락 같은 충격이었고 거대한 반전이었다.

— 여러분, 이 뉴스를 어떻게 전해드려야 할까요.
— 황우석 교수의 줄기세포가 없다고 합니다.
— 미즈메디병원의 노성일 이사장은 오늘 (2005.12.15.) MBC와의 인터뷰에서 줄기세포가 지금은 전혀 없다고 밝혔습니다. [1]

다음날 2005년 12월 16일 금요일 아침, 우리 회사 모닝커피의 화두는 한결같이 황우석 박사였고 한결같이 줄기세포였다.

— 설마 하나도 없으면서 그렇게 속였을까?

— 어제 〈PD수첩〉 보니까 문제가 많았던데요? 전부터.

— 글쎄….

여기서도 황우석, 저기서도 황우석. 그럴 수밖에…. 엊그제까지 국민적 영웅이던 과학자가 하루아침에 사기꾼 신세가 됐으니 말이다. 그런데 내가 책상에 앉자마자 우스운 상황이 전개됐다. 우리 부서 높은 분이 아랫것들 다 들으라는 듯 이렇게 말한다.

— 황우석이 이 자식 이거… 이혼을 두 번이나 했구먼. 집에서도 하도 구라를 많이 치니까 마누라들이 다 도망갔대요. 어휴 이런 걸 서울대 교수라고….

벌써부터 황 박사에 대해 입에 담지도 못할 유언비어가 퍼지고 있었다. 카더라통신을 옮기던 그분께서는 불과 한 달 전까지도 방송을 통해 이런 말을 했던 분이다.

— 대통령 말은 못 믿어도 황우석 교수 말은 믿는다는 사람들이 참 많죠. 저도 그렇습니다만….

워낙 센 발언이라서 또렷이 기억하고 있다. 그렇게 황 박사를 대통령보다 더 믿고 있다고 말하던 사람이 그날 아침 내 앞에서 '이혼 두 번 한 구라쟁이'라고 침을 튀겨가며 욕하고 있다. 마치 개그의 한 장면을 보는 듯했다. 웃는 낯빛을 가리려고 컴퓨터 모니터 속으로 고개를 숙였다. 그런데 모니터 속에 이런 뉴스 검색어가 있었다.

—황 교수 오늘 기자회견.

오후 두 시. TV 앞에 십여 명이 앉아 있었다. 거의 월드컵 축구 중계 수준이었다. 잠시 후 황 교수가 나왔다.

—사죄와 함께 진실을 규명코자 합니다.[2]

에잉? 진실 규명이라고? 그의 첫마디는 나의 예상을 깨뜨려 버렸다. 그는 낮은 목소리로 사죄하다가 울음을 터뜨리며 선처를 구하는 일반적인 기자회견의 공식을 깬 채, 끝까지 눈물 한 방울 흘리지 않고 말을 이어나갔다. 자신은 분명히 줄기세포를 만들었다는 것이다.

> —맞춤형 줄기세포가 개발되었음에도 불구하고 테라토마 사진, 줄기세포사진 조작 의혹 등 여러 가지 심각한 실수와 허점으로 그 성과와 가치를 퇴색시키고 여러 가지 갈등과 크나큰 실망을 드린 점을 사죄드립니다. 분명하게 말씀드리고 싶은 것은 우리 연구팀은 맞춤형 줄기세포를 만들었고 만들 수 있는 원천기술을 보유하고 있다는 점입니다.

분명히 기술이 있고 세포도 만들었지만 누군가에게 당했다는 것이다. 황 박사는 누군가 배양단계에서 세포를 바꿔 쳤다는 '바꿔치기' 의혹을 제기했다.

> —저희가 내부적으로 조사한 결과에 의하면 원인은 다음과 같은 것으로 추정되고 있습니다. 즉 줄기세포가 수립된 첫 단계, 제1계대에서 환자 맞춤형 줄기세포가 미즈메디병원의 줄기세포로 뒤바뀐

것이 아닐까, 라고 추정을 하고 있습니다. 그 이유는 환자맞춤형 줄기세포 수립과정에 줄기세포 연구팀 6명의 공동참여와 확인을 통해 환자맞춤형 줄기세포가 수립되었다는 사실은 아직도 이 과정에 참여한 6명 모두 단 1퍼센트의 의구심도 갖지 않고 확신하고 있습니다. [3]

그는 수사기관에 정식으로 수사를 의뢰한다고 밝혔다. 물론 수사 결과에 상관없이 총괄책임자로서 책임을 질 것이며, 원천기술을 평가하기 위한 '재연기회'를 주시면 그때까지 백의종군하겠다고 호소했다. 줄기세포 바꿔치기 논란. 당연히 실시간 검색어 1위에 올랐다. 이후 개그콘서트의 소재로 활용되기도 했다. 누군가 김밥 속 단무지를 바꿔치기했다는⋯. 나머지 그의 말은 솔직히 알아듣기 벅찼다. 배반포니 계대배양이니 하는 전문용어에 눈꺼풀이 무거워졌다. 그러나 분명한 것은 진실게임의 막이 올랐다는 것이다. CSI 줄기세포.

— 곧이어 노성일 이사장의 기자회견.

자리를 뜨려 하는데 자막이 흘러나왔다. 곧이어 노성일 이사장의 기자회견이 이어진다는 것이다. 이거이거. 싸움이 제대로 붙었다. 이 나라 최고 명문 대학교수와 최고 산부인과 병원장 간의 계급장 떼고 한판 제대로 붙는 백병전. 눈을 뗄 수 없었다. 털썩. 다시 앉아 TV를 봤다.

— (황 교수는) 책임자로서 남에게 책임을 전가하고 있습니다.[4]

노성일 이사장은 직설법으로 나왔다. 그 또한 억울함을 호소했다. 왜 힘없는 자기 병원(미즈메디) 출신 연구원에게 조작의 책임을 떠넘기느냐며 황 교수를 질타했다.

> ─황 교수가 궁지에 처하자 결국은 자기가 져야 할 책임을 면피하기
> 위해 동고동락한 (김선종) 연구원을 미즈메디병원 소속이라고 책임
> 을 전가하는 것을 보고 교수나 과학자, 지도자로서의 모습이 무너
> 져 내리는 것 같아 참담했습니다.

그는 처음부터 눈물이 그렁그렁하더니 마침내 손수건을 꺼내 눈
물을 닦으며 말했다.

> ─저는 김선종 연구원이 〈PD수첩〉의 맨 마지막에서 '과학자로서 마
> 지막으로 끝난 게 아니냐.'라고 말하는 모습을 보고 바로 전화를
> 걸었습니다. (울음) 내가 형이 되어줄 테니까 걱정하지 말라고….[5]

'내가 형이 되어줄게.' 그의 눈물을 보며 어쩌면 그의 말이 맞을지
모른다고 생각했다. 꼬리 자르기. 권력형 비리에서 언제나 권력자들
이 애용해온 위기탈출 도구 아니던가.

> ─아이고 난 모르겠다. 이 사람 말 들으면 이거 갖고 저 사람 말 들으
> 면 저거 갖고.
> ─난 노성일 말이 맞는 것 같은데.
> ─진실은 곧 밝혀지겠지. 일이나 하자.

그날 저녁. 고등어 반찬을 먹으며 아내에게 물어봤다. 기자회견 봤
느냐고. 봤단다. 나는 늘 그녀의 직관이 궁금하다. 아기 둘 낳고 직장
다니면서, 결혼 첫 달 세금 떼고 57만 원을 갖다 준 비정규직 남편의

열정 페이에도 당황하지 않고 한푼 두푼 모아 내 집을 마련한, 결국
엔 신랑 박사학위까지 뒷바라지한 그녀. 언제나 사려 깊고 현명했기
에 난 그날도 그녀의 대답을 기다렸다. 어땠어? 그랬더니 뜻밖의 말
이 나오는 게 아닌가.

— 난 노성일 이사장 쪽이 이상해.
— 왜?
— 너무 자주 울잖아.

너무 자주 울어서 이상하다고. 우는 게 어때서. 그거야말로 여성들
의 주무기 아닌가?

— 아니야. 정말 억울하면 이 악물고 눈물 참으며 또박또박 말을 하
    지. 자꾸 운다는 건 스스로 뭔가 부족하다고 느끼는 거야. 모자란
    데 이해받고 싶은.
— 그런가?
— 난 이상하던데. 아니 미즈메디병원처럼 큰 병원 이사장이 뭐가 꿀
    린다고 그렇게 울어? 말로 하면 되지. 자긴 안 이상해?
— ….

생각해보니 그랬다. 그날 두 사람의 모습은 확실히 달랐다. 황 교
수는 입술을 깨문 굳은 표정으로 또박또박. 반면 노 이사장은 손수
건을 들고 눈물 또 눈물. 그녀의 직관 앞에서 내가 품고 있던 양비
론은 깨졌다. 이놈이나 저놈이나 똑같이 나쁜 놈들일 거라는 양비
론 말이다. 황우석의 꼬리 자르기라는 가설도 희미해졌고 그 자리
에 호기심이 돋아났다. 사람의 진정성 말이다. 열 길 물속은 알아도

한 길 사람 속은 모른다는데….

— 황우석. 그는 누구인가.
— 노성일은 어떤 사람인가.

어느새 나는 컴퓨터 자판 앞에 앉아있었다. 검색창이 열렸다. 그리고 정확히 28일 뒤 노성일 이사장의 말 바꾸기가 검색됐다. 2005년 12월 16일 김선종 연구원을 향해 '내가 형이 되어줄게.'라며 흐느꼈던 노 이사장은 2006년 1월 13일 SBS 뉴스 인터뷰를 통해 '그 인간을 내가 모르겠다.'라는 말을 하고 있었다. 불과 한 달도 안 되는 사이 180도 입장을 바꾼 것이다.

— 바꿔치기까지 네(김선종)가 했다면 그럼 두 개를 속이는 거죠. 그 거는 내가 모르겠어요. 그 인간을 내가 모르겠다고…. (노성일 이사장의 SBS 인터뷰, 2006.1.13.) 6

모든 줄기세포가 미즈메디 것으로 밝혀지던 시점에 황우석과 선을 긋고 김선종을 위로하던 노 이사장은, 김선종의 줄기세포 조작이 덜미를 잡히던 시점에 또다시 김선종과의 선 긋기에 들어섰다. 뭔가 이상하지 않은가? 이후 나는 검색을 계속했고, 더 이상 검색해봐야 신통치 않을 만큼 언론이 한 가지 색깔로 정리된 시점에 이르자, 줄기세포 법정을 찾아 숨겨진 진실을 구했다. 그래도 모르는 부분이 있을 때 한국 언론 대신 외신기사와 과학논문을, 그리고 연구현장을 찾아 과학자들을 인터뷰하게 되었다. 이제 와 돌이켜보니 그때 그 검색창은 10년간의 '헛짓거리' 취재로 들어서는 지옥문이었던 것 같다.

제25부

놈 놈 놈

내가 형이 되어주겠다며 눈물을 쏟던 사람이 28일 뒤 '그 인간을 내가 모르겠다.'라며 말을 바꾼다. 〈PD수첩〉의 왜곡에 법적으로 대응하겠다더니 23일 뒤 '너무나 과학적으로 완벽한 방송'이라고 칭송한다. 이유가 있었다. 그의 대응을 재구성해본다.

한국 영화 흥행작 중에 〈놈놈놈〉이란 게 있었다. '놈놈놈'은 좋은 놈과 나쁜 놈, 그리고 이상한 놈의 줄임말인데 이 세 놈이 진기한 보물을 둘러싸고 사막에서 엎치락뒤치락 혈투를 벌인다. 그들 중 최후의 승자는 누구였을까? 최후의 생존자는 멋지고 총 잘 쏘는 좋은 놈(정우성)도 잔인하고 악랄한 나쁜 놈(이병헌)도 아니었다. 도대체 속에 뭐가 들어 있는지 모르는 이상한 놈(송강호)이 보물을 챙겨 달아난다.

물론 반전이 있긴 했지만, 나는 그 영화 속 송강호를 보면서 이상하게도 노성일 이사장의 얼굴이 대비된다. 좋은 놈 나쁜 놈의 틈바구니에서 지그재그 스텝을 밟으며 생존에 성공하는 최후의 승자 말이다.

노 이사장은 2005년 11월까지만 해도 MBC 〈PD수첩〉을 '왜곡방송'이라며 강하게 비판했던 사람이다.

— 노성일 미즈메디병원 이사장이 〈PD수첩〉의 보도내용에 대해 편집에 의한 진실왜곡이라며 법적 대응방침을 밝혔습니다. (YTN, 2005.11.23.)[1]

그러나 그로부터 23일 만에 180도 태도를 바꾼다. 〈PD수첩〉은 과학적으로 완벽한 방송이었다고….

— 〈PD수첩〉의 방영은 너무나도 과학적으로 완벽했습니다. 놀라울 정도로 치밀하게 구성을 했습니다. (노 이사장 기자회견, 2005.12.16.) [2]

그는 또 자신이 운영하는 미즈메디 소속 연구원인 김선종에 대해 흐느끼며 말한다. 내가 너의 형이 되어주겠다고. 비록 네가 사기꾼 황우석으로부터 시킴을 받아 못된 짓을 저질렀지만 나는 널 지켜주겠다고.

— (울음) 내가 형이 되어줄 테니까 걱정하지 말라고…. (노성일 이사장 기자회견, 2005.12.16.) [3]

그러나 형이 되어주겠다던 그는 그로부터 28일 뒤 김선종을 버린다. 그 인간을 내가 모르겠다는 말과 함께.

— 바꿔치기까지 네(김선종)가 했다면 그럼 두 개를 (내게) 속이는 거죠. 그거는 내가 모르겠어요. 그 인간(김선종)을 내가 모르겠다고…. (노성일 이사장의 SBS 인터뷰, 2006.1.13.) [4]

지그재그 스텝. 노 이사장의 행적은 한 마디로 '지그재그 스텝'이었다. 한 편에는 황 박사가, 반대편에는 〈PD수첩〉 등 황우석 반대자들이 대치하고 있던 그 돌아올 수 없는 강 위에서 그는 절묘하게 지그재그 스텝을 밟으며 생존했다. 어찌 보면 황우석만 철저히 믿었던 '순진한 의학자의 어리숙한 행동'으로 비칠 수도 있다. 하지만, 다른 시선으로 보면 그는 누구도 범접할 수 없는 '생존감각'을 지닌 노련한 사회인이다. 그의 스텝을 따라 밟다 보면 어느새 그 당시 황 박사와 그 반대편 사이의 역학관계가 어떻게 바뀌고 있었는지 가늠해볼 수 있다. 이야기는 노성일 이사장이 난자브로커를 통한 '난자매매' 스캔들에 휘말리던 2005년 11월 중순부터 시작된다.

— 불법 난자매매 사건과 관련해 경찰수사를 받고 있는 한 대형 불임 전문병원이 환자들이 음성적으로 거래된 난자를 제공받았다는 사실을 알고도 인공수정 시술에 임했던 것으로 확인됐습니다. (YTN, 2005.11.8.)

불법거래된 난자라는 걸 알면서도 시술을 해준 대형병원 의사. 그가 바로 노성일 이사장이었다.

— 불임 전문 병원인 미즈메디병원의 노성일 이사장은 오늘 오전 YTN 기자와의 전화 통화에서 불임 환자들이 난자를 음성적으로 제공받았다는 사실을 알았다고 밝혔습니다. (YTN, 2005.11.8.) [5]

난자매매를 알선한 브로커와 난자를 판 여성들, 그리고 매매된 난자를 시술한 병원 4곳이 수사 선상에 올라있었다. 일본인도 포함돼 있어서 일본 언론까지 관심을 두고 있던 결코 작지 않은 사건이었다. 난자 브로커가 바로 〈PD수첩〉에서 언급한 'DNA 뱅크'라는 유령회사였고 그를 통해 매매된 난자를 공급받은 병원 4곳 중 한군데가 노성일 이사장의 미즈메디병원이었다.

— 난자 불법매매 사건을 수사 중인 서울 서초경찰서는 14일 국내 여성 20명이 생명윤리법 시행 이후인 올해 난자를 사고판 사실을 확

인, 이들을 형사처벌할 방침이라고 밝혔다. (연합뉴스, 2005.11.14.) [6]

수사가 마무리 단계로 접어들 무렵 〈PD수첩〉이 제보자가 건네준 난자장부를 들고 노 이사장을 찾아왔다. 한학수 피디 저서에 따르면 2005년 11월 18일경이다. 난자장부를 보는 노 이사장의 표정은 어떠했을까? 더구나 〈PD수첩〉은 〈사이언스〉 논문에 발표된 2번 줄기세포의 정체가 실은 미즈메디가 만든 미즈메디 4번 줄기세포라는 물증까지 갖고 있었다. 노성일 이사장의 표정은 어떠했을까?

— 노성일 : 한 피디, 솔직히 황 교수가 어떤 사람이오?
— 한학수 : 네? … 어떤 뜻으로 말씀하시는 건지요?
— 노성일 : 그동안 많이 취재했으니 나름대로 판단이 있을 것 아니오? 황 교수가 인간적으로 어떤 사람인지 솔직한 이야기를 듣고 싶소. (한학수 PD 저서, 382쪽) [7]

이 대화가 그냥 나온 게 아니다. 노 이사장은 확실히 흔들리고 있었고 황우석과 〈PD수첩〉 중 어느 쪽에 서야 할지 고민하고 있었다. 바로 이 시점에서 '자신은 줄기세포를 본 적도 없다.'라는 줄기세포에 대한 인터뷰가 나온다. [8] 그리고 노 이사장은 〈PD수첩〉의 난자 관련 의혹 폭로가 방송되기 하루 전인 2005년 11월 21일 오후 2시, 단독으로 기자회견을 열어 의혹 중 일부 사실을 시인하고 들어간다. 보상금이 지급된 난자 일부가 황우석 연구에 제공된 것은 사실이라고.

— 연구비도 없는 상황에서 제 개인 돈으로 난자 공여자에게 생계에 지장을 초래한 15일간의 보상차원에서 150만 원 정도 실비를 제공하고…. (YTN, 2005.11.21.) [9]

노 이사장은 난자매매가 아닌 실비 보상이었다고 해명했다. 또 연구책임자인 황 박사는 그런 난자가 연구에 사용된 사실을 몰랐다고 해명했다. 〈PD수첩〉의 폭로 하루 전에 자신과 관련한 해명을 미리하는 모양새. 그러나 이날의 기자회견은 〈PD수첩〉의 폭로에 뭔가 중대한 사실이 담겨있음을 알리며 황우석 의혹을 주요 의제로 올리는 일종의 예고편적 성격을 가졌다.

— 황우석 교수팀의 연구용 난자제공을 맡아왔던 미즈메디병원의 노성일 이사장은 황 교수와 상의 없이 실비 보상 차원에서 기증자들에게 돈을 줬다고 말했습니다. (YTN, 2005.11.21.) [10]

그러면서 노 이사장은 황우석 박사와 직결되는 의혹인 황우석팀 여성 연구원들의 난자제공 의혹에 대한 질문공세에 대해 '의사 윤리상 밝힐수 없다.'라는 알듯 모를 듯한 답변을 했다. 황우석은 수의사, 자신은 의사라는 말로 황 박사와의 선을 긋는 묘한 뉘앙스의 답변을 하기도 했다.

— 황 교수가 나에 대해 잘못 알고 있는 점도 있다. 그분은 수의사, 나는 의사다. 입장이 다르다. (노성일 이사장 기자회견, 2005.11.21.) [11]

그리고 다음날인 2005년 11월 22일 밤 10시. 〈PD수첩〉은 '매매된 난자'가 연구에 쓰였다는 의혹과 함께 황우석팀 여성 연구원의 난자제공 의혹을 폭로한다. 미즈메디병원의 난자 장부를 물증으로.

— 난자제공 사실을 털어놓은 연구원이 〈네이처〉 기자에게 밝힌 난자채취병원은 다름 아닌 미즈메디였습니다. 취재팀의 확인결과 여성 연구원은 몇 번의 과배란 주사를 맞은 후 난자채취수술을 받은

것으로 드러났습니다. 연구원의 난자를 채취한 것이 사실로 확인되었는데 그렇다면 이 사실을 황 교수는 알고 있었을까? (MBC 〈PD수첩〉, 2005.11.22.) [12]

이날의 폭로에 대해 외신들은 민감하게 반응했고 이틀 뒤인 2005년 11월 24일 황우석 박사는 기자회견을 열어 여성 연구원들의 난자 제공 사실을 시인하고 모든 공직에서 사퇴한다. [13] 그러나 노성일 이사장은 그때까지는 여전히 황우석의 옆에 서 있었다. 그가 개입된 난자매매 사건에 대한 검찰기소를 앞두고 있던 그 절박한 시점에서 그에게는 황우석의 후광이 절실했던 것일까. 게다가 '난자 채취의 부작용'이라는, 병원으로서는 치명타가 되는 의혹까지 거론한 〈PD수첩〉의 폭로로부터 자신의 병원 미즈메디를 보호해야 했다. 그는 〈PD수첩〉 방송 다음날인 2005년 11월 23일 다시 기자회견을 한다. 이번에는 〈PD수첩〉과 대립각을 세운다.

— 노성일 미즈메디병원 이사장이 〈PD수첩〉의 보도내용에 대해 편집에 의한 진실왜곡이라며 법적 대응방침을 밝혔습니다. 노 이사장은 '〈PD수첩〉이 방송을 위해 내 이야기 중 필요한 부분만 짤라 짜깁기를 했다.'라면서 '방송 인터뷰 때 모든 내용을 녹취해 놓은 만큼 이를 바탕으로 법적 대응을 할 계획'이라고 말했습니다. (YTN, 2005.11.23.) [14]

그러나 2005년 12월 1일, 난자매매 사건은 브로커 한 명만 기소하는 선으로 마무리되었고 미즈메디는 털끝 하나 다치지 않았다. 이후 〈PD수첩〉은 취재윤리 위반으로 무너졌지만 대신 브릭 등 인터넷의 문제제기가 계속된다.

처음에는 논문 사진이 중복된다는 의혹에서 시작됐지만, 어느새 브릭의 문제제기는 황우석 줄기세포사진이 미즈메디 수정란 줄기세포와 똑같다는 '미즈메디 가짜줄기세포설'로 확산된다. 줄기세포의 진위여부가 본격적인 이슈의 중심에 섰고 미즈메디가 1차적인 의혹 대상이 됐다. 그러자 노 이사장의 입장은 달라진다.

그리고 운명의 2005년 12월 15일 아침. 병실에 입원해있던 황 박사는 마음을 정리한 듯 노 이사장에게 줄기세포 상황에 대해 고백했다. 일부 (진짜)가 있을 가능성에 마지막 희망을 갖고 있으니 그전까진 어떤 발표도 하지 말고 결과가 나오면 자신과 노박(노성일)이 국민 앞에 사죄하고 이 사안을 정확하게 이야기하자고. [15]

그러나 노 이사장은 병실 문을 나선 뒤 몇 시간 만에 기자들 앞에서 폭로 인터뷰를 한다. 모든 세포가 '미즈메디' 것으로 나온다는 핵심 팩트를 감추면서 이렇게 폭로한다. 황우석이 그러는데 줄기세포 없단다….

— 황 교수가 요청해 병문안을 갔다가 그동안 알지 못했던 얘기를 듣게 됐습니다. 그동안 믿어왔던 배아줄기세포 전혀 없다는 것이 사실이라고. (노성일 이사장의 MBC 인터뷰, 2005.12.15.) [16]

이것은 조작의 책임을 황우석에게 전가하는 고수의 레토릭이었다. 조작의 책임이 미즈메디로 오는 것을 피하려고 그날의 폭로를 단행했던 것이다. [17]

다음날 오후 황 박사가 기자회견을 통해 미즈메디 세포로의 '바꿔치기' 의혹을 제기하자 그는 즉시 반박 기자회견을 열었다. 그리고는 황우석이 힘없는 미즈메디 연구원 김선종에게 모든 죄를 뒤집어씌우려 한다며 흐느껴 울었다.

— 내가 형이 되어줄 테니까 걱정하지 말라고…. (노성일 이사장의 기자회견,
   2005.12.16.) [18]

그러면서 그는 MBC 〈PD수첩〉에 대해 '너무나도 과학적으로 완
벽하고 정의로운 방송'이었다며 극찬을 아끼지 않았다. 그와 형 동생
사이인 서울대 의대 문신용 교수에 대해 언급도 했다.

— 제가 존경하는 문신용 (서울대 의대) 교수님 집에 갔습니다. 문 교수
   님과 〈PD수첩〉 방영을 봤습니다. 〈PD수첩〉의 방영은 너무나도 과
   학적으로 완벽했습니다. 놀라울 정도로 치밀하게 구성을 했습니다.
   앞과 뒤에서 취재윤리 사죄하고 70분 동안 설명했습니다. 정의가 싹
   트는 모습을 봤습니다. 문 교수와 저는 "우리는 옳은 일을 했다. 진
   실을 말했다."라고 말했고 (문 교수가) "너의 발표만 가지고는 신뢰성
   이 떨어지는데 〈PD수첩〉이 너를 살려 줬구나."라고 말했습니다. [19]

〈PD수첩〉은 너무나도 과학적으로 완벽했다…. 불과 20여 일 전까
지 〈PD수첩〉의 왜곡방송에 법적으로 대응하겠다고 말했던 노성일
이사장은 그렇게 배를 갈아탔다. 더구나 '우리는 옳은 일을 했다. 진
실을 말했다.'라는 그의 말… 노성일 이사장과 문신용 교수는 MBC
〈PD수첩〉 취재과정에서 어떤 옳은 일을 했고 무슨 진실을 말한 걸
까? 노 이사장의 급작스러운 폭로 이면에는 이미 노성일, 문신용,
MBC 〈PD수첩〉 사이의 우호적 관계가 있었음을 알 수 있는 대목이
다. 이후 상황은 난타전으로 전개됐다. '황우석' 대 '노성일/문신용'
의 대결구도는 서울대 조사를 둘러싸고 정점으로 치달았다. 노 이사
장은 서울대 조사위원회가 공식조사에 들어가던 2005년 12월 18일,
미국에 체류하고 있던 미즈메디 김선종 연구원에게 국제 전화를 걸

어 이런 말을 했다.

> ─ 서울대 조사에서 한 방에 끝내자. 시간 끌 필요 없어. 힘내라. 숫자
> 가 적어도 우린 이길 수 있어. 문(신용) 선생도 다리 죽 펴고 자겠
> 다고 하더라. (법정에서 공개된 녹취록, 2007.8.28.) [20]

훗날 법정(2007.8.28.)에서 공개된 통화녹취록의 내용이다. 서울대 조
사를 앞두고 노 이사장은 조작의 핵심 당사자인 김선종 연구원이 황
박사와 선을 확실히 긋도록 독려했다. 그리고 나흘 뒤, 먼저 서울대
조사를 받고 온 미즈메디 출신의 윤현수 교수는 김선종에게 국제전
화를 걸어 서울대 조사위원회의 분위기를 귀띔해준다.

> ─ 어차피 서울대 조사위는 황(우석)을 죽이려고 하더라. 서울대 조
> 사위는 (너를 찍은 게) 아니야. 조사위원들 분위기는 확고하다.
> (2007.8.28.) [21]

이처럼 노 이사장과 미즈메디 연구자들은 정보를 주고받으며 서
울대 조사에 대비했다. 그리고 한 달 뒤에 발표된 서울대 조사결과는
거짓말처럼 그들의 예상대로 딱 들어맞았다. 검증결과를 발표한 서
울대 조사위원회는 모든 줄기세포가 미즈메디 세포로 바뀌게 된 실
체적 진실에 대해서는 언급조차 하지 않은 반면 외려 2004년에 발
표한 1번 줄기세포의 실체까지도 부정해 버렸다. 황우석 원천기술에
대못을 박아 버린 셈이다.

> ─ 조사위의 과학적 업적이 (1번 줄기세포가) 처녀생식임을 밝혀준 것
> 입니다. (황우석) 본인도 모르는 새 알게 된 것이고, 황 교수팀은 줄

기세포라고 조작하는 데 신경 쓴 것 같습니다. (정명희 위원장 기자회견, 2006.1.10.) [22]

그러나 황 박사는 끝까지 저항했다. 서울대 조사위원회 최종 발표 후 가진 마지막 기자회견을 통해 '바꿔치기' 가능성에 대한 철저한 조사를 요청했고, 재연기회 부여와 원천기술의 보호를 호소했다. 이제 남은 것은 검찰수사. 황우석 박사 측이 미즈메디의 조작을 입증할 단서들을 챙기며 검찰수사에 대비하고 있을 무렵 노성일 이사장 또한 검찰수사에 대비했다. 그의 대응은 간단했다. 나도 김선종에게 속았다. 그는 SBS와의 인터뷰를 통해 미즈메디 김선종 연구원과의 관계를 공개적으로 부정해버렸다. 그에게 형이 되어주겠다며 흐느낀 지 28일 만의 일이다.

— 바꿔치기까지 네(김선종)가 했다면 그럼 두 개를 (내게) 속이는 거죠. 그거는 내가 모르겠어요. 그 인간(김선종)을 내가 모르겠다고…. (노성일 이사장의 SBS 기자회견, 2006.1.13.) [23]

이렇게 해서 김선종을 위해 '내가 형이 되어주겠다.'라며 흐느끼던 노 이사장은 '그 인간을 내가 모르겠다.'라며 차갑게 돌아섰다. 김선종의 조작행각이 꼬리를 잡혀 증거가 드러나던 시점의 일이다. 그리고 그전에 이미 서울대 조사위원회는 노 이사장이 예측한 그대로 움직였다.

— 서울대 조사에서 한 방에 끝내자. [24]

제26부

점령군 서조위

〈네이처〉 논문조작의혹에 휩싸인 당사자에게 두 번의 재연기회를 주고
1년여에 걸쳐 철저히 조사한 일본 도쿄대와는 달리, 〈사이언스〉 논문
을 검증한 한국의 서울대는 단 한 번의 재연기회도 주지 않고 조사 첫
날부터 실험실을 폐쇄한 뒤 불과 28일 만에 최종결과를 발표했다.

조사위원회가 막 꾸려지기 시작하던 2005년 12월 12일만 해도 당시
서울대 연구처장이던 노정혜 교수는 기자들에게 이렇게 당부했다.
의혹을 제대로 규명하려면 황 박사가 연구에만 전념할 수 있도록 해
야 한다고. 도와달라고.

— 제대로 규명되기 위해서는 황 교수님이 연구실로 돌아가서 안정된
  연구를 할 수 있게 되는 것이 필수적입니다. (언론인) 여러분의 협
  조가 꼭 필요합니다. (노정혜 연구처장, 2005.12.12.)[1]

이랬던 서울대가 정확히 일주일 뒤 황 박사를 연구실에서 쫓아냈
다. 2005년 12월 19일, 서울대 조사위원회가 본격적인 조사에 들어
간 첫날 단행한 조치는 황 박사의 실험실을 폐쇄하고 연구를 중단
시킨 일이었다.

— 서울대학교 조사위원회가 황우석 교수팀 연구실에 대해 사실
  상 폐쇄조치를 내렸습니다. 연구활동도 잠정 중단됐습니다. (YTN,

2005.12.19.) [2]

실험실 폐쇄. 아무것도 모르던 그 시절에 난 그냥 그러려니 했다. 조사라는 게 원래 그렇게 문 잠가놓고 하는 줄 알았다. 검찰도 비슷하게 조사하지 않던가? 압수수색 말이다. 그런 장면을 너무 흔하게 봐서 그런지 난 실험실 폐쇄가 무슨 뜻인지 잘 몰랐었다. 그런데 며칠 뒤 서울대 졸업생 한 명이 동창회 게시판에 글을 올려 자신의 모교와 당시 총장을 강도 높게 비판했다. 연구실 폐쇄야말로 독재정권도 하지 않았던 '비학문적인 폭거'라는 것이다. 이런 식으로 조사한다면 자신의 서울대 졸업장까지 반납하겠다고까지 썼다.

> ─조사위의 지금과 같은 비이성적 비학문적 비양심적 폭거가 지속된다면, 저는 저의 서울대학교 졸업장을 반납합니다. (2005.12.28.) [3]

너무 지나친 거 같은데…. 나는 당최 그의 말을 이해할 수 없었다. 그냥 황 박사를 옹호하는 지지글 정도로만 여겼다. 연구실 폐쇄는 증거인멸을 막기 위한 당연한 조치 아닌가? 그걸 두고 졸업장까지 반납해? 나는 속으로 글쓴이를 조롱했었다. 그런데 10년이 지난 지금에 와서 그에게 솔직히 고백할 게 있다. 미안하다고, 내가 어리석었다고, 이제 와서 돌아보니 당신이 그때 올린 그 글을 참 고맙고 자랑스럽게 여기고 있다고.

> ─지금 보여주고 있는 서울대학교 조사위원회의 연구행태는 그 적정한 연구절차에 있어 중대한 결함을 드러내고 있다는 것입니다. 진위의 파악이라 함은 마땅히 그 조사의 대상이 된 결과물의 작성자로부터 그것에 대한 성립 여부를 확인하는 것이 최우선이 되어야

할 것이요. 그러기 위해서는 피조사자가 그것을 입증해보일 수 있는 최선의 환경과 설비를 제공하고 보장하는 것이 기본일 진즉, '연구실 폐쇄'라는 가장 '양심적이고 중립적이야 할' 학자들에 의해 이루어진 비학문적 폭거는 그 자체로서 이미 조사위원회의 결과에 대한 중대한 흠결이며, 이 흠결은 그들이 조사하고 있는 대상의 흠결과 결코 그 질에서 다르지 않고 부당함에 있어서도 그 경중을 따질 수 없다는 것을 알아야 한다는 것입니다. (2005.12.28.)[4]

절차적 정당성. 그랬다. 황우석 연구의 절차적 정당성을 조사했던 서울대 조사위원회는 정작 자신들이 지켜야 했던 학문 검증의 절차적 정당성을 무시하고 있었다. 그들이 반드시 지켜야 했던 제1번의 절차는 바로 '재연실험 기회'였다. 그것은 어떤 전문가도 쉽사리 단언할 수 없는 첨단과학의 실체를 검증하기 위해 국제 과학계가 찾아낸 솔로몬의 해법이었다. 네가 직접 입증해 보이라는 것이다. 말이 아니라 결과로 판단하겠다는 것이다. 과학은 과학으로 풀 때 가장 명쾌하다. 당시 이웃나라 일본의 도쿄대에서는 자국의 연구자에게 두 번이나 그 기회를 주고 있었다. 재연기회나 반론권 없이 결론을 내렸을 때 이후 얼마나 복잡한 소송전에 시달리게 되는지 알고 있는 과학 선진국들의 검증방식이었다.

— 다이라 교수는 단백질 합성에 관련된 RNA 연구의 일본 내 최고 권위자로 꼽힌다. (중략) 다이라 교수가 소속된 (도쿄대) 공학계 연구과는 다이라 교수에게 논문 4건에 대해 재실험을 실시, 데이터를 보고할 것을 요구했다. (연합뉴스, 2006.1.15.)[5]

만일 서울대가 단 한 번이라도 황 박사에게 재연기회를 부여했더라면, 9년에 걸친 법정공방도 소모적인 논쟁도 없었을 것이다. 그러나 서울대는 재연기회를 주지 않았다. 반론권도 없었고 조사위원 8명 가운데 체세포복제 분야 전문가 한 명 없었다. 그러면서 조사 첫날부터 황우석 연구실을 폐쇄했다.

— 조사하러 오신 교수님들이 마치 점령군처럼 보였어요.

이름을 밝히지 않은 당시 황우석팀 연구원의 말이다. 그날은 일요일 아침이었다. 2005년 12월 18일. 죽더라도 실험실에서 죽겠다며 병실에서 퇴원해 실험실로 복귀한 황우석 박사는 김수, 박선우 연구원 등과 함께 새로 기증받은 여성 난자로 핵이식 실험을 시작하려고 아침 일찍 나와 준비를 하고 있었다. 그들은 어떻게든 다시 만들어보려고 안간힘을 쓰고 있었다. 그때 정명희 조사위원장과 몇 명의 조사위원들이 들이닥쳤다. 그리고는 조사에 협조해달라며 황 박사와 연구원들을 내보내고 연구실을 폐쇄했다. 문 앞에 노란 통제선을 쳤고 감시카메라까지 설치했다. 줄기세포는 누구도 꺼낼 수 없도록 봉인시켰다. 황 박사는 그날 아침 만난 정명희 조사위원장의 눈빛과 표정을 또렷이 기억하고 있었다.

— 저를 보고 흠칫 놀라는 표정이었어요. '쉬는 날인데 왜 나왔냐.'라고 묻더군요. 저희는 원래 이 시간이면 (실험을) 시작한다고 했더니 '잠깐 차 한잔할 수 있느냐?'라고 하더군요. 그래서 제 방에서 약한 시간가량 이야기를 나눴습니다. (황우석 박사, 2015.2.5.)[6]

조사위원장을 맡은 정명희 교수(의대)는 황 박사와 모르는 사이가 아니었다. 정 교수가 정운찬 총장을 도와 서울대 부총장을 역임할 때

학교운영에 대한 여러 일을 황 박사에게 논의해왔다. 그랬던 두 사람이 이제 조사위원장과 피조사자의 신분으로 마주앉았다. 그 자리에서 어떤 말이 오고 갔을까?

— 충분한 (입증) 기회를 주겠다고 하더군요. 제가 걱정 마시라고 하니까 '나 알지 않느냐?', '언론이나 대외적으로 접촉하지 말고 자기에게만 협조하라.'라고 하기에 실제로 그렇게 했어요. 저는.

충분한 기회를 주겠다. 나 알지 않느냐. 그렇게 티타임이 끝나자마자 조사위원회는 황우석 연구실을 폐쇄했다. 황 박사는 끽소리도 하지 않았다. 그러나 그에게 반론기회는 전혀 주어지지 않았다. 심지어 그의 전화조차 받지 않았다.

— (정 위원장은) 그 뒤로는 전화도 받지 않았어요. 개인전화는 전혀 안 받았고 제가 하도 답답해서 조사위원회 사무실로 전화를 걸어 통화가 됐는데 저에게 '왜 나에게 연락하느냐? 연락하지 마라.'라며 힐난을 퍼붓더군요. (황우석 박사, 2015.2.5.)

황 박사는 지금 생각해봐도 기가 막힌다는 듯 그 이상 말을 잇지 않았다. 그의 말은 사실이었다. 지난 2009년 2월 2일의 417호 대법정. 그곳에 증인으로 출석한 정명희 교수는 당시 서울대 조사위원회가 '황 박사와 조사 첫날 차 마시며 이야기 나눈 것 외에 단 한 번도 반론기회를 주지 않았다.'라는 변호인 심문에 "예."라고 답했다. 나를 포함한 수백의 방청석이 놀라 휘둥그레졌던 기억이 선명하다.

— 변호인 : (서울대) 조사위원회는 황우석 교수를 1시간 동안 차 마시

며 면담조사한 것이 전부이죠?

— 정명희 : 예.

— 변호인 : 당시 황우석 교수는 자신에게 반론권 행사 기회를 줄 것
과 조사위원회 활동을 통해 나오는 정보를 자신에게도 제공해줄
것을 요구했고 증인도 이를 약속한 사실이 있죠?

— 정명희 : 예. 그랬을 겁니다.

— 변호인 : 그런데 조사위원회는 이후 반론권을 주지도 않았고 정보
를 알려주지도 않았죠?

— 정명희 : 그런 것 같습니다. 저는 (그 후) 황 교수를 만난 적은 없습
니다.[7]

연구실을 폐쇄하러 간 조사 첫날 마주친 피조사자와 차 한잔 마시
며 이야기 나눈 게 전부. 반론기회도 재연기회도 없었고, 피조사자도
모르는 상태에서 28일간의 조사기간 중 중간발표, 2차 중간발표, 최
종발표, 무려 세 번의 언론 브리핑을 가졌다. 최종발표 내용에 대해
황 박사가 서면으로 받아본 것은 조사가 끝나고 한참이 지나 징계위
원회가 열리기 직전에 이르러서였다. 그것도 민감한 첨부자료들과
증거목록이 모두 삭제된 채로…. 이것은 미국정부의 연구 진실성 위
원회(ORI) 운영 지침에 비춰볼 때 '독재국가'에서나 가능한 일방통행
이었다.

— 조사 결론이 도출되면, 피조사자와 제보자 모두에게 서면으로 그
내용을 통보해야 할 필요가 있다.

— 결론도출 후에도 조사기관은 (피조사자의) 반론권 행사를 정책적으
로 보장할 수 있다. (미국 연구진실성위원회 반론권 관련조항)[8]

비슷한 시기에 '일본판 황우석 사건'이라는 다이라 교수 논문조작 의혹을 조사하던 일본의 도쿄대는 다이라 교수에게 재연실험 기회는 물론이고 수시로 반론기회를 부여해 의견을 청취했다. 심지어 조사위원회의 최종 결론이 담긴 보고서를 작성하고 나서도 이를 피조사자인 다이라 교수에게 먼저 보여주고 이에 대한 반론을 서면으로 첨부해 언론에 공개했다. 기술력을 먼저 평가하는 예비조사를 먼저 한 뒤 조작의 근원을 밝히는 본조사를 충분한 시간을 두고 시행했다.

— 조사기간 : 도쿄대 약 1년 vs 서울대 28일.[9]

이것이 노벨상 수상자를 배출하는 나라와 노벨상은커녕 죄다 의대, 법대만 꿈꾸는 나라와의 차이던가. 2009년 2월 2일의 법정에서는 당시 서울대의 조사방식이 과학선진국의 조사 관행에 비춰볼 때 어떤 수준이었는지 여실히 드러나고 있었다.

— 변호사 : 많은 대학에서 연구 진실성 위원회를 두고 예비조사-본 조사-외부기관 평가, 재연기회 부여 등의 일련의 조사원칙을 갖고 있는 것을 알고 있죠?
— 정명희 : 저희 때는 그런 규정이 없었습니다.
— 변호인 : 다른 대학은 어떤가요?
— 정명희 : 미국에는 있었습니다.
— 변호사 : 뿐만 아니라 예비조사 단계에서 배반포 기술이나 1번 세포 등 연구결과가 있으면 재연기회를 부여해 원천기술 보호하는 조사원칙이 있다는 것도 알고 계시죠?
— 정명희 : 알고 있습니다.
— 변호사 : 이후 검찰조사에서 밝혀진 사실에 따르면 미즈메디 김선

종의 섞어심기 범죄행각으로 배반포 기술이 사장된 사실을 알고
계시죠?

— 정명희 : 알고 있습니다.

— 변호사 : 그런데 왜 황우석팀에게 외국 관례대로 연구 재연기회를
주지 않았었나요?

— 정명희 : 그건 학교의 몫입니다. 저한테 묻지 마십쇼. 저는 조사위
원장이고 조사위원회는 논문의 진위여부 규명만 했습니다. (정명희
위원장의 법정증언, 2009.2.2.) [10]

자신들은 오로지 논문조작 여부만 보겠다. 어쨌든 논문을 조작한
것은 맞지 않느냐. 이것이 예나 지금이나 서울대 조사위원회가 한결
같이 고수해온 명분이다. 그러나 너무 궁색해 보인다. 황 박사가 원하
면 언제든지 실험 재연기회를 주겠다고 말해왔던 그들이었다.

— 실험 재연문제는 황 교수님이 원하시면 언제든지 할 수 있는 것이
다. (노정혜 연구처장, 2005.12.12.) [11]

노정혜 연구처장은 2005년 12월 12일에 한 번, 2005년 12월 16일
에 또 한 번, 모두 두 번이나 '재연실험 기회'를 공언해왔다.

— 노정혜 서울대 연구처장은 오늘 공식 기자회견에서 조사위는 우선
2005년 논문에 대해 제기된 의혹을 먼저 다루고 의혹이 확인되면
논문의 실험을 반복하는 과정을 단계적으로 거칠 예정이라고 말했
습니다. (YTN, 2005.12.16.) [12]

황 박사는 마지막 순간까지도 재연실험 기회를 달라고 간절히 요

청했다. 벌은 달게 받을 테니 우리가 이룬 기술만은 사장하지 말아 달라고.

— 이 실험을 다시 시작한다면 맞춤형 줄기세포를 다시 만들어내겠 냐는 질문이 있었는데 난자만 제대로 공급되면 6개월 정도면 저희 는 맞춤형 줄기세포를 만들 수 있지 않을까 기대하고 있습니다. 물 론 국내외에서 이 분야에 경험 많은 이들이 힘을 합쳐준다면 가능 하다고 생각합니다. 이제는 우리 팀만으로도 할 수 있다고 생각합 니다. 데이터 자체는 부풀려졌습니다. 책임 그대로 다 지겠습니다. (2006.1.12.) [13]

그러나 서울대는 재연기회를 주지 않았다. 자신들의 약속도 과학자 의 간절한 호소도 저버렸다. 왜 그랬을까? 그들이 재연실험을 하지 않 기로 한 데에는 대학본부. 즉 정운찬 당시 총장의 의중이 개입된 것으 로 보인다. 정명희 조사위원장은 법정에서 분명히 말했다. 재연실험 여부는 학교(대학본부)의 몫이라고. 나에게 묻지 말라고. 그리고 정운 찬 총장은 당시 강연회장에서 분명히 말했다. 절대 재연실험 재검증 은 있을 수 없다고.

— 절대 재검증을 할 수 없다.
— 게다가 재검증을 위해서는 수많은 '난자'가 다시 필요하며, 특히 어느 누가 천문학적인 돈을 댈 것이냐. (경남도민일보, 2006.1.21.) [14]

정 총장은 돈도 없고 난자도 아깝다며 재연실험을 거부했다. 그러 나 이후 감사원 조사결과 드러난 사실에 따르면, 황우석 연구팀에 지 원되었거나 계획된 정부 연구비 429억 원 중 295억 원은 서울대에 건립된 연구시설비였다. 그리고 순수연구비 106억 원 중 38억 원은 서울대 본부와 타 교수들에게 분배되는 성격의 간접연구비, 위탁연구비였다.

다시 말해 황우석팀에게 지원된 천문학적 연구비의 거의 절반가량은 서울대 전체에게 지급된 금액이었고, 황우석 특허 역시 서울대 명의로 된 공익적 자산이었다. 이런 상황에서 그 기술의 실체를 밝혀내는 재연실험 기회를 돈 없다고 거부하는 것은 아무리 따져봐도 궁색한 변명 아닌가. 더구나 소중한 여성들의 난자로 확립된 배반포 기술까지를 쓰레기통에 처박고 문 닫아버리는 것이 과연 생명을 소중히 여기는 것이던가?

지성의 야만. 그러나 그것은 또 다른 역사의 시작이었다. 지성의 야만은 풀뿌리 민초들의 이성을 자극했고 곧 항전을 알리는 북소리가 울리기 시작했다. 그것은 변방의 북소리였다. 두웅 두웅 두웅….

제6막 《

변방의 북소리

사기당한 사람을 사기극의 주범으로 몰아갔다. 어쨌든 논문조작 아니냐며 파묻었다. 공동 교신저자인 미국인 과학자는 미국 내에서 털끝 하나 다치지 않고 연구하는 엄연한 현실은 못 본 척 좌우지간 '이게 다 황우석의 책임'이라며 한 사람 파묻고는 사건을 종결시켜갔다. 그때 저 멀리 변방에서 두웅 두웅 북소리가 울려왔다. 과학은 과학으로 검증하라. 진상을 철저히 규명하고 책임을 물어라. 벌을 주되 기술이 있다면 보호해라. 주류의 야만을 참다못해 일어선 풀뿌리들의 이성이 울려대는, 그것은 변방의 북소리였다. 또 다른 역사의 시작이었다.

제27부

크리스마스 촛불

> 서울대 발표로 황 박사가 죽일 놈이 되고 모든 언론이 독설을 뿜어내며 신상털기에 나설 때, 크리스마스이브인 광화문 청계광장에는 수천의 촛불행렬이 모여 있었다.

그해 겨울은 몹시 추웠다. 단 한 번도 춥지 않은 겨울은 없었지만 그해 겨울은 더욱 추웠다. 논문은 조작되고 줄기세포는 하나도 없는 것 같다는 충격적인 뉴스속보들은 마치 시베리아에서 휘몰아쳐 오는 북풍한설처럼 대한민국을 꽁꽁 얼려버렸다. 지하철에서 상점에서 수시로 흘러나오는 TV 뉴스속보 앞에 한국민들은 할 말을 잃어버렸다. 평일 오전 11시에 생중계된 서울대 조사 중간발표의 시청률이 11%를 넘어설 만큼 그 겨울의 톱뉴스는 단연 황우석이었다.

— 지금 드러난 논문 데이터 사실만으로도 황 교수는 중한 책임 면하기 어렵다. (서울대 중간발표, 2005.12.23.)[1]

노정혜 당시 서울대 연구처장이 중간조사결과를 발표한 날은 조사위원회가 황 박사 실험실을 폐쇄하며 조사를 시작한 시 불과 닷새 뒤였다. 조사 시작 일주일도 되지 않아 중간결과를 도출해버린 것이다. 그럴 수 있을 만큼 터무니없는 연구가 아니었는데도 말이다. 모든 조사는 눈으로 보이는 현상 그 이면을 파고들 수밖에 없다. 보이는 현상을 쫓다 보면 어느새 본질을 놓치고 이해당사자들의 입에 휘둘릴 수밖에 없기 때문이다. 국제 과학계에 일반화된 연구진실성 조사방식도 마찬가지였다. 진실과 거짓이 복잡하게 뒤섞여있는 현상의 심연을 파고들어 그들이 이룬 것은 무엇이고 어느 단계까지 이뤄냈는지 그 기술력의 실체를 객관적으로 평가하는 것이 1차. 그리고 이를 논문과 특허로 발표하는 과정에서의 날조나 과장이 어느 단계에서 누구에 의해 조작되었는지를 구체적으로 밝혀내는 것이 2차였다. 그러나 서울대 조사위원회는 기본을 무시한 채 당장 눈에 보이는 현상, 특히 황 박사의 과실을 따지는데 집착했다.

— 논문에서는 11개로 보고했지만 (논문투고 하던) 3월 15일에는 2개만 존재하고 있었다. (서울대 중간발표, 2005.12.23.) [2]

훗날 밝혀진 검찰의 수사기록에 따르면 〈사이언스〉 논문투고의 최종수정 마감일이던 4월 25일까지 모두 12개의 세포가 초기 배양단계를 넘어 수립되었고 이 가운데 오염사고로 죽은 4개를 제외하고도 8개가 현존하고 있었다. 그러나 서울대는 여기서 오염사고 이후 새로 수립된 6개를 줄기세포가 아닌 '세포덩어리'라며 인정하지 않았다. 오염사고로 죽은 4개는 '어쨌든 없지 않느냐?'라며 인정하지 않았고 테라토마 검사까지 마친 2개만 줄기세포로 인정했다. 이러니 황 박사는 진짜인지 가짜인지도 모를 2개의 실적만으로 무려 11개를 만든 것처럼 부풀린 희대의 '사기꾼'이 돼버렸다. 한순간의 반론 기회도 주어지지 않은 채 조사기간 중에는 입을 꽉 다물 수밖에 없었던 황 박사가 취할 수 있는 유일한 행동은 국민에게 '죄송합니다.' 사과하며 책임지는 일밖에 없었다. 그는 서울대 중간발표가 나온 지 세 시간 후인 오후 2시, 짧은 한 마디를 던지고 서울대를 떠났다.

— 만분지 일이라도 사죄하는 심정으로 지금 이 시간 서울대 교수직
을 사퇴하고 돌아갑니다. (황우석 박사, 2005.12.23.) [3]

수십 명의 연구원들이 그의 뒤에서 눈물을 터뜨렸다. "우리 교수
님 그런 사람 아니에요."라고 흐느꼈다. "가지 마세요."라고 붙잡는
남학생도 있었다. 그가 떠나는 수의대 앞은 연구원들의 울음소리와
기자들의 카메라 플래시 터지는 소리가 뒤섞인 난리 통이었다. 그러
나 그는 비통한 눈물이나 장황한 부연설명 대신 짧은 한마디로 그의
심정을 표현했다.

— 환자맞춤형 배아줄기세포는 우리 대한민국의 기술임을 다시 한 번
강조 드리겠습니다. 국민 여러분들께서 반드시 이를 확인하실 겁
니다. (황우석 박사, 2005.12.23.) [4]

그의 말은 딱 13초에 불과했다. 그러나 그 여운은 10년이 지난 지
금까지도 가시지 않는다. 지난 2014년 미국 특허청이 그의 1번 줄기
세포주를 최초의 환자맞춤형 복제 배아줄기세포 특허로 인정했을 때
나는 2005년 겨울 그가 남긴 짧은 한 마디, 반드시 확인하게 될 거라
는 그 한마디를 떠올렸다. 그러나 그 당시 분위기는 그렇지 않았다.
그의 말은 정신병자의 넋두리처럼, 대한민국을 들먹이며 빠져나가려
는 사기꾼의 변명처럼 묘사됐다.

— 국제적 학계 관례에 따르면 파면돼야 한다. (서울대 교수협의회장,
2005.12.23.) [5]

장호완 서울대 교수협의회장은 황 박사를 파면시켜야 한다고 언

론인터뷰에서 말했다. 노성일 미즈메디 이사장은 서울대 조사위원회에 깊이 감사드린다며. '아직 또 다른 문제가 남았다.'라는 말로 서울대 조사발표의 후속타를 예고했다.

— 강서 미즈메디병원 이사장실에서 조사위원회의 조사결과 발표를 지켜본 노 이사장은 줄기세포 2번과 3번에 대한 진위 결과가 나오지 않았다며 이같이 말했습니다. (YTN. 2005.12.23.) [6]

그리고 6일 뒤, 노 이사장의 예고대로 서울대 조사위원회는 2차 중간발표를 통해 남아 있는 2개의 줄기세포도 가짜였다고 밝혔다.

— 환자 체세포의 DNA와 일치하는 줄기세포는 현재 찾을 수 없고, 사실을 입증할 과학적 데이터도 황 교수팀이 보유하지 못하고 있다. (서울대 2차 발표, 2005.12.29.) [7]

줄기세포는 하나도 없었다…. 정말 노성일 이사장이 미국에 있던 김선종 연구원에게 건넸던 말처럼 서울대 조사에서 한 방에 끝나버린 것이다. 의문이 제기됐다. 그렇다면 황 박사가 만든 복제 배반포들이 누구에 의해 미즈메디 가짜줄기세포로 둔갑한 거냐고. 황 박사가 주장하던 '바꿔치기'의 가능성은 단 1%도 없는 거냐고. 그러나 조사위는 단호하게 선을 그었다. 그런 건 조사대상이 아니라고.

— 정말 바꿔치기가 있었는지, 누가 왜 했는지에 대해서는 조사위가 밝힐 수 있는 범위가 아닙니다. (서울대 2차 발표 당시 노정혜 연구처장, 2005.12.29.) [8]

그래서 그해 겨울은 더 혹독하게 추웠다. 마땅히 파고들어야 할 조사는 하지 않고 과학자 한 사람을 두 번 세 번에 걸쳐 생매장시키는 인격살인. 그것은 검증이라는 미명 아래 더 적나라하게 진행되었고 언론과 지식인들은 그 권위에 편승해 일제히 돌팔매질을 시작했다. 특히 지난날 황 박사를 국가적 영웅으로 치켜세우던 언론은 180도 태도를 바꿔 황우석 짓밟기에 나섰다. 마치 자신들도 황우석 거짓말에 속은 피해자였다는 듯.

— 청와대, 초기부터 황 교수 전폭 지원. 박기영 보좌관은 황 교수의 최대 지원자였다. (조선일보, 2005.12.17.) [9]

조선일보는 노무현 대통령이 사기꾼 황우석을 전폭 지원해왔다며 정부를 비판했다. 그러나 기사가 작성되기 열흘 전까지만 해도 정부가 너무 황 박사 연구지원에 소극적이라고 비판했던 조선일보였다.

— 황우석 교수 옆에 정부는 없었다. 이번 파문에 황 교수 혼자 시골이 장처럼 뛰어…. 박기영 보좌관은 어디에 있나. (조선일보, 2005.12.7.) [10]

황 박사가 논문을 발표할 때 〈사이언스〉가 정한 언론보도 엠바고 수칙까지 깨며 특종보도에 혈안이었던 중앙일보 역시 보름 만에 말을 바꾸며 황우석 짓밟기 경쟁에 나섰다. 2005년 12월 26일의 중앙일보 사설은 황 박사의 잘못은 따지되 원천기술만은 지켜야 한다고 주장했었다.

— 줄기세포 연구는 계속돼야 한다. (중략) 잘못은 철저히 따지되 원천기술이 확인된다면 이를 소중하게 계승 발전시켜야 할 것이다.

(중앙일보 사설. 2005.12.26.) 11

그러나 서울대 최종발표가 나온 직후인 2006년 1월 11일의 사설에서는 황 박사에 대한 검찰수사를 강도 높게 촉구하고 나섰다.

— 줄기세포 사기 당연히 검찰이 수사해야. (중략) 관련자 학계 퇴출로는 부족하다. 엄정한 사법적 판단과 책임 추궁이 필요하다. (중앙일보 사설. 2006.1.11.) 12

진보도 보수도 모두 한목소리였다. 사기극, 국민우롱, 정신병자⋯ 험악하기 짝이 없었다.

— 국민 우롱한 황우석 논문사기. (서울신문, 2005.12.24.)
— 과학 무너뜨린 과학자 진실 앞에 무너지다. (한겨레, 2005.12.23.)
— 황우석이 우롱한 대한민국. (중앙일보, 2005.12.30.)
— 언제까지 황우석한테 휘둘릴 것인가. (프레시안, 2006.1.12.)
— 대담한 사기극 왜? 황 교수에 대한 정신분석. (쿠키뉴스, 2006.1.11.)
— 이제 황우석을 잊고 새로 나아가자. (한국일보, 2006.1.10.)

그 와중에 MBC는 보란 듯이 황우석 신상털기를 주도하며 〈PD수첩〉에 대한 앙갚음을 확실히 했다.

— 황 교수 농장이 시가로 100억 원대에 이른다고 합니다. 13

알고 보니 황우석은 '백억 원대 땅 부자'였다는 2006년 1월 10일자 MBC 뉴스데스크의 보도. 그러나 전형적인 '카더라통신'이었다.

국토교통부 전자공시시스템에 따르면 경기도 광주에 있는 이른바 황우석 농장은 모두 팔당상수원 보호권역 내에 있어 이중 삼중의 규제에 묶인 목장용지와 임업용 산지였다. 부동산 전문가들은 시세차익은커녕 소 키우고 나무만 심을 수 있는 개발불가 토지라고 평하며 헛웃음을 지었지만, 당시에는 황우석에 대한 그 어떤 의혹도 모두 진실처럼 통용됐다. 신문이나 방송, 인터넷 뉴스도, 보수도 진보도 구분 없이 모든 뉴스가 황우석의 모든 걸 짓밟고 있었기에 의심의 여지도 없었고 생각할 여유도 없었다. 동네북이 된 황 박사는 한겨울의 명태포처럼 두들겨 맞고 맞은 데 또 맞으며 묵사발이 되어갔다. 그런데 그 무렵 북소리가 들려왔다. 언론도 전문가도 정치권이나 유명인도 뭐도 아닌 변방의 이름없는 시민이 북을 울리며 움직이기 시작한 것이다. 그것은 변방의 북소리였고 이성 잃은 주류에 대한 비주류들의 저항이었다.

— 생명공학이라는 거는 나무가 자라는 것처럼 천천히 아주 천천히 발전해가는 거로 알고 있는데 이번에 서울대에서 조사한 것을 보면 무슨 나무 잘라 가지고 나이테 밝히는 것처럼 무슨 진실을 그렇게 밝혀 가지고 나무를 아예 죽여버리는 그런 현상이에요. (고등학교 과학교사, 2005.12.24.) [14]

그녀는 고등학교에서 과학을 가르치고 있는 현직 교사였다. 정치적 행동이 제한된 공직자의 신분이었지만 보다보다 너무 하다 싶어 직접 촛불을 들고 나왔다고 했다. 옆에는 유모차에 아기를 태우고 나온 젊은 엄마도 있었다. 그녀는 마이크 앞에 울분을 터뜨렸다.

— (저는) 사실 황우석 박사에 대해 잘 모르고요. 개인적으로 그 사람

의 업적이 위대하다 아니다 생각해본 적도 없어요. 그런데 제가 여기 나오게 된 이유는 〈PD수첩〉이 나온 뒤에 언론이 한 사람을 평가할 때 있어 가지고 너무도 편파적으로… 거의 완전히 죽이는 방식으로… 그게 너무 미워서… 철저하게 짓밟는 데 대해서 객관적인 사실은 다 묻혀가고. 그게 너무 속상해서 나왔어요. (아기엄마, 2005.12.24.) 15

내가 그들의 북소리를 처음 들은 것은 2005년 12월 24일이다. 그날은 크리스마스이브였다. 온 세상이 축복하고 캐럴이 울려 퍼지던 서울의 광화문 네거리 한복판에서 수천 명의 시민이 촛불을 들고 서 있었다. 오돌오돌 떨면서 두세 시간 넘도록 촛불을 들고 조용히 서 있었다. 그들을 취재하려고 나는 '광화문 교보문고에서 애들 크리스마스 선물을 고르자.'라는 그럴듯한 말로 아내를 유혹해 함께 서울로 올라왔다. 아내와 함께 교보문고 문구점에서 아이들 선물을 고른 뒤 지상으로 올라온 나는 녹음장비를 들고 촛불 속으로 들어갔다. 광화문 거리에는 캐럴이 울려 퍼지고 있었고 그 옆 청계천 거리 곳곳을 길게 황우석 촛불이 수놓고 있었다. 그 후 거의 한 시간 동안 마이크를 들이댔다. 왜 이곳에 왔는지. 어디 사는 누구이신지. 그런데 녹음장비 속으로 들어오는 사람들의 이야기를 들으며 흠칫 놀랐다. 지적이었다. 그러면서도 예리했다.

―아무리 제가 잘 모르는 입장에서 보더라도 도저히 비상식이 상식을 넘어서는 상황입니다. 16

지방에서 가게를 하는 자영업자라고 소개한 40대 남성은 서울대 조사를 보고 이건 아니다 싶어 애들을 데리고 촛불을 들고 있었다.

그는 진짜 만들 수 있는지 없는지 재연실험 기회를 줘서 입증하도록
하면 끝날 일을 왜 연구실까지 폐쇄한 채 논문에 대해서만 검증하겠
다는 건지 도무지 이해할 수 없다고 말했다. 대열 속에는 변호사나
변리사, 치과의사 등 전문직 종사자들도 여럿 있었다. 그들은 이미
인터넷 검색을 통해 황 박사의 주장과 반대편의 주장, 이에 대한 외
신보도까지 비교분석한 뒤 자신의 입장을 갖고 나온 '이름없는 식자'
들이었다. 특이한 게 있다면 다른 촛불과 다르게 황우석 촛불은 정말
아마추어였다는 것이다. 연단도 연사도 방향도 없었다. 그냥 말없이
두세 시간가량 촛불을 들고 서 있다가 각자 집으로 갔다. 그래도 주
최한 사람들이 있겠지 하며 찾아보니 몇몇 인터넷 카페 운영진이라
는 사람들은 바빠 보였다. 십시일반으로 돈을 모아 마련했다는 플래
카드를 뒤늦게 거는가 하면 황 박사의 사진이 새겨진 조그마한 배지
를 하나씩 나눠주고 있었다.

　—수고 많으십니다. 제가 ○○○입니다.
　—아, 그러시구나. □□예요.

인터넷 필명으로 자신을 소개하며 인사를 나누던 사람들. 그들 각
자 얼굴을 처음 보는 사람들이었다. 시간이 꽤 많이 지났는지 어느새
내 등 뒤에 서 있던 아내가 주최 측으로부터 받은 배지를 옷깃에 달
고 있었다. 한 손에는 아들 녀석이 좋아할 만한 크리스마스 선물 봉
지를 들고 있었다. 독일제 쌍안경. 우리는 아이들이 코하며 자고 있
을 집으로 향했다. 산타클로스 할아버지가 된 심정이었다. 그런데 촛
불의 행렬을 빠져나오자마자 등 뒤에서 어느 여대생의 비아냥거리는
소리가 들려왔다.

─참. 사기 친 게 뭘 잘했다고….

그 큰 광화문 네거리에서 촛불을 든 사람들은 외로운 섬이었다. 황빠. 광신도. 사이비 종교집단이라는 딱지가 붙은 이상한 사람들이 되고 있었다. 아내와 나는 황우석 박사의 사진이 새겨진 배지를 숨겼고. 다음날부터 황우석 촛불조차 사회병리현상의 일종이라고 지적하는 주류 언론의 융단폭격이 시작됐다.

제28부

동네수첩

이름 모를 누리꾼들은 왜곡된 기사에 항의하며 수천 개의 댓글을 달았고, 〈PD수첩〉의 시리즈 폭로에 〈동네수첩〉으로 맞섰으며, 여론조사결과 '황우석에게 기회를 줘야 한다.'라는 응답이 여전히 대다수를 차지했다.

사람들이 언론보도를 의심하면서도 결국 믿을 수밖에 없는 데에는 이유가 있다. 왜 이런 속담도 있지 않은가.

—아니 땐 굴뚝에 연기 나랴?

'뭐가 있으니까 뉴스도 그렇게 나오지 않겠느냐?' 하는 심리가 작동하면 사람은 어느새 그 뉴스에 마음을 열고 눈과 귀를 의존하게 된다. 그래서 처음엔 아닌 것 같던 뉴스도 자꾸 보다 보면 기정사실처럼 여겨진다. 이를테면 이런 식이다. 기자회견장에 선 과학자에게 기자가 물었다.

—YTN의 김수진입니다. 미즈메디(줄기세포)와 바뀐 것은 누가 일부러 개입했다고 보십니까? (2005.12.16.) [1]

바꿔치기 의혹에 대한 질문이었다. 그러자 황 박사는 자기도 그게 답답하다는 듯 격앙된 목소리로 답했고, 서울대 수의대 스코필드홀을 가득 메운 기자들은 일제히 자판을 두드렸다.

— 저희도 도대체 어떻게 해서, 도대체 누가 무슨 의도로 이런 일을
했는지 정말로 답답하고 한스럽습니다. 저희가 이미 2004년 논문
이 있기에 2005년 논문이 (줄기세포) 11개가 아니고 1개면 어떻습
니까? 3개면 어떻습니까? 그리고 1년 후에 논문이 나오면 또 어떻
겠습니까? 누가 어떤 의도로 이런 일을, 어떤 방법으로 했는지 저
는 반드시 규명돼야 한다고 봅니다. (황우석 박사, 2005.12.16.)[2]

그는 억울함을 호소했다. 처음부터 줄기세포 11개라는 목표를 정
해놓고 거기에 끼워 맞추는 조작을 한 게 아니라 11개를 만들었다는
과학적 확신이 들기 때문에 11개라고 발표했다는 항변이었다. 한 개
라는 확신이었으면 한 개라고 써도 논문이 됐고 세 개라는 확신이었
으면 세 개로도 충분했는데 11개라는 증거가 있었으니 그렇게 발표
했다는 주장이었다. 그러나 그 자리에 있던 몇몇 기자들은 그의 말을
의도와는 다르게 편집했다. 앞 뒷말 다 잘라버린 채 이렇게 썼다. 황
우석, "1개면 어떻고 3개면 어떻겠냐."

— '1개면 어떻고 3개면 어떻겠냐. 1년 뒤에 논문이 나오면 또 어떻겠
냐?'라는 말은 황 교수가 정말 과학자인지 의심하게 만들 정도로
과학자들에게 충격을 주었다. (연합뉴스 서한기 기자, 2006.1.2.)[3]

— "줄기세포가 11개면 어떻고 1개면 어떠냐."는 말은 이미 과학자이
기를 포기한 헐벗은 자기고백의 클라이맥스였다. (프레시안 강양구 기자,
2005.12.31.)[4]

기사만 보면 마치 황 박사가 '한 개를 만드나 세 개를 만드나 11개를 만드나 그게 뭐가 문제냐.'라는 듯 뻔뻔한 인간으로 생각할 수밖에 없다. 또다시 '악마의 편집'. 그러나 그 당시에는 '진실' 행세를 했다. 황 박사의 인터뷰 원본을 본 사람이 많을까? 기자의 인용보도를 본 사람이 많을까? 기자가 창조해낸 편견과 오해는 널리 퍼졌고 마르고 닳도록 재인용됐다.

> — 황 전 교수는 당시 "(줄기세포가) 1개면 어떻고, 3개면 어떠냐"고 논문 조작과 거짓말이 대수냐는 반응을 보이기도 했다. (매일경제 성철환 칼럼, 2007.7.15.)[5]

기사가 나온 지 2년 반이 지나서도 저랬다. 이런 식으로 인용되다 보면 오보는 기정사실을 넘어 역사가 된다. 10년이 지난 2015년, 외국에서 연구원 생활을 하는 과학자 후배 한 명은 내게 당시 기사를 거론하며 황우석 박사를 비난했다.

> — 뉴스에서 황우석 전 교수가 기자회견 하는 걸 잠시 봤습니다. 정확한 워딩은 기억이 나지 않지만, 대충 이런 내용이었습니다. "줄기세포가 11개(?)면 어떻고 1개면 어떻습니까?" 이미 그걸로 그 사람은 저한테는 끝난 사람입니다. 이 자체로 이 사람은 심각한 연구윤리를 위반한 것입니다. (2015.6.30.)

나는 그 순진한 후배에게 답신을 보냈다. 사실관계는 이러저러했다고. 그랬더니 바로 답신이 왔다.

> — 이런 맥락이었군요. 이거는 굉장히 잘못된 인용이군요. (2015.7.1.)

그러나 나는 알고 있다. 그 후배는 머리로는 기사의 문제점을 이해했겠지만, 가슴으로는 그리고 마음으로는 여전히 기사가 전해준 충격적인 잔상을 떨쳐버리지 못하리라는 것을. 나도 그랬으니까. 그래서 언론이 무섭다고 하나보다. 뉴스는 영혼의 먹을거리다. 좋은 뉴스는 영혼을 살찌우지만 나쁜 기사는 사람의 영혼을 뒤틀어버린다. 당시에는 나도 많이 뒤틀릴 뻔했다. 그런데 그때 곳곳에서 고마운 자원봉사자들이 나타나 왜곡된 기사, 나쁜 기사와 싸우며 사람들의 영혼을 지켜줬다. '뉴스 감별사'라고 해야 할까. 이름 없는 누리꾼들은 댓글과 인터넷 블로그를 통해 주류 언론의 왜곡과 맞섰고 그 장면을 목격한 몇몇 사람들의 영혼을 지켜줬다. 나도 그런 수혜를 입은 사람 중 하나였다.

혹시 이런 경험을 해본 적 있는가? 게시판에 글이 하도 많이 올라와서 글 하나 열어보는 사이 페이지가 2~3페이지 뒤로 죽죽 넘어가버리는 놀라운 경험. 2006년 1월 3일 밤 MBC 〈PD수첩〉의 인터넷 홈페이지가 그랬다. 게시판에는 성난 댓글들이 쓰나미처럼 밀려들었다. 〈PD수첩〉의 연구원 난자 의혹제기를 조목조목 반박하는 댓글들.

—난자접시를 깬 날은 3월, 난자채취 첫 진료일은 2월 7일!! 〈PD수첩〉 1월 3일 자 방송에 의하면 (난자를 기증한) 박 연구원은 2월 7일부터 난자채취를 위한 진료를 받기 시작한 것으로 추측되는데 그렇다면 2월부터 진료를 받은 건 뭐란 말인가. 미리 난자접시 깰 줄 알고?

—박 연구원은 분명 귀신이다. 3월에 난자접시를 엎지를 줄 알고 2월부터 진료를 받다니!! 미리 한 달 전부터 난자용기를 깨뜨릴 걸

황 박사가 난자접시를 깨뜨리는 실수를 저지른 여성 연구원에게 '니 난자로 채워넣어라.'라며 난자 수술을 강요했다는 〈PD수첩〉의 의혹제기에 대해 누리꾼들은 팩트로 맞섰다. 그녀의 진료기록하고 〈PD수첩〉의 의혹제기가 앞뒤가 맞지 않는다는 문제제기. 정확한 지적이었다. 난자접시를 깨뜨린 사고 자체가 없었고 검찰수사결과 황 박사가 연구원 난자를 강요했다는 의혹은 사실무근으로 밝혀졌으니까.

— 난자제공 과정에서 황우석의 강압성은 없었던 것으로 확인됨. (검찰 수사결과 110쪽, 2006.5.12.) 6

참 아이러니했다. 1탄, 2탄, 3탄, 4탄, 5탄. 〈PD수첩〉의 황우석 특집방송이 회를 거듭할 때마다 〈PD수첩〉의 인터넷 홈페이지는 '성지'가 되고 있었다. 방송내용을 반박하는 사람들이 다 모이는 〈PD수첩〉 비판의 성지. 글을 읽는 사이 수십 개의 글이 새로 올라와 순식간에 페이지가 획획 넘어갔다. 방금 본 글이 어디에 있는지 찾지 못할 지경이었다. 이런 게 인터넷의 힘인가. 나는 막강한 방송권력에 댓글로 맞서고 있는 '다윗'들의 저항을 실시간으로 지켜보며 입을 딱 벌렸다. 거기서 그치지 않았다. '댓글'들은 이제 스스로 의제를 설정하는 '대안언론'으로 진화하기 시작했다. 그 효시가 〈동네수첩〉이었다.

— 안녕하십니까 〈동네수첩〉입니다. (중략) 작금에 행해지고 있는 대한민국의 주류언론들의 보도행태를 보고 도저히 그들의 언론 조작을 묵과 할 수 없어 이렇게 나서게 되었습니다. (오프닝 방송 내용) 7

〈동네수첩〉 제작진은 100% 아마추어들이었다. 그들은 방송을 하려고 방송을 만든 게 아니라 이 사건을 주시하다가 스스로 언론이 되었다. 사건을 예의주시하던 몇몇의 누리꾼들은 몇 날 며칠간의 밤샘 토론과 정보수집을 통해 〈PD수첩〉에 맞서는 〈동네수첩〉이라는 인터넷 방송을 만들어 올렸다. 깔끔한 나레이션도, 컴퓨터 그래픽 화면도, 전문가 인터뷰 영상 하나 없었다. 그저 그림 한 장 들고 나와 설명하는 수준이었지만 사람들의 반응은 한마디로 '대박' 그 자체였다.

— 솔직히 (황우석 박사를) 살릴 수 없을 거라고 봤어요. 그런데 (방송 올린 지) 며칠 뒤에 보니까 네이버 한 군데에서만 조회수 100만 건…. (동네수첩 제작자 '이노' 인터뷰, 2006.5.경)
— 2006년 1월 1일 판도라 TV에서만 10만 건의 페이지뷰
— 1월 2일 새벽부터 각종 주요 포털 사이트 검색어 1위.[8]

〈동네수첩〉의 거센 돌풍에 오죽하면 주류언론도 반응했을까.

— 황우석 사태, '동네수첩'에 물어봐? (머니투데이, 2006.1.8.)[9]

〈동네수첩〉은 〈PD수첩〉이 갖지 못한 걸 갖고 있었다. 바로 이 사건을 정확히 바라볼 수 있는 '식견'이었다. 이 연구는 서로 다른 분야 연구자들이 '동업'을 한 학제 간 공동연구였다. 인간의 난자를 제공할 의료기관과 줄기세포 연구자들 간의 '동업'이 필수였고, 복제연구자들과 세포배양 및 검증전문가들 간의 '동업'이 반드시 필요했다. 세상일이 다 그러하듯 동업자들은 잘나갈 때는 '나의 공'이고 망하면 '남의 탓'을 한다. 그래서 누가 어디에서 책임져야 할지 정확히 따져봐야 한다. 그래야 공정할 수 있다. 〈PD수첩〉은 그런 식견 없이 황우석 한

사람만 주저앉히면 된다고 공언했다. 그러나 〈동네수첩〉은 달랐다. 그들은 '학제 간 공동연구'라는, 황우석과 미즈메디 간 진실게임의 본질을 정확하게 꿰뚫어보고 있었다.

— 동네수첩은 '줄기세포를 뽑아내고 배양시켜 줄기세포주로 확립하는 것은 미즈메디의 몫이기 때문에 미즈메디 측이 논문을 조작한 것'이라고 주장하면서 '누가 사기꾼인지는 황 교수에게 체세포 핵치환에서 배반포기까지 만들어보라고 하고, 미즈메디 측에 배반포를 넘겨서 줄기세포로 만들어보라고 하면 간단히 검증할 수 있다.'라고….
(머니투데이, 2006.1.8.)

이러한 그들의 주장은 이후 법원 판결을 통해 사실로 입증된다.

— 황우석 사기 무죄. 미즈메디 김선종 업무방해 유죄.[10]

그 무렵 2005년 12월 24일부터 이듬해인 2006년 4월까지 전국 대도시에서 수십 차례의 촛불집회가 열렸다. 황 박사에게 재연기회를 부여하라는 국민의 촛불이 2005년 12월에는 천 명 수준이더니, 2006년 1월에는 2천에서 3천 명으로 불어났고 2006년 3월 1일 세종문화회관 앞에는 5천 명이 모였다. 초창기 〈PD수첩〉 인터넷 사이트에 수천 개의 댓글로 존재하던 그들이 모든 언론이 평정된 뒤에는 인터넷 이곳저곳에서 스스로 언론이 되고 카페가 되며 정보를 주고받았다. 그러나 당시 주류언론은 그들을 싸잡아 '황우석을 옹호하는 길바닥 음모론자' 취급했다. 이 사건을 합리적이고 이성적으로 풀어나가자는 목소리는 '사기꾼 옹호하는 거냐.'라는 고함에 묻혀서 주류언론의 공세는 '원천기술조차 없었다.'라는 서울대 조사위원회의 마지막 발표를 기점으로 절정에 달했다.

> — 현재 이 기술은 이미 보유하고 있는 연구실들이 있어, 더 이상
> 독보적이라는 평가를 내리기는 어렵다. (정명희 조사위원장 기자회견,
> 2006.1.10.) [11]

조사위원장은 황우석 배반포 기술마저 폄하했다. 그러나 이는 '지
적재산권 확보가 가능할 만큼 독창적이다.'라고 표기한 자신들의 조
사보고서 내용과도 다른 엉뚱한 주장이었다.

> — 연구업적과 독창성은 인정되며 관련 지적재산권 확보가 가능할 것
> 으로 판단된다. (서울대 보고서, 40쪽) [12]

그러나 주류 언론은 조사보고서 내용과도 다른 조사위원장의 입
만 좇아 기사를 쏟아냈다.

> — 황우석 원천기술도 없다. (한겨레)
> — 원천기술마저 없다니…. 허탈. (중앙일보)
> — 줄기세포 원천기술 없다. (MBC)
> — 원천기술도 독보적이지 않다. (국민일보) [13]

시사평론가 진중권은 아예 황우석을 사이비 교주로, 황우석 촛불
을 신앙공동체에 빗대며 조롱했다.

> — 그동안 수없이 거짓말을 해 온 황우석 박사는 아직도 자신이 줄기
> 세포를 만들었으며, 누군가가 그것을 바꿔치기했다고 주장하는 모

양입니다. 문제는 아직도 그 거짓말을 믿어주는 이들이 많다는 거죠. 특히 황 박사의 팬들은 논문조작이 사실로 드러났어도 여전히 그에 대한 믿음을 버릴 생각이 없나 봅니다. '휴거'가 오지 않아도 다미선교회는 남듯이, 줄기세포가 없어도 황우석을 믿는 신앙의 공동체는 남지요. 남이야 '도널드 덕'을 신으로 모시고 살든 말든, 그거야 물론 헌법에 보장된 신앙의 자유겠지요. (진중권의 'SBS 전망대 칼럼', 2006.1.10.) [14]

나는 진중권 씨의 그때 그 칼럼을 보며 그의 민낯을 상상해 봤다. 참을 수 없는 가벼움. 왜 그 추운 엄동설한에 그 많은 사람이 촛불을 들고 서 있는가에 대한 진중한 고민도, 찾아보거나 만나본 흔적도 없었다. 그저 말초적 호기심을 자극하는 선정적인 단어의 나열뿐. 그런 진중권들이 황우석 사건을 자신들의 '예능감'을 뽐내는 독설의 파티로 즐기고 있을 무렵, 이름없는 누리꾼들은 댓글을 통해 서울대 조사위의 왜곡과 싸우고 있었다.

— 너무하시네요. 최종보고서와 정반대로 발표해서 물의를 일으키고 있는 거 모르십니까?

— 최종보고서에는 분명 황 교수님의 독보적인 기술이라고 나와 있는데 어째서 발표는 다르게 한 것인지? 보고서에 있는 내용조차 못 읽는 문맹자가 발표한 것입니까?

— (이미 황 교수 기술을 보유한다고 서울대가 밝힌) 뉴캐슬대학팀의 기술은 체세포복제가 아닌 일반 사람의 배아줄기세포를 복제한 것입니다. 이것은 체세포 배아복제 줄기세포와는 하늘 땅 차이 나는 기술입니다. 이렇게 전문성이 떨어지고 말도 안 되는 집단이 서울대 조사위원회입니다.

— 혹시나 하는 마음에 뉴스를 봤습니다. 역시나였습니다.

— 세계에서 최고 최신이란 걸 왜 당신들은 아니라고 아수라장을 만
드니까? ('다음' 기사 댓글, 2006.1.10.)

이틀 뒤인 2006년 1월 12일. 황 박사가 입을 열었다. 서울대 조사
기간 중 약속대로 잠자코 있던 그가 최종발표가 끝난 뒤 기자회견을
열어 심경을 토로했다. 그는 논문에 관한 책임은 얼마든지 지겠지만
제발 이 소중한 기술만은 지켜달라며 스스로 입증해 보일 재연기회
를 호소했다.

— 우리의 저 소중한 결실이 서울대 조사에서는 실제보다 많이 평
가절하됐더라도, 아무리 값을 싸게 매겨도 외국에 가서는 최고
의 대접을 받을 수 있는 기술들일 것입니다. (황우석 박사의 기자회견,
2006.1.12.) 15

다시 거센 논쟁이 붙었다. 서울대 vs 황우석. 누구의 말을 더 신뢰하
는지에 대한 여론조사가 시행됐다. 그런데 결과는 놀라웠다. 절대다수
의 민심은 여전히 황우석을 신뢰하고 있었다. 최악의 상태로 만신창이
가 된 그에게 재연기회를 줘야 한다는 게 각종 여론조사를 통해 확인된
민심이었다.

〈야후코리아 온라인 폴, 2006.1.12~1.31〉

— 황우석 교수의 주장을 신뢰한다 77% (24,635명)

— 서울대 조사위 발표를 신뢰한다 19% (5,903명)

— 모르겠다 4% (1,361명)

〈한국아이닷컴 온라인 폴, 2006.1.12~1.24〉

— 황 교수 발언 신뢰 81.3% 12,115명

— 조사위 발표 신뢰 18.7% 2,790명

〈CBS 라디오 여론조사, 2006.1.12〉

— 여론조사 전문기관 '리얼미터'와 함께 전국 551명을 대상으로 여론조사를 실시한 결과, 10명 중 7명꼴로 '황 교수에게 줄기세포 확립 재연기회를 줘야 한다.'라고 응답했다. (노컷뉴스, 2006.1.16.) [16]

황우석에게 기회를 줘라. 이 절대다수의 여론은 그날 이후 10년이 지난 2015년 현재까지도 한결같이 유지되어왔다. 그러나 주류언론은 철저히 무시했다. 이른바 전문가 집단은 '진실은 여론으로 결정되는 게 아니'라고 화답했다. 오히려 '믿고 싶은 것만 믿는 대중의 광기'나 '병리현상'으로 해석하고 질타했다.

— '진실'은 여론으로 결정되지 않는다 (이형기 피츠버그 의대 교수, 프레시안, 2006.1.13.) [17]

— 그들은 왜… 논문조작 발표에도 변치 않는 황 교수 지지자들. 사회심리 전문가들은 "스톡홀름 증후군일 수도" (중앙일보, 2006.1.23.) [18]

70% 이상의 국민여론을 정신병으로 몰아가는 주류들의 완고함 앞에 이름없는 다윗들은 차츰 지쳐갔다. 그런데 그 무렵 자기 이름을 걸고 쓰는 실명칼럼이 나타났다. 서슬 퍼런 주류들의 대오 속에서 실명칼럼을 시리즈로 쓰면서 맞짱을 뜨던 칼럼니스트. 그의 이름은 김어준이다.

제29부

소년탐정 김어준

이렇게 이상한 사건은 본 적이 없으며 기득의 역학을 제대로 따져보지도 않는 '늙은 진보'가 슬프다며 자기 이름을 걸고 한겨레에 실명칼럼을 여럿 쓴 김어준 칼럼의 핵심내용들은 훗날 법정에서 팩트로 드러났다.

—사기 친 거야 사기를 당한 거야?

—과학자야 정치꾼이야?

—저기서 촛불 들고 서 있는 사람들은 또 뭐야?

—광신도야 일당받고 동원된 거야 아님 도대체 뭐야?

전 국민을 고뇌하게 한 황우석 논란, 그 중심에 두 명의 진보 논객이 서 있었다. 김어준과 진중권. 두 사람은 비슷하면서도 많이 다르다. 우선 둘 다 서울대에 입학원서를 냈다는 점에서 비슷하다. 그러나 김어준은 세 번 내리 떨어진 끝에 다른 대학에 갔고 진중권은 서울대 미학과에 다녔다. 둘 다 젊은 나이에 외국물을 먹었다는 점도 비슷하다. 김어준은 도무지 대학에 정붙이지 못하겠다며 배낭 하나 짊어지고 여러 나라를 유랑했고, 진중권은 최루탄과 화염병으로 얼룩진 학부생활을 마친 뒤 카를 마르크스가 태어난 독일로 유학 갔다. 둘 다 한창 돈 벌어야 할 나이에 정권과 맞붙었다. 진중권은 그 막강하던 조선일보에 침을 뱉었고 김어준은 딴지일보를 세워 보수 여당에 맞서왔다. 이처럼 비슷하면서도 다른 두 사람이 극명한 견해차를 보인 사건이 바로 황우석 사건이었다.

공교롭게도 사건 당시 두 사람은 모두 라디오를 진행하고 있었다. 모든 시사의 중심이 당시 그 사건이었으니 두 논객은 당연히 그에 대한 의견과 견해를 가질 수밖에. 그런데 달랐다. 달라도 너무 달랐다. 진중권이 서울대 논리에 충실하며 황 박사와 황우석 촛불을 강도 높게 비난했다면, 김어준은 상식의 논리에 충실하며 서울대 조사의 문제점을 짚어갔다. 그의 칼럼은 쉽고 명쾌했다.

— 감사반장, 왜 보고서와 다르게 독창성 없다고 기자회견 하는가. 당
  신, 거짓말했다. (김어준의 한겨레 칼럼, 2006.1.12.) [1]

김어준은 서울대 조사 발표 직후 '나는 진실을 알고 싶다.'라는 한겨레 칼럼을 통해, 서울대 조사위원장의 발표오류를 꼬집었다. 그리고 현재로서 온전한 진실을 아는 방법은 '다시 만들어보라.'라는 재연실험 기회부여에 있는데 왜 서울대는 그 기회조차 주지 않고 반쪽진실만으로 전체를 호도하느냐고 비판했다.

— 황우석 사태 진실 밝히는 가장 확실한 방법은 다시 만들어 보라고
  하는 것이다. 최종 해석 그 뒤에 해도 늦지 않다. 아직은 절반의 진
  실일 뿐이다. [2]

그는 '바꿔치기할 줄기세포가 없었는데 어떻게 바꿔치기가 성립하느냐?'라는 서울대 조사위원장의 말을 반박하며 이런 논리를 제시했다.

― 자, 부품이 교체됐다. 여기까진 팩트다. 그런데 교체했는지, 당했는
지는 모른다. S 공장과 M 사의 말 틀리다. 누가 거짓말하는지 모
른다. 말로는 못 밝힐 게다. 그럼 가장 확실한 방법은? 제 부속으로
다시 만들어 보라는 거. 너무도 당연히. 왜 그 기회조차 줄 수 없다
하는가. (김어준, 2006.1.12.) [3]

그 후 많은 시간이 지났다. 2015년. 솔직히 나는 그가 9년 전에 쓴
글을 보며 소름이 돋았다. '이 사람 진짜 똑똑한 사람'이라는 혼잣말
이 절로 튀어나왔다. 당시 그는 황우석 박사를 한 번도 만나보지 않았
다. 어떤 연구원과도 관계가 없는 사람이었다. 그런데도 그가 쓴 '황
우석 미스터리'라는 칼럼은 지금 다시 내놓더라도 손색이 없을 만큼
예리하고 분석적이었다. 마치 족집게처럼 들어맞았다. 그의 칼럼을
하나하나 살펴보자.

― 또 황우석이다. 난 여태 한 번도 이렇게 이상한 사건을 본 적 없다.
해서 무리한다.
― 사태 초기부터 들었던 첫 번째 의문. '도원결의'했다던 '황우석사
단', 그들은 왜 논란 즉시 황우석과 머리를 맞대고 자신들이 가진
최고수준의 배양기술로 최대한 빨리 다시 만들려 노력하지 않았을
까. 자신이 교신저자였던 세계적 논문이 취소되고 지분 40%라는
막대한 이익이 위태로운 판국에. 이 연구에 관한 한 운명공동체가
아니었던가. 왜. (김어준의 칼럼 '황우석 미스터리', 2006.2.2.) [4]

맞다. 그가 상식적 수준에서 지적한 이 대목은 법정에서 실제 상
황으로 내 눈앞에 펼쳐졌다. 당시 황우석 교수는 미국에 있던 배양
책임자 김선종 씨에게 국제전화를 걸어 다시 귀국해 만들어보자고

종용했다. 그러나 그는 오지 않았다. 책임은 자신이 질 테니 가짜줄기세포의 진실을 말해달라고 부탁했다. 하지만 그는 진실을 말하지 않았다.

— 황우석 : 모든 책임은 내가 지고 당신이 어떤 잘못을 저질렀더라도 용서할 테니 지금이라도 진실을 말해달라고 호소했던 그날의 통화를 기억하고 있습니까?
— 김선종 : 죄송합니다.[5]

서울중앙지법 417호 대법정에서 2008년 8월 28일 오후 5시경에 펼쳐진 실제상황이었다.

— 2005년 줄기세포가 모두 미즈메디 수정란 줄기세포인 건 황우석이 체세포복제 줄기세포를 못 만드니 미즈메디 것을 훔쳐내 돌려막기 한 것이라 치자. 그럼 2004년 줄기세포에도 미즈메디 것이 섞여 있는 건. 2004년 논문 때도 황우석은 미즈메디 것을 훔쳐냈나. 그럼 황우석은 그 범죄의 결정적 물증을 논문제출 후 당장 증거인멸하기는커녕 오히려 몇 년간 보관하고 배양까지 하다가 서울대 조사위에 제출해 고스란히 들켰다는 말인가. (김어준의 칼럼 '황우석 미스터리', 2006.2.2.)[6]

예리하다. 지금 봐도 정말 예리하다. 바로 2004년 〈사이언스〉 논문, 처음 만든 1번 줄기세포에 대한 논문이 미즈메디 배양책임자 김선종이 모두의 눈을 속이고 가짜 조작을 했음을 밝혀내는 판도라의 상자가 됐다. 1번 줄기세포를 성공적으로 배양하고 미국 유학길에 오른 박종혁에 이어 미즈메디의 두 번째 배양책임자가 된 김선종은 자신이 배양하던 1번 줄기세포에 미즈메디의 미공개 줄기세포를 섞어심었다. 이미 배양에 성공한 1번 세포를 군이 섞어심을 이유가 없었는데 그는 섞어심은 것이다. 그것도 세상에 한 번도 공개된 바 없는 미즈메디의 미공개 줄기세포를 들여와서. 여기서 덜미를 잡힌 김선종은 결국 검찰조사 첫날 한 시간도 채 되지 않아 자신의 업무방해 사실을 자백하기에 이른다. 그 후 2009년 10월 법원은 김선종에게 황우석에 대한 '업무방해 유죄'를 선고했고 김선종의 항소포기로 형은 확정됐다. 이처럼 김어준의 당시 칼럼은 하나하나 사실로 확정되어 나갔다. 그는 당시 첨예한 사안이었던 황우석 박사의 조작개입 여부에 대해서도 족집게처럼 맞췄다. 그 힘은 '신통력'이 아니라 정황증거를 읽어내려가는 '논리의 힘'이었다.

— 황우석은 자신의 줄기세포가 뻔히 가짜임을 알면서도 뉴욕의 연구기관에 지원금까지 주며 분양했고 또 줄기세포허브를 통해 전 세계에 분양하려 했다는 건가. 논문에 이미 DNA 정보가 있는데도 자신이 통제할 수 없는 외부기관에 분양할 계획을 세운 건 그것이 가짜임을 드러낼 그 어떤 종류의 검사도 향후 영원히 절대 하지 않을 것이라 믿었다는 건가. 그리고 열흘 후 냉동된 것이 풀려 그 속엔 진짜가 포함돼 있을 거라 한 건 겨우 열흘 후면 전부 다 가짜임이 드러나 더욱 큰 거짓말이 될 걸 알면서 그랬다는 건가. 그리고 황우석이 돌려막기 한 것이라면 왜 군이 성별을 맞춰야 했나. 어떤 이유에서든 맞춰야 했다면 체세포 정보를 다 가지고 있는데 왜 2개는 틀리는 건가. (김어준의 칼럼 '황우석 미스터리', 2006.2.2.) 7

이후 검찰은 무려 63일간 황우석에게 묻고 또 물었다. 김선종에게 지시하지 않았느냐고? 공모하지 않았느냐고? 나중에는 (가짜라는 걸)

알고는 있었지 않으냐고. 모두 아니었다. 바로 황우석을 단 한 번도 만나지 않은 김어준이 지적한 대로 국내외 10여 군데 연구소에 체세포와 줄기세포를 공개 분양한 정황증거는 그가 사기극의 희생자였다는 사실을 분명히 했다. 그 후 9년여의 법정공방 끝에 황우석 박사에 대한 사기 무죄가 확정되었다. 2014년 2월 27일이었다.

그러나 지금 김어준은 어떤 평가를 받고 있을까. 세간의 평가는 잘 모르겠지만, 그가 발 담그고 있는 진보 진영에서는 그때도 그렇고 지금도 그렇고 그는 여전히 황우석 사건에 대해 대표적 음모론자로 통하고 있다.

―음모론의 종류는 가지가지입니다. 여기서는 황우석 교수를 둘러싼 이야기를 말합니다. 누군가 나쁜 놈들이 공모해 황 교수를 돌이킬 수 없는 구렁텅이에 빠뜨렸다는 의심이자 가설입니다. 이런 주장들이 인터넷에서는 환영을 받고 있다고 합니다. 하지만 실명을 내걸고 뛰어든 이들은 거의 없습니다. 그가 거의 유일합니다. 딴지 김어준 총수입니다. 저는 소년 탐정 김어준이라는 표현을 쓰고 싶습니다. 큼지막한 돋보기를 들고 범죄 현장을 누비는 코믹 버전으로 그를 떠올려봅니다. 그는 정말로 탐정처럼 뛰어다닌다고 합니다. 하루에도 몇 차례씩 서울 한강다리를 왕복하며 '관계자'를 만나고, 곳곳의 동조세력이 어디에 있는지 찾아 헤맨답니다. 또 밤이면 밤마다 국제전화로 해외 수사망을 가동한다는 소식입니다. (고경태 편집장의 '한겨레21' 칼럼, 2006.2.9.) [8]

소년탐정 김어준. 주류들은 그가 우스꽝스러운 복장으로 한강다리 위에서 돋보기를 들고 줄기세포를 찾고 있다며 비웃었다. 몇 해

전 어렵게 그와 통화했던 적이 있는데 그는 워낙 많은 욕을 진보진영 내에서 먹어 온 터라며 힘없이 전화기를 내려놨다. 당시 그가 쓴 칼럼 일부분이 생각났다.

> —나중에 바보 되면 내 배는 내가 알아서 째리라. 하지만 난 이 사건이 도대체 이상하다. 나만 그런가? (김어준의 칼럼 '황우석 미스터리', 2006.2.2.) 9

그는 바보가 아니다. 배를 쨀 일도 하지 않았다. 오히려 그 어떤 언론도 다루지 못한 상식의 잣대로 이 사안에 접근했다. 그런데 그가 왜 바보 아닌 바보가 되어 침묵해야 하는가. 소년탐정 김어준은 얼마 못 가 탐정사무소의 문을 닫게 된다. 그가 속해있던 진보진영으로부터 '황빠 음모론자'라는 집중타를 맞고 연재를 중단하기에 이른다. 그가 진영논리 감옥에 갇히기 전 울부짖은 마지막 사자후는 이 미스테리한 사건의 뒤에 있는 미국과 서울대, 그리고 방송국 사이 기득의 역학을 본 언론인으로서의 고뇌가 엿보인다.

> —사건 이면에 작동하는 기득의 역학은 정말 꼼꼼히 따져보기는 하고 그리 자신 있는가 말이다. 어느새 서울대가 피해자가 되고 미국이 정의가 되고 방송국이 약자가 되는 구도에 진보진영이 절대 기여하는 이 웃지 못할 아이러니의 자초지종은 정말 제대로 헤아려보기는 했는가 말이다. 정치하지 못한 대중언어와 세련되지 못한 대중액션을 오로지 파쇼의 그것으로 해석하고 말아버리는 나태와 오만은 사태 초기 토해놓은 스스로의 말들 때문인가. 그거야말로 진보진영이 그리도 학을 떼던 극우 꼴통의 단골 코스 아니던가. (중략) 알리바이부터 대자. 난 황우석 만난 적 없다. 그가 외친 국익

도 사실 절대 관심사는 아니다. 하지만 난 황우석 사건이 이 땅의 좌우를 마구 뒤섞어 그 바닥을 여실히 드러내는 일대 사건이라 여긴다. 그래서 욕먹어 가며 쓰고 또 쓴다. 그리고 이 사건이 대한민국 기득 구조 한 편의 앙상하고 추한 몰골을 고스란히 드러낼 절호의 찬스라고 여긴다. 그래서 쓰고 또 쓴다. 내가 범 '우리편'이라 굳건히 믿는 한겨레, 오마이, 프레시안의 늙은 진보가 슬프다. 그래서 쓰고 또 쓴다. 황우석 구실 삼아 쓰고 또 쓴다. 정체된 진보는 보수다. 씨바. (김어준의 칼럼 '우리편 유감', 2006.2.23.) [10]

제30부

KBS 〈추적60분〉
'섀튼은 특허를 노렸나?'

미국인 공동연구자 섀튼 교수가 황우석 박사의 핵심기술을 자신의 특허에 도용했다는 의혹은 사실이었지만, 이를 취재한 KBS 〈추적60분〉은 방영되지 않았다.

한국에서 황 박사가 처참하게 침몰하고 있던 2006년 1월경, 미국에서는 이상한 일이 벌어지고 있었다. 제럴드 섀튼. 제일 먼저 황 박사와의 결별을 선언하고 미국으로 가버린 〈사이언스〉 논문의 공동교신 저자. 그가 황 박사 기술을 자신의 특허로 빼가고 있다는 '특허도용' 의혹이 불거져나온 것이다. 미국 내 현지 언론의 폭로였다.

　　—국제적인 논란에 휩싸인 피츠버그의 과학자가 최근 들어 멀어진 한국인 동료(황우석)를 제외시킨 채 배아줄기세포 수립 기술에 관한 특허 등록을 추진하고 있음이 미국 정부 문서에서 확인되었다.[1]

2006년 1월 7일 〈피츠버그 트리뷴 리뷰〉는 〈사이언스〉 논문의 공동 교신저자였던 제럴드 섀튼 교수가 황 박사를 배제한 채 줄기세포 특허 등록을 추진하고 있다고 보도했다. 의혹은 사실이었다. 섀튼 교수는 황 박사와 결별하기 전부터 줄기세포 특허에 각별한 관심을 보여왔다. 2005년 9월경에는 예고도 없이 자신의 특허 자문 변호사를 한국으로 데려왔다. 그리고는 황 박사에게 줄기세포 특허의 상당 지분 등을 요구했다.

— 당황스러웠어요. 특허지분과 세계줄기세포허브 운영권에 관한
3대 요구를 하는데, 당시 저와 함께 배석했던 (한국 정부) 외교부
관계자나 서울대 특허변리사 모두 난색을 표명했죠. (황우석 박사,
2014.12.14.) [2]

당시 섀튼 교수는 특허의 지분과 운영비용 등을 구체적으로 요구
했다. 그러나 황 박사는 거절했다. 그의 특허는 이미 전 세계 11개 나
라에 출원되어 있었기 때문이다. 그러나 섀튼 교수는 포기하지 않았
다. 그는 공동연구자인 황 박사에게 어떤 상의나 언질도 주지 않은
채 황 박사와의 공동연구를 통해 알게 된 황 박사팀의 기술을 자신의
특허에 하나하나 '추가'시키고 있었다.

— 세포 핵이식에서 일어나는 방추체 결함을 교정하기 위한 방법 및
이의 응용에 대한 특허
— 출원일 : 2003.4.9.
— 발명자 : 제럴드 섀튼, 캘빈 시멀리, 크리스토퍼 나바라 [3]

섀튼 교수가 지난 2003년 4월 9일 출원한 특허내용을 살펴보면
당시 황우석팀의 핵심기술들(쥐어짜기식 탈핵법과 전기자극조건, 세포 배
양액 등)이 추가보정 작업을 통해 담겨 있었다. 그러나 발명자 명단에
황 박사의 이름은 없었다. 특허출원 날짜는 황 박사 특허보다 8개월
가량 앞서있었다. 누가 봐도 자기 이름으로 먼저 특허를 출원해놓고
황 박사와 손을 잡은 뒤 그의 기술을 하나하나 추가 보정을 통해 빼
갔다는 '특허도용' 의혹이 나올 만했다. 실제로 섀튼 교수를 조사한
미국 피츠버그대학 조사위원회 보고서는 섀튼의 특허가 황우석 기술
의 지원을 받아 이뤄지고 있음을 인정하고 있다.

— 2004년 특허는 (섀튼) 단독으로 개발된 발명만으로는 충족될 수 없는 출원 내용을 주장하고 있다. 가출원 내용을 보정해 실제 출원으로 가는 과정에서 황우석 연구팀에 의해 개발됐다고 전해지는 기술의 지원을 받은 것으로 보인다. (미국 피츠버그대학 조사보고서, 2006.2.8.) [4]

그 무렵 섀튼 교수는 길목을 선점하는 데에도 열심이었다. 황 박사와는 별도로 줄기세포 실용화로 가는 다음 단계인 '분화연구'를 선점하려 애썼다. 영국 케임브리지대학의 로저 피터슨 교수와 공동으로 인간배아줄기세포 배양에 대한 논문을 발표했고, 피츠버그에서는 배아줄기세포를 심근세포(심장질환치료용)나 췌장세포(당뇨치료용)로 분화시키려는 연구를 서둘렀다. 한편 황 박사가 보낸 한국인 연구원들을 활용해 원숭이를 대상으로 하는 영장류 복제연구 체계를 빠르게 갖춰나갔다. 그리고 그는 자신이 주도하는 논문에서도 황우석의 이름을 넣지 않았다.

— 섀튼은 황 박사하곤 다르게. 자신이 주도하는 논문에서는 황우석 박사의 이름을 싣지 않았다. 황우석팀 연구원들의 이름도 일부만 집어넣었다. (김근배 교수의 저서, 363쪽) [5]

황우석과 섀튼. 두 사람은 늘 따뜻한 포옹을 했지만, 물밑에서의 경쟁은 치열했다. 특히 섀튼 교수는 황 박사와의 공동연구를 통해 거액의 국비지원을 미국정부로부터 받았다. 자신의 특허를 보정하고 황우석팀 연구원들을 받아들여 다수의 논문을 발표하는 등 속된 말로 '남는 장사'를 했다. 그리고는 2005년 11월 12일의 마지막 포옹을 끝으로 〈사이언스〉 논문팀에서 탈출한다. 곧 배는 침몰했고, 선장 황우석은 스무 명의 연구원들과 함께 끝까지 배를 지키다 깊은 바닷속으로 빨려 들어갔지만. 섀튼은 털끝 하나 다치지 않은 채 집에 돌아갔다. 과학사학자인 김근배 전북대 교수는 자신의 저서에서 섀튼 논문 관찰 소감을 이렇게 적었다.

— 어찌 보면 황우석과의 발 빠른 결별선언은 자신의 이해관계를 잘 판단해서 내린 '노련한 과학정치가'의 면모가 드러나는 행보였다.
(김근배 교수의 저서, 270쪽) [6]

이러한 정황들이 인터넷을 통해 전해지면서 한국 내 여론은 제2라운드로 들어가 부글부글 끓기 시작했다.

— 이거였어? 특허 뺏기?

촛불의 대열은 늘어갔다. 급기야 안타까운 일까지 벌어졌다. 2006년 2월 4일 광화문 네거리의 이순신 동상 앞. 한 60대 노동운동가는 황우석 사건의 진실규명과 원천기술보호를 외치며 스스로 목숨을 끊었다. 영하 15도를 넘나드는 한겨울의 새벽 6시 4분경, 이순신 동상 앞은 화염에 휩싸였고 주변에 흩뿌려진 유인물에는 이런 글귀가 남아 있었다.

— 지금 언론들은 국민들을 바람에 굴러가는 헌 누더기로 보고 있습니다. 영혼이 없는 사람들이라 생각하며 그들의 무기인 언론매체로 국민들을 우롱하고 있습니다. 그들에게 우리가 당당하게 보여줍시다. 우리는 깨어있는 영혼이 지그시 내리누른 태양을 집어삼킨 국민들이라는 것을. 그래서 가슴이 활활 타오르는 뜨거운 국민

들이라는 것을.[7]

그의 이름은 정해준이었고 직업은 노동운동가였다. 화물연대 노동
운동을 이끌며 운수노동자들의 처우개선에 일익을 담당했던 그는 노
동자도 아닌 과학자의 진실규명을 외치며 목숨을 끊었다. 대한민국의
미래를 걱정하는 그의 고뇌는 깊었지만, 사람들은 그의 죽음조차 알
지 못했다.

그런데 그 무렵 방송을 준비하고 있는 사람이 있었다. 한국의 공영
방송인 KBS의 문형렬 피디. 〈PD수첩〉과 함께 대표적인 시사프로그
램이던 KBS 〈추적60분〉 소속이던 그는 〈PD수첩〉과는 다른 이 사건
의 또 다른 측면을 취재하고 있었다. 〈추적60분〉은 특허도용 의혹의
진실과 미국인 과학자의 이상한 행보, 그리고 황우석 원천기술의 실
체를 추적했다. 하나같이 당시 대다수 국민들이 궁금해하고 있던 이
사건의 핵심쟁점들이다. 이를 위해 문 피디는 정명희 서울대 조사위
원장과의 단독 인터뷰를 통해 큼지막한 팩트를 밝혀낸다. 서울대 검
증이 불충분했다는.

— 사실 처녀생식일 가능성이 있다고 하는 것을 조사위원회가 그렇게
크게 (문제) 삼지 말았어야 되는 거야. 사실은 잘 모르겠다. 이 정
체를 잘 몰라. 정말 정체를 잘 몰라. 우린 모르겠다고 하는 게 제일
나았을지도 몰라. (법정에서 공개된 영상 내용, 2009.2.2.)[8]

법정에서 공개된 정명희 서울대 조사위원장의 〈추적60분〉 인터뷰
영상이었다. 전 세계에 발표한 기자회견에서는 황우석 1번 세포가
처녀생식임을 밝힌 게 최대 업적이라며 자랑했던 그가 그로부터 석

달 뒤 〈추적60분〉과의 인터뷰에서는 '사실은 몰라 정말 몰라.'라고 말하고 있었다. 훗날 재판부가 그에게 따져 물었다. 저렇게 모르겠다고 하면서도 왜 온 국민이 지켜보던 발표 현장에서는 처녀생식 규명이 서울대 조사 최대 업적이라고 자신했느냐고. 그랬더니 정명희 교수는 '흥분해서 그랬다.'라며 공식으로 사과했다.

— 예, 저희가 (당초에는) 가능성만 제기하자고 다짐을 했습니다. 그런데 (발표) 순간 흥분해서 그런지 단정적으로 이야기한 것은 맞습니다. 잘못했다고 인정합니다. (정명희 교수 법정진술, 2009.2.2.) [9]

이처럼 불충분했던 서울대가 알아서 황우석 기술을 부정해주는 동안 미국인 공동연구자의 특허는 더욱 유리한 고지를 선점하고 있었다. 문 피디는 특허 의혹과 관련해 미국 현지 취재까지 다녀와서는 프로그램의 가제목을 이렇게 붙였다.

— 새튼은 특허를 노렸나.

〈추적60분〉에 대한 국민들의 관심은 남달랐다. 국민의 수신료로 운영되는 공영방송이었고. 언론사끼리 벌이던 우왕좌왕 진흙탕 개싸움 국면에서도 차분한 논조로 정중동을 지키고 있던 KBS였기에 더욱 그랬다. 나도 그랬다. 난 그때만큼 공영방송이 존재해야 하는 이유를 절감했던 적이 없다. MBC 대 YTN. 보수언론 대 진보언론 등…. 자사 이기주의와 진영논리가 판치는 언론환경 속에 국민의 방송 KBS는 유일한 희망이었다. 만일 그 당시 〈추적60분〉이 방영됐더라면 KBS의 수신료 인상 문제는 벌써 해결되지 않았을까 싶다. 그러나 KBS는 〈추적60분〉을 끝내 방영하지 않았다. 피디가 전문가 조언을 받고 외국 취재까지 다녀와 편집까지 마친 프로그램을 국민의 방송 KBS는 내보내지 않았다. 2006년 4월 4일 밤. KBS는 프로그램 홈페이지를 통해 프로그램을 방영하지 못하는 사유를 다음과 같이 밝혔다.

—〈추적60분〉 제작팀은 문형렬 피디가 취재 편집한 (가제) '섀튼은 특허를 노렸나?' 편집본에 대해 두 차례 시사회를 연 결과, 편집본에 담긴 내용으로는 방송이 불가능하다는 결정을 내렸습니다.[10]

자체회의를 해보니 뭔가 프로그램 내용에 결함이 있어 방송을 내보낼 수 없다는 결정을 했다는 뉘앙스…. 그러나 문형렬 피디가 다음 날 사내 통신망에 올린 '제작자의 입장'이라는 반박글에는 전혀 다른 내용이 담겨있었다. 자체결정이 아니라 윗선의 부당한 지시였다는….

—4월 4일 제작진의 시사회 결과는 더 이상 시사회를 하지 말고 제작자와 선임 피디와의 조율 하에 보강해서 방송 나간다는 것이 결론이었습니다. 저는 보강은 금방 할 수 있다는 입장을 전했습니다. 하지만 4일 밤 ○○○ 본부장은 ●●● 선임을 통해 제작진의 결론을 뒤엎고 모든 촬영 원본을 회사에 반납하라는 요구를 했고 저는 거절했습니다. 그것은 부당한 지시이고 부당한 지시를 거절할 자유가 제게 있음을 알려드렸습니다.[11]

이후 문 피디는 방송사 결정에 불복해 자신의 취재내용을 인터넷에 공개하겠다고 맞섰다. 방송 사상 초유의 일이 벌어진 것이다.

—취재 중 제작 중단 지시, 업무분장 변경 지시, 테이프 반납 지시, 주제를 바꾸려는 프로그램 의도 등 있을 수 없는 일을 당했습니다.

(중략) 또한 사내외 변호사 자문을 얻은 프로그램에 대해서, 국정원이 새튼의 특허침해 의혹에 대해서 심도 있게 분석해 줘서 고마워하는 프로그램에 대해서, 검찰에게 NT-1의 중요성을 가르쳐 준 프로그램에 대해서 모호한 사실관계 운운하며 방송불가 입장을 공식 발표한 회사 경영진과 어떤 협의도 하지 않을 것임을 밝힙니다. 징계를 각오하고 외부기관에서 더빙해 인터넷에 이번 주에 공개할 것이며 국민의 알권리에 충실하고자 합니다. (문형렬 피디, 2006.4.4.)

문 피디의 행보는 결코 쉬운 일이 아니었다. 한 명의 자연인이 자신이 속한 거대 조직에 이런 식으로 맞선다는 것. 예나 지금이나 계란으로 바위 치기 식의 지극히 외로운 투쟁이다. 이처럼 〈추적60분〉이 뒤집어지고 있을 때 시사평론가 진중권은 〈추적60분〉의 불방처리는 당연하다는 듯 이렇게 조롱했다.

— 새튼은 특허를 노렸냐?[12]

그는 자신이 진행하던 SBS 라디오 방송을 통해 〈추적60분〉에 대한 원색적인 비난을 퍼부었다. 검열과 불방을 찬양하고 방송되지도 못한 프로그램에 대해 이러쿵저러쿵 평가를 내리는 '막장 비평'이었다.

— 이 방송이 공중파를 탔다면, 길바닥 음모론을 그대로 내보내 비웃음을 산 KBS '시사중심'의 2탄이 될 뻔했지요. (중략) 담당 PD는 이 프로그램을 인터넷에 공개하겠다고 하는 모양입니다. 좋은 일입니다. 그 프로그램은 전국방송인 KBS가 아니라 동네방송 DBS로 나가는 게 어울릴 것 같으니까요. MBC 〈PD수첩〉과 KBS 〈추적60분〉, 수준이 차이가 나도 너무나 나는군요. (진중권의 'SBS전망대' 칼

럼, 2006.4.5.)

진중권 씨는 또한 〈추적60분〉이 다루고자 했던 황우석 '1번 줄기세포의 진위여부'에 대해서도 생각해볼 가치조차 없는 음모론이라고 공격했다.

> ─ 듣자 하니 줄기세포 1번이 체세포복제 줄기세포일 가능성이 높다는 내용도 들어 있다고 하는군요. 그렇다면 황 박사팀이 왜 논문을 조작해야 했는지 납득할 수 없는데, 그 부분에 대해서는 어떤 대답을 내놓고 있는지 궁금하네요. (진중권의 'SBS전망대' 칼럼, 2006.4.5.)

1번 세포가 진짜라면 왜 논문을 조작해? 당시 진중권 씨가 던진 이 질문이 바로 촛불을 든 국민들이 언론에 궁금해하던 바로 그 질문이었고 〈추적60분〉이 방송되어야 하는 이유였다. 당시 많은 국민은 '특허까지 출원한 황 박사가 왜 논문조작에 휘말린 건지.'라는 식으로 상식적인 질문을 던지고 있었다. 그러나 이른바 지식인들은 '음모론'이라며 깡그리 무시했다. 그러나 진중권 등이 허무맹랑한 음모론으로 단정한 바 있는 1번 줄기세포는 처녀생식 논란에 불구하고 지난 2014년 미국 특허청에서 정식으로 최초의 인간 난자를 이용한 체세포복제 줄기세포로 등록되었다.

> ─ 특허명 : 인간의 체세포복제 배아로부터 유래한 배아줄기세포주.
> ─ 등록번호 : 8647872, 등록일 : 2014.2.11.
> ─ 발명자 : 황우석 등 15명.[13]

〈추적60분〉을 길바닥 음모론에 비유한 진중권 씨의 독설은 시사평론가로서의 돌이킬 수 없는 패착이었다. 당시 〈추적60분〉이 담고 있던 내용은 시민들에게 공개할 의무가 있을 만큼 공익적인 가치가 인정되는 내용이었다는 법원의 판단이 나왔다. 2006년 9월 28일에 나온 '정보공개청구소송' 확정판결 내용.

— 황 교수팀이 보유한 인간 체세포 핵치환 기술의 특허권적 시각의 중요성, 특허 등록에 있어 NT-1의 처녀생식 여부가 중대한 영향을 미치 는 사실, 새튼 교수가 황우석 교수팀의 기술을 도용한 것인지 여부, 이를 둘러싸고 앞으로 예상되는 특허분쟁, 줄기세포 원천기술의 향후 가치 등을 다루는 사실이 인정됨. (서울행정법원 행정11부 판결문, 2006.9.28.) 14

그러나 판결에도 불구하고 KBS는 끝내 방송을 내보내지 않았다. 무엇이 두려웠을까? 만일 방송이 전파를 탔다면 이런 상황이 전개되었을 것이다. 첫째, 서울대의 검증이 불충분했다는 여론이 붉어져 나왔을 것이다. 두 번째, 이미 서울대 내부에서도 제기되고 있던 황우석 1번 줄기세포에 대한 국제공동 재검증을 비롯해 '재연실험 기회 부여'의 목소리가 수면으로 떠올랐을 것이다. 세 번째, 이 사건의 지적재산권적 측면이 새롭게 부각되었을 것이다. 결국, 이 사건을 이성적이고 합리적으로 매듭지을 수 있는 마지막 기회였다. 그러나 KBS는 끝내 〈추적60분〉을 방영하지 않았다. 여의도 KBS 사옥 앞에는 〈추적60분〉의 방영을 촉구하는 촛불들과 이를 제지하는 전투경찰 차량들이 맞섰다. 결국, 2006년 4월 15일, 폭우가 쏟아지는 가운데 〈추적60분〉의 방영을 촉구하던 수백 명의 시민은 앞과 뒤 양옆을 막아선 전투경찰 버스에 둘러싸인 채 전원 연행되었다. 수십 대의 경찰 버스로 시위대를 포위하는 대규모 '차벽설치'가 실제 시위 진압에 적용된 것은 이날이 처음이었다.

> — 이후 광우병 촛불이나 세월호 촛불을 진압하며 경찰이 비난받은 차벽 설치가 그날 처음 선보였어요. 그때 많이 울었죠. 서러워서. 이 나라 국민이 방송을 보고 싶다는데 보지도 못하게 하고 범법자 취급하면서 연행당하고….[15]

당시 시위에 참가했던 한 시민의 말이다. 주부, 직장인, 자영업자, 농민, 대학원생, 법조인, 특허 변리사까지. 다양한 직업군의 시민들이 KBS 앞에서 촛불을 들었다. 이들의 대오는 시민단체나 진보정당이 아니었기에 조직적이지도 숙련되지도 않은 느슨하고 우스꽝스러운 모습이었다. 더구나 인터넷 공간에서 실명이 아닌 '닉네임'을 쓰며 정보를 공유해온 사람들이었기에 후일담이긴 하지만, 이들이 전원 연행되었을 당시 신원조회를 하던 경찰은 큰 곤욕(?)을 치르기도 했다.

> — 일고여덟 군데 경찰서에 나눠서 연행됐는데, 조서를 꾸미잖아요. 그때 이름 대신 각자 쓰는 '닉네임'을 경찰서에서 말하니까, 경찰은 그 닉네임 그대로 호명하는 거예요. 예를 들어 '뿌글이와 딩미리'?, '예', '곶감사세요'?, '예', '아톰'?, '예'…. 뭐 이렇게 연명되니까 경찰서 안이 뒤집어졌죠. (당시 시위참가자, 2015.6.16.)

그중 닉네임 '곶감 사세요'는 경북 상주에서 실제로 곶감 농사를 짓는 여성 농업인이었는데 훈방조치가 나와 집에 가라고 하자 '너희들이 여기로 데려왔으니 너희들이 우리 집(상주)까지 데려다 줘라.'라며 맞서기도 했다. 그러나 역부족이었다. 그들은 공영방송국 앞을 어지럽힌 '이상한 사람들'로 비춰지며 끌려갔고 문형렬 피디는 해임됐다. 이후 그는 법원 판결과 안팎의 여론에 힘입어 다시 KBS로 돌아왔다. 그러나 〈추적60분〉은 여전히 방송으로 볼 수 없었고. 나는 당시 불방결정에 최종적으로 사인한 정연주 KBS 사장이 예전 기자시절에 썼던, 그 유명한 〈정연주 칼럼〉을 보고 있다.

— (헬렌 켈러가) 사회주의자가 되기 이전까지 그는 온갖 장애를 극복한 초인간적인 노력과 용기에다, 명문대를 입학한 지적 능력으로, 미국 언론과 국민의 사랑을 한몸에 받았다. 그러나 사회주의자가됐다는 소식이 전해지자 언론은 냉혹한 비판자로 돌변했다. 보지도, 듣지도, 말하지도 못하는 장애를 극복한 용기를 극찬했던 언론들이 이제는 그러한 장애 때문에 세상을 제대로 보지 못하고 있다고 매서운 비판의 칼날을 들이댔던 것이다. 그는 언론과 사회의 냉대와 비판에 아랑곳하지 않고 장애인을 위한 활동뿐 아니라 여성권리·정치에 대한 글을 끊임없이 발표하는 등 치열하게 살았다. 그러나 그의 성인시절 얘기는 역사 기록에서 거의 사라졌다. 이데올로기적인 선입관과 왜곡 때문이라는 게 미국의 진보적인 역사학자들 견해다. (정연주 기자, 2000.8.18.) [16]

이처럼 헬렌 켈러의 또 다른 진실을 외면한 미국의 주류 언론을 통렬히 비판했던 한국의 진보적 지식인이 왜 제 나라 공영방송의 수장으로서 제 나라 과학자의 또 다른 진실을 외면했을까. 이것이 내가이 사건을 한국 내부의 사건으로 볼 수 없는 또 다른 이유다.

제31부

검찰조사 63일

검찰조사 첫날 진범은 자신이 줄기세포를 가짜로 조작했다고 자백했지만, 검찰은 황 박사의 지시 여부를 조사했고 황 박사가 조작을 지시하지도, 공모하지도, 알지도 못하는 상태로 당했다는 게 명백해지자 황 박사의 연구비 내역을 탈탈 털었다.

달력은 이미 3월로 넘어왔지만, 밖은 너무 추웠다. 칼바람이 불어오던 서울 서초동의 검찰청사 앞. 한 여인이 점심을 마치고 종종걸음으로 들어가는 한 무리의 검찰청 직원들을 향해 외치고 있었다.

— 검사님들 식사 맛있게 하셨어요?[1]

그러자 옆에 있던 다른 여성들이 장단을 맞춰 함께 외친다.

— 국민의 뜻이 정의입니다. 검사님들 믿습니다. 공정수사 해주세요. 한턱 쏠게요.

검찰청사 앞에서 오돌오돌 떨며 피켓을 들고 있던 30여 명의 여성들. 그들은 일당받고 동원된 알바가 아니었다. 황 박사의 일가친척들도 아니었다. 서울에서 용인에서 멀게는 부산이나 대구에서 상경한 누리꾼들이었다. 인터넷 검색을 하던 중 카페를 만들어 의기투합했다는 그녀들은 황 박사에 대한 검찰수사가 시작되자 자발적으로 피켓을 만들어 청사 앞으로 모여들었다. 매일 적게는 20명부터 많게는 40명까지 피켓을 들고 서 있는다고 했다. 도대체 무엇이 평범한 주부들을 검찰청사로 출근하게 한 걸까?

— 저는 중1 올라가는 딸 둔 대한민국 엄마예요. '나 열불 나서 도 저히 못 참겠다. 내일부터 검찰청이고 서울대고 미즈메디고 1인 시위할 거다.' 이러니까 뜻맞는 사람 7명이 모였어요. (서울 개포동 40대 주부) 2

— 저는 이때까지 나라에 이바지한 게 없어요. 가정주부로서 그저 집 안만 지키면 되는 줄 알았어요. 하지만 지금은 나라에 기여하는 보 람…. (서울 강동구 49세 주부) 3

그들은 검찰청사 앞에서 서울대가 외면한 줄기세포 사건의 진실을 밝혀달라고 외치고 있었다. 줄기세포 사기극의 진범을 잡고 대한민국 기술도 지켜달라고 호소했다. 그래서 "식사 맛있게 하셨느냐?"라는 색다른 구호도 나왔다. 밥 먹고 힘내서 진실을 밝혀달라는 그녀들의 진심이 담겨 있었다. 정작 본인들은 검찰청 직원들의 점심시간이 다 끝난 뒤에야 밥을 먹었다. 식비는 100% 셀프.

— 점심은 각자 갹출이죠. 싸요 검찰청 식당 가면, 오늘은 아귀찜 식 당 하시는 분이 점심 대접한대요. 저희 맛있는 아귀찜 먹으러 가 요…. (서울 개포동 40대 주부)

맛있겠다, 아귀찜…. 뜨끈한 국물이 그리운 추위였다. 나는 불과 30여 분 서 있었을 뿐인데 온몸이 사시나무처럼 떨려왔다. 그러나 그녀들은 마치 에스키모들처럼 여유 있게 농담도 해가며 몇 시간씩

서 있었다. 한 중년 여성이 검찰청 직원 들으라는 듯 걸쭉한 농담을
던졌다. 그것은 당시 서울대 조사위원회가 자신들의 최대 과학적 업
적이라고 자랑하고 있던 '1번 줄기세포 처녀생식설'의 문제점을 알
기 쉽게 풍자한 아줌마 버전의 구호였다.

> — 대한민국엔 남자 필요 없습니다. 처녀생식으로 처녀도 애를 낳을
> 수 있어요. 프랑스도 오세요. 대한민국에선 처녀생식으로 인구감
> 소를 막을 수 있어요. 처녀생식 때문에 가정파탄 납니다. 아줌마도
> 애를 낳게 생겼어요.

그 무렵 황 박사는 '귀빈실'에 있었다. 서울중앙지검 12층에 있는
1235호. 대기업 총수나 정치인 등 VIP급들이 조사를 받는 방이라고
해서 '귀빈실'로 불렸다. 이곳에서 그는 무려 63일 동안 조사를 받았
다. 검찰이 특정인을 63일 동안 매일 불러 조사한다면 그건 무슨 의
미였을까? 반드시 집어처넣고 말겠다는 뜻 아니었을까?

그는 2006년 3월 2일부터 매일 아침 9시, 1235호로 출근해 조사
받았다. 조사는 일찍 끝나면 다음날 새벽 1~2시. 늦게 끝나면 새벽
4~5시까지 계속됐다. 그리고 다시 아침 9시부터 조사. 말이 불구속
상태지 사실상 황 박사는 불면의 구금상태로 조사를 받았다. 그런데
도 검찰청사 안에서 그는 '독한 사람'으로 통했다.

새벽 5시까지 조사를 받고 집에서 잠시 눈을 붙이고 나올 때도 그
는 늘 아침 9시 정시에 새로 맨 넥타이와 정장 차림으로 들어왔다.
허리를 꼿꼿이 세운 정자세를 유지했고 심지어 검찰청사 내에서는
물 한 모금, 밥 한 끼 입에 대지 않았다. 검사가 식사시간이라며 식
사를 권해도 '다녀오시라. 나는 여기 있겠다.'라며 정자세로 꼿꼿이
앉아 검사를 기다렸다. 오죽하면 '황우석이는 검찰이 자기를 독살할

까 봐 목검을 차고 물 한 모금 안 마시더라.'라는 황당한 소문까지
돌았을까.

　　—지난 3월 한 인터넷 사이트에 '검찰이 황 교수를 독살하려고 한
　　　다.'라는 황당한 루머가 돌기 시작했다. 황 박사는 그때부터 검찰
　　　이 제공하는 것이라면 물 한 모금 마시려 하지 않았다. (조선닷컴,
　　　2006.5.12.) [4]

　　그러나 목검은 진짜 목검이 아닌 어느 스님이 선물한 목검 모양의
작은 장식물이었고, 식사 거부는 스스로에 대한 의지의 표현이었다.

　　—나 자신과의 싸움에서 결코 허물어지면 안 된다는 의지의 표현이
　　　었습니다. 홍만표 특별수사팀장의 식사제의 말고는 일체 밥도 물
　　　도 음료수도 입에 대지 않았습니다. (황우석 박사, 2015.1.29.) [5]

　　나도 처음엔 그가 왜 물 한 모금 입에 대지 않았는지 이해할 수 없
었다. 그러나 그가 63일간 어떤 조사를 받았는지 알게 되면서 그의
심정을 이해할 수 있었다.
　　그와 관련된 거의 모든 사람이 검찰 취조실로 불려 들어왔다. 장부
를 열고 계좌추적을 했다. '당신이 자백하지 않으면 주변사람이 다칠
수 있다.'라는 강한 압박이었다. 그것은 귀빈실에서 조사받던 사람들
이 갑자기 한강다리 위에서 몸을 던지는 이유이기도 했다.

　　소환조사가 시작된 날은 2006년 3월 2일. 목요일 아침이었다. 서
울 서초동 검찰청사 앞에는 이른 새벽부터 기자들과 보도용 카메라
들이 진을 치고 있었다. 황우석, 김선종, 윤현수 등 줄기세포 사건의

핵심 관련자들이 모두 이날 검찰에 출석해 조사를 받는 날이었기 때문이다. 가장 먼저 오전 8시경 미즈메디 배양책임자인 김선종 연구원이 나타났다. 그는 줄기세포 바꿔치기의 진실을 묻는 기자들 앞에 짧은 한마디로 대답했다.

— 검찰에서 모든 것을 밝히겠습니다. (YTN, 2006.3.2.) [6]

모든 걸 밝혔는지는 모르겠지만, 그는 정말로 일찌감치 털어놨다. 법정에서 공개된 수사기록에 따르면, 김선종 연구원은 검찰조사 첫날 한 시간도 채 안 되어 자신의 범행 사실을 자백했다. 배양단계에서의 가짜줄기세포 조작에 대해 그는 누구의 지시도 받지 않고 자신이 가짜를 조작했다고 털어놨다.

— 김선종은 황우석 측이나 미즈메디 연구소 측 어느 누구와도 사전 협의하거나 사후 보고하지 아니하였다고 일관되게 진술하고 있음

(검찰수사결과, 32쪽) [7]

황우석도 미즈메디에도 지시받지 않은 단독 범행이라? 김선종이 황우석 박사의 지시를 받고 조작한 게 아니라는 증거들은 수두룩하게 많다. 그러나 그가 정말 이 엄청난 조작을 미즈메디나 제삼자의 지시나 도움도 받지 않고 혼자 수행했는지 판단해 볼 수 있는 근거들은 거의 없다. 수사기록이 없기 때문이다. 검찰은 황우석과 김선종의 공모 관계를 집중적으로 조사했고 그게 아닌 걸로 나오자 다른 기관 배후설에 대해서는 별 관심이 없었던 것 같다. 어쨌든, 검찰청사에 먼저 도착한 김선종 연구원이 자신의 범행을 자백하고 있을 무렵 황박사가 도착했다. 오전 9시경이었다.

— 황 교수는 검찰 출석에 앞서 기자들의 질문에 입을 굳게 다문 채 '수고하십니다.'라는 말만 하고 곧바로 조사실로 향했습니다. (YTN, 2006.3.2.)[8]

그는 당시 수사를 지휘하던 홍만표 특수3부장과 잠시 인사를 나눈 뒤 취조실로 향했다. 1235호실. 고위관료나 대기업 총수 등이 조사를 받는 일명 '귀빈실'이었다. 당시 황 박사는 조사를 받는 피의자 신분이지만 동시에 검찰수사를 의뢰한 고발인 자격이기도 했다. 자신의 줄기세포들이 어떻게 배양과정에서 가짜로 뒤바뀌었고 누가 증거를 인멸했는지 밝혀달라며 사태 초기인 2005년 12월경 고발장을 접수시켜 놓은 상태였다. 자체적으로 수집한 증거만 보더라도 미즈메디 배양팀의 과오가 워낙 명백했기에 황 박사는 검찰조사가 그렇게 오랜 기간에 걸쳐 진행되리라곤 예상치 못했었다고 털어놓았다.

— 길어야 일주일이면 충분하리라 생각했어요. 그쪽에서도 알 거 다 알고 우리도 인정할 거 인정하고 해명할 것 다 했으니까요. (황우석 박사, 2015.1.29.)[9]

그러나 황 박사에 관한 조사는 일주일이 지나고 한 달이 지나고 두 달이 지나도 끝나지 않았다. 검찰은 처음부터 모든 조작의 배후에 황 박사가 있을 거라고 방향을 잡았다. 김선종 연구원은 조사 첫날 자신이 황 박사 지시 없이 단독으로 줄기세포를 조작했다고 털어놨지만, 검찰은 곧 황 박사가 정말로 지시를 했는지 안 했는지를 놓고 강도 높은 대질조사를 진행했다.

— 김선종에게 조작을 지시하지 않았나?

처음 열흘 동안의 조사는 황우석의 지시여부에 집중되었다. 그러나 모든 정황 증거는 지시하지 않았다는 쪽으로 밝혀졌다. 그러자 조작을 지시하지는 않았지만, 가짜라는 걸 알고 있지는 않았는지 황우석의 '인지 시점'과 '공모 여부'에 맞춰졌다.

— 공모했나? 아니면 가짜라는 걸 알고 있었나?

그러나 이 역시 모두 아니라는 쪽으로 나왔다. 자신이 만든 줄기세포가 '가짜'라는 걸 알면서도 이를 국내외 다른 실험실에 분양해주고 언론사 검증(MBC, YTN)에 응할 바보는 없었으니까 말이다. 급기야 황우석과 김선종 간의 거짓말 탐지기까지 동원되었다.

— 황우석, 김선종을 상대로 줄기세포 섞어심기 공모 여부에 대하여
거짓말탐지기 검사를 실시한 결과, 김선종이 단독으로 섞어심기
하였고 황우석이 공모하지 아니하였다는 답변에 모두 진실 반응이
나옴. (검찰수사결과, 32쪽) [10]

황 박사는 2005년 10월 〈PD수첩〉의 검증요구 전까지 미즈메디 김선종 연구원의 배양기술을 믿고 있었고, 줄기세포가 바꿔치기 됐다는 사실을 몰랐던 사실이 입증된 것이다. 그러나 1235호실에서의 취조는 계속됐다. 이제는 돈 문제를 털었다. 황 박사의 연구비횡령 여부를 밝히는 쪽으로 조사가 집중된 것이다. 처음에는 정부지원 연구비 계좌를 추적했고 그 후 민간 후원금 사용을 털었다. 검찰은 끝내 황 박사가 허위 논문을 통해 20억 원의 기업 후원금을 타내고(특정경제범죄 가중처벌 등에 관한 법률상 사기), 정부지원금과 민간 후원금 8억 3,400만 원을 편취했다고(횡령) 기소했다. 그러나 법원은 사기

혐의에 대해 무죄를, 횡령 혐의에 대해선 일부 유죄를 선고하며 다음과 같이 판시했다. 황 박사는 비록 연구비 지원 일부를 용도대로 쓰지 않아 '유죄'이지만 개인적인 착복 없이 연구에 썼으며 오히려 거액의 재산을 연구에 기부했음.

　—법적평가와는 별개로 그 피해액 대부분은 연구원의 복지 등 넓게
　　보면 적어도 간접적으로는 연구와 어느 정도 관련 있는 용도로 사
　　용되었을 뿐 자신의 치부나 기타 사리를 도모할 목적으로 사용된
　　것은 거의 없어 보이며, 오히려 거액에 이르는 자신의 농장과 각
　　종 상금 등을 공익재단이나 과학기술 연구단체에 기부하기도 하였
　　음.' (1심 재판부 판결문 중, 2009.10.26.) [11]

　　사실 황 박사는 서울대 연구팀을 이끌면서 대학원생들의 등록금 전액 지원은 물론 고정 급여와 식비, 숙소까지 제공하는 것으로 유명했다. 당연히 다른 교수들의 시선이 곱지 않았다. 그러나 그는 월화수목금금금. 휴일도 없이 연구에만 매진할 수 있도록 모든 물적 지원을 해왔다. 연구원은 수십 명에 달했고 그들의 연구가 세계적 반열에 오르면서부터는 외국 학술대회나 주요 실험실과의 교류 등 움직이면 돈인 세상에서 정보 수집 비용이 눈덩이처럼 불었다. 그 큰 비용이 어디에서 왔을까? 정부지원 연구비로는 감당할 수도 없었고 또 그런 용도에 쓸 수도 없었다. 경직성 지원금으로 분류될 만큼 정부지원 연구비는 용도가 엄격히 정해져 있었기에. 그는 자신의 땅을 팔고 정부에서 포상받은 돈, 외부 강연비, 책 인세 등 모든 수입을 연구비에 쏟아부어 왔다.

　　—경기도 화성시 양감면 신왕리 143-1 소재 임야 38,064제곱미터,

810-3 소재 임야 38,064제곱미터.[12]

바로 이곳이 황 박사가 실험용 소 목장으로 갖고 있던 약 2만 평에 이르는 부지였다. 그러나 주변이 공장지대로 개발되면서 이곳의 땅값도 동반상승해 평당 50만 원(2006년 기준)을 호가했다. 그대로 갖고만 있어도 100억 원대에 달하는 재산적 가치였지만, 그는 줄기세포 연구에 본격적으로 돌입하던 지난 2002년 12월 6일, 이 땅을 무상으로 기부했다. 가족들의 반대가 심했지만, 그는 '연구과정에서 취득한 재산은 다시 과학연구에 쓰여야 한다.'라며 이 땅을 생명공학 연구를 지원하는 공익재단(신산업전략연구원 등)에 기부한 것이다. 여기에 조건없는 지원을 약속한 대기업(SK, 삼성)의 후원금이 더해져 신산업전략연구원이 가동됐고 이를 통해 황우석 연구팀은 정부의 경직성 지원금으로는 쓸 수 없는 연구원 복지비와 해외학회비용 등 다양한 용도의 연구비용을 충당할 수 있었다. 그러나 검찰은 정부지원 연구비 가운데 1억 9천여만 원이 본래의 목적인 실험돼지 구매비로 쓰이지 않았다는 점을 문제 삼았다. 여기에 신산업전략연구원의 연구비 중 6억 3천여만 원을 용도대로 집행하지 않았다며 횡령 기소를 결정했다. 횡령이라면 당연히 황 박사가 이 돈으로 주식이나 집을 샀다는 개인착복도 입증되어야 하지만, 오히려 자기 땅 팔아서 연구에 썼다는 사실만 입증되었다. 당연히 검찰로서는 일반인들이 '횡령 기소'를 이해할 만한 '스토리'가 필요했을 것이다. 그런 와중에 검찰청사로부터 언론매체를 향해 두 가지 이야기가 흘러나온다. 황 박사가 부인에게 고급 승용차를 사줬다더라. 미국 돈으로 바꿔 환치기까지 시도했다더라. 실제 재판에서는 아무런 법적 효력도 없는 이야기들이었지만, 여론 재판에서는 그 효력을 톡톡히 발휘한 검찰의 언론플레이였다.

─ 황우석 전 서울대 교수의 돈세탁 수법은 '전문 세탁업자'의 그것을 능가한다. 검찰이 혀를 내두를 정도다. 한 수사 검사는 "저명한 학자의 머리에서 어떻게 그런 범죄 수법이 나올 수 있었는지 의문이다. 연구하느라, 은행을 돌아다니며 돈세탁하느라 무척 바빴을 것 같다."라고 말했다. 연구비로 '환치기'를 하는가 하면, 부인 차량을 구입하는 등 도덕적 해이를 적나라하게 보여줬다. (한국일보, 2006.5.12.) [13]

돈세탁, 환치기. 말만 들으면 무시무시하다. 그러나 정작 검찰은 위 기사와 관련된 사항을 기소조차 하지 않았다. 언론용 '스토리텔링'이었던 것이다. 더 알아보니 기막힌 이야기들이 숨어 있었다. 먼저 부인에게 고급 승용차(?)를 사준 이야기를 살펴보자. 'SM5'가 고급 승용차로 분류되는지는 논외로 하더라도. 사연은 국가기관의 '경호'에서 비롯된다. 황 박사는 두 편의 〈사이언스〉 논문이 발표된 직후 경찰과 정보기관으로부터 '국가 요인'에 준하는 경호를 받았다. 대통령과 3부 요인(국회의장 등)에 준하는 '경호 경비'를 받게 된 황 박사의 집 앞에는 경찰들이 초소를 짓고 하루 3교대로 24시간 경계근무를 섰고, 공식행사에 참석할 때 밀착경호를 했다. 비행기나 기차를 타도 경호원이 따라붙었고 자동차로 움직일 때는 별도의 경호차량이 따라붙었다. 별도의 경호차량. 바로 여기에서 문제가 생겼다. 황 박사가 타고 다니던 '소나타'로는 경호에 문제가 있다고 판단한 정부기관이 난색을 보이자 황 박사는 부인이 타고 다니던 '그랜저' 승용차를 자신의 경호용 차량으로 제공했다. 그리고는 자신의 책 인세 일부로 부인에게 'SM5'를 사줬다.

─ 3부 요인을 제외하고는 정부에서 딱 한 대만 차량을 지원합니다.

모두 3대가 필요한데, 정부에서는 1대만 나오니까 나머지 두 대의 그랜저를 제가 제공해야 하는 거죠. 제가 타던 소나타는 적절치 않다고 하시니까. 그래서 집사람이 시집오면서 장모님한테 받은 '그랜저'를 제공했고, 집사람에게 헌차 타라고 하기 미안하니까 제 인세에서 'SM5'를 사준 거죠. 그리고 나머지 한 대의 '그랜저'는 지인들이 돈을 모아 해줬고···. (황우석 박사, 2015.1.29.) [14]

결과적으로 황 박사의 부인은 '그랜저'를 공출당하고 'SM5'를 탔고, 황 박사는 자신의 인세와 지인들 신세를 져가며 경호를 받았지만, 검찰에 의해 이들 부부는 연구비로 차를 사주고 받은 '횡령범 가족'이 됐다. 20만 달러 외환 환치기 의혹은 어떻게 해서 나왔을까?

— 미국에 사는 친구가 부동산 사업을 하는데 갑자기 세입자가 전세 보증금을 찾아 나가는 바람에 돈이 필요하다며 2억 원을 빌려달라고 하더군요. 그래서 급히 제 개인계좌에서 마련해 보내줬죠. 그리고는 이 사태가 와서 멘붕상태에서 신경 쓰지도 못하고 있었는데··· 그게 계좌추적 과정에서 발견됐나 봐요. (황우석 박사, 2015.1.29.)

황 박사가 사실을 해명하자 검찰 측에서는 제안을 했다. 친구에게 돈 꿔준 게 아니라 노벨상 로비자금으로 제공한 것으로 하자고. 안 그러면 사업하는 친구 같은데 세무조사 등에서 불이익을 받을 수도 있다고.

— 홍만표 부장검사가 제게 '교수님께서 노벨상 로비자금으로 썼다고 하면 이상할 게 없지만, 친구에게 줬다고 하면 더 의혹이 커진다. 그냥 미국에 로비자금으로 줬다고 정리하시죠.'라고 제안을 하

시더라고요. 제 변호사들에게 물어보니까 '큰일 난다고. 그렇게 가면 환치기, 외환관리법 위반으로 즉시 구속이라고. 그냥 사실대로 말하라.'라고 펄쩍 뛰더군요. 그래서 사실대로 갔죠. (황우석 박사, 2015.1.29.)

이후 취조를 맡은 젊은 검사는 '부장 검사에게 들었다.'라며 노벨상 로비자금으로의 정리를 거듭 요구했다. 황 박사의 완강한 태도에 그는 이런 말을 건넸다.

— '그러면 그 사람(친구) 당한다. 그 사람 사업하는 친구던데 세무조사 나가면 뾰족한 수 있나? 구속이다.'라는 말씀을 하셨어요. 나중에 이 이야기를 법조계에 계시는 검사출신 인사들에게 하니까 빙긋 웃으시더라고요. (황우석 박사, 2015.1.29.)

자기 한몸이야 아무래도 괜찮지만 자신 때문에 주변사람까지 사지로 몰리는 것은 볼 수 없다. 아마도 조사를 받던 사람들이 조사 과정에서 극단적 선택을 하는 이유일 것이다. 황 박사도 그러했다. 환치기 의혹에 사업하는 친구가 걸려있었고, 후원금 의혹에 여동생과 자신을 도와준 축산 농민들이 걸려있었다. 검찰은 이름을 밝히지 않은 독지가가 준 후원금을 대신 관리한 황 박사의 여동생과 여동생의 남편을 소환조사했다. 여동생은 '우리 오빠 그런 사람 아니다.'라며 통곡했다. 검찰은 여동생의 울음소리를 들려주며 황 박사에게 '이제 그만 횡령 사실을 자백하라.'라고 요구했다.

— 조사실 문을 살짝 열고 들려주면서 '저거 보세요. 동생까지 고생시켜야 되겠냐.'라고 하며 횡령 사실을 자백하라고…. (황우석 박사,

더구나 황 박사에게 실험용 돼지와 소를 제공해온 축산 농민들이 줄줄이 소환됐다. 황 박사와 입을 맞춰서 돼지를 사지도 않고 산 것처럼 꾸몄다는 것이다.

— 제일 힘든 게 농민들이 소환된 걸 보는 거였어요. 저를 도왔다는 이유로 실험농장 관리인부터 축산 농민 십여 분과 수의사, 인공수정사 여덟 분 정도가 혹독한 조사를 받았습니다. 그분들 모두 지금까지도 저희 실험을 도와주고 계시지만 그 당시에는 정말 죄송해서 몸 둘 바 몰랐습니다. (황우석 박사, 2015.1.29.)

그는 훗날 법정에서 왜 사회지도층 인사들이 검찰조사를 받는 도중 극단적인 선택을 하는지 알게 됐다고 진술했다. 사기횡령이라는 악몽에 벌떡 깬 적도 여러 번이라고 했다. 그런 그가 죽지 않고 살아남아 63일을 버틴 힘은 무엇일까?

— 조사를 받다가 도저히 견딜 수 없을 만큼 힘들 때면 취조실 유리창 바깥을 내려다봤습니다. 그러면 저 밑에 늘 국민들이 서 계셨어요. 강추위 속에서도 수백 분이 서 계신 걸 보면서 '저분들 중에 평소에 알고 지낸 분들이 어디 계시나?' 살펴봤더니 전부 모르는 분들이셨습니다. (황우석 박사, 2015.1.29.)

이름 모를 국민의 성원은 그에게 더할 나위 없이 큰 힘이 됐다. 누가 시킨 것도 아닌데 국민은 그가 조사를 마치고 새벽녘에 검찰청사를 빠져나갈 때까지 수백 명씩 기다리고 서 있다가 '힘내시라.'라는 응원을 보냈다. 밤 열 시부터 허기를 달래려고 한 지지국민이 사비를 털어 삶아온 '줄기국수'라는 가락국수와 뜨끈한 국물로 배를 채웠다. 그 줄이 얼마나 길었는지 경기도 분당에서 병원을 운영하던 한 치과전문의사는 '줄기국수'라는 거 한번 먹어보려고 줄을 섰다가 사람이 너무 많아 그냥 돌아왔다고 한다. 웃지 못할 이야기였다. 무려 63일 동안 이름 없는 국민들은 검찰청사를 지켰다. 말없이 태극기를 들고 몇 시간씩 서 있었다. 용인에서 아기를 업고 피켓시위를 벌였다. 그리고 새벽녘에는 수백 인분의 줄기국수. 오죽하면 검찰 측에서 황 박사에게 '저 사람들 물러가게 하라.'라고 요구했을까.

— '당신이 주는 일당을 받고 나온 사람들이니까 당신이 빨리 들어가라고 하라.'라고 요구하더군요. 홍만표 특별수사팀장도 심기가 불편하다고. (황우석 박사, 2015.1.29.)

급기야 황우석 지지카페인 '아이러브황우석'의 운영자가 검찰에 소환돼 조사를 받았다. 황 박사가 정말 그들에게 일당을 줬는지 탈탈 털었지만 '혐의 없음'으로 끝났다. 그들은 일당받고 동원된 사람들이 아니라, 자기 돈과 시간을 써가며 온몸으로 대한민국의 과학기술을 지켜달라며 태극기를 치켜 들은 '국민'이라는 존엄한 존재들이었기 때문이다.

제32부

어느 원로 과학자의 편지

> 33년간 미국 코넬대에서 미생물학 교수로 복무한 어느 원로 과학자는 코넬의 저명한 줄기세포 과학자들이 황 박사의 기술과 노하우를 인정하고 있는데 반해 한국에서는 무조건 사기꾼으로 몰고 있다며 진상파악이 철저히 이뤄졌으면 좋겠다는 장문의 편지를 보냈다.

서울대 발표가 끝나고 황 박사에 대한 검찰수사가 준비되고 있을 무렵 한국에서 이름 좀 있고 글깨나 쓴다는 교수나 지식인들은 입에 거품을 물고 황 박사를 질타했다. 황 박사는 조사받기도 전에 이미 국제 사기꾼이 되어 갔다. 그러나 모두가 그런 건 아니었다. 조용히 가슴을 치면서 검찰조사를 예의주시하던 지식인들도 있었다. 그들이 남긴 글 중 특히 기억에 남는 순간은 지난 2006년 1월 말 서울대 동창회 게시판에 올라온 어느 원로 과학자의 편지였다.

— 나는 서울 수의대를 졸업하고 바로 미국에 유학 와서 NY주(뉴욕주)에 있는 Cornell(코넬)대학 수의과 대학에서 33년을 미생물교수로 복무하다 이번에 Cornell(코넬)대학교에서 명예교수로 은퇴하여 Florida(플로리다)에 이사 와서 살고 있소.[1]

미국 코넬대학교의 신쌍재 명예교수. 33년을 미국의 실험실에서 살아온 원로 과학자였다. 오랜 미국 생활 때문인지 그의 글은 영문과 한글이 뒤섞여 있어 결코 쉽게 읽히는 글이 아니었다. 그래서 그의 글을 이 책에서 어떻게 옮겨야 할지 고민되기도 한다. 그러나 행간에 담긴 그의 마음을 전하는 데에는 무리가 없을 듯하다. 원로 과학자는 이 사건에 대한 심경을 적어 올린 서울대 졸업 동문에게 답신하는 형식으로 그의 심경을 토로했다. 비록 황 박사가 과학자로서 짊어져야 할 책임이 적지는 않지만 '묻지 마 사기꾼' 식으로 그의 모든 걸 부정해나가는 한국의 모습이 한심해 보인다며 미국에서 실제 겪었던 에피소드를 소개했다.

—지난해 황 교수가 세계적으로 유명하게 되기 전에, 내가 근무하고 있던 Cornell(코넬)대학교 수의대에 황 교수와 강성근 교수가 방문하여 이틀 동안 강연과 (함께) Cornell(코넬)의 여러 유명한 Stem Cell Researcher(줄기세포 연구자)들과 교류한 적이 있었소. 이틀 동안 황 교수가 학자로서 (보여)주었던 Research Presentation(연구발표), 그리고 개인의 특수한 인품과 인격 때문에 내가 33년 동안 Cornell(코넬)에 있으면서 처음으로 외국 과학자가, 특히 동양계의 학자가 Cornell(코넬)의 유명한 교수들로부터 그렇게 신뢰감을 얻고 융숭하게 환대를 받은 것을 보지 못했습니다. 어떤 Stem Cell Research(줄기세포 연구) 교수는 황 교수와 강성근 교수의 공식 Meeting Schedule(회의 일정)이 끝난 다음에 갑자기 1시간만 황 교수 Team을 만나 자기들이 어려움을 겪고 있는 연구 과제를 도와주었으면 애걸해서, (황 교수는) 그날 NY City(뉴욕시)에서 New York Times(뉴욕타임스) 주최 'The 100 people who moved the world(세상을 움직인 100인)'의 Dinner(저녁만찬) 참석의 시간을 줄이면서까지 그 Cornell(코넬) 교수와 Discussion(토론)하고, 그다음에 그 Cornell(코넬) 교수가 고마움의 마음을 전했고, 그리고 그 고심했던 자기들의 연구가 황 교수의 지시대로 실험을 했더니 아주 성공적이라고 자기들이 모든 비용을 낼 터이니 황 교수 연구

Team을 3개월만 보내줘 자기들을 Training(훈련) 시킬 수 없느냐고 나한테 건의가 왔습니다. Stem Cell Research(줄기세포 연구)는 나의 전공이 아니어서 잘 모르지만 이렇게 Cornell(코넬) 대학의 유명한 Stem Cell Researcher(줄기세포 연구자)가 황 교수의 기술과 Know How(노하우)를 인정하는데 한국에서는 무조건 사기꾼으로 몰고 있으니 한심할 따름입니다.

깊은 한숨이 갓 들어 있는 신쌍재 교수의 편지. 말미에는 그가 그의 조국에 간절히 전하고 싶은 바람이 있었다.

— 내가 같은 동문이고 사랑하는 후배 교수라고 해서 황 교수의 편을 들어 보호하려고 하는 마음은 전혀 없소. 나는 내 평생 'Scientific, Professional and Social Integrity'를 오직 하나의 신조로써 삼아 왔던 사람이요. 학자한테서 'Scientific Integrity'를 빼면 아무 의미가 없는 거죠. 황 교수의 논문조작은 학자로서 할 수 없는 일이요. 그렇지만 어떠한 사정하에서 그렇게 사건이 벌어졌는지 진상파악을 해서 그렇게 많은 'good traits'를 가지고 있는 황 교수가 이 아픈 경험을 토대로 해서 더욱더 좋은 연구를 해서 다시 국가에 보답하기를 바랄 뿐이요. 안녕히 계십시오. 벗 신쌍재가, 1월 13일 2006년.[2]

그러자 원로 과학자의 편지에 답신이 달렸다. 졸업앨범을 뒤져 그와 같은 시절에 학교를 다녔음을 확인한 서울대 동문의 편지였다.

— 신쌍재 친구에게… 장문의 글을 올려주어서 진심으로 고맙게 생각합니다. 자주 써보지 않는 모국어로 글을 쓴다는 것이 얼마나 힘들겠소. (중략) 나는 상과대학을 졸업하고 곧바로 국책은행인 중소기

업은행에 들어가 33년을 다니다가 퇴임을 했지요. 일평생 대접만 받고 살아서 퇴직하고 난 후에 많은 것을 깨달았지요. 오만과 우월감이 오히려 실패를 불러온다는 것을. 겸손하게 상대방을 존경해주고 이해할 줄 아는 사람은 성공하고 오히려 존경을 받는다는 것을 뒤늦게 깨달았지요. 황우석 교수 사건을 방송, 신문, 인터넷 등 모든 매체를 통하여 보고 듣고 읽었지요. 결론은 황우석 교수는 겸손하고 인품과 인격을 갖춘 순수과학자라는 것을 알 수 있었지요. 더구나 황 교수팀이 Cornell대학교를 방문하여 신형과 많은 대화를 나누었고 공식적인 모임과 자매결연까지 맺은 글을 읽고 더욱 황 교수를 신뢰하는 마음이 생깁니다. 우리나라는 아직도 대학의 학과를 차별하는 차별의식은 엄연히 존재하지만, 평등의식은 아직 존재하지 않는 것 같아요. 나도 2004년에 미국의 동부와 서부관광을 하면서 균형적으로 발전하는 미국의 모습에서 평등과 자유를 발견하고 높이 평가를 했었지요. 황우석 교수팀이 2004년 논문에는 서울의대 교수 문신용 씨가 포함되었지만 2005년 논문에는 빠졌지요. 그리고 한양대학교 의과대학 출신들과 손을 잡았지요. 추측건대 서울의대 출신들의 자존심 때문에 어쩔 수 없이 한양대학교 출신들과 손을 잡은 것도 같아요. 자기보다 못하다고 생각하는 수의대 출신 황 교수가 영웅이 되는 것이 배가 아프고 자존심이 상했겠지요.[3]

오만과 우월감이 오히려 실패를 불러온다. 겸손하게 상대방을 존경해주고 이해할 줄 아는 사람은 성공하고 오히려 존경을 받는다. 깊은 울림이 있었다. 그리고 나는 그 인생 선배들의 글이 결코 듣기 좋은 말이 아니란 걸 현실에서 확인할 수 있었다. 그분들의 말대로 시간이 지남에 따라 오만한 자는 결국 주저앉고, 겸손한 자는 끝내 다시 일어서는 9회 말 역전타가 터져 나오기 시작했다.

>> 제7막

9회 말 투아웃 상황

9회 말. 전광판에 찍힌 스코어는 6대 1이었다. 이제 지고 있는 팀의 마지막 공격 한 번뿐. 설령 만루홈런이 터진다 해도 뒤집을 수 없는 점수 차이였다. 사실상 끝난 게임이었다. 더구나 상대는 확실히 끝장내려고 마무리 전문 괴물투수를 투입했다. 싱싱한 어깨를 자랑하며 강속구를 뿌려댔다. 투아웃 상황. 나가 있는 주자는 아무도 없었고 이제 한 타자만 잡으면 게임 아웃이다. 마지막 타자가 나온다. 헌데 너덜너덜 만신창이 상태로 퇴장당한 4번 타자 대신 듣지도 보지도 못한 대타자가 방망이를 들고 걸어 나왔다. 괴물투수는 빙긋 웃으며 시속 150킬로미터가 넘는 돌직구를 던졌다. 공은 총알같이 타자의 가슴팍을 향해 날아온다. 그런데 대타자의 방망이 끝이 빠르게 돌아간다. 이 경기, 어떻게 되었을까?

제33부

9회 말 투아웃에 터진 진루타

검찰에게 기소당한 이후 황 박사는 연구기회마저 박탈당한 9회 말 투아웃 상황. 엘리트 검사들은 법정에서 마무리 돌직구를 뿌려댔는데, 황 박사를 변호한 비주류 법조인이 전세를 뒤집으며 3년 4개월에 걸친 1심 공판 끝에 '사기 무죄 판결'을 이끌어냈다.

야구에서는 어느 팀에게나 삼세번의 기회가 있다. 그러나 그 기회를 살리지 못하면 곧바로 상대방의 역습에 휘말리면서 위기가 찾아온다. 생과 사의 고비, 그 아슬아슬한 순간을 사람들은 '승부처'라 부른다. 나는 이 사건을 관전하면서 크게 세 번의 승부처가 있을 거라 내다봤다. 첫 번째 승부처는 서울대 조사위원회의 학문 검증이었다. 그러나 검증은 처음부터 비과학적으로 진행됐고 결과는 미즈메디 노성일 이사장의 말대로 한 방에 끝났다.

— 더 이상 독보적인 기술이 아니다. (정명희 조사위원장의 기자회견, 2006.1.10.)[1]

야구에 비하자면 쓰리런 홈런이 터진 격이다. 0대 3. 팽팽하던 균형이 무너지면서 황 박사에 대한 험악한 언론보도들은 극에 달했고 콘크리트 같던 국민의 믿음도 함께 무너져내렸다. 그러나 승부를 예측하기는 이른 시간…. 두 번의 기회가 더 남아 있었기 때문이다. 특허도용을 다룬 KBS 〈추적60분〉. 그리고 검찰수사. 나는 그 두 번의 승부처까지 지켜본 뒤 최종 판단을 내려도 늦지 않겠다고 생각하며 경기를 예의주시했다. 그러나 황 박사에게는 기회조차 주어지지 않았다.

— 편집본에 담긴 내용으로는 방송이 불가능하다는 결정을 내렸습니다. (KBS, 2006.4.4.) [2]

〈추적60분〉의 불방. 그것은 기회의 상실이자 더 큰 위기의 도래였다. 어떤 식으로든 검찰수사에 영향을 줄 수밖에 없었다. 2006년 4월 25일 밤 여의도 KBS 앞에서 〈추적60분〉의 방영을 촉구하던 수백 명의 시민은 경찰차 벽에 둘러싸인 채 전원 연행되어 갔다. 쏟아지는 빗속에서도 '진실규명'과 '원천기술보호'를 외치며 울부짖었지만 모두 경찰서 유치장 안으로 끌려 들어갔다. 그로부터 17일 뒤인 2006년 5월 12일, 검찰이 수사결과를 발표했다.

— (미즈메디) 김선종 연구원을 줄기세포 섞어심기 및 이에 관한 증거인멸을 교사한 혐의로 업무방해 및 증거인멸 교사죄로 불구속 기소하는 한편…. (이인규 서울중앙지검 3차장, 2006.5.12.) [3]

검찰은 수사 첫날 자신의 범행을 자백한 미즈메디 배양책임자 김선종 연구원을 황우석 연구팀에 대한 고의적인 '업무방해죄'로 기소했다. 이는 지난 2005년 12월 22일 검찰에 수사를 정식으로 요청했던 황우석 박사의 '배양단계 바꿔치기설'이 일정 부분 입증되는 순간이었다. 한 점 만회. 1대 3.

그러나 검찰은 김선종의 범죄는 '바꿔치기'가 아니라 '섞어심기'라고 주장했다. 처음부터 제대로 만들어진 줄기세포는 하나도 없었기 때문에 있는 걸 바꿔친 게 아니라 없는 것에 가짜를 섞어심어 마치 있는 것처럼 사기 쳤다는 것이다. 그러면서 연구책임자인 황우석 박사를 특경가법상 사기에 횡령, 여기에 생명윤리법 위반까지 3가지 죄목을 한꺼번에 걸어 기소했다. 다시 쓰리런 홈런포 작렬. 스코어 1대 6.

— 황우석 교수를 특정경제범죄 가중처벌 등에 관한 법률 위반(사기), 업무상횡령, 생명윤리 및 안전에 관한 법률 위반으로 불구속 기소하였고…. (이인규 서울중앙지검 3차장, 2006.5.12.) 4

나는 연구방해를 당한 사람이 사기죄로 기소되는 그 해괴망측한 기소 내용을 도무지 이해할 수 없었다. 그래서 120페이지가 넘는 검찰수사결과를 앉은 자리에서 두 번 세 번 계속 뒤적여봤다. 도대체 황 박사가 사기 친 부분이 무언지. 그런데 참 신기하게도 수사결과를 읽으면 읽을수록 황 박사에 대한 연민의 감정이 생겨났다. '믿는 도끼에 발등 찍힌다고. 이렇게 철저히 당했었구나!' 하는 생각이 들었기 때문이다.

— 김선종은 서울대 연구원들에게 발각될 것을 염려하여 '조명이 밝으면 세포에 좋지 않다.'라는 이유를 들어 클린벤치(작업대)의 조명만 남기고 실험실의 나머지 조명을 모두 소등한 후 작업을 진행함. (검찰수사결과, 17~18쪽) 5

미즈메디 김선종 연구원은 황 박사뿐 아니라 함께 실험하던 서울대 연구원들 사이에 '신의 손'으로 불릴 만큼 두터운 신뢰를 받아왔다. 황우석 줄기세포 연구는 황 박사팀이 복제 배반포 수립까지를. 그리고 이후 배반포를 줄기세포로 배양시키고 이에 대한 DNA 분석

등 다양한 검증 작업 일체를 미즈메디가 맡고 있는 '학제 간 공동연구'였다. 우리가 동업을 할 때는 상대방에 대한 믿음이 있기에 하듯 과학자들도 서로가 내미는 데이터가 진실하다는 전제 아래 함께 연구하고 논문을 썼다. 그런데 그 신뢰를 이용해 미즈메디 배양책임자 김선종 씨는 배양단계에서 미즈메디에서 가지고 온 가짜로 모두 덮어버린 것이다.

— 김선종이 미즈메디 연구소의 '수정란 줄기세포' 클럼프를 서울대 황우석 연구실로 몰래 가져와 서울대의 내부세포괴(배반포 이후 초기 줄기세포)와 섞는 방법으로, 수정란 줄기세포가 마치 환자맞춤형 줄기세포가 확립된 것처럼 가장함. (검찰수사결과, 14쪽)[6]

훗날 법정에서는 진짜 줄기세포가 존재했을 정황이 나오기도 했지만, 검찰의 말처럼 진짜 줄기세포가 단 한 개도 없었다 할지라도 미즈메디 연구원의 행각은 과학자로서는 절대로 해서는 안 될 범죄행위였다. 못 만들었으면 못 만들었다고 솔직하게 보고했더라면 어떻게든 원인을 찾아 다시 도전했을 것 아닌가. 더구나 그는 황 박사와 서울대팀이 가짜 조작을 눈치채지 못하도록 미즈메디 연구원들을 시켜 관련 기록을 삭제하거나 숨겼다. 증거 인멸 교사. 업무 방해만큼이나 위중한 행동이었다.

— 05.12. (미즈메디) 이○○, 김진미에게 수정란 줄기세포 반출현황, 해동 동결장부 등 관련 장부 및 컴퓨터 파일 삭제, 서울대 줄기세포 관련 시료 은닉 등 관련 증거인멸을 교사함. (검찰수사결과, 13쪽)[7]

그는 황 박사가 눈치채지 못하도록 수단 방법을 가리지 않았다. 그리고 조직적으로 움직였다. 미즈메디 연구원들은 서울대 조사에서도 조직적으로 입을 맞춰 자신들의 죄를 황 박사에게 뒤집어씌우려 했다. 미즈메디 박종혁은 김선종을 위해 서울대 조사위 답변서에 거짓 사실을 허위기재했고, 김선종은 서울대 조사에 출석하는 (미즈메디) 이○○에게 허위증언을 요청했다. '황우석이 테라토마 사진조작을 지시하는 모습을 본 것처럼 증언해 달라.'라고(검찰수사결과, 40쪽) 미즈메디의 세포 바꿔치기와 논문조작은 황 박사와 공동연구를 시작하기 전부터 숙련(?)되어 왔음도 드러났다. 김선종 씨와 미즈메디 소속 연구자 5명은 미국 국립보건원(NIH)에 등록된 세포까지 바꿔 쳤다. 김선종 씨는 미즈메디 발표 논문은 물론 자신의 학위논문까지 조작해왔다. (검찰수사결과, 21~22쪽, 120~121쪽)[8] 그런데 이게 단독범행이라고?

그리고 제일 의문이던 범행동기…. 검찰은 김선종이 황 박사의 높은 기대에 대한 중압감과 미국 유학에 대한 열망 때문에 자기 능력을 과시하려고 조작했다고 밝혔다. 그러나 검찰수사결과를 살펴보던 나는 검찰의 결론에 선뜻 동의할 수 없었다. 김선종은 미국 유학이 확정된 2005년 8월경에도 황 박사의 개 줄기세포 실험을 고의로 망쳐버리는 이해할 수 없는 행동을 했기 때문이다. 그의 목적이 자기과시였다면 오히려 개 줄기세포 실험을 어떻게든 성공시켰어야 하지 않을까?

— 당시까지 개 줄기세포를 확립하여 테라토마 및 핵형검사까지 완료하였다는 보고가 전혀 없는 상태였으므로, 위 실험은 (황 박사가) 그 결과물을 신속히 학계에 보고하여 세계적인 기술력을 인정받으려고 하였던 중요한 의미를 가진 실험이었으나, 김선종의 줄기세포 섞어넣기로 인하여 테라토마 형성실험 및 면역염색 실험

이 실패함으로써 이후 개 줄기세포 실험이 중단되었음. (검찰수사결과, 119~120쪽) [9]

철저히 당했다. 단순한 자기과시가 아니었다. 집요한 연구방해와 증거 인멸, 조직적인 뒤집어씌우기. 그런데 이렇게 당한 사람이 왜 사기꾼으로 기소되어야 하는가? 난 도무지 이해할 수 없었다. 지시한 적도 없었고 공모한 적도 없었고 조작을 알지도 못했음을 밝힌 검찰[10]은 왜 그런 과학자를 사기꾼도 모자라 횡령범으로까지 기소했는지. 간혹 외국에는 이런 경우도 있다. 대학원생이 조작한 데이터를 연구책임자인 교수는 모르고서 당했지만, 어찌 됐든 연구비를 토해내라는 중앙정부의 고소가 들어가 사기죄로 기소되는 경우. 그러나 이 사건은 정반대였다. 황 박사에게 연구비를 지원했던 한국정부도, 기업도, 농협도, 연구지원재단도 어느 곳 하나 '내 연구비 돌려달라.'라며 소송을 건 곳은 없었다. 정작 황 박사에게 연구비를 지원한 데에선 아무 말도 없는데 검찰이 알아서 사기횡령으로 기소한 거다.

— 관련 당사자들의 고소 고발이 있었나요? [11]

심지어 법정에서 판사님까지도 검사에게 이렇게 물었다. 황우석이 농협 돈 10억 원과 SK 돈 10억 원, 정부 연구비 1억 9,200여만 원을 사기로 편취했고 신산업연구재단의 연구비 5억 9,200여만 원을 횡령했다고 기소했는데 그러면 그 많은 관련자가 다 황우석을 고소 고발한 거냐고.

— 아니요. 인지수사였습니다. [12]

인지수사. 그러니까 관련자들의 제보나 고소·고발 없이 검찰이 알아서 걸었다는 말이다.

—사기, 횡령에 생명윤리법 위반.[13]

그렇게 도둑 잡아달라며 수사를 의뢰한 황 박사는 63일간 수사받고 기소되면서 감옥행 1순위가 됐다. 게임은 이제 막바지로 향하고 있었다. 토털스코어 1대 6. 설령 기적이 일어나 만루홈런이 터지더라도 상황을 뒤집을 수 없는 9회 말 투아웃 상황이었다. 더 이상의 승부수도 없었고 희망도 없었다. 결과를 예측한 관중은 하나둘씩 뜨기시작했다. 황우석 박사를 지지하던 응원석조차 분열과 갈등에 흔들리고 있었다.

—〈추적60분〉이 불방되고 검찰수사도 그렇게 나오니까 앞이 보이지
   않았어요. 도대체 어디로 가야 할지…. 앞에는 짙은 안개가 깔려
   있는 상황에서 어떤 사람은 이 길로 가자고 하고 어떤 사람은 저
   길로 가자고 하고 어떤 사람들은 특허수호, 어떤 사람들은 진실규
   명…. 조그만 생각차이가 큰 싸움으로 번지기 시작했죠. (제주도에서
   만난 황우석 지지자, 2007.6.) [14]

응원석은 분열됐고 황 박사는 63일간의 검찰조사로 기력을 잃었다. 서울대는 그를 교수직에서 파면시켰고 한국정부는 그의 줄기세포 연구권한마저 취소했다. 정부가 승인해주지 않는 한 그는 한국에서 한국 국적을 갖고는 더 이상 인간 난자를 사용해 줄기세포 연구를할 수 없는 '레드카드'를 받은 것이다. 이미 서울대병원에 설립되었던 '세계줄기세포허브'는 현판조차 뜯긴 채 문을 닫았고, 경기도 광교 신

도시에 짓고 있던 '황우석 연구동' 공사도 중단됐다.

그런 상태에서 2006년 6월 20일 오후 2시. 공판이 시작됐다. 기소한 검찰과 기소당한 피고 황우석이 맞서는 일명 '줄기세포 법정'이었다. 서울중앙지검을 대표해 법정에 선 검사들은 이공분야와 생명공학에도 조예가 깊은 엘리트들로 보였다. 법정에서 확실히 경기를 마무리 짓겠다는 듯 목소리는 또랑또랑했고 표정에는 자신감이 넘쳐 보였다.

반면 이에 맞서는 황우석 변호인단은 침울해 보였다. 지쳐 보인다는 말이 맞을 것이다. 그들은 검찰의 기소를 막는 데 실패했고 이제 모든 걸 잃은 상태로 힘겨운 법정투쟁을 시작하고 있었다. 피고 황우석에게는 빽도 없고 돈도 없었다. 더구나 그의 옆에 앉아있는 변호인의 첫인상이란…. 난 솔직히 그가 변호인석에 앉아있기에 변호사인가 보다 싶었지 밖에서 봤다면 그냥 목소리 걸걸한 동네 아저씨인 줄 알았을 거다.

알아봤더니 그는 속칭 거대 로펌 출신도 아니고 스카이 출신도 아니었다. 군대 갔다 오고 나서 사법고시를 준비해 늦은 나이에 변호사가 된 전형적인 비주류였다. 그런 그가 엘리트 검사들과 맞붙는다. 여론도 파워도 모두 역부족이었다. 누가 기대할 수 있을까? 그는 마치 9회 말 투아웃에 주전들이 모두 기진맥진해 뻗어버린 가운데 방망이 하나 들고 경기장에 들어온, 듣지도 보지도 못한 '대타'처럼 보였다.

반면 검사들은 송곳 같은 돌직구를 뿌려대는 마무리 전문 괴물투수 같았다. 법정이 열리며 승부는 시작되었고 검사들의 총알 같은 돌직구들이 '쐐액'하고 날아왔다. 그런데 의외였다. 대타의 방망이 끝이 예사롭지 않았다. 그는 반대신문을 통해 검사들의 돌직구를 툭툭 걸어냈다. 유인구에도 현혹되지 않았고 오히려 막판에는 송곳 같은 안타성 타구들을 날려댔다. 2차 공판, 3차, 4차, 5차, 6차, 7차… 공판이 회를 거듭할수록 검사들의 표정은 굳어져 갔다. 당황한 기색이 역력했고 공 끝은 눈에 띄게 무뎌졌다.

빨리 끝날 것 같던 게임은 1년이 지나도 끝나지 않았다. 2년이 지나도 끝나지 않았다. 1심 판결이 나올 때까지 무려 3년 4개월이 지났다. 44차 공판. 그 새 재판부가 세 번이나 바뀌고 70명이 넘는 증인들이 출석했으며 공판조서는 2만 쪽이 넘어갔다. 피 말리는 공방전이었다. 경기장을 떠났던 관중이 하나둘씩 다시 모여들기 시작했다.

한 달에 한 번꼴로 열리는 서울 서초동의 417호 대법정에는 수백 명의 국민이 방청석을 꽉 채웠다. 법정 뒷공간에는 서 있을 만한 틈도 없을 만큼 사람들이 꽉꽉 찼다. 그리고 마침내 '따악'하고 공이 배트 중심에 맞는 소리가 들렸다. 한가운데를 뚫어버리는 안타였다. 1심 판결. 황우석 사기 무죄.

— 줄기세포 논문조작 의혹 사건으로 재판에 넘겨진 황우석 전 서울대 교수에게 법원이 사기혐의에 대해 무죄를 선고했습니다. 재판부는 황우석 박사의 논문이 조작된 사실은 인정했지만, 이 논문을 가지고 의도적으로 농협과 SK에서 연구 지원비를 타내려 했다는 사기 혐의는 인정하지 않았습니다. (YTN, 2009.10.26.) [15]

최대 쟁점이었던 특경가법상 사기혐의에서 무죄가 선고됐다. 나머지 둘은 유죄가 나왔지만 1심 재판부는 황 박사에게 징역형 대신 집행유예를 선고했고, 황 박사는 연구재개를 위한 최소한의 보루를 마련했다. 9회 말 투아웃이라는 최악의 상황에서도 끈질기게 따라붙어 진루타를 쳐낸 대타. 그의 이름은 변호인 이봉구 변호사였다.

제34부

변호인

'황우석 줄기세포는 실현가능성이 없다.'라며 검찰에게 힘을 실어준 서울대 의대 문신용 교수에게 이봉구 변호인은, 그렇게 실현가능성이 없다면서 어떻게 정부로부터 줄기세포 실용화 연구비 1,500억 원을 받았느냐고 관련자료를 제출했다. 증인의 얼굴은 굳어졌다.

417호 법정으로 올라가는 계단은 나선형으로 생겼다. 빙글빙글 돌고 돌아 법정문을 열고 들고가면 딴 세상이 펼쳐진다. 그 안에 다 있었다. 10년 전 사건의 주역들 말이다. 황우석 박사, 문신용 교수, 노성일 이사장, 정명희 조사위원장, 김선종 연구원, 박종혁, 윤현수, 권대기… 적어도 당시 언론에 백 번 이상 오르내린 인물들이 모두 417호 법정을 거쳐 갔다. 그리고는 서너 시간씩 당시 사건에 대한 진실공방을 벌였다. 바깥의 시계는 2006년, 2007년, 2008년, 2009년 계속 흘러갔지만 417호 법정에서 내가 느끼던 생체시계는 늘 사건 당시인 2005년에 고정돼 있었다. 그러다 공판이 끝나고 다시 나선형 계단을 빙글빙글 돌아내려 오면 다시 2008년이고 2009년이었다. 마치 시간여행을 하는 기분이었다. 사람들은 아무 일도 없다는 듯 무심한 표정으로 걷고 있었지만 나만 혼자 열 받아 있었고 나만 혼자 법정에서 본 증인들의 모습을 떠올리며 혼자 중얼거리고 있었다. 영락없는 '광인'의 모습이었다. 그 시절 나를 미치게 한 417호 법정의 몇몇 장면을 그려본다.

2007년 3월 20일 오후 두 시. 원로 의학자 한 사람이 증인석에 앉았다. 흰 얼굴에 맑은 안경, 가지런해 보이는 목도리와 코트의 조합은 척 봐도 그가 만만한 사람이 아님을 직감하게 했다. 서울대 의대 문신용 교수. 국내 최초로 시험관 아기 분만을 성공하고 황우석 박사와 함께 2004년 〈사이언스〉 논문을 발표한 대표적인 줄기세포 의학자였다. 그런 그에게 검사가 물었다.

— 증인은 피고 황우석의 공동연구자면서 2004년 〈사이언스〉 논문의 공동교신저자이고 2005년 〈사이언스〉 논문의 제24 저자였는데, 과학계 원로로서 논문조작 사건에 대한 증인의 소감 내지 소견은 어떤가요?[1]

그러자 문 교수는 외모와는 다르게 우렁우렁 힘 있는 목소리로 자신의 심경을 밝혔다. 꽤 길게 말했다. 마치 학생들 앞에서 강의하는 것 같았다. 그의 말속에는 날카로운 가시가 있었다. 누구(황우석)처럼 환자들에게 헛된 환상을 심어주면 안 되는 거라고.

— 제가 줄기세포 연구를 하면서 초기단계부터 이것은 '희망이냐, 허위냐, 아니면 환상이냐.'가 가장 중요한 화두였습니다. 여러분이 책을 보시면 알겠지만, 미국 사람들이 쓴 용어에는 '포텐셜 트리트먼트', 잠재적 치료가능성이라고 합니다. 그게 우리나라에 와서는 '잠재적'이라는 건 다 빠지고 이런 치료가 된다고 했습니다. 제가 서울대학병원에 근무하고 있어서 잘 알고 있습니다. 그 불쌍한 난치병 환자들에게 거짓된 희망을 드리고 그분들을 두 번씩이나 실망시킨 일이 이 땅에서 이뤄진 것에 대해 자괴감을 느낍니다. 앞으로 젊은 과학자들께서 많은 연구를 해주셔서 저희 선배들이 이룩하지 못한

연구를 좋게 맺어주길 바라는 마음으로 오늘 증언에 임했습니다.
(문신용 교수 법정진술, 2007.3.20.) [2]

검사들은 본론으로 들어갔다. 황우석이 조작된 논문으로 헛된 희망을 퍼뜨리면서 많은 지원을 받았는데 알고 있었냐고. 그러자 문 교수는 특유의 화법으로 검찰 주장에 힘을 실어준다.

— 저는 황 박사가 논문발표 이후 무슨 지원을 받았는지 모르겠습니다. 한 번도 (지원받은 내용을) 저한테 이야기한 적도 없고 상의한 적도 없기 때문에. 다만 이 사건이 난 뒤에 검찰발표를 보고 '이분이 이렇게 황당무계한 지원을 받았구나!' 하는 걸 알게 됐습니다. (문신용 교수 법정진술, 2007.3.20.)

알고 보니 정말 황당하게 받아왔더라…. 문 교수의 화법은 일관됐다. 나는 몰랐는데 알고 보니 황우석이가 정말 못된 짓을 많이 했더라는 식의 '유체이탈' 화법.

— 황우석 박사가 2005년 〈사이언스〉 논문에서 대부분의 실용결과를 조작했습니다. 증인은 공동연구자로서 이 사실을 전혀 몰랐나요?
(검사의 신문내용) [3]
— 몰랐습니다. 2005년 논문이 저도 모르게 런던에서 발표됐어요. 이후 황 박사가 귀국해서 서울에서 전화를 저에게 걸어 '저자모임을 하겠다.'라고 알려왔으나 저는 모임에 가지 않았습니다. 저도 모르게 발표된 논문… 제가 갈 이유가 없다고 분명히 말했습니다. (중략) 저는 2005년 논문에 관여한 사실도 없고, 기획에도 참여하지 않았습니다. (문신용 교수 법정진술, 2007.3.20.) [4]

내 이름이 왜 거기 있느냐…. 이것이 대한민국 지식인들의 민낯이었다. 그들은 논문이 잘 나갈 때는 아무런 문제도 제기하지 않았다. 오히려 '내 이름은 왜 빠졌느냐.'가 쟁점이었다. 그러나 상황이 바뀌어 논문이 문제 되니까 '내 이름이 왜 거 느냐.'였다. 그런 서울대 의대 교수님에게 옆집 아저씨처럼 생긴 황우석 박사 측 변호인이 다가섰다. 피고인 황우석의 변호인 이봉구 변호사의 반대신문이 시작된 것이다. 변호인은 문신용 교수에게 물었다.

— 증인께선 검사님 앞에서 '어떻게 내가 2005년 공동저자가 됐는지 모르겠다.'라고 하셨죠?
— 맞습니다.[5]

그러자 그는 법정에 커다란 스크린을 켜고 한 장의 문서를 띄워 문 교수에게 보여주며 증인 신문을 이어갔다.

— 그러면 잠시 여길 봐주시죠. 증인께서 단장으로 계셨던 과학기술부 지원 '세포응용연구사업단'의 사업보고서인데요, 사업단의 연구실적에 황우석 박사의 2005년도 〈사이언스〉 논문이 등재되어 있네요? 2005년 논문에 전혀 참여하신 바가 없다면 그 논문이 이곳의 연구실적으로 등재되어선 안 되는 거네요. 그렇죠?

참여하지도 않은 논문을 왜 사업실적으로 잡아서 보고했느냐. 송곳 같은 질문에 차분하던 문 교수의 목소리는 떨리기 시작했다.

— … 그렇진 않습니다.

그러자 변호인은 다음 페이지를 보여주며 파고들었다.

─그렇지 않다니요? 표의 맨 오른쪽의 임팩트 팩터(Impact Factor, 논문인용도)를 보세요. 다른 논문은 임팩트 팩터 점수가 3점, 5점인데 〈사이언스〉 논문은 무려 29점입니다. 이거 하나가 다른 논문 다 합친 것보다 클 만큼 대단한 실적으로 보고까지 해놓으셨는데… 이제 와서 논문에 대해 알지도 못하고 기여한 바도 없다면 당시 보고가 거짓이라는 건가요?

방청석이 술렁이기 시작했다. 그리고 문 교수는 유체이탈에서 돌아온 듯 좀전과는 다른 뉘앙스의 답변을 하기 시작했다. 사실 우리도 황 박사를 많이 도와줬다….

─사실과 다른 게 아니죠…. 당시 저희도 황 박사를 많이 도와드렸습니다.
─아니 증인께선 '황 박사 연구실에 가지도 않았다.' '평소 연락도 안 했다.'라고 증언하시곤 많이 도와드렸다니요?
─그게 아니라….

우렁우렁하던 증인의 목소리는 말끝이 흐려지기 시작했다. 변호인은 이제 그 당시 황우석 박사와 문신용 교수, 노성일 이사장 간의 공동연구 업무분장을 묻기 시작했다. 줄기세포 연구는 황우석의 황우석을 위한 단독연구가 아니라 명백히 전담분야가 정해진 공동연구였다는 점을 입증하려 했다. 이에 대해 문 교수는 강하게 부인했다. 그냥 도와줬을 뿐이라고.

— 당시 공동연구의 업무분담을 보면 황우석은 체세포 핵이식과 배반
  포 형성, 노성일은 난자 제공과 줄기세포 배양 및 검증, 증인(문신
  용)은 전반적인 자문과 임상 적용과정을 담당했죠?
— 그렇게 A, B, C를 나누듯 명쾌하게 역할분담을 한 게 아니라….
— 증인, 말씀 바로 하셔야 합니다.
— 당시에는 황 박사를 무조건 도와주자고 했지 누가 어떻게 누가 어
  떻게 이러지 않았다는 겁니다.

그러자 변호인은 지난 공판의 기록을 뽑아들고 신문을 이어갔다.

— 증인, 지난 공판 때 노성일 이사장도 나와서 증언했습니다. 노 이
  사장도 당시 문신용 교수가 자문과 임상을 맡았다고 했어요.
— 그게 아니라 최선을 다해서 황 박사를 도우려고 했을 뿐….

변호인은 다시 또 다른 정황증거를 제시하며 추궁했고 문 교수는
이제 그만하자는 듯 이렇게 답했다.

— 맞습니다. 역할을 그렇게 했다고 하죠.[6]

반대신문은 계속됐다. 변호인은 문 교수에게 물었다. 피고 황우석
이 마치 환자들에게 헛된 환상을 심어준 것처럼 말씀하셨는데, 그러
면 문 교수 본인은 당시 왜 이런 글을 쓰셨느냐고.

— 증인은 증인이 단장으로 있던 세포응용사업단에서 2003년 6월에
  발행한 '줄기세포란 무엇인가?'라는 책의 발간사에서 줄기세포를
  이용한 치료 전망에 관하여 '머지않은 시기에 난치성, 퇴행성 질환

을 치료할 수 있는 새로운 전기를 마련할 것입니다. 줄기세포를 이용한 세포치료분야는 미래의학 분야 중 가장 실현 가능성이 높은 연구분야라고 할 수 있습니다.'라는 낙관적 전망을 주장한 사실이 있지요.

— 예.[7]

줄기세포는 가장 실현 가능성이 높은 연구분야다…. 바로 문 교수 자신의 말이었다. 그뿐만이 아니었다. 변호인은 당시 문 교수가 지원받은 정부지원금 자료를 꺼내 들었다.

— 증인은 2012년까지 줄기세포 치료가 확립될 수 있다는 계획서를 과학기술부에 제출했고 과기부도 그 가능성을 인정해 1,500억 원이 넘는 사업예산을 지원한 거죠?

1,500억 원. 문 교수가 이끌던 세포응용사업단이 줄기세포 실용화를 주된 명분으로 지원받은 국민의 혈세였다. 그런데 이제 와서 '헛된 환상'이었다고 말한다면 그 1,500억 원, 다시 토해내야 하는 것 아닌가?

— 가능성을 보고 우리는 시작했습니다.

문 교수의 답을 들으며 나는 마치 한 편의 시트콤을 보는 것 같았다. 시트콤의 제목을 마음대로 붙여봤다.

— 내가 하면 로맨스, 남이 하면 불륜.
— 내가 하면 가능성, 남이 하면 사기.

2007년 6월 5일 제12차 공판. 이상하게도 검찰이 내세운 증인들이 입을 열 때마다 황우석 박사에게 유리한(?) 증언들이 튀어나오고 있다. 이날의 증인은 황 박사팀에서 무균돼지 생산에 참여했던 이 모 연구원. 그녀는 검찰조사과정에서 '황 박사팀 연구원의 관점으로 볼 때도 미즈메디 김선종의 줄기세포 섞어심기 행각은 황 박사와 사전 공모 없이 단독범행으로 보기 힘들다.'라는 진술로 검찰의 '황우석 사기횡령 주도' 입장을 뒷받침해줬던 인물이다. 당연히 검찰은 당시 조서를 토대로 그녀를 통해 황우석팀 내부의 주먹구구식 운영과 폐쇄적 실험실 분위기를 입증하려 애썼다. 그런데 막상 이 연구원의 증언이 시작되자 검사들은 진땀을 흘렸고 방청석은 수시로 술렁이기 시작했다.

— 검사 : 증인은 당시 검찰조사 진술을 통해 객관 정황상 황우석 박사와 연구원들이 서로 공모해 섞어심기를 했다는 판단을 했죠?
— 증인 : 잘 모르겠습니다.
— 검사 : 당시 그렇게 진술을 했지 않습니까?
— 증인 : 그건… 당시 조사하던 분이 다른 사람들도 그렇게 진술했고 언론보도도 그렇게 나왔다고 하셔서 별다른 생각 없이….[8]

검사들은 당황하기 시작했다. 기대했던 신문이 처음부터 삐걱 소리를 내며 막히기 시작했으니까. 검찰 측은 다음 주제로 넘어갔다. 실험기록의 문제점. 황우석팀은 실험노트도 제대로 취합하지 않을 만큼 주먹구구식으로 운영됐음을 입증하려고 했다.

— 당시 황우석 연구팀의 분위기는 실험노트도 각자 개인이 알아서 작성하고 이를 제대로 취합하지 않은 채 주먹구구식으로 관리되

며, 심지어 실험노트를 정리하지 않는 연구원들도 있었죠?

그러나 증인석에 앉은 연구원은 이번에도 검사의 기대와는 다른 증언을 했다.

—아니요. 제가 속해있던 무균돼지팀은 실험결과를 전체적으로 취합했고, 제가 직접 엑셀 프로그램으로 데이터를 관리했습니다.

엑셀 프로그램으로 정리해왔다는 말에 검사는 잠시 멈칫했다. 그리고 다시 증인신문을 이어갔다.

—인간 줄기세포 연구팀도 실험노트를 그렇게 (꼼꼼하게) 정리했나요?
—그건 제가 모릅니다. 저는 휴먼팀을 출입할 수 없었습니다.

검찰 측 신문은 별 소득 없이 끝났다. 그러나 그때까지 나는 한가지 의심을 남겨두고 있었다. 위증의 가능성. 혹시라도 그 여성 연구원이 그새 황 박사팀과 입을 맞춰 말 바꾸기를 했을 가능성 말이다. 그런데 곧 이봉구 변호사의 반대신문이 시작되자 그런 의심은 눈 녹듯 사라지기 시작했다.

—증인은 동물복제팀 소속으로 인간줄기세포팀 내부상황에 대해 알 수 없는 상황이었는데, 어떻게 해서 섞어심기가 김선종과 황우석의 공모일 가능성을 주장했나요?[9]

줄기세포팀도 아니면서 어떻게 황 박사의 줄기세포 조작 공모가능성을 언급했느냐는 변호인의 질문에 증인은 막힘 없이 대답했다.

— 당시 검찰이 불러주는 데로… '다른 연구원들도 이러이러한 증언을
했다.'라고 해서 생각 없이 '저도 그럴 것 같다.'라고 답했습니다.

분위기에 편승해 수사검찰이 불러주는 대로 말했다는 것이다…. 그녀의 톤은 자연스러웠고 직감적으로 저건 그녀의 진심이라는 생각이 들었다. 반대편 검사의 표정이 어두워지고 있었다. 변호인의 반대신문은 계속됐다. 이번엔 실험실 관리에 대한 진실.

— 증인은 2005년에야 동물복제팀에 합류해 그 이전에 수립된 줄기
세포 관련 상황을 알 수도 없었고, 휴먼팀의 실험노트 관련 사항도
알 수 있는 위치가 아니었죠?
— 그렇습니다.
— 당시 인간줄기세포팀이 폐쇄적으로 운영된 것은 국가적 보안문제
가 걸렸기 때문이라는 점을 알고 있었고, 실제로 당시 국정원에서
도 실험실 보안을 강조했던 분위기였다는 걸 알고 있죠?
— 그렇습니다.
— 실험실 전체 랩미팅 자리에서 황우석 교수는 연구원들에게 '체세
포 핵이식 연구는 개인의 소유물이 아니라 국가의 소유물이어야
함'을 여러 차례 피력했죠?
— 예. 여러 번 들었습니다.
— 당시 황 교수가 했던 대외활동은 줄기세포 연구비 확보를 위한 것
이거나 줄기세포 관련 저변확대를 위한 강연회, 토론회 참석이 대
부분이었죠?
— 예.
— 황 교수는 평소 술을 전혀 안 하고 거의 모든 일상생활을 줄기세포
연구에 대한 것으로 보냈죠?

— 예.

— 자신의 대외활동으로 연구활동에 지장이 초래되지 않도록 매일 아
침 7시에 출근, 실험실 미팅을 가졌고, 밤 10시 이후에야 실험실에
서 퇴근하는 연구일정을 성실히 수행했죠?

— 예.

— 일반적인 대학교수들이 아침 9시나 10시에 출근해 오후 6시에
퇴근하는 것과 비교할 때 다른 사람보다 3~4시간 일찍 시작해
3~4시간 늦게 끝내는 성실함으로 자신의 대외활동이 연구에 지장
을 주지 않도록 노력했음을 알고 있었죠?

— 예.

그러자 검사가 곧바로 반대신문에 나섰다. 더 이상 밀리면 힘들다
는 판단에서 나온 적절한 끊어주기였다. 검사는 피고 황우석이 평소
에 인간 줄기세포 연구팀만 챙기고 편애해왔다는 쪽으로 공략했다.

— 평소 황우석 교수는 줄기세포팀(휴먼팀)만 더 신경 썼죠? [10]

그러자 이번에도 증인석은 삐걱거린다.

— 아니요. 교수님은 다른 팀에게도 소홀하지 않았습니다.

잠시 멈칫하던 검사는 다시 이어나가 끝내 원하는 답변을 얻어냈다.

— 그렇지만 (황우석은) 줄기세포팀을 더 많이 챙겼죠?

— … 예.

다시 이봉구 변호사가 반대 신문에 나섰다. 증인의 진술에 대한 내 의심은 거기서 완전히 녹아버렸다.

— 평소 황 교수는 줄기세포 연구팀을 챙기고 대외활동을 하는 강행군을 하면서도 아무리 바빠도 무균돼지의 체세포 핵이식을 위한 수술만은 자신이 직접 집도했죠?
— 예.[11]

내 머릿속에는 영화필름 같은 장면들이 그려지고 있었다. 거센 생명윤리 논란 속에서도 줄기세포 연구를 할 수 있는 환경을 마련하려고 각종 강연회와 세미나, 정책 입안자들과의 미팅을 수시로 가지면서도 복제돼지의 분만시간에 맞춰 수술복으로 갈아입고 돼지우리 안에서 복제돼지들을 직접 받아내는 황 박사의 모습. 다음날 새벽에는 다시 줄기세포 실험실에서 세포 상태를 보고받고 하루일과를 시작하던 쉰 살이 넘은 서울대 석좌교수의 모습. 세상에 그런 사기꾼도 있던가? 아마도 그 장면은 내 머릿속에서만이 아니라 재판부의 머릿속에서도 똑같이 돌아가고 있었을 거로 생각한다. 사기 무죄 판결은 그냥 얻어진 게 아니었다. 황 박사에게 모든 죄를 떠넘기는 공동연구자들의 거짓증언들과 강요된 진술들 아래 가려져 있던 진실의 파편들을 한조각 한조각 가려내고 확인하고 맞춰가면서 마침내 이 복잡한 사건을 재구성해낸 한 비주류 법조인의 피눈물 나는 집념의 성과였다. 이봉구 변호사. 나는 지난 2009년 2월 2일의 법정에서 그의 팬이 되었다.

— 변호인 : 동형접합뿐만 아니라 NT-1 70계대에서 모두 34개, 140계대에서 41개나 대단위 동형접합 구간이 나왔는데 그게 만일 카피

넘버(Copy Number)를 분석하고 PCR을 돌려가지고 그게 전부 대립
유전자소실에 의한 동형접합처럼 보여지는 현상으로 나타나면 그
건 증인이 초기에 말한 것처럼 NT-1이 복제줄기세포라는 걸 입증
해주는 것이죠?

— 생명공학자: 아닙니다.

— 변호인 : 왜 아닌가요?

— 생명공학자 : RT-PCR로 했습니다.

— 변호인 : 본 변호인은 RT-PCR 말고 Real Time PCR을 말하는 건
데요.

— 생명공학자 : RT가 Real Time입니다. 사용하는 경우가 조금 다를
뿐입니다.

— 변호인 : 증인은 RT-PCR과 Real Time PCR의 차이를 분명히 아
시는가요?[12]

이봉구 변호사가 한 생명공학자를 신문하던 장면이다. 진술로만
보면 누가 생명공학자인지 구분하기 힘들지 않은가? 그는 황우석 박
사가 처음 만든 1번 줄기세포, NT-1이 복제된 게 아닌 처녀생식이
라는 서울대 측 논리에 과학적으로 맞서고 있었다. 이건지 그건지 제
대로 검증하려면 제대로 된 분석을 해야 했는데 왜 제대로 된 분석도
안 한 채 함부로 단정 짓느냐고 다그쳤다. 생명공학자에게 생명공학
적인 접근방식으로.

— 변호인 : 그래서 증인은 Real Time 검사를 했나요?

— 생명공학자 : NT-1 갖고는 하지 않았습니다.

— 변호인 : 그렇다면 증인은 유전자 구조분석을 하지 않았다는 말인
데 이걸 알고 있나요?

— 생명공학자 : 저는 제노타입(Genotype)을 갖고 했습니다.

— 변호인 : 제노타입(Genotype)은 대립유전자 하나가 없어지면 동형
접합으로 보일 뿐이므로 이게 하나짜린지 두 개짜린지 세 개짜린
지를 정확히 알아보는 구조분석기법이 바로 Real Time PCR 아닌
가요?

— 생명공학자 : 예 맞습니다.

— 변호인 : 그런데 그 분석을 증인은 하지 않았다는 말인가요?

— 생명공학자 : 기억이 나지 않습니다.

그의 목소리에는 꿀림이 없었다. 그것은 엄청나게 찾아보고 공부
해서 스스로 자신 있을 때까지 준비해온 자만이 가질 수 있는 당당함
이었다. 처녀생식론을 호언장담하던 생명공학자는 법정에서 꼬리를
내렸다. 훗날 나는 이봉구 변호인에 대한 뒷이야기를 들었다. 그가
다른 사건 수임을 포기한 채 오로지 돈 안 되는 이 사건에 올인하는
모습이 너무 안타까워서 동료 변호사들이 십시일반으로 돈을 모아
생활비를 전달하기도 했다는. 나는 그의 모습을 보며 이런 생각을 해
봤다. 법조인으로 사는 것도 괜찮은 삶이겠구나. 내 나이 마흔이 넘
은 상태로 법조인이 될 가능성은 제로에 가까웠지만 적어도 그의 존
재는 내 머릿속에 그려져 있던 법조인에 대한 이미지를 뒤바꿔버렸
다. 법조인은 피도 눈물도 없이 드라이한 출세지향자들일 거라는 생
각은 선입견에 불과했나 보다. 그만큼 이봉구 변호사의 등장은 충격
이었다. 비주류가 일궈낸 감동이었고 그의 변론은 줄기세포 법정을
뜨겁게 달구며 판도를 뒤바꿔 나갔다.

제35부

몰락한 자의 비애

황우석에 대한 검찰기소는 마치 사형수 목에 밧줄이 걸리는 순간처럼 끔찍했다. 뻔한 결말을 보기 싫어 다들 빠져나갔고 나도 그랬지만 그만 철퍼덕 아프게 넘어지고 말았다. 나는 그때 몰락한 자의 비애와 내가 몸담고 있는 언론에 대해 깊이 생각했다.

내게 제일 당혹스러운 순간은 이런 말씀을 들을 때다.

— 황 박사님도 황 박사님이지만 이 사건을 끝까지 취재하는 피디님
도 대단하십니다.

이런 말씀을 누군가 하실 때 난 고개를 푹 숙이게 된다. 과연 내가
그런 과찬을 들을 만한 자격이 있는지 남부끄러운 마음이 밀려들기
때문이다. 솔직히 커밍아웃하자면 내가 이 사건을 놓지 못한 데는 곡
절이 하나 숨어 있다. 실은 나도 이 사건에서 진작에 빠져나오려고
했다. 지난 2006년 5월 12일 검찰이 황 박사를 기소했을 때. 그때까
지 일말의 기대를 하고 이 사건을 숨죽여 지켜보던 많은 이들은 일제
히 경기장을 빠져나갔다. 결과는 뻔했기 때문이다. 교수형을 언도받
은 죄수의 목에 밧줄이 걸렸는데 그 후 진행될 그 끔찍한 뒷장면까지
지켜보고 싶은 사람이 얼마나 되겠는가. 나도 비슷한 판단이었다. 취
재? 아니 공영방송 KBS도 방영을 불허하는 이 사건을 나 같은 시골
피디가 무슨 배짱으로 더 진척시킨다는 말인가. 정의? 사기당한 자가

사기죄로 기소되고 대통령은 침묵으로 일관하는 구체적인 현실 앞에 그런 추상적인 단어는 아무 소용 없어 보였다. 나는 그렇게 한가하지도 않았다. 그래서 나 또한 썰물처럼 빠져나가는 관객들을 쫓아 경기장을 빠져나오고 있었다. 그때였다. 내가 발을 헛디딘 것인지, 아니면 뒤에서 누군가 밀었는지 모르겠지만 나는 갑자기 철퍼덕 넘어졌다. 눈에서 별이 번쩍할 만큼 아프게 넘어졌다. 정신을 차려보니 관객은 다 빠져나간 채 나 혼자 엎어져 있었다. 도저히 걷지 못할 만큼 부상이 심해 그대로 그 자리에 남아 있었다. 그 자세로 고개를 돌려보니 관객이 모두 떠난 썰렁한 경기장에서 '그들만의 리그'는 계속되고 있었다. 그런데 게임이 너무 재미있게 흘러갔다. 도저히 눈을 뗄 수 없을 만큼 흥미진진했다. 이 엄청난 경기를 나 혼자 보기에는 너무 아깝다는 생각에 이르자 나도 모르게 적기 시작했다. 나라도 적어놓지 않으면 이 엄청난 게임은 나중에 아무런 흔적도 없이 사라질 것만 같았다. 경기를 한 번도 본 적 없는 바깥사람들이 멋대로 지어내고 윤색하고 가공할 것만 같았다. 그래서 적어 내려갔다. 적다가, 이왕에 적으려면 잘 적어야겠다는 욕심이 들어 아예 노트북을 가져와 돗자리 펴놓고 적기 시작했다. 그러다 보니 여기까지 왔다. 철퍼덕 자빠진 게 십 년을 좌우한 셈이다.

— 정직 3개월에 처함.

2006년 하반기에 나는 회사로부터 중징계를 받고 주저앉았다. 그때까지 승승장구하던 나였기에 그 충격은 엄청났다. 만으로 3년간 아침 시사프로그램을 맡으며 잇몸이 주저앉을 만큼 일했고 2005년 여름 〈이달의 피디상〉, 2005년 겨울 박사학위논문 통과. 그리고 2006년 봄 경기방송 최고 인기 프로그램 피디로 발탁. 이랬던 내가 정직 3개월이라는 중징계를 받으며 추락하기까지는 석 달이 채 걸리지 않았다. 당시 우리 회사 사규로는 3개월을 집에서 푹 쉬고도 회사의 부름을 받지 못하면 그대로 해고수순으로 가게 되어 있었으니 사실상 잘린 거나 마찬가지였다. 공든 탑은 한순간에 무너져내렸고 나는 그 아픔 속에서 새로운 걸 배웠다.

— 모든 기회 속에는 위기가 숨어 있다.

주변에서 '잘나갈 때 더 잘해야 한다.'라고 하셔서 더 잘하려고 노력했다. 인사도 더 잘했고 늘 겸손하고 열심히 일하려고 했다. 방송사의 최고 인기프로그램을 맡은 만큼 최선을 다해 청취율을 올리려고 했다. 그러나 사람의 힘으로는 피할 수 없는 위기가 있긴 있나 보다. 잘해보려고 한 게 화근이었다. 프로그램을 맡고 보니 큰 방송사에는 흔한데 우리에게는 없는 게 있었다. 그것은 냉장고나 세탁기 등 푸짐한 청취자 경품이었다. 명색이 대표 프로그램인데 청취자 참여 선물은 고작 찜질방 티켓이나 특정 지역에 국한된 식사권 정도였다. 이래서는 '드리고도 욕먹겠다.'라는 생각에 좀 더 만족스러워하실 만한 선물을 협찬받으려고 뛰어다녔다. 하지만 그때만 해도 대기업들이 우리 방송사를 알지도 못하고 거들떠보지도 않던 시절이다. 대기업은 엄두도 내지 못했고 대신 경기도청이 엄선한 우수 중소기업들을 타진했다. 그러나 대기업과 중소기업의 격차는 뜻밖에 컸다. 마땅한 게 별로 없었다. 그래도 계속 찾았는데 이런 것들이었다.

— 농민이 담근 친환경 머루술, 월드컵 공인구로 납품되는 축구공, 장인이 만든 수제 축구화.

이런 선물들을 하나하나 발굴해나갔다. 거기서 무리가 따랐다. 대기업 냉장고, 문화상품권 삼십만 원, 안드레아 보첼리 공연티켓. 얼마나 짧고 굵은가. 그에 비해 우리 프로그램의 선물 소개는 언제나 길고 장황했다. 거기에 진행자 애드리브(즉석 발언)까지 더해지니 삐딱한 시선으로 보면 완전 홈쇼핑 방송이 되어 갔다. 결국은 간접광고 관련 방송규정 위반으로 방송심의기관에 불려 가 혼나고 주의를 먹었다. 시말서를 쓰고 해당 코너는 폐지됐다. 그러나 징계성 인사는 거기서 그치지 않았다.

회사는 나를 아예 프로그램에서 빼고 다른 부서로 발령냈다. 프로그램 맡은 지 두 달만이었다. 황당했던 나는 부서장께 읍소했지만 소용없었다. 노동조합은 너무 심한 조치라며 문제를 제기했고 경기방송PD협회도 들고 일어섰다. 나는 기회를 달라고 호소했다. 제가 잘못을 했지만 믿고 기회를 주시면 반드시 보답하겠다고. 이대로 두 달 만에 타부서로 가는 건 아무리 생각해도 아쉽다고. 그러자 더 큰 벌이 내려졌다. 인사불복. 괘씸죄에 걸린 거다. 난 그때 깨달았다. 조직에서 제일 미운털 박히는 놈은 말 안 듣는 놈이라는 것을.

결국, 나는 조직에 맞서고 인사에 불복하면 이렇게 된다는 하나의 시범케이스로 찍혀 중징계를 당했다. 그리고 어느 순간 노조는 없었다. 힘없는 PD들만 발을 동동 구르며 울고 있었다. 노동조합이 꿀 먹은 벙어리로 변하자 PD들은 타부서 직원들의 서명을 받아내 조합원 직권으로 나에 대한 문제를 논의하기 위한 노동조합 임시총회를 상정시켰다. 그러나 정족수에 1명 부족해 총회는 무산됐다. 지금도 눈에 선하다. 총회장 불과 10미터 떨어진 곳에서 근무하고 있으면서도 자기는 근무지를 떠날 수 없다며 총회장에 들어오지 않던 몇몇 직원들. PD들의 그 간절한 눈빛을 애써 외면하며 근무에 집중(?)하던 그분들은 '원칙'을 말했다. 인사원칙과 근무원칙은 누구도 깨뜨려선 안 된다고. 예외는 없다고. 그때 이후 나는 '원칙'이라는 말을 들으면 몸서리가 쳐진다. '원칙대로', '법대로' 이런 말들은 상관없는 제3자에게는 그럴듯해 보이겠지만 가진 자에게는 마구 휘두를 수 있는 칼이 되고 당한 자에게는 몹시 아프고 쓰라린 상처가 될 수 있음을 깨달았다. 그래서 수년 후 상황이 역전돼 내가 노조위원장이 되고 그때 그분들이 내게 억울함을 호소해올 때 난 그분들께 '원칙'이란 말은 단 한마디도 쓰지 않았다. 그냥 많이 들었다. 그러면서 타협점을 찾았다. 법과 원칙을 해석하고 적용하는 건 결국 사람의 의지니까.

— 몰락한 자의 비애는 '외로움'이다.

나쁜 소식은 전파도 빨랐다. 부모님은 우셨고 친구들은 안부를 물어왔다. 그러나 진정한 비애는 외로움이었다. 적막한 사막의 한가운데 내버려져 결국에는 나 혼자 이 거친 세상을 헤쳐가야 한다는 느낌. 회사가 분위기 수습차원에서 몇몇을 승진시켰다는 소식이 들려왔다. 승진자 중에는 후배 기수도 있었다. 조직은 직원들에게 분명한 메시지를 줬다. 가만히 있어라. 나처럼 하늘 무서운 줄 모르고 날뛰는 하룻강아지는 결국 승진도 못 하고 잘리게 된다는. 두려워졌다. 외롭고, 서운했고, 다시는 못 돌아갈 것 같아 무서웠다. 당시 내가 할 수 있는 일이란 사장님에게 반성문을 매일 써서 읍소하는 것밖에는 없었다. 다시 기회를 주시면 속죄하는 마음으로 열심히 일해 이바지하겠습니다. 다시 기회를 주시면….

— 이래서 다산 정약용은 유배지에서 임금을 사모하는 편지를 써 보냈겠구나.

그 무렵 뭔가 돌파구가 필요했다. 집에서 이제나저제나 회사의 부름만 기다리다간 그전에 어떻게 될 것 같았기에 뭔가 몰두할 게 필요했다. 우선 아침 일찍 산에 올랐다. 암 투병 중이신 장모님을 모시고 나지막한 산에 올랐다. 산악인들은 평일에도 정말 많았다. 그 후 아내와 애들이 나가고 난 빈집으로 와 장모님 수발해드리고 나는 창가 베란다에 마련한 나의 집필실로 들어갔다. 말이 집필실이지 베란다 빨래 건조대 옆에 바둑판 하나 놓고 그 위에 노트북 하나 덩그러니 놓아뒀다. 거기 쪼그려 앉아 글을 쓰기 시작했다. 혹시라도 잘리기 전에 마지막이 될지도 모르는 취재 글이었다. 내가 PD라는 직함을 달고 쓰는 마지막이 될 수도 있는 취재 글. 바로 이 사건에 대한 첫 번째 책이었다.

—뉴스는 반만 믿어라. [1]

더 이상 황우석 박사 사건은 남의 일이 아니었다. 바로 나의 일이었다. 어쩌면 우리와 우리가 사랑하는 누군가의 일이 될 수도 있었다. 나는 열 대 맞을 잘못을 갖고 백 대 천 대 두들겨 맞아 기회조차 빼앗긴 황우석 박사의 사건을 반드시 기록으로 남겨두고 싶었다. 그가 어떻게 뒤집어쓰고 어떻게 두들겨 맞았는지 분명히 기록해 국민은 바보가 아니며 틀림없이 누군가는 보고 있었다는 흔적을 남기고 싶었다. 그래서 사람 하나 자빠뜨리고 주저앉히는 일이 결코 간단한 일도 쉬운 일도 아니란 걸 보여주고 싶었다. 나도, 그리고 예전에 방송사 문턱을 넘어 제보해왔던 그 억울한 사람들의 바람도 그랬으니까.

—제 입장을 두둔해달라는 게 아닙니다. 피디님. 도대체 무슨 일이 어

떻게 벌어졌는지 있는 대로만 써달라는 겁니다. 한쪽 말만 듣지 마시고요.

예전에 나를 찾아왔던 억울한 분들의 얼굴이 떠올랐다. 나 자신이 직접 그런 일을 겪어보니 비로소 떠올랐다. 그 마음이 어떤 심정이었는지, 몰락한 자에게 기록이란 게 무슨 의미가 있는지. 나는 내가 가진 유일한 무기. 내 눈, 내 귀, 그리고 박사논문을 쓰며 익힌 뉴스 분석 툴인 '프레임 이론'을 갖고 사건 분석에 나섰다. 베란다 빨래건조대 옆에 마련한 내 집필실과 417호 대법정은 이미 3차원의 현실에서는 지워져 버린 이 사건을 만날 수 있는, 4차원의 세계로 가는 통로였다.

제36부

몰락한 자의 해맑은 웃음

> 황우석 박사는 그를 따라나선 스무 명의 연구원들과 함께 세 번의 이 사를 거듭한 끝에 농기구 창고를 개조해 연구했지만, 그를 홀대한 세 상에 대한 원망보다는 그를 받아준 고마운 이들을 떠올리며 웃고 있었 다.

그는 나하고는 완전히 달랐다. 몰락 후 한숨만 폭폭 쉬던 나와는 달 리 그는 웃고 있었다. 나와는 비교도 할 수 없을 만큼 세게 추락한 그 였지만 그는 웃고 있었다. 웃는데 너무 해맑아 보였다. 어떤 구김살 도 그늘도 찾아볼 수 없었다. 국민적 영웅으로 살다가 하루아침에 사 기꾼이 되어버린 그였지만, 마치 '그새 무슨 일이 있었느냐.'라는 듯 평온해 보였다. 오버하지도 않았고 위축돼 보이지도 않았다. 오히려 연구에만 집중할 수 있어 홀가분하다는 표정이었다. 내가 황우석 박 사를 처음 만난 것은 그에 대한 나의 첫 번째 책이 출간되고 한 달 쯤 지나서였다. 2007년 3월경. 정확한 날짜는 수첩을 분실하고 휴대 폰 데이터까지 날아가는 바람에 찾아볼 수 없지만, 그날 그 첫 만남 의 기억은 또렷이 남아 있다. 그는 멀리서 나를 알아보고는 급히 걸 어오면서 살갑게 인사했다. 젊은 나에게 고개를 숙이는 각도가 대략 60도는 될 것 같았다. 두 손으로 감싸듯 악수를 하는데 손이 참 따뜻 했다. 이것이 소위 말하는 '황우석식 겸손함'이던가. 수많은 언론보 도를 통해 나는 심지어 그를 비판하는 사람들조차 그의 겸손함과 인 간적인 따뜻함만은 인정하고 있다는 걸 알고 있었다. 내가 직접 확인하게 될 줄이야. 조심스레 말을 건넸다.

—사실 글을 쓰면서 몇 번이고 직접 뵙고 여쭤보고 싶은 대목들이 참
많았지만, 꾹 참고 계속 언론보도를 분석하는 제삼자로서 썼습니
다. 이제야 다 쓰고 뵙게 되니 저로선 너무 기분이 좋습니다.

고개를 끄덕이며 내 말을 듣던 그는 실은 본인도 그랬었다며 공감
을 표했다.

—사실은 지지운동을 하시는 몇몇 분들로부터 저와는 아무 연고도
없는 언론인께서 저에 대해 사실관계에 근접한 책을 쓰고 계신 것
같다고 말해주시더라고요. 너무 고마워서 한번 뵙고 식사라도 하
고 싶었지만, 혹시라도 제 존재가 언론인의 저작에 부담이 가지 않
을까 싶어 꾹 참았습니다. 오늘 이렇게 뵈니까 제 생각이 맞은 것
같습니다. 하하.

화기애애한 분위기 속에 나는 황 박사에게 쑥 질문을 던졌다. 책을
쓰는 내내 그에게 정말로 물어보고 싶었던 제1번 질문이었다.

—저도 개인적으로 소소하게 추락해본 적이 있는데 참 많이 아팠습
니다. 그런데 선생님은 저와는 비교도 하지 못할 만큼 많이 아프셨
을 것 같은데 그동안 어떻게 견뎌오셨습니까?

내가 만일 그의 상황이라면 벌써 이 세상에 없거나 아니면 죽지
못해 살아가는 인생이었을 것이다. 그런데 황 박사는 내게 이렇게 의
외의 말을 하고 있었다.

—마음 아픈 일도 많았지만 고맙고 위로가 되는 순간도 정말 많았습니다. 너무 많은 분들이…. 그분들도 넉넉지 않을 그런 상황에서 돈으로는 살 수 없는 진심 어린 도움들을 주셨어요. 저하고 저희 연구원들은 힘들어할 겨를도 없이 그분들 덕분에 연구에 집중할 수 있었습니다. 제가 죽기 전에 다 갚을 수 있을지 모르겠어요.

그 짧은 만남 동안 그는 고맙고 감사하다는 단어를 참 많이 썼다. 의외였다. 혹시나 인사치례성 멘트인가 하는 의심이 들기도 했다. 그러나 그것은 그의 진심이었다. 그가 2006년 봄 서울대에서 쫓겨난 뒤 어떻게 살아왔는지. 그리고 경기도의 농기구 창고를 개조해 연구실을 꾸리기까지 무슨 일이 있었는지 몰락한 자가 걸어온 숨은 행적을 하나하나 꺼내다 보면 그가 왜 고맙고 감사하다는 말을 많이 하게 되는지 이해할 수 있게 되었다.

— 황우석, 교수직 파면.[1]

패자는 말이 없었고 심판은 잔혹했다. 서울대학교는 검찰조사가 발표되기도 전인 2006년 3월 20일, 황우석 박사에게 줄기세포 논문 조작의 모든 책임을 물어 '교수직 파면' 조치를 내렸다. 학자로서의 '사망선고'는 물론이고 한 사람의 생활인으로서 단 한 푼의 퇴직금도, 교육공무원 연금도 받지 못한 채 쫓겨난 것이다. 그런데 그는 혼자가 아니었다. 무려 스무 명이나 되는 젊은 연구원들이 서울대 신분을 버리고 그를 따라나섰다. 그가 만일 사기횡령에 제자의 난자나 뺏는 사람이었다면 스무 명이나 되는 젊은 연구원들이 아무것도 없는 그를 따라나서는 일이 가능했을까? 그들은 맨몸뚱이 상태로 나왔다. 민간 후원으로 마련한 장비도 기기도 다 두고 나왔다. 당시 그들의 연구실에는 정부지원이나 서울대의 지원으로 구입한 실험장비들 외에도 황 박사가 일반 기부금을 후원받아 마련한 고가의 장비들이 상당히 많았지만 하나도 들고 나오지 않았다. 교수직 파면이 확정되자 서울대 본부 측은 황 박사에게 연구실을 비워줄 것을 통보했다. 그들이 짐을 싸서 나가기로 한 날에는 외부 용역업체를 다동원해 일일이 연구원들의 몸수색을 했다. 한 명 한 명의 몸수색을 해 혹시라도 서울대 물품을 들고 나오는지 철저히 살핀 뒤 내보냈다. 그렇게 그들은 맨몸뚱이로 나왔다. 피펫 하나까지 다 두고 나왔다. 한 여성 연구원은 훗날 AP 통신과의 인터뷰를 통해 눈물을 머금고 이렇게 말했다.

— (황우석) 교수님이 개인적으로 구입한 실험장비까지도 서울대에서 갖고 나올 수 없어서 모두 새 장비를 마련해야 했습니다. (김수 연구원의 'AP통신' 인터뷰, 2007.6.) [2]

당시 황 박사에게는 작은 바람이 있었다고 한다. 자신들이 두고 온 고가의 장비가 마치 쓰다 버린 물건처럼 고물상에 팔려나가지만 않았으면 좋겠다는. 그 장비를 꼭 필요로 하는 서울대 다른 교수들의 연구에 쓰였으면 좋겠다는 바람이었다.

— 서울대 교수 시절, 남들은 어떻게 말할지 몰라도 세계적인 수준의 실험실을 운영했다고 생각하는데, 당시 제가 기증받은 기자재가 (전체의) 절반이 넘었습니다. 그걸 젓가락 하나 갖고 나올 생각 안 했습니다. 대학에 넘기는 게 당연하다고 여겼고 다만, 그 장비들을 어디 팔아넘기지 말고 다른 교수들이 사용할 수 있게 해주면 좋겠다는 바람이었어요. (황우석 박사, 2015.3.26.) [3]

이처럼 아무것도 없는 상태로 쫓겨난 그들은 어디에서 어떻게 다시 시작했을까? 그들의 연구재개는 한 독지가의 조건없는 기부로부터 시작했다.

— 저희가 빈털터리 상태에 있을 때 박병수 이사장님이 나타났어요. 자신의 사재 일부를 털어 연구소 기반을 마련해주셨죠. (황우석 박사, 2015.3.26.)

박병수 이사장의 기부를 통해 시작된 연구소 설립 작업은 서울대 교수직 파면 후 약 3개월간의 준비를 거쳐 2006년 7월 18일 수암연구재단의 모습으로 첫발을 내딛는다. 그러나 연구소 부지 마련에서부터 예상치 못한 난관들이 기다리고 있었다. 그들은 반년 동안 여러 번의 이사를 거듭한 끝에 경기도 용인의 농기구 창고를 개조해 연구를 재개했다.

— 구로에서 연구한다더라.
— 아냐 양재라더라.
— 경기도 어디인 것 같던데?

기자들도 헷갈릴 만큼 그들의 행적은 묘연했다. 처음에는 서울 양재동에 연구소 입지를 알아봤고 다음에는 서울 독산동에 있는 아파트형 공장, 그리고 세 번째로는 서울 구로구에 있는 공장형 빌딩. 모두 일정액의 보증금을 걸고 다달이 월세를 내는 부분임대 형식이었다. 그런데 모두 입주단계에서 퇴짜를 맞았다. 건물주들이 세입자가 황우석 박사라는 걸 알고는 계약을 해지한다는 통보를 해온 것이다. 왜일까?

— 나중에 건물주들께 물어보니 제가 싫어서가 아니라 어쨌든 (황우석은)

정부에서 미워하는 사람이니까 우리가 이 사람을 받아주면 나중에 세무당국 등에 밉보일 수 있다는 걱정이 많으셨던 것 같아요. 그 입장 충분히 이해한다고 답하고 새로운 곳을 알아봤죠. (황우석 박사, 2015.3.26.)

서울대에서의 퇴출, 검찰기소, 〈추적60분〉의 불방까지. 건물주들의 입장에서 황 박사는 '정부에 단단히 찍힌' 기피인물이었던 것이다. 그렇게 연구실조차 마련하지 못했던 그들이었는데, 그런 그들을 받아주겠다는 곳이 나타났다. 서울시 구로구에 있는 태평양 물산이었다. 건물주인 태평양 물산 창업주는 직원들에게 '누가 뭐라고 해도 황 박사를 따뜻하게 대하라.'라고 지시했다. 황 박사는 뜻밖의 환대에 큰 용기를 얻었다며 고마움을 표했다.

— 지금은 고인이 되신 태평양 물산의 임 모 회장님께서 누가 뭐라고 해도 따뜻하게 대해드리라며 맞아주셨어요. 그때 용기를 얻었죠. 나중에 알고 보니 저의 고향 선배이기도 하고 고등학교 대학교 선배이기도 하셨어요. (황우석 박사, 2015.3.26.)

세상 인심이란 참… 그렇게 자기 돈 내고 입주하기도 쉽지 않은 시절이었다. 혹시 그때 식당을 가거나 밖에 나갈 때 '황우석'을 알아보는 주변 시선이 따갑게 느껴지지는 않았느냐고 물었더니. 뜻밖의 대답이 나왔다. 오히려 서민들의 민심은 따뜻했다고.

— 오히려 저는 그때 사회적으로 따뜻함을 많이 느꼈습니다. 식당에 15명이 밥을 먹으러 가면 10명 밥값만 받으실 때도 여러 번 있었고, 저희가 돈이 부족해서 먹고 싶은 음식을 1인분 시켜 나누어 먹는 걸 보시고는 얼마든지 더 먹으라며 계속 갖다 주시고…. 또 대

중목욕탕에 가면 자꾸 돈을 안 받으세요. 드리겠다고 해도 안 받으세요. 어떤 식당에서는 힘내라며 떡을 해 다 주시기도 하고⋯ 어려움과 훈훈함이 교차되는 시절이었습니다. (황우석 박사, 2015.3.26.)

그러나 구로에서의 연구는 오래가지 못했다. 동물실험을 해야 하는데 워낙 많은 사람이 오가는 건물이다 보니 자칫 '기피시설'이 될 우려가 제기됐고, 실은 서울 시내 한복판의 임대료도 감당하기 어려울 만큼 주머니 사정이 넉넉지 못했기 때문이다. 그렇게 몇 개월 만에 다시 새로운 거처를 찾아 나선 그들이 정착한 곳은 경기도 용인시 원삼면. 황 박사 지인이 운영하는 골프장 부지 한켠의 농기구 창고였다.

—아우⋯, 참⋯. 문을 열고 들어가니 삽, 곡괭이, 넉가래들이 주욱 있었고 먼지가 먼지가⋯. 과연 이곳에서 세포실험을 할 수 있을지 걱정들을 정말 많이 했어요. (김정주 연구원, 2010.11.7.) 4

서울대 연구원 신분을 버리고 황 박사를 따라나선 김정주 연구원의

황 박사와 연구원들의 실험실로 사용된 경기도 용인의 농기구 창고 (2006.9.)

말이다. 2006년 9월경 스무 명의 젊은 연구원들은 빈틸터리 스승과 함께 인적도 뜸하고 임대료 부담도 없는 농기구 창고에서 연구를 시작했다. 먼지만 풀풀 날리는 창고에서 과연 복제연구를 할 수 있을까 하는 걱정이 앞섰지만. 남성 연구원들은 망치질을 해 합판을 막아 실험실을 꾸몄고 여성 연구원들은 걸레질을, 황 박사는 청소기를 돌렸다. 트럭을 직접 운전해 물품을 실어 옮겼다. 삼시 세끼 식사는? 더부살이였다.

> ─골프장 직원들이 밥을 먹는 직원식당에서 더부살이로 먹었죠. 더 할 나위 없이 따뜻하게 대해주셨지만 그런 배려가 더 미안하고 눈치 보였어요. (황우석 박사, 2015.3.26.)
> ─어떻게 보면 군대를 다시 왔다는 생각이 들 정도로 같은 환경, 같은 모습들, 같은 밥…. 그런 것들이었죠. (김정주 연구원, 2010.11.7.)

하루 이틀도 아니고, 한두 명도 아니고, 눈칫밥이 서럽고 미안했지만 어쩔 수 없었다. 워낙 재정압박이 심했고 앞날이 불투명했던 시절이었으니까. 그런 그들이 한 것은 딱 한 가지밖에 없었다. '연구'. 그

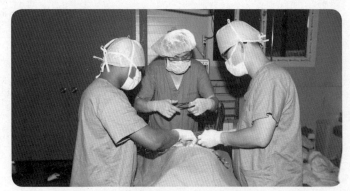

농기구 창고를 개조해 개복제 실험을 하는 황우석 박사와 연구원들 (2006.9.)

들은 농기구 창고를 개조한 연구실에서 쪽잠을 자며 연구했다.

— 정말 낙후된 곳이었는데 비도 조금씩 샜을 것이고 실험하는 현미
경 옆에 벌레가 기어 다니고 실험실 모서리마다 거미줄이 하루만
지나면 쳐지기 십상…. (김정주 연구원, 2010.11.7.)
— 9월도 좀 무덥더라고요. 에어컨도 없어서 그렇다고 창고문을 열어
놓고 실험을 할 수는 없는 거니까 (문을) 닫아놓고 땀을 흘려가면
서 연구를 했죠. (정연익 연구원, 2010.11.7.)
— 아…. 그때 생각하면 정말…. (정연우 박사, 2010.11.7.)[5]

김정주 연구원, 정연익 연구원, 정연우 박사는 한결같이 그때 어떻
게 살았는지 자신들도 신기하다고 말했다.

당시 황 박사는 서울집을 놔두고 8개월간 현장에서 생활했다. 그
는 그때 자신과 함께했던 젊은 연구원들의 모습을 결코 잊을 수 없다
고 말했다.

— 몰락한 자의 비통함이 있었지만, 서울대 연구원이라는 이름값에 기
대지 않고 저에 대한 기대를 갖고 다시 일어서보려는 젊은이들 20여
명의 숭고한 희생이 너무 크고 고마웠습니다. (황우석 박사, 2015.3.26.)

그 무렵 이름없는 독지가들의 후원을 통해 근처에 3층짜리 단독
연구소 건물이 지어지고 있었다. 2007년 1월경, 그들은 서울대에서
쫓겨난 지 9개월 만에 마침내 독자적인 연구기반을 마련할 수 있었
고 그 뒤에도 이름없는 국민들의 기부가 이어지고 있었다.

제37부

5억 원이 들어 있는 익명의 봉투

> 이름도 얼굴도 밝히지 않은 국민이 5억 원 수표가 담긴 봉투를 두고
> 갔다. 황 박사팀은 그 돈으로 초정밀 광학현미경을 구입하려 했고 그
> 뜻에 감복한 일본 니콘사가 10억 원 가치의 최첨단 현미경을 선사해
> 훗날 수십 편에 달하는 SCI급 국제학술논문발표의 기반이 됐다.

혹시 5억 원짜리 수표를 받아본 적 있는가? 거기에는 아무 조건도
없었다. 어떤 대가도 바라지 않았고 심지어 돈을 준 사람의 이름도
흔적도 없었다. 실험실 운영비도 빠듯하고 복제연구의 앞날도 불투
명하던 그 시절. 유례없는 일이 벌어졌다. 이름도 얼굴도 밝히지 않
은 독지가가 연구소 신발장 위에 5억 원짜리 수표가 들어 있는 봉투
를 놓고 간 것이다.

> ─어느 분께서 전화하셔서 자신의 이름도 밝히지 않으시고, '5억 원
> 이 들어 있는 봉투를 신발장 위에 올려놨으니 가져가라.'라고 하시
> 는 거예요. 확인해보니 정말 봉투 안에 5억 원짜리 수표가 들어 있
> 었어요. (황우석 박사, 2015.3.26.)[1]

너무 고마워서 인사라도 드려야겠다는 마음에 이리저리 수소문해
알아봤다고 한다. 연구원을 통해 알고 보니 충북 청주에서 중소규모
건설업체를 운영하시는 여성 사업가였는데. 부부가 상의해서 아파
트 구매자금 5억 원을 연구에 기부하기로 결심했다는 것이다.

―그분도 재정적 여유가 있는 분이 아니셨는데 전신에 화상을 입고
  평생 고생하시는 부군(남편)과 논의 끝에 두 분이 살 아파트 한 채
  마련하려고 모아놓은 집 구매자금 5억 원을 저희에게 기부하기로
  결정하셨다는 거예요. (황우석 박사, 2015.3.26.)

5억 원을 기부한 부부는 '평생 모은 집 한 채 값을 주시면 어떻게
하느냐.'라며 미안해하는 연구원에게 되려 이렇게 격려했다고 한다.

―집값은 훗날 다시 모으면 되는 거고 어려움에 처한 연구팀에게
  우리 이름을 밝히지 않고 전달하는 것이 부부간 합의사항이었다
  고⋯. (황우석 박사, 2015.3.26.)

황 박사는 그 부부의 이야기를 전하면서 정말 인격적으로나 생활
철학 면에서 불교용어로 '보살' 같은 분들이었다고 말했다. 어디에
썼느냐고 물었더니, 그들이 서울대 시절에도 마련하지 못했던 고가
의 현미경을 마련했다고 했다.

―혹시 노 박사님 컨포칼 현미경이라고 알고 계신지요.

알 턱이 없었던 나는 이리저리 찾아봤다. 그랬더니 '공초점 현미
경'(Confocal Microscope)이란 뜻으로 살아 있는 세포를 손상 없이 지
속해서 관찰하며 다차원적인 사진을 촬영할 수 있는, 국내에 몇십대
안 되어 오죽하면 이거 구매했다고 대학에서 홍보용 보도자료까지
내는 귀한 장비였다. 그런 현미경을 익명의 기부로 마련한 거다. 그것
도 일본의 '니콘' 장비로.

—사실은 5억 원으로는 부족했어요. 그런데 제가 '니콘' 측에 속사
정을 말하고 꼭 좀 이 돈으로 샀으면 좋겠다고 설명했더니 '니
콘' 측에서 거의 절반값에 당시 최고 기종을 주셨어요. (황우석 박사,
2015.3.26.)

이렇게 컨포칼 현미경으로 연구할 수 있게 된 황우석팀은, 기증자
가 운영하고 있는 회사 이름을 이니셜로 새긴 실험실을 운영하고 언
젠가 국내에서 다시 줄기세포를 만들 수 있게 되는 날 그 세포를 이
현미경으로 찍어 논문에 싣겠다는 꿈을 가지고 있었다. 내가 취재차
방문했던 그날도 두 명의 연구원들이 컨포칼 현미경을 이용해 복제
동물의 세포사진을 관찰, 촬영하고 있었다.

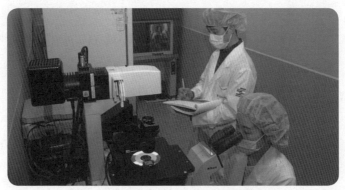

이름 모를 독지가의 5억 원 기부로 마련한 컨포칼 현미경

황 박사와 인터뷰를 하기 직전까지도 나에게는 작은 선입견이 있었
다. 그에게 있어 가장 힘들었던 순간은 아마도 희대의 사기꾼이라는 세
상의 편견이 아니었을까. 황 박사는 '오히려 따뜻한 국민의 성원에 큰
용기를 얻었다.'라고 하며 고마움을 표했다. 몰락한 자의 비통함 속에
이어지던 국민의 따뜻한 배려. 돌아오는 길에 그에 관한 작은 에피소드

하나가 스쳐 지나갔다. 지난 2009년 2월에 출간된 화천농부 박종수 시인의 저작에는 당시 황 박사에 얽힌 제주도 할머니의 사연이 나온다.

—서귀포 해안가에는 아낙들이 웅크리고 앉아 각종 해산물을 팔고 있었다. 황우석 박사 일행은 각자 서귀포 앞바다를 바라보며 많은 생각으로 잠겨 있었다. 무수한 언론의 몰매와 지독한 음해를 뚫고 그야말로 하루하루 살얼음과 같은 날들을 보내온 황우석 박사와 그의 연구원들이었기에 오랜만에 함께 연구소를 벗어나서였을까. 그들의 얼굴엔 어린아이들과 같이 오랜만에 웃음꽃도 피워있는 것을 볼 수 있었다. 이때, 황우석 박사를 수행하던 한 분이 해산물을 팔던 나이 지긋한 할머니께 조심스럽게 말을 건넸다.

"할머니 혹시 황우석 박사님 아세요?"
바로 곁에는 황우석 박사가 여전히 서귀포 앞바다를 응시하고 있었다.
"아! 거 미친놈들이지. 그 양반 왜 못 죽여 안달이여. 그 양반 눈을 봐. 그 양반 눈이 어디 거짓말할 분이여. 황 박사 그 양반 참 안 됐어. 처 죽일 놈들…."
곁에서 뜻밖에 할머니의 노여움에 가득 찬 음성을 듣게 된 황우석 박사는 그만 눈을 감고 말았다.
"할머니 이 분이 황우석 박사님이세요."
황우석 박사는 수행원이 자신을 지목하는 말을 듣고 할머니께 다가가 덥석 손을 잡고 인사를 드렸다. 할머니도 옆에 황우석 박사가 실제 있었다는 것을 전혀 몰랐는지 깜짝 놀라며 어쩔 줄 몰라 했다. 그리고 할머니는 황우석 박사의 손을 부여잡고 얼마나 마음고생이 많으시겠느냐며 눈물을 흘렸다. (화천농부 박종수 시인의 저서, 252~254쪽)[2]

제8막 《

별은 어둠 속에서만
빛난다

황 박사가 국민적 영웅이던 시절, 그의 주변에는 수천 개, 아니 수만 개의 별들이 모여들었다. 그의 주변엔 늘 사람이 끊이지 않았다. 그 콧대 높은 서울대 교수들도 매일 아침 눈도장을 찍지 못해 안달복달할 정도였다. 국회의원이나 유명 정치인들의 발길이 이어지고 또 이어졌다. 헌데 그랬던 그가 만신창이 상태로 내동댕이쳐지자 발길이 뚝 끊겼다. 〈사이언스〉 논문의 공저자들은 '내 이름이 왜 거기 있냐.'면서 손사래를 쳤고 황 박사와 함께 찍은 사진을 큼지막하게 걸어뒀던 국회의원들은 서둘러 액자를 떼고 흔적을 지웠다. 한 때 '좌병천 우성근'이라고 보도될 만큼 황 박사의 뒤를 그림자처럼 밟았던 젊은 교수들조차 황 박사가 마지막 기자회견을 했던 서울 태평로 프레스센터에 끝내 모습을 드러내지 않았다. 이제 그의 연구팀은 해체수순을 밟고 있었다. 해체는 기정사실이고 언제 흩어질 것인지가 관심사였다. 그런데 기상천외한 일이 벌어졌다. 그의 마지막 기자회견을 십수 명의 젊은 연구원들이 끝까지 뒤에 서서 지켜줬다. 그가 서울대에서 쫓겨나올 때 스무 명이나 되는 연구원들이 함께 따라나섰다. 사기꾼 집단, 인간 병풍이라는 무성한 뒷말을 들으면서도 그들은 황 박사를 떠나지 않았다. 그들은 진짜 별이었다. 황 박사의 주변을 맴돌던 인공위성이 아니라 칠흑 같은 어둠 속에서 스스로 밝게 빛나던 진짜 별들이었다. 황 박사에게 찾아온 암흑기는 아이러니하게도 '별이 빛나는 밤'이었다.

제38부

별이 빛나는 밤에

> 서울대 연구원직을 버리고 황 박사를 따라나선 20명의 연구원은 어떤 사람들일까? 황 박사는 그동안 서울대만 고집하는 '순혈주의'로는 창의성을 기대할 수 없다며 다양한 대학과 전문대, 고졸 출신들에게도 기회를 제공해왔다.

2006년 1월 12일 오전. 황 박사의 마지막 기자회견 자리를 십 수 명의 젊은 연구원들이 묵묵히 지켜주고 있을 때, 그 모습을 본 비판자들은 벌떼처럼 들고일어나 비웃었다. '인간 병풍'이라고.

— 다른 (서울대) 조사위 관계자는 '12일 기자회견에서 황 교수를 병풍처럼 둘러쌌던 대학원생들에게 황 교수가 과연 과학적 트레이닝을 했는지 따져볼 필요가 있다.'라고 꼬집기도 했다. (연합뉴스, 2006.1.16.) [1]

뒷말이 무성했다. 사기꾼 황우석이 힘없는 연구원들을 마치 병풍처럼 뒤에 세워 놓고 동정이나 살 궁리한다고. 실력도 없고 말만 잘 듣는 연구원들을 방패막이로 앞세우지 말라고. 그러나 연구원들은 '병풍'이 아닌 '인간'이었고, 인간에 대한 예의를 갖출 줄 아는 젊은 과학도들이었다. 그들은 자발적으로 뜻을 모아 스승의 마지막 기자회견에 함께하기로 한 것이었다. 그 무렵 이미 황 박사와 선을 긋기 시작한 젊은 교수들은 '학교로부터 불이익을 당할 수도 있다.'라며 연구원들을 만류했지만. 그들은 내부 논의 끝에 그래도 함께하기로 뜻을 모았다. 제자로서 스승의 마지막 자리를 함께하는 게 뭐가 문제냐는 것이었다. 무균돼지 연구를 잠시 놓고 그 자리에 동석했던 정연익 연구원의 말이다.

— 제가 기억하기로는 연구원들끼리 선배님들끼리 같이 나가자고 했었는데 '안 그래도 비판적인 시각으로 보는 사람들이 분명히 있을 거다.'라고 그런 말씀을 하셔서 취소가 됐다가 '그래도 그냥 교수님이 국민들 앞에 사죄하러 나가는 자리에 교수님 제자로서 나가는 게 뭐가 이상하냐.'라고 해서 다시 바뀐 걸로 알고 있거든요. (정연익 연구원, 2010.11.7.) [2]

그러나 이미 사기꾼으로 낙인찍힌 스승의 뒤를 가만히 지키고 있는 것조차 '가시방석'이었다. 새벽까지 개복제 실험을 하다가 기자회견장에 온 김정주 연구원은 그날 자신들과 황 박사를 향해 입에 담지도 못할 욕설을 해댄 일부 사람들의 표정이 섬뜩했다고 말한다.

— 솔직히 저는 단상에 서 있었지만, 역으로 생각하면 많은 사람들이 제 앞에 서 있었던 거잖아요? 저는 그분들이 중간중간에… 기자분들이 아닌 분들도 계신 거로 알고 있거든요. 그분들이 얼굴을 붉히시면서 차마 이야기할 수 없을 정도로 욕을 하시는데… 제가 거기서 느끼기로는 그 자리가 사과의 개념으로 만들어진 자리인데 거기서조차 안 좋은 소리들이 들리고 하니까 낯이 뜨거워졌다고 해야 되나…. 정신없고 낯뜨거워지는 느낌이 들었었죠. (김정주 연구원, 2010.11.7.) [3]

기자회견이 끝난 뒤 남자 연구원들은 황 박사 옆을 지키며 그의 신변을 보호했다. 여성 연구원들은 고개를 숙인 채 말없이 프레스센터를 빠져나갔는데, 그때 청중들 가운데 누군가 이런 말을 던졌다.

—죄 없는 자 돌 던지라.[4]

돼지 줄기세포 연구를 해온 김현숙 연구원은 당시 그 자리에서 그 말에 많이 공감했다고 말한다.

—지나가면서 어떤 분이 그냥 내뱉으신 말인데 '죄 없는 사람이 돌 던지라.'라고 그런 말을 하셨거든요. 그 말을 듣고 공감했어요. 그 말에. 저희 교수님이 분명히 실수하신 것도 있고 큰 잘못을 하신 것도 있죠. 그 부분은 정말 안타깝고 저는 그때 잘못하셨다고 생각 하거든요. 교수님도 자주 이야기하세요. 자기는 그걸로 굉장히 많 이 배웠다고. 저는… 그때는 그랬었고 지금은 지금이고. (김현숙 연구 원, 2010.11.7.)

사실 젊은 연구원들은 그전부터 스승을 돕기 위해 움직이고 있었 다. 서울대 조사가 한창 진행되고 있을 때에도 두세 명씩 조를 짜 돌 아가며 황 박사의 집을 방문해 응원하기도 했다. '우리 교수님 그 런 분 아닙니다.'라면서 스승의 진정성을 언론에 호소하기도 했다. 2006년 1월 8일 황우석 연구원들을 만나 인터뷰했던 왕정식 기자 (당시 경인일보)는 젊은 연구원들이 스승의 진실을 호소하는 모습을 보면서 황 박사에 대한 생각이 달라졌다고 말했다.

—당시 김수 연구원 등 세 명이 있었는데, 거의 울면서 이야기를 했 어요. '우리 교수님 밖에서 보는 것처럼 그런 분 아닙니다.'라면서.

당시에는 황 교수가 연구원들을 협박해 난자를 강요했다는 기사가 나오고 있었는데 정말 그런 사람이라면 '교수 자리 내놓고 칩거 중인 거기까지 와서 저 젊은 연구원들이 저렇게까지 도와주겠는가.'라는 생각이 들었어요. (왕정식 기자, 2008.7.) [5]

연구원들은 멘붕상태의 스승을 도와 나섰고 마지막 기자회견장을 지켰다. 그 후 2006년 3월 20일 서울대는 징계위원회를 열어 황 박사에게 공무원법상 최고수위의 징계인 '파면' 조치를 결정했다. 검찰 수사가 한창일 때이기도 했다. 스승으로부터 그 무엇도 기대할 수 없는 암흑상태. 그런데 당시 학위나 군대문제가 걸려 있던 일부를 제외하고 무려 스무 명의 연구원들이 함께 짐을 싸 잘린 스승을 따라나섰다. 앞길이 구만리 같은 연구자로서의 미래가 달려있던 중요한 시기에 왜 그들은 '서울대 출신'이라는 보장받은 미래 대신 '황우석팀'이라는 불투명한 가시밭길을 선택한 걸까?

— 아버지도 그렇고 부모님들이 굉장히 반대를 많이 하셨거든요. 아닌 것 같다고. 저희 부모님이야 뉴스만 보고 말씀하시는 거고 옆에서 죽 지켜본 황 박사님… 제가 옆에서 봤을 때는 조금의 실수는 있으셨겠지만 당시도… 믿었거든요. (정연우 연구원, 2010.11.7.) [6]

당시 박사 학위 논문 통과를 눈앞에 두고 있던 정연우 연구원은 두말없이 황 박사를 따라나왔다. 황 박사의 연구자로서의 진정성과 능력을 믿었기 때문이다. 그러나 어쩐 일인지 그가 황우석팀 소속이 된 이후로 그가 작성한 박사 논문이 계속 서울대에서 통과되지 못했다. '불이익을 당할 수도 있다.'라는 당시 서울대 관계자의 우려가 현실로 나타난 것이다. 결국, 정연우 연구원은 황 박사를 따라나선 지

수년이 지나서야 지도교수를 바꿔 '서울대 박사'가 되었다. 늦깎이 박사 학위였지만 그의 얼굴은 걱정이나 후회가 서려 있지 않았다. 황 박사와 함께 지난 2007년 세계 최초로 죽은 개복제에 성공한 정연우 박사는, 서울대 연구원이 아닌 야인의 신분으로서 무려 18편의 SCI급 국제학술 논문에 주요 저자로 이름을 올리고 있다.

줄기세포 연구를 계속하려고 황 박사를 따라나온 앳된 표정의 김현숙 연구원은 미즈메디 등 다른 배양팀에 의존하지 않고 독자적인 줄기세포 배양체계를 갖춰 지난 2010년 5월 영국 케임브리지대학에서 발간하는 국제학술지 〈Zygote〉에 역시 SCI급 학술 논문을 발표했다. 돼지의 체세포를 핵이식해 2개의 유사 배아줄기세포를 확립했다는 논문이었다.

— 예전에는 미즈메디나 다른 데에 의존했었어야 되었는데 다른 데 의
  존하다 보니까 저희가 그런 안 좋은 일들도 생기고 해서 저희 팀에서
  지금은 독자적으로 할 수 있거든요. 그런 정도는… 그거를 더하여서
  정말 줄기세포의 목적… 치료 쪽으로 다양한 일을 할 수 있을 만큼의
  역량을 키워야 되는 게 저희 앞으로 목표죠. (김현숙 연구원, 2010.11.7.) [7]

그녀는 현재 황 박사의 추천을 통해 미국의 뉴욕대 의대에서 줄기세포 연구를 하고 있다. 그녀 외에도 당시 황 박사를 따라나온 많은 연구원이 수많은 국제학술논문을 발표한 뒤 미국의 하버드 의대나 존스 홉킨스, 뉴욕대 의대 등 굴지의 연구소로 유학을 떠났다.

'유유상종'이라는 말이 있다. 사람은 자신과 유사한 사람과 어울린다는. 그래서 이런 말도 있지 않은가? 그 사람에 대해 파악하고 싶다면 그 사람 주변에 어떤 사람들이 있는지 눈여겨보라는…. 나는 황

박사를 따라나선 스무 명의 연구원들을 통해 황 박사의 민낯을 보고 싶었다. 그래서 어떤 날은 황 박사가 국외출장을 떠나 연구소를 비운 틈을 타 불시에 연구소를 찾아 젊은 연구원들과 이야기를 나누기도 했고, 몇몇 연구원들과는 하도 자주 인터뷰를 하다 보니 미안해서 음악 시디를 선물로 드리기도 했다. 줄잡아 21명의 젊은 연구원들을 9년에 걸쳐 만났는데 이들에게는 몇 가지 공통점이 있었다.

　— 법 없이도 살 수 있을 듯한 맑고 순수함.
　— 세포나 복제강아지를 '아기'처럼 돌보는 연구 열정.
　— '우리 선생님은 도대체 언제 주무시는지 모르겠다.'라며 빙긋 웃을
　　만큼 두터운 사제지간의 신뢰.

예를 들어 김현숙 연구원은 줄기세포를 '애기들'이라 부른다. 연구원들끼리 농담 삼아 '인큐베이터에 애기들이 크고 있으니 함부로 흔들지 마세요.'라고 웃는다. 힘들긴 하지만 세포들에게 조금만 신경이 덜 가도 결과로 나타나기에 눈을 뗄 수 없다고 말한다.

　— 저희 줄기세포팀도 토요일날 일요일날 매일매일 셀(Cell, 세포)을
　　보고 신경 쓰지 않으면 금방금방 상태가 안 좋아지는 경우가 있거
　　든요. 저희만 그런 게 아니라 다른 연구하시는 분들도 아마 그럴
　　거예요. 말이 저희한테서 먼저 나왔을 뿐이지. 월화수목금금금. (김
　　현숙 연구원, 2010.11.7.)

개복제 연구를 하는 김정주 연구원은 이상하게도 모두가 쉬는 명절 휴일에 복제개의 분만 날짜가 다가온다며 빙긋 웃는다.

―명절 휴일은 이상하게 더 중요한 실험들이 생기더라고요. 일 년에
   두 번밖에 없는 명절인데 꼭 일 년에 두 번밖에 없는 분만날짜가
   돌아온다든지. (김정주 연구원, 2010.11.7.)

실제로 복제강아지가 태어나는 날이면 새벽이든 휴일이든 관련
연구원들은 모두 비상 대기하는 날이다. 모든 수술은 황 박사와 정연
우 박사가 전담했고, 김정주 연구원은 갓 태어난 복제강아지들이 살
고 있는 강아지 인큐베이터를 자기 집처럼 관리해왔다. 어떤 날은 개
집에서 같이 잠을 자기도 했고. 돼지복제팀의 정연익 연구원은 제일
도축장에 많이 다녀오는 연구원 중 한 사람이었다. 그는 새벽 5시면
관련 장비를 챙겨 피비린내 나는 도축장으로 향했다. 실험에 필요한
동물 난소를 빨리 확보하기 위해서다.

―도축장이 대개 아침부터 시작해 오전 중에 작업이 거의 끝나는 편
   이고요 그 재료로 연구하는 팀이 우리만 있는 게 아니라서 빨리 가
   서 많이 확보하려고. (정연익 연구원, 2010.11.7.)

그는 형질전환 복제돼지 연구에 성공해 관련 SCI 논문을 발표하고
현재 미국 대학에서 바이오 장기를 연구하고 있다. 그들이 옆에서 지
켜본 황우석 박사는 어떤 사람일까? 우스갯소리로 이런 얘기가 나왔
다. 연구에 미친 사람 같다고.

―심하게 이야기하면 연구에 미친 분 같고요(웃음). 아무도 못 말릴
   정도의 그런 열정을 갖고 계셔서 본받을 점이 많다고 생각합니다.
   (김현숙 연구원, 2010.11.7.)
―연구 쪽 일만 거의 생각하시고 개인적인 일들은 어떻게 보면 포기

를 하셨다고 해야 하나? (정연익 연구원)

김정주 연구원은 황 박사가 나이 어린 연구원들에게 지시하기보
다는 의견을 묻는 일이 더 많다고 한다.

— 의견 자체를 아랫사람들한테 많이 물어보시죠. 내가 이렇게 생각
  하는데 이런 부분은 어떻게 생각하느냐….[8]

그러면서 정작 황 박사 본인 가족에 대해서는 얼마나 챙기고 계시
는지 궁금하다며 걱정을 했다.

— 연구원들의 경조사는 엄청 챙기시는데 정작 본인 가족들의 경조사
  는 챙기시는지 잘 모르겠습니다. 오히려 연구원들한테 더 자식처
  럼 대해 주시지 않나….

그런데 이처럼 모진 시련 속에서도 깨어지지 않은 사제지간의 관
계 속에 한 가지 비밀이 숨어 있었다. 알고 보면 누구나 고개를 끄덕
일 만한 일이지만, 막상 그렇게 실천하기란 절대 쉽지 않은 일. 바로
서울대 중심의 순혈주의를 무너뜨린 '탕평 인사'였다.

— 연구원을 뽑을 때 꼭 서울대 출신만 고집하지 않는다.
— 연구원을 뽑을 때 꼭 4년제 대학만 고집하지 않는다.
— 순혈주의에서는 창의적인 연구를 기대할 수 없다.

황우석 박사에게는 그가 서울대 교수로 부임한 초창기부터 지금
껏 한결같이 고집해온 연구원 채용 원칙이 있었다.

— 제가 부교수로 임용된 이후부터 일관되게 고수해온 원칙이 있다면, 연구원 채용 시 서울대 출신은 1/3만, 다른 4년제 대학 1/3, 그리고 전문대나 고졸출신 1/3로 구성해왔습니다. (황우석 박사, 2015.3.26.)[9]

그가 교수로 임용된 1980년대 중반만 해도 서울대 대학원은 대부분 서울대 졸업생에 일부 다른 대학 출신으로 채워지는 게 일반적이었다. 서울대생들이 지원을 안 하는 연구실이라면 모를까 지원이 몰리는 인기 실험실의 경우 웬만하면 본교 출신(서울대)이 우선권을 가졌다. 최근에서야 서울대 본부 차원에서 대학원 선발기준을 본교생 얼마, 타대학 졸업생 얼마로 제한을 두고 있지만 80년대 중반부터 그런 제한을 두고 선발하기란 쉽지도 않았고 괜히 눈총받을 일이었다. 이유가 뭘까. 황 박사는 같은 대학 같은 과 출신들만으로 뭔가를 해보겠다는 '순혈주의'로는 창의적인 연구 성과를 기대할 수 없기 때문이라고 말한다.

— 순혈주의로는 안 된다는 생각이었습니다. 연구진 구성의 다양화를 통해 다양한 사고와 아이디어가 결합되고 그러할 때 순혈주의에서는 기대할 수 없는 미래지향적 연구가 나올 수 있다고 본 거죠. (황우석 박사, 2015.3.26.)

그리고 황 박사는 국립 서울대학교 교수로서 사회에 조금이나마 이바지하고 싶은 욕심이 있었던 것 같다. 비록 집안 형편이나 뒷받침을 받지 못해 서울대나 4년제 대학에 진학할 수 없었지만, 생명공학에 대해 남다른 열정과 능력을 지닌 인재들에게 기회를 주고 싶다는 훈장 근성 말이다.

— 서울대에 진학하지 못한 젊은이들 중에서 (서울대) 못지않은 열정

과 능력, 창의적인 인재들이 정말 많다고 생각했습니다. 그 젊은이들에게 기회를 주는 것이 교육자로서의 또 다른 사회적 기여가 아닐까…. (황우석 박사, 2015.3.26.)

그런 학생들을 받아 서울대 출신 못지않은 연구자로 키워내는 걸보는 게 '훈장'으로서의 기쁨이었나 보다. 황 박사는 실제로 전문대나 고졸 출신 연구원들을 인턴으로 채용한 뒤 방송통신대학 진학을지원했고, 이후 서울대 석, 박사 과정으로 이끌었다. 그중에서 현재팀 리더를 맡는 등 훌륭한 연구자로 성장한 모습을 보는 게 얼마나뿌듯한지 모른다며 입가에 웃음을 머금고 말했다.

— 뼈를 깎는 노력을 통해 서울대 석사 입학시험을 통과하고 해외 과
　 학논문을 너끈히 읽고 영문 논문을 작성하는 그 모습에서 보람을
　 많이 느낍니다. (황우석 박사, 2015.3.26.)

지금도 그는 이러한 원칙을 고수하며 연구팀을 이끌고 있다. 비록학위를 줄 수 있는 기관이 아니기에 3~5년이 지나면 외국의 대학으로 떠나가고, 한때 6개월 넘도록 월급 한 푼 줄 수 없을 만큼 연구소상황이 어렵기도 했다. 하지만 최소 인력 35명, 최대 55명의 젊은연구원들이 황우석 박사가 연구하는 '수암생명공학연구소'에서 불밝히며 연구하고 있다.

나는 이 사람들이 잘 되었으면 좋겠다. 보란 듯이 잘돼서 떵떵거리며 살았으면 좋겠다.

제39부

늑대인간

늑대복제는 황 박사가 연구책임을 맡고 있을 때 이뤄낸 세계적인 업적이었지만, 서울대는 마치 황 박사가 쫓겨난 이후 남아 있는 연구자들이 새로 이룬 업적인 것처럼 홍보했다. 그러다 결국 망신살이 뻗쳤다.

프랑스에는 '개와 늑대의 시간'이라는 표현이 있다. 석양이 지고 어스름한 땅거미가 짙어질 무렵 저 멀리서 어슬렁거리며 다가오는 실루엣이 내가 기르던 '개'인지 아니면 나를 잡아먹으러 오는 '늑대'인지 분간할 수 없을 만큼 빛과 어둠이 교차한다는 뜻이다. 황우석팀에게도 개와 늑대의 시간이 있었다. 지난 2005년 4월에 세계 최초의 복제개인 '스너피'가 태어났고, 2005년 10월에는 세계 최초의 복제 늑대 두 마리가 연달아 태어났다. 모두 백두산 호랑이가 남긴 과학적 유산들이었다.

— 개는 미성숙 난자를 빼내면 체외에서 성숙시키기가 어려워 복제가 거의 불가능한 것으로 생각됐습니다. (박광욱 엠젠 바이오텍 대표의 YTN 인터뷰, 2005.8.4.)[1]

'타이'라는 세 살배기 아프간하운드 종의 체세포를 복제해 태어난 '스너피'는 일반 개와 똑같이 잔디밭을 뛰놀고 있었지만 이를 지켜보는 과학계의 반응은 놀라움 그 자체였다. 개를 복제하는 것은 불가능하다는 게 정설이었기 때문이다. 그래서 세계에서 처음으로 포유류 복제에 성공해 '복제의 대부'로 불리고 있는 영국의 이언 윌머트 경도 황 박사에게 찬사를 아끼지 않았다.

— 동물복제 연구 부분에서 최고의 정점을 찍는 큰 사건이며 후속 연구 활동의 가치가 매우 크다. (이언 윌머트의 YTN 인터뷰, 2005.8.4.) [2]

세계적 과학저널 〈네이처〉는 이 연구 성과를 담은 논문을 표지 그림과 함께 실었고, 미국의 시사주간지 〈타임〉은 2005년 가장 놀라운 발명품으로 '스너피'를 선정했다. 그리고 몇 달 뒤 늑대가 태어났다. 지난 20년간 야생 상태에서는 발견된 적이 없는 멸종위기동물, '회색 늑대' 두 마리였다. 긴 혓바닥을 날름거리며 날렵한 몸놀림으로 어슬렁거리고 있는 늑대들이 모두 개의 뱃속에서 태어난 것이다. 세계 최초의 '복제늑대'들이었다.

— 개의 배를 열어 새끼를 꺼내는데 확실히 털 색깔도 다르고 촉감도 까슬까슬하고 우는 소리도 달랐어요. 확실히 늑대구나 싶었죠. (황우석 박사, 2015.4.25.) [3]

모두 황우석 박사가 서울대 교수로 재직하던 시절에 직접 받아낸 늑대들이다. 2005년 10월 18일에 한 마리, 10월 26일에 또 한 마리, 모두 두 마리의 늑대가 개의 뱃속에서 태어났다. 늑대가 태어나는 날, 여러 명의 과학자가 이를 지켜봤다. 그중에는 이언 윌머트도 있었다. 당시 황우석팀과 공동연구 협약을 맺고 '루 게릭' 병 등 난치병 치료 연구에 박차를 가하고 있던 이언 윌머트 경은 새끼 늑대를 받아낸 황 박사를 향해 '당신이 진정한 복제의 제왕'이라며 손가락을 추켜올렸다. 연구 총 책임자로서 직접 외과적 수술까지 전담하는 황 박사의 모습에 놀랐다는 말을 건네기도 했다. 늑대들은 두 마리 모두 건강하게 자랐다. 여기에는 크게 두 가지 의미가 있었다. 하나는 체세포 핵이식 기술이 멸종위기에 처한 동물 보전에 이바지할 수 있음을 입증한 것이고, 또 하나는 늑대의 체세포를 개의 난자에 이식해 개의 뱃속에서 태어나게 하는 '서로 다른 종류 동물 간의 복제'가 이론으로서가 아닌 실제로도 가능함을 보여준 과학적 쾌거였다.

그러나 '개와 늑대의 시간'은 오래가지 못했다. 늑대가 태어난 직후 줄기세포 검증이라는 쓰나미가 몰려왔고 황 박사는 휩쓸려 주저앉은 채 짐을 꾸려 서울대를 떠났다. 떠나기 전 그는 마지막 기자회견 자리에서 늑대복제 성과를 언급했다.

— 이미 스너피를 뛰어넘는 특수동물복제 성과를 유수 학술지에 논문으로 기고해 그 승인을 기다리고 있는 중입니다. (황우석 박사 기자회견, 2006.1.12.) [4]

당시 그들은 세계적인 과학저널 〈사이언스〉에 늑대복제 논문을 투고한 상태였다. 그러나 논문은 거절당한다. 이미 두 편의 줄기세포 논문 취소로 황 박사와 더불어 곤경에 처해있던 〈사이언스〉의 입장도 이해 못 할 일은 아니다. 그리고 약 1년이 지날 무렵, 서울대 안에 있던 늑대 인간들이 움직이기 시작했다. 황 박사가 서울대 교수 시절 직접 받아냈던 늑대복제의 성과를 통째로 집어삼키려는 시도였다. 황 박사가 퇴출당한 뒤 홀로 서울대에 살아남은 제자는 황 박사에게 아무 동의도 구하지 않은 채 자신을 대표 저자로 한 늑대논문을 발표했다. 그것도 이언 월머트가 편집장으로 있던 국제학회지에.

— 동의는커녕 논문이 나온다는 사실조차 몰랐습니다. 그냥 헛웃음만 나왔지요. (황우석 박사, 2015.4.25.)

논문에 황우석 박사는 7번째 공동저자로 이름을 올리고 있었지만, 당사자인 황 박사에게는 논문 투고나 저자 선정에 대해 아무런 연락도 없었다. 이런 상황 속에서 늑대복제 논문이 발표되자 서울대 연구처는 즉시 보도자료를 언론사에 돌렸고, 보도자료에는 이렇게 적혀있었다.

— 본 연구는 과학기술부 및 BK21의 지원을 받아 수행하였으며 서울대 이병천, 신남식 교수, 김민규, 장구 박사 및 오현주 연구원이 주도적으로 참여함. (서울대학교 연구처, 2007.3.26.) [5]

황 박사의 이름은 깨끗이 지워졌다. 보도자료 어디에도 그의 이름은 없었고 이 연구가 황 박사가 연구책임을 총괄하던 시절에 완성된 것이라는 문구나 암시도 없었다. 물론 서울대 소속 연구자들의 학문적 기여를 폄하할 생각은 없다. 그러나 당시 연구책임자에게 아무 동의도 구하지 않은 채 마치 서울대에 남아 있던 연구자들이 새로 만들어낸 것처럼 자료를 꾸미는 것이 학문을 하는 기관에서 있을 수 있는 일인지 의아할 뿐이다. 곧 서울대의 보도자료를 토대로 몇몇 언론은 '황우석 없이도 건재한 한국의 복제과학'을 노래했다.

— '황우석 불명예' 씻어낸 늑대복제 성공. (서울신문 사설) [6]
— 스너피-암캐 이어 늑대⋯. 동물복제 하면 이병천. (동아일보) [7]

서울대 관계자들은 개복제와 늑대복제 성과는 이병천 교수의 독보적인 기술이었다며 황 박사의 흔적을 지워내기 바빴다.

— 개복제는 황 박사와 상관없이 이(병천) 교수가 독자적으로 수행한 프로젝트였다는 게 서울대 관계자의 설명이다. (중략)이(병천) 교수는 "황 박사팀에 있을 때도 독자적으로 늑대복제 연구를 계속했다."라면서 "징계 기간에도 학교에 매일 나와 논문 작성과 대학원생 지도를 계속했다."고 회고했다. (서울신문, 2007.3.27.) [8]

이처럼 서울대가 상식 밖의 이병천 띄우기를 시도한 이유는 뭘까? 이면에는 남다른 이유가 있어 보인다. '정부지원'. 서울대 입장에서는 황 박사의 퇴출 이후 정부지원이 중단돼 사실상 공사 중단 상태에 놓여있던 의생명공학 연구동, 일명 황우석 연구동을 어떻게든 완공시켜야 했기 때문이다. 서울대는 '늑대복제 성과'를 앞세워 정부지원을 이끌어내고자 했고 여기에 이병천 교수가 앞장섰다. 이 교수 또한 논문 조작 사건으로 정직 2개월, 그 후 밝혀진 연구비 횡령 사건으로 또 정직 3개월. 두 번에 걸친 중징계를 당하며 겨우 교수직을 유지한 상태에서 어떻게든 대학 측에 '뭔가 보여줘야 하는' 처지에 놓여 있었다. 이는 늑대논문이 발표되기 두 달 전인 2007년 1월 22일 김우식 과학기술부장관(부총리)이 서울대 이병천 연구실을 방문해 복제동물 성과를 둘러본 뒤 나눈 대화의 내용에서도 잘 나타나고 있다.

— (장관은) 황우석 전 교수 사태로 공사가 중단된 수의대 의생명공학 연구동 지원 재개 여부에 대해서는 당장 뭐라고 말할 수 있는 문제는 아니라며 허락된 여건하에서 서울대 측과 협의할 생각이 있다고 말을 아꼈습니다. (YTN, 2007.1.22.) [9]

그러나 욕심이 과하면 뒤탈이 나는가보다. 늑대논문을 앞세워 정부에 지원 메시지를 보내던 서울대는 곧 망신살이 뻗친다. 논문조작

의혹에 휘말렸기 때문이다. 그것도 복제효율성을 과대 포장하는 등 기초적인 부분에서의 조작 의혹이었다. 수치와 염기서열 도표 조작 은 물론 늑대가 복제된 것 맞느냐는 진위 논란까지 일자 서울대는 부 랴부랴 조사위원회를 꾸려 진화에 나선다. DNA 검증을 의뢰하려면 야생 늑대의 피를 다시 뽑아야 하는데 피를 뽑으려다 보니 출산을 앞 둔 암컷 늑대가 마취로 쇼크사할 수 있다는 서울대공원 측 반대에 부 딪혀 피를 뽑네 마네 또 한 차례 난리 통을 겪었다. 우여곡절 끝에 결 국 늑대는 복제된 게 맞다는 결론을 얻었지만, 관련 학회지는 이미 논문의 인터넷판 게시를 철회했고 이병천 교수는 또다시 징계를 받 았으며 서울대 연구처는 얼굴을 들지 못했다.

— 논문에 기재된 대리모견 1, 2의 염기서열이 뒤바뀐 것이 추가로 확인됐습니다. 또, 미토콘드리아 DNA 염기 서열을 비교 분석해 '표 2'에 기재하는 과정에서도 염기서열 번호를 잘못 기재하는 등 오류가 발견됐습니다. (YTN, 2007.4.27.) [10]

사필귀정. 그러나 이 광경을 말없이 먼 발치에서 지켜보던 황 박사 의 심정은 어땠을까. 몰락한 자의 비통함은 비단 경제적 빈곤이나 사 회적 편견에 그치지 않았다. 자신이 이뤄 놓고 나온 성과를 놓고 논 공행상을 벌이는 어이없는 풍광을 아무 말 없이 지켜만 보고 있어야 하는 서러움도 있었다.

그런데 그 무렵, 황 박사의 연구소에 한 대의 승용차가 미끄러져 들어온다. 멀리 미국에서 태평양을 건너 경기도 용인까지 찾아온 뜻 밖의 손님들…. 그들은 6년 전에 죽은 '미씨'라는 개를 복제해줄 수 있느냐고 찾아온 미국의 바이오 기업인들이었다.

제40부

반려견 '미씨'의 환생

국제 사기꾼 취급을 받던 황 박사에게 미국의 바이오기업은 10년 전에 죽은 개를 복제해줄 수 있느냐는 제의를 했다. 그들은 농담처럼 크리스마스 선물로 줬으면 좋겠다고 했지만, 황우석팀은 정말 크리스마스 전에 다섯 마리를 복제했고 왕의 귀환은 시작됐다.

나는 아직 집안에 개나 고양이는 들이지 말자는 주의지만 애들은 그렇지 않은 것 같다. 요즘에는 산책이나 등산을 가도 개를 마치 식구처럼 데리고 다니는 사람들이 정말 많다. 키우던 개가 죽으면 가족이 죽은 것처럼 슬퍼하는 사람들도 많다. 그래서 '애완동물'이라는 말 대신 '반려동물'이란 말이 나왔나 보다. 개나 고양이를 사람이 갖고 노는 장난감이 아닌 사람과 동등한 '인생의 반려자'로 여기는 문화. 미국이나 유럽에서는 진작부터 그랬던 것 같다. 외국 다큐멘터리에서 빵모자를 쓴 은발의 노인이 개 한 마리 데리고 시골 길을 산책하는 사진을 인상 깊게 본 적 있다. 아마도 미국의 백만장자인 존 스펄링 박사도 그런 모습으로 그의 반려견 '미씨'를 데리고 산책하지 않았을까 상상해본다. 아폴로그룹의 창업주인 존 스펄링 박사에게 '미씨(Missy)'라는 이름의, 콜리와 시베리안 허스키의 잡종 강아지는 너무도 사랑스러운 또 한 명의 가족이었다. 가족이자 '행운의 상징'이었다. 개를 입양하면서 스펄링 박사가 창업한 방송통신교육사업은 소위 대박을 터뜨렸으니까. 그런 '미씨'가 노년기에 접어들며 시름시름 앓고 병색이 완연해지자 백만장자 존 스펄링은 기상천외한 일을 벌인다. '미씨'를 복제해

달라며 미국 최고의 연구진을 찾아가 천문학적 연구비를 내놓은 것이다. 이것이 지난 1997년 미국 전역을 들끓게 한 개복제 프로젝트다.

— Missy Plicity Project : 미씨 환생 프로젝트[1]

미국인들은 이 말도 안 되어 보이는 계획을 숨죽여 지켜봤다. 개를 가족처럼 여기기에 이 이야기는 결코 남의 일이 아니었다. 그리고 과학의 종주국인 미국에서 결국은 세계 최초로 개복제에 성공했다는 뉴스를 기다렸다. 마치 인공위성을 쏘아 올리고 달착륙에 성공했다는 뉴스처럼 말이다. 그러나 그런 뉴스는 1년이 지나도 5년이 지나도 나오지 않았다. 미국 연구팀은 최고의 멤버들을 구성해 약 9년간 이 프로젝트에 매달렸다. 존 스펄링 박사는 동물복제 연구의 선두주자였던 텍사스 A&M대학에 최초 230만 달러의 연구비를 기부했고 이를 시작으로 이 대학은 매년 백만 달러 규모의 연구비를 투자했다. 실험실 수준의 세포연구와 수술, 동물사육까지 40여 명의 인력이 팀을 이뤄 1997년부터 2005년까지 약 9년간 프로젝트를 전담했다. 그 사이 존 스펄링 박사는 자신이 직접 생명공학회사(제네틱 세이빙 클론사)를 운영하며 물심양면으로 지원했다. 그러나 모두 실패했다. 프로젝트가 6년째에 접어들 무렵인 2002년 7월에 미씨는 15살의 나이로 숨을 거둔다. 개의 살아 있는 체세포를 더는 구할 수 없게 된 것이다. 그래도 연구팀은 포기하지 않았다. '미씨'의 체세포를 냉동 보관해놓고 개의 냉동세포를 해동시켜 복제를 시도했다. 그러나 9년째인 2005년경 모든 시도는 실패로 돌아갔고 결국 연구책임을 졌던 웨스추신 교수는 이런 말을 남긴다.

— 끔찍한 악몽(Nightmare)이었습니다.[2]

미성숙 상태로 배란하는 개를 복제한다는 것은 어쩌면 인간복제보다 더 요원한 불가능의 영역이 아닐까 하는 추론을 남기며 미국에서의 프로젝트는 막을 내렸다. 그 후 몇 년이 지났다. 2007년 여름. 낯선 한국 땅에 자가용 비행기를 타고 존 스펄링 박사의 후손인 루 호손(Lou Hawthorn) 대표가 왔다. 캘리포니아에서 '바이오아트'라는 바이오기업을 운영하던 그는 미국에서 실패한 '미씨' 프로젝트의 성공 가능성을 타진하기 위해 한국을 찾은 것이다.

한국에는 지구 상에서 유일하게 개를 복제해낸 연구자가 있었기 때문이다. 비록 그 연구자들은 논문조작에 휘말려 '희대의 사기꾼 집단'이라는 불명예를 안고 있었지만, 그들이 한국의 모처에서 연구를 재개한 다음 여전히 개복제에 있어 탁월한 성과를 내고 있다는 정보를 미국인들은 이미 파악하고 있었다. 실은 '미씨 프로젝트'를 추진하던 연구팀의 일원으로서 세계 최초로 고양이복제에 성공한 신태영 박사가 바로 그 불명예를 뒤집어쓴 연구자(황우석)의 직계 제자였기 때문이다. 루 호손(Lou Hawthorn)은 황우석 박사의 실력을 자기 눈으로 확인하고 싶었다. 그래서 중국으로 가는 일정을 며칠 조정해 경기도 용인의 수암연구소로 찾아왔다.

미국인들은 황우석 박사가 직접 집도하는 수술과정을 처음부터 끝까지 지켜봤다. 그리고는 연구원들의 체세포 핵이식 효율과 소요 시간에 대한 데이터까지 요구했다. 그동안의 연구 성과들을 꼼꼼히 챙겨 물었다. 이미 2007년 3월 말부터 황우석 연구소에서는 복제개들이 태어나고 있었다. 아무도 주목하고 있지 않았지만, 그들은 이미 세계 최초의 복제개 '스너피'의 성과를 뛰어넘을 만큼 복제 효율의 향상을 이뤄 시각장애인 안내견인 골든 리트리버종의 개 3마리를 복제했다. 그해 여름에는 의학연구에 활용될 실험동물 '비글' 종 복제 강아지 5마리가 태어났다. 이들이 재기의 아이템으로 '개복제'

에 집중한 것은 돈이 없었기 때문이다. 어느 곳에서도 연구비 지원을 기대하기 힘든 열악한 환경에서 그들은 소나 돼지보다는 상대적으로 자금 부담이 덜한 개복제 연구에 집중하고 있었다. 그런데 그들의 개복제 성과를 보고 때마침 미국인들이 찾아온 것이다.

— 소나 돼지를 복제하려면 엄청난 자금이 필요했죠. 돼지의 경우 대리모 한 두에 65만 원 정도이니까 일주일에 네 마리만 복제해도 매주 260만 원 정도가 들어가는 거예요. 소는 더더욱 비쌌고요. 그래서 소나 돼지 연구는 실험실 내 연구에 국한되었고. 개복제 기술 혁신에 집중했습니다. (황우석 박사, 2015.3.26.) [3]

돈이 없어 집중할 수밖에 없었던 개복제가 부활의 신호탄이 된 것이다. 천우신조라고나 할까. 마침내 미국인들은 황 박사에게 애완견 복제 프로젝트를 제안했다. 단, 조건이 있었다.

— 혹시 이번 크리스마스 때까지 가능하겠습니까?

농담 섞인 요구였다. 아니 미국에서 십 년 가깝게 천문학적인 투자를 해도 실패했던 프로젝트를 반년 만에 성공해달라니. 그러자 약이 바짝 오른 황 박사는 이렇게 답했다.

— 언제라고 기약할 순 없지만 우린 늘 최선을 다한다고 답했어요. 그리고는 우리 연구원들에게 우리 정말 크리스마스 때까지 해보자며 마음을 모았죠. (황우석 박사, 2015.3.26.)

그 후 2007년 8월경 양측 간에 정식으로 계약이 체결됐고 곧 미국으로부터 죽은 개 '미씨'의 냉동 보관된 체세포가 도착했다. 연구원들은 프로젝트에 돌입했다. 2007년 9월이었다. 그런데 첫 실험부터 기적이 일어났다. 미국에서 넘겨받은 미씨의 냉동 체세포 5종을 해동시켜 핵이식한 첫 실험에서 임신에 성공한 것이다. 2007년 9월 27일이었다. 그 후 일주일 뒤 추가실험에서 연이어 임신이 확인됐다. 개의 임신기간은 두 달여다. 2007년 12월 마침내 첫 번째 '미씨'가 태어났다. 이후 2호, 3호, 4호, 5호까지. 모두 다섯 마리의 복제강아지들이 줄줄이 태어났다.

정말 크리스마스를 맞기 전에 '미씨'가 환생한 것이다. 황우석 연구소의 크리스마스는 더 따뜻했다. 그들은 농기구 창고에서 땀과 먼지를 뒤집어쓰며 연구했던 지난날을 떠올리며 갓 태어난 '미씨'의 머리에 산타 모자를 씌워준 채 그들만의 기쁨을 만끽했다.

2007년 크리스마스를 앞두고 태어난 복제개 미씨와 정연우 연구원

특히 부모님의 반대를 무릅쓰고 서울대를 나와 연구팀에 합류했던 정연우 연구원에게 2007년의 크리스마스는 남달랐다.

— 일단은 기회를 저희에게 줬던 바이오아트 그분께 되게 고마웠었죠. 개복제의 시작이었으니까요. 그분들이 저희에게 기회를 주고 그것도 첫 번째 실험에 임신이 되었거든요. 그래서 그 기분은 엄청 말로 표현을 못 하죠. (정연우 연구원, 2010.11.7.) [4]

지독한 설움과 외면, 그런 속에 묵묵히 거둔 성공이었기에 황우석팀 연구원들은 너나 할 것 없이 모두 미국으로 떠날 복제개들의 건강상태를 예의주시했다. 황 박사는 '미씨'의 DNA 검증을 미국의 UC 데이비

스 대학 연구소에 의뢰했고 검증이 끝난 뒤 논문을 투고했다. 논문은 2009년 3월 '미씨 복제 : 체세포 핵이식에 의한 특정 개 유전형질의 다수 후손 획득'이라는 제목으로 국제학술지(클로닝 스템셀스)에 발표된다.

— 자, 미국에서도 건강하게 잘살거라.
— 친구, 사랑…, 잘 가….

2008년 4월 22일, 미국으로 떠나는 복제개 '친구'와 '사랑'이에게 황우석팀 연구원들은 명주실을 목에 걸어줬다. 오래오래 건강하게 잘 살라는 뜻이다. 미국의 루 호손 '바이오아트' 대표는 복제개들을 데려가는 날 자가용 비행기를 타고 한국에 왔다. 개 팔자가 상팔자라고. 사람도 평생 타보기 힘든 자가용 비행기를 탄 복제개들은 제주도에 들러 1박을 한 뒤 캘리포니아로 날아갔다. 2008년 5월 21일 아침, 〈뉴욕타임스〉의 제임스 바론(James Barron) 기자는 루 호손의 캘리포니아 저택에서 건강하게 자라는 3마리의 복제개들, 미라(Mira), 사랑(Sarang), 친구(Chin-gu)의 모습과 이야기를 기사로 자세히 소개했다.

— 과학자들은 독특한 생식주기를 갖고 있는 개를 가장 복제하기 힘든 동물 중 하나로 여긴다. 그러나 캘리포니아의 한 생명공학 기업 바이오아트 사는 복제개를 공개 경매에 부친다고 밝혔다. 이 회사는 지난 2005년 세계 최초로 개를 복제한 한국의 황우석 박사가 이끄는 수암 연구재단과 파트너십을 맺고 있다. (뉴욕타임스, 2008.5.21.)[5]

이것이 부활의 신호탄이었다. 황우석 연구팀은 아무도 이루지 못했던 죽은 개 '미씨'를 복제하며 그들의 능력을 세계에 알린다. 이후 봇물 터지듯 쏟아지는 복제성과들 앞에 미국의 주요 언론들은 더 이상 '황우석'이라는 단어를 금기시하지 않았다. CNN, 폭스뉴스, CBS, NBC. 연달아 터져 나오는 개복제 성과를 소개함에 주저함이 없었다.

— 플로리다의 노부부가 1년 전 암으로 죽은 그들의 애완견을 복제하는데 15만 5천 달러를 지불했습니다. 이 개는 세계 최초의 상업적 복제견입니다. (CNN, 미국 시각 2009.1.29.) [6]

— 플로리다의 부부가 복제된 애완견을 반갑게 맞아들였습니다. '랜슬럿 경'(Sir Lancelot)의 환생입니다. (Fox News, 미국 시각 2009.1.30.) [7]

— 지난 9·11 테러 현장에서 기적적으로 생존자를 구출했던 셰퍼드 종 인명 구조견 트래커(Trakr)가 무상으로 복제돼 주인의 품에 안겼습니다. 캘리포니아 현장 연결합니다. (CBS, 미국 시각 2009.6.17.) [8]

그들의 개복제 성과는 줄줄이 사탕처럼 꼬리에 꼬리를 물고 이어졌다. 세계 최초의 죽은 개 미씨 복제에 이어 '사자개'로 불리는 중국의 멸종위기종으로 마리당 10억 원대를 호가한다는 티베트 마스티프종 '복희(암컷)'와 '만강(수컷)'의 복제(2007), 최초의 상업적 복제견인 '랜슬럿 앙코르'의 복제(2009.1.), 9·11 테러현장에서 영웅적인 구조활동을 펼쳤던 독일산 셰퍼드 '트래커'의 복제(2009.6.), 우리나라 순종 진돗개인 아현(암컷)과 용(수컷)의 복제, 왼쪽 눈과 오른쪽 눈의 빛깔이 다른 오드아이(Odd Eye)인 시베리안 허스키 종 '시치(Shichi)'의 복제, 제주경찰청의 의뢰를 받아 지난 2007년 3월 실종된 9살짜리 여자 어린이를 구조한 폭발물 탐지견 '킨'(Quinne)의 복제(2010.1.) 등 다양한 사례가 확인되는 한편 SCI급 국제학술논문으로도 입증받았다. 더 이상 그들의 동물복제 능력을 의심하는 사람은 없었다. 일부에서는 조만간 줄기세포 연구도 재개될 것이라는 전망도 나왔다. 그러나 그들의 재기는 절대 순탄하지 않았다. 생각지도 못한 특허분쟁이 그들을 기다리고 있었다.

제41부

솔로몬의 해법

> 개복제 시장을 놓고 황우석팀과 경합을 벌이던 한국의 바이오기업은 황 박사의 옛 제자와 손을 잡고 '황 박사가 자신들이 가진 개복제 특허를 침해했다.'라는 소송을 제기한다. 그러나 재연실험검증 끝에 특허재판부는 황우석의 손을 들어줬고 복제기술력의 업그레이드가 확인됐다.

솔로몬 왕은 '세 치 혀'에 현혹되지 않았다. 서로 자신의 아기라고 주장하는 두 여인의 엇갈린 진술 속에서도 그는 누가 진짜 엄마인지 진실을 명쾌하게 밝혀냈다. '그렇다면 아이를 둘로 나눠 공평히 나누겠노라.'라며 칼을 들어 아이를 베려 했을 때 소스라치게 놀라는 진짜 엄마의 표정을 놓치지 않았던 거다. 그 후 사람들은 복잡한 진실게임에서 진실과 거짓을 명쾌하게 가려내는 판결을 두고 '솔로몬의 해법'이라 부른다. 줄기세포 사건에도 솔로몬의 해법이 있었다. 그것은 '재연성 검증'이었다. 말이 필요없이 의혹 당사자에게 '다시 만들어 보라.'라고 기회를 주는 것이다. 승자도 패자도 깨끗이 승복할 수밖에 없는 솔로몬의 해법이다. 이런 해법이 이 사건에 적용된 적이 딱 한 번 있었는데, 그 결과는 역시 명쾌하게 끝났다.

— 알앤엘바이오 측은 '수암생명공학연구원(황우석팀)이 개복제에 사용한 기술은 알앤엘바이오가 서울대로부터 전 세계 전용실시권을 획득한 것'이라며 '수암 측이 스너피 복제에 사용된 특허기술을 침해해 소송을 제기했다.'라고 밝혔습니다. (YTN, 2008.9.3.) [1]

황 박사는 2008년 9월 황당무계한 소송에 휘말렸다. 세계 최초의 복제개인 '스너피'를 발명한 황 박사가 '스너피 특허'를 침해했다며 고소를 당했으니 말이다. 특허 소유자인 서울대로부터 '스너피 특허'를 사들인 '알앤엘바이오'라는 기업이 황 박사의 옛제자인 이병천 교수와 손잡고 황 박사 측에 소송을 제기했다. 2008년 9월 2일이었다. 서울중앙지법에는 두툼한 소장이 접수됐다. 황우석 박사와 그의 연구팀이 자신들이 가진 개복제 특허권을 침해했다는 내용이었다.

— 황 박사가 성공했다고 언론에 공개한 복제개 '미씨'와 '사자개'는 우리가 인수한 특허출원 기술과 같은 기술을 이용해 만든 것이다.[2]

'알앤엘바이오'라는 한국의 생명공학 기업이 제출한 소송의 골자였다. 어떻게 해서 이런 일이 벌어진 걸까? 논란의 불씨는 특허권자인 서울대학교에 있었다. 황 박사는 지난 2005년 서울대 교수 시절 세계 최초의 복제개인 '스너피'의 성공을 발표했다. 논문은 〈네이처〉에 발표했고, 특허는 2005년 7월 26일에 출원해 2007년 6월경 등록됐다. 그런데 특허의 소유권자는 황 박사가 아니라 그가 속해있던 서울대학교 산학협동재단이었다. 교수가 재직시절 발명한 특허의 소유권은 대학에 귀속된다는 교칙에 따라 그는 발명자로만 남고 특허의 소유권은 대학이 가졌다. 문제는 황 박사가 쫓겨난 이후 발생했다. 특허 소유권자인 서울대 산학협동재단이 발명자인 황 박사와 상의도 없이 '알앤엘바이오'라는 한국의 생명공학 기업에 개복제 특허권을 넘긴 것이다. 소유권을 완전히 넘긴 것은 아니었지만, 일정 기간 특허를 독점할 수 있는 '전용실시권'을 준 것이다. 돈으로 '개복제 특허권'을 손에 쥔 '알앤엘바이오'는 서울대에 남아 개복제 연구를 계속하고 있던 황 박사의 옛 제자(이병천 교수)와 손을 잡고 개복제 상업화에 착수한다. 결국, 서울대는 발명자인 황 박사와 상의도 없이 경쟁자에게 특허를 넘겼고, 특허와 연구 인력 모두를 확보한 경쟁자는 개복제 시장에 뛰어들었다. 소송의 불씨는 이때부터 지펴지고 있었다.

비난자들의 말대로 '개복제는 황우석이 아닌 이병천의 작품'이었다면 알앤엘과 이병천팀은 황우석팀을 능가했어야 정상이다. 기술 있고 돈 있고 특허까지 있는데 못할 것이 어디 있겠는가. 그런데 미국 시장에 먼저 진출한 건 그들이 아니라 황우석이었다. 황 박사는 미국 바이오기업과 손잡고 미국 언론에서 대서특필되고 있었다. 곧 미국 시장의 주도권을 둘러싼 경쟁이 벌어졌다. 알앤엘과 이병천팀은 황 박사보다 넉 달 늦게 미국인 주인의 애완견을 복제하면서 미국 시장 진출을 본격화했다. 만일 거기서 연구 실력으로 주도권 경쟁이 벌어졌더라면 게임은 흥미진진했을 것이다. 그러나 불행히도 게임은 짜증 나는 소송전으로 흘러갔다. 후발주자였던 알앤엘과 이병천팀은 황우석팀의 연구를 '스너피' 특허로 제동 걸었다.

— 이병천 교수가 참여하고 있는 알앤엘바이오는 황우석 박사가 이끄는 수암생명공학연구원을 상대로 지적재산권 침해에 대한 손해배상 청구소송을 서울중앙지법에 냈습니다. (YTN, 2008.9.3.) ³

이렇게 해서 약 1년간의 법적 공방이 진행됐다. 이미 검찰로부터 줄기세포 사기 등의 혐의로 기소돼 3년째 마라톤 법정공방을 벌이고 있던 황 박사는 여기에 개복제 특허소송까지 감당해야 하는 '동네북' 신세가 됐다. 그를 더 힘들게 한 것은 그 소송이 모르던 사람도 아닌 자신이 키운 제자(이병천)가 개입된 소송이었다는 것이다.

— 원고 측 증인 이병천(제자) vs 피고 황우석(스승).

지난 2005년 세계에서 처음으로 개를 복제했다는 성공을 발표할
때 스승과 제자는 서로 격려하며 환하게 웃었다. 제자는 〈네이처〉 논
문의 대표저자로 스승(황우석)의 이름을 먼저 올렸고 스승은 '난 이
미 〈사이언스〉 논문에 대표저자로 이름을 올렸으니 이번에는 네 차
례'라며 제자(이병천)에게 양보했다. 두 사람은 특허 발명자로도 사이
좋게 이름을 올렸고 스승은 제자에게 '우리의 연구는 결코 개인의 이
익을 위해 이용되는 게 아닌 대한민국의 기술'임을 강조했다. 그러
나 3년 후 제자는 스승을 고소한 경쟁기업의 편에 서 있었다. 스승(황
우석)은 자신이 발명한 '스너피 특허'를 침해했다는 명목으로 자신이
키운 제자(이병천)와 법정 공방을 벌여야 했다.

법정 공방의 핵심은 '전압 조건'이었다. 알앤엘바이오가 갖고 있는
스너피 특허에는 개를 복제하는 핵심 방법들이 열거되어 있었는데,
그중 세포를 전기융합하려면 이러저러한 전압조건에서 융합시켜야
한다는 청구항 1번 항목이 있다.

— 전압이 3.0 ~ 3.5kv/cm인 조건으로 전기융합.[4]

그러나 황우석팀은 스너피 복제 때하고는 비교할 수 없을 만큼의
기술적 진보를 이뤄 굳이 스너피 때의 전기전압(3.0~3.5)을 쓰지 않
고 다른 전압(1.75kv/cm)을 쓰더라도 훨씬 높은 세포융합 효율을 보
이고 있는 만큼 특허권을 침해한 게 아니라고 반박했다.

— 1.75kv/cm의 전압조건에서 77.4%, 80.4%, 79.2%, 80.9%의 세포

융합 성공률을 달성함.[5]

그러자 알앤엘바이오는 말도 안 된다며 즉각 반격에 나섰다. 서울대 이병천 교수팀이 황 박사가 사용했다고 주장하는 전압조건 (1.75kv/cm)에서 실제로 실험을 해보니 황 박사가 말하는 성공률 (77~80%)의 절반에도 못 미치는 33~38% 성공에 그쳤다는 검증자료를 제출했다. 다시 말해 황우석이 쓴 전압조건으로는 그렇게 높은 성공률이 나올 수가 없는 '실현 불가능한 일'이라는 것이다. 그러자 황 박사팀은 불가능한지 아닌지 직접 와서 보라고 맞섰다. 법원은 이를 받아들여 '현장 검증'에 나섰다. 과학을 과학으로 푸는 재연실험을 시행한 것이다.

―2009년 6월 11일 아침 8시 30분.[6]

경기도 용인시 원삼면 사암리에 있는 황우석팀 연구소에 담당 판사들이 왔다. 알앤엘바이오 측에서는 변호인 두 명과 서울대 이병천 교수팀 연구원 두 명이 왔다. 황우석팀에서는 변호인과 변리사, 그리고 공개실험에 임할 황우석 박사와 연구원들이 있었다. 이날의 공개실험을 준비하던 정연우 연구원은 서글펐다고 말한다. 반대편으로 온 이병천 교수팀 연구원 두 명 모두 서울대에서 한솥밥 먹으며 황우석팀으로 함께 일했던 옛 동료였기 때문이다.

―연구원들이 와있다는 것 자체도 속상했어요. 그리고 같은 연구를 했던… 어떻게 보면 같은 연구자들끼리 교수님이 서울대에서 다 하고 나왔던 거를 역으로 침해된 사실도 정말 속상했어요. (정연우 연구원, 2010.11.7.)[7]

실험에 들어가기 전 공개 방식을 놓고 잠시 양측 간의 신경전이 벌어졌다. 황우석팀 변호인은, 지금은 경쟁상대가 되어버린 이병천 팀 연구원 두 명이 황우석 실험실에 들어와 자세히 둘러보면 그 자체가 재판 외 목적에 활용될 수 있다는 우려를 제기했다. 판사들은 이를 받아들여 두 명의 연구원들은 핵심 실험실에 들어오지 못하는 대신 법적 대리인들이 현장을 참관하고 핵심 장면을 동영상으로 기록해 밖에 있던 연구원들이 이를 확인하도록 했다.

— 마침내 공개 실험 시작.

황 박사가 직접 마취된 개 세 마리의 배를 열어 개의 난자가 들어 있는 '난관'을 적출해낸 뒤 다시 개의 배를 말끔히 닫았다. 순식간의 일이었다. 그러자 연구원들이 현미경을 보면서 성숙된 난자를 골라냈다. 모두 10개의 성숙 난자를 골라냈다. 판사들과 참관인들이 직접 현미경을 들여다보면서 난자들의 상태를 확인했다. 그 후 검증단은 체세포 핵이식이 이뤄지는 실험실로 이동했다. 세포 오염을 막기 위해 에어샤워와 손세척을 모두 실시했고. 체세포 핵이식이 이뤄지는 모든 과정을 지켜봤다. 모두 컴퓨터 모니터 화면을 통해 동영상으로 녹화됐다. 난자의 핵을 빼내는 탈핵과정에서 상태가 불량한 두 개의 난자를 제외하고 모두 8개의 난자에 개의 체세포를 이식했다. 복제 수정란이 만들어진 것이다.

— 오늘의 핵심. 전기자극을 통한 세포의 융합.

황우석팀은 검증단과 참관인 모두에게 그들이 사용해온 전기전압 (1.75kv/cm) 조건임을 일일이 확인하도록 한 뒤 세포융합을 시행했다. 융합된 세포가 배양되는 동안 재판부는 그들의 실험 일지를 하나하나 확인했다. 2007년부터 2009년 6월까지 2년 반 동안의 기록을.

— 그리고 마침내 최종 확인.

현장에 있던 모든 사람은 전기자극을 준 세포가 얼마나 융합되었는지를 일일이 살펴보는 '융합성공률' 확인에 나섰다. 현미경과 모니터를 통해 확인한 세포융합 성공률은 무려 87.5%. 8개의 복제 수정란 중 7개가 융합에 성공한 것이다. 그러자.

— 이병천팀 연구원들의 이의제기.

이병천 교수팀 연구원들은 동영상으로 세포들의 상태를 확인해 본 뒤 융합에 성공한 7개 중 2개에 대해선 '융합된 세포로 볼 수 없다.'라고 의문을 제기했다. 그러자 재판부가 대안을 제시했다. 그러면 당신들이 인정하는 성공률과 황우석팀이 인정하는 성공률 둘 다 검증조서에 기록하겠다고. 그래서 결국 이러한 결과가 나왔다.

— 황우석팀 인정 황우석팀 융합성공률 87.5%
— 이병천팀 인정 황우석팀 융합성공률 62.5%
— 이병천팀 제출 이병천팀 융합성공률 33.3~37.9%

(서울중앙지법 변론조서, 특허심판원 제7부 심결 참고) 8

승부는 명확히 갈렸다. 황 박사팀은 스너피 실험 때의 전기전압을 쓰지 않고도 월등히 높은 효율을 보이고 있었다. 그러자 이병천팀 연구원들은 황 박사팀이 실험기기에 눈속임을 해뒀을지 모른다며 실험기기에 대한 검증까지 요구했다. 재판부는 황 박사팀이 방금 사용한 전기전압 실험기기를 가져와 보라고 지시했고 이병천팀 연구원들은 미리 준비해 온 표준기기를 통해 기기의 이상여부를 검증했다. 결과는.

— 재판부와 양측 대리인 모두 기기 이상 없음을 확인함.[9]

끝. 이날의 재연실험은 아침 8시 30분에 시작해 4시간 30분이 지난 오후 1시에 종료됐다. '황우석팀이 발표한 내용은 실현 불가능한 기술'이라던 알앤엘바이오와 이병천 교수 측 주장이 무색해지는 순간이었다. 황우석팀은 정말 서울대에서 퇴출당한 이후 '스너피' 복제 당시보다 개복제 효율을 획기적으로 높여온 것이다. 그리고 2009년 9월 18일, 법원의 최종판결이 내려졌다.

— 황 박사가 승소했다. 서울중앙지법 제12민사부는 알앤엘바이오가 황 박사 측 수암생명공학연구원을 상대로 제기한 특허권 침해금지 소송에서 수암 측 개복제 기술은 스너피 특허권과 무관하다며 원고 패소 판결했다. (매일경제, 2009.9.18.)[10]

이렇게 해서 1년여간 계속된 개복제 특허소송은 끝이 났다. 지구상에서 유일하게 개를 복제할 수 있는 나라의 연구팀들이 벌인 안타까운 소송의 결과였다. 그러나 교훈도 있었다. 누가 동물복제 연구의 원천기술을 보유하고 있는지 법원이 명쾌하게 가려준 셈이니까. 그전까지 황우석 박사를 비난하는 자들의 논리는 이러했다. 황우석 박사가 갖고 있는 건 입증이 불가능한 손재주, 혹은 눈속임일 뿐이라고.

— 젓가락 기술은 손재주일 뿐 과학은 아니지.

— 개복제는 진짜였지만 그의 제자(이병천)가 다 한 것.

— 황 박사의 원천기술은 '언론플레이' 능력뿐.

그러나 이런 비난을 한방에 뒤집어버렸다. 황우석팀의 기술은 얼마든지 재연 가능한 과학이었고, 그 축적 정도는 걸음마 단계였던 '스너피' 복제 때와는 비교할 수 없을 만큼 여러 단계 도약해 이제는 뛰어가고 있는 수준에 이르렀음이 법정에서 입증된 것이다. 내가 진정 아쉬운 것은 재연성 검증이라는 '솔로몬의 해법'이 왜 줄기세포 법정에서는 도입되지 않았을까 하는 점이다. 과학은 말이 아니라 실험결과로 결판난다. 그런데 왜 서울대 정운찬 총장은 왜 6개월만 시간을 주면 입증해 보이겠다는 황 박사의 절규를 끝내 외면했을까. 줄기세포 법정에서는 '하루에 한꺼번에 4개의 줄기세포가 성공된다는 건 불가능에 가깝습니다.'라는 검찰 측 증인들의 증언과 '과학적 전례가 있다.'라고 맞서는 변호인단의 지루한 공방이 이어졌건만. 왜 그때 검찰이나 줄기세포 재판부는 '그럼 당신이 직접 해봐.' 하며 재연검증의 기회를 주지 않았는지…. 다른 연구자들이 이런 피해를 당하는 걸 막기 위해서라도 '재연성 검증'은 반드시 도입되어야 한다. 만일 솔로몬 왕이 살아 있었다면 '과학은 과학으로 검증하는 것'이라며 '재연실험'을 명하지 않았을까?

제9막 《

리비아 프로젝트

내전 상태로 들어가 불바다가 된 리비아에서 한국 교민을 탈출시키기 위한 우리 정부의 작전이 시작됐을 때, 엉뚱하게도 황우석 박사에 대한 뉴스가 타전되어 들어왔다. 탈출 행렬 속에서 황 박사의 모습이 목격된 것이다. 황우석, 그는 리비아에서 무엇을 했을까?

— **황우석, 리비아 탈출 목격 '체류이유 궁금증 증폭'**
　　황우석 전 서울대 교수가 리비아에서 목격된 것으로 알려졌다. 한국 정부가 교민들을 탈출시키기 위해 내전 중인 리비아 트리폴리 공항으로 보낸 이집트 항공 전세기에 타고 있었던 것으로 전해졌다. 하지만 황 전 교수의 리비아 체류 이유는 정확하게 밝혀지지 않아 궁금증을 증폭시키고 있다. (서울신문, 2011.2.26.)

제42부

소년의 죽음

> 황우석 2번 줄기세포의 주인공인 10살 난치병 소년은 무의식 상태에
> 빠져 생사를 넘나들었고, 부모님은 실낱같은 희망 속에 황 박사에게
> 다시 한 번 소년의 세포를 의뢰했다. 하지만 한국정부는 관련 시설과
> 요건을 갖춘 황우석 박사에게 연구기회를 주지 않았다.

— 아빠, 그럼 나 이제 못 걷는 거야?

김제언 목사는 지금도 아들 현이의 그날 그 표정을 잊을 수 없다고 말한다. 자신의 세포로 만든 2번 줄기세포가 가짜라고 폭로한 〈PD수첩〉을 보고 난 2005년 12월의 겨울밤. 어린 왕자는 눈물을 글썽이며 절망했고, 아버지 김 목사는 지금도 잊을 수 없다고 말하며 눈시울을 붉혔다.[1]

한국정부는 2006년 3월 황 박사의 인간 난자 줄기세포 연구 승인을 취소시켰다. 한국 땅에서는 더 이상 줄기세포를 연구할 수 없다는 뜻이다. 그 사이 현이의 가족들은 인터뷰 공세에 시달리고 있었다. 김제언 목사는 현이를 찾아온 기자들 앞에서 '자신은 아직도 황우석 박사를 믿고 있고 그에게 연구기회만은 줬으면 좋겠다.'라고 말했지만, 그의 말은 이리저리 편집돼 다른 뜻으로 변형됐다. 아이에 대한 기사를 봤다며 또 다른 사람들이 놀려왔다. 전국 곳곳에서 현이를 고쳐주겠다면서 다양한 치료법을 들고 찾아온 사람들이었다.

— 그 방송이 나오고 난 다음에요. 전국에서 얼마나 많은 사람들이 현이를

고쳐주겠다고 온 지 몰라요. 아… 너무너무 많았어요. 자연치료 그다음에 무슨 종교. 하여간 뭐 별사람들이 다 오더라고요. (김제언 목사, 2015.2.11.)

그중에는 과학자도 있었다. 자신이 황우석 박사와 함께 일도 해봤고 잘 알고 있다며 황 박사를 매우 거칠게 비난했다. 당신은 지금 사기꾼 황우석이한테 속고 있는 거라고, 정신 차리라고…. 그러나 김 목사는 그에게 이렇게 답했다.

— 그때 제가 했던 이야기가 '글쎄 나는 그 사람이 그런 사람인 줄은 모르겠다. 그런데 내가 만났던 황우석 박사는 참 존경할 만한 사람이었다. 그리고 나는 내가 만났던 그 사람을 신뢰하고 지금도 믿는다.'라고 이야기를 했었지요.

어린 왕자의 아버지 김 목사는 왜 황 박사에 대한 믿음을 거두지 않았을까. 그 당시는 황 박사에 대해 험악한 표현을 쓰지 않으면 오히려 이상한 사람 취급받던 시절이다. 사기꾼, 거짓말쟁이, 파렴치범, 정신병자. 자고 일어나면 이런 뉴스가 나왔고. 그게 아닐 수 있다고 말하면 곧 '황빠'가 되고 '광신도'나 '줄기교도'가 되는 시절이었다. 더구나 난치병 환자 가족으로서 더 이상 황 박사에게서 어떤 것도 기대할 수 없는 상황이었다. 그런데 왜?

— (황 박사가) 사람들을 대하는 태도들이죠. 네. 사람 만나 보면 알잖아요. 만나 보면은 참 겸손하신 분이고 사람을 참 배려하시는 분이고요. 하나하나를 설명하시는데 제가 잘 모르잖아요. 우리가 아파서 의사선생님을 만나뵈면 잘 모르니까 이해할 수 없는 이야기들을 이렇게 하시면서 대충 넘어가는 경우가 많잖아요? 그런데 (황

박사) 내 언어로 하나하나를 내가 이해할 수 있도록 설명해 주셨어요. 그런 어떤 행동 하나하나들…. 관계성 속에서 세워지는 어떤 신뢰들이라고 저는 생각해요.

그러나 곧 가혹한 운명이 찾아왔다. 현이가 쓰러진 것이다. 치료를 받을 때에도 휠체어를 끌고 갈 때도 결코 웃음을 잃지 않던 현이가 TV 뉴스를 보면서 웃음을 잃어갔다. 다시 걸을 수 있으리라는 희망도 잃어갔다. 그 후 반년도 채 안 되어 아이는 의식을 잃고 쓰러졌다. '기도협착'. 숨구멍이 오그라들어 머리에 산소공급이 끊겼다. 첫 번째 쓰러졌을 때에는 가까스로 의식을 되찾았지만 두 번째 쓰러졌을 때는 의식이 돌아오지 않았다. 그날은 2006년 9월 10일, 현이가 교회 10주년 기념예배를 마치고 난 뒤였다. 교회 사람들 모두 현이의 건강을 간절히 기도하고 찬송가를 불러줬지만 기념예배를 마친 뒤 현이는 쓰러졌고 아이의 의식은 돌아오지 않았다. 숨은 붙어있지만 아무런 거동을 할 수 없는 무의식 상태. 심장 고동까지 멈춰 응급실에서 가까스로 살려낸 게 수십 차례에 이르렀다.

—수없이 많이 아이의 임종을 봅니다. 그러니까 밤에 한 1시, 12시. '아이가 위독합니다.'라고 하면 차를 끌고 가는 거예요. 가서 보면 살아났어요. 다시. 전기충격을 해서 살아나고. 그렇게 한 20여 차례 한 것 같아요. 그러니까 나는 임종을 한 번 본 게 아니라 수십 번을 봤습니다. (김제언 목사, 2015.2.11.)

생사를 오가는 극한의 상황. 그러나 부모는 포기하지 않았다. 아니 포기할 수 없었다. 김 목사는 다시 한 번 황우석 박사의 연구소에 연락을 취했다. 아이의 상태가 아주 좋지는 않지만, 다시 한 번 아이의 체세포를 가져가서 줄기세포 연구를 해 줄 수 있느냐고…. 황 박사가 국내에서는 연구할 수 없는 상황이라는 것을 누구보다 잘 알고 있었으면서도 부모는 마지막 희망을 놓지 않았다.

— 세상에 어떤 부모가 자식을 포기할 수 있겠어요? 마지막 한순간까지도 단 1초도 포기하지 않았어요. (연구기회가 없다는 걸) 알고 있었습니다. 그런데 그럼에도 불구하고 그럼에도 불구하고 이것들은 현이의 문제가 아니라 장애인 모두의 문제이니까요. 그리고 전 황 박사님이 언젠가 그 일을 또 할 거라고 생각해요. 아마 (아이의 세포를) 버렸을까요? 그러지는 않았을 것 같아요. (김제언 목사, 2015.2.11.)

연락을 받고 황우석 박사가 연구원들과 함께 왔다. 2007년 7월 시화병원. 황 박사는 의사들로부터 현이의 상황에 대해 들었고 병실에서 의식 없이 누워있는 현이를 말없이 바라봤다. 그는 김 목사 부부의 손을 꼭 잡으며 위로의 말을 건넸고, 의사 선생님들이 떼낸 현이의 체세포를 넘겨받아 연구소로 향했다. 이후 황 박사팀은 2007년 9월 줄기세포 연구에 필요한 연구인력과 시설을 갖추고 정부의 실사를 통과해 '배아복제연구기관'으로 등록됐다. 남은 건 하나뿐이었다. 보건복지부 장관의 연구승인. 한국의 생명윤리법은 장관의 승인을 받아야만 인간난자를 이용한 줄기세포연구를 할 수 있도록 하고 있다. 황우석 박사는 다시 한 번 한국에서 줄기세포 연구를 할 수 있게 해달라고 한국정부에 '연구 승인 신청서'를 접수시켰다. 2007년 12월이었다. 그러나 정부의 반응은 없었다. 넉 달 뒤인 2008년 4월 결정을 보류시킨다는 발표가 나왔다. 그리고 다시 넉 달이 지난 2008년 8월 1일 정부는 공식적으로 입장을 밝혔다.

— 연구승인 신청을 거절함.

한국정부는 황 박사의 연구승인 요청을 거절하며 그 이유로 연구책임자인 황우석 박사의 자격 조건을 문제 삼았다.

— 보건복지가족부가 황우석 박사의 체세포복제 배아연구를 허가하지 않기로 최종 방침을 정했습니다. 과거 줄기세포 논문조작과 실험용 난자 취득과정에서 윤리 문제의 당사자인 황우석 박사에게 연구를 승인하는 것은 무리라는 것입니다. (YTN, 2008.8.1.) 2

정부는 원칙을 말했지만, 관련법 어디에도 연구책임자의 자격조건에 대해 구체적으로 명시한 부분을 찾아볼 수 없었다. 그렇게 과학자는 연구기회조차 얻지 못했고 현이의 부모님은 현실을 깨달았다. 이제 그만 현이를 놓아줘야겠다는 생각에 이르렀다. 연구신청이 거절된 지 일주일 뒤였다.

— 마지막에 의사가 그러더라고요. "더 이상은 (전기충격 심장박동을) 못합니다. 왜냐하면, 골다공증 때문에 (뼈가) 주저앉을 수 있습니다." 그러더라고요. 그때 생각하기에 어쩌면 우리가 현이의 영혼을 너무나 오래 붙들고 있는 건 아닌가. (김제언 목사, 2015.2.11.) 3

가족들은 결국 현이를 놓아줬다. 인위적인 생명연장을 더 이상은 할 수 없었다. 2008년 8월 8일 현이가 하늘나라로 떠나갔다. 황 박사는 비보를 전해 들었지만 현이의 장례식장에 오지 않았다. 대신 연구원들만 보냈다. 오지 않은 이유를 물어봤더니, 아이를 볼 낯이 없었다고 답했다.

— 그렇게 천진무구한 아이와 손가락 걸고 맹세한 그날의 약속을 지

키지도 못했다는 죄책감에, 그리고 약속을 지킬 기회조차 얻지 못하고 있다는 무력감에 도저히 빈소를 찾을 수 없었습니다. 대신 연구원들을 불러 끝까지 현이의 마지막 길에 함께 해달라는 부탁을 하고 저는 현이네 가족과는 다른 방식이었지만 아이를 위해 기도했습니다. (황우석 박사, 2015.3.26.) **4**

그는 자신에게 아이에 대한 무한 책임이 있다고 말했다. 다음 세상에서는 아프지 말고 고통 없이 살아가길⋯. 설령 고통이 존재한다고 하더라도 이를 치유할 수 있는 기회는 줄 수 있는 그런 세상에 태어나기를 나름의 방식으로 기도드렸다며 말끝을 흐렸다.

자식을 가슴에 묻은 아버지 김제언 목사는 그 뒤 아이가 다니던 학교 앞에서 교통정리를 했다. 누가 시킨 것도 아닌데 김 목사는 아이들 등교 시간이면 현이네 학교 앞에 나가 혼자서 교통정리를 했다. 김 목사는 그렇게 반 년간 교통정리를 하다가 결국 쓰러졌다. 실은 아이의 오랜 병치레를 하다 신장에 이상이 생겼었는데, 거기서 문제가 발생한 거다. 그는 의식이 거의 없이 가족들도 알아보지 못할 정도였다.

> ─ 한 3개월 정도의 기억이 지금도 제 안에 없어요. 병원에서 치료받고 나와서 다시 일상에 복귀를 하게 됐지요. 그때는 회복이 거의 불가능하다고 했는데⋯ 다 못 돌아올 거라고 기억력이. 다행스럽게 이제 벗어날 수 있었고⋯. (김제언 목사, 2015.2.11.)

김 목사는 괜찮다고 말했지만 괜찮아 보이지는 않았다. 인터뷰 중간에 기침이 심하게 계속되면서 신장 약을 먹은 뒤에야 안정되었고. 현이와의 기억 또한 연도 수를 헷갈리는 경우가 제법 있었다. 그의 모습을 보면서 나는 난·치·병. 그 세 글자 뒤에 서려 있는 수많은 고통과 눈물의 그림자를 보게 된다. 김 목사의 방에는 아직도 현이의 사진이 그대로 걸려 있다. 지금도 김 목사 부부는 현이가 보고플 때면 묘소를 찾아가 한참 동안 이야기를 나누다 온다고 한다.

— 저 친구가 하느님 나라에 가 있으니까…. 주와 함께 아름다운 일을 하고 있지 않을까요? 멋있는 청년으로 성장해서 제가 가면 또 반겨주지 않겠어요? 어느 날 만나게 되면 부끄럽지 않은 아버지이고 싶어요. 저 친구가 숨어서 아버지 피하는 게 아니라 주님께 이분이 내 아버지라고 주변사람들에게 소개할 수 있는… 네 그런 아버지가 되고 싶어요. (김제언 목사, 2015.2.11.)

김 목사는 현재 가족들과 함께 공단지역 배후도시인 시흥시 정왕본동과 정왕1동에서 목회활동을 하면서 '참사랑참생명'이라는 사단법인을 통해 봉사활동을 하고 있다. 매주 200여 명에게 무료급식을 제공하고 있고, 시민학교와 어르신들 이용봉사, 의료봉사, 발마사지 봉사, 세탁봉사, 짜장면 대접 등 다양한 봉사 활동의 장을 마련하고 있다. 다문화가정 지원과 마을만들기 사업, 그리고 지역아동센터 운영까지. 온 가족이 매일매일 소외된 이웃들을 두 팔 벌려 안아주고 있다.

— 현이가 저에게 가르쳐 준 거지요. 그전까지의 제 목회는 교회 성장 중심이었던 것 같아요. 그런데 현이 사건 이후로 '어떻게 세상을 살아야 하는가?' 하는 것을 그 아이가 가르쳐 주었다고 전 생각을 합니다. (김제언 목사, 2015.2.11.)

그러나 아주 가끔은, 아주 가끔 현이가 너무 보고 싶을 때마다 아버지는 갑자기 터져 나오는 눈물을 주체할 수 없다고 말한다.

— 우리 아이가 너무너무 보고 싶을 때 문득 터져 나오는 울음을 울어 본 적 있으시죠? 평상시 그냥 있다가 갑자기 갑자기 그냥 '어어엉…' 하고 울어본 적 있으시죠? 저는 그게 참 많았답니다. 길을 가다 갑자 기 감당이 안 될 만큼 울어버린 적도 있고요…. (김제언 목사, 2014.2.9.) [5]

인터뷰가 끝나갈 무렵 그는 내게 물었다. 황우석 박사는 지금 어디 에서 연구하고 있느냐고. 중국에서 미국인 과학자와 함께 줄기세포 공동연구를 시작한 모양이라고 했더니 그는 씁쓸하게 되물었다. 좋 은 일인데 마냥 좋지만은 않다고. 왜 그런지 모르겠다고.

— 저는 지금도 '이 연구는 계속돼야 된다.'라고 생각을 하지요. 왜냐하면, 그것을 필요로 하는 사람이 너무 많아요. 기왕이면 '우리나라에서 하면 더 좋을 텐데.' 하는 생각을 갖고요. 또 이미 여기까지 왔던 것을 '왜 굳이 돌렸을까?' 하는 생각에 대해서는 조금 안타깝지요. (김제언 목사, 2015.2.11.)

마치고 돌아오는 길에 돌아가신 강원용 목사가 남긴 한마디가 맴돌았다.

— 난치병 치유도 생명윤리이다. [6]

새는 두 개의 날개를 통해 창공으로 날아오른다. 과학과 생명윤리 는 두 개의 날개다. 수평을 맞춰야 날아오른다. 한쪽이 다른 한쪽을 압도하고 제압하면 새는 날아오를 수 없다. 언젠가 과학과 생명윤리 라는 두 날개가 수평을 맞춰 난치병 치유를 향해 다시 날아오르는 내 일을 꿈꿔본다. 소년과 과학자가 손가락 걸고 맺은 약속이 언젠가 이 땅에서 실현될 수 있기를….

제43부

리비아에서 온 특사

> 국내에서 단 1초도 줄기세포 연구를 할 수 없던 황 박사에게 리비아에
> 서 특사가 찾아온다. 리비아 최고지도자의 뜻을 전하려 한국을 찾아온
> 영국 유학파 여성 의학자였고, 그녀를 따라 황 박사 일행이 리비아의
> 수도 트리폴리를 향해 출국한 날은 2008년 11월 9일이다.

국내에서의 줄기세포 연구 재개 길은 막혔고 그의 연구를 기다리던
소년은 하늘나라로 떠났다. 황 박사에게 2008년 여름은 잔인했다. 그
러나 모든 시련은 또 다른 기회를 품고 있던가. 그해 가을. 아주 먼 나
라에서 손님이 찾아왔다. 그녀는 리비아의 여성 의학자였다. 유창하
게 영어를 구사하는 그녀는 리비아 최고 지도자의 중대 제안을 전하
러 온 특사였다.

— 영국 버밍엄대학 출신의 메디컬 닥터(의학박사)였고 영어에 능통했
  어요. 공식적인 직함이 4개였는데, 리비아 내무부 차관보, 국립경
  찰병원장, 유전체 연구소장, 그리고 국가안보부 차관보. (황우석 박사,
  2015.4.25.) [1]

아프리카 북부 지중해 연안에 있는 사회주의 국가 리비아. 국토의
90%가 사막으로 이뤄진 이 나라는 이탈리아의 식민통치에서 독립
할 때만 해도 세계에서 가장 가난한 나라였지만, 1959년 석유가 터
지면서 막강한 산유국 반열에 올랐다. 한국과는 사막과 지중해를 잇

는 '대수로 건설 공사'를 통해 인연을 맺어왔다. 석유를 뽑아 올려 벌어들인 오일달러로 거대한 토목공사를 벌이는 새 역사를 수많은 한국의 건설회사와 건설노동자들이 써온 것이다. 리비아는 '카다피의 나라'이기도 했다. 1969년 쿠데타를 통해 집권한 카다피는 무려 40년이 넘게 장기집권하며 미국이 주도하는 국제사회 질서를 거부한 채 반미, 반제국주의 독자 행보를 이어왔다. 미국이 제일 싫어하는 국가 명단에서 늘 톱3 안에 들어 있던 리비아, 그런 나라의 최고 지도자가 황 박사에게 특사를 보낸 것이다. 왜일까? 사실 한국정부도 리비아 특사의 방한을 주시하고 있었다. 사전에 리비아에 파견돼 나가 있는 주한 리비아 경제 대표부로부터 모종의 언질이 있었다.

— 리비아의 주요 인사가 황우석 박사와의 면담을 원함.

그러나 이런 식의 면담 제안은 당시로도 다양한 국가로부터 심심치 않게 있었고 실익 없는 만남도 적지 않았다. 그래서 황 박사는 직접 면담에 응하지 않았다. 대신 서울대 물리학과 출신으로 다년간 외국 연구원 생활을 해온 수암재단의 차효인 감사가 10월 중순경 리비아에서 찾아온 손님을 응대했다. 의미 없는 면담이 될 것 같으면 그의 선에서 정중히 스크리닝할 요량이었다. 그런데 리비아 여성 의학박사와의 면담 뒤 차효인 감사는 외국에 있던 황 박사에게 급히 연락을 띄웠다.

— 이 경우는 직접 만나보셔야겠습니다.

뭔가 실효성 있는 면담이 될 것 같았기 때문이다. 그러나 일정이 문제였다. 황 박사는 즉시 귀국할 수 없었다. 당시 그는 제3국을 오가며 연구를 병행하고 있었는데, 한국에서의 재판 일정에 맞춰 귀국하면 리비아에서 온 손님은 일주일 이상 기다려야 하는 처지였다. 그러나 그녀의 입장은 확고했다.

— '자기가 기다리겠다.'라고 하더군요. (황우석 박사, 2015.4.25.)

그녀는 정말로 기다렸다. 한국에서 꼼짝도 하지 않고 황 박사를 기다렸다. 일주일 뒤 황 박사는 재판일정에 맞춰 귀국했고 면담은 수암연구재단 사무실에서 이뤄졌다. 2008년 10월 20일경, 첫 만남은 쇼킹했다. 자신을 리비아 국가안보부 소속이라 밝힌 그녀는 유창한 영어로 'abc 프로젝트'를 황 박사에게 브리핑했다. 그러자 황 박사의 표정이 굳어졌다. 그녀가 브리핑하고 있는 'abc 프로젝트'는 단 한 번도 외부로 공개된 적이 없는, 한국 정부 수뇌부에게 보고한 기밀문서였기 때문이다. 황 박사는 서울대 교수로 재직하며 두 편의 〈사이언스〉 논문을 발표하던 시절, 줄기세포 연구의 국익적 활용 방안에 대해 비밀리에 국가정보원과 함께 청와대에 브리핑했다. abc 프로젝트는 그중에서도 국가 요직을 맡은 몇 사람만 알던 프로젝트였다. 그런 문서를 어떻게 리비아에서 온 의학박사가 자세히 브리핑하고 있는가. 그것은 자신들의 정보력을 내비치는 자신감이었다. 황 박사의 연구가 가진 의미를 겉핥기 수준이 아닌 깊숙하게 파악하고 있다는 뜻이었다. 계속해서 그녀는 자신들이 파악하고 있는 '줄기세포 논문 조작 사건'의 전개도를 황 박사 앞에서 그렸다. 미즈메디 연구원들의 이름과 서울대 의대와 미국 공동연구사 등, 이 복잡한 사건에 등장한 주요 인물들의 실명을 대며 그들 사이의 관계도를 분석해 도식으로 설명했다. 그러더니 그녀는 결론적으로 황 박사에게 이렇게 말했다.

―그래서 당신이 한국에서 다시 이 (줄기세포) 연구를 하는 것은 당분
   간 어려울 것 같습니다.

그녀는 황 박사에게 제안했다. 리비아에서 줄기세포를 포함해 다
양한 의학분야 실용 연구를 하자고.

―자신들의 GL(Great Leader, 위대한 지도자)께서 '모든 예를 다 갖춰
   모시고 오길 바란다.'라고 했어요. 필요하면 비행기를 보내겠다고.
   (황우석 박사, 2015.4.25.)

마치 첩보 영화에나 나올 법한 이야기였다. 그러나 한국의 출입국
기록은 분명히 말해준다. 황우석 박사는 변호인과 수암 연구소의 차
효인 박사, 그리고 그때까지 계속 한국에 체류하며 황 박사의 리비아
행을 준비해온 특사와 함께 2008년 11월 9일 리비아행 항공편에 올
랐다. 두바이행 아랍에미리트(UAE) 항공편. 처음에 리비아 측은 황
박사에게 전용기를 타고 올 것을 제안했다. 그러나 황 박사가 주변
시선도 있고 하니 일반 항공편을 타겠다고 하자 리비아 측은 아랍에
미리트 항공의 '스위트' 객실을 제공했다. 나는 그때 처음 알았다. 비
행기에도 호텔처럼 '스위트 객실'이라는 게 있다는 것을.

―1인 객실이죠. 칸막이가 다 쳐져서 혼자 속옷 차림으로도 누워
   서 잘 수도 있고 샤워도 가능하고. 저도 그때 처음 알았습니다. 이
   후로도 한국에서 두바이까지의 11시간은 그렇게 갔죠. (황우석 박사,
   2015.4.25.)

두바이공항까지 11시간. 다시 두바이에서 리비아의 수도 트리폴

리까지 6시간 30분. 머나먼 여행이었다. 이윽고 리비아의 수도 트리폴리 공항에 도착했을 때 리비아 국토안보부 요원들이 영접을 나와 별도의 통로로 그를 안내했다. 황 박사 일행에게 배정된 차량은 검은색 벤츠였다. 번호판에는 국토안보부 소속 차량임을 뜻하는 국토안보부 휘장과 적색의 211 끝번호가 새겨져 있었다. 숙소에서 황 박사 일행을 맞아준 사람은 리비아의 최고 권력자인 '무아마르 카다피'의 넷째 아들이었다. '무아타심 카다피' 국가안보보좌관.[2]

그는 영국 유학을 다녀온 의학자였다. 리비아 현지인들은 그를 '독또르'라고 불렀다. 의학박사를 뜻하는 '닥터(Doctor)'의 현지식 발음이었다. 생명공학에 각별한 관심이 있던 38세의 '무아타심'은 리비아의 국내 정치를 사실상 좌우하던 국가안보부의 수장이었다. 아버지 '무아마르 카다피'가 리비아에서 'GL'(Great Leader)이라는 약칭으로 통했다면 넷째 아들인 '무아타심 카다피'는 'Boss'라는 약칭으로 통했다. '무아타심'은 외부에 거의 얼굴을 드러내지 않으면서 주로 '내치'를 전담했다.

훗날 리비아 내전 당시 아버지 옆에 끝까지 남아 반군 진압 작전을 진두지휘했던 리비아의 젊은 'Boss'는 황우석 박사를 만난 자리에서 리비아의 꿈을 설명했다. 자신들은 석유 이후의 시대를 준비하고 있다고. 리비아가 산유국으로서의 현재에 만족하지 않고 석유 이후의 미래로서 '생명공학'과 '재생치료'의 중심국가로 설 수 있도록 당신이 도와달라고. 그는 황 박사를 지중해 연안에 인접한 한 지역으로 데려갔다. 그곳은 '사브라타'였다. 과거 로마제국의 유적지였던 지중해 연안의 휴양도시였다.

— 너무나 아름답고 평화로운 곳이었어요. 세계문화유산도 많고, 한눈에 봐도 휴양도시라는 걸 알겠더군요. (황우석 박사, 2015.4.25.)

'무아타심'은 이곳에 '재생치료 허브'를 세워, 유럽인들이 지중해를 건너 리비아로 치료받으러 오도록 하고 싶다는 포부를 피력했다. 바이오 리비아의 꿈. 그는 무한 지원을 약속했다.

— 그곳에서 저를 부르는 호칭이 'Professor Hwang'(황 교수)이었어요. 부족함 없이 연구했고요…. 아마 먼 훗날 리비아가 안정된 다음에 리비아 국민들이 '자신들의 옛 지도자가 어느 정도로 리비아의 미래를 구체적으로 그리고 있었는지.' 알게 된다면 그들의 생각이 많이 달라지지 않을까 합니다. (황우석 박사, 2015.4.25.)

그곳에서 어떤 지원을 받으며 어떤 연구를 했을까? 황 박사는 더이상의 언급을 피했다. 좀 더 시간이 흐르면 밝혀질 거라는 말 뿐. 당시 여러 언론보도를 통해 내가 맞춰본 팩트는 대략 이러하다.

— 황 박사는 극비리에 리비아의 최고통치기구인 국가과도위원회(NTC)의 초청을 받아 통틀어 9개월 동안 체류해왔다. 당시 리비아의 최고 권력자였던 무아마르 카다피와도 11번가량 접견했다. 특히 해외 의학박사 출신인 카다피의 네 번째 아들 '무아타심'과는 '다나 바이오 사이언스'라는 연구협력 법인을 설립하기도 했다.[3]

리비아 지도자들은 앞으로 30~40년 뒤 석유 고갈과 가치하락에 대비해 석유자원을 대체할 성장 동력으로 바이오산업을 꼽았고, 바이오 리비아를 설계하기 위한 파트너로 황 박사를 선택했다. 내전 직전 황 박사가 카다피 정부와 체결단계에 있던 바이오 프로젝트의 규모는 상상을 초월한다. 수암 연구소의 자문교수인 현상환 충북대 교수는 〈코리아타임스〉와의 인터뷰에서 이렇게 말했다.

— 향후 5년간 9,850만 유로(우리 돈 1,500억 원)를 지원할 뿐만 아니
라 그 이후 25년간 300억 유로, 우리 돈 46조 5천억 원을 투자
하는 것을 골자로 하고 있었습니다. 리비아 측은 이미 선금으로
60만 유로(9억 원)를 지급하고…. (코리아타임스, 2011.3.1.) [4]

5년간 1,500억 원, 이후 25년간 46조 5천억 원을 투자함. 이 꿈같
은 계약을 체결하는 날짜는 2011년 2월 18일 경이었다.

제44부

21세기의 종교재판

> 한국 내 일부 종교인들은 황우석 연구에 대한 근거 없는 괴담을 유포
> 시켰고, 어떤 선의의 종교인들은 '개종하면 한국에서도 줄기세포 연구
> 가 가능할 것'이라는 제의를 하기도 했다. 21세기에 벌어진 일이다.

사막의 나라 리비아가 황 박사를 초청해 미래를 설계하는 동안 황 박
사의 조국 한국에서는 여전히 그의 과거를 성토하고 있었다. 그에게
쏟아지던 비난의 화살 중에는 과학적 사실과는 거리가 멀지만, 다분
히 종교적 색채를 띤 것들도 많았다. 어떤 목회자는 교회를 순회하면
서 이런 말을 하고 다녔다.

— 황우석 연구는 복제줄기세포를 이용해서 복제인간을 만들어 놓고,
 복제인간의 팔과 다리 등 신체장기를 잘라 아픈 사람에게 붙여주
 겠다는 '사탄의 연구'입니다.[1]

헐. 그분은 사람이 아니라 세포를 복제해서 아픈 세포를 치료한다
는 '세포 치료술'의 기본조차 모르는 분이었다. 이런 분들이 여러 교
회를 다니면서 '황 박사에게 연구기회를 주면 큰일 난다.'라고 목소
리를 높였다. 연구에 대해 무지하면서도 신에게 자신의 잣대만으로
충직하고자 한 '종교재판'이 곳곳에서 벌어지고 있었다. 21세기에 말
이다. 가톨릭 교단에는 이런 분도 계셨다.

─ 황우석은 자기 연구를 위해 종교까지 바꿀 정도로 정치적인 인물
  이다. 그는 원래 성당에서 세례까지 받은 가톨릭 신자였다가 가톨
  릭이 그의 연구를 반대하자 재빨리 불교로 돌아서서 염불을 외우
  고 있다.[2]

2008년의 어느 강연회장에서 가톨릭 윤리학자가 한 말이다. 이 역
시 사실과 전혀 다른 말이다. 그 윤리학자가 만일 논란 이전에 출간
된 황우석 박사의 자전적 저서를 단 한 페이지라도 들춰봤더라면 그
런 말을 할 수 없었을 것이다. 중학교 때 정식으로 세례를 받을 만큼
열심히 성당에 다녔던 황 박사는 어느 날 '너는 왜 헌금을 내지 않느
냐.'라며 젊은 신부님으로부터 공개적인 망신을 당한 뒤 수치심과 모
멸감에 휩싸여 성당에 나가지 않았다. 그는 헌금은커녕 머리 깎을 돈
도 없어 선생님들에게 혼이 날 만큼 가난한 농부의 자식이었으니까.

─ 일요일 강론이 끝나면 카랑카랑한 목소리로 보좌신부님이 헌금의
  중요성을 강조하셨다. 나 역시 제대로 헌금도 내는 진정한 신자가
  되고 싶었지만, 주머니에 동전 한 닢조차 없던 처지라 헌금을 낼
  수 있을 리 만무했다. 신부님의 말씀이 끝나고 사람들이 헌금을 내
  기 위해 뚜껑이 열려 있는 커다란 헌금 통으로 줄지어 나갈 때, 나
  는 고개를 푹 숙인 채 자리에 앉아 있었다. 그러면 그 보좌신부님
  은 나를 지적하며 '왜 일어나지 않느냐.'라고 묻는 것이었다. 지옥
  이 따로 없었다. 열심히 공부해서 교리 시험에 만점을 받고, 영세
  를 받았지만, 보좌신부님을 볼 용기가 나지 않았다. 고민 끝에 헌
  금도 못 낼 바에야 성당에 나가지 말자고 결심했다. (황우석 박사의 저서
『나의 생명이야기』중, 2004.)[3]

그 후 그는 성당을 가지 않고 어떤 종교도 갖지 않은 채 대학입시에 매달렸다. 그랬던 그가 커서 서울대 교수가 되고 난 직후 암이 찾아왔다. 한쪽 간을 2/3 이상 떼어냈다. 앞날을 기약할 수 없던 그 시절 그의 소원은 자식들이 초등학교를 졸업할 때까지만이라도 목숨을 부지하게 해 달라는 것이었다. 그 소원을 우연히 친구와 바람 쐬러 찾아간 강화도의 한 암자에서 드렸다. 그런데 신기하게도 소원이 이뤄졌다. 말기암이던 황 박사는 아이들이 장성한 지금껏 살아남아 연구를 하고 있다. 이것이 그가 불가와 인연을 맺게 된 사연이다. 그는 지금도 한 달에 한 번씩 강화도에 있는 그 암자를 찾는다. 줄기세포 연구하고는 아무런 상관도 없이 말이다. 그러나 주로 가톨릭 교단 쪽에서는 지금도 심심치 않게 그의 개종에 관한 말들이 흘러나온다. 나는 이런 모습을 보며 곽경택 감독의 '친구'라는 영화 속 한 장면을 떠올린다. 빗속에서 주인공에게 수십 번 칼을 찌르던 암살자의 모습. 죽어가던 주인공은 암살자를 향해 '고마해라. 많이 묵었다 아이가.'라고 힘없이 말을 건넸다. 황 박사 역시 '고마해라 많이 묵었다.'라는 표정이었다. 그는 종교가 그의 연구기회까지 좌우하는 사회 분위기에 신물이 난다는 듯 자신이 겪은 일 한 토막을 말해줬다.

— 만일 제가 연구 때문에 종교를 바꾸는 사람이라면 저는 아마 지금쯤 개신교 신자가 돼 있을 겁니다. 이명박 대통령 시절, 영향력 있으신 개신교 원로들께서 제게 개종을 권유하셨거든요. 개종하면 6개월 내로 연구승인 나올 거라고. (황우석 박사, 2015.4.25.) [4]

종교를 바꾸면 연구기회를 줄 수 있다…. 지금은 로마 교황청이 갈릴레이를 심판하던 중세시대가 아니라 21세기다. 그런데 왜 이토록 집요한 종교재판이 계속되는 걸까. 그런 사이 난치병 환자들은 뾰족한 치료 약도 없이 바늘로 찌르는 듯한 통증과 피눈물을 흘리며 싸우고 있다. 어느 난치병 환자는 자신의 고통을 이렇게 표현했다.

— 차라리 말기암 환자가 부럽다.[5]

모진 고통과 희망없는 치료에 기력마저 잃고 오랜 투병으로 생긴 욕창에 시달리면서도 그들은 몸을 뒤척이며 검색창을 통해 줄기세포 연구 동향과 과학자의 행보를 지켜보고 있었다. 거창한 희망도 아니다. 연구자에게 연구기회조차 주어지지 않는 현실 속에 혹시라도 연구기회가 주어지지 않을까 하는 희망이었다. 그러나 '혹시나'로 시작해 '역시나'로 끝나는 눈물의 검색이 반복되고 있다. 나는 인터넷에 올라온 어느 난치병 환자의 사연을 보며 아무 말도 할 수 없었다.

— 척수 공동증. 이 병마와 싸우고 있는 게 벌써 15년째인 것 같다. 치료약이 없는 게 이 병이다. 서서히 마비가 오고 저리고 바늘로 찌르는 것처럼 아프고 통증이 심하다. 대소변 장애가 심하고 하룻밤에도 4~5번은 깨어서 소변을 봐야 하고 대변도 잘 보지 못한다. 그냥 통증약만 조금 완화시키는 정도로 먹고 있다. 안 해본 것이 없을 정도다. 줄기세포치료 배양해서 다시 주입시키고, 하면서도 좋아질지는 모르는 상태다. 다 헛수고다. 병원비로 단독 주택 하나 날리고 이제야 모든 걸 포기하고 받아들이기로 마음먹으니까 나에게 남는 건 '지체장애 1급'이라는 꼬리표가 붙었다. 욕창이 걸려서 온몸에 고름이 잡혀서 3개월 입원치료 해야만 했고, 또 위가 천공이 되어서 헤모그린 수치가 3까지 떨어져서 거의 사망 직전까지 갔다 오고. 목숨이 질기고 질긴 게 사람인가 보다. 언제나 이 질긴 싸움이 끝이 날까? 황우석 박사님의 줄

기세포로만 고칠 수 있는 병마이다. 언제나 그날이 오려는지⋯. 교통사고 후유증으로도 오는 병마이다. 지금은 션터 수술해서 물 줄기를 배로 빼서 진행이 늦어지고 있다. 암말기 환자가 부러울 정도다. 그만큼 오래 지속되는 기나긴 싸움이라는 뜻이다. 언젠 가는 고칠 수 있는 날이 오겠지. 박사님 하루빨리 우리 같은 난 치 환우들 치료에 길이 열리기를 바랍니다? (닉네임 '다주거서' 님의 글, 2015.12.16.) [6]

이런 난치병 환자들의 간절한 기다림을 아는지 모르는지 한국의 가톨릭 교단은 완강하게 이 분야 연구를 반대하고 있다. 그리고 '황 우석식 연구만이 능사가 아님을 보여주겠다.'라는 듯 윤리적 논란이 별로 없는 다른 방식의 줄기세포 연구를 무려 100억 원의 자금을 조 성해 전폭적으로 지원하고 있다. 그들은 황 박사가 한창 연구성과를 발표할 때도 그랬고, 황 박사가 퇴출당한 뒤 다른 연구자가 이 분야 에 도전할 때도 그러했다. 마치 '지동설'을 억압하고 '천동설'을 지 원하던 중세 로마 교황청을 보는 듯하다.

— 정부가 29일 체세포복제 배아줄기세포 연구를 조건부로 다시 허 용하기로 한 데 대해 천주교계는 반대 의견을 밝히며 이 연구의 '비윤리성'을 부각하는 반대운동을 펴겠다고 밝혔다. 천주교계는 황우석 박사의 연구 때부터 배아줄기세포 연구가 생명을 파괴하는 것이라고 보고 반대운동을 펴 왔다. 천주교 서울대교구 생명위원 회 사무국장인 박정우 신부는 '배아줄기세포가 아닌 골수나 탯줄, 피부 등의 성체 줄기세포 연구도 계속 성과를 내고 있으니 이 분야 에 집중해 지원해야 한다!'면서 "배아줄기세포 연구는 인간 생명 의 존엄성을 무시하고 생명을 상품화한 것"이라고 비난했다. (연합

나는 황우석식 줄기세포 연구가 생명을 파괴한다는 교단의 주장을 수긍할 수 없다. 그들은 '난자'를 인간으로 본다. 고로 '난자'에서 세포핵을 꺼내는 황우석식 연구는 살인행위라는 것이다. 그런 관점이라면 이 세상에 살인마는 무수히 많다. 나도 그런 살인마에 해당할 것이다. '난자'가 인간이면 '정자'도 인간일 것인데 혈기왕성한 청소년기에 자위행위를 통해서 수많은 '정자'들을 그것도 화장지에 싸서 버려왔으니 말이다. 신부님들은 그런 경험 없으실까? 아기를 낳기 위해 일명 시험관 아기라 불리는 '난임시술'을 숱하게 많은 사람이 받고 있다. 병원에서 여성들이 고통을 참으며 몸속에서 다량의 '난자'를 뽑아내는데 모든 '난자'가 아기한테 쓰이는 게 아니다. 모든 '배아'가 아기한테 쓰이는 게 아니다. 선택받지 못한 '난자'와 '배아'는 냉동보관에 들어간 뒤 5년이 지나도 다른 이의 선택을 받지 못할 경우 자동 폐기된다. 그렇게 선택받지 못한 소중한 '난자'들이 냉동보관되기 전에 난치병 환자를 위한 줄기세포 연구에 쓰이도록 기증받은 게 황우석 박사의 연구방식이다.

이게 '살인'이라면, 5년간 냉동시킨 뒤 난자와 배아를 버리는 병원들과 시험관 아기 시술에 국민세금을 지원하는 정부 또한 '살인 및 살인 방조죄'가 적용되어야 할 것이다. 맞는가? 어찌해서 힘없는 연구자들에게만 율법을 적용해 꽁꽁 묶어놓으려 하는가? 더구나 그들이 황우석 방식을 반대하는 명분으로 지원을 아끼지 않고 있는 다른 방식의 줄기세포는 많은 장점이 있지만, 안정성과 실효성 면에서 한계 또한 드러내고 있다. 고액의 치료비, 알 수 없는 치료효과. 그나마 그거라도 없으면 방법이 없기에 집 한 채 날려가며 멀리 외국에까지 비행기를 타고 가서 주사 한 방 맞고 오는 기막힌 현실들. 이런 환자들의 고통을 접한 어느 치과의사 한 분은 SNS를 통해 안타까움을 토로했다.

—루게릭병으로 대학병원에서 성체줄기세포(1억 cell) 한 번 주사 맞는데 6천7백만 원이란다. 다른 줄기세포 기업에서는 10억 cell에 3천5백만 원 정도 지불하고, 일본에 가서 한 달에 한 번 2억 cell씩 주사를 맞고 오는데 1회 주사비용은 30만 원에 보호자까지 두 명의 왕복비행기 값에 호텔비용 합치면 200만 원 정도 들고 한 번에 약 30~40명씩 같이 간단다. 그런데 효과는 없단다. 사실 '줄기세포 1억 셀(cell)입니다. 2억 셀(cell)입니다.' 하면서 주사를 놓는데 이게 실제 뭔지도 모르고 그냥 맞는단다. 이것조차 하지 않으면 아무것도 할 수 없기 때문이다. 이렇게 고통받는 환자와 가족들의 괴로움을 생각할 때 황우석 박사식 체세포복제줄기세포가 절실하게 필요하다. 특허도 가지고 있고, 과학적 기술도 가장 앞서고 있는 황우석팀이다. 도대체 뭣들 하는 것인지 망조가 든 나라다. 제발 국내에서 연구허가가 나와야 하며, 조만간 연구허가가 나지 않을 경우엔, 황우석 박사는 중국으로 국적을 바꿔서 연구를 해야 한다고 본다. (어느 치과의사의 SNS 글, 2015.12.10.) [8]

과연, 이 칠흑같이 어두운 암흑시대는 언제 끝날 것인가. 그것은 아무도 모른다. 그러나 언젠가 반드시 암흑은 걷히고 과학과 종교가 수평을 맞추는 정상적인 세상이 열릴 것임을 확신한다. 그것이 인간의 역사이고 의학발전의 역사이기 때문이다. 과학과 종교는 늘 다퉈왔지만 결국에는 수평을 맞혀왔다.

—19세기 천연두 백신이 나왔을 때에도 그랬다. [9]

무려 3억 명 이상의 목숨을 앗아간 천연두 전염병에 맞서 영국의 시골의사 에드워드 제너는 백신을 발견했다. 시골에서 농부들이 민간요법으로 소의 고름을 이용해 천연두를 누그러뜨리는 장면을 눈여겨보다가 소의 고름으로부터 백신을 추출한 것이다. 그러나 영국의 주류 사회는 제너에게 고맙다는 인사 대신 돌을 던졌다. 영국의 종교계는 '천연두는 신이 인간을 벌주기 위한 신의 섭리'라면서 제너를 '신성모독'이라고 비판했다. 신문 만평들은 제너가 소의 고름으로부터 추출한 백신 주사를 맞고 소로 변해가는 아이들의 모습을 그려내 그를 조롱했다. 그러나 시간이 지나자 오만과 편견은 눈 녹듯이 사라졌다. 제너의 백신을 맞고 소로 변한 사람은 단 한 사람도 없었고 1980년, 세계보건기구는 천연두가 더 이상 지구 상에서 발병되지 않음을 공식 선언했다.

— 헝가리 의사 제멜바이스는 미친 사람 취급받으며 죽어갔지만 결국 의사들은 손을 깨끗이 씻게 됐고 산모들의 목숨을 구했다.[10]

헝가리의 의사 제멜바이스는 많은 산모가 아기를 낳는 과정에서 병균에 감염되어 죽어가는 '산욕열'의 원인은 다름 아닌 지저분한 의사들의 손에 있다고 발표했다. 수술이 끝난 뒤에도 씻지 않은 채 환자를 돌보던 의사의 피 묻은 손이 산모들을 죽음에 몰아넣는다는 임상결과였다. 그러자 주류 의학계는 반발했다. '그럼 의사가 살인자냐?' 제멜바이스는 주류 의학계로부터 철저히 미친 사람 취급을 받았고 실제로 정신병원에서 외롭게 죽었다. 그러나 세균학의 발전은 그의 지적이 옳았음을 증명했고, 의사들은 그 누구보다 손을 깨끗이 씻고 있다. 아기를 낳다가 죽어가는 산모들의 숫자도 현격하게 줄었다.

— 1978년 최초의 시험관 아기 '루이스 브라운' 탄생.[11]

영국에서 시험관 아기가 태어났을 때 엄청난 논쟁이 벌어졌다. 논쟁의 흔적은 '시험관 아기'라는 용어자체에 그대로 남아 있다. 나는 처음에 '시험관 아기'라고 해서 정말 시험관 안에서 아기가 태어나는 줄 알았다. 알고 보니 그게 아니었다. 시험관은 아빠 고추와 엄마 고추를 대신해 정자와 난자를 수정시키는 역할을 할 뿐 나머지 열 달간의 생활은 모두 엄마 뱃속에서 이뤄진다. '시험관 아기'라는 용어는 의학자들이 생명을 '인위적'으로 태어나게 하고 있음을 강조하려는 반대자들의 대중 설득 논리였던 것이다.

이처럼 과학과 종교·윤리라는 양대 진영은 새로운 의학기술의 발견을 계기로 번번이 부딪쳐왔다. 그러나 결국 시험관 아기 논쟁도 종결됐다. 이미 전 세계 4백만여 명의 아기가 이 방식을 통해 태어나고 있고, 이를 처음 개발한 영국의 동물 유전학자 로버트 에드워즈 박사는 2010년 노벨생리의학상을 받았다. 물론 '루이스 브라운'이 태어난 지 30년도 더 지난 뒤였지만 과학과 종교라는 두 날개는 결국은 수평을 맞춰 인간을 날아오르게 하고 있다. 21세기를 뜨겁게 달군 생명윤리 논란 역시 수평을 맞춰가고 있다고 본다.

— 1996년 영국에서 최초의 포유동물인 복제양 '돌리' 탄생.[12]
— 1998년 미국에서 최초의 인간 배아줄기세포주 확립.[13]
— 2004년 한국에서 최초의 인간복제 배아줄기세포주 NT-1 확립.[14]

우리는 난치병 치료가 가능해질 거라는 '유토피아'와 복제인간이 출현할 거라는 '디스토피아'가 공존하는 21세기를 살고 있다. 그러나 인류는 격렬한 논의 끝에 중용의 해법을 찾아가고 있다. UN에서의 합의와 각국의 실정법을 통해 '인간복제'를 금지하는 한편, 치료목적의 세포복제는 나라마다 사회적 합의를 통해 제한적으로 허용하는 추세에 있다. 양을 복제한 영국의 '이언 윌머트' 박사는 현재 영국 왕실로부터 기사 작위를 하사받고 '루게릭병'을 치료할 세포복제를 연구하고 있다. 인간의 배아로부터 처음으로 줄기세포를 꺼낸 미국의 '제임스 톰슨' 교수는 실제 임상에 적용할 수 있는 '배아줄기세포' 방식을 다양하게 시도하고 있다.

그리고 황우석 박사, 산더미 같은 쓰나미에 휩쓸린 비운의 주인공은 모든 것을 다 잃었지만, 그의 손에는 아직 NT-1이 있었다. 그가 처음으로 만들어낸 1번 줄기세포주, NT-1은 '연습생이 우연히 만들어낸 처녀생식'이었다는 서울대 발표에도 아랑곳하지 않고 과학의 재평가를 받고 있었다.

그의 연구팀은 제3국을 오가며 환자맞춤형 배아줄기세포의 기반 기술을 소리 없이 업그레이드시키고 있었다. 언젠가 암흑이 걷힌 뒤 모든 것이 투명해질 때 윌머트, 톰슨, 우석, 위 세 사람의 과학자들은 인류로부터 정당한 평가를 받게 될 날이 올 것이다. 반드시.

제45부

목숨을 건 탈출

> 황 박사는 리비아 정부로부터 25년간 46조 5천억 원의 투자를 받기
> 로 계약을 체결했지만 며칠 뒤 발발한 리비아 내전은 '바이오 리비아'
> 의 꿈을 휴짓조각으로 만들었고, 황 박사는 구사일생으로 총탄이 빗발
> 치던 리비아를 탈출했다.

5년간 1,500억 원, 이후 25년간 46조 5천억 원을 투자함. 이 꿈같은
계약 체결을 앞두고 황 박사는 한국에 잠깐 나왔다. 액수가 워낙 거
액이어서 국내에 이를 감당할 만한 시스템이 있는지 알아보기 위해
서였다. 결국 황 박사는 한국 정부 측 인사들과 협의를 한 끝에 리비
아에 인접하면서도 안전한 아랍에미리트(UAE)의 두바이에 소재한
국내 은행 지점에 계좌를 개설했다. 그리고 리비아와의 최종 계약일
(2월 18일경)에 맞춰 리비아의 수도 트리폴리로 향했다.

— 2011년 2월 16일 트리폴리 공항.[1]

그런데 리비아의 공기는 심상치 않았다. 평소 같으면 황 박사의 입
국시간에 맞춰 공항에 나와 별도의 통로로 안내해주던 리비아 국토
안보부(NSC) 요원들이 보이지 않았다. 이상했다. 혼자서 입국 수속을
마치고 공항 바깥으로 나가보니 황 박사에게 배정된 전용차량(검은색
벤츠)이 기사와 함께 덩그러니 서 있었다. 기사는 자기 혼자 나왔다
며 입을 다물었다. 그리고 황 박사가 늘 묵었던 호텔이 아닌 다른 숙

소를 향해 차를 몰았다. 지정된 호텔의 위치가 노출돼 좀 더 안전한 특별숙소를 마련했다는 설명이었다. 그곳은 리비아 국토안보부가 비밀리에 관리하던 특별숙소였다. 전용 셰프들이 음식을 해줘 안에서의 생활은 무리 없었다. 그러나 당연히 와야 할 사람이 오지 않았다. '무아타심 카다피'. 황 박사가 입국하면 늘 그날 저녁 찾아오던 리비아의 젊은 지도자는 오지 않았다. 평소 같으면 저녁 식사나 티타임을 갖자고 연락을 하고 오던 그가 연락조차 없었다. 의아하게 생각했는데 바로 그날이 리비아에서 내전이 발발하던 날이었다.

> ─무아마르 카다피 국가원수가 42년째 통치하고 있는 리비아의 제2도시 벵가지와 알-바이다에서는 이날 민주화 시위 과정에서 숨진 희생자들의 장례식이 열렸다. (중략) 수도 트리폴리에서 동쪽으로 1천km 떨어진 항구도시인 벵가지에서는 전날에도 수천 명이 밤늦도록 반정부 시위를 벌였으며, 이 과정에서 14명가량이 숨진 것으로 알려졌다. (중략) 리비아에서 벌어진 일련의 시위는 한 페이스북 그룹이 2006년에 벵가지에서 열린 이슬람주의자들의 집회에서 14명이 숨진 사건을 기념해 '분노의 날' 행사를 열자고 제안해 일어났다. (중략) 이런 가운데, 트리폴리 인근의 엘-제다이다 교도소에서는 이날 재소자들이 탈옥을 하려다가 3명이 보안군의 총에 맞아 숨지는 사건이 발생했다. 앞서 이날 새벽에는 벵가지 근처에 있는 한 교도소에서 1천 명 이상의 재소자가 탈출했다고 현지의 쿠리나 신문이 전했다. (연합뉴스, 2011.2.19.)[2]

카다피의 넷째 아들인 '무아타심'은 반란의 도시 벵가지에 직접 나가 정부군을 이끌고 있었다. 황 박사는 며칠 뒤 전장에 나가 있던 그와 어렵게 통화할 수 있었다.

— 약간 시간이 걸릴 텐데 (반군을) 진압하고 나서 만나자고 하더군요.
(황우석 박사, 2015.12.13.)

황 박사는 계속 지정된 숙소에 대기했다. 수도 트리폴리는 여전히 정부군이 통제하고 있었다. 폭격은 없었다. 그러나 야간에는 반군과 정부군 사이에 치열한 시가전이 전개됐다. 바깥으로는 나갈 수 없었던 아슬아슬한 상황. 곧 회복될 줄 알았던 리비아 사태는 시간이 지날수록 카다피 정부군에게 불리하게 돌아가고 있었다. 반군은 세를 불려 트리폴리로 진격해오고 있었고, 하늘을 장악한 미국과 서방세계의 폭격기는 리비아 곳곳에 있는 카다피 정부군의 요새를 초토화하고 있었다. 그 무렵 황 박사에게 미국이나 한국 쪽 인사들은 '탈출하라.'라는 메시지를 계속 보냈다. 그래도 황 박사는 '무아타심'과의 약속을 믿고 계속 체류했다. 나중에는 '트리폴리'까지 반군 수중에 다 넘어간다는 소식이 들려왔다. 그 무렵 리비아 트리폴리 의대 교수로 황 박사 연구를 지원하고 있던 '올라' 교수가 황 박사를 찾아왔다. '무아타심'과 함께 영국에서 의학과 분자생물학을 전공한 '올라' 교수는 '보스(Boss)와 연락이 됐다.'라며 황 박사에게 '무아타심'의 메시지를 전해왔다.

— '일단 나갔다 와라. 다시 초청하겠다.'라며 탈출할 항공기 티켓을 마련해 줬어요. 런던행 비행기였죠. (황우석 박사, 2015.12.13.)

'무아타심'이 마련해준 비행기는 리비아를 탈출할 수 있는 마지막 출구였다. 당시 정규항로는 모두 폐쇄됐으니까. 황 박사는 곧 다시 올 수 있을 거라는 믿음을 갖고 모든 서류를 그대로 남겨둔 채 짐 두 개만 간단히 꾸려 숙소 밖으로 나왔다. 그러나 웬걸. 밖은 이미 아수라장이었다. 줄잡아 수만 명이 공항 근처에 집결해 있었다. 인산인해. 콩나물시루처럼 가득 들어찬 탈출객들이 앞을 막았다. 불과 500미터 정도만 뚫고 가면 비행기를 탈 수 있는데 도저히 인의 장벽을 뚫지 못했다. 그때 비가 내리기 시작했다. 사막의 비는 매우 추운 비였다. 오후 2시에 도착했는데 결국 밖에서 오도 가도 못한 채 5시 비행기를 타지 못했다. 4시부터 날은 컴컴해졌고 사막의 찬비는 세차게 내렸다. 밤새 그 비를 맞으면 저체온증으로 어떻게 될 것만 같았다. 이미 차는 돌려보낸 상태로 난감한 지경이었다. 그때 어디선가 "트리폴리, 트리폴리" 서툰 영어 말이 들렸다. 암시장 택시였다. 황 박사 일행은 기사에게 500달러를 주고 다시 숙소로 돌아갔다.

— 숙소에서 내내 불안에 떨었죠. 어디에서 총탄이 날아올지 몰랐으니까요. (황우석 박사, 2015.12.13.)

당시 황 박사를 수행하던 김한석 연구원은 한국 대사관으로 계속 연락을 취했다. 대사관은 유일한 희망이었다. 통신수단은 모두 끊기고 일반 전화밖에 없었는데 계속 불통 상태. 그러다 잠깐이나마 대사관과 통화가 됐다. 천금 같은 소식을 들었다. 내일 아침 9시에 교민철수 비행기를 마련했으니 아침 7시 30분까지 '라운드 어바웃'이라는 장소로 모이라는. 대사관 직원도 황 박사의 체류 소식이 궁금하고 걱정됐는데 다행이라며 약속장소를 정확히 알려줬다. '라운드 어바웃'은 황 박사의 숙소로부터 차로 30분 거리에 있었다. 그러나 황 박사 일행은 일찌감치 두 시간 전에 출발했다. 길목 곳곳에 중무장한 반군 또는 정부군이 있었기 때문이다. 황 박사는 불시검문에 대비했다.

— 국토정보부 마크가 붙은 벤츠는 안 되고 일반 차량과 기사를 제공

해 달라고 요청했어요. 반군이 국토정보부의 번호판을 보면 즉시 사살되니까요.

그래서 일행은 일반 차량과 기사를 배정받아 새벽 5시 30분에 출발했다. 리비아는 아침 8시에 해가 뜨는 나라이다. 새벽 5시 30분은 칠흑같이 어두웠다. 앞에 뭐가 도사리고 있는지 도통 알 수 없었다. 황 박사는 앞좌석에 앉은 김한석 연구원에게 당부했다. 도중에 불시 검문을 당하거든 당황하지 말고 황 박사 소유의 '특별비자'가 아닌 '일반비자'를 내밀며 '꼬레아'를 외치라고. 리비아에서 한국 사람은 친근한 존재였지만 정보당국이 발행한 '특별비자'를 보는 순간 사살 당할 수 있었기 때문이다. 기사에게는 차를 시속 30킬로미터 이하의 속도로 몰아달라고 당부했다. 빠르게 달리면 의심받아 무조건 사격 대상이 될 수 있었으니까. 그렇게 새벽길을 달렸다. 과연… 컴컴한 어둠 속에서 별안간 기관총으로 무장한 군인들이 튀어나와 사방에서 총을 들이댔다. 복장만 보면 저게 정부군인지 반군인지 식별이 안 되는 상황이었다.

—어디로 가나?
—Air port.

이런 식으로 무수히 많은 검문을 당했다. 다행히 대비를 철저히 해서인지 모든 검문을 통과해 탈출 장소에 도착했다. 그러나 온다던 비행기는 이틀 동안 오지 않았다. 황 박사 일행은 이틀 동안 꼼짝하지 않고 선 채로 비행기를 기다렸다. 비행기 활주로 이외 모든 시설은 총격전으로 깨져있었다. 줄잡아 수만 명이 콩나물시루처럼 앉지도 눕지도 못한 채 그냥 서서 대기했다. 아파서 죽어가는 사람들도 보였다. 특히 이집트에서 온 건설노동자들의 행색은 비참했다. 그곳에서 황 박사는 한국 교민들과 함께 이집트 카이로행 탈출 비행기를 기다렸다. 한 치 앞을 내다볼 수 없는 긴박한 순간이었다. 당시 현대건설의 상무와 부장들은 현지에 있던 직원들을 다 탈출시킨 뒤 자신들은 마지막까지 리비아 건설현장을 지키겠다는 결연한 각오로 주변을 숙연하게 했다. 잠시 한국에 들어갔던 리비아 대사(조대식)는 화염에 휩싸인 리비아로 다시 돌아와 교민들의 탈출을 지원하고 있었다. 이런 상황 속에서 하염없이 비행기만 기다리던 교민들은 가족끼리 먹기도 빠듯했던 찐 달걀과 물을 수시로 황 박사에게 건네줬다. 그러면서 황 박사가 제일 먼저 비행기를 타고 갈 수 있도록 자리를 양보했다. 당시 한국 교민들도 숫자가 워낙 많았기에 교민들끼리 협의해 비행기가 오면 먼저 타고 갈 우선순위를 정하고 있었다. 1순위가 어린이와 임산부, 환자, 어르신 등의 노약자였고 2순위가 리비아에 거주한 기간이 오래된 사람 순이었다. 그런 원칙에 따르자면 황우석 박사는 꼴찌였다. 제일 나중에 비행기를 타게 되는 순번이었다. 그런데도 교민들은 '박사님은 들어가셔서 국가를 위해 연구하시라.'라며 황 박사를 제일 앞으로 보냈다. 한 건설회사 대표는 황 박사의 손에 남몰래 뭔가를 쥐여주기도 했다. 꼬깃꼬깃하게 접힌 백 달러짜리 지폐 석 장이었다.

— 원 건설이라고 리비아에서 아파트 2만 가구 지은 회사의 대표라고 하시면서 제 손에 뭔가를 쥐여주셨어요. 그분이 쓰려고 팬티 속에 숨겨온 비상금이었어요. 그분도 공항까지 13번 검문을 받으면서 반군들에게 시계며 귀중품 다 털리고 남은 건 팬티 속에 숨겨둔 비상금 5백 달러밖에 없었지만, 그중 3백 달러를 주시면서 '이거 갖고 꼭 살아서 국가를 위해 일해달라.'라고 하셨어요. 나머지

2백 달러는 자기 가족을 위해 쓰시겠다고 웃으시면서…. (황우석 박사, 2015.12.13.)

이틀 뒤 황 박사는 이집트 항공편으로 리비아를 탈출해 카이로 공항에 내렸다. 그리고 다시 이틀 뒤 국적기인 KAL기가 남아 있던 교민들의 2차 탈출을 도왔다. 2011년 2월 25일 오전 이집트의 카이로 공항. 이제 막 리비아의 수도 트리폴리를 탈출한 일단의 행렬이 카이로 공항에 도착했다. 내전에 휩싸인 리비아에 마지막까지 체류하던 한국 근로자들이었다.

— 우린 죽을 고비를 넘기고 있는데 전세기 투입도 늦어지고 이거 너무 한 거 아닙니까? [3]

총탄이 빗발치던 리비아를 탈출해온 한국인 근로자 중 몇몇이 대사관 직원들에게 불만을 토로했다. 그때 한 중년의 남자가 다툼을 말렸다. '저분들도 식사까지 거르며 우리를 돕지 않으셨느냐.'면서. 황우석 박사였다. 엷은 베이지색 카디건을 걸친 황 박사는 고개를 푹 숙인 채 바쁜 걸음으로 공항을 빠져나갔다. 그때 어떤 한국 여성이 따라붙으며 물었다. 혹시 황우석 박사님 아니시냐고. 황 박사는 눈인사를 나눈 뒤 피하려 했지만 왠지 한국 여성은 '리비아에는 어쩐 일로 오셨는지.', '리비아 정부와 프로젝트를 진행했는지.' 여부를 꼬치꼬치 물었다. 황 박사는 '가끔 간다.'라는 말만 되풀이하며 공항을 빠져나갔다. 나중에 알고 보니 그녀는 기자였다. 그녀는 기사를 전송했고, 몇 시간 뒤 한국 신문에는 특종 기사가 실렸다. 공항을 빠져나가는 황우석 박사의 사진과 함께 이런 제목으로.

— 탈출행렬 속 황우석… 리비아에는 왜? (중앙일보, 2011.2.26.) [4]

황우석 박사는 한국에 도착해서도 줄곧 리비아 상황을 예의주시했다. 곧 리비아 측에서 연락이 올 것으로 내다봤다. 그러나 내전은 장기화됐고, 결국 카다피 정권은 무너져내렸다. 2011년 10월 20일, 황 박사에게 반군을 진압한 뒤 다시 초청하겠다고 약속한 '무아타심 카다피'는 아버지 '무아마르 카다피'와 함께 시르테에서 비참한 최후를 맞았다.

— 무아마르 카다피 전 리비아 국가원수가 20일 사망한 가운데 카다피의 네 번째 아들 무아타심 카다피도 리비아 시르테에서 죽은 채 발견했다고 리비아 국가 과도위원회(NTC)가 발표했다. (AFP, 2011.10.20.) [5]

리비아 프로젝트가 사실상 막을 내리는 순간이었다. 천문학적인 계약은 휴짓조각이 됐고, 황 박사는 또다시 새로운 '연구 여행'을 떠나야 했다. 황 박사의 심정은 어땠을까? 외신 보도에는 당시 황 박사의 심경이 비교적 자세히 언급되고 있었다. 2011년 10월 18일, 중동의 CNN으로 알려진 '알자지라' 방송은 특파원을 한국으로 파견해 황우석 박사를 취재한 뉴스를 방송했다.

— 리비아 외 다른 나라가 연구실을 시작하는 계획이 실행되고 있지만, 그(황우석 박사)의 마음은 한국에 머물 것이라고 합니다. 그리고 그의 조국에 다시 그가 기회를 얻을 자격이 있다는 것을 설득시킬 수 있길 바라고 있습니다. 한국 용인에서 Steve Chao였습니다. (알자지라, 2011.10.18.) [6]

제46부

최후의 진술

마지막 공판에서 검찰은 황 박사를 징역 4년형에 처해달라고 구형했
지만, 징역형에 내몰린 황 박사는 최후진술에서 '저 때문에 죄인의 신
세가 된 다른 연구자들을 선처해주시고 죄가 있다면 저에게 물어달
라.'라고 요청했다.

한국과 리비아를 오가며 연구하고 있던 황우석 박사에게 '심판의 날'
이 다가오고 있었다. 검찰의 사기횡령 기소 후 3년 넘게 치열하게 전
개된 법정 공방이 어느새 1심 판결을 남겨두고 있었다.

2006년 6월 20일 첫 공판이 시작된 이후 무려 43차례의 공판.
그 사이 재판부가 세 번이나 교체되고 70명이 넘는 증인신문이 이
뤄졌다. 증거자료로 채택된 자료의 분량만 2만여 쪽에 달하는 유례
없는 마라톤 공방. 이제 끝이 보였다. 재판부 판결을 앞두고 마지막
으로 치르는 제44차 결심 공판. 이 자리는 별도의 증인 없이 원고
측과 피고 측이 마지막으로 한마디씩을 하는 자리였다. 검찰은 재
판부를 향해 피고인 황우석에게 이러이러한 처벌을 내려달라고 요
구하는 '구형'을 할 것이고 이에 대해 피고인(황우석)은 마지막으
로 재판부를 향해 하고 싶은 말을 하는 '최후진술'을 할 것이다. 사
실 실제 법원 풍경은 법정 드라마에 나오는 것과는 달리 숨 막히거
나 감동적인 장면을 찾아보기 힘들다. 배심원단이 아닌 판사를 향
한 공개법정이기에 중요한 말은 이미 문서로 대신하고 대부분 건조

하고 형식적인 몇 가지 진술로 끝나는 게 내가 알고 있는 한국 법정의 모습이었다. 그런데 내 눈앞에서 드라마가 펼쳐졌다. 그 어떤 법정 드라마보다 손에 땀을 쥐게 했다. 어느 정도였느냐 하면 방청석에서 속기하던 내 볼펜은 흥건한 땀에 미끄러지기 일쑤였고 손에 더 힘을 꽉 쥔 채 속기하다 보니 어느새 손목까지 저렸다. 그날은 2009년 8월 24일이었다.

서울중앙지법 417호 대법정 오후 2시. 검사가 일어나 피고 황우석에 대한 구형문을 낭독했다. 징역 4년형에 처해달라.

— 이러한 일이 향후에 재발하는 일을 방지하기 위해 구형을 합니다. 황우석 징역 4년.[1]

방청석이 웅성거렸고 한 남자가 큰 소리로 외쳤다.

— 헛소리 마. 국민이 바보로 보이나?

남자는 곧바로 법정 소란죄로 붙들려 나갔고. 피고인석에 앉은 황우석 박사와 변호인은 먼 곳만 쳐다보고 있었다. 잠시 후 황우석 박사 측 이봉구 변호인의 마지막 변론이 시작되었다. '모두 무죄'를 주장했다. 그리고 마지막으로, 재판부의 관용을 당부하는 정상참작 요건을 읽어 내려갈 무렵. 이봉구 변호인은 잠시 낭독을 멈췄다. 울먹거리고 있었다.

— 황우석 피고인은 서울대 교수직 등 모든 것을 잃고 죽음보다 더한 절망 속에서도 오로지 환자맞춤형 줄기세포 수립으로 국민에게 진 빚을 속죄하기 위해 법정과 연구실을 오가며 노력하고 있음을 살펴주십시오.

잠시 후, 피고인석에서 일어난 황우석 박사는 최후진술을 시작했다. 준비된 원고는 없었다. 그는 애초 최후진술을 하지 않으려 했다. 그러나 그의 사건에 연루되어 함께 피고인석에 앉아 있던 동료 연구자들의 얼굴을 보고도 침묵만 지키는 것이 오히려 더 비겁하다는 판단이 들어 진술을 시작한다며 천천히 말을 이어나갔다. 아래 내용은 그날 내가 손목이 저리도록 방청석에서 받아쓴 황우석 박사의 최후진술 전문이다. 토씨 하나 편집하지 않고 그대로 옮긴다.

—사실 오늘 이 자리에서 조금 전까지만 해도 그동안의 과오를 자숙하는 의미로 최후진술을 사양하려 했습니다. 그러나 상피고인 3분에 대한 구형과 증언을 들으며 (제가) 아무 이야기도 없이 그대로 있다면 너무 비겁한 사람이라는 악평을 듣게 될까 봐 조심스레 최후진술을 합니다.

저는 이 사건 수사가 끝나고 기소된 뒤 억지로 잠이 들었다가도 새벽녘이 될 때 '사기횡령'이라는 단어가 떠오르면 소스라치게 잠에서 깨어나 결국 뜬눈으로 지새우며 살아왔습니다.

지난 20년간 나름대로는 금욕적인 생활과 스스로 정한 생활의 범주를 넘지 않으며 많은 노력을 했었습니다. 남들 다 가는 노래방이라는 곳에도 가본 적이 없고, 아침 햇살이 환히 비출 때까지 잠자리에 누워본 적도 없었습니다. 이와 같은 연구생활을 나눠 온 저와 저의 연구팀의 등에 '사기꾼 집단'이라는 낙인을 맞게 되면서부터 극심한 고통과 혼란에 빠지게 되었습니다.

63일 동안 서울지방 검찰청 1235호실에서 8명의 검사님과 수십 명의 수사관에게 심문을 당할 때, 그 이후 약 3년에 걸친 재판과정을 겪어오면서, '왜 수사 또는 재판 과정에 있던 사회지도층 인사들이 극단적인 선택을 하는가'에 대한 이해와 동감을 얻었습니다.

하지만 이 자체가 저의 운명이고 이 세상에서의 수행과 수양과정이자, 제가 그토록 꿈꾸던 과학도가 지녀야 할 자세에 다가가지 않을까 나름대로 생각해봅니다. 오늘 저 자신에 대한 변명보다 상피고인들에 대한 저의 소회를 말하고자 합니다.

먼저 장상식 피고인…. 제가 오늘 맞고 있는 중압감과 고통보다도 장상식 피고인이 법정에 저렇게 앉아있는 모습을 보는 것이 저에게는 더 큰 고통으로 다가옵니다. 제가 안규리 교수의 소개를 받아 장 원장을 뵈었을 때 흔쾌히 (연구용 난자제공을) 도와주겠다는 한 말씀에 얼마나 고마웠는지 모르겠습니다. (난자제공 후) 일정 기간이 지나면 마치 (꿔준) 빚 받아가듯이 또박또박 받아가던 어느 분과는 다르다는 것을 느꼈습니다. 2005년 1월까지만 해도 저는 장 원장님이 자발적 난자기증을 해주신 분들께 개인 사재를 털어 어느 만큼의 시술비를 감면해주셨는지 몰랐습니다. 2005년 3월에 이르러 (장 원장님) 개인의 비용이 어느 정도 들어가느냐고 여쭤봤더니 이러저러하다고 듣게 되었습니다. 그렇다면 최소한도 (제가) 과배란 주사만이라도 공급해드리겠노라 말씀드렸더니 장 원장님은 '됐다.'라고 거부하셨습니다. 그뿐만 아니라 장 원장님께서 저에게 '모든 힘을 다할 테니 (난자제공이) 법에 위반되지 않는다는 가이드라인을 달라.'라고 요청해오셨습니다. 저는 그 뒤 의사로서 법학을 다시 공부해 법대교수가 된 당시 국가생명윤리위원회 위원이시던 정규원 교수님을 수차례 만나 법적 자문을 구했습니다. 일주일 뒤 그분께서 (당시 빙식이) 법에 위반되지 않는다는 말을 듣고 장 원장님께 그대로 말씀드린 바 있습니다.

존경하는 재판장님. 만일 검찰의 구형을 받아들이시어 장상식 원장께 탓하실 것이 있으시다면 저에게 몰아주십시오. 장상식 원장님의 행위는 널리 알려지고 칭송받을 일이지 범법자 낙인찍힐 일이 아니라 모든 책임은 제가 지겠습니다.

강성근 교수… 가슴 아픕니다. 강성근 교수는 원래 저의 제자가 아니었습니다. (당시) 서울대 총장께서 국제연구를 잘하기 위해 너의 연구실에 교수를 1명 더 뽑을 수 있는 T.O를 주겠다고 하셨을 때 총장께 저는 저의 제자가 아닌 국제연구를 잘할 수 있는 훌륭한 전문가를 영입하겠다고 말씀드렸습니다. 그 후 이병천 교수와 상의해, 이병천 교수의 고등학교 후배인 강성근이 좋겠다고 해서 (당시) 여러 명 대기하던 저의 제자들을 뒤로하고 강 교수를 신규 교수로 채용했습니다. 강 교수 정말 훌륭한 사람입니다. 그 성실성은 누구보다도 뛰어난 사람입니다. 만일 그때 제가 강 교수를 뽑지 않았더라면 강 교수는 (아마) 이 불행한 사태를 접하게 되지 않았을 것입니다.

몇 달 전 강 교수가 입원해 (위암) 수술을 받은 삼성병원에 (제가) 병문안을 갔을 때 저를 붙잡고 강 교수의 부인은 하염없이 울었습니다. 저도 23년 전 간암으로 한쪽 간을 떼어내는 수술을 받았던지라 그 모습을 보며 가슴이 너무나 아팠습니다.

이러한 강 교수에게 법의 온정을 베풀어주시기를 간곡히 청합니다.

윤현수 교수… 훌륭한 사람입니다. 모교의 교수가 되는 것이 꿈이라던 윤 교수를 위해 제가 당시 한양대 의대 학장님과 해부학 교실 주임교수님을 만나 간청했고 그 뒤 윤 교수가 임용되었습니다. 만일 윤 교수도 저와의 이런 인연이 없었더라면…. 그대로 미즈메디 연구소장으로 있었더라면 아마도 이런 불행한 사태는 피할 수 있었을 것입니다.

이 세 분의 교수, 훌륭한 교수들…. 이분들에게 기회를 주시길 바랍니다. 마지막으로 김선종 박사….

제가 매일 아침 5시 50분에 연구실에 출근하면 꼭 10분 전에 그것도 1년 365일 김선종 박사가 먼저 출근해 기다리고 있었습니다. 살아오면서 김선종 박사처럼 성실한 사람을 만나보지 못했습니다. 이런 사람이 어떻게 해서 그런 범죄행위에 가담했거나 실행에 옮겼는지 저는 모르겠습니다. 그것도 모르고서 (저는) 김 박사를 서울대 의대 교수로 받아주실 것을 요청하기도 했습니다. 만일에… 만일에 김 박사가 과거의 일을 진심으로 참회하고 그 성실성을 더욱 배가시켜 참회의 여생을 살아가겠다고 한다면… 저는 (그를) 제 연구팀에 합류시키고 싶습니다. 그래서 국민들이 꿈꿨던 그 과학의 열매를 김 박사와 함께 따고 싶습니다.

의례적 인사치레도 아니고, 여기 계신 재판부와 방청석에 호소하기 위해 의도적으로 드리는 말씀이 아닙니다.

지난 2006년 1월 12일 서울대를 떠나며 드렸던 마지막 기자회견에서 국민 앞에 드렸던 대국민 약속… (환자맞춤형 줄기세포의 존재) 그 약속을 지키도록 하겠습니다. 그리 머지않은 어느 날 그 약속을 실천하는 것을 맞으시게 될 것입니다.

저에게는 소박한 꿈이 하나 있습니다. 만일 재판장님께서 기회를 주신다면 저의 마지막 열정을 그 꿈을 실현시키기 위해 쏟아붓고 싶습니다. 그 꿈이 실현되는 날이 오면, 10대 여중생 민지가 그 추운 겨울날 청와대 앞에서 오돌오돌 떨며 외쳐왔던… 그리고 그 추운 겨울철 어느 날 광화문 이순신 동상 앞에서 일면식도 없는 저의 이름을 외치며 자신의 몸을 불사른 한 선생님의 유가족을 찾아 나서고자 합니다. 그 가족들과 민지와 함께 어느 날 이 서울중앙지법 417호를 둘러보는 그날이 되기를….

이선봉 검사님, 그리고 ○○○ 검사님… 고생시켜 드려서 죄송합니다.
존경하는 재판장님, 이 어려운 재판을 장기간 끌어오시게 된데 대해 사죄드립니다.

마지막으로 베푸실 온정이 있다면… 저 때문에 불행하게 된 상피고인들에게 좀 더 따뜻한 온정을 베풀어 주시기를 바랍니다. (황우석 박사의 최후진술, 2009.8.24.) [2]

그의 진술이 계속될수록 방청석에서는 훌쩍이며 손수건을 꺼내는 사람들이 많아지더니. 그 긴 최후진술이 끝나자 방청석에선 박수가 터져 나왔다. 법원 관계자들은 법정 소란죄로 처벌받을 수 있다며 이를 제지하려 했지만 서 있을 자리조차 없을 만큼 417호 대법정을 가득 메운 수백 명의 방청객은 뜨거운 박수를 계속 쳤다. 훌쩍거림과 박수가 뒤섞인 소리. 그것은 징역 4년형이라는 최악의 구형을 받았으면서도 자신의 죄를 남에게 떠넘기기는커녕 오히려 남의 허물까지 자신이 떠안으며 배를 지키려는 선장의 마지막 투혼에 대한 인간으로서의 감동이 아니었을까. 그날의 풍경을 나는 평생 잊지 못할 것이다.

제47부

경기도지사의 결단
"실패도 받아들일 것이다."

> '왜 재판 중인 조작 과학자에게 도민의 혈세를 지원하느냐.'라는 거센
> 비난을 무릅쓰고 경기도지사는 황 박사의 복제돼지 연구를 지원해줬
> 고, 이후 경기도에서 당뇨병과 알츠하이머 질환연구에 긴요하게 쓰일
> 수십 마리의 형질전환 복제돼지들이 태어났다.

경기도민으로서 내가 살고 있는 경기도가 자랑스러웠던 순간이 몇 장면 있는데, 그중 한 장면은 황 박사 연구와 관련된다. 중앙 정부가 철저히 외면하던 황우석팀의 연구를 한국의 관공서로서는 처음으로 지원해 준 곳이 바로 내가 살고 있는 '경기도'였으니까. 물론 지원 액수는 크지 않았다. 복제에 필요한 어미 돼지 수십 마리와 그 사료비 정도. 그러나 액수에 상관없이 그것은 엄청난 정치적 부담을 안고 행한 행정적 결단이었다. 이미 국제 사기꾼으로 낙인 찍힌 채 검찰로부터 '징역 4년형'을 구형받은 과학자에게 도민의 혈세를 지원해준 첫 사례였으니 말이다. 당연히 논란은 부글부글 끓어올랐고 수십 명의 기자가 경기도청으로 몰려왔다. 몇몇 시민단체는 경기도지사를 비난했다. 왜 사기횡령 등으로 기소돼 재판받고 있는 과학자에게 혈세를 지원하느냐고.

— 도민의 세금으로 재판이 진행 중인 황 교수의 관련 연구를 지원하는 것은 적절하지 않다. (시민과학센터 뉴스인터뷰, 2009.8.26.)
— 연구비 횡령 등에 대한 처리가 마무리되지 않은 상태에서 민간기

관도 아닌 경기도가 지원을 하는 것은 성급하다 (경실련 경기도협의회 뉴스인터뷰, 2009.8.26.)[1]

경기도와 황우석 연구팀 간의 지원 협약식이 열린 2009년 8월 26일 오전의 경기도청. 사안의 성격상 조용히 치르자며 보도자료조차 발표하지 않았지만 어떻게 알았는지 수십 명의 기자와 방송 카메라가 몰려왔다. 김문수 경기도지사도 황우석 박사도 심지어 경기도청 실무진까지 당황했다. 부랴부랴 협약식 장소를 대회의실로 옮기고 즉석에서 기자회견이 열렸다. 그곳에서 기자들의 날 선 질문이 쏟아졌다. 그날은 마침 검찰이 황 박사에게 사기 및 횡령 등으로 '징역 4년'을 구형한 지 이틀 후였기에 관련 질문들이 쏟아졌다. 판결을 앞둔 황 박사는 말을 아꼈고 김문수 도지사 혼자서 대답했다.

— 도지사께서는 황우석 박사의 각종 조작 및 사기횡령 기소 상황을 알고 계십니까?
— 잘 알고 있습니다. 지난번 사건 때문에 황 박사와 연구원 자체가 도덕적인 시비가 있고 재판이 진행 중이지만 이미 실용화된 성과 역량에 대해선 정당한 평가를 해야 합니다.[2]

김 지사는 기자들의 날 선 질문에 대해 재판은 재판이고 연구는 연구라는 입장으로 응수했다. 그러자 기자석에선 또 다른 질문이 나왔다.

— 이번 경기도가 지원하는 복제돼지 연구도 결과가 정확할 거라고 확신하십니까?

이번에도 사기가 아닐 거라고 어떻게 확신하느냐는 질문이었다. 그러자 김 지사는 더욱 통 크게 답했다. 경기도는 실패까지도 받아들일 것이라고.

— 설령 실패가 있다 하더라도 받아들일 것이며 저희는 믿음을 갖고 1%의 가능성이 있더라도 도전할 것입니다.

이어서 경기도의 지원 규모를 묻는 질문도 나왔다. 그러자 김 지사는 결과에 따라 더 크게 지원할 생각이라고 단언했다.

— 이미 수암생명공학연구원에서 이룩한 성과를 비춰볼 때 배아줄기세포와는 달리 이 부분에서 상당히 앞선 기술이 있고 향후 더 촉진될 것으로 봅니다. 더 많은 지원을 하려 합니다.

아직 재판이 끝나지 않은 상황이기에 모든 책임은 '도지사 자신이 직접 지겠다.'라는 답변까지 이르자 기자들은 더 이상의 질문을 하지 않았다.

— 아직 재판이 끝나지 않았는데요?
— 아직 재판이 안 끝났고 이런 상황에서 '공공의 지원이 맞는가'라고 하는 부분은 제가 책임지겠습니다.

도지사의 답변은 막힘이 없었지만, 경기도청 대변인실은 긴장했다. 기자들의 질문에서 이미 여론의 질타가 감지됐기 때문이다. 예상은 맞았다. 비판적인 뉴스들이 쏟아져 나왔다.

— 경기도-황우석 공동연구 적절성 논란. (연합뉴스, 2009.8.26.)

— 경기도, 황우석 지원 '적절성' 논란 가열. (한겨레, 2009.8.26.)

— '징역형' 황우석 박사, 공개석상 나서…"시간을 달라." (노컷뉴스, 2009.8.26.)

— 김문수 지사, 경기도민으로서 부끄럽습니다. (오마이뉴스, 2009.9.13.) [3]

그러나 경기도지사는 꿈쩍도 하지 않았다. 그는 오히려 황 박사에게 '더 지원해주지 못해 미안하다.'라는 뜻을 전했다. 그는 앞서 경기도 용인에 있는 황우석 박사의 연구소를 방문한 자리에서 '이 연구는 개인이 할 성격이 아닌 것 같다. 정부가 할 일이 많겠지만, 우선 경기도 차원에서 도와줄 게 있으면 도와주겠다.'라는 입장을 피력한 바 있다. 그저 눈길을 끌기 위한 이벤트가 아니라는 메시지였다. 당시 경기도의 지원은 모두 현금 지원이 아닌 '어미 돼지 현물 지원'이었지만, 황우석 연구팀에게는 단비 같은 도움이었다. 복제연구에 쓰일 대리모 돼지를 빌리는 돈(두당 65만 원)이 없어 돼지나 소 연구는 엄두도 내지 못하던 상황이었으니까.

그로부터 두 달이 지난 2009년 10월 26일. 마침내 1심 재판부의 판결이 나왔다. 서울 서초동의 서울중앙지방법원 건물. 나는 법원을 오가면서 세상에 그렇게 많은 기자의 취재 행렬을 본 적이 없다. 한국 언론은 물론이고 영국 BBC를 비롯한 주요 외신들까지 모두 황 박사에 대한 판결 내용을 취재하려고 417호 대법정으로 모여들었다. 그전부터 이미 줄기세포 법정은 신기록을 경신하고 있었다. 판결을 앞둔 10월 1일, 한국의 헌정 역사상 가장 많은 110만 3천300여 명의 국민 서명이 법원에 제출됐다. 서명 용지가 담긴 보따리를 가져와 옮긴 시민만 100여 명에 이를 정도로 유례없는 진풍경이었다. 모두 황 박사가 다시 연구를 재개할 수 있도록 선처해달라는 탄원서였다. 판결 직전에는 여야 국회의원 55명과 서울시내 구청장 24명이 선처를 호소하는 탄원서를 제출하기도 했다.

> ― 의원들은 탄원서에서 "세계적 과학자인 황 박사가 4년 전 기소된 뒤 지금까지 과학자로서 자신의 연구 역량을 살리지 못하고 현재까지 재판을 받고 있는 현실을 대한민국 국민의 한 사람으로서 안타깝게 생각한다."라며 "황 박사의 원천기술이 좋은 곳에 쓰일 수 있도록 연구 승인을 위한 선처를 요청 드린다."라고 호소했다. (아시아경제, 2009.10.25.) [4]

그래서 더욱 관심을 끈 판결이었다. 2009년 10월 26일 오전 10시. 재판부는 수백 쪽에 달하는 판결문을 읽어내려갔다. 검찰의 첫 번째 기소항목인 '특경가법상 사기' 혐의에 대한 판결문을 읽는 데에만 30여 분이 흘렀다. 침이 꿀꺽꿀꺽 여러 번 넘어갔다. 이윽고 1심 재판부의 첫 번째 결론이 나왔다.

> ― 사기 무죄를 선고함. [5]

황우석 박사에게 사기 무죄를 선고한다는 배기열 판사의 말이 떨어지기 무섭게 몇몇 기자들이 특종 잡았다는 표정으로 후다닥 법정을 빠져나갔다. '사기 무죄. 특경가법상 사기 무죄'라고 선임 기자에게 휴대폰으로 보고하면서 말이다. 실제 그 시각 TV 화면에는 '황우석 사기 무죄'라는 속보 자막이 큼지막하게 흘렀다. 그러나 다시 30여 분이 흐른 뒤 '사기 무죄'라는 자막은 지워졌다. 대신 이런 자막이 흘렀다.

　─ 황우석 유죄.[6]

　검찰이 기소한 세 가지 혐의 중 가장 큰 비중을 차지하던 사기 혐의는 '무죄'로 나왔지만, 연구비 횡령 혐의는 '일부 유죄'가, 생명윤리법 위반에서는 '유죄'가 선고됐다. 다만 개인적 착복이 없었다는 점 등을 들어 재판부는 실형 대신 '집행유예'를 선고했다.

　　─ 법적 평가와는 별개로 그 피해액 대부분은 연구원의 복지 등 넓게 보면 적어도 간접적으로는 연구와 어느 정도 관련 있는 용도로 사용되었을 뿐 자신의 치부나 기타 사리를 도모할 목적으로 사용된 것은 거의 없어 보이며, 오히려 거액에 이르는 자신의 농장과 각종 상금 등을 공익재단이나 과학기술 연구단체에 기부하기도 하였음.' (1심 판결문 중, 2009.10.26.) [7]

　당시 나는 법정에서 판결을 들으며 오히려 놀라고 있었다. 횡령, 돈 문제…. 옛말에 "털어서 먼지 안 나온 사람 없다."라고 하던데 저 양반은 탈탈 털어보니 '오히려 숨어 있던 선행이 나오는구나.'라고. 그러나 법정 밖을 빠져나와 뉴스를 보니 황 박사는 이미 천하의 사기꾼도 모자라 횡령범까지 되어 있었다.

　─ 황우석 논문조작 및 횡령 등 유죄.[8]

　언론보도에서는 이번 재판의 핵심 사항인 사기 혐의 무죄 판결은 이미 사라졌고 대신 그 자리를 법적 판결의 대상도 아니던 논문조작과 유죄 항목(횡령)이 메꾸고 있었다. 이쯤 되니 여론은 다시 경기도를 압박했다. 1심 판결에서 '유죄' 판결을 받은 과학자에게 왜 연구비를 지원해주느냐는 압박이었다. 그러나 김문수 지사는 자신의 결정을 번복하지 않았고 돼지 복제연구는 빠른 속도로 진행됐다.

그로부터 1년여가 지난 2010년 10월 7일, 나는 경기도 축산위생연구소의 한 돼지우리에서 황우석팀 연구원들의 연구과정을 취재했다. 그들은 익숙한 손놀림으로 연구실에서 가져온 복제 수정란을 어미 돼지의 자궁 난관에 이식하고 있었다. 형질전환된 복제돼지 탄생을 기대하고 있었다. 형질전환? 어디에 쓰일 돼지들일까?

— 굉장히 비싸고 귀한 돼지죠. 사람의 당뇨질환모델로 쓰일 돼지인데 국내에는 없는 걸로 알고 중국 쪽? 해외에는 좀 있지만, 아직 대량생산체계는 갖추지 못한…. (정연우 연구원, 2010.10.7.) [9]

귀하고 비싼 금싸라기 돼지들. 그것은 인간의 당뇨병 치료 연구나 신약개발에 쓰일 당뇨질환모델 돼지였다. 당뇨질환 모델 돼지란 한마디로 당뇨병 요인을 갖고 태어나도록 복제된 돼지들이다. 의학자들은 이 돼지를 긴 시간 동안 관찰하며 인간에게 당뇨를 일으키는 원인을 밝혀내거나 어떤 치유과정을 거치면 잘 치유될지 신약개발의 해법을 찾는다. 처음부터 당뇨에 시달릴 운명으로 태어날 복제돼지에겐 딱한 일이지만, 이미 전 세계 의학실험실에서 엄청나게 많은 쥐가 인간의 당뇨병 치료를 위해 희생되는 현실 속에서 생쥐보다 더 효용성 있는 데이터를 전해줄 형질전환 돼지의 존재는 의학발전의 측면에서 매우 중요한 가치를 지니고 있었다.

―가축 등 동물이 생명공학과 접목해 사람의 생명에 직접 영향을 미
   치는 의료 소재 산업으로 변모하고 있습니다.[10]

질환모델동물에 대한 농촌진흥청 관계자의 설명이다. 소나 돼지
같은 가축이 그냥 가축이 아니라 신약개발이나 의학발전에 중대한
이바지를 한다는 말이다. 인간에게 나타나는 당뇨병·고혈압·암 등
의 각종 질환 연구에 쓰일 질환모델동물들은 세계적으로 1년에 약
1,000종류가 만들어지고 있다. 세계시장 규모도 2013년 11억 달러
(1조 2,853억 원)에서 2018년 18억 달러로의 성장이 예상된다. 특히
황우석팀의 복제돼지와 개는 인간과 유전적 특성이 비슷한 동물들이
기에 이미 미국을 비롯한 주요 국가 의료진들의 제안이 잇따르고 있
다. 그 단초를 경기도의 지원이 열어준 것이다. 결과는 성공적이었다.
줄잡아 수십 마리의 형질전환 복제돼지들이 경기도에서 태어났다.

―경기도의 브리핑 자료 : 2010년 8월 12일 최초로 인간의 제2형 당
   뇨유전자가 주입된 복제돼지 8마리가 태어났고 그중 3마리가 당
   뇨유전자를 지닌 걸로 판명됐다. 그 후 추가로 태어난 돼지들까지
   합쳐 2010년 11월까지 모두 24마리가 성장하고 있었다.[11]

당시 성과는 SCI 국제학술논문으로 관련 학계에 보고됐고 황우석
팀은 이를 기반으로 서울대 등 11명의 국내외 교수진과 함께 치매라
불리는 알츠하이머 치료개발용 동물복제 등으로 연구의 폭을 넓힌 상
태였다. 첫해 빠른 성과를 확인한 경기도는 당뇨질환 복제돼지를 대
량 생산할 2단계 스텝에 돌입했다. 이후 경기도와의 공동연구는 구제
역 파동 이후 위기에 처한 경기도의 고품질 한우복제 연구, 그리고 야
생동물인 코요테복제 성과 등으로 확대되어 나갔다.

— 경기도와의 공동연구는 어디까지 확대될 것인가?

2010년 하반기에 만난 경기도청 고위 공직자는 매우 조심스러운 표정으로 답했다. 경기도의 최종 목표는 복제돼지를 이용한 '장기이식' 센터의 건립이라고.

— 최종 목표는 '바이오 장기'입니다. 비록 10년이 걸릴지 20년이 넘을지 모르겠지만.[12]

바이오 장기란 장기이식을 받지 못해 생명이 위태로운 환자들에게 면역거부반응을 최소한으로 줄인 미니 돼지의 장기를 이식시켜 초급성 위기를 넘긴 뒤 사람의 장기이식을 기다리도록 하는 첨단 의학연구이다. 장기를 기증하는 문화가 확산하고는 있지만, 수요 대비 공급이 현격하게 모자라다 보니 불법적인 장기매매나 끔찍한 범죄가 기승을 부리고 있다. 실제로 한국의 경우 장기이식 대기자는 2014년 기준 2만 4,600여 명에 달하지만 실제로 기증이 이뤄지는 경우는 10%에 불과하다. 많은 환자와 그 가족들이 신장이나 간 이식을 기다리고 있지만, 기증이 없어 발을 동동 구르는 실정이다. 최소한 초급성 위기만이라도 넘길 수 있다면… 그래서 돼지의 장기는 그 크기나 이식 효율 면에서 인간의 장기를 대체할 1순위로 꼽혀왔다. 하지만 아직 전 세계 의학계는 돼지의 장기를 사람에게 이식했을 때 일어날 각종 부작용을 완전히 해소하지는 못하고 있으니 이 연구에 대한 기대는 더욱 긴 호흡으로 지켜볼 일이다. 중요한 것은 지금부터 10년 전인 지난 2005년 이미 바이오 장기 연구센터의 밑그림이 경기도에서 그려지고 있었다는 것이다. 그 대상지는 바로 경기도 수원의 광교테크노밸리였다. 이른바 '황우석 연구동'이 건립되던 그곳이다.

—그 당시 '돼지 바이오장기센터'라고 해서 무균사육시설을 갖추고 모든 시설은 전자동으로 돌아갈 수 있도록… 그다음에 냄새도 하나도 안 나고 환경오염 요인이 없는 시설을 만들려고 노력했었습니다.

경기도 전문 공직자는 당시 황우석 연구동 프로젝트 자체가 중단된 데 대해 많이 아쉽다는 표정이었다. 장기이식센터가 건립될 경우 주변의 대학병원이나 첨단 의료장비 기업들과의 연계성도 높고 '의료 여행' 측면에서 지역 경제에 미칠 시너지 효과는 우리가 상상하는 그 이상이었다는 설명이었다.

—궁극적으로 돼지 바이오장기가 만약에 성공했을 때 환자가 자신의 장기를 대체할 무균 돼지의 모든 상태를 볼 수 있고 그 주위에는 장기이식에 필요한 병원이라든지 의료장비라든지 의료에 대한 모든 인프라를 잘 갖춰서 경기도가 이 부분에 전 세계적으로 선두에 설 것을 계획하고 추진했는데 (무산된 게) 좀 아쉬운 게 많습니다. (2010.11.16.)

그러나 이 야심 찬 계획은 줄기세포 사태 이후 신기루처럼 사라졌다. 황우석 연구동은 간판을 바꿔 다른 용도로 활용되고 있다. 그러나 경기도의 공직자는 아직 희망과 기대를 버리지 않고 있다고 말했다. 비록 약간의 공백이 있기는 했지만 늦게나마 다시 시작하게 되어 다행이라고. 10년 후이든 20년 후이든 언젠가 광교에서 바이오 장기의 꿈이 현실로 나타날 때까지 우리는 계속 트라이할 것이라고.

제10막 《
그래도 줄기세포는 있다

황우석 1번 줄기세포 NT-1이 '처녀생식'이 아닌 세계 최초의 '복제 배아줄기세포'라는 재검증 논문이 국제학술지에 실렸다. 거의 동시에 캐나다 특허청 홈페이지에 복제 배아줄기세포로의 특허 등록이 공시되었다. 2011년 7월 26일이었다. 그 소식에 한국의 과학기술처 장관을 역임한 이상희 변리사는 감격의 눈물을 흘렸다.

— 이것은 줄기세포 분야 원천특허입니다.

그리고 내 머릿속에는 그 추웠던 2005년 겨울의 한 장면이 떠올랐다. 황우석 박사가 국제사기꾼이란 멍에를 뒤집어쓰고 서울대 교수직을 내려놓던 날, 오열하는 연구원들을 뒤로 한 채 짧게 한마디 토해놓던 그 순간 말이다.

— 환자맞춤형 줄기세포는 우리 대한민국의 기술임을 반드시, 반드시 확인하시게 될 것입니다.

제48부

줄기세포의 봄

2009년 오바마 행정부가 출범하며 미국에는 '배아줄기세포의 봄'이
찾아왔고 일본은 노벨상을 받은 '역분화줄기세포'로 저만치 앞서 갔
다. 한편 겨울왕국 한국에서 여전히 재판을 받고 있던 황 박사의 표정
에는 이상하게도 자신감이 넘쳐 보였다.

사건 이후 한국은 마치 겨울왕국처럼 얼어붙었지만, 한국을 제외한
다른 나라들의 바깥 날씨는 봄을 향하고 있었다. 미국에는 줄기세포
의 봄이 찾아왔고 일본열도는 이미 후끈 달아올랐으며 중국 대륙은
소리 없이 따라붙고 있었다. 세계 줄기세포 연구경쟁은 가속도가 붙
고 있었다.

　2009년 3월 오바마 행정부가 출범하면서 미국에 '배아줄기세포의
봄'이 찾아왔다. 무려 8년 동안이나 인간배아줄기세포 연구에 대한
미 연방정부의 지원을 묶어버렸던 부시 행정부의 규제가 풀리기 시
작한 것이다. 연방정부의 천문학적인 지원이 줄기세포 연구를 향하
자 미국의 과학계는 환호했고. 경쟁국들은 긴장했다. 미래 재생치료
의학의 주도권을 잡기 위한 각국의 줄기세포 연구경쟁은 뜨겁게 달
아올랐다. 미국의 제44대 대통령 버락 오바마는 당선 직후 배아줄기
세포 연구에 대한 연방정부 규제를 풀도록 하는 행정명령에 사인하
면서 이렇게 말했다.

— 과학에는 '종착역'이 없습니다. 멈춤 없는 치열한 연구경쟁은 늘
    우리와 함께하며 수많은 난치병 환자들과 가족들의 기도에 응답하
    며, 언젠가는 우리의 사전에서 '말기'라는 말, '치료불가'라는 단어
    들을 은퇴시킬 것입니다. (버락 오바마 대통령의 백악관 연설문 중, 2009.3.9.) [1]

이데올로기 대신 과학적 사실에 기반해서 정책을 펴겠다는 오바
마의 실용주의 노선. 실은 '이대로는 안 된다.'라는 위기의식에 기반
을 두고 있었다. 부시 행정부가 만든 줄기세포 규제를 그대로 뒀다가
는 미국 과학은 주도권을 상실할 수밖에 없었기 때문이다.

— 우리 미국의 우수한 과학자들 중 일부는 이미 그들의 연구를 지원
    하겠다고 약속한 다른 나라로 떠났습니다. 그리고 그 나라들은 우
    리의 삶을 바꿔놓을 과학적 진전에 있어 우리 미국을 추월하려 하
    고 있습니다. (버락 오바마 대통령의 백악관 연설문 중, 2009.3.9.)

그 무렵 이미 일본은 줄기세포 월드컵에서 강력한 우승후보로 떠
오르고 있었다. 교토대학의 '야마나카 신야' 교수팀이 내놓은 혁명적
인 줄기세포가 홈런을 치면서 세계 줄기세포 연구의 판도를 바꿔놓
고 있었다. 사실 일본의 과학자들은 한국 황우석 연구의 최대 강점과
최대 약점을 자세히 분석해왔다. 최대 강점인 '환자에 대한 면역거부
반응이 없는 맞춤형 배아줄기세포'를 만들면서도 최대 약점이었던
'난자사용에 따른 윤리적 논란'을 없앨 방법을 모색했다. 그리고 그
들은 실험실에서 그 방법을 찾아냈다. 여성의 난자를 쓰지 않고도 맞
춤형 배아줄기세포를 만들어내는 데 성공한 것이다. 역분화 줄기세
포, 일명 유도 만능 줄기세포라고 했다. 환상적이지 않나. 윤리논란
없이 강력한 치료 능력을 지닌 줄기세포를 만들다니. 2006년 〈셀〉에

'야마나카 신야'의 논문이 발표된 직후 세계 석학들은 일본행 비행기를 탔다. 열도는 '배아줄기세포 열기'로 들끓었다. '세계줄기세포 허브'의 문조차 닫아 버린 한국과는 극심한 대비를 이뤘다. 일본 정부는 교토대 한 팀에게만 한 해 200억 원의 연구비를 몰아줬다. 관련 법안을 개정해 일본의 지역별 대학별로 실용화를 위한 '거점연구단지'를 구축했다. 천문학적인 연구비와 인력을 줄기세포 상용화를 향해 집중시켜 나아갔고 줄기세포 연구의 메카로 떠오른 교토대학에는 이런 슬로건이 붙여졌다.

— 모든 것을 재생시킬 수 있다.[2]

'야마나카 신야' 교수는 2012년 노벨 생리의학상의 주인공이 됐고 열도는 다시 한 번 열광했다. 그러나. 그의 연구가 이론이 아닌 실제 현실에서 임상의 문턱을 넘기 위해 반드시 입증해야 할 '필수조건'이 남아 있었다. 그것은 바로 '안전성'이다. 역분화 줄기세포는 난자를 쓰지 않았기에 윤리적 논쟁을 피할 수 있었지만, 역설적으로 난자를 쓰지 않았기에 '안전성'을 장담할 수 없었다. 난자 대신 '레트로바이러스'의 힘을 빌렸기 때문이다. 그 누가 바이러스의 힘을 빌린 줄기세포로 치료받으려 하겠는가? 연구진은 바이러스 대신 '단백질'의 힘을 빌리기도 했다. 그러나 단백질 또한 사람의 몸속에서 변형되면 어떤 일이 벌어질지 '프라이온 단백질'(광우병 유발)의 사례가 경고한다. 이후 다양한 시도가 이뤄지고 있지만, 역분화 줄기세포의 최대 약점은 바로 난자 대신 다른 무언가의 힘을 빌리는 데서 오는 '안전성 미검증'에 있다는 데에 동의하지 않을 학자는 없어 보인다. 그렇다면 어떻게 '안전성'을 확보할 것인가? 비교 대상이 필요해졌다. 난자 없이 만들어낸 줄기세포(야마나카 신야 방식)가 사람의 몸속에서 어떻게 살아갈지 난자를 통해 복제한 줄기세포(황우석 방식)와 면밀한 비교 관찰 실험을 해야 하는 국면이다. 그런데 아무도 만들고 있는 사람이 없었다. 비교할 대상을 누군가 빨리 만들어 줘야 역분화 줄기세포의 '종양 가능성'이나 낮은 '분화효율'을 잡을 텐데 아쉽게도 만들고 있는 사람이 없었다. 그래서 더욱 중요해졌다. 역설적이지만. 난자 없이 만들어낸 야마나카 신야의 연구가 오히려 난자를 통해 복제하는 황우석식 줄기세포 연구의 중요성을 더욱 높여주고 있었다. 그래서 미국의 역분화 줄기세포 권위자인 컬럼비아대학의 크리스 핸더슨 박사는 이렇게 말했다. 황우석식 줄기세포 연구방식은 여전히 이 분야 골드 스탠더드, 즉 '황금 표준'이라고.

— (역분화 세포들이 인간의 몸속에서) 전혀 다른 방식으로 발전해나갈지도 모른다는 측면에서 많은 검증이 필요한데…. (그런 면에서) 체세포 핵이식 배아줄기세포 모델은 진정한 우리의 '황금 표준'이다. (크리스 핸더슨 교수의 abc 뉴스 인터뷰, 2008.8.1.) [3]

황금 표준. 그래서 황우석식 복제 배아줄기세포 수립을 위한 물밑 경쟁은 더욱 뜨겁게 벌어지고 있었다. 특허를 선점하려는 경쟁도 치열했다. 2009년 4월 4일 자 미국의 〈피츠버그 트리뷴 리뷰〉에 따르면 한 때 황우석 박사의 공동연구자였던 미국의 제럴드 섀튼 교수는 2명의 동료와 함께 인간 체세포복제 배아줄기세포 특허를 수정해 출원했으며 또 다른 미국 과학자인 오레곤 영장류센터의 '슈틸리케 미탈리포프' 연구팀 역시 비슷한 내용의 체세포복제인간 배아줄기세포 특허를 출원했음이 공개되었다고 밝혔다. 이 분야 선두주자였던 한국 과학자(황우석)가 비틀대는 사이 경쟁자들은 전속력으로 질주하고 있었다.

— 이들의 특허 경쟁은 오바마 행정부의 줄기세포 지원 흐름과 맞물려 더욱 강조되고 있다. (피츠버그 트리뷴 리뷰, 2009.4.4.) [4]

그러나 이런 흐름의 변화를 아는지 모르는지 황 박사의 조국 대한민국은 세계와는 정 반대방향으로 역주행하고 있었다. 한국의 생명윤리법은 복제줄기세포 연구를 하는 연구자에게 '신선 난자'의 사용을 금지하는 대신 '꽁꽁 얼어붙은 난자(동결난자, 생명윤리법 시행령 제14조 제1항 제2호 가목)'나 '미성숙 난자'(같은 항 제2호 나목), '적출된 난소에서 채취한 난자'(같은 항 제2호 마목)를 사용할 수 있는 것처럼 규정하고 있다.

모르는 사람들이 보기에는 그나마 난자를 이용해 연구할 수 있는 길을 터준 것처럼 보인다. '제한적 허용'이라고 광고하지만 연구자들에게 이 법은 '한국에서 연구할 생각하지 마라 법'이었다. 한번 동결된 난자는 얼리는 과정에 세포에 손상이 가고 이를 다시 해동시키는 과정에서 다시 한 번 손상되어 생식세포로서의 기능이 현저히 떨어진다. 동결기술이 발전했다고 하는 2015년의 데이터에 따르더라도 얼린 난자를 다시 녹여 쓰는 해동 성공률은 70%가 되지 않는다. 얼린 난자로 시험관 아기 임신에 성공할 확률은 최대 40%, 평균 20~30%대다.

다시 말해 신선한 난자 10개를 얼리면 그중 7개만 해동되고 결국 임신에 성공하는 난자는 3개도 안 되는 현실이다. 그것도 살아 있는 정자를 넣을 때 그렇다는 것이니 여기서 핵을 빼내고 다시 체세포 핵을 넣는 복제줄기세포 성공률은 제로에 가까울 수밖에. 이처럼 '눈 가리고 아웅' 하는 식의 법을 만들어놓고 연구해보라고 하면 누가 한국에서 연구하겠는가?

지난 2009년 어렵게 연구승인을 받아 이 연구에 도전했던 한국의 한 연구팀은 참담한 실패 끝에 결국 신선한 난자를 기증받을 수 있는 미국 캘리포니아로 연구거점을 옮겼다. 이 글을 쓰고 있는 2015년 현재 단 한 팀도 한국에서 이 연구를 하는 팀이 없다. 이런 법을 만들어놓고도 '뭐가 문제냐?'라는 식으로 당당하게 나오는 사람도 있었다. 나는 2015년 여름, 생명윤리법 개정에 관여했던 전직 국회의원과 잠시 대화를 나눈 적이 있었는데 그는 내게 출처도 불분명한 과장된 수치를 대며 생명윤리법이 뭐가 문제냐는 듯 되물었다.

— 요즘엔 냉동기술이 발전해서 얼린 난자를 녹여서 임신에 성공할 확률이 75%나 됩니다. 신선 난자나 얼린 난자나 별 차이가 없다는 거죠. 연구자들이 괜히 못 만드니까 생명윤리법 핑계를 대는 거죠. [5]

임신성공률 75%? 그가 어디서 그런 통계를 얻었는지 알 방법은 없다. 최근 국내 의학계에서는 한 병원이 냉동 난자를 이용해 임신성공률 50% 넘는다고 자랑하다가 과장된 사실이 드러나 망신당한 적이 있었다. 냉동난자의 임신성공률 75%라는 주장은 근거 없는 카더라통신이었다. 그가 어떻게 국회의원직을 수행했는지 의아스러울 뿐이다. 과학자들에게 한국은 '겨울왕국'이었고 국민들은 '줄기세포' 그 자체에 관한 관심과 기억을 머릿속에서 지우고 있었다. 그러나 황 박사는 달라 보였다. 나는 2010년 가을 항소심 법정에서 그의 모습을 취재했다. 검찰은 1심에 이어 항소심에서도 황 박사를 징역 4년형에 처해줄 것을 재판부에 요청했고, 황 박사는 두 번째 최후진술을 했다. 그런데 이상했다. 황 박사의 이번 최후진술에서는 어딘지 모를 자신감이 배어 나오고 있었다.

—지난 5년은 시련과 아픔의 시간이었을 수 있지만, 한편으로는 하늘이 내려준 소중한 자각과 반성의 시간이었습니다. 더구나 배반포 확립에 머물렀던 저희 연구팀이 이제는 줄기세포 완성단계에 이르게 한 시간이기도 했습니다. 이런 아픔과 시련 끝에 소중한 연구결과가 있음을 깨달으면서…. (황우석 박사의 항소심 최후진술, 2010.10.28.)[6]

그 자신감의 실체가 무엇이었는지 나는 시간이 조금 지나 알게 되었다. 그것은 두 가지였다. 언젠가 다시 기회가 주어진다면 줄기세포를 너끈히 만들어 낼 수 있을 만큼 후속연구가 준비되었다는 '미래'에 대한 자신감이 하나였고, 그가 처음 만들어낸 1번 줄기세포의 지적 재산권(특허)을 국제 사회에서 인정받을 수 있다는 '과거'에 대한 자신감이 또 하나였다. 그것은 거친 황야에서 세찬 비바람을 맞아온 자만이 느낄 수 있는 '여명의 온기'였다.

제49부

그래도 줄기세포는 있다

미국, 영국, 일본의 저명한 과학자들이 한데 모여 황우석 1번 줄기세포 NT-1은 복제된 게 아닌 처녀생식 줄기세포였다는 논문을 발표했을 때 황 박사는 내게 '다른 사람이 다 아니라고 해도 과학자는 자신의 실험 결과를 가장 중시한다.'라며 재검증 실험을 준비하고 있음을 내비쳤다.

사실 나는 1번 줄기세포가 특허로 등록될 수 있으리라는 생각은 하지 않았다. 불가능에 가깝다고 봤다. 서울대 조사위원회의 성급한 결론 때문은 아니다. 솔직히 '연습생이 미성숙 난자를 갖고 우연히 처녀생식 줄기세포를 만들었다.'라는 그들의 결론은 어느 누구에게도 인정받지 못했다. 심지어 비전문가인 검찰조사에서도 부정됐고 서울대가 자체적으로 재검증을 맡긴 카이스트 등 외부 연구실마저 이를 부정했다. 서울대의 '연습생 신화'는 당시 서울대 연습생 신분이었던 자신의 부인이 1번 줄기세포를 만들었다고 강력히 주장한 〈PD수첩〉 제보자 '닥터 K'의 진술에 의존해 만들어진 그야말로 '주장'일 뿐이다. 문제는 국제 과학계의 검증 논문이었다. 미국, 일본, 영국의 저명한 줄기세포 과학자들이 '드림팀'을 구성해 황우석 박사의 1번 줄기세포를 검증했다. 그들의 논문은 지난 2007년 8월 〈셀스템셀〉에 실렸는데 결론은 이러했다.

─복제된 게 아님. 처녀생식임.[1]

황우석 박사의 1번 줄기세포는 복제줄기세포가 아니라는 것이다. 이제 어디에도 황 박사의 편은 없었다. 서울대 조사위원회의 '처녀생식' 결론을 뒷받침해주는 과학 논문의 등장으로 1번 줄기세포에 대한 특허 등록은 사실상 물 건너간 것처럼 보였다. 그리고 법정에서 검찰은 기다렸다는 듯 이 논문을 들고 나왔다. 2007년 8월 28일 417호 대법정.

— 이 논문의 연구진을 살펴보면 특히 조지 데일리 하버드 의대 교수는 세계줄기세포 학회장으로서 줄기세포 학계에서는 권위 있는 학자이죠?
— 예.
— 일본 릿켄대학 와카야마 교수와 미국의 루돌프 재니쉬 교수는 체세포 핵이식 분야에서 국제적 명성이 있는 학자이죠?
— 예.
— 또 다른 저자인 영국 케임브리지대학 로저 피터슨 교수 또한 배아줄기세포 검사연구에 많은 업적을 갖고 있는 학자로서 이 논문의 공신력이 크다고 볼 수밖에 없겠네요?
— 예. [2]

법정에서 논문을 꺼내 든 검사는 전에 없이 자신만만한 표정이었다. 그럴 만도 했다. 논문 저자들의 이름만 봐도 기가 죽을 만큼 화려했으니까. 미국과 영국, 일본을 대표하는 줄기세포 거장들이 한데 모여 황우석 박사의 NT-1 줄기세포를 검증했다. 그것도 최신 기법을 사용해서. 논문에서는 완곡한 표현을 쓰고 있었지만 그들의 결론은 단호했다. 마치 이렇게 속삭이는 듯했다.

―어이 황 박사. 게임은 이제 끝났어. 자네가 만든 건 복제줄기세포
가 아니라고.

총기 어린 눈빛의 젊은 검사는 법정에서 꽤 오랜 시간에 걸쳐 논
문의 내용을 인용해나갔다. 공부를 열심히 한 듯했다. 그날의 법정
은 나로선 아홉 번째 취재였는데 난 그날만큼 검찰신문에 날이 서
고 힘이 실린 걸 본 적이 없다. 그전까지 판판이 깨졌던 그들이다.
자신들이 내세운 증인들조차 결과적으로 황우석의 결백만 입증해
주고 있었으니 말이다. 그러나 그날만큼은, 마치 물 만난 고기를 보
는 듯했다.

―이처럼 서울대와 하버드대학 연구결과는 매우 객관적인 것으로 모
두 NT-1은 복제된 게 아닌 처녀생식에 의한 것임을 과학적으로
말해주고 있죠?
―예.
―그런데 피고 황우석의 2004년도 〈사이언스〉 논문은 마치 NT-1이
복제된 줄기세포인 것처럼 나와 있죠?
―예.
―어떻게 검사를 했는지 모르겠지만, 처녀생식이면 나올 수 없는 검
사결과가 황우석의 논문에 나와 있죠?
―예.

황우석은 논문조작 사기꾼이라는 검찰의 공세. 과연 변호인은 어
떤 방어 논리를 펼 건가. 마침내 검찰신문이 끝나고 이제 황우석 박
사 측 변호인의 반대 신문 차례. 그러나 변호인은 논문에 대해 거의
언급하지 않았다. 득이 될 게 없다는 듯한 모습이었다. 평소 같으면

검찰 측 주장을 조목조목 반박하다 못해 심하다 싶을 만큼 박살 내고 또 박살 내온 그였는데 말이다. 그럴 수밖에. 이미 학계에서는 황 박사의 손을 잡아줄 학자가 거의 없었다. 오죽하면 그동안 황 박사를 믿고 NT-1의 재검증을 주장해온 소장파 서울대 교수가 내게 이렇게 귀띔해줬을까.

— 우리도 그동안 서울대조사가 미흡했다고 느껴서 재검증을 요구했지만… 솔직히 이번 (하버드) 논문을 보게 되면 처녀생식이란 결론이 더 타당하지 않을까. [3]

사면초가. 어딜 봐도 그의 우군은 없었다. 무릎 꿇고 인정하든가 아니면 잠자코 있던가. 그런데 예상치 못한 상황이 벌어졌다. 잠자코 피고인석에 앉아만 있을 줄 알았던 황 박사가 입을 연 것이다. 논문을 언급한다. 자신은 그 논문결과를 받아들일 수 없다는 뉘앙스였다. 감히 하버드 논문에 맞서는 거다, 혼자서. 더구나 내용에 대한 소소한 지적이 아니었다. 그는 논문이 나온 배경 자체를 의심하고 있었다. 그는 이 논문에 참여한 학자들에 대해 잘 알고 있다는 듯 차분한 어조로 말했다. 왜 자신이 함께 검증해보자고 요청할 때는 꿈쩍도 않던 그들이 자신을 배제한 채 한날한시에 모여 이런 논문을 썼느냐는 의문을 제기했다. 그리고 한 사람의 이름을 거명했다. 제럴드 섀튼, 한때 그와 둘도 없이 친한 공동연구자. 그러던 어느 날 의문의 결별 후 이제는 특허를 놓고 경합하던 미국 피츠버그대학 교수 말이다.

— 그 논문의 교신저자와 공동저자인 조지 큐 데일리, 라저(로저) 피터슨, 말컴 무어, 테루 와카야마 교수하고 닥터 셔튼(섀튼)과는 NIH

펀드로서 어떤 관계에 있는지 알고 계신가요?

— (저와 손잡고 작성한) 2005년 〈사이언스〉 논문을 기초로 해서 셔튼 (새튼) 박사가 미국 NIH로부터 1,620만 달러의 연구비를 지원받았 고 지금도 미국 정부는 셔튼 박사에게 그 연구비를 회수하거나 감 액시킨 적이 없다는 것은 알고 계시죠?

— 주지사가 작년에 350만 달러를 더 지원한 사실은 알고 계신 가요?[4]

그는 새튼 교수의 능력을 강조하고 있었다. 그래서. 그래서 뭐가 어쨌다는 말인가. 새튼 교수가 돈으로 논문을 사주했다는 건가 아 니면 새튼의 특허를 도우려고 그 많은 학자가 팔 걷어붙이고 논문 을 썼다는 건가? 안쓰러웠다. 딱해 보였다. 이거 완전 음모론 수준 아닌가?

그날의 공판도 두 시간 반을 훌쩍 넘겼다. 이미 회사로 돌아가는 경부고속도로는 퇴근길 러시아워. 가다 서기를 반복하는 길 위에서 곰곰이 생각해봤다. 정말 일관됐다. 그의 발언 말이다. 황 박사는 사 건 초창기부터 한결같이 말해왔다. 그래도 줄기세포는 있다고. 언론 사에 넘겨준 줄기세포가 가짜로 나왔을 때도 그는 그랬다. 분명히 만들었다고. 나머지 세포를 해동시켜보면 진실을 알 거라고. 그 나 머지 세포 모두가 가짜였다는 서울대 조사결과 앞에서도 그는 그랬 다. 분명히 만들었고 원천기술은 존재한다고. 황우석은 정신과 감 정부터 받으라는 여론의 질타가 이어질 때에도, 대학교수직에서 파 면되고 무일푼으로 농기구 창고에서 연구할 때에도 그는 그랬다. 63일간 검찰조사를 받고 사기 및 횡령 등으로 기소된 만신창이 상 태에서도 그는 그랬다. 그리고 마침내 줄기세포 거장들의 최후통첩 논문이 나온 그 시점에도 그는 그랬다. 그래도 줄기세포는 있다고.

도대체 무언가. 황소고집인가 똥배짱인가 아니면 근자감(근거 없는 자신감)인가.

그런데 그로부터 1년 뒤. 지구 반대편 호주로부터 믿을 수 없는 소식이 들어왔다. 특허가 등록됐다는 것이다. 서울대 조사위원회와 하버드 논문이 '처녀생식'이라던 그 1번 줄기세포가 세상에, 호주에서 '복제줄기세포'로 특허를 받았다는 것이다. 2008년 9월 24일 동아일보 1면 특종이었다.

— 황우석 전 서울대 교수가 2004년 미국 과학저널 〈사이언스〉에 발표한 인간복제 배아줄기세포… 1번 줄기세포에 대해 호주 특허청이 23일 공식 등록 결정을 내렸다. (동아일보, 2008.9.22.) [5]

사람들은 의아했다. 줄기세포 하나도 없다며. '처녀생식'이었다며. 특허 등록이 사실이라면 황우석 줄기세포에 대한 진위 논란도 다시금 고개를 치켜들 게 뻔했다. 호주 특허청으로 기자들의 전화가 밀려들었다. 그런데 그날 오후 또 다른 미스터리가 시작된다. 호주 특허청이 돌연 특허의 등록을 유보한 것이다. 이례적으로 성명서까지 발표하면서 말이다.

— 호주 특허청은 이날 성명을 발표, 특허출원이 심사기준은 충족시켰지만, 특허가 아직 승인된 것은 아니라는 점을 밝히고자 한다고 말했다. (연합뉴스, 2008.9.24.) [6]

심사기준은 충족시켰지만 특허가 승인된 것은 아니다. 도대체 무슨 말일까? 도대체 지구 반대편에 있는 호주에서는 무슨 일이 벌어지고 있는지 몹시 궁금해졌다. 다음날 나는 한국 특허청 담당자에게 관련 사실에 대해 물어봤다. 그런데 자기도 모르겠다고 한다. 처음 있는 일이란다.

> ─ 호주는 등록이 가능하다 싶은 특허의 경우 3개월 동안 공지를 해두고 여기에 대한 이의 신청을 받죠. 만일 그 기간 동안 이의제기가 없으면 특허 등록을 해주는데, 해당 특허(황우석 줄기세포)는 3개월간의 이의 신청기간 동안 이의도 없어 기준을 충족한 걸로 보이네요. (특허청 담당자, 2008.9.25.) [7]

절차를 다 만족하게 했는데 왜 특허증을 주지 않는지 모르겠다던 한국 특허청 담당자는 또 한 가지 이상한 점을 제기했다.

> ─ 호주 특허청 성명서를 보면, '추가로 조사 중'이라는 표현이 나오는데, 조사, Investigate라는 말은 사법기관에서나 쓰는 말이지 특허법에는 없는 용어입니다. 특허청에서는 거의 쓰지 않는 말인데 왜 이런 말이 나왔는지…. (특허청 담당자, 2008.9.25.)

하긴 특허를 '심사'한다고 하지 '조사'한다고 하지는 않는다. 특허에 대한 적격성 여부는 이미 호주 특허청 내부 심사와 3개월간의 이의 신청 기간을 거쳐 끝났다고 봐야 할 텐데. 한국보다 더 까다로운 절차를 갖고 있던 호주 특허청은 무슨 이유로 특허를 유보했을까. 황박사팀에게 알아보니 '특허증 나오니까 특허 등록비 납부하라.'라고 공문까지 보내왔던 호주 특허청이었다.

> ─ 우리 쪽 현지 대리인에게 특허 등록이 되니 등록비용을 납부하라

는 공문까지 보내왔었죠. (김순웅 변리사, 2010.11.7.) [8]

 그랬던 그들은 왜 특허를 유보했을까. 시간이 얼추 지나서 그 이유가 모습을 드러내기 시작했다. 그것은 경쟁자들의 거센 반발과 견제였다. 미국의 바이오기업에서는 아예 대놓고 '특허 주지 마라.'라고 말했고 호주의 의료법인은 황우석 특허가 자신들에게 미칠 영향력에 대해 예의주시하고 있었다. 복제양 돌리의 특허까지 돈으로 사들이며 배아줄기세포 임상시험을 주도하던 미국 '제론' 사의 수석특허변호사, 그리고 호주 의료법인 담당자의 〈네이처〉 인터뷰 내용을 보자.

— 제론 사는 배아줄기세포 확립을 포함해, 체세포 핵이식 기술을 인
  간의료분야에 적용함에 있어 모든 권리를 소유하고 있다. 최근 호
  주 특허청이 허여한 황우석팀 줄기세포 특허는 많은 항목에 걸쳐
  우리 소유의 돌리 복제기술과 차별성이 없다. 따라서 이 기술을 특
  허로 등록시킨 호주 특허청의 결정은 잘못된 것이다. (제론 사 수석특허
  변호사의 〈네이처〉 인터뷰, 2008.10.1.)
— (호주) 특허청이 황우석 특허와 청구조항에 대한 추가조사를 끝내
  기 전까지 우리는 그 특허가 우리 프로젝트에 끼칠 영향에 대해 어
  떤 결론도 말씀드릴 수 없습니다. (시드니 IVF 줄리아 샤프트 박사의 〈네이처〉
  인터뷰, 2008.10.1.) [9]

 특허가 등록될 무렵 호주에서는 황우석 박사가 연구해온 그 방식, 체세포 핵이식 복제 배아줄기세포 연구가 논란 속에 허용되었다. 시드니 IVF라는 의료법인이 호주정부의 허가를 받아 호주에서 처음으로 황우석식 연구에 돌입한 것이다. 황 박사의 특허가 호주에서 등록

되면 호주 의료법인은 로열티를 지급할 수도 있는 상황. 당연히 호주 의료계로선 이 특허에 예민할 수밖에 없었다. 여기에 정치적 압력이 더해졌다. 2008년 10월 23일 호주발 〈네이처 메디슨〉의 보도내용을 보면 호주의 상원의원(론 보스웰)이 상원위원회에 출석한 호주 특허청장에게 매우 거칠게 따져 묻는 장면이 나온다.

— 사기 과학자에게 사기 업적에 대한 특허를 등록해 주는 게 과연 엄 격하고 믿을 만한 조치라고 보십니까?[10]

사기꾼에게 왜 특허를 주느냐는 질의에 대해 호주 특허청장은 황 우석팀의 발명이 실제 존재하며 이는 새로운 방식이라고 평하면서 도. 그들이 특허를 유보한 근거에 대해 답했다. 알고 봤더니 복제된 게 아니라 처녀생식 줄기세포였다고.

— 특허에 담긴 내용은 현재 체세포 핵이식을 통해 수립된 배아줄기 세포가 아니라 처녀생식 과정을 통해 수립되었다고 보는 게 일반 적인 견해 같습니다. (〈네이처 메디슨〉에 보도된 호주특허청장 입장)[11]

역시 게임은 그렇게 끝나는구나 싶었다. 이런저런 이유로 황 박사 에게 결코 주고 싶지 않은 줄기세포 특허증. 거절의 가장 확실한 명 분은 황 박사의 나라 서울대 조사위원회의 결론과 이를 뒷받침하는 여러 나라 연구자들의 국제 학술 논문이었다. 이렇게 그는 '처녀생식 설'의 벽 앞에 눈물을 삼키고 마는가. 그 무렵 황 박사를 직접 인터뷰 할 기회가 생겼다. 호주 특허는 어떻게 될 것 같으냐고 물어봤다. 잘 모르겠다고 한다. 호주 현지의 법적 대리인을 통해 법적 절차를 밟고 있지만 장담할 수 없다고 말한다. 나는 넌지시 다음 질문을 꺼냈다.

아직도 처녀생식이 아닌 복제줄기세포라고 믿느냐고.

— 여러 나라 과학자들의 검증 논문에 대해 어떻게 생각하십니까?[12]

거기에는 아직도 NT-1(1번 줄기세포)의 존재를 확신하느냐는 뜻이 담겨 있었고, 왜 굳이 NT-1에 집착해 이 고생을 하느냐는 뜻도 담겨 있었다. 그랬더니 그는 정색을 하고 내 눈을 또렷이 응시했다. 그런 모습 처음이었다. 내가 아무리 지난날에 대한 불편한 질문을 던져도 늘 차분히 답하던 그였는데 그날은 마치 다른 사람을 보는 것 같았다. 그래서 그날 그의 답변을 잊을 수 없다.

— 노 박사님, 물론 하버드 과학자들의 논문처럼 NT-1이 처녀생식으로 만들어진 것일 수도 있지요. 저도 그 가능성을 배제한 채 체세포복제만 고집하는 게 아닙니다. 하지만 저에게도 학자의 자존심이라는 게 있습니다. 비록 큰 잘못을 저지르긴 했지만 그래도 평생을 과학자로 살아왔습니다.

과학자는 다른 사람들이 다 아니라고 해도 혹은 다 맞다고 하더라도 제가 직접 실험을 해서 이게 맞는지 틀린지 확실하게 나온 결론을 제일 첫 번째로 믿습니다. 저희가 만든 줄기세포를 남들이 이렇다 저렇다고 해서 그래 이런가 보다 하고 믿을 수는 없지 않습니까. 그래서 저 스스로 승복하고 납득하기 위해 제가 직접 NT-1을 검증하고 있습니다. 다른 분들이 검증한 방식 모두를 저도 똑같이 사용해봐서 그래도 처녀생식이 맞다고 나오면 제가 먼저 NT-1이 처녀생식임을 인정한다는 발표를 깨끗이 하고 이를 학계에 연구용으로 기증할 겁니다. 저는 아무 미련이 없습니다. 다만 저 스스로가 납득할 수 있는 확실한 재검증을 하고 싶을 따름입니다. (황우석 박사, 2008.11.)

그의 목소리에는 결기가 서려 있었다.

—NT-1 검증은 과학자로서의 마지막 자존심입니다.

나는 아무 말도 할 수 없었다. 허나 한 가지 느낌만은 확실했다. 그가 그토록 1번 줄기세포 특허를 놓지 않는 이유. 그리고 그에 대한 과학적 재검증을 고독하게 추진해온 이유. 그것은 단순히 자신의 명예 회복이나 경제적 이해관계 때문이 아니었다. 그는 누가 뭐라고 하든, 그것이 설령 하버드 석학들의 평가라 하더라도 주변의 평가보다는 자신의 실험결과에 집중하는 과학자였다. 그날 이후 나는 그들의 검증결과와 특허의 향방이 더욱 궁금해졌다.

제50부

120일간의 '관악산대첩'

> 호주 특허청은 특허 등록 결정을 취소했고 서울대는 아에 황우석 특
> 허를 포기하려 했다. 그러자 120일간 서울대 곳곳에서 성난 국민들이
> 천막농성을 벌였고 마침내 서울대는 특허권을 황우석팀에게 넘겼다.

황우석 연구에 정부는 없었다. 연구기회조차 없었다. 그렇지만 그의 옆에는 국민이 있었다. 국민들이 몸뚱어리를 던져 그 공백을 메워주고 있었다. 그들은 국립 서울대학교가 황우석 특허를 포기하겠다는 선언을 하자 팔을 걷어붙이고 서울대 정문 앞에 모였다.

> —서울대가 황우석 전 교수의 줄기세포 해외 특허출원을 포기하기로
> 했습니다. 서울대는 지난 2006년 호주와 미국 등 11개 나라에 특
> 허를 신청했지만, 심사와 유지 비용 등을 고려해 포기하기로 결정
> 했다고 밝혔습니다. (YTN, 2008.12.31.)[1]

처음부터 특허권자인 서울대학교 산학협력재단은 황우석 특허에 소극적인 태도로 일관했다. 왜냐하면, 특허출원한 '1번 줄기세포'는 같은 대학(서울대)의 조사위원회가 '처녀생식'이라며 그 실체를 부정해버린 줄기세포였기 때문이다. 자신들이 '복제된 게 아니라.'라고 결론 내린 1번 줄기세포를 '복제줄기세포'로 특허를 달라고 신청하는 상황 자체가 웃기는 시추에이션 아닌가. 그래서 그들은 진작에 황

우석 특허를 포기하려 했다. 그러나 그렇게 포기하기에 '너무 아까운 기술'이라는 서울대 내부 목소리들 때문에 이러지도 저러지도 못한 채 여기까지 왔다. 어차피 외국에서는 등록되지도 않을 것이라는 판단도 있었을 거다.

그런데 웬일인가. 외국(호주)에서 특허를 주겠다는 것 아닌가. 호주에서 황우석 특허가 등록될 경우 가장 타격을 입는 곳은 바로 서울대학교였다. 황우석 줄기세포가 '처녀생식'이었다고 발표한 서울대학교 조사위원회 발표는 뭐가 되느냐 말이다. 특허를 살리면 조사위가 죽고 조사위를 살리려면 특허를 죽여야 했다. 그런데 고맙게도(?) 호주 특허청은 특허 등록을 유보했다. 그리고 2008년 연말, 호주 특허청은 아예 황우석 특허의 등록결정을 철회시켰다. 특허는 없던 일이 됐다. 그러자 '발명자'인 황우석 박사는 제 돈 들여 호주 현지에서 행정소송을 시작했다. 이것도 웃기는 시추에이션이다. 특허 소유권자(서울대학교)는 어디에서 뭐하고 발명자(황우석)가 외국에서 힘겨운 소송을 벌이는가. 서울대는 아예 이참에 특허를 포기하는 쪽으로 방향을 잡았다. 11개 나라에 출원된 황우석 특허에 대해 매번 이런 상황이 거듭된다면 그때마다 서울대로서는 얼마나 머리 아프고 난감하겠는가. 결국, 2008년 12월 31일 서울대는 황우석 특허를 포기하기로 한 내부 방침을 언론에 흘린다. 대외적인 명분은 특허 심사를 유지할 '돈'이 없어서 포기한다는 것이다.

─ 서진호 연구처장은 "이미 (특허출원에) 1억 4천만 원가량이 든데다 앞으로도 심사 중인 특허들에 대한 의견서 제출이나 등록 등에 수억 원의 막대한 추가 비용이 필요해 특허를 유지하는데 어려움이 많다고 판단했다."라고 설명했다. (연합뉴스, 2008.12.30.)[2]

그러나 서울대의 특허포기 선언을 접한 국민은 가만히 있지 않았다. 바로 반격이 시작됐다. 누가 시킨 것도 아닌데 하나둘 서울대 앞으로 모이기 시작했다. 황 박사와는 아무런 연관도 없었지만, 인터넷으로 진실을 접하고 대한민국 기술 지키는데 작은 힘이라도 보태겠다며 황 박사 연구재개를 위해 촛불을 들고 검찰청 앞에서 줄기국수를 먹어가며 태극기를 들었던 국민들이 이제 서울대의 특허포기 뉴스를 접하고 서울대학교가 위치한 관악산으로 집결하기 시작했다.

— 외국에서 준다는 황우석 특허를 왜 버리느냐?
— 지켜도 시원치 않은 특허, 포기가 웬 말이냐?[3]

서울대 정문 앞에 특허포기를 규탄하는 플래카드가 나부꼈다. 12월의 마지막 날 관악산 칼바람을 뚫고 수백 명이 촛불을 들었다. 한 특허변리사는 '20년 만에 처음 욕을 해봤다.'라며 서울대의 특허포기 발언을 규탄했다. 어느 시민단체는 교육과학기술부에 '정부가 나서서 황우석 특허를 지켜달라.'라는 공문을 발송하기도 했다. 아예 천막을 치고 장기전에 돌입한 사람들도 있었다. 서울대의 태도로 볼 때 집회 몇 번 정도는 우습게 여길 거라는 판단 속에 그들은 장기적인 항전을 선택했다. 낮에도 영하 12도, 밤에는 영하 17도까지 떨어지는 혹한 속에 온몸을 던져 천막 농성에 들어간 거다. 여러 개의 천막이 있었다. 내가 확인한 천막농성만 서울대 정문 앞에 한 개. 서울대 산학협력재단 앞에 또 한 개. 십여 명의 국민들이 천막농성에 들어갔고 매주 수백 명이 집결하는 집회가 열렸다. 그들은 전문 운동단체나 활동가들이 아닌 그야말로 '아마추어'들이었기에 복장도 구호도 단일한 지도부도 없었다. 주부, 농민, 직장인, 법조인, 특허전문가, 방송인, 종교인, 어르신 등 다양한 사람들이 서울대 앞 천막 농성장에 모였다. 관악산 등산로 앞에서 등산객들에게 전단을 돌렸고, 천막 농성장 안에서는 노트북 컴퓨터에 무선 인터넷을 연결해 정보를 검색하고 글을 썼다.

> ─목숨을 거의 내던지다시피 하고 나섰다고 생각해요. 다른 여성분들은 집에서 음식을 해서 농성하는 분들께 해 나르고, 집에 돌아갈 때는 서울대 입구에서 전단지를 돌리며 눈물을 뿌리고 갔어요. 왜 국민들이 이 고생을 해야 하나? 서울대와 정부는 뭐하고…. (당시 시위참가자 '강쥐사랑'의 후일담, 2015.3.12.)

매일 아침 서울대 정문 앞에서는 전투가 벌어졌다. 시위 국민들은 학생들과 교직원 등교 시간에 맞춰 선전물을 나눠주고 손 마이크로 상황을 설명하고. 급기야 서울대 총장, 연구처장 등 주요 인사에 대한 화형식 퍼포먼스까지 벌였다. 곧바로 경찰이 제지에 나섰다. 경찰들이 그들을 둘러쌌다. 그러자 어느 60대 노인은 경찰 제지에 항의하다가 독극물로 추정되는 가루를 먹고 현장에서 쓰러졌다. 곧바로 119구급대에 의해 병원으로 이송된 그는 다행히도 큰 이상이 없었다. 그가 먹은 가루는 독극물이 아닌 '담뱃가루'였으니까. 그는 경찰에 전원 연행당하는 아찔한 상황을 막기 위해 담뱃가루를 먹으며 상황을 넘긴 거다. 그런 우여곡절을 거치면서도 정문 앞 선전전은 계속되었다.

나중에는 서울대 관계자가 천막 안으로 찾아와 '다 좋은데 서울대 총장이 친일파 자손이라는 문구만은 내려 달라.'라고 경고하고 갔다. 낮에는 경찰과 싸웠고 밤에는 쥐들과 싸웠다. 관악산의 매서운 칼바람을 온풍기 하나로 견뎠지만. 따뜻한 거처를 찾던 쥐들이 스멀스멀 천막 안으로 모여든 것이다.

한편 서울대 캠퍼스 안에는 진작에 또 하나의 천막이 농성을 벌이고 있었다. 매일 전투를 벌이던 정문 앞 천막과 다르게 캠퍼스 안의 천막은 조용히 침묵시위를 벌였다. 특허를 전담하고 있는 서울대 산학협력재단 사무실을 정면으로 마주 본 채. 마치 노려보고 있는 모양새였다. 호주 특허 논란이 시작된 2008년 9월부터 2009년 1월까지 120일 동안 계속해서.

— 서울대 당신들이 NT-1 특허를 어떻게 처리하는지 국민들은 늘 지켜보고 있다는 메시지를 주고 싶었어요.[4]

'폭포수'라는 닉네임의 50대 발명가는 2008년의 절반 이상을 황 박사 연구와 관련된 '천막생활'로 보냈다. 여름에는 연구승인 여부를 담당하는 보건복지부 사옥 앞에서 두 명이 천막을 치고 생활하며 황 박사의 '연구승인'을 요구했다. 한여름 뙤약볕 아래에서 태극기를 두르고 먹을 갈아 붓글씨로 피켓 시위에 들어갈 문구를 적어넣었다. 그의 모습이 외국인 관광객들에게 무척 인상적이었나 보다. 파란 눈의 외국인들이 그의 붓글씨 피켓을 돈 주고 사겠다며 달러를 내미는 웃지 못할 일도 있었다. 그런 그가 그해 가을부터 서울대 안에서 천막생활을 시작했다. 곧 한겨울의 추위가 찾아왔다. 그에게는 서울대가 전기공급을 끊을 것에 대비해서 미리 준비해온 자가발전 엔진이 있었다. 그러나 그는 엔진을 돌리지 않았다. 엔진 돌아가는 소리가 늦은 밤까지 연구실을 밝히며 공부에 몰두하는 서울대생들을 방해할까 봐. 그는 엔진을 돌려 난방기를 켜는 대신 침낭 속에 핫 팩 두 개를 넣고 오돌오돌 떨며 긴긴 겨울밤을 보냈다.

— 연구를 지키자는 시위를 하면서 학생들 연구를 방해하면 안 되잖

습니까? 근데 춥긴 추워요. 저도 모르게 온몸이 덜덜 떨리는데….

(폭포수, 2009.1.12.)

그는 왜 이런 생고생을 사서 한 것일까. 과거 황 박사와의 우연한 만남이 계기가 됐다. 지난 1999년 건설회사를 그만두고 귀농을 한 그는 충남 공주에서 젖소 60마리를 키웠다. 그런데 농사일이라는 게 뜻대로 잘 안 되었다. 소와 관련된 하나하나가 모두 큰돈이자 큰 부담이었다. 돈을 안 들이려면 과학적인 지식이 필요했다. 그러던 2001년, 우연히 황우석 박사의 특강을 듣게 됐다. '소 박사'로 유명한 서울대 황우석 교수의 특강에 수백 명의 소 키우는 농민들이 참석해 들었다. 그 자리에서 황 박사는 철저히 소 키우는 농민들의 눈높이에서 실질적인 기술을 가르쳤다. 당시 많은 농부가 값비싼 인공수정사에게 의존하지 않고 어떻게든 자기 소에게 스스로 인공수정을 시켜보려는 '자가 수정'에 도전하고 있었는데. 황 박사는 그런 농부들이 간절하게 찾고 있던 몇 가지 기법들을 알기 쉽게 설명했다. 황 박사 자신이 서울대 교수 임용에 탈락하고 시간강사를 전전하던 시절 경기도 광주의 황무지를 개척해 직접 소를 키워왔던 사람이기에 농부들에 대한 지식전달의 눈높이도, 농부들을 대하는 태도도 남달랐다. 그는 서울대 교수로서가 아닌 소 키우는 농부의 아들로서 농민들을 대했다.

— (농민들의) 질문이 쏟아졌는데 귀찮아하는 내색 없이 하나하나 구
   체적이고 정확하게 답변하는 모습에 놀랐어요. 보통의 교수님들
   안 그렇잖아요.

'폭포수'도 궁금한 게 있었지만 강연회장에서 워낙 많은 다른 질

문들이 쏟아지는 통에 엄두를 내지 못했다. 어느새 시계를 쳐다본 황 박사는 칠판에 연구실 주소를 적으며 궁금한 사항은 언제든 물어보시라고 하며 강연을 마쳤다. '폭포수'는 궁금한 점을 적어 황 박사에게 편지를 보냈다. 답장은 기대하지도 않았다. 바쁜 서울대 교수에게 그런 편지가 얼마나 많이 오겠는가. 헌데 거짓말처럼 황 박사로부터 답장이 왔다. 그가 궁금하던 내용을 소상히 적은 편지가 온 거다.

— 정말 황 교수로부터 답장이 온 거예요. 구제역 증상과 관련된 질 문들이었는데. 그걸 본인이 직접 썼든 아니면 대학원생들이 대신 써줬든 간에 저로서는 참 고마웠어요. 그런데 그런 분이 나중에 TV를 보니까 '천하의 죽일 놈'이 되어 있더라고요. 당연히 인터넷을 뒤졌죠.

만일 그때 그 답장이 없었더라면 어떻게 되었을까. '폭포수'는 황 박사에 대한 뉴스를 보면서 '그럴 사람은 아닌 것 같은데…' 하며 사건을 유심히 들여다봤다. 검색해서 사실관계를 하나하나 들여다봤고, 그러다 보니 어느새 직접 천막 안에서 더위와 추위를 견뎌가며 그의 연구를 위해 싸우는 '말도 안 되는 상황'까지 왔다. 사건은 이처럼 작은 일상으로부터 비롯된다. 평소 아파트 경비원들에게 따뜻하게 대했던 연예인 차승원 씨가 그 경비원의 아들이 쓴 SNS 글을 통해 아들 스캔들에서 오명을 씻을 수 있었듯. 누구든 한 방에 훅 갈 수 있는 사회적 정치적 어려움에 대비하는 최고의 보험은 바로 평상시 '인간에 대한 진심 어린 예의'가 아닐까. '폭포수'는 목숨을 건 120일간의 천막농성을 통해 대한민국 특허기술을 지키려 안간힘을 썼다.

해가 바뀌어 2009년 1월 12일, 서울대 정문 앞에서는 여전히 수백 명이 모인 가운데 집회가 열리고 있었다. 한낮인데도 수은주는 영하

12도를 가리키고 있었고, 집회 현장을 취재하던 내 몸과 마이크도 추위에 벌벌 떨고 있었다. '현주'라는 닉네임을 쓰는 50대 시민은 마이크를 붙잡고 이렇게 외쳤다.

—여기… 일당받고 나왔습니까?[5]

사람들은 일제히 "아니요."라고 답했다.

—내 돈 들이고 내 차비 쓰고 내 시간 내서 왔습니다. 나 잘되려고 하는 게 아니고 이 나라와 이 조국과 이 민족의 미래가 이래서는 안되겠다는 그 생각으로 이렇게 나왔습니다.

그는 부산에서 온 시민이 건네준 쌀을 '고맙지만 받지 못하겠다.'라고 거절했다. 철저히 자원봉사로 가겠다고 하며 그는 외쳤다.

—우리는 간다. 끝까지.

그의 말을 마이크에 담는 내 입가에서 하얀 김이 나왔다. 콧물까지 나왔다. 그러나 마이크를 잡은 사람과 듣고 있는 사람들이 뿜어내는 열기가 서울대 앞을 후끈 달구고 있었다.

이러한 민초들의 간절한 소망이 전해진 것일까. 2009년 1월 12일 오후, 결국 서울대학교는 황우석 1번 줄기세포의 특허권을 황우석 박사 측에 넘기기로 결정했다. '처녀생식'을 주장해온 서울대로서는 아무래도 복제배아 방식임을 명시한 1번 줄기세포(NT-1) 특허에 소극적일 수밖에 없기에 결국 특허권을 황우석 측에 넘긴 것이다.

—서울대가 황우석 전 교수팀의 줄기세포 특허에 대한 권리를 황 전
교수가 대표이사로 재직 중인 에이치바이온(H Bion)에 넘기기로
했다. 서울대는 12일 오후 바이오기업 에이치바이온 관계자들과
황 전 교수팀의 줄기세포 기술에 대한 양도 계약을 맺었다고 밝혔
다. (연합뉴스, 2009.1.12.) [6]

천막 안에서는 환호성이 터져 나왔다. 서로가 서로 격려하며 천막
농성을 정리하기 시작하자 경찰과 서울대 경비요원들도 안도의 한숨
을 쉬고 있었다. 서울대 산학협력재단 앞 '폭포수'의 천막도 정리를
시작했다. '폭포수'는 120일간의 혹한기 농성을 끝낸 뒤 실로 오래간
만에 따뜻한 방안에서 두 다리 쭉 뻗고 잠을 청했다.

이처럼 이름 없는 민초들이 온몸을 내던져 서울대의 특허포기를
막아냈다. 비록 호주 특허는 물 건너갔지만, 특허권을 넘겨받은 황우
석팀은 이후 다른 나라 특허청들의 더욱 거세진 질의와 거절사유에
발 빠르게 대응하며 과학적 사실에 기반을 둔 '팩트 논쟁'에 들어갔
다. 서울대 측은 특허권을 넘겨주면서 특허가 등록될 가능성은 거의
없다고 말했지만 이후 황우석팀은 보란 듯이 관련 논문과 특허 등록
으로 화답했다. 나는 그때 서울대 앞에서 한겨울을 보내던 민초들의
모습에 이름을 붙여본다. 그것은 '관악산대첩'이었다고.

제51부

"이것은 줄기세포 분야 원천특허입니다."

2011년 7월 말 국제분자의학회지에 한국인 연구자들의 재검증 논문이 발표됐다. 황우석 1번 줄기세포(NT-1)는 정상적으로 복제된 배아줄기세포라고. 그와 동시에 캐나다 특허청에서 특허가 등록됐고 EU와 뉴질랜드를 거쳐 2014년 2월에는 미국에서도 특허로 등록됐다.

관악산대첩이 끝난 지 2년 6개월이 흘러 반전 드라마가 시작됐다. 논문이 한 편 나왔다. 서울대와 하버드의 '처녀생식' 결론에 대해 다시 한 번 재검증을 시도한 한국인 과학자들의 SCI 국제학술논문이었다. 2011년 7월 말 〈국제분자의학회지〉에 발표된 논문의 제목은 이러했다.

— 체세포 핵이식 유래 배아줄기세포의 후생적 특징.[1]

충북대 정의배, 현상환, 서울대 이창규 교수 등 6명의 저자는 황박사팀의 1번 줄기세포, NT-1이 과연 체세포복제를 통해 만들어졌는지 아니면 처녀생식 기전을 통해 수립된 것인지 그 후생적 특징을 검증했다. 앞서 1번 줄기세포가 '처녀생식'이었다고 결론 내렸던 하버드 연구팀이 SNP 분석법이라는 신무기를 사용했다면, 이들은 우선 모든 실험의 기본인 '제대로 된 대조군과 실험 샘플을 설정했는지.' 여부부터 살펴봤다. 지금껏 NT-1을 검증한 서울대와 카이스트, 하버드 연구팀 모두 오랜 배양 탓에 핵형 이상이 발견된 140계대의

NT-1 줄기세포를 실험 샘플로 사용하는 등 실험 설정에서부터 오해
의 소지가 있었다는 것이다.

— 왜 그들이 정상적인 핵형을 보이는 줄기세포 샘플(70계대 NT-1)이
있었음에도 핵형이상을 보이는 후기 계대 샘플(140계대 NT-1)을
검증실험에 사용했는지 의문이다. 우리는 NT-1의 기원을 탐구하
기 위해 정상 핵형을 보이는 70계대 NT-1과 비정상적 핵형을 보
이는 140계대 NT-1, 그리고 공여자의 체세포를 대조군으로 활용
해 각인검사와 각인흔 검사를 시행했다.

그렇게 실험해봤더니 처녀생식으로는 나올 수 없는, 체세포복제에
의해서만 나올 수 있는 흔적이 확인됐다. 난자 제공 여성의 체세포와
이를 이용해 수립한 1번 줄기세포(NT-1)의 유전적 각인현상 패턴이
모두 일치한다는 실험결과가 나온 것이다.

— 결론적으로 우리의 연구에서는 1번 줄기세포에서 거의 모든 부
계 각인유전자가 발현되고 있음이 관찰됐다. 그리고 이들의 각인
흔 패턴은 다른 체세포 핵이식 줄기세포의 패턴과 일치했다. 이는
1번 줄기세포의 기원이 처녀생식을 통해서가 아니라 체세포복제
를 통해 이뤄진 것임을 시사한다.

논문은 결론적으로 말했다. 황우석팀이 처음 만든 1번 줄기세포,
NT-1의 실체는 복제 배아줄기세포라고.

— 현재의 연구는 1번 줄기세포주가 체세포 핵이식에 의해 유래된 배
아줄기세포주임을 알려주고 있다.

이 논문이 발표된 시점과 거의 동시에 또 한 번 깜짝 놀랄 만한 뉴스가 들어왔다. 1번 줄기세포가 정식으로 특허 등록됐다는 것이다. 이번에는 캐나다에서. 2011년 7월 26일 캐나다 특허청의 온라인 사이트는 황우석팀의 NT-1 특허가 정식으로 등록됐음을 알렸다. 처녀생식이 아닌 세계 최초의 복제 배아줄기세포로.

— 특허명 : 다양하게 원하는 세포 유형으로 분화될 수 있는 인간 체세포복제배아 유래 배아줄기세포주와 그 제조방법.
— 등록번호 CA 2551266, 등록일 2011.7.26.[2]

캐나다 특허청은 황우석 1번 줄기세포의 제조방법뿐 아니라 물질 자체까지 특허로 인정했다. 인간의 난자를 이용해 만든 환자맞춤형 줄기세포가 최초로 특허로 공인되는 순간이었다. 이 소식을 접한 한국의 전직 과학기술처 장관 이상희 변리사는 감격의 눈물을 흘렸다.

— 이것은 줄기세포 분야 원천특허입니다. [3]

그 후 7개월 뒤인 2012년 3월 5일, 이번에는 뉴질랜드 특허청에서 등록소식이 날아왔다. 등록번호 583003. 특허명 배아줄기세포주와 그 제조법. 제1발명자는 황우석이었다. 이미 2010년 인간줄기세포 자체에 대한 특허를 불허하는 유럽연합(EU)으로부터 '줄기세포 배양액 특허'를 확보하고 있던 황우석팀은 이로써 캐나다, 뉴질랜드, 유럽연합 특허를 획득하며 줄기세포의 종주국 미국에서의 특허 등록을 남겨두고 있었다. 다시 봄이 오는가? 모진 바람에 휘말렸던 지난 2005년 그 추웠던 겨울의 한 장면이 떠올랐다.

— 환자맞춤형 줄기세포는 우리 대한민국의 기술임을 반드시, 반드시
　확인하시게 될 것입니다. [4]

　그러나 대한민국은 특허를 반기지 않았다. 줄기세포의 등록업무를
관할하는 한국정부의 질병관리본부는 황우석 1번 줄기세포에 대한
등록 신청조차 받아주지 않았다. 과도한 난자를 사용해 만든 비윤리
적인(?) 줄기세포주인데다 처녀생식(?)이라는 과학적 입장이 분명한
만큼 등록시켜줄 수 없다는 입장이었다. 등록되지 않은 줄기세포는
마치 불법체류자처럼 모든 것에 있어 제약을 받는다. 분양을 해줄 수
도 받을 수도 없다. 외국에서 특허 등록된 1번 줄기세포였지만 한국
내에서는 연구조차 할 수 없는 어이없는 상황이 전개됐다.
　결국 또다시 소송전이 시작됐다. 황 박사 측은 1번 줄기세포는 생
명윤리법 시행령이 발효되기 이전에 수립된 것으로 생명윤리법상 하
등의 문제가 없고, 더구나 시행령 이전에 수립된 줄기세포에 대해서
는 그 실체가 체세포복제든 처녀생식이든 간에 생성방식과 상관없이
등록대상이 된다는 점을 들어 질병관리본부가 법을 어기고 자의적으
로 판단하고 있다고 주장했다.

　2012년 6월 28일 오후 3시 줄기세포 등록여부에 대한 법원 판결
이 내려지던 날. 76세 노인이 힘겹게 계단을 오르고 있었다. 그는 이
사건 초창기부터 황 박사의 연구재개와 특허수호를 위해 갖은 현장
에 꾸준히 모습을 드러내던 사람이다. 사람들은 그를 '서울대 출신의
김진웅 어르신'이라고 불렀다. 서울대 공대 56학번인 그는 모교인 서
울대학교가 황우석 박사의 기술을 홀대하고 국익을 저버리는 걸 보
다 못해 나섰다며 황 박사의 재판이 열리는 날이면 어김없이 찾아와
지켜봤고 2008년 겨울의 관악산대첩 당시 모교의 정문 앞에서 힘주

어 이런 말을 하기도 했다.

— 제가 한 반백 년 전에 서울대학교를 나왔는데요, 그때나 지금이나
꼭 꼴통 같은 생각을 하는 사람들은 여전히 잘 활개 치고들 있어
요. 그중에 대표적으로 정○○, 막돼먹은 망나니 같은 녀석. 이런
녀석들을 위시해서 몇몇…. 후배라고 감쌀 게 아니고요. 이런 것부
터 버릇을 고쳐야겠다고 해서 제가 사태 초기부터 비교적 부지런
히 나왔습니다. 이렇게 추운 날 많은 분들이 와줘 감동 그 자체입
니다. 여러분, 앞으로 더 힘냅시다. (김진웅, 2009.1.12.)[5]

그런 그가 이날도 어김없이 법정을 찾았다. 그러나 제시간에 도착
하지 못했다. 건강상태가 심각하게 악화되어 있었기 때문이다. 오후
3시, 서울행정법원 행정5부는 판결문을 낭독했다. 길지 않은 판결문
이었다. 10분이 채 지나지 않아 판결이 나왔다.

— 질병관리본부의 줄기세포주 등록 거부는 부당함.[6]

1심 재판부는 황 박사의 손을 들어줬다. 줄기세포 등록거부는 위
법이라는 판단이었다. 뒤늦게 법정에 도착한 노인은 다른 국민과 함
께 기뻐했다. 비록 판결문 낭독 순간은 놓쳤지만, 기력이 달려 제대
로 서 있을 힘도 없었지만, 노인의 입가에는 환한 미소가 번졌다.

— 참 잘됐네요. 오늘의 결과가 연구 승인으로 이어졌으면…. [7]

노인에게 꿈이 있다면 자기 목숨이 다하기 전에 황 박사가 다시
이 땅에서 줄기세포 연구를 재개하는 걸 보는 것이었다. 그는 자신

의 생이 얼마 남지 않았다는 걸 알고 있었다. 사실 그는 얼마 전 느닷없이 보건복지부 앞 1인 시위 현장을 찾았다. 지팡이를 짚고 있었고 안색은 창백했다. 그곳에서 그는 보건복지부 앞에서 장기간 황우석팀의 연구승인을 허용해달라며 1인 시위를 벌여온 청년에게 이렇게 말했다.

— 복지부 지킴이 양반. 내가 앞으로 살날이 얼마 남지 않은 것 같아.
— 에이 어르신 무슨 말씀이세요? 농담도 잘하셔….

청년은 노인이 농을 던지는 거라고 여겼다. 그동안 워낙 강건하게 시위현장을 지키던 그였기 때문이다. 그런데 노인은 농을 던지는 게 아니었다. 그의 말은 진지했다.

— 내가…. 혹시 연구 승인되는 걸 보지 못하고 가더라도…. 설령 그렇게 되거들랑 절대로 나 있는 데를 찾아오지 말고 그날만큼은 꼭 복지부 앞을 지켜줬으면 좋겠어.[8]

자신이 죽거들랑 빈소 대신 복지부 시위현장을 지켜 달라는 그 말을 남기고 노인은 사라졌다. 그때까진 다행히도 아무 일이 없었다. 그러나 황 박사가 승소한 2012년 6월 28일의 재판이 끝난 뒤에는 달랐다. 노인의 건강이 심하게 악화한 것이다. 일각에서는 노인이 재판을 보러 나온 뒤 상태가 악화해 구급차에 실려 갔다는 소문까지 돌았다.

그러나 노인은 병문안을 간 사람들에게 오히려 힘내라며 손을 흔들어줬다. 이미 말조차 제대로 할 수 없을 만큼 몸 상태는 최악으로 치닫고 있었지만, 노인은 손을 흔들었다. 그리고 한 달쯤 지난 2012년 7월 27일 안타까운 소식이 들려왔다. 노인이 76세를 일기로 세상을 떠난 것이다. 고인의 빈소가 차려지던 날, 서울 계동의 보건복지부 건물 앞에는 '황우석 연구를 승인하라.'라는 피켓을 든 청년이 눈물을 흘리고 있었다. 살아생전 고인의 말대로 고인의 빈소 대신 보건복지부 시위현장을 지키고 있었던 것이다.

— 내가…. 혹시 연구 승인되는 걸 보지 못하고 가더라도…. 설령 그렇게 되거들랑 절대로 나 있는 데를 찾아오지 말고 그날만큼은 꼭 복지부 앞을 지켜줬으면 좋겠어.

나는 그의 사연을 취재하고 팩트를 확인해 글로 옮긴 뒤 이를 우리 가족들에게 읽어줬다. 읽어주는데 갑자기 눈물이 왈칵 쏟아졌다. 한번 터진 눈물보는 그칠 줄 몰랐다. 칠푼이 팔푼이처럼 소리 내 한참을 울었다. 가까스로 눈물을 닦아낸 뒤 또다시 화장실에 들어가 엉엉 울었다. 서럽고 안타까웠다. 몇몇 국민들은 정말 간절하게 절박한 마음으로 행동해 왔지만, 세상은 꿈쩍도 하지 않았으니까.

한국정부는 여전히 연구기회를 주지 않았고 질병관리본부는 법원판결을 받아들이지 않은 채 항소를 거듭했다. 소송전은 계속됐고 특허받은 1번 줄기세포는 누구도 연구할 수 없는 신세로 얼어붙어 있었다.

제11막 «
매머드 원정대

눈 덮인 시베리아의 얼음동굴을 기어 다니며 수만 년 전 매몰된 매머드의 유해를 발굴했던 1차 매머드 원정대 팀장 황인성 연구원은 얼음동굴에 들어간 소감을 이렇게 말했다.

— 제 인생에서 봤던 가장 아름다운 광경이었던 것 같습니다. (시베리아 얼음) 동굴 안의 광경이. 왜냐하면 '아드레날린 러시'라고 하죠. 굉장히 심장도 쿵쾅쿵쾅 뛰고 그러면서 무섭기도 하고 그 무서운 와중에 탐사는 해야 되겠고. 그러면서 보면 매머드 뼈라든가 샘플들이 벽에서 다 튀어나와 있습니다. 이런 건 아무도… 보통 사람이 경험할 수 없는 모습이기 때문에요. 굉장히 아름답기도 하면서 긴장도 많이 되고….

아드레날린 러시… 무섭지만 그렇기에 너무나 아름다웠던 동굴 속의 광경… 그러나 곧 얼음동굴은 입구부터 무너져 내리기 시작했고 '빨리 나오라.'라는 내셔널 지오그래픽 촬영팀 감독의 울음 섞인 소리가 저 멀리서 모깃소리처럼 들려왔다.

제52부

코요테 어글리

> 황우석팀이 코요테를 복제했을 때 한국 언론은 논문도 없이 여론몰이
> 한다며 혹독하게 비판했지만, 러시아의 과학자들은 황 박사에게 놀라
> 운 제의를 했다. 종간 장벽을 뛰어넘어 코요테를 복제해낸 당신들과
> 함께 시베리아에 얼어붙어 있는 매머드를 깨우고 싶다고.

우리 방송국에 산업 연수생으로 온 대학생 중에 곰돌이 푸우처럼 생
긴 귀여운 남학생이 있었다. 그 학생과 쉬는 시간에 담소를 나누다
어느새 이야기가 황우석 박사의 복제연구로 흘러갈 즈음, 갑자기 그
학생이 눈을 동그랗게 뜨고 놀란 표정으로 되묻는 거다.

— 코요테를 복제했어요? 황 박사님이요? 정말요?
— 응. 2011년에 복제해서 논문까지 나왔는데….
— 진짜로 코요테를요? 완전 대박![1]

알고 봤더니 그 학생은 '코요테'가 '가수'인 줄로만 알고 있던 순
수한 청년이었다.^^ 주로 북아메리카 지역에 서식하는 '승냥이'를
닮은 육식동물 '코요테(Kyote)'. 몸집은 작지만 날쌔고 머리가 좋다.
그러나 사나워서 북미 지역에서는 종종 코요테 무리에게 사람이 습
격당했다는 뉴스가 흘러나온다. 〈코요테 어글리〉라는 영화도 있었
다. 영화뿐 아니라 그 삽입곡(OST)까지 큰 인기를 끈 적 있었는데
그 제목이 수상했다. Kyote Ugly. 코요테 바보? 도대체 무슨 뜻인지

찾아봤다. 그랬더니 이야기는 코요테의 독특한 습성으로부터 비롯된다. 코요테는 머리가 좋지만 사나워서 덫에 걸리면 덫에 걸린 자기 팔을 잘라내고 탈출한다고 한다. 술에 취해 어느 멋진(?) 남자와 하룻밤을 보낸 여인이 아침에 깨어나 보니 깜짝 놀랐다. 자기 팔을 베고 잠들어 있는 어제 그 남성은 정말 못생긴 바보(Ugly)였고, 그 남자와 밤을 보낸 자신까지도 바보(Ugly)처럼 느껴졌다. 그 남자가 베고 있던 자신의 팔을 자르고 탈출하고 싶을 만큼. 그래서 마치 덫에 걸린 것처럼 자신을 옭아매는 현실을 빗대 '코요테 어글리'라고 한다. 어쩌면 그렇게도 황 박사의 상황과 똑같을까? 황 박사는 종간장벽을 확실히 넘어 세계에서 처음으로 코요테를 복제해냈지만 한국 내에서는 차라리 연구에 성공하지 못한 게 나았을 만큼 못생긴 현실과 마주쳤다.

— 황우석 박사가 개의 난자를 이용해 코요테복제에 성공했다. 경기도의 한 관계자는 17일 "황 박사가 코요테 8마리의 복제에 성공해 이 복제된 코요테를 오늘 경기도에 기증한다."라며 "동종교배로 인한 동물복제는 여러 차례 성공했지만, 이종 간 교배로 동물복제에 성공한 것은 이번이 세계 최초"라고 밝혔다. (연합뉴스, 2011.10.17.) [2]

2011년 10월 경기도는 황우석 연구팀의 코요테복제 성공을 발표했다. 이 연구의 의미는 기존 늑대복제를 뛰어넘는 진정한 의미의 '이종 간 복제'를 이뤄냈다는 점에 있었다. 개나 늑대보다 더 복제하기 힘든 게 코요테였기 때문이다. 앞서 '개와 늑대의 시간'이라는 프랑스 표현을 언급한 적 있다. 멀리서 어슬렁거리며 다가오는 실루엣이 내가 기르던 '개'인지 아니면 나를 잡아먹으러 오는 '늑대'인지 분간할 수 없다는… 그만큼 개와 늑대는 생태학적으로 가까운 '사촌'들이다. '개'과에 속하는 동물 중에서도 같은 '늑대종'에 속하는 것이 개와 늑대이다. 그래서 지난 2005년 태어난 늑대복제 성과도 포괄적인 의미에서는 '이종 간 복제'에 들어가지만, 엄밀히 말하면 같은 '늑대종' 안에서의 복제였다. 그러나 코요테는 다르다. 코요테는 '늑대종'에 속하는 개나 늑대하고는 종이 다른 동물이다. 그런 코요테를 개의 난자와 또 다른 개의 뱃속에서 복제해냈으니 이는 진정한 '서로 다른 종' 간의 복제였다.

— 코요테(Canic Latrans) 개과 > 개속 > 코요테종
— 개(Canic Lupus Familiaris) 개과 > 개속 > 회색늑대종
— 늑대(Canic Lupus) 개과 > 개속 > 회색늑대종 [3]

이처럼 황우석팀은 개에서 늑대로, 늑대에서 다시 코요테로 '종'을 뛰어넘는 복제에 성공했고, 그 후 '리카온'이라는 아예 '속' 간 장벽을 넘는 멸종 위기 동물복제에 도전하고 있었다. 그러나 코요테복제가 발표되고 며칠 뒤 한국의 일부 언론은 이상한 문제제기를 했다. 이미 늑대를 복제한 성과가 있기 때문에 코요테복제를 개과 동물 최초의 이종 간 복제 성과로 보는 건 황우석의 '언론플레이'라는 비판이었다.

— 황 박사팀과 경기도가 '개과 동물에서 이종 간 복제에 성공한 사례는 없다.'라며 이번 연구가 '세계 최초'라고 주장한 것도 논란이 되고 있다. 이미 2007년 이병천 서울대 교수 연구팀이 회색늑대를 이종복제기술로 복제했다고 발표한 적이 있기 때문이다. 김민규 충남대 교수는 '코요테복제는 회색늑대복제에 이은 또 하나의

이종 간 복제'라며 '개, 늑대, 코요테가 같은 개과 동물이어서 이종 간 복제기술은 비슷할 것'이라고 말했다. (한겨레, 2011.10.19.) [4]

어이없는 문제제기였다. 황우석팀 현상환 교수(충북대)는 개와 늑대, 그리고 코요테가 서로 다른 종이라는 건 고등학생도 알고 있는 과학상식이라며 맞받아쳤다.

— 과학적으로 코요테와 개·늑대가 전혀 다른 종이라는 것은 명백하다. 고등학생 수준이라면 누구나 알 수 있는 과학적인 사실이다. (연합뉴스, 2011.10.20.) [5]

그러나 비판은 전방위적으로 이어졌다. 왜 논문도 없이 성급하게 발표했느냐, 미국에서는 총으로 쏘아죽일 정도로 농작물에 해를 끼치는 흔한 동물인데 코요테가 무슨 멸종위기동물이냐는 등 다양했다.

— 멸종위기종의 '보호등급'을 매기는 세계자연보전연맹(IUCN)의 자료를 보면, 코요테는 멸종 위험이 적은 '최소 관심'(LC) 등급으로 분류돼 있다. 같은 등급에는 사람도 들어 있다. (한겨레, 2011.10.19.) [6]

코요테가 상대적으로 멸종위기감이 덜한 동물임은 틀림없다. 그러나 비판자들이 들이댄 세계자연보전연맹(IUCN)의 분류에 따르자면 지난 2007년 서울대가 '멸종위기동물' 복제에 성공했다고 요란하게 홍보했던 '회색늑대' 역시 '코요테'와 같은 등급의 '최소 관심'(LC) 등급으로 분류되어 있다.

— 늑대 : 최소관심 필요종(Least Concern).

— 코요테 : 최소 관심 필요종(Least Concern).[7]

그러나 4년 전 서울대에서 늑대복제를 발표했을 때 '멸종위기동물을 복제'했다고 썼던 언론사들은 똑같은 등급의 '코요테'에 대해선 '멸종위기가 아니다.'라고 보도하는 이중잣대를 들이댔다.

— 한겨레 신문

- 늑대복제에 대해서는 : "멸종위기종 회색늑대 암컷의…."

  (2007.3.27.)

- 코요테복제에 대해서는 : "북미엔 흔한데 웬 멸종위기?"

  (2011.10.19.)

— 경향신문

- 늑대복제에 대해서는 : "멸종위기동물인 회색늑대 2마리"

  (2007.3.26.)

- 코요테복제에 대해서는 : "코요테는 멸종위기동물 맞나?"

  (2011.10.19.)[8]

이러다 보니 한국에서 코요테 연구성과는 '과학'이 아닌 또 하나의 '쇼'로 전락했다. 왜 논문이 없느냐며 목소리를 높이던 언론들은 이후 코요테복제 성과를 담은 논문이 '이종 간 체세포 핵이식 복제 성과'라는 제목으로 SCI 국제학술지인 〈Reproduction, Fertility and Development〉에 발표되자 입도 벙긋하지 않았다. 경기도에 기증된 복제 코요테 8마리들은 건강하게 짝을 이뤄 2014년 3월 30일 복제 동물끼리의 자연번식을 통해 새끼(수컷 2마리, 암컷 1마리)까지 출산하면서 가족을 이뤘다. 그 자체도 과학사에서 흥미로운 사실이었지만 이상하게도 한국에서 '황우석'이라는 키워드는 비판거리나 조롱거리로 통할 뿐 편견은 가시지 않았다.

그러나 국제 과학계에서 황 박사가 왜 코요테를 복제했는지 그 진정한 의미를 꿰뚫어보고 있는 사람들이 있었다. 러시아 과학자들이 찾아왔다. 러시아 북동연방대학교(NEFU)의 연구자들과 대학총장(미하일로바)이었다. 그들은 직접 한국을 찾아 황 박사를 만난 자리에서 한 가지 제안을 했다. 매머드를 복제하자고. 북동대학이 위치한 시베리아 동토의 땅에 묻혀있는 매머드의 사체를 발굴해 수만 년 전에 멸종된 매머드를 복원해보자는 '매머드복제' 프로젝트였다. 황 박사는 그들에게 반문했다. 왜 수십 년 전부터 매머드복제에 뛰어든 일본이나 서구의 연구팀이 아닌 자신을 찾아왔느냐고. 그랬더니 그들은 간결하게 대답했다.

— 당신은 코요테를 복제했고 그들은 못했지 않는가?[9]

러시아 과학자들은 코요테복제가 지닌 과학적 의미를 간파하고 있었다. '종'을 뛰어넘는 복제연구는 매머드복제에 있어 핵심기술이었기 때문이다. 그리고 2011년 12월 16일부터 러시아와 황우석 연구팀 간의 매머드복제 프로젝트가 가동되기 시작했다.

제53부

매머드 원정대

> 1977년 시베리아에서 새끼 매머드 '디마'의 사체가 발견된 이후 전
> 세계에서 매머드를 복제하겠다는 과학자들이 시베리아로 몰려왔지만
> 실패로 끝났고, 후발주자인 황우석팀은 러시아 북동연방대학팀, 내셔
> 널 지오그래픽팀과 함께 죽음의 땅 시베리아로 1차 탐사를 떠난다.

매머드복제연구는 황 박사가 처음 시작한 연구가 아니다. 이 연구에
불을 붙인 사람은 러시아의 어느 불도저 운전기사였다. 아나톨리 로
가체프. 그는 1970년대 한여름의 시베리아에서 땅속에 묻혀있던 금
을 캐내던 불도저 기사였다. 그런데 꽁꽁 얼어붙은 땅을 파내던 중
'턱'하고 뭔가 육중한 물체가 삽날 끝에 걸렸다. 그 물체는 무엇이었
을까? 〈사이언스〉의 유럽 지부 뉴스 편집자인 과학기자 리처드 스톤
은 그의 저서 『매머드, 빙하기 거인의 부활』이란 책을 통해 그 놀라
운 역사의 한 장면을 이렇게 기록하고 있다.

— 불도저 날 끝에 무언가가 닿는 느낌을 받았다. 그것은 두껍고 시
  꺼먼 뿌리 같아 보였다. 불도저에서 내려 자신이 파낸 것이 무엇
  인가를 살펴보던 '로가체프'는 그 물체가 식물의 뿌리가 아닌 동
  물의 일부분이라는 것을 알아챘다. 그는 동료에게 호스를 가져오
  라고 소리쳤다. 동료가 호스를 가져오자 그는 단단하게 얼어붙은
  땅을 따뜻한 물로 녹이기 시작했다. 몇 분이 지나자 동물의 사체
  를 둘러싸고 있던 단단한 흙이 씻겨 내려갔다. '로가체프'는 자신

의 눈을 믿을 수 없었다. "이건 매머드잖아!" 그는 거의 울부짖었다. 그가 발견한 것은 어린 매머드 사체였다. [1]

그날은 1977년 6월 23일이었다. 북부 시베리아의 키질야흐 강 골짜기에 자리 잡은 황금 광산에서, 거의 손상되지 않은 채 수만 년 동안 얼어붙어 있던 어린 매머드의 사체가 발견된 것이다. '디마'라고 이름 붙였다. 어린 매머드의 사체는 굉장했다. 긴 코와 4m에 달하는 어금니. 온몸은 엄청난 추위에도 견딜 수 있도록 털로 뒤덮여 있고 전체 골격을 이루는 뼈는 250개, 몸무게는 무려 6톤. [2] 이런 동물을 다시 만날 수 있을까? 이후 어린이 동화책에는 '아기 매머드 디마'를 소재로 한 작품들이 쏟아져나왔고, 과학자들은 꿈을 꾸기 시작했다. 얼어붙은 매머드를 다시 살려내겠다는 매머드 복원의 꿈이었다. 일본, 러시아, 유럽의 과학자들로 구성된 '매머드 부활 추진 위원회'는 돌리를 복제한 체세포 핵이식 기술을 이용해 약 1만 년 전 지구상에서 사라진 매머드를 복제하기 위해 영하 50도를 넘나드는 시베리아를 탐사했다. 세계적인 탐사채널 '디스커버리'는 이들의 시도를 수차례 필름에 담아내기 위해 시베리아로 달려갔다.

— 제1차 매머드 원정대. (일본, 유럽, 디스커버리 채널)

그 대표적인 주자는 일본의 축산분야 생식생물학자인 '고토 가즈후미'였다. 소에 대한 미세 수정술 연구로 일본산 소의 육질을 개선, 미국산 쇠고기 수입에 힘들어하던 가고시마 현 농민들의 소득을 획기적으로 높이는 데 이바지한 고토 박사는 1997년 매머드복제를 위한 시베리아 탐사를 시작했다. 이미 지난 1990년 죽은 소의 정자를 냉동시켰다가 난자와 수정시켜 송아지를 태어나게 한 그였기에 그의 목표는 '얼어붙은 매머드의 정자'를 찾는 일이었다. 그러나 탐사팀에 합류한 '이리타니 아키라'라는 세계적인 생식생물학자는 좀 더 현실적인 대안을 제시했다. 체세포복제. 훗날 황우석 박사가 코요테를 복제한 바로 그 방식 말이다. 그들은 '매머드의 살아 있는 세포핵'만 찾으면 된다는 목표를 갖고 탐사를 준비했다. 여기에 '고바야시 가즈토시'라는 러시아통 사업가가 자금을 댔다. 그들은 이후 목숨을 건 탐사를 진행했다. 곰과 늑대가 그들의 탐사 현장 배후에 나타났고 러시아 당국으로부터 스파이나 밀수꾼 취급을 당하기도 했으며 현지에서 신용카드를 쓸 수 있는 곳이 없어 현금을 들고 다니다가 봉변을 당하기도 했다.

— 여행 도중 사고가 생겼다. 고바야시는 한국 서울의 세관 창구에서 수천 달러가 든 돈 가방을 도둑맞았다고 했다. (리처드 스톤의 저서, 87쪽) 3

한편 유럽의 탐사팀도 움직이고 있었다. 노련한 북극탐험가인 베르나르 뷔게가 이끄는 시베리아 탐사대는 지난 1999년 10월, 헬리콥터를 이용해 아예 23톤이나 되는 얼어붙은 땅덩어리를 통째로 들어 올려 운반했다. 그 땅덩어리 속에 손상되지 않은 매머드 사체가 있을 거라는 판단 때문이다. 이처럼 유럽인들은 기상천외한 기법과 장비를 동원해 시베리아의 영구동토층을 뚫고 매머드를 만나려고 했다. 그들을 돕고 있던 러시아의 생태학자 '세르게이 지모프'는 매머드 복원과 순록 번식 등을 통해 버려져 있는 시베리아 북동부 지역의 습지 많은 툰드라 지역을 매머드가 뛰놀던 스텝 목초지로 바꿔놓으려는 일명 '매머드 공원'(플라이토세 공원) 조성 계획을 러시아 과학계에 입안했다. 여기에 미국 과학자들까지 합류해 매머드 멸종의 원인을 고생물학적으로 관찰했다. 매머드복제는 생식세포 기술의 발전을 통해 시작됐지만, 그 시도를 통해 지리학, 기후변화, 고생물학, 생태계 복원 등의 거대 이슈까지 맞물리기 시작한 것이다. 그러나 모두 실패했다. 도무지 세포를 되살려냈다는 소식이 들려오지 않았다. 앞서 기술한 대표적인 학자들 외에도 몇몇 국가나 대형 연구소 차원의 비밀 프로젝트가 진행됐지만 성공 소식은 들려오지 않고 있다.

— 제2차 매머드 원정대. (한국, 러시아, 내셔널 지오그래픽 채널)

그런 가운데 한국의 황우석팀이 후발주자로 뛰어들었다. 시베리아의 중심지인 러시아 사하 공화국의 과학자들이 황 박사에게 먼저 제의했다. 러시아의 과학자들은 사실 수십 년간 세계 여러 나라 연구자들과 함께 다양한 시도를 해왔다. 그러나 모두 실패했다. 시베리아 동토 지역에서 일부 매머드 사체를 찾고 DNA 절편을 확인했지만, 그 이상의 진전은 없었다. 일본팀은 세포핵을 찾아냈지만 더 이상 아무 일도 일어나지 않았다. 왜 그런지 원인을 분석해봤더니 두 가지가 나왔다.

— 이미 죽은 동물의 냉동된 세포를 복제할 수 있어야 함.
— 종이 다른 동물의 난자를 이용해 복제할 수 있어야 함.

몇 만 년 전에 죽은 매머드의 얼어붙은 세포를 갖고 복제를 해야 하기 때문에 죽은 동물의 얼어붙은 세포를 복제해본 연구팀이 필요했다. 그렇게 살려낸 매머드 세포를 코끼리의 난자에 집어넣고 코끼리 뱃속에서 태어나도록 해야 하기에 '서로 다른 종간 복제 경험'은 매머드 복원에 있어 핵심 열쇠였던 것이다. 이런 기준을 갖고 찾아봤더니 딱 한 팀이 있었다. 그 팀은 10년 전 죽은 개의 냉동세포를 복제해 '미씨'라는 강아지를 태어나게 했고, 9·11 테러 당시 수많은 사람을 구조한 후 죽은 '트래커'라는 구조견을 역시 냉동 세포 상태에서 복제해냈다. 이후 종이 다른 코요테의 세포를 개의 몸속에서 복제시킨 팀이었다. 이 팀을 만나기 위해 러시아 북동연방대학교(NEFU) 과학자들이 한국을 찾아온 날은 2011년 12월 16일이었다.

— (저희가) 동물복제 중에서도 가장 어려운 개복제에 성공하였을 뿐
 아니라 특별히 '미씨'나 '9·11 영웅견'과 같이 이미 죽어서 그 체
 세포를 수년간 동결보존한 상태의 체세포를 사용하여 개복제에 성
 공했기 때문에, 그건 바로 시베리아 동토에서 수만 년간 동결보존
 되어 온 매머드의 체세포를 이용한 복제프로젝트의 축소판이라는
 설명이었죠. (황우석 박사, 2015.1.29.) [4]

그날 러시아 과학자들은 황 박사에게 매머드복제를 정식으로 제안했고 이후 과정은 일사천리로 진행되었다. 이듬해인 2012년 3월 13일 러시아 북동연방대학(NEFU)의 바실리 바실리예브 수석 부총장 등 7명의 관련 학자들이 한국의 황우석 연구팀(수암생명공학연구원)을 방문하여 정식으로 '공동연구 협약서'를 체결했다. 협약기간은 3년. 이후 5년으로 연장되었다.

여기에 미국의 고생물학자, 스웨덴의 고생물 유전체 분석 전문가, 캐나다의 영구동토층 전문가 등 다국적 연구팀이 결성되어 시베리아 탐사를 준비했다. 2015년에 들어와서는 매머드의 유전체 분석에서 세계적으로 가장 앞서있는 중국과학원 북경유전체 연구소(BGI)와의 한국, 러시아, 중국 간 3자 '공동연구 협약'을 체결하기도 했다.
(2015.3.16.)

이들이 구상하는 매머드 복원 계획은 크게 3단계다.

— 1단계 살아 있는 매머드 세포를 찾아라.[5]

1단계는 주로 필드에서 이뤄진다. 지구에서 가장 추운 땅 시베리아에서의 매머드 사체 발굴. 과학자들은 시베리아의 중심부인 러시아 사하공화국을 비롯한 북동 시베리아, 그리고 북극해에 인접한 섬까지 순차적으로 탐사해 빙하 속에 묻힌 매머드의 사체를 발굴하고 이들로부터 체세포복제에 쓰일 살아 있는 체세포 찾는 일을 제1의 목표로 삼았다.

— 2단계 모든 동물의 난자를 이용해 체세포복제 준비.

만일 온전한 매머드의 체세포가 확보될 경우, 2단계는 매머드의 세포핵을 품을 다양한 동물의 난자를 갖고 비교실험을 하게 된다. 매머드 세포를 복제해내기 위한 최적의 배양조건을 찾아내기 위함이다. 이를 위해 코끼리보다는 훨씬 더 난자를 쉽게 구할 수 있는 소나 돼지, 양, 염소, 개 등 다양한 가축의 난자를 채취하고 여기에 매머드의 세포를 핵이식해본다.

— 3단계 아시아코끼리에게 매머드를 품게 하다.

마지막 열쇠는 코끼리가 갖고 있다. 다양한 체내외 비교실험 데이터를 바탕으로 현존하는 동물 중 매머드와 가장 가까운 종으로 분석된 아시아코끼리의 난자를 확보하여 핵을 제거하고 여기에 매머드 세포를 핵이식한다. 아시아코끼리의 난자와 자궁을 빌어 아기 매머드를 태어나게 하려는 과정이다.

　과연 이 거대한 프로젝트는 언제 어떤 식으로 마무리될까? 그것은
아무도 모른다. 목숨을 걸고 얼어붙은 매머드의 세포를 다시 살려낸
다고 하더라도 아시아코끼리의 임신기간만 22개월. 2년 가까운 시
간이 필요하다. 얼마나 오랜 시간과 얼마나 많은 실패의 아픔이 그들
을 기다리고 있을지 그것은 아무도 모르는 일이다. 이 담대한 모험에
'내셔널 지오그래픽' 채널이 따라붙었다. '디스커버리 채널'의 시도
를 잘 알고 있던 세계 최고의 과학채널 '내셔널 지오그래픽'은 복제
가 성공하는 순간을 담기 위해 장기적인 취재계획을 세우고 한국으
로 왔다.

　2012년 4월, 그들이 매머드복제 연구에 뛰었든 지 한 달쯤 지났
을 무렵, 그들로부터 한 통의 이메일이 왔다. 깜짝 놀랐다. 바로 이
사진 때문이다.

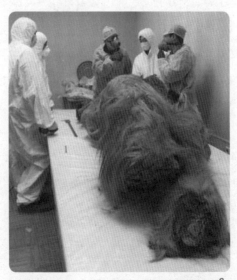

모처에서 매머드 유해를 해부하고 있는 황우석 연구팀 6

그들은 벌써 매머드의 유해를 다루고 있었다. 냄새가 얼마나 고약한지 모두 마스크를 쓰고 있었다. 실제로 매머드 사체를 관찰해본 거의 모든 이들은 그 냄새가 역겹도록 고약하다고 말한다. 그들은 기존에 발굴되어 있는 매머드의 사체를 만지며 본격적인 여름 탐사를 준비하고 있었다. 영하 50도에 이르는 시베리아에서 인간이 매머드를 만날 수 있는 유일한 계절은 여름뿐이기 때문이다. 2012년 8월 20일, 시베리아로 탐사를 떠난 황우석 박사로부터 이메일이 왔다. 이메일의 발신지는 시베리아의 중심인 야쿠츠크였다.

— 저는 제1차 중간지인 러시아의 야쿠치야에 어젯밤 도착하여 오늘 하루 이곳의 매머드 박물관 과학자들과 연방대학 총장님과 협의를 마치고 내일 이른 아침에 제2차 중간지인 우츠쿠이카로 비행편으로 떠납니다. 그리고 나서 그곳에서 배를 타고 제3차 중간지인 카자치예를 거쳐 3일 후에는 최종 탐사 목적지인 무스카야에 도착하여 5개국에서 참여한 탐사팀과 다큐 촬영팀과 더불어 빙산 속으로 들어갈 예정입니다. 이곳에서 만난 교민들도 저희 프로젝트가 성공하여 국위를 떨칠 수 있기를 진심으로 기원해 주시는 모습을 접하며 더욱 책임감을 느낍니다. 모든 일을 서두르지 않고 조그만 하자라도 생기지 않도록 조심하려고 합니다. (황우석 박사, 2012.8.20.)

2012년부터 시작된 시베리아 탐사. 어떤 일이 있었고 어디까지 왔는가. 나는 황 박사와 함께 매머드의 무덤을 여러 번 오간 한 명의 젊은 과학자로부터 그 소설 같은 이야기들을 생생하게 들을 수 있었다.

제54부

탱크 타고 매머드 무덤 속으로

탱크 타고 낡은 군용기타고 다시 보트를 타고 매머드의 무덤을 찾아
나선 1차 매머드 원정대의 젊은 팀장은, 경기과학고와 서울대를 거쳐
대통령장학생으로 미국 유학을 마치고 돌아온 '엄친아' 황인성 연구원
이었다.

엄.친.아. 엄마 친구 아들. 잘생기고 똑똑하고 좋은 대학에 가서 우리
엄마의 부러움을 한몸에 사는 '잘난 청년'을 뜻하는 말이다. 황인성
연구원은 완벽한 '엄.친.아'다. 한국의 과학영재들이 다 모이는 '경기
과학고'에 입학해서 국제 올림피아드 수상을 한 뒤 서울대학교 공과
대학에 입학했다. 서울대 1학년 시절 대통령 장학생으로 선발돼 청
와대에서 대통령을 직접 만나 표창을 받고 국비 장학금을 받아 미국
유학길에 오른다. 미국에서 학부로는 예일대학교를 마쳤고 듀크대학
에서 '바이오 엔지니어링'으로 석사학위를 마쳤다.

그런 엄친아 황인성 연구원이 한국에 돌아와 '개똥'을 치우며 하루
일과를 시작하고 있었다. 피비린내 나는 도축장에 수시로 오갔다. 어
찌 된 일일까. 그는 병역의 의무를 한국의 연구소에서 마치기 위해 검
색을 하던 중 황우석 박사가 이끌던 수암생명공학연구소를 찾는다.
미국에 있던 그가 보기에 이곳은 동물복제 분야에서 독보적인 성과
를 내고 있는 관심 연구소였다. 그는 부모님의 허락을 받고 황우석 연
구소에 입사 지원서를 낸다. 당시 외국 유학 중이던 많은 연구원이 이

곳을 두드리고 있었지만 그는 황우석 박사와의 면접시험을 통해 최종 합격하고 이곳에서 동물복제 연구를 시작한 것이다. 그에게 주어진 첫 임무는 복제 강아지 돌보기. 그리고 연구원들이면 누구나 밟는 첫 코스인 새벽 5시 도축장에서의 난소 채취였다. 그렇게 엄친아는 열심히 복제 강아지들이 남긴 그 많은 개똥을 말끔히 치웠고 명절에도 분만 예정인 엄마개를 돌보며 개집 위에서 잠을 잤으며 새벽에는 피비린내 나는 도축장 가서 난소 채취해오고 실험실에서 목이 뻐근할 정도로 현미경 보며 핵이식 실험하고 밤에는 논문 읽고 데이터를 정리했다. 그런데 인연이라는 게 있나 보다. 그가 참여한 논문작업 중에는 매머드복제연구의 출발점이 된 '코요테복제' 논문이 있었다. 게다가 그는 영어소통에 있어 막힘이 없으면서도 적확한 어휘를 구사했다. 어느 날 황 박사로부터 미션이 떨어졌다. 매머드복제 팀장을 맡을 것. 지난 2012년이었고 그의 나이 26살 때였다. 군대생활을 시베리아에서 제대로 하게 된 것이다.

나는 그가 세 번에 걸친 시베리아 탐사를 마치고 난 뒤인 2015년 1월 7일에 만나 대화를 나눌 수 있었다. 그 대화록을 가감 없이 소개한다.

1. 젊은 나이에 팀장을 맡게 된 계기는?

— 전혀 예상을 못 했고요. 처음에 이 프로젝트가 진행될 때 황 박사님께서 초청받으셔서 그 자리에서 저도 같이 하게 됐는데 저는 그때까지만 해도 제가 뭐 이런 책임을 지고 이 프로젝트를 이끌어나갈 지위가 주어지리라고는 생각도 못 했고요. 그냥 주어진 업무 열심히 하자는 주의였는데. 그 전에 코요테복제를 할 때도 제가 맡아서 논문을 게재하는 역할이 있었거든요. 그때부터 아마 이종 간 복

제라든가 멸종위기 동물에 대해서 관심이 생기기는 시작했는데 이런 중요한 업무가 주어질지는 잘 몰랐던 것 같습니다.

2. 친구들은 팀장 맡으니까 뭐라고 하던가요?

— 매일 개똥 치우다가 '팀장'이 됐다고. (웃음) 친구들도 언론 등을 통해 많이 접했더라고요. 상세히 잘 알지는 못해도 많은 관심을 주는 건 확실한 것 같습니다.

3. 국내 언론과 학계는 냉담했어요. 서정선 서울대 의대 교수는 2014년 1월 〈네이처〉 인터뷰를 통해 '매머드복제 시도는 완전한 쇼 같다.'라고 지적했는데 연구팀의 입장에서도 그런 부정적인 시선을 많이 느꼈나요?

— 많이 겪었죠. 많이 겪었는데. 원래는 일본팀들도 90년대에 진행했던 프로젝트이고요, 저희가 첫 번째는 아닙니다. 첫 번째는 아닌데, 복제기술이라든가 유전자변형 기술이 발전하면서 예전에는 불가능하던 것들이 다시 요즘에는 가능하다고 많은 사람들이 생각하기 때문에요. 저희가 2~3년 전에 시작할 때는 그런 것도 없었습니다. 안 되는 프로젝트라고 이야기했던 사람들이 많았기 때문에 좀 난감했고요. 일본팀도 아직 포기한 건 아니거든요. 직접 들은 건 아니고 태국의 코끼리 관계자로부터 건너 건너 들은 바에 따르면 아직까지 일본팀도 여기에 관심이 있고 단지 펀딩이나 이런 것이 부족해서 잠시 멈추고 있을 뿐 앞으로 연구는 계속할 생각이 있다고 들려오고요. 회의적으로 말하는 사람들은… 매머드 사체라든가 이런 것들을 한 번도 본 적 없는 사람들… 이런 분들이 많이 회의적으로 이야기하

시고 특히 최근의 유전자변형 트렌드에 대해서 잘 모르시는 분들이 많이 말씀하셨죠. 예를 들어서 미시간대학의 굉장히 유명한 '데니얼 피셔'라는 교수님이 계세요. 전 세계적으로 유명한 고생물학자이시거든요. 이 분이랑 처음 한 시간 동안 통화를 했는데 '일본에서 16년 동안 냉동된 쥐의 복제', '10년 동안 냉동된 소의 복제' 이런 것들에 대해서 전혀 모르고 계시더라고요. 같은 분야가 아니다 보니 잘 모르시는 것들이 많았고요, 지금은 뭐… 그 이후로 2~3년 동안 교류가 있으면서 저희한테 오히려 많이 조언을 해주시고 많이 가르쳐주시는 고마우신 분으로 바뀌었죠.

언론에 보면 '이 학자가 부정적으로 말했다.', '저 학자가 부정적으로 말했다.'라고 나오는데 사실은 저희랑 교류가 다 있는 분들이거든요. 그런데 저는 그 사실을 외부에 발설하지 못하죠. 하지만 저희가 많이 조언을 구하는 분들도 있고, 같이 작업을 하는 분들도 있기 때문에… 언론에 보여지는 것처럼 전 세계적으로 '회의론'이 팽배한 건 아닙니다. 특히 유전자변형 기술에 관해서는 많은 믿음을 가진 분들도 많은 것 같습니다.

다국적 연구팀과 내셔널 지오그래픽 촬영팀으로 구성된 제1차 매머드 원정대 (2012.8.27.) [1]

4. 일본인들은 매머드의 살아 있는 세포를 찾았나요?

—아뇨. 찾지 못했죠. 세포핵까지는 찾았는데요. 핵을 쥐의 난자에 주
입해보니 '아무 일도 일어나지 않았다.' 이런 식으로 논문은 발표됐
었는데요, 저희는 솔직히 초창기에 일본팀이 매머드 했던 것을 캐
치 업, 따라가는 수준에 불과했고요, 그런데 저희도 이제 (매머드 세
포의) 핵을 찾게 되고 주입을 난자에 해보고, 이런 식으로 하면서
일본팀이 몇 년 동안 연구했던 거를 저희는 1~2년 동안에 많이 따
라잡을 수 있었던 같습니다. 그래서 앞으로는 그 이상을 뛰어넘는
건데 그거는 연구원들이 저를 포함해서 많이 노력해야 되겠죠.

5. 이제 시베리아로 처음 떠나던 순간을 말씀해주실래요?

—제가 처음 시베리아로 갔던 게 2012년 5월 달이었던 것 같습니
다. 저랑 조용석 국장님이랑 두 명이서 사전답사를 가게 되었는데.
환경이 장난이 아니더라고요. 5월인데도 눈은 덮여있었고요. 눈
이 슬슬 녹는 시기였지만 너무 춥고… 구소련 탱크를 탔는데 탱크
를 타고 100킬로미터를 가는 데 24시간이 걸렸어요. 탱크가 한 시
간 가면 세 시간 동안 멈춰있어요. 탱크가 고장 나 가지고 어떤 러
시아 형제가 운영하는 탱크였는데 무슨 뭐 한 시간 가면 불 지펴
가지고 '티타임 갖자.'라고 하고. 사람은 추워죽겠는데 그러면서
100킬로미터 가는 데 24시간 걸렸던 것 같아요.

6. 탱크의 승차감은 어땠나요?

—아우 뭐 기름 냄새, 소음 뭐 이런 게 장난 아니었죠.

시베리아 답사를 하며 승차한 구소련제 탱크 위에서 (2012.5.19.) [2]

7. 어떤 경로를 통해 시베리아로 들어가나요?

─ 한국에서 두 시간 반 동안 '하바로스크'라는 곳에 갑니다. 거기서
비행기를 타고 '야쿠츠크'라는 사하 공화국의 수도로 가야 하는
데… 첫해만 해도 제트 비행기가 없었어요. 그때까지만 해도 프로
펠러 비행기로 갔었거든요. 네 시간 동안 비행기를 타서 '야쿠츠
크'에 도착…. 인구 백만 명 정도 되는 소규모 도시였는데. 그곳에
서 더 조그마한 프로펠러 비행기를 타고 두 시간 반 동안 '데프타
스키'라는 시베리아의 중심부 역할을 하는 곳으로 갑니다. 그곳은
공항이 자갈밭이거든요. 5월에 갔다 다시 나올 때는 활주로가 눈
으로 뒤덮여 있었는데 비행기가 활주로를 몇 번씩 왔다갔다하더
라고요. 알고 보니까 비행기가 눈을 치우는 거예요. 비행기가 눈을
치우고 이륙을 하는 진풍경이 벌어지기도 했죠. 그런 식으로 도착
한 다음에 '데프타스키'에서 옛날에 스탈린 시절 죄수들이 닦아놓
은 비포장도로를 밴을 타고 7시간 동안 이동하게 됩니다. 거기서
보트로 갈아타고 다시 강을 따라서 5~6시간 위로 올라가다 보면
최종 목적지인 영구 동토층 '카자치'라는 곳이 나오게 되죠.

8. 프로펠러 비행기는 안전한가요?

― 앉아보니 옆좌석에 안전벨트도 없고요, 납땜한 흔적들도 굉장히
많았고. 그리고 더 조그마한 소형 경비행기를 탔을 때는 채소 이런
것들과 같이 갔습니다. 왜냐하면, 그곳은 수송수단이 없기 때문에
그런 비행기에 실어서 주민들 생필품을 옮깁니다. 밑을 보면 하얗
기만 하죠. 동토층. 비행기는 많이 떨렸고 옆 사람 말을 들을 수 없
을 정도로 소음도 심하고….

9. 내셔널 지오그래픽 촬영팀과 동행하셨죠?

― 예. 선발대로는 저 혼자 한국에서 출발했고. 저와 스웨덴 과학자,
캐나다 과학자가 주 멤버였고요. 러시아팀이 7~8명 정도가 탐사
를 같이 떠났고 촬영팀도 5~6명 됐고 그렇게 해서 늘 15~20명이
같이 움직였던 것 같습니다.

스웨덴 과학자는 유명한 고생물 DNA 분석연구자예요. 매머드도 있고
멸종된 말 종류 등을 공부하는 연구자인데, 고생물들의 DNA를 빼내
서 시퀀싱을 하면 염기서열이 나오잖아요. 그런 연구를 하는 분이죠.
캐나다 과학자는 학문적으로 유명한 분은 아니지만, 필드에서 굉
장한 경험이 있습니다. 동토층 전문가. 동토층이 얼마나 안전하고
무너질 가능성이 있고, 이런 경험을 필드에서 다년간 쌓으신, 저희
뿐 아니라 러시아 분들의 안전까지 책임을 지셨던 분이죠. 그분도
매머드 발견되는 것을 캐나다 알래스카 쪽에서 보셨고요.

러시아 연구자들은 모두 시베리아 출신으로 현지 사정에 밝은, 야쿠
츠크에 나와서 대학에서 공부를 하고 있는 매머드에 관해서는 전 세
계적인 전문가들입니다. 영어에 능숙하지 않아 학문적으로 많이 알려
지지 않았지만, 누구보다도 전문적인 지식을 가지고 있는 분들이죠.

내셔널 지오그래픽팀은 특이하게도 감독이 나이도 꽤 있으신 여자분이셨어요. 체구도 굉장히 작으신 분이었는데 오지라는 오지는 다 가보신 분이었죠. 아마존이라든가. 그런 분이 총 한 달 정도 되는 촬영이 다 끝날 때 저희에게 말씀하시는데, '다시는 시베리아 오고 싶지 않다.'라고. 그 정도로 힘드셨다고 하셨어요.

10. 장비는 어떤 걸 준비했나요?

— 영구동토층 시굴에 필요한 드릴 등 많은 장비들이 있었지만, 워낙 가는 과정부터 힘들다 보니 (많이 갖고 들어가지 못합니다.) 저희가 운반한 짐도 보통 짐이 아니었거든요. 저희는 휴대용 냉동고도 가져가야 했고, 현미경도 가져가야 되고, 이런 장비에 더해서 그분(캐나다 동토전문가)이 가져오는 드릴 세트, 이런 걸 합치다 보면 너무 무겁고 몇 명이 달려들어도 체력적으로 힘들기 때문에 크고 멋진 장비들은 가져오지 못했고요, 실속있게 필요한 장비들만…. (다음 장에 계속)

제55부

시베리아 얼음동굴 탈출

'동굴이 곧 무너져내릴 것 같으니 죽기 싫으면 들어가지 마라.'라는 캐나다 영구동토층 전문가의 만류를 뿌리치고 얼음동굴에 기어들어가 매머드 사체를 발굴하던 황 박사는 동굴이 무너져 내린다는 울부짖는 소리에 놀라 황급히 빠져나오던 중 귀중한 샘플을 두고 왔다며 몸을 돌린다.

— 세포 한 개만 찾으면 된다. 얼어붙은 매머드에서 살아 있는 세포를 찾아 배양할 것.[1]

그들의 1차 과제였다. 그들은 시베리아 탐사를 통해 얼어붙은 매머드의 사체를 발굴했고 이를 한국의 실험실로 가져와 '세포 찾기'에 나섰다. 만일 수만 년 전 멸종된 매머드의 세포를 배양해내면 체세포 핵이식 기법을 통해 이를 코끼리 등 다른 동물의 난자에 이식해 '매머드복제수정란'을 만들고, 이를 다시 아시아코끼리에게 이식해 매머드를 태어나게 한다는 구상이었다. 모든 연구의 첫 출발은 '살아 있는 매머드 세포를 찾는 일'이었다. 그래서 지난 2012년부터 황우석 박사는 매년 시베리아를 탐사해왔다. 이 글을 쓰는 2015년까지 4년 동안 한 해도 빠짐없었다. 그와 연구팀은 시베리아의 늦여름인 8월 중순부터 9월 초순까지 짧은 기간을 탐사의 적기로 보고 수십 명의 원정팀을 꾸려 도전해왔다. 가장 위험한 순간은 첫해부터 찾아왔다. 매머드 유해를 발굴하려고 들어간 얼음동굴에서였다. '얼음동굴'이란 매머드를 찾기 위해 탐사대가 얼음 위에 물을 뿌려 만들어낸, 곧 무너지기 직전의 터널이었다.

— 러시아 분들이 물 펌프를 가지고 그냥 절벽에 대고 쏩니다. 절벽에 대고 쏘면 물이 얼음을 녹여가지고 계속 깊게 파고 들어가잖아요. 결국에는 200미터, 300미터 되는 동굴이 생기거든요. 그런데 진짜 사람이 간신히 기어갈 정도만큼의 공간밖에 없고요, 들어가면 물도 차있고 무릎으로 기어 다녀야 되고 아니면 포복하듯이 기어 다녀야 하기 때문에 드릴이나 이런 장비를 갖고 들어갈 수도 없고요. 망치 정도 갖고 들어가서 거기에 있는 샘플들을 도려내는 그런 작업으로밖에 샘플을 구할 수가 없습니다. (황인성 연구원, 2015.1.7.) [2]

2012년 첫해, 탐사대의 주요 멤버들은 한국의 황우석 박사와 박치훈 박사, 정영희 박사, 황인성 팀장 등 4명의 수암연구원들이 주축을 이뤘다. 여기에 러시아 북동연방대학(NEFU), 미국 미시간대학 피셔 교수, 러시아 과학원 티코노프 교수, 스웨덴 및 캐나다의 동토학자와 '내셔널 지오그래픽' 촬영팀까지 상주 인원 15~20명, 총 40명으로 구성되었다. 이들은 러시아 연방정부의 허가를 받아 '매머드의 무덤'으로 불리는 '무스까야'와 '카자치예' 지역을 중심으로 8월 8일부터 9월 8일까지 한 달간 시베리아 얼음동굴을 탐사했다. 그리고 그곳에서 아찔한 순간을 만났다.

다음은 황인성 연구원과의 대화록이다. (앞 장에 이어서 계속)

11. 바보 같은 질문인데 동굴 속 물이 차갑죠?

— 굉장히 차갑습니다. 장갑을 아무리 두껍게 낀다고 해도. 저희는 방수복을 다 입고 들어갔거든요. 그럼에도 불구하고 너무나 추워서 손이 다 얼어 가지고…. 오래 있기도 힘들고, 저 같은 경우는 '폐소공포증'이라고 하나요? 그런 것도 조금 있기 때문에…. [3]

12. 동굴 속 풍경은 어땠나요?

— 거기 안에 들어가면… 제 인생에서 봤던 가장 아름다운 광경이었던 것 같습니다. 동굴 안의 광경이. 왜냐하면 '아드레날린 러시'라고 하죠. 굉장히 심장도 쿵쾅쿵쾅 뛰고 그러면서 무섭기도 하고 그 무서운 와중에 탐사는 해야 되겠고. 그러면서 보면 매머드 뼈라든가 샘플들이 벽에서 다 튀어나와 있습니다. 이런 건 아무도… 보통 사람이 경험할 수 없는 모습이기 때문에요. 굉장히 아름답기도 하면서 긴장도 많이 되고, 그리고 동굴 안에 있으면 바람 소리인지 뭔지 이상한 소리가 계속 들려요. 동굴 안에서. 그 분위기 자체가 진짜 혼자 들어가면 말도 모르게 겁이 날 것 같고요, 다행히 동료들, 황 박사님 포함해서 다른 분들 들어가니까요, 서로 의지하는 힘으로 들어가는 것 같습니다.

동굴 안에서 발견된 매머드 유해 일부 (2012.9.26.)

13. 지역민들의 경우 아직도 '매머드의 영혼'이 우리를 지켜준다고 믿는다던데….

— 예, 특히나 작년에 '말로라코스키' 매머드라는 사체가 발견되었는

데. 그 사체가 발견되고 나서 지역 주민들이 미신이 있어요. 매머
드 사체를 발굴하면 우리에게 안 좋은 일이 생긴다. 그 이후 얼마
안 되어 그 지역에 헬리콥터가 추락하는 사고가 있었거든요. 그래
서 스무 명 정도가 죽은 추락사고가 있었는데 그런 것들이 어떻
게 보면 매머드 발굴에 의해 생긴 거 아닌가 이야기하는 주민들
도 있고요.

14. 동토 전문가가 들어가면 안 된다고 말리는 장면도 다큐멘터리에 나
　 오던데요.
— 예, 캐나다 동토 전문가와 어떤 동굴에 들어갈 때…. (전문가는 동굴
　 에) '들어가면 안 된다.'라고 말려서 촬영팀도 한 명도 안 들어갔거
　 든요. 그런데 저희는 끝끝내 들어갔죠. 황 박사님 헬멧 위, 그리고
　 제 어깨 위에 카메라를 하나씩 장착하고 저는 소형 카메라를 오른
　 손에 쥐고 제 왼손으로 기어가면서 동굴 안으로 들어가서 샘플도
　 채취하고 촬영했어요.

그렇게 동굴 탐사가 시작됐고, 황 박사와 황인성 연구원은 아름답
게 모습을 드러낸 수만 년 전 매머드 사체들을 보면서 그중 가장 확
률이 높아 보이는 부분들을 망치로 떼어내어 샘플 주머니에 담기 시
작했다. 그들도 얼추 알고 있었다. 주어진 시간이 얼마 되지 않는다
는 것을. 그런데 그들 예상보다 더 빠르게 동굴은 무너져 내리기 시
작했다. 동굴 입구에서 '빨리 나오라.'라는 촬영감독의 울부짖는 소
리가 희미하게 들려왔다.

— (입구가 무너져 내리니까) 빨리 나오라고. (내셔널 지오그래픽) 감독은

입구 앞에서 보고 있었는데, 입구가 무너지는 걸 바로 눈앞에서 봤었죠. 감독은. 그래서 '나오라.'라고 얼른 외치는 여자 목소리가 감독 목소리입니다. 원래는 촬영할 때 감독이 개입하면 안 되잖아요. 갑자기 감독 소리가 막 '빨리 나오라.'라고 들리는 거예요. 솔직히 저희가 그 소리를 처음 들었을 때는 뭐 무슨 일이지? 그냥 입구로 나오라는데… 대수롭지 않게 생각했는데… 입구로 가면 갈수록 입구가 점점 작아지는 거예요. 그때 느꼈죠. 아 잘 못하면 갇힐 수도 있겠구나…. 간신히 빠져나왔더니만 감독이 막 울음범벅이 되어 있는 거예요. 진짜로 큰일이 나는 줄 알았다고. 그렇게 이야기하더라고요.

15. 그 뒤 결국 무너졌는데 촬영팀도 안 들어가는 동굴에 황 박사가 들어간 거네요?

— 그렇죠. 어떻게 보면 동양적인 부분에서 저희는 일을 우선시하잖아요. 그러나 서양적인 관점에서는 안전이 우선이니까. 조금이라도 안전에 문제가 있으면 그 일은 하지 않는 게 서양적 관점이고. 아무래도 러시아 분들과 저희는 생사가 달린 문제이잖아요. 샘플을 어떻게든 한국으로 가져가야 하는데, 아무래도 촬영팀이나 스웨덴 학자 같은 경우에는 그런 조급함이 없기 때문에. 황우석 박사님께서 러시아 분들과 상의를 한 결과 들어가신다고 먼저 선전포고를 하셨죠. (들어가신다고) 저는 또 팀장이잖아요. 많이 고민했죠. 저희 한국 팀이 4명이었는데 그중 두 분 박사님들은 부부이셨거든요. 그래서 그분들은 동굴 앞에서 샘플 전달받는 역할만 하고 나머지 황 박사님과 제가 들어가는 것으로….

16. 그때 황 박사는 아무 말이 없었나요?

― 아뇨. 따로 말씀하시는 건 저에게도 부담으로 작용할 수 있잖아
요. 본인의 의사만 표명하셨고 저희의 초이스였죠. 황 박사님은
연구원들에게 뭘 직접적으로 강요하거나 그런 스타일은 아니세
요. 본인이 먼저 앞장서시고, 따라가는 건 저희의 몫이기에, 많이
고민하다 따라갔죠. 그래서 저희 두 명과 러시아 분들이 같이 들
어갔죠.

17. 그런데 동굴이 무너져 내립니다. 다큐멘터리 영상을 보니 황 박사
는 그 다급한 순간에도 나가려다 다시 되돌아가 샘플을 챙기는 장
면이 나오는데….

― 예, 샘플을 확실하게 챙기셨죠. 박사님께서. 저도 생각하지 못했던
샘플을 박사님께서는 생각하시더라고요. 저는 밖에서 누가 나오라
고 하길래… 제가 조금 겁이 많거든요. 밖에서 부르니까 (나가는데)
박사님은 끝까지 샘플을 챙기시더라고요.

18. 탐사과정에서 마실 물은 충분했나요?

― 그곳에서 생수라고는 찾아볼 수 없고요. 강물을 큰 통에다가 받아
놓습니다. 강물이 저희가 생각하는 한강물 등 비교적 깨끗한 강물
이 아니라 그냥 진흙 덩어리와 섞여 있는 강물이거든요. 강물을 퍼
다가 큰 통에 놔두면 이틀 정도 지나면 밑으로 침전이 되고. 그 위
의 물만 떠갖고 끓여 먹죠. 끓여서 물만 마시면 비린내도 나고 색
깔도 누렇고 비위가 상하기 때문에 보통 홍차나 커피 같은 것을 섞
어서 마시죠.

무너져 내리는 얼음동굴을 빠져나오고 있는 황우석 박사와 황인성 연구원.
발굴한 매머드 유해를 사력을 다해 끄집어내고 있다. (2012.9.26.)

동굴에서 빠져나온 직후의 다국적 연구팀 동료들 (2012.9.26.) [4]

19. 식사는?

― 토끼도 잡아먹고요. 생선도 낚시로 잡아먹고. 근처 마을에 나가서
캔 음식 등은 조달이 가능하거든요. 한국 연구원들은 햇반하고 멸
치, 김치 이런 것을 많이 '이민가방'에 크게 싸가지고 가서 많이
먹고… 컵라면이 제일 맛있습니다. 라면도 많이 못 가져가잖아요.
며칠에 한 개씩 끓여 먹는. (반면 내셔널 지오그래픽) 촬영팀은 럭셔
리하게 싸가지고 옵니다. 빵, 죽, 캔 음식 고기류 같은 음식들. 그

래서 저는 한국 연구팀들과 먹다가 왠지 럭셔리한 음식이 먹고 싶다고 하면 촬영팀으로 가서 빌붙기도 하고요.

20. 그 외에도 예상치 못한 난관이 있었다면?

— 예, 많은 사람들이 예상 못 한 난관이 '모기'입니다. 유월, 칠월은 앞이 보이지 않을 정도로 모기가 많고요. 그래서 그때 탐사가 불가능하기 때문에 겨울이 시작되기 전 바로 몇 주 동안 탐사를 하는 겁니다. 그 숫자도 어마어마하지만, 크고 야생에서 사는 모기니까 얼굴이 성하지 않을 정도로 처음에 많이 물립니다. 더워도 긴 팔을 입고 있어야 되는 경우가 많고요. 모기가 들어가는 시점인 9월 초가 되면 '블랙 플라이'라고 하는 벌레들이 나옵니다. 그들은 모기보다 훨씬 작은 애들인데 모기는 그래도 긴 팔을 입고 있으면 뚫기는 뚫더라도 몸 안으로 들어가지는 않거든요. 그런데 '블랙 플라이'는 처음 물리면 엄청 부풀어 오릅니다. 두 번째 세 번째 물릴 때는 좀 괜찮아지고요, 그러나 모기보다 훨씬 작기 때문에 긴 팔을 입고 있어도 몸 안쪽으로까지 다 들어가는… 그런 어려움이 많았죠.

21. 매머드의 샘플을 만질 때 느낌이 어땠나요?

— 타임머신을 타고 과거로 돌아가는 듯한 느낌을 받을 정도였습니다. 특히나 온전한 사체를 보면 저는 특히… 유카 매머드라든가 말로카코스키 매머드라든가 이런 걸 실제 눈으로 보면 털도 그 색깔 그대로 모양 그대로 산화되지 않은 상태 그대로 남아 있는 경우가 있거든요. 그리고 매머드의 코끝 자체도 사람의 손과 같은 역할을 했잖아요. 그 코끝이 정말로 살아 있는 코끼리의 코끝

과 같이 전혀 부패되지 않은 상태로 적어도 외형은 남아 있는 경우가 있기 때문에 '아 이런 동물이 실존했구나!'라고 느끼는 경우가 굉장히 많죠. 그 지역은 특히 3만 년에서 4만 년 전 샘플이….

22. 다른 흔적도 있었나요?

— 예. 동굴에 들어가다 보면 러시아 분들이 돌 같은 거 하나씩 들고 나옵니다. 그게 '화살촉' 이런 유물들이 많이 나오거든요. 그래서 현지인들 집에 가보면 박물관이 따로 없습니다. 망치같이 사용했던 뼛조각이라든가 이런 걸 흔하게 볼 수 있는.

23. 하나하나가 모두 반출금지 물품들이죠?

— 그렇습니다. 매머드 사체도 어떤 경우에는 1년 넘게 러시아 정부의 허가가 안 나와서 1년 넘게 야쿠츠크에서 냉동된 상태로 있다가 한국에 반입되는 경우도 있고요. 그러다 보니 저희는 안타까운 게 저희는 신선한 샘플을 바로 연구를 시작하고 싶은데 그렇게 하지 못하는 경우가 굉장히 많더라고요. 그래서 저희가 야쿠츠크에 실험실을 하나 세팅하고 있습니다. 바로 현지에서 공수해서 연구할 수 있도록. 러시아 북동대학에서 저희 쪽으로 인턴도 몇 명 왔었고요. 저희가 세포 배양 등 기술들을 러시아 분들에게 많이 알려주고 그분들이 돌아가서 실험실에서 그것을 적용할 수 있도록 돕고 있습니다.

1차 탐사는 처음치고는 순조로운 결실을 맺었다. 매머드의 근육 조직, 뼈, 골수, 지방조직, 털 등을 다수 확보했다. 현지에서 1차 염색표

본을 통해 그 가능성을 확인한 뒤 러시아 연방 정부의 반출허가를 얻어 1차 샘플 30kg을 한국으로 공수해왔는데. 여기서 매머드 세포의 핵을 찾았다. 황우석팀 자체의 세포 배양팀뿐 아니라 강원대, 서울대, 충북대 연구팀이 배양 연구에 들어갔고 내셔널 지오그래픽 채널은 '매머드, 죽음으로부터의 귀환'이라는 제목으로 전 세계 방영에 들어갔다. 이듬해인 2013년 2차 탐사, 2014년에 3차 탐사. 갈수록 탐사대에 합류하는 연구자들이 많아졌고 특히 UC 버클리의 팀 킹 교수 등이 합류한 3차 탐사에서는 비교적 양호한 상태의 약 60세 이상 된 암컷 매머드로부터 다양한 샘플을 확보했다. 이 과정은 영국의 채널4 TV가 다큐멘터리로 제작 방영했다. 현재 어디까지 연구가 진척되었을까?

24. 첫해 30kg의 샘플을 시베리아에서 공수해온 것으로 알고 있습니다. 성과가 있었나요?

— 세포핵 자체를 분리해보니까 생각보다는 첫해에 핵을 발견할 수 있는 신선한 샘플들이 몇 개 나오더라고요. 그런데 이게 4만 년 된 샘플이다 보니 저희가 쓰는 시약들이, 예를 들어 DNA를 추출한다고 했을 때 이게 100% 잘 먹히지가 않아요. 아무래도 부패도 되었고 세포 구조가 어느 정도는 망가졌고 그래서 (매머드 샘플에 맞게) 최적화하는 과정들이 저희도 좀 필요했고요. 사실은 샘플을 공수받고 몇 개월 정도 최적화시키는 과정을 거친 뒤 '아 이렇게 하면 되겠구나!' 감이 잡히기 시작했고요.

25. 첫해 세포핵의 존재를 확인하셨고 이후 과정은?

— 세포핵을 여러 동물의 난자에 찔러보는 과정에 있고요, 한편으로

는 유전자변형 기술을 접목시킬 수 있는 방법을 찾고 있습니다. 소나 돼지의 경우 유전자변형과 관련한 첨단 테크닉들이 많이 나오고 있어 이를 매머드나 코끼리에 적용시키려는 시도도 함께하고 있습니다. 최대한 잘 보존된 매머드의 DNA를 분석함으로써 청사진을 그리는 과정이고요. 한편으로 최대한 살아 있는 세포를 찾아내는 시도도 계속하고 있습니다.

26. 모든 연구를 다 전담할 수 없을 것 같은데 해외 공동연구는 어느 정도로?
— 예. 사진으로 그리자면 저희가 중심에 있고 가지를 뻗쳐나가는 거죠. 어떤 때는 덴마크, DNA 분석할 때는 중국, 어떨 때는 미국 연구자와 논의할 때도 있고, 코끼리 전문가들은 독일에 계시고요. 그동안 이들과 주고받은 이메일만 해도 수만 건에 이를 정도로 방대한 세팅 작업이죠.

27. 이번에는 따뜻한 남쪽 나라로 가보죠. 한편으로 매머드를 품을 코끼리를 찾아 나섰죠?
— 예. 2013년 11월에 보르네오를 갔고, 2014년도에는 미얀마에 갔습니다.

28. 아시아코끼리인가요?
— 아시아코끼리가 유전적으로 따졌을 때 매머드의 가장 가까운 친척에 해당되고요 아프리카코끼리는 좀 더 먼 사촌입니다. 유전적으로 가장 가깝기 때문에 호환이 잘되지 않을까 생각하고요.

보르네오에 간 이유는 보르네오에 피그미 코끼리라고 아시아코끼리보다 조금 더 작은 코끼리들이 있거든요. 독일의 코끼리 전문 수의학자들께서 '아무래도 인간의 손으로 연구하기 위해서는 조금 더 사이즈가 작은 코끼리가 필요하다.'라고 이야기를 하셨고요. 왜냐하면, 이제 자궁으로 들어갈 때 손을 직접 집어넣거나 아니면 도구를 이용해 주입해야 하는데, 코끼리 사이즈가 너무 크다 보면 안에 내시경을 통해 들어가기는 하지만 그 깊이가 너무 깊기 때문에 아무래도 저희가 핸들링하기 쉬운 작은 코끼리를 찾자고 해서 보르네오를 가게 되었죠.

29. 독일의 코끼리 전문가는 전 세계적으로 대가라고 알려졌는데
— 완전 '대가'입니다. '힐더 브란트'라는 분인데 그분이 전 세계에서는 최고이시고요, 코끼리뿐 아니라 다른 대동물에서도 엄청난 '대가'이십니다. 동물원 관계자들도 모두 그분의 명성에 대해 익히 알고 계신 분들이고요, 아마 저희에 대해 안 좋은 기사에서 많이 접하신 분일 거예요. 그분이 '매머드복제는 절대 안 된다.'라고 언론에 말씀하신 분이신데 저희와 같이 일을 하게 되었고.

30. 코끼리 동물원 관계자 입장에서 코끼리를 흔쾌히 내주지는 않았을 것 같은데요?
— 예. 후일담이지만 보르네오 동물원에서 '너희랑 같이 코뿔소 복제 프로젝트를 해보고 싶다.'라고 제안을 했어요. (승낙하면) 우리가 코끼리의 대리모를 제공해주겠다고, 그분들도 멸종 위기종 동물이 특히 보르네오 쪽에서는 많기 때문에 '코뿔소' 같은 것은 본인들도 복제기술을 통해 살리고 싶다는 입장입니다. 이분들도 현실적으로

생각을 한 거죠. 코끼리는 본인들도 가지고 있고 저희한테 제공할 수 있고, 대신 저희의 기술을 본인들도 활용해보고 싶고.

31. 그러면 코뿔소도 복제하는 건가요?

—코뿔소도 뭐 재미있죠. (웃음) 코뿔소도 하게 되면 만약에 여건이 주어진다면 해보고 싶은 프로젝트이기도 하고요.

한 영국 학자분께서 저희를 도와주시겠다고 해가지고 '죽은 기린에서 난소를 회수해가지고 그 난소에 있는 난자를 배양하는 기술'이 영국에서 성공적으로 이뤄졌거든요. 에든버러대학에서 이뤄졌는데 그 교수님 팀이랑 저희를 연결시켜줘서 저희도 이제 죽은 코끼리에서, 굳이 산 코끼리에서 (난자 채취를) 할 필요없이 죽은 코끼리의 난소에서 난자를 배양할 수 있는 기술을 한번 해보자고 해서 지금 시도는 해보고 있고요.

32. 세계적인 코끼리 전문가들과 함께 코끼리를 실제로 접해보니 어떤가요?

—'힐더 브란트'라는 교수와 늘 항상 같이 다니는 분이 계세요. '프랭크 괴리츠'라는 분인데 그분이 대동물 마취 전문가입니다. 마취를 할 때 최대한 코끼리한테 피해가 안 가게 하는데, '칵테일'이라고 하거든요. '칵테일'을 새로 만드셨대요. 이거는 코끼리에게 주입했을 때 코끼리가 완전 잠든 상태가 아닌 '반마취' 상태로 될 수 있도록. 그런 식으로 많이 연구하시는 분들인데, 저희는 가서 직접 보고 배우고 하는 게 너무 신기했죠. 한국에서는 할 수 없는 경험이니까요. (가까이 가보면) 아기 코끼리가 그렇게 귀여울 수 없습니다. 그리고

코끼리들이 좌우로 운동 겸 엔도르핀을 생성하기 위해 좌우로 막 움직이거든요. 그런 것들 보면 굉장히 귀엽고요.

연구에 사용될 아시아코끼리를 확보하기 위해 찾은
말레이제도 보르네오 섬의 한 동물원에서 (2013.11.)

그렇게 러시아제 탱크를 타고 시베리아로, 코끼리를 구하러 보르네오 섬을 황 박사와 함께 오간 황인성 연구원과의 인터뷰가 끝났다. 그는 현재 한국에서의 병역의무를 다하고 다시 미국으로 건너가 미시간 로스쿨에서 새로운 공부를 하고 있다. 멸종동물보호법과 의학 생명윤리, 그리고 바이오분야 지적재산권 분야에 정통한 전문 법조인의 미래를 준비하고 있는 것이다. 그러면서 매년 계속되고 있는 매머드복제와 시베리아 탐사에 합류하고 있다. 러시아 현지에는 상시적으로 매머드 조직을 분석할 수 있는 간이 실험실이 만들어졌다. 발굴현장에서 목숨을 걸고 채취한 매머드 샘플이 엄격한 반출 절차에 막혀 한국까지 오는데 시간을 허비하는 문제점이 나왔기 때문이다. 조계종 범어사와 경기도가 지원을 했다. 현재 러시아 현지에서는 발굴된 매머드 세포를 신속하게 연구할 수 있는 간이 실험실, 일명 '모바일 랩'이 운영되고 있다. 하나하나 진지가 구축되고 있었다.

제56부

가지 않은 길

2015년에도 계속된 네 번째 원정의 행선지는 시베리아 최북단 지점 북극권이었고, 이곳에서 엄청난 양의 매머드 샘플을 배에 싣고 북극 해를 건너오던 황 박사 일행은 폭풍우에 휘말려 3일간 표류했다. 그는 당시 '죽는다는 생각보단 이런 과정을 거쳐야만 다다를 수 있다.'라고 생각했다.

— 매머드복제 시도⋯ 왜 하시나요?[1]

그들이 4년째 시베리아 탐사를 준비하고 있던 2015년 8월 4일에 내가 황 박사에게 던진 물음이었다. 지난 3년간의 원정을 통해 이미 그들은 충분히 죽을 고비도 넘었고 실패도 많이 하며 시베리아 북단 영구동토층을 뒤져왔다. 그런 그들이 이번에는 아예 러시아 북쪽 국경선을 넘어 북극권을 목표로 하고 있었다. 북극권에 있는 '라코브(Lyakhov)'라는 섬이었다. 세상에서 가장 찬 바다와 거센 풍랑을 뚫고 그들은 북극곰이 득실대는 그곳으로의 탐사를 계획하고 있었다. 이런 그들의 매머드 탐사를 바라보는 한국 내 시선은 싸늘하기 짝이 없었다. 한마디로 '또 사기 치고 있네.'였다. 복제연구 근처에도 가본 적 없는 서울대 의대 교수와 제보자 '닥터 K'는 언론인터뷰를 통해 원색적인 비난을 퍼붓고 있었다.

— (매머드복제는) 쇼인 게 아닌지 우려된다. (서정선 서울대 의대 교수의 〈네이처〉 인터뷰, 2014.1.14.)[2]

— 우선 학문적으로 매머드복제 가능성은 '제로(0)'에 가까운 시도입니다. 매머드를 복제하려면 얼음 속에서 냉동되어 있던 매머드 혈액에서 온전한 체세포를 추출하는 게 최우선 과제죠. 그런데 그런 온전한 체세포가 냉동 매머드 혈액에 남아 있을 확률도 극히 낮고, 또 냉동 해동 분야에 비전문가인 황우석 박사 본인이 할 능력도 없어요. (제보자의 '프레시안' 인터뷰, 2013.9.27.) [3]

이런 비아냥거림을 뒤로 하고 그들은 '사지'로 향하고 있었다. 왜? 도대체 무엇이 그들을 북극으로 이끌고 있는지 나는 궁금했다. 그런데 황 박사의 대답은 인상적이었다.

— 'Nobody Knows.'라고 '아무도 모른다.'라는 말이 있죠? 과학자들은 그래서 계속 도전합니다. 그 끝에 뭐가 기다리고 있는지 아무도 모르니까요. (황우석 박사, 2015.8.4.) [4]

아무도 모른다. 마치 추리소설의 제목 같기도 한 이 말은 과학자들이 즐겨 쓰는 말이기도 했다. 누구나 다 가보고, 다 할 수 있는 일은 자신들의 길이 아니라는 것이다. 아무도 가지 않은 길이 자신들의 길이라는 것이다.

— 그것이 언제 어떤 방식으로 이뤄질지 아무도 모르지만 저는 이 길을 기꺼이 가겠습니다. 제가 가다 못하면 후대들이 일부의 이정표는 찾아내지 않겠는가 싶기도 해요. 저는 내 평생 꼭 이뤄야만 하는 게 과학은 아니라고 생각합니다. (황우석 박사, 2015.8.4.)

그는 '불가능'이라는 단어를 쓰지 않았다. 대신 '시간싸움'이라는 표현을 즐겨 썼다. 과학자들은 언젠가 반드시 '매머드의 살아 있는 세포'를 찾아낸다는 것이다. 그때까지 자신들은 조급해하지도 쫓기지도 않고 묵묵히 제 할 일을 할 뿐이라고 했다. 그리고 열흘쯤 지나 황 박사와 연구원들은 북극권으로 떠났다. 그의 나이 어느덧 64세였다. 다시 열흘쯤 지난 8월 25일 새벽 5시 25분, 시베리아에 있는 황 박사로부터 이메일이 들어왔다. 읽어보니 가슴이 덜컥 내려앉았다. 북극권 날씨는 예상대로 심상치 않아 보였기 때문이다.

— 오늘 아침 우츠쿠이카행 비행기로 우리 2명과 막심 박사와 북동대학 교수 및 전문 사진가 등 5명이 출발하여 우츠쿠이카를 거쳐 이고르의 보트편으로 카자치예로 들어갑니다. 기상에 따라 다르겠으나 내일 새벽이나 오전에 카자치예에 도착하여 국경 통제부대의 출항허가를 받으면 낼 중으로 라코브 섬을 향해 출항 예정입니다. 하지만 현재까지 카자치예 지역의 기상이 심한 비바람으로 제1진은 1주일 이상 카자치예에 대기 중이고, 데퓨타스키 지역에 탐사 갔던 또 다른 팀은 기상 악화로 비행편이 계속 취소되어 10일간 묶여 있다 하여 아직 불투명한 상태입니다. (황우석 박사의 이메일, 2015.8.25.)

기상악화로 인한 출항 연기. 그는 가지 않은 길을 가고 있었다. 그 끝에 뭐가 도사리고 있는지 알 수 없는 상태에서 그는 가고 있었다. 왠지 불길한 예감이 들었다.

— 그럴 리 없겠지? 이번에도 결국은 무사히 한국으로 돌아와 그곳에서의 무용담을 들을 수 있겠지?

그러나 뭔지 모르게 자꾸 불안했다. 이상한 느낌이었다. 그 무렵 나는 한여름 밤이면 우리 동네 커피를 마시며 막바지 책 원고를 정리하고 있었다. 나는 내 원고에 미국의 시인 '로버트 프루스트'의 시를 인용하고 싶었다. 『가지 않은 길』이라는 제목의 유명한 시였다. 왠지 황 박사가 걷고 있는 길과 프루스트가 노래한 길이 비슷한 것 같았기 때문이다.

─ 나는 한숨을 쉬며 이렇게 말하고 있을 것이다. 어딘가에서 나이를
　　많이 먹은 후에 :
　　숲 속에 두 개의 길이 갈라져 있었다, 그리고 나는?
　　나는 덜 다닌 한 개의 길을 택했고,
　　그리고 그것은 모든 것을 달라지게 했노라고.
　　(로버트 프로스트의 시 『가지 않은 길』(The Road Not Taken) 중에서) [5]

그러나 나는 이 시를 썼다가 지우기를 반복했다. 쓰고 싶었지만, 어딘가 모르게 그 끝이 슬퍼 보였기 때문이다. 그것은 좋지 않은 예감이었다. 그래서 나는 며칠 동안 원고에 손을 대지 않은 채 바쁜 일상에 몸을 던졌다. 그리고 2015년 9월 5일, 한국시각으로 토요일 오전이었는데 황 박사로부터 열흘 만에 소식이 왔다. 헌데 그동안 그에게 무슨 일이 있었는지 내용을 읽다 보니 부르르 가슴이 떨려 왔다. 비바람이 몰아치는 북극해에서의 엔진고장과 조난. 그동안 그는 차디찬 바닷속에서 시체조차 찾을 길 없는 죽음의 갈림길에 서 있었던 것이다.

─ 저와 데이비드(수행 연구원)는 라코브 섬에 2일 걸려 도착하였고,
　　기상이 워낙 안 좋아서 본 탐사단은 그대로 둔 채 중형보트 2대와

소형보트 5대로 1일 오전에 출발하였으나 저와 데이비드가 승선한 중형보트가 기관고장과 풍랑을 맞아 둘이서 하룻밤 배 안에서 보냈습니다. 다음날 오전 저희를 구하러 오던 이고르 일행이 탄 보트가 가라앉아서 애를 먹었으나 결국 억센 북극인들이 모두 달려들어 바닷속에 가라앉은 보트와 매머드 상아를 다 건져 냈고, 우리 배에 올라와서 우리를 구조하던 젊은이 덕분에 닻이 끊어져 표류하고 있었으나 큰 두려움 없이 육지에 잘 들어가서 3일간 풍랑이 멈출 때까지 피신하다 방금 까자치예에 귀환하였습니다. (황우석 박사의 카톡메시지, 2015.9.5.)

황 박사와 함께 바다에서 조난당한 데이비드 김 연구원은 볼리비아에서 한국으로 유학 온 교포 3세다. 따뜻한 중남미에서 나고 자란 데이비드 김에게 북극의 혹한은 지옥이었던 것 같다. 그에게 바다 위에서 '얼마나 무서웠느냐.'라며 안부를 물으니까 그는 대뜸 내게 이런 말을 했다.

—너무 추워서 무서울 겨를도 없었습니다.[6]

황 박사에게 이 말을 건네니 그는 배를 잡고 웃으면서 당시 조난당한 배 위에서 있었던 일을 말해준다.

—극한의 추위가 계속되다 보면 지독한 졸음이 몰려옵니다. 꼬집어도 참을 수 없을 만큼 졸린 데 거기서 수면상태로 빠져들면 저체온증으로 죽는 거죠. 그래서 제가 계속 데이비드를 흔들어 깨웠어요. '데이비드 인마 정신 차려라.' '너 여기서 죽으면 부모님이 찾으러 와도 시체도 못 찾으신다.' 이러면서 계속 깨우는데 풍랑

이 워낙 거세니까 배는 거의 90도 각도로 흔들리고…. (황우석 박사, 2015.12.13.) [7]

황 박사는 엔진이 고장 난 배 위에서 꼬박 하루 넘게 풍랑과 극한의 추위와 싸웠다. 가까스로 뭍에 도착했는데 밤사이 닻줄이 끊어져 다시 떠내려갔다. 북극인 두 사람이 이를 보고 차디찬 바닷속에 뛰어들어 황 박사가 탄 배 위에 올라타 끊어진 밧줄을 큰 배와 연결했다고 한다. 당시 탐사대가 올라탄 배는 모두 8척이었는데 모든 배가 하나같이 무겁디무거운 매머드의 상아와 사체들을 싣고 가다 보니 늘 조난의 위험에 노출될 수밖에 없었던 것이다. 물속에 뛰어든 '이고르'라는 북극인은 지난 1년간 '라코브' 섬에서 매머드 사체를 발굴해온 현장 책임자였다. 황 박사의 목숨을 구해준 그는 배가 뒤집히며 바다에 빠지던 매머드 사체까지도 목숨을 걸고 건져내기까지 했다. 황 박사는 그의 가족을 한국으로 초청했다.

— 이고르의 가족을 초청했습니다. 저에겐 생명의 은인, 연구의 은인이죠.

그런 황 박사에게 물어봤다. 거센 풍랑 속 흔들리는 배 위에서 어떤 생각이 들었느냐고.

— 죽는다는 생각은 안 들었어요. 하도 위험한 상황을 많이 겪다 보니… 오히려 이런 과정을 거쳐야만 다다를 수 있다는… 고난과 역경 없이 과학의 변화는 없다는 생각뿐이었어요. 이걸 이겨내면 더 좋은 일이 올 수 있다는 생각에 다시 기운을 차렸죠. (황우석 박사, 2015.12.13.)

가지 않은 길을 고집스럽게 걸어온 그는 또 한 번의 죽을 고비를 넘겼다. 앞으로 그 길 위에는 뭐가 기다리고 있을까? 무엇이 나오든 간에 그는 절대 포기하지 않을 것 같다.[8]

시베리아 최북단 '라코브(Lyakhov) 섬'에서 발굴한 매머드 상아를 들고 있는
황우석 박사와 러시아 연구원 (2015.9.2.)

1.6%의 기적

성공확률 1.6%. 지난 2005년 그들이 세계 최초로 복제개 '스너피'를 성공시켰을 때 〈네이처〉 논문에 보고된 성적이다. 당시 언론은 효율이 워낙 낮아서 실용화는 어려울 것이라고 평했다. 그러나 그로부터 7년 뒤인 2012년 그들은 무려 27%의 성공률로 코요테를 복제했다는 논문을 발표했다. 2014년 그들은 평균 35%의 개복제 성공률로 개복제를 실용화 단계에 올려놨다. 불과 10년이 채 안 되는 동안 1.6%라는 희미한 가능성이 35%의 엄연한 현실로 변한 것이다. 이것이 불가능에 도전하는 과학의 본모습이 아닐까? 만일 10년 전 그 추운 겨울날 재연기회를 달라던 과학자의 절규를 외면하지 않았다면 지금 우리의 모습은 어떨까?

제57부

"안현수가 누구죠?"

국내 생명윤리법 상 외국에 나가도 국적을 바꿔야만 줄기세포를 연구
할 수 있게 된 그에게 기자가 물었다. '안현수 선수'를 떠올리는 사람
들이 많다고. 그랬더니 의외의 답변이 나왔다. "안현수가 누구죠?"

그들이 진정 과학자의 길을 걷는 사람들이었다면 특허에서 자신의
이름을 뺐어야 한다. 황우석 1번 줄기세포(NT-1)는 연습생이 우연히
만들어낸 '처녀생식'에 불과하다고 주장해온 사람들이, 왜 '처녀생
식'이 아니라 '정상적으로 복제된 배아줄기세포'였다는 특허증에 발
명자로서 자신의 이름을 올려놓고 있느냐 말이다. 마치 개그콘서트
같은 상황이 내 눈앞에서 펼쳐지고 있었다.

2014년 2월 11일, 미국 특허상표청(USPTO)은 황우석 박사가 처
음 만든 1번 줄기세포주(NT-1)를 최초의 복제줄기세포로 물질과
제조방법을 특허로 등록시켰다. 그런데 미국 특허청의 전자 공시
시스템을 통해 특허증을 확인해보던 나는 이상한 대목을 발견했다.
특허 발명자 명단에 어울리지 않는 사람들의 이름이 들어 있는 것
이다.

— 특허명 : 인간의 체세포복제 배아로부터 유래한 배아줄기세포주.
— 등록번호 : 8647872, 등록일 : 2014.2.11.

— 발명자 : 노성일, 황우석, 이병천, 강성근, 류○○, 이○○ 등 15명.

노성일 미즈메디 이사장과 〈PD수첩〉의 제보자인 류 아무개 씨와 이 아무개 씨 부부. 이들은 내 기억으로 황우석 1번 줄기세포가 '복제줄기세포'가 아니라고 주장해온 사람들이다. 그런데 어떻게 '복제 줄기세포 특허'에 자신의 이름을 올릴 수 있다는 말인가. 혹시나 내 기억이 잘못됐던가 싶어 예전 자료들을 찾아봤다. 틀림없었다. 그들은 황우석 1번 세포가 정상적으로 복제된 게 아니라고 주장했던 사람들이다. 제보자 부부는 서울대 조사와 검찰수사 과정에서 한결같이 주장해왔다. 황우석 1번 줄기세포 NT-1은 당시 연습생 신분이던 제보자의 부인(이 아무개)이 우연히 연습하다 만들어낸 '처녀생식 줄기세포'였다고.

> — 류○○ 연구원과 이○○ 연구원(제보자 부부)의 진술에 의하면 (자신들이) 핵이식에 익숙하지 않은 상황에서 시행된 실험이라 실험 도중 1차 극체가 다시 난자 내로 유입될 (처녀생식의) 가능성이 있다고 하였다. (서울대 조사보고서 22쪽, 2006.1.10) [1]

노성일 이사장은 지난 2007년 1월 법정에 나와서 자신 있는 어조로 증언한 바 있다. NT-1은 완벽한 처녀생식 줄기세포라고.

> — (노성일 이사장은) 이어 'NT-1 세포가 처녀생식 과정으로 발생한 것이라고 생각하느냐.'라는 (검사) 신문에도 '서울대 조사위의 발표 이후 카이스트와 서울대 산학협력단 교수 등 국내에서 가장 권위 있는 교수 8명이 검증했는데 완벽한 처녀생식인 것으로 돼 있고 어제도 확인했다.'라며 기존 입장을 되풀이했다. (연합뉴스,

2007.1.30.) [2]

그런 사람들이 복제줄기세포라는 미국 특허에 발명자로서 버젓이 자기 이름을 올려놓고 있다. 이상하지 않은가? 더구나 그들은 지난 2011년에 역시 복제줄기세포로 등록된 캐나다 특허증에도 이름을 올려놓고 있었다.

— 특허내용 : 다양하게 원하는 세포유형으로 분화될 수 있는 인간 체세포복제배아 유래 배아줄기세포주와 그 제조방법.
   등록번호 : CA 2551266.
   발명자 : 노성일, 황우석, 이병천, 강성근, 류○○, 이○○ 등 15명.

나는 이들의 입장을 취재하고자 연구실과 병원으로 전화를 걸어봤지만 연결되지 않았다. 그래서 방송사 직인이 찍힌 취재 요청 공문을 보내 다음과 같은 질의내용을 취재하고 싶다는 뜻을 전했다.

— NT-1은 복제가 아닌 처녀생식 기원이라는 입장을 가지신 노 이사장님께서 NT-1 미국 특허의 공동 발명자로 이름을 올리고 계신 이유를 여쭤보고 싶습니다. (노성일 이사장에 대한 취재요청공문, 2014.2.14.)

— 서울대 조사에서 NT-1은 복제가 아닌 처녀생식 기원이라는 입장을 밝히신 류 교수님께서 체세포 핵이식으로 명시된 NT-1 미국특허의 공동발명자로 이름을 올리고 계신 이유를 여쭤보고 싶습니다. (제보자에 대한 취재요청공문, 2014.2.14.)

그러나 두 사람 모두 답이 없었다. 취재에 응하지도 않았다. 그리고 제보자가 교수로 있는 모 지방 의과대학의 홍보실 직원은 '그의 말을 대신 전한다.'라며 이렇게 말했다.

— 특허가 출원될 당시 특허서류를 꾸민 당사자로서 이름을 올렸지만, 특허가 진행되는 중간에 이름을 뺄 수 없는 구조였고… 예 그렇습니다.[3]

그 홍보실 직원은 '자신들도 그런 부분이 궁금했었다.'라며 취재에 도움이 되길 바란다고 했다. 많은 도움이 됐다. '특허에서 이름을 뺄 수 없는 구조였다.'라는 제보자의 해명 또한 사실과 전혀 달랐으니까. NT-1의 특허업무를 전담한 김순웅 변리사는 '이름을 빼달라.'라는 요청이 들어오면 언제라도 빼줬으며 그래서 특허출원 당시 24명이던 공동발명자 가운데 9명이 중간에 자신의 이름을 빼달라고 요청을 해 나머지 15명 만으로 캐나다와 미국에서 특허 등록을 마쳤다고 말했다. 제보자도 노 이사장도, 자신의 이름을 빼달라는 요청은 하지 않았다는 것이다.

— 본인 스스로 이름을 빼달라는 등 명시적인 요청도 없었던 거죠. 최초에 (발명자) 24명이었는데 (중간에) 빠지고 싶다는 의사표명을 해 오신 분들이 계셨지만, 그분들은 (요청이 없었습니다.) (NT-1 특허대리 김순웅 변리사, 2014.2.14.)[4]

더구나 제보자 자신이 'NT-1의 특허출원서류를 꾸민 당사자였다.'라는 해명 또한 신빙성이 떨어졌다. 취재결과 NT-1의 특허출원 서류를 꾸민 당사자는 당시 한국 특허청에서 파견된 특허전문가들과 서울대 소속 김순웅 박사, 그리고 K 법무법인이었다. 제보자 '닥터 K'

의 역할은 논문 저자로서 특허에 필요한 관련 데이터를 정리해 넘겨주는 수준이었다. 그러나 그는 지금도 다른 언론과의 인터뷰나 외부 강연을 통해서는 NT-1이 '복제된 게 아닌 처녀생식'이라고 여전히 주장하고 있다.

> — 나(제보자)는 자가생식(처녀생식)만으로도 세계적 업적이 될 수 있고 치료용으로 쓸 수 있다고 했지만, 황우석은 핵이식(복제방식)이 아니면 자신에게 아무 의미가 없다고 딱 잘라 말했다. 처음부터 데이터를 자신의 목적에 맞게 꾸밀 생각이었다. 결국, 논문 초록 끝에 그 가능성(처녀생식)을 한 줄 언급하는 정도로 타협이 이뤄졌지만, 황우석은 그것조차 기분 나빠했다. (제보자의 언론 인터뷰, 2014.3.4.) [5]

게다가 NT-1을 수립한 당사자는 바로 자신의 부인인 이 아무개 연구원이었다는 주장까지 펴고 있었다.

> — 그녀(체세포 핵이식 전담 박을순 연구원)는 짐을 싸야 할 처지에 내몰렸다. 그런 상황에서 다른 연구원(자신의 부인인 이 아무개 연구원)이 핵이식 연습을 하던 중에 줄기세포가 만들어졌다. 바로 NT-1이다. 딱한 처지의 박을순 연구원을 위해 그녀의 공으로 돌리기로 했다. 그녀도 제안을 받아들였다. (제보자의 언론 인터뷰, 2014.3.4.)

그러나 당시 이 문제를 수사했던 검찰의 수사기록은 제보자의 주장과는 180도 다르다. 제보자 부부만 NT-1은 자신들이 만든 것이라고 주장했고, 당시 실험기록도 그리고 다른 연구원들의 증언도 모두 그들의 주장과 달랐다. 검찰은 제보자 부부도 결국은 입장을 번복했다고 밝히고 있었다.

—류○○ 및 이○○도 당초 서울대 조사위 조사 후 진술을 변경하여 박을순이 핵이식하였을 가능성이 높다고 진술하고 있으며, 당시 함께 근무했던 박종혁, 구자민 등도 박을순이 핵이식한 것이 NT-1번이 되었다고 공통된 진술을 하고 있는 점 등에 비추어 NT-1번은 이○○(제보자의 부인)이 아닌 박을순이 핵이식한 것으로 확인됨. (검찰수사결과, 2006.5.12.) [6]

　한편 노성일 이사장 역시 우리 방송의 취재요청은 거절하면서 다른 매체와의 인터뷰를 통해 'NT-1'은 처녀생식이며 이번 미국 특허는 별 의미 없는 특허라는 견해를 밝히고 있었다.

　—황우석 전 교수가 서울대 수의대에 재직하던 시절 만들었던 '1번 인간배아줄기세포(NT-1)'가 미국에서 특허 등록한 사실과 관련, NT-1의 발명자인 노성일 미즈메디병원 이사장은 큰 의미가 없다고 밝혔다. 노 이사장은 "NT-1은 황 전 교수가 주장하는 배아줄기세포복제가 아닌 자연발생적인 처녀생식에 의해 만들어진 것으로 결론이 났다."라며 "미국 특허는 큰 의미가 없다."라고 11일 밝혔다. (머니투데이, 2014.2.11.) [7]

　한 편의 코미디였다. 다른 나라도 아닌 미국에서 등록된 특허에 발명자로 이름을 올리고 있는 사람들이 앞장서서 "특허는 의미 없다."라고 언론 인터뷰를 하고 있는 나라. 그것이 2014년 대한민국의 풍경이었다. 특허검증이 곧 과학계 검증은 아니라는 반론도 있지만 내가 볼 때 이는 지극히 교과서적인 말이다. 특허청, 특히 미국 특허청은 NT-1에 대한 논란을 아주 잘 알고 있었다. 자국의 과학자 두 명이 경합하고 있는 특허였기 때문이다. 한 사람은 제럴드 섀튼이었고 또 한 사람은 가장 최근에 이 방식 줄기세포를 세 개나 만들어낸 미탈리포프였다. 이 치열한 경합과 과학논쟁 속에 미국 특허청은 왜 황우석이라는. 자기 나라에서 사기꾼 취급받으며 연구권한마저 취소된 논란의 연구팀에게 특허증을 내줬을까. 결정적으로 실험데이터였다. 미국 특허청이 도저히 거절할 수 없는 실험데이터가 들어갔던 것이다. 내가 미국 뉴욕에 있는 황우석 박사 측 특허 대리인과 국제전화를 한 날은 2014년 2월 13일 새벽이었다.

> ―미국 특허청 심사관은 NT-1 논란을 누구보다 잘 알고 있었고 자신들이 특허를 줄 수 없는 4가지 거절사유를 명시했습니다.
> ―이후 오랜 기간에 걸쳐 답변과 재답변이 오갔습니다. 그때마다 황우석 교수님 쪽에서 매우 성실하고 정확한 데이터를 제출했습니다.
> ―마지막 순간에 도저히 거절할 수 없는 실험데이터들이 들어갔고 얼마 후 등록이 결정됐다는 회신이 왔습니다.

거부할 수 없는 데이터라. 수화기를 내려놓고 인터뷰 내용을 저장했다. 녹음파일이 방송국 서버에 등록되는 동안 잠시 생각에 잠겼다. 갈릴레이. 그도 그랬을까. 그래도 지구는 돈다고. 350년 전 종교재판장에 섰던 갈릴레오 갈릴레이의 모습이 궁금해졌다. 종교법정에서 이단으로 몰린 그에게 세상은 끈덕지게 요구했다. 이제 그만 자네의 관측결과 따위는 내려놓으라고. 그러나 시간이 지나 진실이 밝혀졌다. 그들은 죽은 갈릴레이에게 사과했고 그의 이름을 딴 갈릴레이호는 우주를 날아 목성을 향하고 있다.

당시 사건의 당사자들은 모두 입을 다물었다. 10년 전 기자회견을 통해 NT-1이 처녀생식임을 밝힌 게 '서울대 조사 최대의 과학적 업적'이었다고 자랑했던 정명희 서울대 조사위원장은 우리 취재진의 전화를 일방적으로 끊었다.

— 교수님께서 2009년 법정에서 당시 서조위 발표에 실수가 있었다는 걸 인정하셨다는 적이….
— 난 뭐 여기에 끼고 싶지도 않아. 그냥 끊으십시다. 예. (뚝)
— 여보세요? 여보세요 교수님? (2014.2.14.) [8]

MBC 〈PD수첩〉의 한학수 피디 역시 인터뷰 요청을 거절했다. 그와 통화를 마친 우리 취재 MC는 내게 이렇게 전했다.

— 피디님, 한학수 피디님께 전화를 드렸더니 '저희 방송의 취재의도가 뭐냐?'라고 물으시더라고요.
— 그래서요?
— 저희는 의도를 갖고 취재하는 게 아니라고 말씀드렸죠. 그랬더니 '담당 PD가 누구냐?'라고 물으시더라고요.
— 헐. 저라고 말씀하시죠.
— 예. 노광준 피디님이라고 말씀드리니까 웃으시면서 '열심히 해 보시라고 자신은 드릴 말씀이 없다.'라고 하면서 전화를 끊으시던데요.
— 아이그…. 미안해요. 피디 잘못 만나서 고생하네….

이것이 '악명높은 황빠언론인'의 숙명이던가? 우리 취재 MC는 정말 사명감을 갖고 열심히 뛰어다녔지만, 담당 PD인 내 덕분에 연신 허탕만 쳤다. '거절 전문 MC'라는 우스개 별명까지 붙게 된 그녀는 우리의 특집 다큐멘터리가 라디오 방송 전파를 타기 시작할 무렵 SNS에 장문의 글을 올렸다.

　—제 아버지는 온 세상이 황우석 사건으로 떠들썩하던 그 시기에 의사의 실수로… 의료사고로 중환자실 생활을 하시다 돌아가셨습니다. 핑계겠지만… 내 다친 손가락이 너무 아파 전혀 관심 갖지 못했던 사건이었고… 참 어리석게도 말입니다. 잘 알지도 못하면서… 내게 황우석 지지자들은 마치 사이비 종교에 빠진 사람들처럼 다가왔습니다. 그러다… 이렇게 늦게 이 사건을 취재하면서 울분을 토했고, 진작에 진실을 알고자 하지 않았음이 너무나 죄송했습니다. 수없이 많은 취재를 해봤지만, 이번 취재만큼 많이 울었던 취재는 없었던 것 같습니다. 죄송해서… 그리고 답답해서… 더 집중해서 만들지 못한 것이 아쉽지만 많은 사람들이 모르고 있는, 오해하고 있는 부분들을 조목조목 노광준 피디님과 함께 세상에 들려드립니다. 진실을… 함께 들어주세요. (취재 MC K의 글, 2014.2.11. 오후 7:22.)

　그녀는 자타가 공인하는 베테랑 취재 요원이었다. 현장에서 산전 수전 공중전 다 겪으면서 어떤 상황에서도 인터뷰를 해오던 그녀는 비록 PD를 잘못 만나 많은 거절을 당했지만 꿋꿋하게 연구현장을 누볐고 특히 2번 줄기세포의 주인공인 어린 왕자 현이의 가족들과는 시간 가는 줄 모른 채 눈물범벅 인터뷰를 해왔다. 그녀는 진심으로 현이를 위해 기도했고 황우석 연구팀에게 다시 줄기세포 연구기회가 주어지기를 바랐다. 그러나 그녀는 이 연구를 막고 있는 '보이지 않는 벽'이 얼마나 높고 굳건한지도 이번 취재를 통해 깨달았을 것이다. 우리의 특집 5부작 방송이 끝나갈 무렵 대법원의 확정판결이 두

건 연달아 나왔다.

　— 피고 황우석 : 사기 무죄, 횡령 유죄, 생명윤리법 위반 유죄. 징역
　　1년 6월에 집행유예 2년을 선고한 원심을 확정함. [9]

　그날은 2014년 2월 27일이었다. 자그마치 8년을 끌어온 줄기세포
법정이 결국 '황우석 유죄'로 끝난 것이다. 게다가 이날 대법원은 황
박사에 대한 서울대 교수직 파면이 부당했다는 고등법원의 항소심
판결까지 뒤집었다.

　— (피고 황우석이) 과학계에 기여한 바가 크다 하더라도 서울대 교수
　　직 파면은 정당했음. [10]

　게임 오버. 결국 판결은 끝났고 사람들은 '사기 무죄 판결'이니 '미
국특허 등록'이니 '서울대 조사의 부당함'이니 하는 머리 복잡해지는
말보다는, '유죄확정', '교수직 파면 확정'이라는 단순 명쾌한 결론
에 따랐다. 대법원의 판결은 '더 이상 한국에 남아 있지 말고 다른 나
라에 나가서 연구하라.'라는 뜻과도 같았다. 국적을 바꾸라는 말과도
같았다. 한국의 생명윤리법은 한국 국적을 가진 사람이 정부의 연구
허가를 받지 않고 인간의 난자를 이용해 줄기세포 연구를 할 경우 언
제 어디서든 처벌하도록 되어 있으니까.

　— 안현수 선수가 떠오르네요.

　지난 2014년 3월 특집방송의 진행을 맡았던 우리 방송 소영선 피
디가 마지막 방송에서 던진 말이다. 안현수 선수는 한국의 빙상 영웅

이었지만 빙상계 내부 알력에 더 이상의 출전기회를 가지 못하던 끝에 결국 한국 국적을 포기하고 러시아로 귀화해 '빅토르 안'이라는 이름으로 2014년 소치 올림픽에서 금메달을 따냈다. 그런 안현수 선수와의 공통점이 있다면. 황 박사 역시 줄기세포 연구기회를 얻으려면 국적을 포기해야 한다는 점이다.

— '빅토르 안'에 이어 '빅토르 황'이 나오겠군.

스튜디오 안에 있던 모두가 무거운 얼굴로 고개를 끄덕였다. 그날의 방송은 나로서는 벌써 두 번째 기획한 줄기세포 특집 방송 시리즈였고. 나는 안현수 선수의 얼굴을 떠올리며 사실상 취재수첩을 접었다. 더 이상 바뀔 게 없어 보였으니까. 그리고 크게 봐서 황 박사가 외국인이 되는 것은 나쁜 선택 같지 않았다. 어차피 그의 기술을 외면하며 기회조차 주지 않는 그의 조국에서 기술을 썩히고 있느니 전 세계 난치병 환자들과 과학 발전을 위해 연구하는 것이 더 좋은 일 아니던가. 그곳이 어디가 되든지 간에 말이다. 그의 건투를 빌면서 나는 9년간의 취재수첩을 덮고 일상으로 복귀했다. 이제 '음모론자'나 '악명높은 황빠'가 아닌 '보통 사람'으로서의 갱생(?)의 길을 걸었다. 그러던 2014년의 여름, 나는 황우석 박사를 단독으로 인터뷰했던 동아일보 허문명 기자의 기사를 보고 깜짝 놀랐다. 그분 역시 황 박사에게 우리와 비슷한 뉘앙스의 질문을 던지고 있었다.

— 소치 겨울올림픽을 보며 러시아로 귀화해 금메달 3개를 딴 안현수 선수와 황 박사를 비교하며 '한국이 인재를 버렸다.'라고 말하는 사람들도 있는데요. 여기에 대해서는 어떻게 생각하시나요? [11]

그러자 황 박사는 기자에게 대뜸 이렇게 물어봤다고 한다.

— 안현수가 누구죠?

허문명 기자는 오히려 자신이 당황스러웠다며 이렇게 기사를 맺고 있었다.

— 안현수에 대해 설명하려던 기자는 이내 포기했다. 그가 뉴스와 담을 쌓고 산다는 것을 잘 알고 있었기 때문이다. 세 시간여에 걸친 인터뷰가 끝났다. 그는 연구실로 돌아갔고 기자는 연구실을 나왔다.

제58부

캘리포니아 드리밍

아무것도 할 수 없다는 심한 무력감에 펜을 꺾어버렸던 나는 2014년 가을에 개봉된 영화 〈제보자〉의 진실왜곡과 일방적 논리전개에 분노했고 팟캐스트 방송을 통해 10년 취재기 출간을 위한 크라우드 펀딩에 도전했다. 그 겨울 나는 캘리포니아로 떠났다.

평범하게 사는 것도 쉬운 일은 아니었다. 2014년 가을에 개봉된 〈제보자〉라는 영화 한 편은 보통 사람으로 살던 나를 다시 '악랄한 황빠'로 복귀시켰다. 솔직히 말하자면 옛날보다 더 악랄해진 것 같다. 팟캐스트 방송에 크라우드 펀딩까지… 예전에는 상상도 할 수 없었던 과감한 시도들을 거침없이 해나가고 있으니 말이다.

나는 〈제보자〉라는 영화가 대략 어떠할지 짐작은 하고 있었다. 2013년 겨울이었나. 황 박사 지지자 한 분이 방송국으로 찾아왔다. 황우석 사건을 다룬 영화가 제작되는데 자신이 영화 제작자를 직접 만나 '왜곡 없이 이 사건을 다뤄달라.'라는 뜻을 전하고자 한다고. 그러면서 그분은 혹시 내가 그동안 쓴 책 중 한 권을 줄 수 있느냐고 했다. 나는 10년을 자기 일처럼 앞장서온 그분의 정성이 짠해서 그 자리에서 친필사인을 담은 내 책을 드렸다. '좋은 영화 만드시는데 조금이나마 도움이 됐으면 좋겠다.'라고 적어서 드렸다. 그랬더니 다음 날 그분으로부터 문자 메시지가 왔다.

─제작사 대표님을 만나 피디님의 책을 전해드렸습니다. 대표님께
서는 자신들은 이 사건에 대해 어떤 의도나 편견도 없으며 피디님
의 책을 영화감독님께 바로 전해드리겠다며 감사인사를 하시더군
요. 고맙습니다.^^

그러나 그 뒤 아무런 소식도 없었다. 그분에게도, 영화 제작사로부
터도. 심지어 영화 제작자들은 황우석에 대한 영화를 만들면서 황우
석 박사나 연구팀 한 명 만나지 않았다. 그리고 영화가 개봉됐다. 이
게 무엇을 의미하는지 뻔하지 않은가. 그래서 책 선물은 아무에게나
하는 게 아닌가 보다. 어떻게 쓴 책인데…. 그런데 그런 나를 우리 집
여인들이 극장으로 끌고 갔다. 〈제보자〉의 두 주연배우, 박해일과 유
연석 씨는 우리 집 여심까지 자극하고 있던 것이다.

─그래도 자기가 오랫동안 취재해온 건데 그에 관한 영화는 봐야 되
  는 거 아니야?
─아빠, 벌써 삼십만 넘었대.

〈은교〉에서 박해일의 연기는 정말 짱이었다. 〈응답하라 1994〉에
서 '칠봉이'로 나온 유연석은 남자인 내가 봐도 정말 풋풋하고 매력
있었다. 그 두 남자가 함께 나오는 영화이니만큼 나 역시 '영화는 그
냥 영화로 보자!'라고 편하게 마음먹었다.

괜히 나 때문에 가족들 보고 싶은 영화도 못 보게 할 수는 없지 않
은가. 그렇게 우리 가족이 영화를 본 날은 2014년 10월 4일, 토요일
밤이라 그런지 동수원 CGV 안에는 제법 많은 남녀 커플들이 영화를
기다리고 있었고 곧 영화가 시작됐다. 그런데 이런! 첫 자막부터 심
상치 않았다.

— 이 영화는 실제사건에서 영감을 얻었으나 사실과는 다른 픽션임을 미리 밝힌다.

나는 그 자막을 보고 직감했다. 그것은 명예훼손 소송에 대비한 장치라는 것을. 순간 영화제작자에게 전해졌던 나의 책이 어떤 용도로 쓰였을지 짐작할 수 있었다. 감독이나 배우가 아닌 법률전문가들이 내 책을 탐독하며 추후 발생할지도 모르는 소송에 대비했으리라는 생각도 들었다. 너무 나갔나? 영화는 황우석이라는 과학자를 젠틀한 '사기꾼'으로 그려냈다. 겉으론 학자인 척하며 속으로는 조작을 주도하고 언론과 권력까지 조종하면서 급기야 방송국을 찾아가 담당 피디에게 이런 협박까지 해대는 절대 권력.

— 이제 (방송) 그만두고 물러나는 게 어떻겠습니까?
— 저희는 이 방송 내보내겠습니다.
— 과연 그럴 수 있을까? (영화 〈제보자〉 중 황 박사와 피디의 대화) [1]

'창작'의 수준이었다. 현실의 황우석 박사는 MBC 〈PD수첩〉의 검증 요구에 응해 줄기세포와 환자의 체세포 시료를 모두 내줬고, 방송국에 찾아간 일도 없고 PD에게 협박한 일도 없었으니까. 오히려 협박과 회유는 PD들이 했다. 그러나 영화는 이 장면을 결코 비추지 않았다.

— 이건 황우석 박사님만 주저앉히면 된다. 그런 뜻이에요.
— 황 교수님으로만 정리를 했으면 좋겠어요. 정리를 했으면 좋겠고. 그래서 젊은 분들이 다치는 걸 원하지 않아요. (MBC 〈PD수첩〉, 2005.12.15.) [2]

그리고 '바보 개'가 나온다. 어디서 많이 본 개였다. '스너피'. 황 박사가 지난 2005년 세계 최초로 복제에 성공해 〈네이처〉 논문으로 발표했던 복제개 '스너피'를 꼭 닮은 개가 영화 속에서는 길바닥에 축 늘어져 있다. 복제되어 태어났다는데 어디가 많이 아픈지 시름시름 앓으며 걷지도 일어서지도 못하는 '바보 개'로 나온다.

— 저 개 바보 개 아녀?
— 예? 바보 개라고요?
— 그려 올 때부터 저랬어. 일어서지도 못하고 맨날 저렇게 멍청하니 누워만 있어.[3]

영화 속의 PD들은 시름시름 앓고 있는 '바보 개'를 안고 동물병원으로 향한다. 복제개의 상태를 살펴본 수의사는 고개를 젓는다.

— 이미 암 덩어리가 다 퍼져있네요.
— 아니 이럴 걸 복제를 왜 하는지 모르겠네요.

이런…. 나도 모르게 입에서 욕이 튀어나오려는 걸 가까스로 참았다. '복제동물은 태어날 때부터 치명적인 질환에 시달린다 카더라.'라는 반대 진영의 믿음과는 달리 복제동물은 보통의 동물과 똑같은 삶을 살아간다. 복제동물이 특별히 심약하다는 어떠한 과학적 근거도 보고된 적이 없다.

복제개 '스너피'는 사람으로 치면 칠순에 해당하는 열 살로 생을 마칠 때까지 새끼까지 낳고 건강하게 살았다. 너무 건강하니까 복제동물이 왜 이리 튼튼하냐며 가짜 논란에 휩싸이기도 했지만, 스너피는 복제개였고 스너피가 낳은 새끼 강아지도 건강하게 살아 있다.

그뿐만이 아니다. 죽은 개의 세포를 복제해 태어난 '미씨'라는 개는 현재 미국 캘리포니아에서 미국인 주인 '루 호손' 씨와 함께 건강하게 살고 있다. 지난 2011년에 태어난 복제코요테들은 지난 2014년 자기들끼리 자연교배를 해 3마리의 새끼를 낳고 경기도 축산위생연구소에서 살고 있다. 이들의 진위여부는 이미 논문으로 입증되었다.

지난 2009년에는 9·11 테러 당시 구조견으로 맹활약하던 '트레커'를 복제한 개가 태어나 미국에서 인명 구조견 훈련을 받고 있고, 현재 한국의 경찰청은 인명 구조견 복제 40마리 프로젝트를 벌이고 있다. 이런 마당에 출처도 불분명한 '바보 개'의 등장이다. 너무 그 의도가 뻔해 보였다. 개복제 연구를 하던 연구원들의 모습이 짠하게 떠올랐다. 복제개의 출산이 임박할 무렵부터 출산과 강아지 육아를 돕기 위해 잠 못 자고 밤샘 실험을 하던 그들이었다. 아예 개 집 위에 이불 하나 깔고 숙식을 함께하며 복제 강아지를 돌보기도 했다. 그런 연구자들의 피땀 어린 정성이 연구실 근처에도 가본 적 없는 영화감독에 의해 "저런 걸 왜 복제해?"로 되어가고 있었다.

— 나치 시절 괴벨스도 이런 식으로 생사람 잡았겠구나.

영화는 끝났고 우리 가족은 말이 없었다. 잠시 후 영화에 몰입해 황 박사를 욕하던 여럿의 순진무구한 관객들과 함께 극장을 빠져나왔다. 지하주차장으로 내려가는 엘리베이터는 영화를 본 사람들로 가득 찼다.

— 영화 재밌더라.
— 어. 사실 별 기대 않았는데 좋던데. 스토리도 탄탄하고.

스토리가 탄탄해? 속으로만 외쳤다. 아내도. 그리고 아이들도 조용히 있었다. 괜히 이상한 사람 되기 싫었으니까. 지하 주차장에서 차에 올라타자마자 비로소 가족들의 영화평이 시작됐다.

— 박해일과 유연석 연기가 좀 어색했어.
— 맞아. 자연스럽지 못했어.
— 아빠도 영화 만들어. 딱 저 영화하고 반대로만 만들어도 재밌겠던데.

나는 조용히 운전을 하며 웃기는 상상을 해봤다. 만일 우리 가족이 지금 차 속에서 나누는 이 대화를 그대로 사람들 많은 엘리베이터 안에서 했더라면, 주변사람들의 표정은 어떠했을까? '재들 뭐지.' 하는 이상한 눈으로 보지 않았을까. 집에 돌아왔지만 답답한 마음에 밖으로 나갔다. 음식물 쓰레기 버리고 온다며 삼십 분. 산책하고 온다며 다시 한 시간. 식구들 잠든 걸 확인하고 다시 나가보니 어느새 새벽 두 시. 별은 밤이 깊을수록 더 밝게 빛난다는 말이 있지만. 그날 밤은 먹구름이 짙게 덮여 별조차 보이지 않았다.

— 부관참시. 죽은 자의 무덤을 다시 파헤쳐 뼈까지 불살라버리는 이 잔인한 먹구름 같은 현실 속에 도대체 내가 할 수 있는 일은 뭐지?

우두커니 어스름한 달빛만 쳐다봤다. 답이 안 나왔다. 이미 세 권의 책. 그리고 두 편의 특집 방송. 내가 할 수 있는 모든 것을 다해왔지만, 그들은 이제 영화까지 만들어냈다. 그 거대한 힘에 맞서 나는 무엇을 할 것인가. 무겁게 발길을 떼고 있었다. 집에 가봤자 이리 뒤척 저리 뒤척 오지 않을 잠. 억지로 잠을 청하는 것도 고통이다. 그때 누군가 내 안에서 나지막이 속삭였다.

— 먼저 자신의 패를 봐라.[4]

그렇게 해서 나는 팟캐스트 라디오에 첫발을 내디뎠다. 나의 패는 '라디오 피디'였으니까. 첫 편의 테마는 '제보자의 역습'. 영화의 내용과 실제 사건의 비교를 해가며 한 시간이 넘게 말했고, 다음 날 저녁 최소한의 편집을 거쳐 첫선을 보였다. 2014년 10월 6일, 녹음 파일이 팟캐스트 전용 포털사이트인 '팟빵'에 올라간 지 한 시간쯤 지나서일까. 댓글이 하나둘 달리기 시작했다.

며칠 뒤 100위권 안에 진입하더니(후속작이 늦어 곧 떨어졌지만) 한 달 뒤에 보니 다운로드를 한 사람은 3천 명이 넘었다. 그렇게 다시 시작했다. 악랄하게 다시 섰다. 팟캐스트 방송을 듣고 시사프로그램 인터뷰 요청이 들어오기도 했다.

— "영화 〈제보자〉, 10년 전 PD수첩 논리 그대로 따라 사실 왜곡."[5]

미디어 협동조합에서 운영하던 시사프로그램에 출연해 인터뷰했는데 그게 기사화되기도 했다. 고맙고 신기했다.

— 노 피디는 "이러한 핵심적 팩트에 대해 10년이 지난 지금까지도 언론이 제대로 밝히지 않았고 〈제보자〉라는 영화도 10년 전 PD수첩의 논리를 따라 만든 것"이라고 비판했다. (국민TV뉴스, 2014.11.11.)

그러나 투지에 불타던 나는 곧 뜻밖의 상황을 맞아 비틀거렸다. 세상에서 가장 소중한 내 짝꿍이 방송을 반기지 않았던 거다. 평일에는 일하고 쉬는 날 아침을 틈타 팟캐스트 방송을 만들던 남편의 '월화수목금금금'을 짝꿍은 눈물을 흘리며 말렸다.

—제발 그만 좀 해. 벌써 10년이야.

나보다 더 나를 챙겨주는 그녀는 엉엉 울었다. 제발 그만 좀 하라고. 몸 상하고 마음 상하고 그게 뭐냐고.

—당신 새벽에 잠도 못 자고 도둑고양이처럼 나가서 글 쓴 거 책 쓴 거⋯. 특집 한다고 줄담배 피우며 밤새고 들어오는 거 다 알면서도 모르는 척했지만 이젠 정말 안 돼. 나가지 마. 당신이 떠든다고 세상이 꿈쩍이나 할 것 같아? 제발 그만 해.

그녀의 눈물 앞에 난 고개를 들지 못했다. 진심으로 미안했다. 그때는 우리 가족 모두가 힘들던 그런 시기였기에 더 미안했다. 밖은 이미 차가운 겨울이었고 우리 집안에는 냉기가 가득했다. 뭔가 전환점이 필요했다. 캘리포니아 드리밍. 따뜻한 남쪽 나라를 향해 무작정 배낭을 메고 떠난 그해 겨울의 캘리포니아 여행은 그런 냉기 속에 시작됐다.

—나뭇잎은 모두 시들고 하늘은 잿빛으로 흐린 어느 겨울날 한참이나 거리를 걸었지. L.A에 있다면 평화롭고 따뜻하게 지낼 수 있을 텐데. 캘리포니아를 그리네. 이 추운 겨울날에. (Mamas and Papas / California Dreaming 중) **6**

'마마스 앤 파파스'가 부른 〈캘리포니아 드리밍〉이란 노래 가사처럼 우리는 그 추운 2014년 12월의 겨울날 따뜻한 캘리포니아를 일주했다. 여행사의 도움 없이 자동차 한 대 빌려 9박 10일간 우리 가족이 짠 일정대로 한국에서 예약한 숙소를 거치며 L.A에서 라스베이거스를 거쳐 요세미티 공원과 샌 프란시스코를 돌아 캘리포니아 1번 국도를 달려 다시 L.A로 왔다. 지인들은 '미국 처음 가보는 사람들이 참 겁도 없다.'라며 걱정했지만, 우리 가족은 광막한 모하비 사막을 건너 푸른 목장 지대로 넘어가는 길목에서 인생이란 이런 게 아닐까 하는 사색에 잠겼다.

—사막 한가운데 우뚝 선 태산이 하늘을 가리고 있었다. 조금씩 오르다 보니 구름인지 안개인지 자동차 앞을 가린다. 도대체 어디가 앞이고 뒤고 옆인지 분간할 수 없는 짙은 안개는 공포 그 자체였다. 그러나 천천히 앞으로 나아가고 또 나아간다. 이윽고 산을 넘어 내리막길이 시작되자 짙은 안개가 걷히는데. 그곳은 사막이 아니었다. 끝없는 초원에 점처럼 보이는 소들이 한가로이 풀을 뜯고 있었다. 모하비 사막을 건너 베이커즈 필드로 가던 2014년 12월 21일 오후 2시에.

우리는 많은 이야기를 나눴다. 그리고 '할 수 있다.'라는 자신감도 얻었다. 그리고 뜻밖에 만난 고마운 지인들 덕분에 많이 웃고 많이 배웠다. 그렇게 크리스마스를 난생처음 캘리포니아에서 보내고 돌아오니 2014년의 마지막 날이었다. 나는 시차 적응할 틈도 없이 곧바로 투입된 우리 방송사의 '송구영신' 야외생방송 현장에서 저물고 있는 2014년의 마지막 해를 봤다. 그곳은 한반도 분단의 상징인 임진각이었다.

― 고맙습니다. 덕분에 새해에는 더 큰 꿈을 꿀 수 있습니다.

임진각의 석양을 보며 감사드린 나는 새해를 맞아 정말 기적 같
은 일에 도전했다. 크라우드 펀딩. 이 사건 취재 10년을 맞아 다시 책
을 쓰기로 하고 출간자금을 모은 것이다. 2015년 3월 1일부터 4월
30일까지 딱 두 달 동안 나로서는 어마어마한 돈과 그 액수보다 열
배, 백 배나 큰 사람의 온기를 만났다.

― 참으로 힘든 10년의 기록들이 빛을 발할 수 있도록 기도드립
니다. 제가 은퇴하여 재정이 풍부하지 못해 많은 도움은 못 드
리지만, 조금이나마 힘이 되었으면 해서 수표로 보내드립니다.
필라델피아에서.

― 황우석 사건이 났을 때부터, 이건 아니라고 생각했으며 과학도로
서, 장사꾼은 거짓말을 해도 과학도는 거짓말을 못해요. 경제상황
이 그리 좋지 않아서 적은 돈을 보내려고 합니다. (2015.4.23.)

― 저는 이제 막 환갑이 지나고 있는 시골의 무명 발명가입니다. 저
는 이미 오래전에 계단용 휠체어를 만들었지만… 이것조차도 현
재의 우리 사회는 받아들이지 못하더군요. 이곳저곳 다녀 봤지만
(갈 수 있는 곳은 다 가봤음) 학력이나 경력이나 내세울 것이 아무것
도 없는 사람이다 보니 어딜 가나 잡상인 취급만 하더이다. 그저
외제에는 모두 탄복을 하며 입이 마르게 감탄들을 하지만 정작
국내기술은 쳐다보지도 않습디다. 그러는 와중에 황 박사님 사태
를 보고 듣게 되었습니다. 안 봐도 본 듯 돌아가는 사태가 그려지
더군요. 그런데 저도 급기야는 팔순이 훌쩍 지난 어머님이 척추

수술 후 보행이 안 되시어 부지런히 돈을 모아 제가 개발한 계단용 휠체어를 만들고 있습니다. 소위 계단용 휠체어를 개발한다는 놈이 어머님이 보행이 안 되시는 데 그냥 있을 수는 없지요. 돈이 준비되는 대로 조금씩 부품들을 설계하고 주문하고… 그러고 있습니다. 그중에서 조금 떼어 시골피디 님께 후원?? 하고자 합니다. 쑥스럽지만… 10만 원만 하겠습니다. 경기도 안성에서.

—파이팅!! 진실과 정의가 꼭 승리하는 것을 우리 아이들에게 보여주고 싶습니다. human 드림.

—후원하고자 합니다. 사건 시작 때부터 척 보면 알 수 있는 일을 꼭 정치하듯 버무리고 주변 교수님들조차 자기가 보고 싶은 것만 바라보는 태도에 정말 많은 실망을 했었습니다. 훌륭한 일 하시는데 작은 도움이라도 되었으면 합니다. 바람을 보다.

—낙동강변의 산촌에 사는 사람입니다. 웹으로 후원하고자 한 시간 동안 애를 썼으나 안 됐습니다. 꼭 참여하고 싶습니다.

—에휴 고생 많이 하고 계심에 늘 든든합니다. 의미 있는 책 출간 고대하고 있답니다.^^ (자신의 이름을 극구 밝히지 않은 크라우드 펀딩 참여자)

나는 세상에서 제일 복 많이 받은 사람이었다. 이제 그 복을 나눠드려야 할 시간이다.

제59부

제주도의 푸른 밤

> 중국의 생명공학계는 이 사건 초창기부터 지속적으로 황 박사에게 공동연구제의를 했고, 마침내 2014년 황 박사는 중국 최대 규모의 바이오그룹과 손을 잡고 황해를 건넜다.

2015년. 새해 벽두부터 놀라운 소식이 전해졌다. 중국의 최대 생명공학 기업과 미국의 복제 배아줄기세포 석학이 한국의 제주도로 날아와 황우석 박사와 함께 1천억 원 규모의 공동연구 협약을 맺었다는 것이다.

— 제주도에서 중국 보야라이프그룹 회장과 황우석 박사, 미국의 미탈리포프 박사(영장류 체세포복제 권위자)가 참여하는 조인트 벤처 설립 조인식을 가졌다. (아시아경제, 2015.1.14.) [1]

당시 나는 이런 뉴스가 나왔는지조차 몰랐었다. 그 뉴스는 주식 관련 업계의 미세한 동향을 스케치한 아주 작은 단신이었기 때문이다. 헌데 사실이었다. 황 박사도 수암연구원도 모두 이 사안에 대해선 굳게 입을 닫았지만 나는 우리 방송사와 교류하던 중국 내 소식통을 통해 어렵지 않게 사실관계를 확인할 수 있었다. 그리고 20일쯤 지나 한국의 동아일보는 협약식을 맺은 세 나라 연구팀을 모두 취재해 1면 머리기사로 보도했다.

— 황우석, 美-中과 생명공학 공동연구…. 美 최고 권위자 미탈리포
프 박사, 中 최대 기관 보야라이프그룹과 이르면 설 직후 합작회사
설립 발표 (동아일보, 2015.2.9.) [2]

기사에 대한 한국 내 반응은 한 마디로 '어리둥절'이었다. 근 10년
간 '희대의 사기꾼' 취급을 받아오던 그가 중국의 전폭적인 지원을
받으며 미국의 석학과 손을 잡고 있으니 이게 도대체 어떤 시추에이
션인지 어안이 벙벙할 수밖에. 그러나 황 박사의 1번 줄기세포의 특
허가 미국에서 등록된 이후 국제 과학계의 동향변화를 유심히 살펴
보던 사람들이라면 '올 게 왔구나!' 하며 무릎을 탁 칠 수밖에 없는,
그것은 '예고된 특종'이었다. 한국 내 반대자들은 1번 줄기세포 특허
를 의미 없는 종이쪼가리 취급했지만 국제 과학계의 평가는 달랐다.
지난 2014년, 특허가 등록되기 한 달 전부터 과학계의 양대 산맥인
〈사이언스〉와 〈네이처〉는 황우석 박사에 관한 특집기사 올리기 경쟁
을 벌였다. 1월 14일에는 〈네이처〉가 '복제의 귀환'이라는 제목의 특
집기사를, 다음날인 1월 15일에는 〈사이언스〉가 '연구부정 이후 구
원을 찾는 한국의 복제 과학자'라는 특집기사를 게재했다. 두 잡지
모두 아시아 담당 기자를 파견해 황우석 연구소를 현장 취재하고 이
에 대한 미국 등 과학자들의 반응을 전하며 많은 지면을 할애했다.
전례 없는 일이었다. 조선일보가 특집기사로 보도한 사람을 그다음
날 동아나 중앙이 특집으로 보도하는 일을 본 적 있는가? 과학계 두
개의 톱으로서 치열한 자존심 대결을 벌이던 〈사이언스〉와 〈네이처〉
였기에 그 자체만으로도 유례없는 사건이었다.

— 황우석 박사의 지휘 아래 40편이 넘는 복제 관련 논문이 발표되었
는데 이들 논문에는 복제기술의 발전에 기여하는 내용이 상당수

포함되어 있다. (네이처, 2014.1.14.) [3]

— 황 박사는 언젠가 다시 인간배아줄기세포 연구를 재개하길 희망하고 있다. (사이언스, 2014.1.15.) [4]

기사 내용에서 특히 인상적인 부분은 황 박사에 대한 다른 나라 과학자들의 평가였다. 지난 2007년 황우석 줄기세포는 복제된 게 아닌 처녀생식이었다는 논문으로 그와 대척점에 서 있던 미국 하버드 의대의 조지 데일리 교수는 〈사이언스〉와의 인터뷰를 통해 이렇게 말했다.

— 누구나 결점이 있고 완벽하지 않다. 누구나 다시 만회할 기회를 가질 만하다. (사이언스, 2014.1.15.) [5]

황 박사의 NT-1 특허가 미국에서 정식으로 등록된 이후 〈뉴욕타임스〉는 전 세계로 나가는 국제판에는 1면 머리기사로, 미국 내 국내판에서는 국제면 톱기사로 황 박사의 근황을 자세히 실었다.

— 속죄를 구하는 과학자의 여정 (뉴욕타임스, 2014.2.22-23.) [6]

〈뉴욕타임스〉는 1면과 3면에 걸쳐 황 박사의 재기 노력과 특허 확보, 그리고 이에 대한 학계 반응을 자세히 소개했다. 이 대목에서 곰곰이 한번 따져보자. 황 박사가 미국인이던가, 영국인이던가. 그것이 바로 NT-1, 황우석 1번 줄기세포 특허의 위용이었다. 캐나다에 이어 미국에서 등록된 황 박사의 줄기세포 특허는 싫든 좋든 간에 환자에 대한 면역거부 반응 없는 복제 배아줄기세포 쪽으로 가려는 사람이면 누구도 피해 갈 수 없는 이 분야 길목특허, 다시 말해 '원천특허'

였다. 특허등록에 대한 경쟁자의 험악한 반응은 이를 증명해주고 있었다. 그동안 황 박사와 미국 특허 등록을 놓고 다퉈온 미국의 줄기세포 과학자는 〈뉴욕타임스〉 기자에게 이런 반응을 보였다.

—쇼크! … 제가 할 수 있는 말은 그게 전부네요. ("Shocked, that's all I can say,") 7

그 연구자는 미국 특허청의 심사가 허술했다고 강하게 비판했다. 이 분야 줄기세포를 만들어낸 자신의 연구팀을 제쳐놓고 논란에 휩싸인 황우석에게 왜 특허를 주느냐는 볼멘소리였다. 그가 바로 미탈리포프였다. 슈크라트 미탈리포프. 카자흐스탄에서 태어나 러시아에서 유전학 박사 학위를 받고 미국으로 건너가 현재 오레곤 보건과학대 교수로 있는 그는, 지난 2013년 5월 〈셀〉에 황 박사와 같은 방식의 복제 배아줄기세포 수립 논문을 발표했고 〈네이처〉는 2013년을 빛낸 과학계 10인의 명단 속에 그의 이름을 올렸다. 그런 그였기에 더 속이 상했을 것이다. 'shocked…'. 어느새 이 분야 최고가 된 자신이 과거 두 편의 〈사이언스〉 논문 취소로 빈털터리 신세가 된 황 박사에게 특허 선점을 빼앗겼으니 말이다.

그런데 그랬던 미탈리포프가 제발로 황 박사를 찾아왔다. 미국 특허가 나온 지 8개월 뒤인 2014년 10월경, 그는 황 박사 연구소를 찾아와 공동연구 가능성을 타진했다. 그 뒤 여러 차례의 서신과 계약문서가 오간 끝에 결국 2015년 1월 13일 제주도에서의 3국 공동연구 협약이 맺어진 것이다. 어제의 경쟁자가 오늘의 동지가 되는, 줄기세포 최전방의 냉엄한 현실이었다.

—그는 내가 1번 줄기세포(NT-1)를 만든 지 꼭 10년 만인 2013년

내가 했던 똑같은 체세포핵이식 방식으로 줄기세포를 만들어냈다. 물론 그전에도 학회라든지 공식 행사에서 만난 적이 있었지만, 먼 발치에서 서로 눈인사만 하던 사이였다. 그런 그가 나를 구체적으로 언급한 계기가 있었는데 다름 아닌 미국 정부가 NT-1에 대한 특허(2014년 2월)를 줄 것이라는 전망이 새어 나올 때였다. 그즈음 미탈리포프 박사는 기회가 있을 때마다 미국 내 미디어를 통해 '황 박사에게 특허를 주어서는 안 된다.'라고 공개적으로 계속 비판했었다. 하지만 결국 특허가 나오자 입장이 바뀐 것 같았다. (황우석 박사의 동아일보 인터뷰, 2015.2.9.) [8]

황우석 박사는 동아일보 허문명 논설위원과의 인터뷰에서, 미탈리포프 교수와 제주도 해변을 거닐며 속 깊은 대화를 나눴다고 밝혔다.

— 알다시피 미탈리포프도 〈셀(cell)〉에 게재된 논문 사진에 번호를 잘못 매기는 '미스 라벨링'으로 논문을 조작했다는 의혹을 받지 않았나. 그는 미국 내에서 시비가 일었을 때 자신이 카자흐스탄이라는 주변국 출신으로 천신만고 끝에 이룬 아메리칸 드림은 물론이고 학자로서의 생명도 끝나는구나 하고 절망했다고 한다. 그러면서 나(황우석)를 떠올렸다는 것이다. 그전까지만 해도 나를 '사기꾼'이라 생각하고 있었는데(웃음) 나에 대한 모든 기사와 자료를 찾아 읽은 뒤 '모든 책임은 내가 지겠다.'라고 한 부분이 인상적이었다고 했다. 세상 그 어느 연구 책임자도 자기 논문에 하자가 있다는 것을 뻔히 알면서 발표하는 바보는 없을 것이고 황 박사도 마찬가지였을 텐데 과감히 자기 잘못으로 인정하는 대목에서 동병상련과 존경의 마음을 동시에 가졌다는 것이었다. [9]

그러나 미탈리포프 역시 황 박사와 손을 잡았다는 사실이 모국에 알려지는 게 부담스러웠을까. 이틀 뒤 뒤통수치는 뉴스가 나왔다. 2015년 2월 11일 〈네이처〉는 미탈리포프 교수가 황 박사와의 공동연구를 밝힌 기사 내용에 부정적인 반응을 보였다고 썼다.

— 미탈리포프 교수가 연구 분야에서 황우석 전 서울대 교수와 협력할 것이라는 보도에 대해 당혹스러워했다. (네이처, 2015.2.11.) [10]

황 박사와의 공동연구 내용을 구체적으로 담은 이행각서에 자필로 서명까지 한 미국의 과학자는 왜 굳이 황 박사와의 동행을 감추려했을까. 황 박사는 〈네이처〉 기사에 어떤 대응도 하지 않았다. 그가 다시 한 번 사기꾼 취급을 받더라도 대응하지 않았다. 제주도에서 서명한 협약서 내용을 밝히는 순간 미탈리포프는 한 입 갖고 두말하는 이상한 사람이 돼버린다는 것이다. 황 박사는 나와의 전화통화에서 오히려 미탈리포프를 걱정하고 있었다.

— 〈네이처〉 기자는 물론 한국 내 여러 언론사에서도 전화가 빗발쳤지만, 저희는 대응하지 않을 생각입니다. 협약서를 공개하는 순간 (미탈리포프는) 이상한 사람 돼버리니까요. 어차피 나중에 연구결과가 나오면 모든 게 분명해질 테죠. (황우석 박사, 2015.2.12.) [11]

황 박사는 미탈리포프 교수와 어떤 연구를 하고 있을까? 제1번은 미토콘드리아 유전병 치료 연구다. 엄마의 미토콘드리아로부터 자녀에게 대물림되는, 일명 '모계 유전 난치병'에 도전장을 내민 것이다. 이 병에 대한 골치 아픈 학술명은 참고문헌으로 넘기지만, 가슴 아픈 사람들의 이야기는 남기고자 한다. 한 여성은 무려 7명의 아기를 잃었다. 원인은 엄마의 난자 속에 있는 미토콘드리아에 있었다. 엄마 때문에 아이들이…. 이쯤 되면 아는 게 더 무서운 고통이 된다.

또 다른 여성도 13개월 된 갓난아기의 뇌 기능이 저하되고 있는 걸 눈물범벅이 된 채 바라만 본다. 둘째를 가질 엄두도 내지 못한다. 역시 엄마의 미토콘드리아가 문제였으니까. 어떤 여성은 대물림되어 온 미토콘드리아 장애로 아기를 가질 수도 없는 상태다. 아무리 난임 시술을 받아도 아기가 들어서지 않는다. 들어서도 문제이지만. 학계에 따르면 이처럼 엄마를 통해 유전되는 미토콘드리아 질환을 갖고 태어나는 아기는 신생아 5천 명 중 한 명꼴이라고 한다.

영국에서만 한해 150명, 미국에서는 4천 명에 달하는 것으로 추산되며 우리나라 국민건강보험공단에 따르면 2013년 현재 치료받은 환자만 652명이다. 매년 조금씩 늘고 있으며 절반 이상이 10세 미만의 어린이다. 치료조차 받지 못하는 잠재수요까지 따지면 우리나라에서도 결코 남 일이 아닌 병이다. 유전학자 출신인 미탈리포프 교수는 오래전부터 이 병을 주시해왔다. 복제 전문가인 황우석 박사 역시 세계줄기세포 허브가 한국에 만들어지던 2005년부터 이 병에 관한 치료 연구를 계획하고 있었다. 왜냐하면, 이 대물림의 고통을 끊어낼 현재로서 유일한 해법이 '황우석식 체세포 핵이식'이기 때문이다.

— (줄기세포보다) 백 배는 더 쉽죠. 우리가 늘 해온 연구 중 극히 일부분 과정입니다. 탈핵과 핵이식, 그다음에 정자와 수정시켜서 1, 2세포기 단계까지 간 상태로 의사 선생님들께 넘겨드리면 나머지는 이미 지금의 난임 병원에서 하는 단계와 같으니까요. (황우석 박사, 2015.3.26.) [12]

미토콘드리아가 건강한 다른 여성의 난자에서 세포핵을 빼내고 여기에 엄마의 세포핵을 바꿔 넣으면 유전적으로 엄마와 99.9% 동일한 난자가 돼, 유전병이 대물림되지 않는 건강한 아기를 출산할 수 있다는 설명이다. 황 박사는 미탈리포프 교수와 바로 이 연구를 우선하기로 협약을 맺고 중국을 오간다. 그들의 목적은 난치병 치료뿐 아니라 유전적 난임 문제를 해결하는 데에까지 지평을 넓히고 있었다.

— 당초 제주도에서 미탈리포프 교수와 중국 보야 바이오그룹 간의 3자 연구협약을 맺을 때에도 미토콘드리아 관련 연구가 한 아이템이었고요. 거기에는 미토콘드리아 모계유전질환 치료뿐 아니라 Aged Mitocondria, 즉 나이에 비해 노쇠한 모계 유래 미토콘드리아로 인해 아기를 갖지 못하는 여성들을 대상으로 하는 난임 치료가 포함돼 있습니다. (황우석 박사, 2015.3.26.)

물론 이 연구에도 윤리적 논란은 적지 않다. 반대자들은 이 연구가 아빠 1명에 엄마는 2명인 세 부모 연구라며 반대한다. 한국의 생명윤리법도 이를 허용하지 않는다. 미국은 허용방식을 논의 중이다. 그래서 황 박사도 미탈리포프 교수도 한국도 미국도 아닌 중국에서 손을 맞잡고 있다. 황 박사는 언젠가 이 연구가 본격적인 궤도에 오르는 날, 그 꽃이 자신의 모국에서 피어나길 희망하는 뜻에서 3자 협약식을 중국이 아닌 '제주도'에서 가진 거라며 이 연구에 대한 애착을 드러냈다.

— 앞으로 이 연구가 난임 분야로까지 확장될 경우에는 중국 사람들 추산으로는 적어도 일 년에 10만 명에서 최대 30만 명 정도가 전 세계에서 비행기를 타고 온다는 겁니다. 의료여행인데 성형수술처

럼 단기가 아닌 적어도 몇 개월간 체류하는 중장기라는 거죠. 그런 연구시설과 병원이 만일 제주도에 들어선다면 상당히 뜻깊고 좋은 일자리들이 만들어지지 않을까요?[13]

그의 말을 들으면서 나는 엉뚱한 생각을 하고 있었다. 지금이라도 제주도에 한 평이라도 땅을 사놓고 싶다는. 속물근성인지 모르겠지만, 또는 지금 이 나라의 현실과는 아주 많이 동떨어진 한낱 미몽에 불과한지 모르겠지만, 나의 머릿속에서는 이미 그 옛날 들국화의 최성원 씨가 불렀던 서정적인 멜로디가 흐르고 있었다.

—아파트 담벼락보다는 바다를 볼 수 있는 창문이 좋아요. 낑깡 밭 일구고 감귤도 우리 둘이 가꿔봐요. 정말로 그대가 외롭다고 느껴진다면 떠나요 제주도 푸른 밤하늘 아래로…. (제주도의 푸른밤, 1988.8.)[14]

제60부

도전과 응전

교수직 파면이 정당했다는 대법원의 판결이 나왔을 때도 그는 연구하고 있었고, 그의 복제 소식을 전하는 영국 〈가디언〉의 특종보도가 크리스마스를 장식할 때도 그는 연구를 하고 있었다.

아놀드 토인비는 역사를 '도전과 응전의 반복'이라고 했다. 100% 공감한다. 단재 신채호 선생은 역사를 '아(我)와 비아(非我)의 투쟁'이라고 하셨다. 200% 동의한다. 2015년 한 해만 봐도 그러했다. 황우석 박사의 연구를 둘러싼 도전과 응전은 마치 총성 없는 전투처럼 물밑에서 치열하게 전개되어 갔다.

2015년 6월 24일. 오전 10시 20분경 방송국 스튜디오 안에서 주말에 나갈 교양프로그램의 녹음을 마치고 휴대폰을 켜보니 부재중 전화가 수두룩하다. 한 분에게서 온 전화였다. 인터넷 필명 '폭포수' 님이셨다. 황 박사의 줄기세포 특허를 지키려고 한겨울 서울대 안에서 120일간 천막농성을 했던 그분 말이다. 뭔가 황 박사와 관련된 다급한 상황이겠구나 싶어 바로 전화를 걸었더니 역시나였다. 그는 서울 서초동 법원에 가 있었다. 오전 10시부터 시작된 대법원 판결을 방청하기 위해서였는데, 재판이 방금 끝났다며 내게 이렇게 알려줬다.

— (판사가 읽은 판결의) 주문. '피고 질병관리본부의 상고를 기각함. 소
　　송비용은 피고 부담.' 끝입니다.
— 고맙습니다. 확인 후 바로 올리겠습니다.^^

　판결의 결론 격인 '판결 주문'만 보면 이게 당최 무슨 말인지 헷
갈리실 것이다. 그러나 서당개 삼 년이면 풍월을 읊는다고, 줄기세
포 공판을 10년째 방청해온 지지국민도 그리고 나도 이젠 '척' 하
면 '딱'이었다. '폭포수' 님은 내가 쓰기 좋게 판결의 핵심요지를 간
결하면서도 정확히 알려준 최고의 정보원 역할을 했고, 나는 빛의
속도로 황우석 박사와 짧게 통화해 사실관계를 확인한 뒤 블로그에
글을 올렸다. 올리고 나서 시계를 보니 10시 43분. 제보를 받고 사
실확인을 거쳐 기사를 올리기까지 23분 만에 끝낸 셈이다. 이런 열
정으로 다른 일을 했더라면 꽤 출세하지 않았을까?

— [대법판결속보] 황우석 최종승소. 줄기세포 등록거절은 부당함.
　　정부기관인 보건복지부 산하 질병관리본부가 '황우석 1번 줄기세
　　포의 등록을 부당하게 거절한다.'라며 황우석 박사가 제기한 행정
　　소송에서 대법원은 황우석 박사의 손을 들어주었다. 대법원은 '황
　　우석 줄기세포가 처녀생식이라 등록을 거절할 수밖에 없다.'라는
　　질병관리본부의 상고를 기각시켰다. 판결종료.

　　황 박사가 처음 만든 1번 줄기세포는 현재 미국과 캐나다 특허청
　　으로부터 세계 최초의 복제 배아줄기세포 및 제조방법으로 특허
　　등록된 상태이지만 우리나라 정부(질병관리본부)는 처녀생식이었다
　　는 서울대 조사위원회의 견해만을 인용하며 등록을 거절했고 등록
　　되지 않은 줄기세포의 연구를 금하는 생명윤리법에 의거, 국내에

서는 연구해서는 안 될 '무용지물'로 얼어붙어 있었음. 만시지탄이 지만 오늘 대법의 판결이 이제라도 원천기술 보호와 줄기세포 연구재개를 위한 디딤돌이 될 것을 기대합니다. 진실은 결국 드러나며 연구는 계속되어야 합니다. 6월 24일의 대법 판결. 아이러니하게도 오늘은 10년 전 황 박사가 대한민국 최고 과학자 1호로 선정된 날이기도 합니다. (시골피디, 2015.6.24. 10:43) [1]

이날의 판결은 겨울왕국에서 꽝꽝 얼어붙어 있던 얼음장에 균열을 내는 '송곳'이었다. 뜻밖에 많은 국내 언론들이 대법원의 판결소식을 전하며 황우석 박사의 '줄기세포 연구재개' 가능성을 점치기 시작했다.

— 대법 "황우석 1번 줄기세포 등록 허용해야" (KBS)
— 황우석 '1번 줄기세포' 등록 허용… 연구 길 열려 (YTN)
— 대법원 "황우석 줄기세포 등록 허용…연구 목적 사용 가능" (뉴시스)
— 대법 '황우석 1번 줄기세포' 실체 인정 (동아일보)
— 황우석 줄기세포주 등록 허용해야 (중앙일보)
— 황우석 '1번 배아줄기세포' 공식 인정 (국민일보)
— 황우석 박사 '1번 줄기세포' 정식 등록 확정 (노컷뉴스)
— 황우석 줄기세포 연구 11년 만에 길 열렸다. (한국경제) [2]

또한 이날의 결과는 '외국에서 특허받은 줄기세포를 왜 국내에선 등록도 안 시키느냐.'라며 보건복지부 앞에서 목이 터지라 외쳐대던 1인 시위 국민의 절규였고, 죽음을 앞둔 몸으로 지팡이를 짚고 법원 계단을 올라 방청석을 지킨 김진웅 어르신의 간절한 바람이었다. 그리고 한국 정부가 그동안 얼마나 말도 안 되는 논리로 황 박사의 연구길을 막아왔는지 치부를 드러내는 계기이기도 했다.

— (줄기세포) 등록제도 시행 이전에 수립되거나 수입된 줄기세포에 대해서는 이 법에 의하여 수립되거나 수입된 것으로 본다. 이렇게 (법에) 경과 규정을 두고 있어요. 그러니까 이거(1번 줄기세포)는 등록제도가 생기기 무려 5년 전, 시행되기 무려 7년 전에 수립된 줄기세포예요. 법이 간주하게 되어있기 때문에 (보건복지부 산하) 질병관리본부가 뭐 어쩌니저쩌니 말할 게 없어요. (이봉구 변호사, 2014.1.24.)[3]

변호인 이봉구 변호사의 말처럼 그것이 처녀생식이든 복제이든 간에 법규정에 의하면 당연히 등록시켜 다른 연구자들도 연구할 수 있도록 해야 할 줄기세포를 공무원들은 이런저런 이유를 들어 자의적으로 거부해온 셈이다. 우리는 도대체 왜 거절을 하는 것인지 이유를 알고 싶어 질병관리본부 담당 공무원과 전화 인터뷰를 한 적이 있다. 그런데 깜짝 놀랐다. 이런 말을 했다. 다른 배아줄기세포들이 많이 등록돼 있는데 왜 굳이 황우석 줄기세포를 등록시켜 써야 하느냐고.

— 그런 연구를 꼭 황우석 박사님의 NT-1을 갖고 해야 될까요? 그렇지 않아요. 우리나라에 79개주의 배아줄기세포주가 등록이 돼 있습니다. 그런 안전성이나 유효성, 다른 세포로의 분화 능력, 이런 것들을 다 할 수 있어요. 현재 차병원에서 배아줄기세포 임상시험도 하는 곳이 있고요. 그런 과정을 하는 동안에는 특별히 NT-1이라는 줄기세포주만을 이용해야 되는 건 아닌 거죠. 기존의 다른 배아줄기세포주들이 등록돼있는 것들이 많이 있는데 꼭 이걸 써야

하는 이유가 있을까요? (질병관리본부 담당자, 2014.2.13.) **4**

그 담당공무원은 일반적인 수정란 배아줄기세포와는 달리 환자
에 대한 면역거부 반응이 없도록 접근한 황우석식 배아줄기세포의
기본적인 가치조차 모르고 있었다. 그런 그에게 외국에서 이 분야
줄기세포를 만들기 위해 얼마나 많은 돈과 인력을 투입하고 있는지
말해봐야 '쇠귀에 경 읽기'일 것 같아 더 이상의 질문은 하지 않았
다. 자신들의 조치가 '위법했다.'라는 대법원 판결이 나온 지금, 그
들은 일말의 책임이라도 지고 있을까? 편견과 무지. 마치 이 분야를
훤히 꿰뚫고 빠삭하게 아는 것처럼 행동하는 '가짜'들이 '진짜' 행세
를 하며 곳곳에서 길목을 틀어막고 있었다. 반면 대법원 판결을 마
치 자기 일처럼 기뻐하며 황 박사를 축하해주는 사람들이 있었다.
바로 2014년 하반기부터 황 박사와 공동연구에 들어간 중국의 생
명공학자들이었다.

— 마치 자기들 일처럼 좋아하며 축하해줬어요. 저에게 씌워진 멍에
가 풀리길 바란다고. (황우석 박사, 2015.8.4.) **5**

지난 2014년 10월부터 황 박사 연구소와 손을 잡고 중국 현지
에 '조인트 벤처기업'을 설립한 중국의 '보야라이프그룹'은 블룸버
그 비즈니스의 분석에 따르자면 전 세계 16개 지역에 28개의 자
회사와 지사를 가지고 빠르게 성장하는 중국의 대표적인 바이오
기업이다. '보야(BOYA)'라는 이름은 기업설립의 모태가 중국 최고
의 대학인 베이징대학의 석학들인 데에서 연유한다. 베이징대학의
상징물이 바로 '보야(BOYA)' 탑이다. '보야라이프그룹'의 중국명
은 '보야 줄기세포 집단'. 지난 2009년 베이징대와 중국과학원, 복

제양 '돌리'를 탄생시킨 영국 로슬린연구소 등 7개 기관이 함께 세운 '국제줄기세포연합연구센터'를 모체로 출발해 6년 만에 자회사 28개에 전문연구인력만 1천여 명에 이르는 거대 기업으로 우뚝 섰다. 최고 경영자인 쉬샤오춘(許曉椿) 회장의 나이는 44세. 미국에서 면역학 박사와 경영학 석사 학위를 받고 다국적 제약회사 '파이자'에 근무하는 등 17년간 연구자로 살다가 중국의 지방 정부가 지난 2006년부터 시행한 일명 530계획, 즉 '5년 내로 30명의 국외 유학 최고 과학자들을 귀국시킨다.'라는 방침에 따라 중국으로 돌아온 유학파 생명과학자다.[6] (여담이지만 한국에도 '530계획'이 있는 듯하다. 5년 내로 30명의 우수 과학자들을 나라 밖으로 쫓아낸다는. 2015년 현재 한국에서 인간 난자를 갖고 환자맞춤형 배아줄기세포 연구를 하는 팀은 단 한 팀도 없다.)

중국은 황 박사가 논란에 휩싸인 10년 전부터 그에게 끊임없이 공동연구제의를 해왔다. 황 박사는 내게 강화도의 한 사찰에서 중국 측 요인과 만났던 순간의 심정을 털어놓았다.

— 줄기세포 사건 바로 직후에 (강화도) 전등사의 회주스님께서 '주한 중국대사로부터 제안이 왔다.'라고 하시며 '천문학적인 액수이니 중국 가면 어떻겠느냐?'라고 제안하셨어요. 일단 만나나 보겠다고 하자 전등사 어느 깊숙한 암자에서 저하고 주지스님, 부주지스님, 그리고 주한중국대사관 협력 간부와 만났어요. 그 자리는 누가 감청할 수 없는 감청가시권에서 떨어진 곳이니 허심탄회하게 말해보자고 하더군요. 회동을 가진 건 사실입니다. (황우석 박사, 2015.8.4.)

그러나 당시 황 박사는 황해를 건너 중국으로 가지 못했다. 출국

금지 상태에 놓여있던 게 제일 큰 이유였고 모국에 대한 미련도 남아 있었다. 이후 다양한 채널을 통해 중국 측 제의가 이어졌다고 한다. 요녕성, 산둥성 웨이하이(威海)시 등 중국 지방정부 최고위 관료들이 황 박사를 찾아왔다. 특히 산둥성 웨이하이시의 경우 당서기와 시장이 모두 생물학에 조예가 깊어 각별한 관심을 보였다. 그리고 중국의 생물공학자들. 황 박사가 죽은 개복제에 성공하고 난 이후인 지난 2008년 중국 과학원과 베이징대학 교수 5명이 연구소를 방문해 황 박사를 격려해줬다. 그 만남이 인연이 되어 중국 과학원 과학자들은 황 박사에게 중국의 희귀종 개인 티베트 마스티프, 일명 '사자개' 복제를 제안했고 황 박사는 무려 17마리를 복제해냈다. 이후 중국 측은 더 많은 교류를 원했지만, 황 박사는 카다피 정부와의 '리비아 프로젝트'에 집중했다. 그러나 리비아 내전으로 '사막의 꿈'이 허물어질 무렵 '보야라이프그룹'의 초청 제의가 매우 구체적으로 들어온 것이다.

— 쉬 박사(보야그룹 CEO)는 미국 유학 시절에 제 연구를 눈여겨봤다고 하는데 실은 그분의 부친과 제가 각별한 관계였습니다. 베이징대 총장을 지내시고 '베.세.토'라고 중국과 한국, 일본을 대표하는 3개 대학(베이징대, 서울대, 도쿄대)의 연합체를 구축하며 서울대를 자주 오셨고 제가 험한 꼴을 당하고 있을 때에도 중국 내에서 저의 억울함을 언급하시며 다른 학자들에게 저에 대한 학문적 견해를 적극적으로 피력하신 아주 고마운 분이시죠. 그런데 아들인 '쉬 박사'가 저를 초청한다는 걸 (부친께서는) 모르셨대요. 나중에 그걸 알고 아들에게 '잘 모시거라.'라고 했다며 한참을 웃으시더라고요.
(황우석 박사, 2015.8.4.)

블룸버그 비즈니스위크의 보도내용[7]에 따르면 중국의 '보야그룹'은 중국 산둥성 웨이하이시에 건립되는 황 박사와의 조인트벤처의 시설과 인력에 40억 위안, 우리 돈 약 7,000억 원을 투자할 계획에 있다. 황 박사는 중국 측 파트너의 대접이 '과분하다.'라는 생각이 들 만큼이라고 내게 말했다.

— 저와 계약서류를 작성하면서 그분들(중국 측) 요구사항을 단 한 개도 내세우지 않았어요. 과분할 만큼. 저로서는 감지덕지하지요. (황우석 박사, 2015.8.4.)

감지덕지. 나는 그가 왜 그런 단어를 택했는지 어느 정도는 알 것 같다. 그의 연구소는 지난 2013년 말부터 2014년 초순까지 심각한 자금난을 겪었다. 35명에 달하던 연구원들의 월급조차 몇 달 동안 주지 못해 이번 달에 문을 닫느냐 다음 달에 닫느냐 처절한 고민을 할 정도였다. 나는 미국 특허가 나온 직후 특집방송 취재를 위해 연구원들을 만나며 그런 아픔을 알게 됐다.

내가 만난 젊은 연구원들 가운데에도 결국 견디지 못하고 미국이나 독일로 유학을 떠난 이들이 있다. 전기세나 수도세를 꾸러 다닌다는 소문도 접했는데 사실인 것 같다. 보통 다른 연구소는 미국에서 특허가 나오면 죽다가도 사는데, 이 연구소는 그대로 말라 죽고 있었다. 그의 모국은 특허가 나온 줄기세포를 등록조차 시키지 않은 채 방치했고 그에게 연구프로젝트를 주려고 하는 관공서로 여전히 많은 투서들이 날아들었다. 엉뚱한 음해가 들어가 성사 직전에 깨진 건도 부지기수. 그런 고사작전에 그대로 녹아나는가 싶을 때 중국과의 프로젝트가 시작된 것이다. 그러나 그동안 단 한 번도 내게 '힘들다.'라는 내색 한 번 한 적 없는 황 박사는 여전히 천하태

평, 연구밖에 모른다.

— 대법원에서 유죄 판결이 나온 뒤 연구원들에게 이런 말을 했어요. 우리에게 난관과 고통이 올 때에는 또 다른 약속된 미래가 올 것이 라고. (황우석 박사, 2015.8.4.)

난관 뒤에는 좋은 일이 있고 좋은 일 뒤에는 시련이 올 수 있다. 이 것은 황 박사가 지난 10년간 온몸으로 체득한 고통의 철학이자 쓰디 쓴 교훈이었다. 국가 최고 과학자 신분에서 한순간에 나락으로 떨어 져 본 그는 그래서, 중국에서의 연구들이 너무 잘 진척되고 있는 요즘 이 굉장히 불안하다고 털어났다. 그래서 한 점 부끄러움도 없도록 노 력한다고 했다.

— 우리가 하고 있는 일에서 한 점 부끄러움도 없어야 한다고 다짐하 고 또 다짐합니다. 단 1원도, 단 한구석의 데이터도 떳떳하지 못하 면 안 된다. 잘못됐다고 감추지 말고 안 되면 안 되는 대로 있는 그 대로 오픈(Open)하자. 이런 게 저희의 철학입니다.

그의 말을 받아 적다가 문득 그의 얼굴을 처다봤다. 편안해 보였 다. 아니 평온해 보였다. 노여움도 불안도 과장도 생략도 찾아볼 수 없는 선한 얼굴이었다. '거듭나다.'라는 표현이 적확하려나? 그의 연 구를 둘러싼 논란은 지금도 계속되고 있다. 2015년 7월에는 그의 줄 기세포 연구재개를 압도적인 비율로 찬성하는 한국 내 여론조사결과 가 눈길을 끌었다.

— 황우석 국내 연구 재개 찬성 68.3% 반대 16.3%. (리얼미터, 2015.7.) [8]

며칠 뒤에는 그가 제공한 매머드 생체조직으로부터 수만 년 전 것으로 추정되는 '매머드의 살아 있는 세포'를 배양했다면서도 이에 대한 과학적 데이터를 보고하는 대신 천문학적 액수의 금액을 요구해온 몇몇 과학자들에 대해 그와 러시아 북동대학 측이 검찰수사를 의뢰했다는 소식이 전해졌다.

— 매머드의 살아 있는 세포의 가치는 백억 원대였던가?[9]

그 며칠 뒤에는 8월 15일 '광복절 특사(특별사면)' 명단에 그의 이름이 거론되다가 흔적도 없이 사라지는 미스터리가 드러나기도 했다.

— 여당 '황우석 사면' 논의… 줄기세포 연구 탄력받나 (중략) 여권 관계자에 따르면 황 박사의 사면이 논의된 것은 전날 김무성 새누리당 대표와 당 최고위원들의 만찬 자리에서다. (한국경제, 2015.7.23.)[10]

9월 중순에는 중동의 부자나라 공주가 왕실전용기를 타고 한국에 와서 황 박사에게 의뢰한 복제 강아지들을 데려가는 아라비안나이트 같은 현실을 만날 수 있었고, 11월에는 황 박사와 중국의 '보야그룹'이 중국의 축산농가들에 우량 소의 복제배아를 단계적으로 100만 개까지 양산해 공급할 계획이라는 영국 〈가디언〉의 보도를 접하기도 했다.[11]

도시와 농촌 간의 소득격차가 벌어지고 있는 중국에서 중국 정부가 '빈곤퇴치 사업'의 일환으로 벌이는 사업인데, 황 박사는 이 프로젝트가 성공적으로 정착될 경우 국내 한우 농가들에게도 기여할 수 있는 부분이 있다고 말했다.

— 세계에서 제일 비싼 소로 인정받는 일본의 '고베 화우'나 '나고야 화우'의 뿌리는 우리 한우입니다. 임진왜란 때 전남과 경남 일대 한우를 일본으로 공출해가 계량시킨 게 오늘의 '고베 화우', '나고야 화우'죠. 그런데 중국 사람들은 일본 소보다 한우가 더 맛있다고 해요. 저는 그래서 고품질 한우를 복제배아나 수정란 이식을 해 중국 프로젝트에 활용하고 그게 궤도에 오르면 한우에 대한 로열티를 받아 국내 한우발전기금으로 일조하고자 하죠. 국내 한우 농가들, 특히 서경(서울·경기) 한우 조합은 진작에 저희 연구소와 복제배아를 이용한 2세대 3세대 증식을 해왔고 최종 목표는 중국 시장 진출을 돕는 겁니다. (황우석 박사, 2015.12.13.) [12]

그러나 크리스마스를 앞둔 2015년 12월 23일, 한국의 대법원은 10년 전 서울대의 교수직 파면조치가 부당했다며 재심을 청구한 황 박사 측의 소를 기각하고 '서울대 파면은 정당했다.'라는 판결을 내렸다. [13] 헐! 그러나 다음날인 2015년 12월 24일 영국에서는 이런 뉴스가 주요 일간지에 보도되고 있었다.

— '죽은 애완견 부활' 英커플에 성탄 선물… 황우석 연구원서 복제. (연합뉴스, 2015.12.25.) [14]

황우석팀은 죽은 지 12일이나 지난 애완견의 세포를 복제해 슬픔에 잠긴 영국인 부부에게 복제 강아지 두 마리를 선사했고, 영국인 부부는 좋아서 어쩔 줄 몰라하며 〈가디언〉과의 인터뷰에서 이런 말을 했다.

— 크리스마스를 한꺼번에 다섯 번 맞은 것 같아요. (가디언, 2015.12.23.) [15]

참 희비가 엇갈리는 크리스마스였다. 크리스마스를 앞둔 어느 날 팟캐스트 방송을 듣고 한 청취자가 내게 이런 질문을 던진 적이 있다.

─방송을 들어 보니 그동안 황우석 박사가 어떻게 견뎌냈을까 의문이네요. 언제나 이런 진실들이 밝혀질까요? (Hooneee, 2015.12.15 23:39.) [16]

글쎄… 실은 나도 궁금해하던 질문이었다. 그는 어떻게 10년간의 모진 풍파를 견뎌냈을까? 그 질문은 며칠 동안 내 머릿속에 맴돌았다. 그리고 꿀맛 같은 크리스마스 연휴를 보낸 뒤 다시 회사로 나오던 월요일 새벽 출근길에 뭔가 떠올랐다. 그래서 나는 이런 답글을 달았다.

"그는 어떻게 견뎌냈을까?

1. 며칠 전 서울대 교수직 파면 조치가 정당했다는 대법원 판결이 나왔을 때 그는 연구하고 있었고
2. 다음날 그의 죽은 개복제 소식을 대서특필한 영국 〈가디언〉의 외신보도가 크리스마스를 장식했을 때에도 그는 연구를 하고 있었으며
3. 그는 이 모든 소식을 뉴스검색이 아니라 그를 믿고 그와 함께하고 있는 여러 나라 전문가들이 실시간으로 보내주는 소식을 통해 접하면서 그들에게 '실망시키지 않겠다.'라는 감사인사를 전하고 있었습니다.

사람이 참아내고 견디는 데에는 한계가 있겠지만, 뭔가를 탐구하고 이뤄내려는 데에는 한계가 없는 것 같습니다. 그는 이미 스타 과학자가 아니라 한 명의 과학도로 돌아가 거듭나고 있는 것 같습니다." [17]

도전과 응전. 앞으로 또 어떤 드라마가 내 눈앞에 펼쳐질까? 역시 끝날 때까지는 끝난 것이 아니다.

3,665일 일문일답

1. 황우석 박사, 사기꾼 아닌가?

대법원에서 최종적으로 〈사기 무죄〉 확정판결. (2014.2.27. 대법원2부)

2. 기술은 있나?

제일 처음 만든 1번줄기세포주(NT-1)는 실존하며 캐나다 특허청
(2011.7.26.)에 이어 미국 특허상표청(2013.2.11.)도 '세계 최초의 복제
배아줄기세포 및 제조방법'으로 특허등록 확정.

3. 특허는 특허일 뿐 과학적 검증과는 무관하다는 견해도 있던데….

황 박사 특허내용을 도용한 미국 제럴드 섀튼 교수의 선출원 특허는
2008년 8월 20일 재현성 부족 등의 이유로 최종거절됨. 이후 복제줄
기세포 수립 논문을 발표한 미국 미탈리포프 교수 등 경쟁자들이 '황
우석 특허 주면 안 된다.'라는 취지의 수차례 발언에도 불구하고 미
국 특허청은 황우석 줄기세포 특허등록 결정. "미국 특허청 심사관은

NT-1 논란을 누구보다 잘 알고 있었고 마지막 순간에 도저히 거절할 수 없는 과학적 데이터들이 제출되자 특허가 등록된다는 회신이 왔다."(김주미 미국 뉴욕 특허변호사 인터뷰, 2014.2.13.)

4. 미국인 공동연구자의 특허도용 의혹은 음모론 아닌가?

"(섀튼 교수의) 2004년 특허는 (섀튼) 단독으로 개발된 발명만으로는 충족될 수 없는 출원 내용을 주장하고 있다. 가출원 내용을 보정해 실제 출원으로 가는 과정에서 황우석 연구팀에 의해 개발됐다고 전해지는 기술의 지원을 받은 것으로 보인다."(미국 피츠버그대학 조사보고서, 2006.2.8.)

5. 그런데 왜 KBS는 〈추적60분〉 '섀튼은 특허를 노렸나?'를 방영하지 않았는가? 방송 부적합 내용 아니었나?

"황 교수팀이 보유한 인간 체세포 핵치환 기술의 특허권적 시각의 중요성, 특허 등록에 있어 NT-1의 처녀생식 여부가 중대한 영향을 미치는 사실, 섀튼 교수가 황우석 교수팀의 기술을 도용한 것인지 여부, 이를 둘러싸고 앞으로 예상되는 특허분쟁, 줄기세포 원천기술의 향후 가치 등을 다루는 사실이 인정됨."(〈추적60분〉 프로그램 정보공개를 판시한 서울행정법원 행정11부 판결문, 2006.9.28.)

6. 어쨌든 논문조작 하지 않았나?

미즈메디 배양책임자(김선종)가 마지막 세포배양단계에서 고의로 가짜줄기세포 조작 후 DNA 검증결과 등 관련 증거 조작을 통해 범행을 은폐함. 황우석팀에 대한 의도적인 〈업무방해 유죄〉 판결 (2010.12.16. 서울고법 형사3부) 후 김선종 항고 포기로 유죄 확정.

7. 미즈메디 노성일 이사장은 '황 박사가 미즈메디에 조작의 책임 전가한다.' 라며 반박했는데?

28일 만에 말 바꿈 "내가 너(김선종)의 형이 되어줄게." 흐느낌 (2005.12.16.) → "그 인간(김선종)을 내가 몰라." (2006.1.13. SBS)

8. 서울대와 검찰에 따르면 처음부터 진짜 줄기세포는 존재하지 않았다는데?

미즈메디 김선종 연구원은 지난 2004년 12월 28일 특히 상태가 좋던 줄기세포 4개를 국정원의 24시간 감시체제를 뚫고 외부로 몰래 반출해 들고 나감. 자신이 섞어심기해 만들어놓은 가짜줄기세포였다면 왜 이런 무리수를 두었을까? (2007.8.28. 김선종 공판, 서울중앙지법 417호)

9. 외부로 반출된 4개의 줄기세포는 지금 어디 있나?

김선종 증인은 '미즈메디 연구소 앞까지 혼자서 들고 가다가 꼬마가 탄 자전거와 부딪혀 엎어지면서 모두 죽었다고 주장함(2007.8.28.), 당시 김선종이 들고 나간 4개의 줄기세포 중 2개는 당뇨질환을 앓고 있는 미국인 시민권자의 줄기세포. (서울대 보고서, 검찰수사 참조)

10. 서울대 조사에 따르면 황우석 1번 줄기세포(NT-1)는 복제된 게 아닌 '처녀생식(단성생식)'이라던데?

정명희 서울대 조사위원장, "이 정체를 잘 몰라. 정말 정체를 잘 몰라. 우린 모르겠다고 하는 게 제일 나았을지도 몰라." (법정에서 공개된 〈추적60분〉 미공개영상, 2009.2.2.)

11. 서울대 조사위원장은 기자회견에서 황우석 1번 줄기세포가 '처녀생식'임을 밝힌 게 서울대 조사 최대의 과학적 업적이라고 자평하지 않았나?

"저희가 (당초에는) 가능성만 제기하자고 다짐을 했습니다. 그런데 (발표) 순간 흥분해서 그런지 단정적으로 이야기한 것은 맞습니다. 잘못했다고 인정합니다." (정명희 조사위원장 법정진술, 2009.2.2.)

12. 서울대 조사위원회는 어떤 사람들이었나?

조사위원 8명 중 인간의 난자를 관찰해본 사람도 없었고 발생학이나 배아 전문가도 없었음. (서울대 조사위원 Y 교수 법정진술, 2007.3.20.)

13. 정운찬 당시 서울대 총장에 따르면 서울대 조사는 국제적 과학검증 기준에 의거해 객관적으로 진행되었다던데?

2005년 일본 도쿄대(다이라 교수 검증) 재연기회 2회 부여, 반론권 수시 부여, 조사기간 1년 vs 서울대(황우석 교수 검증) 재연기회 없이 실험실 폐쇄하고 조사, 반론권은 실험실 폐쇄하는 날 1시간 면담이 전부, 조사기간 휴일포함 28일. (일본 위키백과, 서울대 조사기록 참조)

14. 황우석 박사는 한 번도 제대로 된 사과를 하거나 책임진 적 없지 않나?

3차례 공식 기자회견에서 수시로 '사건의 진상과 무관하게 자신이 책임지고 사죄드린다.'라는 발언했으며, 실제로 서울대 조사받기로 한 뒤 1차 사표제출(2005.12.15.) 했으나 정운찬 총장은 사표 반려시킴. 서울대 조사 중 2차 사표제출(2005.12.23.) 했으나 정운찬 총장 다시 반려시킴. 이후 징계위원회 열어 교수직 최고수위 징계인 '파면' 결정. (2006.3.20.)

15. 기술이 있다면 지금이라도 줄기세포를 만들어 보이면 되는 것 아닌가?

생명윤리법에 따르면 인간의 난자를 이용한 줄기세포 연구는 국가생명윤리위원회 자문을 거쳐 보건복지부 장관의 연구승인을 얻어야 가능, 황 박사는 관련 시설과 인력을 갖춰 수차례 연구승인 신청했으나 한국 정부는 모두 윤리적 이유로 거절함.

16. 외국에 나가서라도 줄기세포 만들면 되지 않나? 러브콜도 많다면서?

한국 국적을 포기하지 않는 이상 국외 연구도 국내법 적용받음. 다시 줄기세포 연구하려면 대한민국 국적을 포기해야 하는 상황임.

17. 연구비 횡령으로 일부 유죄판결 받았다. 연구비 부적절하게 사용한 것은 사실 아닌가?

"횡령액의 대부분은 연구원 복지와 다른 연구업무 위해 사용됐고 이를 개인적으로 사용하거나 사리사욕을 채우기 위해 썼다는 뚜렷한 정황증거는 발견할 수 없다." (서울고법 형사3부 판결문, 2010.12.16.)

18. 그러면 연구비로 부인에게 고급 승용차를 사줬다는 보도는 무언가?

검찰의 언론플레이로 실제 기소조차 하지 못한 일방적 주장. 국가과
학자로 지정되어 경호인력과 차량이 필요하자 자부담 경호차량 2대
중 1대를 부인이 타던 그랜저 승용차로 제공하고, 부인에게는 황 박
사 책 인세를 털어 SM5 승용차 사줌. 부인 그랜저 뺏고 SM5 사준 게
횡령?

19. 달러 환치기까지 하는 등 황우석의 돈세탁 수법은 전문적이었다는데?

역시 검찰의 언론플레이로 실제 기소도 없었고 공판 쟁점도 아닌 일
방적 주장. 미국에서 사업하던 친구에게 돈을 빌려준 것을 갖고 외환
법 위반 환치기로 몰아가려다 기소도 못 함.

**20. 생명윤리법상 난자윤리 위반이 유죄로 확정됐다. 여성 연구원 난자를 강
제로 기증하도록 강요한 것 아닌가?**

"난자제공 과정에서 황우석의 강압성은 없었던 것으로 확인됨." (검찰
수사결과, 110쪽)

**21. MBC 〈PD수첩〉에서는 황 박사가 논문저자에서 빼겠다며 여성 연구원
의 난자기증 압박한 정황이 구체적으로 방영되었는데?**

보도내용 사실무근(서울대 조사보고서 33쪽), 강압 없었음(검찰수사결과
110쪽), 그러나 MBC는 어떤 해명도 하지 않음.

22. 그러면 생명윤리 유죄를 받은 내용은 무엇인가?

당시 국가생명윤리위원의 자문을 받아 난임시술 과정에서 생기는 잔여난자를 연구에 기증할 경우 시술비 일부를 감면해주는 '난자 공여제'를 통해 연구용 난자를 공급받았는데, 법원은 '난자 공여제'가 국내 생명윤리법에 합법이라고 명시되어 있지 않다는 이유로 유죄판결. 현재 영국 정부는 '난자 공여제'를 국비지원을 통해 추진하고 있음. 영국에서는 '모범사례'이지만 한국에서는 '불법사례'가 되었음.

23. 10세 난치병 소년에게 "내가 널 일으켜주마"라고 헛된 환상을 심어줬다던데?

"그런 게 한국 언론의 한계죠.", "이미 짜놓은 시나리오대로 이리저리 제 말을 편집해 써요. 그럼 그게 제 말이에요? 기자의 말이에요?" "황 박사님이 사기꾼이 아니에요. 만나봐야 알아요. 부모와 아이를 위로하고 격려하는 심정에서 '한번 해보자.'라고 하신 거에요." (소년의 아버지 김제언 목사, 2007.1, 2014.2.9., 2015.2.11. 인터뷰)

24. 어찌 됐든 가짜줄기세포로 임상까지 추진했는데 소년의 목숨이 위태로운 것 아닌가?

"가짜줄기세포로는 임상시험에 돌입할 수 없다. 사전에 DNA 일치나 면역적합성 검사 등 다양한 검사들이 의사 차원에서 수행된다." (대한줄기세포치료학회장 신문석 의학박사, 2015.2.5. 인터뷰)

25. MBC 〈PD수첩〉의 최초 제보자는 소년의 목숨을 구하려고 제보를 했다

고 말하고 있다.

"제보자가 누구인지 알지도 못하고 사건 이후 연락을 취해온 일도 없었습니다." (소년의 아버지 김제언 목사 인터뷰, 2015.2.11.)

26. 〈PD수첩〉 제보자에 따르면 황우석 박사는 현미경도 볼 줄 모르는 언론 플레이어였다는데

"(박사논문 실험) 당시 황우석이 익힌 기법에는 현미경이 장착된 미세 조작기가 사용되었다. 현미경 아래에서 미세유리바늘과 마이크로 피펫을 가지고 수정란이나 난자를 정밀하게 분할하거나, 후에는 핵을 제거하는 일이 가능해졌다. (과학사학자 김근배 교수 『황우석 신화와 대한민국의 과학』 51쪽)

27. 〈PD수첩〉 제보자는 당시 '소팀장'으로부터 '복제소 영롱이는 없다.'라는 말을 들었다고 하던데….

"〈PD수첩〉 보니까 제가 '담배 피우러 나가자.'라고 하면서 담배를 권하면서 '영롱이 논문 같은 건 없다.'라고 말했다고… 저는 그 친구(제보자)와 담배 같이 피울 만큼 친하지도 않았고요. 단 한 번도 같이 담배 피운 적도 없고요. 그 친구가 저에게 영롱이 논문이 있네 없네 물어볼 위치도 되지 않았어요. 그런데 그렇게 나오니까 황당하죠. 그 비슷한 이야기를 나눈 적도 없는데. (당시 소 팀장 A 씨 인터뷰, 2007.11.)

28. 그러면 복제소 영롱이는 진짜인가?

"소의 임신기간이 약 10개월입니다. 제가 유학을 떠나기 전 분명히 복제소의 임신을 확인했고요. 이는 체세포 핵이식을 통한 정상적인 실험결과였습니다." (세계 최초 고양이복제 〈네이처〉 논문 발표 신태영 박사 인터뷰, 2011.11.4.)

29. 그런데 왜 〈PD수첩〉 등 언론보도에 대응하지 않았나?

"(카메라 없이 이야기만 하기로 하고) 제 방(연구실)에 앉아서 (PD수첩팀) 피디 분인가 하고 이야기를 하다가 저쪽을 보니까 건너편 건물에서 제 방을 (몰래) 카메라로 찍고 있는 거예요. 카메라맨이. 저한테 거짓말한 거잖아요. 저도 모르게 고래고래 소리 지르면서 '당신들 나가라.'라고 악을 썼어요. 잊을 수가 없어요." (당시 소 팀장 A 씨 인터뷰, 2007.11.), "PD수첩팀은 절대 과학권력의 문제를 파헤치기 위해 불가피하게 취재 윤리를 위반했다고 하나 그 주도자가 나중에 쓴 책을 보면 취재과정에서 만난 많은 사람의 인권, 프라이버시, 의사결정 등을 의도적으로 무시했다는 것을 알 수 있다." (과학사학자 김근배 교수의 저서 『황우석 신화와 대한민국의 과학』 302쪽)

30. 〈PD수첩〉은 '검찰수사 운운'하는 등 취재윤리를 위반했지만, 감춰진 진실을 밝혀내기 위한 어쩔 수 없는 조치 아니었나?

황우석팀을 속이고 가짜줄기세포를 조작한 미즈메디 김선종 연구원을 찾아간 자리에서 〈PD수첩〉 한학수 피디가 건넨 말 "이건 황우석 박사님만 주저앉히면 된다. 그런 뜻이에요….""황 교수님으로만 정리를 했으면 좋겠고. 그래서 젊은 분들이 다치는 걸 원하지 않아요." (MBC 〈PD수첩〉, 2005.12.15.)

31. 〈PD수첩〉 당사자들은 만일 자신들이 밝히지 않았으면 외신 폭로에 의해 더 큰 망신과 국익 피해가 있었을 거라고 해명하는데…

"(줄기세포가 가짜라는) 결과를 받았을 때 조연출 김보슬 PD하고 저하고 환호했다. 제가 〈사이언스〉 표지논문 2개를 일거에 뒤집은 거라서…." (한학수 피디의 좌담 내용을 담은 미디어스 보도, 2015.4.30.)

32. 〈PD수첩〉 제보자는 어떻게 해서 줄기세포가 가짜라는 사실을 알았나?

2005년 실험에 참여도 하지 않은 그는 물증 하나 없이 MBC에 찾아가 제보를 했다. 이후 3개월 이상의 작업 끝에 줄기세포가 가짜라는 DNA 검증결과를 확보해 〈PD수첩〉에 넘겨줬는데 혼자 힘으로는 확보할 수 없는 증거였다. "(제보자는) 미즈메디 연구원을 통해 미즈-1부터 미즈-15까지 미즈메디 측 수정란 줄기세포와 비교할 수 있었다. 유씨(제보자)는 한학수 씨(PD수첩)에게 검증자료를 보냈고 NT-2가 미즈-4라는 점을 알게 된 것이다. (이인규 3차장 검사 인터뷰, 머니투데이, 2006.5.12.)

33. 영화 〈제보자〉를 보면 황 박사가 방송국에 찾아가 "이 방송 나갈 수 있을까?"라며 피디를 협박하는 장면이 나온다.

허위사실. 황 박사는 사건 당시 방송사에 찾아간 일도 없었고 당시 방영된 〈PD수첩〉 방송내용을 보면 황 박사가 〈PD수첩〉의 줄기세포 검증 요구에 순순히 응해 샘플을 넘겨주겠다고 약속하는 인터뷰 내용이 나온다. "(시료) 채취하실 때 그때는 카메라 가지고 들어가셔서 채취하는 거 다 찍으실 수 있게 할게요. 모두 해보시고 그래도 의심이 들면 그거 가지고 방송을 하시든가 아니면 다시 우리한테 의구심

나는 부분에 대해 질문을 하시든가…." (MBC 〈PD수첩〉, 2005.12.15.)

34. 그러나 막상 황 박사가 넘겨준 줄기세포 샘플이 약품처리를 해서 DNA 검출이 제대로 안 되었다는 〈PD수첩〉 측 해명도 있다.

황 박사는 검증용 줄기세포 샘플을 〈PD수첩〉 팀뿐만 아니라 YTN에 도 보내 검증에 응했는데 YTN은 고려대 법의학 교실에 의뢰해 정상 적으로 DNA 지문을 분석해냄. (검찰수사결과 참조)

35. 연구원 자살기도 소문은 사실인가?

황 박사가 〈PD수첩〉 팀의 검증요구에 응해 줄기세포 시료를 넘겨준 날 이 소식을 들은 미국의 김선종 연구원(미즈메디 배양책임자)이 수 면보조제를 한 시간 사이 21알 먹고 동공이 풀린 채 응급실 실려감. "입원 당시 약물 과다 복용으로 의식이 혼미하고 동공이 열린 상태 였다는 점, 당시 복용한 약의 종류 및 분량에 비추어 치료목적이 아 닐 수 있다는 의료 전문가의 소견." (검찰수사결과 53쪽)

36. 〈사이언스〉 논문의 제2저자였던 노성일 이사장은 '줄기세포를 본 적도 없다.'라고 〈PD수첩〉 인터뷰에서 말했는데….

"줄기세포를 이안 윌머트라고 영국에서 오신 분하고 같이 한 번 본 적은 있습니다." (노성일 이사장의 법정진술, 2007.1.30.)

37. 〈PD수첩〉에 따르면 특허 등록을 위해 의무적으로 기탁해야 하는 줄기세

포를 기탁하지 않는 등 의혹이 많았다고 하던데….

일반인의 오해를 사게 한 의도적인 편집 사례임. "(특허 등록을 위해) 꼭 세포를 기탁해야 되는 것은 아닙니다." (한국세포주은행 구자록 교수 법정증언, 2008.1.8.)

38. 〈사이언스〉 논문의 공저자였던 서울대 의대 문신용 교수는 '줄기세포 치료가 실용화되려면 백 년은 족히 걸릴 것'이라고 말했다.

"머지않은 시기에 난치성, 퇴행성 질환을 치료할 수 있는 새로운 전기를 마련할 것입니다. 줄기세포를 이용한 세포치료분야는 미래의학 분야 중 가장 실현 가능성이 높은 연구분야라고 할 수 있습니다." (문신용 교수의 『줄기세포란 무엇인가?』 발간사 중, 2003.6.) 문 교수는 세포응용사업단장으로 세포응용사업단은 과학기술부에 제출한 보고서에서 2012년까지 줄기세포 치료가 확립될 수 있다는 전망 아래 1,500억 원의 연구사업비를 지원받음. 한편 문신용 교수의 '백 년 안 불가능' 인터뷰(2013.5.11.)가 보도된 지 닷새 뒤 미국 오레곤 보건과학대 미탈리포프 교수팀이 황우석식 환자맞춤형 줄기세포주를 수립했다는 논문을 발표했고(2013.5.16.), 이후 임상단계로 접근하며 연구경쟁에 불이 붙고 있다.

39. 난자를 이용해 복제하는 황우석식 줄기세포는 난자 없이 맞춤형 줄기세포를 만들어 노벨의학상을 수상한 '역분화 줄기세포' 방식이 나와 '철 지난 구식'이라는 평가를 받고 있지 않은가?

"(역분화 줄기세포는) 안전성 검증이 필요해 아직 임상을 말할 단계 아니다." (노벨생리의학상 수상자 야마나카 신야 교수, 2012.10.9.)

"(역분화 세포들이 인간의 몸속에서) 전혀 다른 방식으로 발전해나갈지도 모른다는 측면에서 많은 검증이 필요한데…(그런 면에서 황우석 방식) 체세포 핵이식 배아줄기세포 모델은 진정한 우리의 '황금 표준'이다."(크리스 핸더슨 교수의 abc 뉴스 인터뷰, 2008.8.1.)

40. 결론적으로 황우석 박사가 잘못한 것은?

환자맞춤형 줄기세포 확립을 확신한 가운데, 오염사고로 사멸한 4개 줄기세포를 논문에 보고하는 과정에서 사진 및 테라토마 자료 부풀리기 지시함.

41. 사진 부풀리기 지시도 학문적으로 큰 잘못 아닌가? 학계 퇴출은 당연?

공저자 제럴드 섀튼 교수의 경우 줄기세포 조작과의 직접 개입여부가 없었음이 인정되어 미국에서 털끝 하나 다치지 않고 연구 중. 비록 황 박사의 사진 부풀리기 지시는 잘못된 행동이었지만 조작의 인과관계를 제대로 따지지 않은 채 연구기회까지 박탈하는 것은 21세기 레미제라블.

42. 황 박사는 지금 어디에서 무엇을 하고 있나?

2006년 서울대 파면 직후 서울대 연구원직을 버리고 함께 따라나선 20명의 연구원과 함께 경기도 용인의 농기구 창고를 개조해 연구를 재개, 2015년 12월까지 적게 잡아 32편의 SCI급 국제학술논문 발표하며 동물복제에 전념하고 있음. 2005년 1.6%에 불과하던 개 복제 성공확률을 2014년 평균 35% 수준으로 높여 실용화 단계 진입.

43. 중국 진출설은?

2014년 하반기부터 중국 베이징대 출신 생명공학자들이 건립한 중국 내 최대 바이오기업인 '보야그룹'의 공동연구 제안을 받아들여 중국을 오가며 연구 중. 보야그룹은 중국 산둥성 웨이하이시에 건립되는 황 박사와의 조인트벤처의 시설과 인력에 40억 위안, 우리 돈 약 7,000억 원을 투자할 계획에 있음. (블룸버그 비즈니스위크, 2014.10.22.)

44. 중국에서 동물복제 연구만 하는가?

2015년 1월 제주도에서 미국의 줄기세포 권위자 미탈리포프 교수, 중국 보야그룹과의 3자 조인트 벤처 연구협약식을 거쳐 동물복제를 기반으로 미토콘드리아 질환치료 및 줄기세포 관련 연구에 합의함. (동아일보, 2015.2.9.)

45. 미탈리포프 교수는 외신과의 인터뷰에서 '황 박사와의 공동연구는 금시초문'이라고 말하지 않았나?

자필서명을 한 공동연구협약서는 거짓말을 하지 않음. 미국 내 반대 여론의 눈치를 보는 것으로 추정됨.

46. 국내 의학자 일부는 황우석 박사는 동물복제 전문가이지 줄기세포 전문가가 아니라고 평한다.

동물복제의 핵심인 '체세포 핵이식' 기술이 곧 복제줄기세포 확립의 핵심기술임. 양을 복제한 영국의 이언 윌머트는 영국에서 기사작위를 하사받고 루게릭병 치료를 위한 줄기세포 연구를 하고 있으며 전 세계적으로 최고의 동물복제 전문가들이 줄기세포 연구에서 성과를 내고 있음.

47. 서정선 서울대 의대 교수는 〈네이처〉와의 인터뷰를 통해 매머드복제는 실현 가능성이 제로인 쇼라고 하던데….

"미국 하버드대학 연구진은 매머드 DNA 14종을 코끼리 몸에 주입해 매머드와 유사한 종 부활 계획 추진 중."(동아닷컴, 2015.4.30.)

48. 매머드 세포를 배양한 공동연구진을 검찰에 고발한 사건은 또 무엇인가?

황 박사로부터 제공받은 3만 년 전 매머드 생체조직으로부터 살아 있는 세포를 배양했다고 주장하는 일부 연구진이, 세포 수립 사실에 대한 과학적 데이터를 제출해달라는 황 박사 요구를 거부하며 거액의 연구비를 요구하자, 매머드 프로젝트를 담당하는 러시아 북동연방대학과 수암연구재단이 매머드 샘플 반환을 요구하며 이들에 대한 수사를 의뢰해 검찰수사가 진행 중임.

49. 황우석 연구의 경제적 가치가 한때 33조 원의 국부를 창출한다는 보도도 있었는데 이는 과장된 수치 아닌가?

"줄기세포를 이용한 세포 치료법이 실용화되면 미국에서만 약 1억 3천만 명, 세계적으로 25억 6천만여 명의 난치병 환자가 치료의 대상이 될 것으로 예상됨."(사이언스, 2000.) "연구치료센터를 유치할 경우 당장 줄기세포 실험 성공으로 혜택을 받을 환자가 전 세계적으로 50여만 명에 이를 전망임. 경제적 파급효과는 직접적 대체효과

외에도 신규시장 창출효과 및 1, 2차적 파급효과 등을 감안한다면 상상을 초월할 전망."(과학기술정책연구원, 2005) "지난 2008년 리비아 국가안보보좌관 무아타심(카다피의 넷째 아들)의 공식 초청을 받아 리비아에서의 생명공학 연구 프로젝트를 추진하고 2011년 2월 18일경 리비아 정부와 5년간 1,500억 원, 이후 25년간 46조 5천억 원을 투자한다는 계약을 체결했지만, 리비아 내전으로 무산됨."(황 우석팀 자문교수인 현상환 충북대 교수의 코리아타임즈 인터뷰 내용, 2011.)

50. 검찰수사결과를 놓고 '당시 (노무현) 대통령의 의중이 반영된 것 아니냐.' 라는 설이 인터넷에서 돌았는데….

"제가 검찰수사를 받고 있을 때 청와대 비서관께서 이런 말을 해오셨습니다. (노무현) 대통령께서는 검찰이 엄정한 수사를 해서 만에 하나 황 박사의 실체적인 조작 지시나 개입이 없다고 나올 경우 그의 돈 문제까지는 (수사가) 가지 않았으면 좋겠다는 바람을 갖고 계시다고."(황우석 박사, 2015) 그러나 검찰은 황 박사의 가짜조작 지시나 공모가 없었음을 확인한 뒤 63일의 수사기간 중 대부분을 연구비 횡령 문제에 할애했으며 당시 검찰수사를 지휘했던 홍만표-이인규 라인은 3년 뒤인 2009년 4월 노무현 전 대통령의 비자금 의혹 수사를 진두지휘함(이인규 중수부장, 홍만표 수사기획관). 노무현 대통령 서거 이후 수사는 종료됨.

51. 우연히 카페 검색하던 중 황 교수에 반대하는 카페를 가보게 되었는데…. 여러 자료를 보던 중 NT-1 처녀생식에 관하여 김기태 교수, 정의배 교수 논문을 들먹이면서 NTt-1 처녀생식이 맞다고 계속 주장하고 있던데요…. 생

명공학전공자가 아니라서 자세히는 모르겠으나 그 사람 말이 맞다면 처녀생식 가능성이 높아 보이는데 어느 게 맞는지 시골피디 님의 의견을 듣고 싶습니다. (팟캐스트 댓글 '떡라면' 님, 2016.1.31.)

답변 1. 하버드의 실험은 사람 세포 실험이 아니라 쥐 세포 실험이었습니다. 제아무리 쥐 세포가 사람의 세포와 비슷한 패턴을 보인다고 하고, 이를 통계학적으로 보정했다 하더라도 이러한 쥐 실험 결과를 사람 세포에 관한 판단에 100% 적용하는 것은 애당초 불가능한 것일 수도 있습니다. 더구나 진작에 논란이 되어온 시료확보의 문제나 각인검사 결과에 대해서도 하버드 의대는 명확한 답을 제시하지 않았습니다.

답변 2. 하버드 저자 중 일부는 논란의 당사자인 황우석 박사를 참여시킨 '국제공동컨소시엄' 검증방식을 제안하고 황 박사도 이에 동의했으나 초기 배양단계 NT-1 시료를 갖고 있던 서울대 의대 문신용 교수가 샘플제공에 동의하지 않아 국제컨소시엄 검증이 깨어졌다고 황 박사는 법정증언에서 진술했습니다. (2007.8.28.)

답변 3. "왜 그들이 정상적인 핵형을 보이는 줄기세포 샘플(70계대 NT-1)이 있었음에도 핵형이상을 보이는 후기 계대 샘플(140계대 NT-1)을 검증실험에 사용했는지 의문이다. 우리는 NT-1의 기원을 탐구하기 위해 정상 핵형을 보이는 70계대 NT-1과 비정상적 핵형을 보이는 140계대 NT-1, 그리고 공여자의 체세포를 대조군으로 활용해 각인검사와 각인흔 검사를 시행했다."

답변 4. "결론적으로 우리의 연구에서는 1번 줄기세포에서 거의 모든 부계 각인유전자가 발현되고 있음이 관찰됐다. 그리고 이들의 각인흔 패턴은 다른 체세포 핵이식 줄기세포의 패턴과 일치했다. 이는 1번 줄기세포의 기원이 처녀생식을 통해서가 아니라 체세포복제를 통해 이뤄진 것임을 시사한다." Eui-bae jeung. et al., "Epigenetic signatures of somatic cell nuclear transfer-derived embryonic stem cells", (International Journal of Molecular Medicine, 2001.7.28.)

답변 5. "NT-1이 처녀생식인지 복제줄기세포인지 확실히 알려면 연구자 본인에게 재연기회를 주고 다시 만들어보라고 하면 되는 거 아닌가요? 왜 기회도 안 주고 등록도 안 시켜주면서 욕만 하죠?" (법정방청석에서 만난 50대 주부의 말)

52. 꽤 오랫동안 취재했다고 하는데 언제까지 할 건가?

2005년 12월 16일 황우석 대 노성일의 진실게임을 보면서 취재를 시작해 이 책을 탈고한 2015년 12월 31일까지 3,665일이었다. 그러나 이 책이 마지막이 될지 장담할 수 없고 취재는 계속된다. 연구는 계속되고 있으며 더 중요한 연구가 이 땅에서 재개되는 것이 과학의 문제를 과학으로 풀며 미래를 준비하는 솔로몬의 해법이라고 확신하기 때문이다. 과학자를 사기꾼 취급하는 나라에 미래는 없다.

고3 학생의 편지 한 통

한 고3 학생이 편지를 보내왔다. 지난 2012년에 출간된 나의 세 번째 책을 읽고 나름 느낀 점이 있어 학교 독서록에 썼는데, 담임 선생님께서 지우라고 하셨다는 거다. 세상 사람들이 다 욕하는 과학자를 너는 왜 긍정적으로 묘사했느냐고.

그 학생은 상처를 많이 받았는지 내게 이렇게 말했다. 책의 내용이 진실된 내용이었나 혼란스러웠다고. 그 자리에서 피디 님께 전화하고 싶었다고. 벌써 10년이나 지났는데 아직 '황우석 박사'라고 하면 사기꾼 이미지밖에 없나 아쉽기도 하고 사람들이 진실을 모르는 게 안타까웠다고. 난 그 학생에게 일단 이 책이 출간되면 보내주겠다고 답했다. 그리고 이 꼬리말을 빌어 그 학생에게 해주고 싶은 말을 쓴다.

─그럼에도 불구하고 그는 다시 한 번 세상을 놀라게 할 듯. 스트레스받지 말고 고3으로서 끝까지 최선을 다하시길. 진실은 10년이 지나도 썩어 문드러지지 않으니까.

철저히 보안을 유지하며 진행되고 있는 그의 연구동향을 살피다 보면 왠지 이 책이 마지막이 될 것 같지는 않다는 예감이 든다. 일단 몸부터 추슬러야겠다. 이 긴 이야기를 끝까지 읽어준 여러분께 진심으로 감사드린다.

주요 사건 일지

1978.	영국에서 세계 최초의 시험관 아기 '루이스 브라운' 탄생. (이후 2010년 노벨생리의학상 수상)
1986.	황우석, 서울대 수의학과 교수로 임용.
1987.	황우석, 간암 판정받고 8시간 대수술 끝에 간 한쪽 대부분 절개. 이후 불교 신자 됨.
1993.	황 박사, 국내 최초로 시험관 송아지 성공.
1995.	황 박사, 국내 최초로 소 수정란 복제 성공.
1996.7.5.	영국 로슬린 연구소의 이언 윌머트 등, 포유류 최초의 체세포 복제 양 '돌리' 출산에 성공.
1998.11.6.	미국 위스콘신 대학의 제임스 톰슨, 세계 최초의 인간 수정란 배아줄기세포 확립.
1999.	황 박사, 국내 최초로 소 체세포 핵이식 복제 성공.
2001.8.9.	미국 부시 대통령, 배아줄기세포 연구에 대한 연방정부 지원 사실상 중단 선언.
2003.4.	미국 피츠버그 대학 제럴드 섀튼 교수, 8세포기 이상 복제 불가 이론 〈사이언스〉 논문으로 발표.
2003.4.	황우석팀, 인간의 난자를 이용한 복제배아 1번 줄기세포주 NT-1 배양 성공.
2003.9.	섀튼은 한국 황우석 실험실에서 1번 줄기세포 확인 후 복제불가입장 철회, 황우석의 조력자로 나섬.
2003.	8세 소년, 경기도 시흥에서 교통사고 당해 하반신 마비, 목에 천공 뚫음.
2004.2.12.	황우석팀, 〈사이언스〉 특별기자회견 통해 1번 줄기세포 NT-1 성공 발표, 이후 〈사이언스〉 표지논문으로 게재됨.
2004.2.	영국 케임브리지대학 로저 피터슨 교수, "21세기 바이오혁명은 한국 서울에서 일어날 것"
2004.2.18.	황우석, 문신용 교수, 귀국 기자회견에서 생명윤리 논란 거세 '잠정적 연구중단' 선언.
2004.9.	난치병 소년, 인천 길병원에 온 황우석 박사에게 '저 좀 일으켜 달라'고 호소, 황 박사는 '최선 다해 연구할 테니 부모님 말씀 잘 듣고 공부 열심히 하라'며 위로. 이후 소년의 세포로 줄기세포 연구.
2004.9.24.	다시 연구 시작한 황우석팀, 난치병 소년의 체세포를 복제 배반포 단계까지 성공.
2004.10.5.	미즈메디 배양책임자, 황 박사에게 난치병 소년의 2번 줄기세포 배양 성공 보고.

2004.10.	UN 총회 6위원회에 미국이 지원하는 '복제연구 전면중단 결의안' 상정.
2004.10.10.	슈퍼맨 크리스토퍼 리브 52세로 사망, 미국 전역에 줄기세포 지원 여론 확산.
2004.10.12.	미국 유력언론들, 부시 대 케리의 대통령 선거전에서 줄기세포 논란이 최대 쟁점 꼽아.
2004.10.13.	황우석 박사, UN 총회 참석인사들에게 '치료목적 복제연구 허용' 호소. 슈퍼맨의 생전 동영상도 공개.
2004.10.	제보자 '닥터 K', 한국의 시민단체에 황우석 연구가 비윤리적이라는 1차 제보했으나 실패.
2004.10.21~22.	UN 총회 6위원회는 미국 주도 '복제연구 전면금지안' 합의도출 실패.
2004.11.11.	미즈메디 배양팀, 황우석 박사에게 국과수 검증결과 DNA 일치한다고 서면 보고
2004.11.25.	미즈메디 배양책임자, 황 박사에게 3번 줄기세포 배양 성공 보고.
2004.12.10.	미즈메디 배양책임자, 황 박사에게 총 4개의 줄기세포(4~7번) 동시 배양 성공 보고.
2004.12.28.	미즈메디 배양책임자, 황 박사 몰래 미국인 당뇨환자 세포 포함된 4개의 줄기세포 무단 반출.
2004.12.	제럴드 섀튼 교수, 황우석 박사 연구원 2명의 도움 받아 원숭이 복제 배반포 성공 논문 발표.
2005.1.1.	한국에서 난자수급을 제한하는 '생명윤리법' 시행.
2005.1.6.	미즈메디 배양책임자 김선종, 서울대 연구실에서 배양되던 줄기세포에서 곰팡이 오염 발견.
2005.1.9.	김선종, 3일간 오염사실 알리지 않다가 걷잡을 수 없이 오염되자 황우석 박사에게 사실보고. 이후 오염된 줄기세포 전량 폐기됨.
2005.1.15.	황우석 박사, 인도 학회에서 공동교신저자인 섀튼 교수에게 오염사실 보고 후 논문 일정 상의, 섀튼 교수는 '오염사고 흔하니 논문 강행하라.' 조언.
2005.2.5.	황우석 박사, 오염사고로 죽은 4개의 줄기세포주를 포함해 논문작성 할 것 지시, 김선종은 이에 따라 오염사고로 죽은 4개의 줄기세포에 대한 사진 조작.
2005.4.20.	한국생명공학연구원에서 사육되던 임상실험용 원숭이 99마리 한꺼번에 폐사.
2005.4.	황 박사 난치병 소년 임상시험 준비하며 미국 슬로언케터링 암 연구소에 15만 달러 연구비 지원하고 줄기세포 넘겨주며 신경세포로의 분화 주문.
2005.4.	세계 최초의 복제개 '스너피' 발표, 이후 〈네이처〉 논문 게재.
2005.4.25.	이때까지 수립된 총 12개의 줄기세포 중 오염사고로 죽은 미국인 당뇨환자의 줄기세포를 다시 배양한 NT-4$^+$를 제외한 11개 줄기세포 수립 사실 〈사이언스〉 논문으로 투고.

2005.5.19.	황우석 박사와 섀튼 교수, 영국 런던의 〈사이언스〉 미디어 센터에서 2005년 논문 발표.
2005.5.20.	미국 하원, 미국 내 줄기세포 지원 법안 상정 시도.
2005.5.21.	미국 조지 W. 부시 대통령, 황우석 연구 반대 입장 밝히고 미국 내 줄기세포 법안 거부권 행사 예고.
2005.5.24.	미국 하원, 부시 대통령 거부권 행사 예고에도 불구 미국 내 줄기세포 지원 법안 가결.
2005.5.25.	미국 내 주요 언론, 부시 정권 재임 후 최초의 거부권 행사 정치적 위기 분석.
2005.6.1.	제보자 '닥터 K', 한국의 공영방송 MBC 〈PD수첩〉에 황우석 논문조작 제보.
2005.6.3.	제보자 '닥터 K', 〈PD수첩〉 한학수 피디 만나 '진실이 먼저냐 국익이 먼저냐' 질문. 이후 취재돌입.
2005.6.11.	한겨레, 〈황우석 교수님과 한겨레, 닮았습니까?〉 광고 게재.
2005. 여름.	제보자 '닥터 K', 〈PD수첩〉 방송 준비하며 황우석 박사를 자신이 근무하던 병원으로 초대해 황 박사의 손을 잡고 신경병동을 돌면서 '우리 교수님이 여러분 다 낫게 해주실 것' 자랑.
2005.8.	김선종, 줄기세포 섞어넣기 수법으로 황우석팀의 개 줄기세포 실험을 고의로 망침.
2005.8.4.	영국의 이언 윌머트 박사, "(스너피 복제는) 동물복제의 정점을 찍는 사건"
2005.10.	황우석 박사 세계 최초의 회색늑대 복제 성공.
2005.10.19.	제보자 '닥터 K', 줄기세포 가짜라는 물증 제시, 미국 취재 중이던 〈PD수첩〉 제작진 환호.
2005.10.20.	MBC 〈PD수첩〉 제작진, 미즈메디 배양책임자 김선종에게 '황우석만 주저앉히면 된다.'라며 황우석의 사진조작지시 증언 확보.
2005.10.31.	MBC 〈PD수첩〉 황우석 박사에게 검증용 샘플인도 요청, 황 박사 흔쾌히 수락.
2005.11.8.	서울 서초경찰서, 미즈메디병원 연루된 난자불법매매 사건수사 돌입.
2005.11.9.	미즈메디 배양책임자 김선종 〈PD수첩〉에게 줄기세포 넘겨주지 말라고 서울대 연구원에게 지시했으나 황우석 박사의 지시로 검증용 줄기세포 시료 넘겨주기로 확정.
2005.11.12.	황우석팀, MBC 〈PD수첩〉 및 YTN에게 검증용 줄기세포 시료 15개 넘겨줌.
2005.11.12.	(미국시각) 미즈메디 배양책임자 김선종, 황 박사가 검증용 줄기세포를 MBC에 넘겨줬다는 소식 듣고 약물과다 복용으로 자살기도.
2005.11.12.	(미국시각) 공동교신저자 제럴드 섀튼 교수, 공식적으로 황우석과의 결별 선언.
2005.11.13.	〈타임〉 복제개 '스너피'를 올해 가장 놀라운 발명품으로 선정.

2005.11.18.	MBC 〈PD수첩〉, 미즈메디 노성일 이사장에게 난자매매 관련 물증 제시하며 인터뷰, 노성일 이사장은 〈PD수첩〉과의 인터뷰에서 '줄기세포 본 적 없다.'라고 허위 증언.
2005.11.18.	황우석 줄기세포 검증한 YTN, 황 박사에게 DNA 불일치 판정결과 통보.
2005.11.20.	황우석 박사, 자체 검증결과 배양 중인 줄기세포 모두 논문과 일치하지 않음 파악.
2005.11.20.	대책회의에서 황 박사 '모든 것 밝히고 자살하겠다.' 통곡. 이후 안규리 서울대 의대 교수 사태수습.
2005.11.20.	〈워싱턴포스트〉, 섀튼 관련 의혹 제기 '10년 전 난자스캔들에서도 섀튼은 깨끗하게 살아남아'
2005.11.21.	미즈메디 노성일 이사장 기자회견 통해 매매난자 사용 시인.
2005.11.22.	MBC 〈PD수첩〉 황우석 연구의 난자윤리 관련 1차 폭로 방송.
2005.11.23.	노성일 이사장, MBC 〈PD수첩〉이 사실 왜곡했다며 법적대응 시사.
2005.11.24.	황우석 박사 기자회견 통해 난자의혹 일부 시인하고 모든 겸직에서 사퇴.
2005.11.27.	노무현 대통령, MBC 〈PD수첩〉과 누리꾼들에게 모두 자제해달라고 요청.
2005.11.28.	〈PD수첩〉의 황우석 난자윤리 의혹폭로에 반발하는 누리꾼들의 MBC 사옥 앞 촛불 시위 시작.
2005.11.29.	누리꾼들의 광고중단 요구에 〈PD수첩〉 광고 전혀 없이 방영. 그러나 제작진은 후속폭로 강행예고.
2005.12.1.	난자매매 사건 수사종결, 미즈메디 불기소.
2005.12.1.	진보적 목회자 강원용 목사, 동아일보에 기고 "난치병 치유도 생명윤리다"
2005.12.1.	안규리 교수 등 미국으로 출국해 입원 중인 미즈메디 배양책임자 김선종 병문안, 동행한 YTN 기자는 MBC 〈PD수첩〉의 강압취재 사실 확인.
2005.12.4.	YTN, MBC 〈PD수첩〉의 강압취재 폭로.
2005.12.4.	MBC, 대국민 사과성명 발표 후 〈PD수첩〉 제작진 문책.
2005.12.7.	황우석 박사 극심한 스트레스성 우울증과 탈진상태로 서울대병원 입원.
2005.12.9.	박근혜 당시 제1야당 대표, 입원 중인 황우석 박사 병문안 위로.
2005.12.9.	정운찬 서울대 총장, 황 박사에게 서울대 조사위원 후보 50인 추천 요청. (이후 단 한 명도 조사위원으로 선임되지 않았음.)
2005.12.11.	노정혜 서울대 연구처장, 황우석팀에게 재현실험기회 줄 수도 있음 시사.
2005.12.15.	오전 8시경 황 박사, 서울대 교수직 사직서 제출. (조사 중이라는 이유로 정운찬 총장 반려.)
2005.12.15.	이후 황 박사는 노성일 이사장 불러 줄기세포 검증현황 알려주며 추가 검증 끝날 때까지 언론접촉 말고 결과 나오면 함께 국민 앞에 사죄하자 요청.
2005.12.15.	노성일 이사장은 몇 시간 뒤 MBC 기자 불러 언론폭로. "황우석 줄기세포 하나도 없다."
2005.12.15.	긴급편성된 MBC 〈PD수첩〉, 황우석 줄기세포 검증결과 폭로, '줄기세포는 가짜'

2005.12.15.	MBC 〈PD수첩〉 방송을 지켜본 10세 난치병 소년 절망하며 '아빠, 그럼 나 이제 못 걷는거야?'
2005.12.16.	황우석 박사 기자회견 통해 배양단계에서의 줄기세포 바꿔치기 의혹 제기.
2005.12.16.	노성일 이사장 반박 기자회견 통해 책임전가 비판, 김선종에게 '내가 형이 되어 줄 테니…' 흐느낌.
2005.12.16.	노성일 이사장, "MBC 〈PD수첩〉은 과학적으로 완벽했다."
2005.12.16.	시골피디 취재 시작.
2005.12.18.	미즈메디 노성일 이사장, 미국의 김선종 연구원에게 '서울대 조사에서 한 방에 끝내자.' 전화.
2005.12.	김선종, 미즈메디 연구원들에게 증거인멸 교사.
2005.12.19.	서울대 조사 시작, 황우석 연구실 폐쇄 및 줄기세포 봉인 조치.
2005.12.20.	오마이뉴스, '황 교수, 10세 내 아들에 반드시 걷게 해준다 제안' 기사.
2005.12.22.	미즈메디 출신 윤현수 교수, 김선종 연구원에게 '어차피 서울대 조사위는 황을 죽이려 하더라.' 전화.
2005.12.	김선종, 미즈메디 출신 연구원들에게 황우석이 조작 지시하는 것을 본 것처럼 거짓증언 교사.
2005.12.23.	서울대 조사위, 중간발표로 논문조작 확인.
2005.12.23.	황우석 박사, 책임지고 서울대 교수직 사퇴 공식 천명. (정운찬 총장 사직서 반려)
2005.12.23.	장호완 서울대 교수협의회장, 황우석 파면 촉구.
2005.12.28.	서울대 졸업생, 동창회 게시판에 서울대 조사의 연구실 폐쇄 강하게 비판.
2005.12.29.	서울대 조사위 2차 발표 통해 진짜 줄기세포 없으며 바꿔치기 의혹은 조사대상 아님 천명.
2006.1.1.	MBC 〈PD수첩〉을 비판한 누리꾼 제작 〈동네수첩〉 주요포털사이트 검색어 1위.
2006.1.3.	MBC 〈PD수첩〉, 황우석 박사의 여성연구원 난자기증 강압 의혹 제기.
2006.1.7.	미국 〈피츠버그트리뷴리뷰〉, 피츠버그대학 제럴드 섄튼 교수의 황우석 특허도용 의혹제기.
2006.1.10.	서울대 조사위 최종발표 통해 원천기술 독보적 아니며 1번 줄기세포도 정상적으로 복제된 게 아닌 연습생이 우연히 만든 '처녀생식' 줄기세포 가능성 높고 이는 서울대 조사 최대의 과학적 업적이라 발표.
2006.1.10.	MBC 〈뉴스데스크〉, 황우석 소유 팔당상수원 보호권역 내 토지를 '100억 원대 땅부자'로 보도.
2006.1.10.	MBC 〈PD수첩〉 최초의 복제소 '영롱이' 가짜 의혹 제기.
2006.1.12.	진보 방송인 김어준, 한겨레 실명기고 칼럼 통해 서울대 조사 문제점 비판.
2006.1.12.	황우석 박사 기자회견 통해 '책임은 책임대로 질 테니 6개월만 시간 달라.'라며 재연기회 요청.

2006.1.13.	노성일 이사장, SBS와의 인터뷰에서 "그 인간(김선종)을 내가 모르겠다고…."
2006.1.21.	정운찬 서울대 총장 강연 '황우석에게 재연실험기회 절대 줄 수 없다.'
2006.2.4.	60대 노동운동가 정해준, 황우석 사건 진실규명 요구하며 광화문 이순신 동상 앞 분신자살.
2006.2.	미국 피츠버그대학 조사위원회, 섀튼 교수의 특허는 독자적 성과 아님을 명시.
2006.2.23.	김어준, 한겨레 실명칼럼 '우리편 유감' 끝으로 이 사건 관련 절필.
2006.3.2.	서울중앙지검에 미즈메디 배양책임자 김선종 소환 조사 시작, 조사 첫날 자신의 범행 자백.
2006.3.2.	서울중앙지검에 황우석 박사 소환 조사 시작, 이후 63일간 계속 조사.
2006.3.20.	서울대, 징계위원회 열어 황우석 교수를 파면조치하기로 결정.
2006.3-4.	KBS 〈추적60분〉 제작진, 정명희 서울대 조사위원장 만나 처녀생식 단언할 수 없다는 인터뷰 확보.
2006.4.4.	KBS, 〈추적60분〉 불방 결정.
2006.4.5.	〈추적60분〉 문형렬 피디, 촬영테이프 반납하라는 회사 요구 불복 후 인터넷 공개 추진.
2006.4.11.	누리꾼 'corcoon', 오마이뉴스에 대한 반박글 인터넷에 게시.
2006.4.15.	여의도 KBS 사옥 앞에서 〈추적60분〉 방영 촉구하던 수백 명 시민들 차벽 둘러싸여 전원 연행.
2006.4.	20명의 서울대 연구원들, 황우석 박사 따라나옴.
2006.5.12.	서울중앙지검, 황우석 박사를 특정경제가중처벌법상 사기 및 횡령, 생명윤리법 위반 기소.
2006.5.12.	서울중앙지검, 수사결과 황 박사 난자강압 의혹 사실무근으로 판명되었음 밝힘.
2006.7.4.	황우석 박사, 2차 공판에서 사진 부풀리기 지시(데이터 과장) 인정.
2006.7.18.	황우석 박사를 주축으로 한 수암연구재단 출범.
2006.8.25.	일본 교토대학 야마나카 신야 교수, 인간의 난자 없이 맞춤형 배아줄기세포 수립가능한 '역분화 줄기세포' 논문 〈셀〉에 발표.
2006.9.	세 번의 이사 끝에 경기도 용인시 원삼면의 한 농기구 창고 개조해 연구돌입.
2006.9.10.	황우석 2번 줄기세포 주인공인 난치병 소년 기도협착으로 쓰러져 의식불명.
2006.9.28.	서울행정법원, KBS 〈추적60분〉 정보공개 타당하다는 판결.
2007.1.	소년의 아버지 김제언 목사와의 전화 인터뷰, "그런 게 한국 언론의 한계 아닐까요?"
2007.1.	경기도 용인시 원삼면에 3층 규모 단독 연구소 준공.
2007.3.20.	서울대 조사위원 이 모 교수 법정출석해 '조사위원 중 인간난자 및 복제분야 전문가 없었다.' 증언.

2007.3.	서울대 이병천 교수 황우석 박사 동의 없이 늑대복제 논문 발표.
2007.3.26.	서울대 연구처, 서울대 연구팀이 늑대복제 했다고 보도자료 발표.
2007.4.27.	늑대논문 의혹 일자 서울대 연구진실성위원회 논문검증, 논문오류 인정하고 이병천 교수에게 징계.
2007.7.	소년의 가족과 의료진, 다시 한번 소년의 체세포 떼어내 황우석팀에게 줄기세포 연구 의뢰.
2007.8.	미국 바이오기업 '바이오아츠' 루 호손 대표, 황우석 박사에게 10년 전 죽은 개 미씨 복제 의뢰.
2007.8.	미국, 영국, 일본의 줄기세포 권위자들 황우석 1번 세포 NT-1 검증 논문 발표. (처녀생식 주장)
2007.8.28.	김선종(미즈메디 연구소에서 파견된 배양책임자) 법정증언.
2007.9.	황우석팀 관련 시설과 인력 갖춰 한국 정부로부터 배아복제연구기관으로 등록.
2007.9.	황우석팀, 미국에서 죽은 개의 냉동체세포 5종 받아 복제 실험 착수.
2007.9.27.	첫 실험에서 임신 성공.
2007.10.30.	권대기 당시 줄기세포 팀장 법정 증언, 황우석 박사 변호인, 법정에서 김선종의 섞어심기가 아닌 '진짜 세포 바꿔치기' 증거 제시.
2007.11.	황우석팀 당시 소 팀장, 제보자 '닥터 K'의 의혹제기 전면 부정.
2007.12.	죽은 개 미씨의 냉동체세포로부터 총 5마리의 복제개 성공. 이후 논문 발표.
2007.12.	황우석팀, 한국 정부에 인간의 난자를 이용한 줄기세포 연구승인 신청.
2008.4.	보건복지가족부 결정 보류.
2008.5.21.	〈뉴욕타임스〉 황우석팀의 죽은 개 복제 성공소식 타전.
2008.7.3.	영국 BBC, (황 박사가 생명윤리법 위반으로 기소된) '잔여난자공여방식'이 영국 내에서 성공적인 생명윤리 정책으로 평가받고 있다고 보도.
2008.8.1.	보건복지가족부, 윤리위반 이유로 황우석 박사의 줄기세포 연구승인 신청 거절.
2008.8.8.	황우석 2번 줄기세포 주인공인 난치병 소년 임종.
2008.9.3.	한국의 바이오기업 〈알앤엘바이오〉, 황우석 박사가 자신들이 서울대로부터 확보한 복제개 '스너피' 특허를 침해했다는 특허침해소송 제기.
2008.9.23.	호주특허청, 황우석 1번 세포 NT-1을 복제줄기세포 특허로 등록 결정 통보.
2008.9.24.	호주특허청, 특허승인 유보 발표.
2008.10.1.	미국과 호주의 경쟁 연구자들 〈네이처〉 인터뷰 통해 황우석 특허에 부정적 입장 피력.
2008.10.20.	리비아 최고통치기구 국가과도위원회(NTC)의 특사가 황우석 박사 찾아와 면담, 공동연구 제의.
2008.11.9.	황우석 박사 일행 비밀리에 아랍에미리트 항공편으로 출국.
2008.12.31.	특허권자인 서울대학교가 NT-1 특허 포기를 시사하자 이에 항의하는

지지국민들 서울대 천막농성.

2009.1.12.	서울대학교는 황우석 박사가 있는 수암재단에 NT-1 특허권을 양도하는 계약 체결.
2009.1.12.	현상환(충북대 수의학) 교수의 법정증언.
2009.1.29.	〈CNN〉, 황우석팀의 세계 최초 상업적 복제견 성공 소식 타전.
2009.2.2.	정명희 서울대 조사위원장 법정에 출두해 '처녀생식 단정발언은 흥분해서 그런 것'이라며 사과, '당시 전문성 부족해 조사위원장직 고사했다.'라고 증언.
2009.3.9.	미국 오바마 대통령, 배아줄기세포 연구에 대한 연방정부 규제완화.
2009.6.11.	특허심판원은 재현실험 통해 황우석팀이 '스너피' 특허기술을 뛰어넘어 특허침해가 아님을 판시.
2009.6.17.	미국 〈CBS〉, 황우석팀의 9·11 테러 당시 구조견 '트레커' 복제 소식 타전.
2009.8.24.	황우석 박사 1심 공판 최후진술 "베푸실 온정 있다면 저로 인해 고통받은 다른 피고인들에게 선처를…."
2009.8.26.	경기도, 황우석팀에게 질환모델연구용 복제돼지 연구지원 협약 체결.
2009.9.18.	서울중앙지법 제12민사재판부, 특허권 침해소송에서 황우석 박사 승소 판결.
2009.10.1.	1심 판결 앞두고 한 시민단체는 황 박사의 선처를 구하는 헌정 사상 최대규모 110만 3천300여 명의 국민서명 제출.
2009.10.25.	여야 국회의원 55명과 서울 시내 구청장 24명, 황우석 박사의 선처를 구하는 탄원서 제출.
2009.10.26.	1심 판결, 특정경제범죄 가중처벌 법상 사기혐의 무죄, 횡령 유죄, 생명윤리법 유죄. 징역 2년에 집행유예 3년.
2010.1.	황우석팀, 제주경찰청 의뢰받아 폭발물탐지견 복제 성공.
2010.10.10.	난자기증 여성 연구원, 황우석 박사의 주례로 결혼.
2010.10.28.	황우석 박사 2심 최후진술.
2010.11.	경기도의 지원을 받아 인간의 당뇨유전자가 주입된 형질전환 복제돼지 24두 성공.
2010.12.16.	서울고법형사3부, 미즈메디 배양책임자 김선종에게 (황우석 연구에 대한) '업무방해' 유죄 선고, 김선종의 상고포기로 항소심 유죄판결 확정.
2010.12.16.	서울고법 형사3부, 황우석 박사에게 사기 무죄, 횡령 등 일부 유죄로 1심보다 형을 줄여 징역 1년 6월에 집행유예 2년 선고.
2011.2.18.	리비아 최고지도자 무아마르 카다피의 넷째 아들 무아타심과 '다나 바이오 사이언스'를 통해 5년간 1,500억 원, 25년간 46조 5천억 원의 투자 계약 체결.
2011.2.19.	'아랍의 봄'에 따른 리비아 내전 발발.
2011.2.26.	황우석 박사 리비아 탈출해 이집트 카이로 공항에 도착.
2011.7.	한국의 과학자들 〈국제분자의학회지〉에 NT-1 재검증 논문 발표(정상

	적으로 복제된 배아줄기세포임).
2011.7.26.	캐나다 특허청, 황우석 1번 세포 NT-1을 복제줄기세포로 특허 등록(물질특허, 방법특허).
2011.10.17.	황우석팀, 세계 최초의 코요테 복제 성공 발표, 이후 논문 게재.
2011.10.20.	아버지 카다피와 넷째 아들 무아타심 카다피 부자 시르테에서 반군에게 참살당해 계약 백지화.
2011.11.3.	서울고등법원, 황우석 박사에 대한 서울대 교수직 파면결정은 부당했다는 판결.
2011.11.4.	세계 최초의 고양이 복제 성공시킨 신태영 박사, 영롱이는 진짜 복제소가 맞다고 인터뷰.
2011.12.16.	러시아 북동연방대학, 황우석 박사에게 매머드복제 연구 제의.
2012.3.5.	뉴질랜드 특허청, 황우석 1번 세포 특허 등록결정.
2012.3.13.	러시아 북동연방대학 부총장 등 7명 내한해 황 박사와 매머드복제 공동연구협약서 체결.
2012.6.28.	서울행정법원, 보건복지가족부 산하 질병관리본부의 NT-1 등록 거부는 부당하다는 판결.
2012.8.	매머드복제를 위한 제1차 시베리아 탐사(내셔널 지오그래픽 채널 동행 취재).
2012.10.	일본 교토대 야마나카 신야 교수 노벨생리의학상 수상.
2013.11.	매머드복제를 위한 코끼리 확보를 위한 인도네시아 보르네오 섬 탐사.
2014.1.14.	〈네이처〉 황우석 특집기사 '복제의 귀환' 게재.
2014.1.15.	〈사이언스〉 황우석 특집기사 '두 번째 도전' 게재.
2014.2.11.	미국 특허상표청(USPTO) 황우석 1번 줄기세포 NT-1을 복제배아줄기세포주(물질특허) 및 제조방법(방법특허) 특허 등록사실 공개.
2014.2.22-23.	미국 〈뉴욕타임스〉 황우석 특집기사 '속죄를 구하는 과학자의 여정' 보도.
2014.2.27.	대법원 2부, 황우석 박사에게 사기 무죄, 횡령 등 일부 유죄로 징역 1년 6월에 집행유예 2년 선고한 원심 확정.
2014.2.27.	대법원, 서울대 교수직 파면은 부당했다는 고등법원의 판결 파기환송.
2014.10.	황우석 박사, 중국 최대 바이오기업인 보야그룹과 중국 내 조인트 벤처기업 설립 후 공동연구 시작.
2014.10.	영화 〈제보자〉 개봉.
2014.10.6.	시골피디, 영화 〈제보자〉의 사실왜곡 지적하는 팟캐스트 라디오 방송 제작.
2014.12.	시골피디, 미국 캘리포니아 일주여행.
2015.1.14.	황우석 박사, 제주도에서 중국의 보야그룹, 미국의 줄기세포 석학 미탈리포프 교수와 조인트벤처설립 조인식.
2015.2.11.	소년의 아버지 김제언 목사와의 현장 인터뷰(교회 사무실).
2015.3.1.	시골피디, 황우석 10년 취재기 책출간을 위한 크라우드 펀딩 돌입.
2015.3.16.	황우석팀, 중국과학원 북경유전체연구소(BGI)와 매머드복제 공동연구

협약 체결.

2015.4.30.	시민 165명의 참여로 크라우드 펀딩 성공 마감. (모금액 2,200여만 원)
2015.6.24.	대법원, 보건복지부 산하 질병관리본부의 황우석 1번 세포 NT-1 등록 거부는 위법하다는 최종판결.
2015.7.	여론조사 전문기관 리얼미터, '황우석 줄기세포 연구재개 찬성 68.3%, 반대 16.3%'
2015.7.23.	여당(새누리당) 최고위원들 황우석 사면의 필요성 논의. (이후 최종적으로 사면대상에서 빠짐)
2015.9.	황우석 박사, 매머드복제를 위한 제4차 탐사로 북극해 라코브 섬 탐사 중 풍랑 만나 3일간 조난당함.
2015.12.25.	영국 〈가디언〉, 죽은 애완견을 복제해 영국 부부에게 선물한 황우석팀의 성과 보도.
2015.12.31.	시골피디, 10년 취재기 원고 탈고. (취재 3,665일째)

참고문헌

[머리말] 나의 십 년 취재기

1 David Cyranoski, 『Cloning comeback』 (nature.com, 2014.1.14.), Dennis Normile, 『The Second Act』 (Science Journal Article, 2014.1.15)

2 임화섭·김길원, 「황우석 '1번 배아줄기세포' 미국서 특허 등록」 (연합뉴스, 2014.2.11.) : 미국 특허상표청(USPTO)은 이날 특허전자공시시스템으로 '인간 체세포복제배아에서 유래한 인간 배아줄기세포주(영문명 A human embryonic stem cell line prepared by nuclear transfer of a human somatic cell into an enucleated human oocyte)'의 특허등록(제8,647,872호) 사실을 공개했다. 발명자는 노성일 미즈메디병원 이사장, 황우석 전 교수, 이병천 서울대 수의대 교수, 강성근 전 서울대 수의대 조교수, 류영준 강원대 의대 교수 등 15명으로 돼 있다. 특허의 주요 내용은 NT-1 줄기세포주(물질특허)와 그 제조방법(방법특허) 등 두 가지다.

3 「[특집] PD수첩은 왜 재검증을 요구했는가?」 (MBC 〈PD수첩〉, 2005.12.15.)

4 민병욱, 「'황우석 논문조작은 범죄행위'-정운찬 서울대 총장, 19일 마산 사보이 호텔서 열린 강연에서 주장」 (경남도민일보, 2006.1.21.)

5 「줄기세포 논문조작 사건 수사결과」 (서울중앙지방검찰청, 2006.5.12.), 32쪽.

6 한겨레커뮤니티(http://c.hani.co.kr/index.php?mid=hantoma&document_srl=1544704) (2008.09.30. 21:57)

7 줄기세포 논문조작 관련 대법원 판결은 2014년 2월 27일 이뤄졌다. 대법원 2부 (주심 이상훈 대법관)는 이날 특정경제범죄가중처벌 등에 관한 법률 위반(사기)과 업무상횡령, 생명윤리법 위반 등의 혐의로 기소된 황 박사에게 일부 유죄(사기 무죄)를 인정해 징역 1년 6월과 집행유예 2년을 선고한 원심을 확정한다고 밝혔다. 대법원이 인용한 원심은 2010.12.16. 판시된 2심 항소심이었으며 필자가 직접 방청하며 기록한 항소심 법정 판결문(서울고법 형사3부, 이성호 부장판사)의 주요내용은 다음과 같다. 「재판부는 특정경제가중처벌법상 사기라는 검찰 항소내용을 기각한다. 대다수 국민들에게 배신과 분노, 허탈감을 안겨준 줄기세포 논문조작사건은 피고 황우석의 무리한 성과주의적 사고와 윤리의식 결여가 없지 않으나 근본적으로 김선종의 섞어심기 업무방해로 초래되었고….」 「횡령액의 대부분은 연구원의 복지와 다른 연구업무를 위해 사용되었으며 이를 개인적으로 사용하거나 사리사욕을 채우기 위해 썼다는 뚜렷한 정황증거는 발견할 수 없다.」 「피고(황우석)는 과학자로서 오랫동안 과학발전에 공헌하였고 서울대 교수로서 후학을 다수 양성했으며 공익적 활동에 기부를 했고 전과가 없으며 자신의 잘못에 대해 깊이 반성하고 있는 점, 연구를 통해 수립한 NT-1이 처녀생식 논란에도 불구하고 현존하고 있는 등, 피고에게 생명공학 발전에 기여할 기회를 박탈하는 것은 그동안 축적된 기술을 사장시켜 국가적 손실을 초래할 수 있기에 실형에 처하지 않고 원심보다 감

형된 징역 1년 6개월에 집행유예 2년을 선고한다.」

8 대법원이 인용한 원심은 2010.12.16 판시된 2심 항소심이었으며 필자가 직접 방청하며 기록한 항소심 법정 판결문(서울고법 형사3부, 이성호 부장판사)의 주요 내용은 다음과 같다. 「난자 제공자에게 반대급부로 제공된 것은 직접적인 보상이 아니라 불임시술비의 일부 감면이었으며 불법의 강도가 높다고 볼 수 없고, 난자 사용 역시 줄기세포 연구라는 학술적 목적을 가졌으며, 과정 또한 난자제공자에게 사전 동의서 등 절차를 충족시키기 위한 피고 황우석의 노력이 인정된다.」 검찰이 생명윤리법 위반으로 기소한 부분은 황우석 박사가 당시 국가생명윤리위원의 자문을 받아 시행한 '난자 공유제'였다. 난자 공유(egg-sharing) 제도는 체외수정(IVF), 일명 시험관 아기를 얻기 위해 시술을 받는 여성이 자신의 난자 일부를 연구용으로 기증하고 시술비를 감면받는 시스템으로 영국에서는 윤리와 연구를 만족시키는 '중용의 해법'으로 인정받아 정부가 시술비의 절반을 지원해주고 있다. 2008년 7월 3일 BBC 온라인의 기사에 따르면 난임시술을 받으며 자신의 난자를 줄기세포 연구에 공여한 여성들에게 체외수정 시술비의 절반을 제공하는 정책이 성공적인 반향을 불러일으키고 있다고 한다. (출처 : BBC온라인(2008), 'Half-price IVF hailed a success', 7월 3일)

9 「[인터뷰] 〈제보자〉 임순례 감독, "진실과 국익… 100번 답해도 진실이 우선"」 (JTBC '뉴스룸', 2014.10.27.)

제1부. 어린 왕자

1 손병관, 「황 교수, 10세 내 아들에 임상실험 제안, 아내는 난자 제공, 나는 윤리위원 맡아.」 (오마이뉴스, 2005.12.20.)

2 해당 기사에 달린 댓글 중 일부

3 누리꾼 'corcoon'의 인터넷 게시글은 정치포털 사이트인 '서프라이즈' 황우석 토론방에 2006년 4월 11일 07시 08분에 게시됨.

4 소년의 아버지 김제언 목사와의 인터뷰는 2007년 1월경 짧은 전화 통화를 통해 이뤄졌으며 통화 내용은 다음과 같다.
  • 필자 : 언론에 보도된 것처럼 황우석 박사가 의사도 함부로 하기 힘든 말인 '내가 널 걷게 해주겠다.'라는 발언을 실제로 건넸었나요? 아니면 연구자로서 연구 메커니즘을 설명하는 과정에서 그런 의미가 전달된 것인지….
  • 김 목사 : 연구자로서의 의무적인 설명 과정이었다기보다는 뭐랄까…. 사람에 대한 인정? 예. 아이의 어려운 상황에 대해 위로해주고, 그 부모에 대해서도 위로해주는…. 아무튼 저로서는 충분히 그럴 수 있다…. 그런 말을 할 수 있다고 받아들였습니다.
  • 필자 : 그런데 언론보도에는 마치 황 박사가 사이비 교주처럼, 또는 의사 흉내를 낸 것처럼 전체적인 맥락이 흘러갔는데….
  • 김 목사 : 그런 게 한국 방송(언론)의 한계 아닐까요?

5 소년의 아버지 김제언 목사와의 현장 인터뷰는 2015년 2월 11일 오전 김제언 목사님의 교회 사무실에서 이뤄졌다.

6 소년과 황우석 박사 간의 첫 만남 순간은 당시 장면을 목격했던 인천 길병원 신
   경외과 전문의 이언 교수 전화 인터뷰(2007.1.)와 소년의 아버지 김제언 목사 인
   터뷰(2015.2), 그리고 노창현 기자가 인터넷에 공개한 황우석 박사의 지난 강연
   (2004.6.4. 미국 뉴욕) 녹취록을 취합해 저자가 재현했다.

제2부. 마법사

1 황우석 박사와의 인터뷰는 2015년 4월 25일 오전 서울 구로의 수암생명공학연구
   원에서 이뤄졌다.
2 김병종, 황우석, 최재천, 『나의 생명이야기』 (효형출판, 2004), 49~50쪽.
3 김병종, 황우석, 최재천, 『나의 생명이야기』 (효형출판, 2004), 35쪽.
4 2004년 6월 4일 황우석 박사가 미국 뉴욕에서 교포들을 상대로 가진 특강의 한
   부분을 뉴욕에 주재하던 기자(노창현 스포츠서울 편집장)가 녹취해 자신의 블로
   그에 올려놓은 부분을 인용함.
5 소년의 아버지 김제언 목사와의 인터뷰는 모두 세 번에 걸쳐 이뤄졌는데 2007년
   1월경의 전화통화, 2014년 2월 9일 특집방송용 인터뷰, 그리고 2015년 2월 11일
   심층인터뷰로, 이 대목에 인용된 내용은 그중 두 번째 인터뷰로, 2014년 2월 9일
   오후 김제언 목사님의 교회 사무실에서 이뤄졌다.

제3부. 세상의 중심에 서다

1 로저 피터슨 교수의 발언 내용은 황우석 박사의 2004년 세계일보 기고문과, 문신용
   서울대 의대 교수의 2004년 매일경제 인터뷰 기사를 통해 공통적으로 확인된다.
   황우석, 「"바이오 코리아" 건배」 (세계일보, 2004.3.4.)
   김인수, 『황우석 교수 "사람 난자 이용한 복제연구 잠정 중단"』 (매일경제,
   2004.2.19.)
2 D. Perry, 『Patients' Voice : The Powerful Sound in the Stem Cell Debater』
   (Science Vol. 287, Feb. 2000)
3 Calvin Simerly et al., 『Molecular Correlates of Primate Nuclear Transfer
   Failures』 (Science Vol.300, 2003), p. 297. (이 논문에 섀튼 교수는 교신저자로
   올라 있다.)
4 현상환 충북대 교수 인터뷰는 지난 2010년 11월 7일 경기도 용인시 원삼면 소재
   수암생명공학연구소 내에서 진행되었다.
5 Andrew Pollack, 『Cloning and Stem Cells : The Reaserch ; Medical and
   Ethical Issues Cloud Cloning for Theraphy』 (New York Times, 2004.2.13.)
6 Rick Weiss, 『S.Korean Scientists Describe Cloning』 (The Washington Post,
   2004.2.13.)
7 Claudia Kalb, 『A New Coning Debate』 (Newsweek, 2004.2.22.)
8 위키백과에 따르면 돌리(Dolly, 1996년 7월 5일 ~ 2003년 2월 14일)는 세계 최
   초로 체세포복제를 통해 태어난 포유류다. 영국 에든버러의 로슬린 연구소에서 복

제되었다. 돌리의 복제 성공은 1997년 2월 22일에 발표되었다.

9 최초의 인간 수정란 배아줄기세포 성과는 미국 위스콘신대학의 제임스 톰슨에 의해 이뤄졌으며 그의 논문은 1998년 11월 6일 〈사이언스〉에 게재되었다. James A. Thomson et al., 『Embryonic Stem Cell Lines Derived from Human Blastocysts』(Science 6 November 1998: Vol. 282 no. 5391), pp. 1145-1147.

10 CNN.com에서 심층적인 정책소식을 다루는 것으로 보이는 'Inside Politics' 코너에는 2001년 8월 9일 자로 포스팅 된 'Candidate Bush opposed embryo stem cell research'라는 기사가 검색된다. 내용은 2000년, 후보 시절의 부시가 이미 배아줄기세포에 대한 반대입장을 분명히 해왔다는 것으로 영문 원문은 다음과 같다. As a presidential candidate last year, George W. Bush cited his opposition to stem cell research "that involves the destruction of live human embryos." 이 기사가 포스팅 된 2001년 8월 9일은 대통령에 당선된 부시가 배아줄기세포 연구에 대한 연방정부지원을 사실상 중단한 성명이 발표된 시점이다.

11 미국의 국립보건원(NIH)의 온라인 홈페이지를 통해 확인한 부시 대통령의 담화 내용 『Human Embryonic Stem Cell Policy Under Former President Bush』(Aug. 9, 2001) 참조.

12 김진두, 「사람 난자 복제연구 잠정 중단」(YTN, 2004.2.19.)

제4부. UN 총회에서의 1차 격돌

1 크리스토퍼 토머스 스콧, 『줄기세포-세계를 놀라게 한 실험부터 새로운 생명 정치학까지』(한승, 2006), 123쪽. 2003년 〈슈퍼맨〉크리스토퍼 리브가 제롬 그룹먼과 한 인터뷰 내용이다(http://www.jeromegroopman.com/reeve.html).

2 황숙혜, 「'슈퍼맨' 사망, 줄기세포 옹호론 불당겨」(머니투데이, 2004.10.12.)

3 이승은, 「황우석 교수, 치료목적 배아복제 허용 촉구」(YTN, 2004.10.14.)

4 황우석 박사와의 인터뷰는 2015년 4월 25일 오전 서울 구로의 수암생명공학연구원에서 이뤄졌다.

5 이승은, 「황우석 교수, 치료목적 배아복제 허용 촉구」(YTN, 2004.10.14.)

제5부. "끝장나게 좋다."

1 김 수 박사의 말은 2007년 2월 7일 국회도서관 대강당에서 개최된 『체세포복제 연구의 현황과 전망 국회세미나』(김선미, 권선택 등 국회의원 7명 소개, 시민단체 '대한민국의 희망' 주관)에서 이뤄진 발표 내용을 인용했다.

2 Woo Suk Hwang et al., 『Patient-Specific Embryonic Stem Cells Derived from Human SCNT Blastocysts』(Science 17 June 2005, 308), pp. 1777-1783.

3 김선종(미즈메디 연구소에서 파견된 배양책임자) 박사의 법정증언은 2007년 8월 28일 오후 서울중앙지방법원 417호 대법정에서 이뤄졌다.

4 현상환(충북대 수의학) 교수의 법정증언은 2009년 1월 12일 오후 서울중앙지방법원 417호 대법정에서 이뤄졌다.

5 권대기 연구원이 법정에 출석해 인정한 부분으로, 권대기(당시 서울대 줄기세포팀
장) 연구원의 법정진술은 2007년 10월 30일 오후 서울중앙지방법원 417호 대법
정에서 이뤄졌다.

제6부. 사라진 줄기세포

1 김선종(미즈메디 연구소에서 파견된 배양책임자) 박사의 법정증언은 2007년 8월
28일 오후 서울중앙지방법원 417호 대법정에서 이뤄졌다.
2 양일석(당시 서울대 수의과 대학 학장) 교수와의 인터뷰는 2012년 5월경 서울대
학교 근처 봉천동 한 음식점에서 이뤄졌다.
3 황우석 박사와의 인터뷰는 2015년 9월 19일 오전 서울 구로의 수암생명공학연구
원에서 이뤄졌다.

제7부. 레미제라블

1 황우석 박사와의 인터뷰는 2015년 11월 5일 오전 전화를 통해 이뤄졌다.
2 황우석 박사는 2006년 7월 4일 서울중앙지법 417호 대법정에서 열린 2차 공판에
서 사진 부풀리기 지시여부를 묻는 변호인 신문에 대해 다음과 같이 사실을 인정
했다.
  • 변호인 : 오염사고로 폐기된 사실을 미국의 섀튼 교수에게 알리자 섀튼은 '배양
    중에 오염사고로 소실되는 경우가 비일비재하니 일단 수립된 게 확실한 만큼 논
    문제출을 서두르자.'라고 조언하기도 했죠?
  • 황우석 : 예.
  • 변호인 : 이에 피고인은 환자맞춤형 줄기세포 수립에 관한 기술을 확신한 나머
    지 이미 수립된 2개의 줄기세포 및 오염사고로 죽은 4개의 줄기세포와 배양 중
    이던 줄기세포를 포함시켜 11개의 줄기세포가 수립된 것으로 논문을 작성했죠?
  • 황우석 : 예.
  • 변호인 : 결과적으로 사진과 데이터를 편법으로 사용했거나 과장한 것은 잘못
    이라는 걸 인정하죠?
  • 황우석 : 예.
3 이문석, 「생명연 원숭이 99마리 떼죽음」 (YTN, 2005.4.26.)

제8부. 세기의 대결 '부시 vs 황우석'

1 이창섭, 「황우석 교수 런던 기자회견 스케치」 (연합뉴스, 2005.5.20.)
2 Woo Suk Hwang et al., 『Patient-Specific Embryonic Stem Cells Derived from
Human SCNT Blastocysts』 (Science 17 June 2005, 308), pp. 1777-1783.
3 이창섭, 「황우석 교수 런던 기자회견 스케치」 (연합뉴스, 2005.5.20.)
4 정영근, 「황 교수, 미정치권에 줄기세포연구 논란 재점화」 (YTN, 2005.5.21.)
5 김성준, 「부시, 줄기세포법안 '거부권' 예고」 (SBS, 2005.5.21.)

6 윤동영, 「황우석 줄기세포 연구 세계적 논쟁 가열」 (연합뉴스, 2005.5.21.)

7 박노황, 「〈초점〉 황우석 쇼크 미국을 움직였다.」 (연합뉴스, 2005.5.25.)

8 김근배, 『황우석 신화와 대한민국 과학』 (역사비평사, 2007), 263쪽.

9 최초 제보일 2005년 6월 1일은 제보자 '닥터 K'는 지난 2014년 10월 28일 저녁 7시 30분경 한국 내 한 라디오 방송사의 시사프로그램(CBS 라디오 '시사자키 정관용입니다')에 출연해 진술한 내용이다.

10 위키백과에 따르면 E.H. 카(에드워드 핼릿 카, Edward Hallett Carr, 1892년 6월 28일 ~ 1982년 11월 3일)는 영국의 정치학자·역사가다. 케임브리지대학을 졸업하였으며 1916년부터 20년간 외교관으로 활약하였다. 1941년부터 1946년까지는 〈타임스〉 부편집인을 지냈다. 저서로 『20년의 위기』, 『역사란 무엇인가』, 『평화의 조건』, 『러시아 혁명사』 등이 있다. 1920년 CBE훈장을 받았다.

제9부. 제보자

1 김현아, 「[동영상] 최승호·한학수 PD가 말하는 PD수첩 '황우석 논문조작' 편 뒷이야기」 (뉴스1, 2012.12.17.)

2 당시 한겨레는 〈황우석 교수님과 한겨레, 닮았습니까?〉라는 제목으로 2005년 6월 11일부터 18일까지 7차례에 걸쳐 황 교수와 관련된 광고를 실었다. 한겨레가 황우석 박사를 제2창간 운동본부 공동위원장으로 위촉한 사실은 구본권, 『한겨레, 제2창간 7일 닻 올린다』에 실려 있다(한겨레 신문, 2005.6.6.).

3 신 호, 「이라크 민간인피해 눈덩이」 (YTN, 2003.3.25.)

4 강원용, 「[특별기고/강원용]난치병 치유도 '생명윤리'다」 (동아일보, 2005.12.1.)

5 한학수, 『여러분 이 뉴스를 어떻게 전해드려야 할까요』 (사회평론, 2006), 29쪽.

6 목정민, 「영화 '제보자' 실제 주인공 류영준 교수 "실제로 내가 PD에게 물었다, 진실이 먼저냐 국익이 먼저냐"」 (경향신문, 2014.10.22.)

7 지난 2014년 9월에 개봉된 영화 〈제보자〉에서 제보자(유연석 분)와 피디(박해일 분)가 첫 만남 순간 나눈 대사 내용이자 한학수 피디가 자신의 취재회고록에서 묘사한 장면. 한학수, 『여러분 이 뉴스를 어떻게 전해드려야 할까요』 (사회평론, 2006), 34~35쪽.

8 한학수, 『여러분 이 뉴스를 어떻게 전해드려야 할까요』 (사회평론, 2006), 36~44쪽.

9 한학수, 『여러분 이 뉴스를 어떻게 전해드려야 할까요』 (사회평론, 2006), 91, 92쪽.

10 김근배, 『황우석 신화와 대한민국 과학』 (역사비평사, 2007), 51쪽.

11 제보자 '닥터 K'는 MBC 〈PD수첩〉, 프레시안, 경향신문 등 여러 매체를 통해 백두산 호랑이는 언론플레이에 불과하다는 주장을 해왔는데 특히 지난 2014년 10월 28일 저녁 7시 30분경 라디오 시사프로그램(CBS 라디오 '시사자키 정관용입니다')에 출연해 진술한 내용은 매우 직설적이다.

12 김순덕, 「[인물 포커스] 복제소 영롱이 '아빠' 서울대 황우석 교수」 (동아일보, 2001.5.24.)

13 김근배, 『황우석 신화와 대한민국 과학』 (역사비평사, 2007), 194쪽.

제10부. 제보자의 두 얼굴

1   「[박상미의 공감 스토리텔링] "제2의, 제3의 황우석은 언제든지 등장한다"」 (주간
    경향, 2015.1.14.)
2   이진희, 「[과학] 내년 황우석 교수팀 합류 울산대병원인턴 류영준 씨」 (한국일보,
    2001.12.2.)
3   황우석 박사와의 인터뷰는 2015년 1월 29일 오전 서울 구로의 수암생명공학연구
    원에서 이뤄졌다.
4   「[박상미의 공감 스토리텔링] "제2의, 제3의 황우석은 언제든지 등장한다"」 (주간
    경향, 2015.1.14.)
5   황우석 박사와의 인터뷰는 2015년 1월 29일 오전 서울 구로의 수암생명공학연구
    원에서 이뤄졌다.
6   제보자와 함께 연구했던 황우석팀 전직연구원 A 씨와의 인터뷰는 2015년 2월 5일
    전화를 통해 이뤄졌다.
7   제보자와 함께 연구했던 황우석팀 전직연구원 B 씨와의 인터뷰는 2015년 2월 6일
    전화를 통해 이뤄졌다.
8   제보자와 함께 연구했던 황우석팀 전직연구원 C 씨와의 인터뷰는 2015년 2월 6일
    전화를 통해 이뤄졌다.
9   「황우석 교수 연구의혹 관련 조사결과 보고서」 (서울대학교 조사위원회,
    2006.1.10.), 27쪽 참고함.
10 「[박상미의 공감 스토리텔링] "제2의, 제3의 황우석은 언제든지 등장한다"」 (주간
    경향, 2015.1.14.)
11 제보자와 함께 연구했던 황우석팀 전직연구원 B 씨, C 씨와의 인터뷰는 2015년
    2월 6일 전화를 통해 이뤄졌다.
12 황우석 박사와의 인터뷰는 2015년 1월 29일 오전 서울 구로의 수암생명공학연구
    원에서 이뤄졌다.
13 제보자가 2014년 10월 28일 저녁 7시 30분경 라디오 시사프로그램(CBS 라디오
    '시사자키 정관용입니다')에 출연해 진행자와 나눈 방송 내용이다.
14 황우석 박사와의 인터뷰는 2015년 1월 29일 오전 서울 구로의 수암생명공학연구
    원에서 이뤄졌다.
15 「[박상미의 공감 스토리텔링] "제2의, 제3의 황우석은 언제든지 등장한다"」 (주간
    경향, 2015.1.14.)
16 신문석 의학박사와의 인터뷰는 2015년 2월 5일 전화를 통해 이뤄졌다.

제11부. 대담한 왜곡, '연구원 난자 강탈'

1   한학수, 『여러분 이 뉴스를 어떻게 전해드려야 할까요』 (사회평론, 2006), 147쪽.
2   한학수, 『여러분 이 뉴스를 어떻게 전해드려야 할까요』 (사회평론, 2006), 146쪽.

3 『줄기세포 신화의 진실』(MBC 〈PD수첩〉, 2006.1.3.)

4 〈PD수첩〉이 방영되던 2006년 1월 3일 밤 필자가 방송을 보고 든 생각이다.

5 『황우석 교수 연구의혹 관련 조사결과 보고서』(서울대학교 조사위원회, 2006.1.10.), 33쪽.

6 『황우석 교수 연구의혹 관련 조사결과 보고서』(서울대학교 조사위원회, 2006.1.10.), 33쪽.

7 『줄기세포 논문조작 사건 수사결과』(서울중앙지방검찰청, 2006.5.12.), 110쪽.

8 문형렬, 정민권, 리처드 유, 『황우석리포트』(자연과 자유, 2007), 124쪽.

9 제보자와 함께 연구했던 황우석팀 전직연구원 B 씨와의 인터뷰는 2015년 2월 6일 전화를 통해 이뤄졌다.

10 박 연구원과 같은 미국 피츠버그대 새튼 교수 실험실에서 유학을 했던 충북대 현 상환 교수와의 인터뷰는 2015년 6월 8일 전화를 통해 이뤄졌다.

11 황우석 박사와의 인터뷰는 2015년 6월 9일 전화를 통해 이뤄졌다.

12 황정욱, 김길원, 「황 교수 "줄기세포허브 소장직 사퇴·백의종군"」(연합뉴스, 2005.11.24.)과 이 기사에 첨부된 「황우석 교수 기자회견문 전문」을 참고했다.

제12부. 대담한 왜곡 "영롱이는 없다."

1 한학수, 『여러분 이 뉴스를 어떻게 전해드려야 할까요』(사회평론, 2006), 114쪽.

2 김근배, 『황우석 신화와 대한민국 과학』(역사비평사, 2007), 149쪽. 김 교수는 해 당발언이 황우석 박사의 2000년 서울대 특강의 한 내용이었다고 소개한다. 황우 석, 「〈사이언스21 어드벤처 2회 강연회〉 또 다른 나는 있는가-생명복제」(서울대 학교 문화관 대강당, 2000.12.16.) 강양구, 김병수, 한재각, 『침묵과 열광 : 황우석 사태 7년의 기록』(후마니타스, 2006), 26~27쪽.

3 김근배, 『황우석 신화와 대한민국 과학』(역사비평사, 2007), 276~277쪽.

4 「황우석 신화, 어떻게 만들어졌나」(MBC 〈PD수첩〉, 2006.1.10.)

5 당시 소 팀장을 맡았던 황우석팀 전직연구원과의 인터뷰는 2007년 11월경 그의 교수연구실에서, 그리고 2015년 2월 3일 전화 통화를 통해 총 2회 이뤄졌으며 책 에는 그동안의 인터뷰 내용 중 일관되고 공통된 내용을 수록했다.

6 김근배, 『황우석 신화와 대한민국 과학』(역사비평사, 2007), 302쪽.

7 신태영 박사와의 인터뷰는 2011년 11월 4일 경기도 용인시 원삼면에 위치한 수암 생명공학연구원에서 이뤄졌다.

8 황우석 박사와의 인터뷰는 2015년 3월 26일 서울 구로의 수암생명공학연구원에 서 이뤄졌다.

9 「황우석 신화, 어떻게 만들어졌나!」(MBC 〈PD수첩〉, 2006.1.10.)

10 당시 소 팀장을 맡았던 황우석팀 전직연구원과의 2015년 2월 3일 전화 인터뷰 내용.

11 김근배, 『황우석 신화와 대한민국 과학』(역사비평사, 2007), 291쪽.

제13부. 황우석만 주저앉히면 되는 〈PD수첩〉

1 한학수, 『여러분 이 뉴스를 어떻게 전해드려야 할까요』 (사회평론, 2006), 99쪽.
2 한학수, 『여러분 이 뉴스를 어떻게 전해드려야 할까요』 (사회평론, 2006), 253쪽.
3 황우석 박사 측 변호인 이봉구 변호사와의 인터뷰는 2014년 2월 18일 서울 구로의 수암생명공학연구원에서 이뤄졌다.
4 김수정, 「[현장] 임순례 감독-한학수 PD와 함께 한 〈제보자〉 언론영화 콘서트 "황우석 사건, 기록하지 않으면 죽는다고 생각했다"」 (미디어스, 2015.4.30.)
5 최종일, 「줄기세포 수사, 서울중앙지검 특별수사팀 문답」 (머니투데이, 2006.5.12.)
6 황우석 박사 관련 1심 공판(2007.8.28. 서울중앙지법 417호)에 검찰 측 증인으로 출석한 김선종 연구원에 대한 황우석 측 변호인의 신문과 이에 대한 김선종 증인의 답변 내용을 방청석에서 메모한 내용이다.
7 2009년 10월 26일 서울고등법원형사 3부 재판부는 김선종 연구원에 대해 '업무방해 유죄'를 선고했고 항소 없이 판결은 확정됐다. 판결요지는 다음과 같다. 「각종 실험을 조작함으로써 황우석 연구팀의 연구업무를 방해하여 줄기세포주 수립 여부에 대한 규명까지 어렵게 하는 큰 혼란을 야기하였을 뿐 아니라, 다른 사람에게 자신에게 불리한 증거를 인멸하도록 교사까지 한 것으로 그 죄질과 범정이 상당히 무겁기는 함.」
8 황우석 박사 관련 1심 공판(2007.8.28. 서울중앙지법 417호)에 검찰 측 증인으로 출석한 김선종 연구원에게 피고 황우석 박사가 재판부의 허락을 얻어 질의하고 이에 김선종 증인이 답변한 내용을 방청석에서 메모한 내용이다.
9 「[특집] PD수첩은 왜 재검증을 요구했는가?」 (MBC 〈PD수첩〉, 2005.12.15.)

제14부. 뜻밖의 반전

1 한학수, 『여러분 이 뉴스를 어떻게 전해드려야 할까요』 (사회평론, 2006), 311쪽.
2 「[특집] PD수첩은 왜 재검증을 요구했는가?」 (MBC 〈PD수첩〉, 2005.12.15.)
3 강종훈, 『'PD수첩' 제작진이 밝힌 검증과정』 (연합뉴스, 2005.12.2.)
4 황우석 박사 관련 1심 공판(2008.4.8. 서울중앙지법 417호)에서 검찰 측 증인으로 출석한 안규리 서울대 의대 교수의 법정진술을 방청석에서 메모한 내용이다.
5 김길원, 「"DNA업체, 샘플 2차례 검사… 결과는 각기 달라"」 (연합뉴스, 2005.12.2.)
6 「줄기세포 논문조작 사건 수사결과」 (서울중앙지방검찰청, 2006.5.12.), 43쪽.

제15부. 연구원 음독자살기도 'suicide'

1 「줄기세포 논문조작 사건 수사결과」 (서울중앙지방검찰청, 2006.5.12.), 39~40쪽.
2 「줄기세포 논문조작 사건 수사결과」 (서울중앙지방검찰청, 2006.5.12.), 40쪽.

3   황우석 박사 관련 1심 공판(2007.8.28. 서울중앙지법 417호)에 검찰 측 증인으로
     출석한 김선종 연구원에 대한 황우석 측 변호인의 신문과 이에 대한 김선종 증인
     의 답변 내용을 방청석에서 메모한 내용이다.
4   황우석 박사 관련 1심 공판(2006.7.4. 서울중앙지법 417호)에 출석한 피고 황우
     석 박사에게 황우석 박사 측 변호인이 신문하고 황 박사가 답변한 내용을 방청석
     에서 메모한 내용이다.
5   위와 같음.
6   황우석 박사 관련 1심 공판(2008.4.8. 서울중앙지법 417호)에서 검찰 측 증인으
     로 출석한 안규리 서울대 의대 교수가 황우석 박사 측 변호인의 신문에 답한 법정
     진술을 방청석에서 메모한 내용이다.
7   『줄기세포 논문조작 사건 수사결과』(서울중앙지방검찰청, 2006.5.12.), 53쪽.
8   황우석 박사 관련 1심 공판(2008.4.8. 서울중앙지법 417호)에서 검찰 측 증인으
     로 출석한 안규리 서울대 의대 교수가 황우석 박사 측 변호인의 신문에 답한 법정
     진술을 방청석에서 메모한 내용이다.

제16부. 새튼 교수의 결별 선언

1   황우석 박사와의 인터뷰는 2015년 3월 26일 서울 구로의 수암생명공학연구원에
     서 이뤄졌다.
2   Rick Weiss, 『U. S. Scientist Leaves Joint Stem Cell Project』(Washington Post,
     2005.11.12.)
3   Rick Weiss, 『Donor Issue Slows Stem Cell Progress』(Washington Post,
     2005.11.20.)
4   황우석 박사와의 인터뷰는 2015년 8월 4일 서울 구로의 수암생명공학연구원에서
     이뤄졌다.
5   매일경제 과학기술부, 『세상을 바꾸는 과학자 황우석』(매경출판, 2005), 212쪽.
6   Kristen Philipkoski, 『Squeezing Out Monkey Clones』(www.wired.com,
     2004.12.6.)
7   김신영, 「황우석 교수, '맞춤형 줄기세포' 배양 성공」(한국일보, 2005.5.20.)
8   정영근, 「새튼, 황 교수논문 활용 보조금지급 승인받아」(YTN, 2006.2.23.)
9   황우석 박사 관련 1심 공판(2008.4.8. 서울중앙지법 417호)에서 검찰 측 증인으
     로 출석한 안규리 서울대 의대 교수가 황우석 박사 측 변호인의 신문에 답한 법정
     진술을 방청석에서 메모한 내용이다.

제17부. 멘탈붕괴

1   「줄기세포 논문조작 사건 수사결과」(서울중앙지방검찰청, 2006.5.12.), 35쪽,
     36쪽.
2   황우석 박사 관련 1심 공판(2006.7.4. 서울중앙지법 417호)에 출석한 피고 황우
     석 박사에게 황우석 박사 측 변호인이 신문하고 황 박사가 답변한 내용을 방청석

에서 메모한 내용과 검찰수사결과(서울중앙지방검찰청, 2006.5.12.)를 대조해 공통된 사항을 책에 인용했다.

3   황우석 박사와의 인터뷰는 2015년 8월 4일 서울 구로의 수암생명공학연구원에서 이뤄졌다.

4   황우석 박사와의 인터뷰는 2015년 6월 9일 서울 구로의 수암생명공학연구원에서 이뤄졌다.

5   황우석 박사 관련 1심 공판(2007.10.30. 서울중앙지법 417호)에서 증인으로 출석한 권대기 당시 서울대 황우석 연구팀 줄기세포팀장이 황우석 박사 측 변호인의 신문에 답한 법정진술을 방청석에서 메모한 내용이다.

6   황우석 박사 측 변호인이 법정에서 공개한 황우석 2번 줄기세포(NT-2)의 2004년 10월 7일 당시 배양상태를 촬영한 사진으로 왼쪽은 진짜(서울대 복제줄기세포)가 자라던 1번 웰 세포사진, 오른쪽은 김선종이 가짜(미즈메디 수정란줄기세포)를 섞어심은 2번 웰 세포사진이다.

제18부. 〈PD수첩〉의 진격

1   김길원, 「〈일문일답〉 노성일 미즈메디병원 이사장(종합)」(연합뉴스, 2005.11.21.)
2   최종일, 「줄기세포 수사, 서울중앙지검 특별수사팀 문답」(머니투데이, 2006.5.12.)
3   「[특집] PD수첩은 왜 재검증을 요구했는가?」(MBC 〈PD수첩〉, 2005.12.15.)
4   한학수, 『여러분 이 뉴스를 어떻게 전해드려야 할까요』(사회평론, 2006), 382쪽.
5   김길원, 「〈일문일답〉 노성일 미즈메디병원 이사장(종합)」(연합뉴스, 2005.11.21.)

제19부. 민심의 반격

1   황정욱, 김길원, 「황 교수 "줄기세포허브 소장직 사퇴·백의종군"」(연합뉴스, 2005.11.24.)과 이 기사에 첨부된 『황우석 교수 기자회견문 전문』을 참고했다.
2   박진형, 「〈식지 않는 '황우석열기'… 네티즌 90% 사퇴반대〉(종합)」(연합뉴스, 2005.11.24.)
3   다음 두 건의 뉴스를 통해 해당외신보도의 내용을 인용했다.
     「"난자파문, 한국에 타격… 연구확대에도 먹구름"〈NYT〉」(연합뉴스, 2005.11.25.)
     이성섭, 「佛언론 "황 교수 사과… 줄기세포허브 미래는"」(연합뉴스, 2005.11.25.)
4   정 열, 「'PD수첩' 29일 광고 없이 방송해야 할 듯」(연합뉴스, 2005.11.28.)
5   「[특집] PD수첩은 왜 재검증을 요구했는가?」(MBC 〈PD수첩〉, 2005.12.15.)
6   노무현, 「[대통령의 기고] 줄기세포 언론보도에 대한 여론을 보며」(청와대브리핑, 2005.11.27.)
7   「월 소득 100만 원?」(MBC 〈PD수첩〉, 2005.11.29.)
8   김재형, 「[단독] PD수첩, "모든 건 방송에서 밝히겠다.」(YTN, 2005.12.4.)
9   김진우, 「[단독]"PD수첩에서 논문이 취소되고 구속된다고 말했다"」(YTN,

2005.12.4.)

10 김진철, 「MBC "PD수첩 취재윤리 위반 사과"」(한겨레, 2005.12.4.)

11 김진철, 「MBC "PD수첩 취재윤리 위반 사과"」(한겨레, 2005.12.4.)

12 송지나, 「진실에는 눈이 없다」(송지나 홈페이지 www.dramada.com, 2005.12.9.)

송 작가는 이 글에 덧붙여 글 속의 매춘여성이 황우석 박사를 지칭하는 것은 아니며 자신은 '진실이라는 미명 아래 언론에 의해 인권과 명예를 유린당한 이들'을 매춘여성에 비유한 것임을 밝히고 있다.

제20부. 서울대 총장의 허그

1 강수진, 「강원래 "황우석 교수에 문자 응원"」(스포츠경향, 2005.12.8.),
   강승훈, 「강원래, "황 교수님, 문자 보내면 금방 전화줘요"」(마이데일리, 2005.12.8.),
   김지연, 「강원래, 황우석 교수에게 '아빠, 힘내세요' 문자 보내」(스타뉴스, 2005.12.8.)

2 이승은, 「"황우석 교수 일주일 정도 입원 예상"」(YTN, 2005.12.7.)

3 황우석 박사 관련 1심 공판(2008.4.8. 서울중앙지법 417호)에서 안규리 서울대 의대 교수가 '당시 황 박사의 입원이 언론플레이 아니냐.'라는 검사 측 신문에 답한 법정진술을 방청석에서 메모한 내용이다.

4 황우석 박사와의 인터뷰는 2015년 3월 26일 서울 구로의 수암생명공학연구원에서 이뤄졌다.

5 실명공개를 거부한 D 교수(생명공학)와의 인터뷰는 2015년 3월 26일 서울대 연구실에서 이뤄졌다.

제21부. 야만의 시대

1 전준형, 「'조사위원 누구일까' 관심」(YTN, 2005.12.24.)

2 황우석 박사 관련 1심 공판(2009.2.2. 서울중앙지법 417호)에서 증인으로 출석한 정명희 당시 서울대 조사위원장(서울대 의대 교수)에게 재판부가 물어본 질문 내용을 방청석에서 메모했다.

3 황우석 박사 관련 1심 공판(2009.2.2. 서울중앙지법 417호)에서 증인으로 출석한 정명희 당시 서울대 조사위원장(서울대 의대 교수)의 답변을 방청석에서 메모했다.

4 황우석 박사 관련 1심 공판(2009.2.2. 서울중앙지법 417호)에서 증인으로 출석한 정명희 당시 서울대 조사위원장(서울대 의대 교수)에게 황우석 박사 측 변호인이 신문한 내용을 방청석에서 메모했다.

5 황우석 박사 관련 1심 공판(2007.3.20. 서울중앙지법 417호)에서 증인으로 출석한 이용성 당시 서울대 조사위원(한양대 의대 교수)에 대한 황우석 박사 측 변호인의 신문 내용을 방청석에서 메모했다.

6 양일석 박사(당시 서울대 수의대 학장)와의 인터뷰는 2015년 3월 26일 전화통화

를 통해 이뤄졌다.

제22부. 사표 반려와 노 이사장의 폭로

1 황우석 박사와의 인터뷰는 2015년 3월 26일 서울 구로의 수암생명공학연구원에서 이뤄졌다.
2 양일석 박사(당시 서울대 수의대 학장)와의 인터뷰는 2012년 6월 20일 서울 낙성대 인근 식당에서 이뤄졌다.
3 이선아, 「"해임 당연… 파면 가능성 높아"」 (YTN, 2005.12.24.)
4 황우석 박사 관련 1심 공판(2007.1.30. 서울중앙지법 417호)에서 증인으로 출석한 노성일 미즈메디병원 이사장에 대한 검사의 신문 내용을 방청석에서 메모했다.
5 박진형, 「〈황우석-노성일, '동지'에서 '적'으로〉」 (연합뉴스, 2005.12.16.)
6 황우석 박사 관련 1심 공판(2007.1.30. 서울중앙지법 417호)에서 증인으로 출석한 노성일 미즈메디병원 이사장에 대한 검사 및 변호인의 신문이 끝난 뒤 피고인석에 앉아있던 황우석 박사가 직접 노성일 이사장에게 질의한 내용을 방청석에서 메모했다.
7 박재훈, 「복제된 배아줄기세포가 전혀 없다고/노성일 미즈메디병원 이사장 인터뷰」 (MBC 뉴스데스크, 2005.12.15.)
8 황우석 박사 관련 1심 공판(2007.1.30. 서울중앙지법 417호)에서 증인으로 출석한 노성일 미즈메디병원 이사장에 대한 황우석 박사 측 변호인의 신문 내용을 방청석에서 메모했다.
9 박재훈, 「복제된 배아줄기세포가 전혀 없다고/노성일 미즈메디병원 이사장 인터뷰」 (MBC 뉴스데스크, 2005.12.15.)

제23부. "아빠, 그럼 나 이제 못 걷는 거야?"

1 박재훈, 「복제된 배아줄기세포가 전혀 없다고/노성일 미즈메디병원 이사장 인터뷰」 (MBC 뉴스데스크, 2005.12.15.)
2 「[특집] PD수첩은 왜 재검증을 요구했는가?」 (MBC 〈PD수첩〉, 2005.12.15.)
3 황우석 박사 관련 1심 공판(2007.1.30. 서울중앙지법 417호)에서 증인으로 출석한 노성일 미즈메디병원 이사장에 대한 검사 측 신문 내용을 방청석에서 메모했다.
4 「[특집] PD수첩은 왜 재검증을 요구했는가?」 (MBC 〈PD수첩〉, 2005.12.15.)
5 「[특집] PD수첩은 왜 재검증을 요구했는가?」 (MBC 〈PD수첩〉, 2005.12.15.)
6 황우석 박사와의 인터뷰는 2015년 3월 26일 서울 구로의 수암생명공학연구원에서 이뤄졌다.
7 황우석 박사 관련 1심 공판(2008.1.8. 서울중앙지법 417호)에서 증인으로 출석한 구자록 교수(서울대 의대, 한국세포주은행)에 대한 황우석 박사 변호인 측 신문 내용을 방청석에서 메모했다.
8 「[특집] PD수첩은 왜 재검증을 요구했는가?」 (MBC 〈PD수첩〉, 2005.12.15.)
9 「[특집] PD수첩은 왜 재검증을 요구했는가?」 (MBC 〈PD수첩〉, 2005.12.15.)

10 「[특집] PD수첩은 왜 재검증을 요구했는가?」(MBC 〈PD수첩〉, 2005.12.15.)

11 소년의 아버지 김제언 목사와의 현장 인터뷰는 2015년 2월 11일 오전 김제언 목 사님의 교회 사무실에서 이뤄졌다.

12 『줄기세포 논문조작 사건 수사결과』(서울중앙지방검찰청, 2006.5.12.), 별첨자료 줄기세포 반출현황을 참고했다.

13 소년의 아버지 김제언 목사와의 현장 인터뷰 내용. (2015년 2월 11일 오전 김제언 목사님의 교회 사무실)

제24부. 진실게임과 지옥문

1 박재훈, 「복제된 배아줄기세포가 전혀 없다고/노성일 미즈메디병원 이사장 인터 뷰」(MBC 뉴스데스크, 2005.12.15.)

2 황우석 박사의 기자회견은 2005년 12월 16일 오후 2시 10분경 서울대 수의대 스 코필드 홀에서 진행되었다. 당초 2시 9분경 말문을 열었으나 마이크의 문제로 1분 간 지연 뒤 2시 10분부터 시작되었다. 기자회견 전문은 연합뉴스 기사를 참고했 다. 〈황우석 교수 기자회견문 전문〉(종합)」(연합뉴스, 2005.12.16.)

3 「황우석 교수 기자회견문 전문〉(종합)」(연합뉴스, 2005.12.16.)

4 홍석재, 「"진실이 가식과 계교를 물리칠 수 있다는 진리 보여주고 싶다" [노성일 회견전문]」(노컷뉴스, 2005.12.16.)

5 홍석재, 「"진실이 가식과 계교를 물리칠 수 있다는 진리 보여주고 싶다" [노성일 회견전문]」(노컷뉴스, 2005.12.16.)

6 김수형, 「노성일 이사장 태도 변화 "나도 잘 모르겠다"」(SBS 8시뉴스, 2006.1.13.)

제25부. 놈 놈 놈

1 김명우, 「노성일 씨 "PD수첩 진실왜곡 법적 대응하겠다"」(YTN, 2005.11.23.)

2 홍석재, 「"진실이 가식과 계교를 물리칠 수 있다는 진리 보여주고 싶다"[노성일 회 견전문]」(노컷뉴스, 2005.12.16.)

3 홍석재, 「"진실이 가식과 계교를 물리칠 수 있다는 진리 보여주고 싶다"[노성일 회 견전문]」(노컷뉴스, 2005.12.16.)

4 김수형, 「노성일 이사장 태도 변화 "나도 잘 모르겠다"」(SBS 8시뉴스, 2006.1.13.)

5 김석순, 「[YTN 단독] "난자 밀매 알고 시술했다"」(YTN, 2005.11.8.)

6 박상돈, 「난자 불법매매 20명 추가 확인(종합)」(연합뉴스, 2005.11.14.)

7 한학수, 『여러분 이 뉴스를 어떻게 전해드려야 할까요』(사회평론, 2006), 382쪽.

8 「[특집] PD수첩은 왜 재검증을 요구했는가?」(MBC 〈PD수첩〉, 2005.12.15.)

9 이승은, 「"황 교수와 상의 없이 실비 제공"」(YTN, 2005.11.21.)

10 이승은, 「"황 교수와 상의 없이 실비 제공"」(YTN, 2005.11.21.)

11 김길원, 「〈일문일답〉 노성일 미즈메디병원 이사장(종합)」(연합뉴스, 2005.11.21)

12 「황우석 신화의 난자의혹」(MBC ⟨PD수첩⟩, 2005.11.22.)

13 황정욱, 김길원, 「황 교수 "줄기세포허브 소장직 사퇴·백의종군"」(연합뉴스, 2005.11.24.)

14 김명우, 「노성일 씨 "PD수첩 진실왜곡 법적 대응하겠다"」(YTN, 2005.11.23.)

15 황우석 박사 관련 1심 공판(2007.1.30. 서울중앙지법 417호)에서 증인으로 출석한 노성일 미즈메디병원 이사장에 대한 검사 및 변호인의 신문이 끝난 뒤 피고인석에 앉아있던 황우석 박사가 직접 노성일 이사장에게 질의한 내용을 방청석에서 메모했다.

16 박재훈, 「복제된 배아줄기세포가 전혀 없다고/노성일 미즈메디병원 이사장 인터뷰」(MBC 뉴스데스크, 2005.12.15.)

17 황우석 박사 관련 1심 공판(2007.1.30. 서울중앙지법 417호)에서 증인으로 출석한 노성일 미즈메디병원 이사장에 대한 황우석 박사 측 변호인의 신문 내용을 방청석에서 메모했다.

18 홍석재, 「"진실이 가식과 계교를 물리칠 수 있다는 진리 보여주고 싶다"[노성일 회견전문]」(노컷뉴스, 2005.12.16.)

19 홍석재, 「"진실이 가식과 계교를 물리칠 수 있다는 진리 보여주고 싶다"[노성일 회견전문]」(노컷뉴스, 2005.12.16.)

20 황우석 박사 관련 1심 공판(2007.8.28. 서울중앙지법 417호)에 검찰 측 증인으로 출석한 김선종 연구원에 대한 황우석 측 변호인의 신문과정에서, 변호인 측은 검찰이 수사과정에서 확보한 노성일 이사장과 김선종 연구원 간의 국제전화통화 녹취록(2005.12.18.) 내용의 일부를 공개하였다.

21 황우석 박사 관련 1심 공판(2007.8.28 서울중앙지법 417호)에 검찰 측 증인으로 출석한 김선종 연구원에 대한 황우석 측 변호인의 신문과정에서, 변호인 측은 검찰이 수사과정에서 확보한 윤현수 미즈메디 전 연구소장과 김선종 연구원 간의 국제전화통화 녹취록(2005.12.22.) 내용의 일부를 공개하였다.

22 강훈상, 정성호, 「서울대 조사위 정명희 위원장 일문일답」(연합뉴스, 2006.1.10.)

23 김수형, 「노성일 이사장 태도 변화 "나도 잘 모르겠다"」(SBS 8시뉴스, 2006.1.13.)

24 황우석 박사 관련 1심 공판(2007.8.28. 서울중앙지법 417호)에 검찰 측 증인으로 출석한 김선종 연구원에 대한 황우석 측 변호인의 신문과정에서, 변호인 측이 공개한 노성일 이사장과 김선종 연구원 간의 국제전화통화 녹취록(2005.12.18.) 내용의 일부다.

제26부. 점령군 서조위

1 홍제성, 「⟨일문일답⟩ 노정혜 서울대 연구처장」(연합뉴스, 2005.12.12.)

2 김명우, 「연구실 폐쇄…카메라까지 설치」(YTN, 2005.12.19.)

3 류승희, 「서울대 졸업생 "황우석 연구실 폐쇄 지나치다"」(한국아이닷컴, 2006.1.6.)

4 류승희, 「서울대 졸업생 "황우석 연구실 폐쇄 지나치다"」(한국아이닷컴, 2006.1.6.)

5 신지홍, 「⟨네이처⟩ 논문 입증실패 日교수 징계위 회부될 듯」(연합뉴스,

2006.1.15.)

6　황우석 박사와의 인터뷰는 2015년 2월 5일 서울 구로의 수암생명공학연구원에서 이뤄졌다.

7　황우석 박사 관련 1심 공판(2009.2.2. 서울중앙지법 417호)에서 증인으로 출석한 정명희 당시 서울대 조사위원장(서울대 의대 교수)에게 황우석 박사 측 변호인이 신문한 내용을 방청석에서 메모했다.

8　미국의 연구진실성을 감독하는 연구윤리국 혹은 연구진실성 위원회는 영문으로 ORI(Office of Research Integrity)로 표기한다. 필자는 미국 보건복지성 산하 연구진실성위원회(ORI)의 인터넷 공개자료를 살펴봤는데, '피조사자'(Respondents)에 대한 항목에서 ORI는 조사기관이 피조사자에 대한 부당한 명예훼손을 막기 위해 행해야 할 조처들을 나열해놓고 있다. (http://ori.hhs.gov/respondent)

9　일본 도쿄대 '다이라 가즈나리' 교수 관련 논문조작 의혹사건은 위키피디아 백과사전의 일본어판(http://ja.wikipedia.org)에서 상세한 진행과정을 확인할 수 있다.

10　황우석 박사 관련 1심 공판(2009.2.2. 서울중앙지법 417호)에서 증인으로 출석한 정명희 당시 서울대 조사위원장(서울대 의대 교수)에게 황우석 박사 측 변호인이 신문한 내용을 방청석에서 메모했다.

11　홍제성, 「〈일문일답〉 노정혜 서울대 연구처장」 (연합뉴스, 2005.12.12.)

12　이선아, 「조사위, 논문 실험 반복 재연 고려」 (YTN, 2005.12.16.)

13　CBS사회부 특별취재팀, 「황 교수 "배반포 수립과 핵이식 세계 최고"」 (노컷뉴스, 2006.1.12.)

14　민병욱, 「'황우석 논문조작은 범죄행위'-정운찬 서울대 총장, 19일 마산 사보이 호텔서 열린 강연에서 주장」 (경남도민일보, 2006.1.21.)

제27부. 크리스마스 촛불

1　「노정혜 연구처장 일문일답」 (한겨레, 2005.12.23.)

2　김상우, 「"2005년 논문 고의 조작" (발표문 정리)」 (YTN, 2005.12.23.)

3　김정윤, 「황우석 교수 "국민께 사죄"… 교수직 사퇴」 (SBS 8시뉴스, 2005.12.23.)

4　김정윤, 「황우석 교수 "국민께 사죄"… 교수직 사퇴」 (SBS 8시뉴스, 2005.12.23.)

5　이선아, 「"해임 당연… 파면 가능성 높아"」 (YTN, 2005.12.23.)

6　이만수, 「노성일 이사장 "또 다른 문제 남았다."」 (YTN, 2005.12.23.)

7　전필수, 「[전문] 서울대 조사위 발표 전문」 (머니투데이, 2005.12.29.)

8　권영희, 「"바꿔치기" 의혹 수수께끼」 (YTN, 2005.12.29.)

9　배성규, 「청와대, 초기부터 黃교수 전폭지원」 (조선일보, 2005.12.17.)

10　김철중, 정성진, 「황우석 교수 '옆'에 정부는 없었다」 (조선일보, 2005.12.7.)

11　「줄기세포 연구는 계속돼야 한다.」 (중앙일보 사설, 2005.12.26.)

12　「줄기세포 사기 당연히 검찰이 수사해야」 (중앙일보 사설, 2006.1.11.)

13　이정신, 「[현장출동] 경기도 퇴촌 황 교수 복제소 연구농장 정관계 인사·기자 접대 장소」 (MBC 뉴스데스크, 2006.1.10.)

14 황우석 박사 관련 촛불시위 현장(2005.12.24. 서울 광화문 청계광장)에서 만난 40대 촛불시위 참가자의 인터뷰 내용으로 그녀는 현직 고등학교 과학교사였다.

15 황우석 박사 관련 촛불시위 현장(2005.12.24. 서울 광화문 청계광장)에서 만난 30대 촛불시위 참가자의 인터뷰 내용으로 그녀는 유모차에 아기를 태우고 시위에 참여하고 있었다.

16 황우석 박사 관련 촛불시위 현장(2005.12.24. 서울 광화문 청계광장)에서 만난 40대 촛불시위 참가자의 인터뷰 내용으로 자영업자인 그는 시위 참여를 위해 가게문을 일찍 닫고 아이들 데리고 시위에 참여하고 있었다.

제28부. 동네수첩

1 「황우석 교수 기자회견」(YTN, 2005.12.16.)

2 노주희, 여정민, 「황우석 기자회견 및 일문일답 전문」(프레시안, 2005.12.16.)

3 서한기, 「'황우석 스캔들'이 낳은 말의 성찬」(연합뉴스, 2006.1.2.)

4 강양구, 「"진실을 영원히 덮을 수는 없습니다"」(프레시안, 2005.12.31.)

5 성철환, 「[월요아침] 거짓말쟁이가 당당한 사회」(매일경제 칼럼, 2007.7.15.)

6 「줄기세포 논문조작 사건 수사결과」(서울중앙지방검찰청, 2006.5.12.), 110쪽.

7 「동네수첩(수정본 풀버전)」(판도라TV, saren의 채널, 2006.1.2.)

8 김경훈, 「[e이슈!아슈?]황우석사태 '동네수첩에 물어봐?'」(머니투데이, 2006.1.8.)

9 김경훈, 「[e이슈!아슈?]황우석사태 '동네수첩에 물어봐?'」(머니투데이, 2006.1.8.)

10 줄기세포 논문조작 관련 대법원 판결은 2014년 2월 27일 이뤄졌다. 대법원 2부(주심 이상훈 대법관)는 이날 특정경제범죄 가중처벌 등에 관한 법률 위반(사기)와 업무상횡령, 생명윤리법 위반 등의 혐의로 기소된 황 박사에게 일부 유죄(사기무죄)를 인정해 징역 1년 6월과 집행유예 2년을 선고한 원심을 확정한다고 밝혔다. 한편 2009년 10월 26일 서울고등법원형사 3부 재판부는 김선종 연구원에 대해 '업무방해 유죄'를 선고했고 항소 없이 판결은 확정됐다. 판결요지는 다음과 같다. 「각종 실험을 조작함으로써 황우석 연구팀의 연구업무를 방해하여 줄기세포주 수립여부에 대한 규명까지 어렵게 하는 큰 혼란을 야기하였을 뿐 아니라, 다른 사람에게 자신에게 불리한 증거를 인멸하도록 교사까지 한 것으로 그 죄질과 범정이 상당히 무겁기는 함.」

11 피용익, 「(전문)서울대 조사위 기자회견문」(이데일리, 2006.1.10.)

12 「황우석 교수 연구의혹 관련 조사결과 보고서」(서울대학교 조사위원회, 2006.1.10.), 40쪽.

13 이근영, 유선희, 「"황우석 원천기술도 없다"」(인터넷한겨레, 2006.1.10.), 손해용, 권호, 김경현, 「"원천기술마저 없다니…" 허탈」(중앙일보, 2006.1.11.), 현영준, 「서울대 조사위, 현재 줄기세포 원천기술 없다고 결론」(MBC 뉴스데스크, 2006.1.10.), 노용택, 정동권, 「맞춤형 줄기세포 1주도 없어… 원천기술도 독보적이지 않다」(국민일보온라인, 2006.1.10.)

14 진중권, 「황우석 교주」 (진중권의 SBS 전망대 칼럼 '진중권의 창과 방패', 2006.1.10.)

15 「황우석 교수 대국민 사과 발표 일문일답」 (연합뉴스, 2006.1.12.)

16 CBS 편성국, 「국민 70% "黃 줄기세포 재연기회 줘야"」 (노컷뉴스, 2006.1.16.)

17 이형기, 「'진실'은 여론으로 결정되지 않는다」 (프레시안, 2006.1.13.)

18 박성우, 김호정, 「그들은 왜… 논문조작 발표에도 변치 않는 황 교수 지지자들」 (중앙일보, 2006.1.23.)

제29부. 소년탐정 김어준

1   김어준, 「나는 진실을 알고 싶다」 (인터넷한겨레, 2006.1.12.)

2   김어준, 「나는 진실을 알고 싶다」 (인터넷한겨레, 2006.1.12.)

3   김어준, 「나는 진실을 알고 싶다」 (인터넷한겨레, 2006.1.12.)

4   김어준, 「황우석 미스터리」 (인터넷한겨레, 2006.2.2.)

5   황우석 박사 관련 1심 공판(2007.8.28 서울중앙지법 417호)에 검찰 측 증인으로 출석한 김선종 연구원에게 피고 황우석 박사가 재판부의 허락을 얻어 질의하고 이에 김선종 증인이 답변한 내용을 방청석에서 메모한 내용이다.

6   김어준, 「황우석 미스터리」 (인터넷한겨레, 2006.2.2.)

7   김어준, 「황우석 미스터리」 (인터넷한겨레, 2006.2.2.)

8   고경태, 「누구의 음모란 말입니까」 (한겨레21 편집장 칼럼 '만리재에서', 2006.2.9.)

9   김어준, 「황우석 미스터리」 (인터넷한겨레, 2006.2.2.)

10 김어준, 「우리편 유감」 (인터넷한겨레, 2006.2.23.)

제30부. KBS 〈추적60분〉 '섀튼은 특허를 노렸나?'

1   Jennifer Bails, 「Pitt biologist trying to patent human cloning process」 (Pittsburgh Tribune-Review, 2006.1.7.)

2   황우석 박사와의 인터뷰는 2014년 12월 14일 서울 구로의 수암생명공학연구원에서 이뤄졌다.

3   변호사 안원모, 배금자, 허기원, 권태형, 「섀튼과 황우석 특허비교-섀튼의 특허도용분석」 (국민변호인단 지적재산권팀, 2006.7.10.), 김민호, 「[단독] 섀튼, EU에도 특허출원… '쥐어짜기' 기술까지 포함…검찰, 경위 파악 나서」 (국민일보 쿠키뉴스, 2006.2.9.), 이은지, 「섀튼, 한국서 배아줄기 특허출원」 (매일경제, 2006.4.24.), Erika Check, 「Schatten in the spotlight」 (Nature News, 2006.1.9.), doi: 10.1038/news060109-7, News. Helen Pearson, 「Biologists come close to cloning primates」 (Nature News, 2004.10.18.), doi: 10.1038/news041018-12, News.

4   「Summary Investigative Report On Allegations Of Possible Scientific Misconduct On The Part Of Gerald P. Schatten, PH.D.」 (University of

Pittsburgh The Investigative Board, 2006.2.8.)

5   김근배, 『황우석 신화와 대한민국 과학』(역사비평사, 2007), 363쪽.

6   김근배, 『황우석 신화와 대한민국 과학』(역사비평사, 2007), 270쪽.

7   정해준, 「잠시 가슴에 맺힌 응어리를 풀어놓고 갑니다」(MBC 〈PD수첩〉 게시판, 2006.1.28.)

8   황우석 박사 관련 1심 공판(2009.2.2. 서울중앙지법 417호)에서 증인으로 출석한 정명희 당시 서울대 조사위원장(서울대 의대 교수)에게 황우석 박사 측 변호인이 신문하는 과정에서 법정증거자료로 채택된 〈추적60분〉 문형렬 피디와의 2006년 4월 인터뷰 내용이 법정에서 공개되었고 그 내용을 메모했다.

9   황우석 박사 관련 1심 공판(2009.2.2. 서울중앙지법 417호)에서 증인으로 출석한 정명희 당시 서울대 조사위원장(서울대 의대 교수)에게 재판부가 신문한 내용을 방청석에서 메모했다.

10 김순배, 「체세포복제 가능성 담은 '추적60분' 방영 불가결정」(인터넷한겨레, 2006.4.4.)

11 전필수, 「문형렬 KBS PD, 추적60분 인터넷방영 강행(상보)」(머니투데이, 2006.4.4.)

12 진중권, 「섀튼은 특허를 노렸냐?」(진중권의 SBS 전망대 칼럼 '진중권의 창과 방패', 2006.4.5.)

13 임화섭, 김길원, 「황우석 '1번 배아줄기세포' 미국서 특허 등록(종합)」(연합뉴스, 2014.2.11.)

14 양영권, 「"KBS 추적60분 황우석 편 공개" 판결(상보)」(머니투데이, 2006.9.28.)

15 당시 KBS 앞 여의도 집회에 참여했던 시민 H 씨와의 인터뷰는 2015년 6월 16일 수원에서 이뤄졌다.

16 정연주, 「헬렌 켈러와 조선일보」(한겨레 정연주칼럼, 2000.8.17.)

제31부. 검찰조사 63일

1   2006년 2월 27일 12시경 서울 서초동 대검찰청사 정문 앞에서 1개월 넘게 피켓 시위를 벌이던 30여 명의 시민들을 현장취재했다.

2   이날 취재한 시민들 중 본인을 서울 개포동에서 온 40대 주부라고 소개한 닉네임 '오지랖' 시민의 말이었다.

3   이날 취재한 시민들 중 본인을 서울 강동구에서 온 49세 주부라고 소개한 유경숙 시민의 말이었다.

4   「黃박사 '검찰 氣 누른다' 木劍 몸에 지녀」(조선닷컴, 2006.5.12.)

5   황우석 박사와의 인터뷰는 2015년 1월 29일 서울 구로의 수암생명공학연구원에서 이뤄졌다.

6   박순표, 「황우석 교수·김선종 연구원 등 소환」(YTN, 2006.3.2.)

7   「줄기세포 논문조작 사건 수사결과」(서울중앙지방검찰청, 2006.5.12.), 32쪽.

8   박순표, 「황우석 교수·김선종 연구원 등 소환」(YTN, 2006.3.2.)

9   황우석 박사와의 인터뷰는 2015년 1월 29일 서울 구로의 수암생명공학연구원에

서 이뤄졌다.

10 「줄기세포 논문조작 사건 수사결과」(서울중앙지방검찰청, 2006.5.12.), 32쪽.

11 「2006고합463 사건의 판결 요지」(서울중앙지방법원 제26 형사부, 2009.10.26.)

12 황우석 박사 관련 1심 공판(2009.3.30 서울중앙지법 417호)에서 증인으로 출석한 송병락 당시 신산업전략연구소장(전 서울대 부총장)에게 황우석 박사 측 변호인이 신문한 내용을 방청석에서 메모했다.

'13 김지성, 「['줄기세포' 수사 발표] 황우석 전교수 28억 횡령·사기」(한국아이닷컴, 2006.5.12.)

14 황우석 박사와의 인터뷰는 2015년 1월 29일 서울 구로의 수암생명공학연구원에서 이뤄졌다.

제32부. 어느 원로 과학자의 편지

1 한영구, 「Cornell대학교 명예교수-한영구 친구의 '황 교수 사건을 보는 시각'을 읽고」(서울대학교 총동창회 자유게시판, 2006.1.14.), 「서울대 동창회 게시판에서 한영구 님과 코넬대 신쌍재 교수」(블로그 '토방마루', 2006.05.06 09:51), http://blog.daum.net/atha-atha/2623200

2 코넬대 신쌍재 교수는 서울대 동창회 게시판에 올라온 '황우석 사건을 보는 시각'이라는 글을 보고 「한영구 친구의 '황 교수 사건을 보는 시각'을 읽고」라는 제목의 답글형식의 글을 2006년 1월 13일에 작성했고, 이를 한영구 동문이 서울대학교 총동창회 자유게시판에 2006년 1월 14일 게시했다.

3 한영구, 「Cornell대학교 명예교수 신쌍재 친구에게(답신)」(서울대학교 총동창회 자유게시판, 2006.3.25.) 작성자가 글을 올린 날짜는 3월 25일이지만, 작성한 날짜는 2006년 1월 14일로 나온다.

제33부. 9회 말 투아웃에 터진 진루타

1 피용익, 「(전문)서울대 조사위 기자회견문」(이데일리, 2006.1.10.)

2 김순배, 「체세포복제 가능성 담은 '추적60분' 방영 불가결정」(인터넷한겨레, 2006.4.4.)

3 「〈검찰수사결과 발표문 요약〉-1」(연합뉴스, 2006.5.12.)

4 「〈검찰수사결과 발표문 요약〉-1」(연합뉴스, 2006.5.12.)

5 「줄기세포 논문조작 사건 수사결과」(서울중앙지방검찰청, 2006.5.12.), 17~18쪽.

6 「줄기세포 논문조작 사건 수사결과」(서울중앙지방검찰청, 2006.5.12.), 14쪽.

7 「줄기세포 논문조작 사건 수사결과」(서울중앙지방검찰청, 2006.5.12.), 13쪽.

8 「줄기세포 논문조작 사건 수사결과」(서울중앙지방검찰청, 2006.5.12.), 21~22쪽, 120~121쪽.

9 「줄기세포 논문조작 사건 수사결과」(서울중앙지방검찰청, 2006.5.12.), 119~120쪽.

10 「줄기세포 논문조작 사건 수사결과」(서울중앙지방검찰청, 2006.5.12.), 32쪽.

11 황우석 박사 관련 첫 번째 공판(2006.6.20 서울중앙지법 417호)에서 재판부가 검사에게 질의한 내용을 복수의 방청인들에게 청취해 인용했다.

12 황우석 박사 관련 첫 번째 공판(2006.6.20 서울중앙지법 417호)에서 재판부의 질문에 검사가 답한 내용을 복수의 방청인들에게 청취해 인용했다.

13 「〈검찰수사결과 발표문 요약〉-1」(연합뉴스, 2006.5.12.)

14 지난 2007년 6월 필자는 제주도 가족여행을 가서 우연히 50대 중년으로 보이는 황우석 박사 지지자와 식사를 하게 되었는데 제주도와 서울을 오가며 지지운동을 했던 그로부터 들은 말을 메모했다.

15 「황우석 전 서울대 교수 "사기" 혐의는 무죄… 재판 진행 중」(YTN, 2009.10.26.)

제34부. 변호인

1 황우석 박사 관련 1심 공판(2007.3.20. 서울중앙지법 417호)에서 증인으로 출석한 문신용 서울대 의대 교수(2004년 〈사이언스〉 논문 공동교신저자)에 대한 검사 측 신문 내용을 방청석에서 메모했다.

2 황우석 박사 관련 1심 공판(2007.3.20. 서울중앙지법 417호)에서 증인으로 출석한 문신용 서울대 의대 교수(2004년 〈사이언스〉 논문 공동교신저자)의 법정진술 내용을 방청석에서 메모했다.

3 황우석 박사 관련 1심 공판(2007.3.20. 서울중앙지법 417호)에서 증인으로 출석한 문신용 서울대 의대 교수(2004년 〈사이언스〉 논문 공동교신저자)에 대한 검사 측 신문 내용을 방청석에서 메모했다.

4 황우석 박사 관련 1심 공판(2007.3.20. 서울중앙지법 417호)에서 증인으로 출석한 문신용 서울대 의대 교수(2004년 〈사이언스〉 논문 공동교신저자)의 법정진술 내용을 방청석에서 메모했다.

5 황우석 박사 관련 1심 공판(2007.3.20. 서울중앙지법 417호)에서 증인으로 출석한 문신용 서울대 의대 교수(2004년 〈사이언스〉 논문 공동교신저자)에 대한 황우석 박사 측 변호인의 신문 내용을 방청석에서 메모했다.

6 황우석 박사 관련 1심 공판(2007.3.20. 서울중앙지법 417호)에서 증인으로 출석한 문신용 서울대 의대 교수(2004년 〈사이언스〉 논문 공동교신저자)의 변호인 신문에 대한 법정진술 내용을 방청석에서 메모했다.

7 황우석 박사 관련 1심 공판(2007.3.20. 서울중앙지법 417호)에서 증인으로 출석한 문신용 서울대 의대 교수(2004년 〈사이언스〉 논문 공동교신저자)에 대한 황우석 박사 측 변호인의 신문 내용을 방청석에서 메모했다.

8 황우석 박사 관련 1심 공판(2007.6.5. 서울중앙지법 417호)에서 증인으로 출석한 이 아무개 연구원(전직 서울대 황우석팀 연구원)에 대한 검사 측 신문 내용을 방청석에서 메모했다.

9 황우석 박사 관련 1심 공판(2007.6.5 서울중앙지법 417호)에서 증인으로 출석한 이 아무개 연구원(전직 서울대 황우석팀 연구원)에 대한 황우석 박사 측 변호인 신문 내용을 방청석에서 메모했다.

10 황우석 박사 관련 1심 공판(2007.6.5. 서울중앙지법 417호)에서 증인으로 출석한 이 아무개 연구원(전직 서울대 황우석팀 연구원)에 대한 검사 측 신문 내용을 방청석에서 메모했다.

11 황우석 박사 관련 1심 공판(2007.6.5. 서울중앙지법 417호)에서 증인으로 출석한 이 아무개 연구원(전직 서울대 황우석팀 연구원)에 대한 황우석 박사 측 변호인 신문 내용을 방청석에서 메모했다.

12 황우석 박사 관련 1심 공판(2007.2.2. 서울중앙지법 417호)에서 증인으로 출석한 신형두 박사(생명공학자, SNP제네틱스 대표)에 대한 황우석 박사 측 변호인 신문 내용을 방청석에서 메모했다.

제35부. 몰락한 자의 비애

1 노광준, 『뉴스는 반만 믿어라』(진리탐구, 2007)

제36부. 몰락한 자의 해맑은 웃음

1 전준형, 「서울대 징계위, 황우석 교수 파면 결정」(YTN, 2006.3.20.)

2 Bo-Mi Lim, 「AP EXCLUSIVE: Disgraced South Korean scientist back in lab to restore his credibility」(The Associated Press, 2007.6.21.), AP통신의 김 수 박사 인터뷰 기사는 AP기자가 경기도 용인의 수암연구원을 방문취재하고 뉴욕의 과학기자가 해외 과학자들 반응을 취재하는 형식으로 보도되었으며 영문으로 작성된 기사의 해당 원문은 다음과 같다. "We also had to buy new equipment because we couldn't take any from the university lab -- not even those professor Hwang bought with his own money," said Kim, her eyes welling with tears occasionally as she recalled the hardships Hwang and other researchers have experienced since the scandal.

3 황우석 박사와의 인터뷰는 2015년 3월 26일 서울 구로의 수암생명공학연구원에서 이뤄졌다.

4 서울대 연구원 신분을 버리고 황 박사를 따라나와 수암생명공학연구원에서 개복제를 담당하고 있는 김정주 연구원과의 인터뷰는 2010년 11월 7일 경기도 용인의 수암생명공학연구원에서 이뤄졌다.

5 3명의 연구원 모두 황 박사를 따라나와 농기구 창고를 개조해 연구를 시작했는데 김정주 연구원은 개복제를, 정연익 연구원은 돼지 복제를, 그리고 정연우 박사는 전반적인 팀장 역할을 수행하고 있었으며 이들 모두 2010년 11월 7일 경기도 용인의 수암생명공학연구원에서 인터뷰를 했다.

제37부. 5억 원이 들어 있는 익명의 봉투

1 황우석 박사와의 인터뷰는 2015년 3월 26일 서울 구로의 수암생명공학연구원에서 이뤄졌다.

2   박종수, 『영웅을 삼켜버린 세치 혀(농부가 들려주는 황우석 이야기)』 (큐리넷,
     2009), 252~254쪽.

제38부. 별이 빛나는 밤에

1   임화섭, 「〈드러나는 '황우석 연구실' 실상〉」 (연합뉴스, 2006.1.16.)
2   서울대 연구원 신분을 버리고 황 박사를 따라나와 수암생명공학연구원에서 돼지
     복제를 담당하고 있는 정연익 연구원과의 인터뷰는 2010년 11월 7일 경기도 용인
     의 수암생명공학연구원에서 이뤄졌다.
3   김정주 연구원과의 인터뷰는 2010년 11월7일 경기도 용인의 수암생명공학연구원
     에서 이뤄졌다.
4   서울대 연구원 신분을 버리고 황 박사를 따라나와 수암생명공학연구원에서 돼지
     줄기세포 연구를 담당하고 있던 김현숙 연구원과의 인터뷰(2010년 11월 7일)에
     서 나온 내용이다.
5   왕정식 기자와의 인터뷰는 2008년 7월 경인일보 기자실에서 이뤄졌다.
6   정연우 연구원과의 인터뷰는 2010년 11월 7일 경기도 용인의 수암생명공학연구
     원에서 이뤄졌다.
7   김현숙 연구원과의 인터뷰는 2010년 11월 7일 경기도 용인의 수암생명공학연구
     원에서 이뤄졌다.
8   김정주 연구원과의 인터뷰는 2010년 11월 7일 경기도 용인의 수암생명공학연구
     원에서 이뤄졌다.
9   황우석 박사와의 인터뷰는 2015년 3월 26일 서울 구로의 수암생명공학연구원에
     서 이뤄졌다.

제39부. 늑대인간

1   김진두, 「세계 최초 복제개 탄생」 (YTN, 2005.8.4.)
2   김진두, 「세계 최초 복제개 탄생」 (YTN, 2005.8.4.)
3   황우석 박사와의 인터뷰는 2015년 4월 25일 서울 구로의 수암생명공학연구원에
     서 이뤄졌다.
4   김상우, 「"늑대 2마리 복제"…줄기세포 진위에 별 영향 없어」 (YTN, 2006.1.12.)
5   「서울대 수의대 동물복제 연구팀 늑대복제 성공 - 개난자를 이용한 늑대복제 최초
     보고, 서울대공원 전시」 (서울대학교 연구처 보도자료, 2007.3.26.)
6   「'황우석 불명예' 씻어낸 늑대복제 성공」 (서울신문 사설, 2007.3.27.)
7   임소형, 박근태, 「스너피-암캐 이어 늑대… 동물복제 하면 "이병천"」 (동아일보 온
     라인, 2007.3.27.)
8   이문영, 「복제늑대로 화려한 부활」 (서울신문 온라인, 2007.3.27.)
9   김재형, 「서울대 수의대, "제3의 동물복제 실험 성과"」 (YTN, 2007.1.22.)
10   강성웅, 「"늑대복제는 맞지만 오류 많았다"」 (YTN, 2007.4.27.)

제40부. 반려견 '미씨'의 환생

1 영문판 위키피디아 백과사전(https://en.wikipedia.org/)의 'Missyplicity' 검색을 통해 전반적인 과정을 살펴볼 수 있었다.

2 Rick Weiss, 「S. Korean Researchers Create World's First Cloned Dog Snuppy」(Washington Post, 2005.8.3.) 기사원문 : "Dogs are really good models for biomedical research," said Mark Westhusin, a researcher at Texas A&M University who a few years ago abandoned a costly effort to be the first to clone a canine.(중략) Westhusin said. "It's an incredible logistical nightmare. You must have access to hundreds and hundreds of dogs. We were never able to handle that many dogs at one time.

3 황우석 박사와의 인터뷰는 2015년 3월 26일 서울 구로의 수암생명공학연구원에서 이뤄졌다.

4 정연우 연구원과의 인터뷰는 2010년 11월 7일 경기도 용인의 수암생명공학연구원에서 이뤄졌다.

5 J.Barron, 「Biotech Company to Auction Chances to Clone a Dog」(NEW YORK TIMES, 2008.5.21.)

6 「Florida couple clones beloved dog for $155,000」(CNN.com, 2009.1.29.)

7 「Sir Lancelot Reborn-Florida couple welcomes home cloned puppy」(FoxNews.com, 2009.1.30.)

8 Debbye Turner Bell, 「9/11 Rescue Dog Cloned」(CBS News.com, 2009.6.17.)

제41부. 솔로몬의 해법

1 김진두, 「알앤엘바이오, 수암연구원에 지적재산권 침해소송」(YTN, 2008.9.3.)

2 정태일, 「"개복제 지적 재산권 침해" 황우석 박사 5천만 원 피소」(헤럴드경제, 2008.9.2.)

3 김진두, 「알앤엘바이오, 수암연구원에 지적재산권 침해소송」(YTN, 2008.9.3.)

4 「특허 등록 제733012호 발명 '복제된 개과 동물 및 이의 생산방법'의 권리범위확인(소극적)」(특허심판원 제7부 심결, 2009.5.29.)

5 「특허권침해금지등 사건에 대한 검증조서」(서울중앙지방법원, 기일 2009.6.11. 08:30), 법원 검증조서에 따르면 재연실험을 통한 검증목적은 이 사건의 쟁점인 '다른 전압조건으로 핵이식란의 전기 융합을 수행하는지 여부 및 그 융합율을 확인함'에 있으며 2009년 6월 11일 오전 8시 30분부터 오후 1시까지 경기도 용인시 처인구 원삼면 사암리 소재 수암생명공학연구소에서 이뤄졌다.

6 「특허권침해금지등 사건에 대한 검증조서」(서울중앙지방법원, 기일 2009.6.11. 08:30)

7 정연우 연구원과의 인터뷰는 2010년 11월 7일 경기도 용인의 수암생명공학연구원에서 이뤄졌다.

8 「특허 등록 제733012호 발명 '복제된 개과 동물 및 이의 생산방법'의 권리범위확인(소극적)」(특허심판원 제7부 심결, 2009.5.29.), 「특허권침해금지등 사건에 대한 검증조서」(서울중앙지방법원, 기일 2009.6.11. 08:30)

9 「특허권침해금지등 사건에 대한 검증조서」(서울중앙지방법원, 기일 2009.6.11. 08:30)

10 「개복제특허 소송 황우석 씨 승소」(매일경제, 2009.9.18.)

제42부. 소년의 죽음

1 소년의 아버지 김제언 목사와의 현장 인터뷰는 2015년 2월 11일 오전 김제언 목사님의 교회 사무실에서 이뤄졌다.

2 김세호, 「황우석 체세포복제배아연구 승인 불허」(YTN, 2008.8.1.)

3 소년의 아버지 김제언 목사와의 현장 인터뷰는 2015년 2월 11일 오전 김제언 목사님의 교회 사무실에서 이뤄졌다.

4 황우석 박사와의 인터뷰는 2015년 3월26일 서울 구로의 수암생명공학연구원에서 이뤄졌다.

5 소년의 아버지 김제언 목사와의 인터뷰는 모두 세 번에 걸쳐 이뤄졌는데 2007년 1월경의 전화통화, 2014년 2월 9일 특집방송용 인터뷰, 그리고 2015년 2월 11일 심층인터뷰로, 이 대목에 인용된 내용은 그중 두 번째 인터뷰로, 2014년 2월 9일 오후 김제언 목사님의 교회 사무실에서 이뤄졌다.

6 강원용, 「[특별기고/강원용] 난치병 치유도 '생명윤리'다」(동아일보, 2005.12.1)

제43부. 리비아에서 온 특사

1 황우석 박사와의 인터뷰는 2015년 4월 25일 서울 구로의 수암생명공학연구원에서 이뤄졌다.

2 영국 BBC 뉴스 온라인 기사인 「The Gaddafi family tree」(2011.10.20.)에 따르면 무아타심 카다피의 영문명은 'Mutassim Gaddafi'이며 리비아 최고지도자였던 무아마르 카다피와 두 번째 부인인 'Safia al-Gaddafi' 사이에서 태어났고, 카다피의 직계자손 9남매 중 넷째이다. 그는 리비아 국가안보보좌관 겸 리비아 군 수뇌부로 아버지 무아마르 카다피를 실질적으로 보좌하던 이너써클의 멤버로 분류된다. (기사원문 : As national security advisor and a lieutenant colonel in the Libyan army, Mutassim was a member of his father's inner circle.)

3 손성태, 「[뉴스카페] 황우석 박사가 리비아 간 이유」(한국경제, 2011.2.27.), 김명룡, 「황우석 박사 재기 노린 '리비아 프로젝트' 무엇?」(머니투데이, 2011.2.28.), 민태원, 「1,500억 연구계약·카다피 줄기세포 치료?… 황우석 리비아 행보 아리송」(국민일보 온라인, 2011.2.28.)

4 Kim Tae-gyu, 「Disgraced scientist was set to sign 30 billion euro deal with Libya」(THE KOREA TIMES, 2011.3.1.)

제44부. 21세기의 종교재판

1   2007년 5월경 필자가 목회자 출신 시민운동가와 대화 중 우연히 들은 말로, 그는 내게 '명문대 출신의 강사가 황우석 박사 연구에 대해 그렇게 말하는 순회특강을 하고 있다.'라는 말을 했다.

2   2008년 4월경 모 공공기관에서 개최한 특강에서 가톨릭 계열 생명윤리학자가 한 말로 당시 강연을 듣고 난 공직자가 내게 '황 박사의 개종이 사실이냐?'라며 사실 확인을 요청해와 이 같은 특강내용을 알게 되었다. 이후 나는 여러 명의 가톨릭 신자로부터 비슷한 취지의 말을 듣게 되었다.

3   김병종, 황우석, 최재천, 『나의 생명이야기』 (효형출판, 2004), 51~52쪽.

4   황우석 박사와의 인터뷰는 2015년 4월 25일 서울 구로의 수암생명공학연구원에서 이뤄졌다.

5   척수 공동증이라는 난치병을 15년째 앓고 있는 전직 출판업체 경영자(닉네임 '다 주거서')가 인터넷 카페인 '아이러브황우석'에 2015년 12월 16일 20시 22분에 올린 글의 일부분이다.

6   척수 공동증이라는 난치병을 15년째 앓고 있는 전직 출판업체 경영자(닉네임 '다 주거서')가 인터넷 카페인 '아이러브황우석'에 2015년 12월 16일에 20시 22분 올린 '척수 공동증'이라는 제목의 글이다.

7   양태삼, 「천주교계 "줄기세포 연구 반대"(종합)」 (연합뉴스, 2009.4.29.)

8   어느 치과의사의 SNS 글은 2015년 12월 10일 오후 12시 35분에 필자의 SNS에 올라왔다.

9   포털사이트 '네이버'가 제공하는 '네이버캐스트'의 인물세계사 '에드워드 제너' 편을 참고했다.

10 헬 헬먼이 쓰고 이 충이 번역한 단행본 『의사들의 전쟁』(바다출판사, 2003)을 참고했다.

11 위키백과에 따르면 로버트 에드워즈 경(영어: Sir Robert Edwards, CBE, 1925년 9월 27일~2013년 4월 10일)은 영국의 생리학자로 1978년 세계 최초로 시험관 아기를 탄생시켰고 이 공로로 2010년 10월 노벨상 위원회는 로버트 에드워즈를 노벨 생리학·의학상의 수상자로 선정했으며, 같은 해 12월 10일에 시상식이 열렸다.

12 위키백과에 따르면 돌리(Dolly, 1996년 7월 5일 - 2003년 2월 14일)는 세계 최초로 체세포복제를 통해 태어난 포유류이다.

13 최초의 인간 수정란 배아줄기세포 성과는 미국 위스콘신대학의 제임스 톰슨에 의해 이뤄졌으며 그의 논문은 1998년 11월 6일 〈사이언스〉에 게재되었다. James A. Thomson et al., 「Embryonic Stem Cell Lines Derived from Human Blastocysts」 (Science 6 November 1998: Vol. 282 no. 5391), pp. 1145-1147.

14 NT-1 줄기세포주란 황우석 박사 등이 서울대 재직시절인 2003년 4월 세계 최초로 체세포복제 방식으로 배아를 만든 후, 이를 줄기세포주로 배양한 것으로, 당시 〈사이언스〉에 논문을 발표하여 세계적인 주목을 받았으나, 2006년 1월 서울대 조사위원회가 단성생식 가능성 및 논문 사진의 일부 조작문제 등을 제

기하여 관련 논문이 자진철회된 줄기세포주이다. 서울대의 특허관리기구인 서울대 산학재단은 서울대조사위원회의 위와 같은 문제제기나 연구팀을 비난하던 당시의 사회 분위기에도 불구하고, 국익적 차원에서 위 NT-1 줄기세포주 자체의 발명적 가치와 지적재산권 확보의 필요성에 집중하여 국제특허 취득의 가능성을 연구, 검토한 끝에 2006년 6월 미국, 캐나다 등 세계 20여 개 국가에 NT-1 줄기세포주가 체세포복제배아 유래의 줄기세포주라는 취지의 특허를 출원하는 독자적인 결정을 하였다. 이후, 2008년 5월경 NT-1 줄기세포주는 호주특허청으로부터 특허허여 결정 통보를 받고 그에 따른 이의신청 기간도 종료하는 등 사실상 특허절차가 마무리되는 과정에 있었는데, 관련 분야 전문지식이 제한적이었던 서울대 산학재단은 아쉽게도 호주특허청의 추가자료 요구에 대한 적절한 대응을 하지 못하였고, 결국 NT-1 줄기세포주에 대한 호주특허청의 특허허여결정은 번복되기에 이르렀다. 위와 같이 NT-1 줄기세포주에 대한 국제특허의 후속절차 유지 및 심사 대응에 한계를 느낀 서울대 산학재단은 서울대 당국의 승인을 받아 2009년 1월 12일 NT-1 특허의 출원권을 발명자인 황우석 박사가 대표로 있는 ㈜에이치바이온에게 1억 4천여만 원에 양도하였고, 그 이후로는 황우석 연구팀이 특허절차를 진행하였다. 이후 황박사는 캐나다, 유럽연합, 뉴질랜드 등의 특허 심사과정에 적극적으로 대응하여 2011년 7월 26일 캐나다 특허청으로부터 NT-1 줄기세포주 자체(물질특허)와 그 제조방법(방법특허)에 관한 특허가 등록되었다.(특허번호 : 2,551,266호) 또한 윤리적 심사기준에 의해 원래 인간줄기세포에 대한 특허를 불허하는 유럽연합(특허번호 : 1711599호)과 뉴질랜드(특허번호 : 583003호)는 줄기세포 배양액 특허를 황우석 박사에게 허여·등록하였다. 미국 상표특허청은 2014년 2월 11일 물질특허·방법특허 등록을 결정했다. (특허번호 : 8647872)

제45부. 목숨을 건 탈출

1 리비아 탈출정황은 황우석 박사와의 인터뷰(2015년 12월 13일 서울 구로의 수암생명공학연구원)를 중심으로 관련 보도와의 비교를 통해 재구성되었다.

2 김흥태·고응석·강종구, 「'분노의 금요일'… 민주화시위 중동 뒤덮어(종합)」(연합뉴스, 2011.2.19.)

3 송지영, 「탈출 행렬 속 황우석… 리비아에 왜」(중앙일보 온라인, 2011.2.26.), 박방주·송지영, 「탈출 교민행렬에 섞여… 돌아온 황우석」(중앙일보 온라인, 2011.2.28.)

4 송지영, 「탈출 행렬 속 황우석… 리비아에 왜」(중앙일보 온라인, 2011.2.26.)

5 「카다피 넷째 아들 무타심도 사망」(AFP 통신기사 인용 머니투데이, 2011.10.20.), 「Muammar Gaddafi: How he died」(BBC News online, 2011.10.20.), 「The Gaddafi family tree」(BBC News online, 2011.10.20.)에 따르면 무아타심 카다피(Mutassim Gaddafi)는 리비아 국가 최고지도자인 무아마르 카다피가 10월 20일 최후를 맞을 당시 함께 최후를 맞았던 두 명의 아들 중 한 명이다. 그의 것으로 추정되는 시신이 리비아 TV에 방영되었다.

6   Steve Chao, 「South Korea Cloning-Disgraced Scientist Clones Coyote」 (Al Jazeera, 2011.10.18)

제46부. 최후의 진술

1   검찰은 2009년 8월 24일 1심 결심공판을 통해 황우석 피고인에게 특정경제가중 처벌법상 사기 및 횡령, 생명윤리 위반으로 '징역 4년형'에 처해달라고 재판부에 요청했다.

2   시골피디, 「황우석 박사 법정최후진술 전문」 (다음블로그 시골피디저널리즘, 2009.8.24. 20:51), 황우석 박사는 사전에 준비된 원고 없이 1심 최후진술을 약 15분에 걸쳐 말했고, 모든 내용은 방청석에 있던 내가 손으로 메모해 방송국에 돌아와 타이핑한 것들이다. 취재 당일 저녁에 올린 블로그 포스팅 내용은 다음 블로그 '시골피디저널리즘'의 http://blog.daum.net/pd-diary/17201822 참조.

제47부. 경기도지사의 결단 "실패도 받아들일 것이다."

1   김광호, 「〈경기도-황우석 공동연구 '적절성' 논란〉(종합)」 (연합뉴스, 2009.8.26.)

2   경기도와 황우석팀 수암생명공학연구원과의 '형질전환 및 체세포 핵이식 기법을 이용한 복제돼지 생산·연구를 위한 공동연구 협약식'은 2009년 8월 26일 오전 경기도청 상황실에서 진행됐고 협약식 직후 즉석에서 이뤄진 기자회견에서 오간 질문과 당시 도지사(김문수)의 답변 내용을 정리했다.

3   김광호, 「〈경기도-황우석 공동연구 '적절성' 논란〉(종합)」 (연합뉴스, 2009.8.26.) 홍용덕, 「경기도, 황우석 지원 '적절성' 논란 가열」 (인터넷한겨레, 2009.8.26.), 박슬기, 「'징역형' 황우석 박사, 공개석상 나서… "시간을 달라"」 (노컷뉴스, 2009.8.26.), 김갑수, 「김문수 지사, 경기도민으로서 부끄럽습니다」 (오마이뉴스, 2009.9.13.)

4   김효진, 「줄 이은 탄원… '황우석' 선고 D-1」 (아시아경제, 2009.10.25.)

5   2009년 10월 26일 1심 판결이 이뤄지던 서울 서초동 서울중앙지법 417호 대법정에서 필자가 메모한 내용으로 「2006고합463 사건의 판결 요지」 (서울중앙지방법원 제26형사부, 2009.10.26.)를 참조했다.

6   2009년 10월 26일 1심 판결이 이뤄지던 서울 서초동 서울중앙지법 417호 대법정에서 필자가 메모한 내용으로 「2006고합463 사건의 판결 요지」 (서울중앙지방법원 제26형사부, 2009.10.26.)를 참조했다.

7   「2006고합463 사건의 판결 요지」 (서울중앙지방법원 제26형사부, 2009.10.26.)

8   이혜온, 「논문조작 황우석 교수, 1심 유죄 선고」 (MBC 뉴스데스크, 2009.10.26.), 구경하, 「황우석 전 교수 유죄…징역 2년·집유 3년」 (KBS 뉴스 9, 2009.10.26.), 「논문조작, 횡령 유죄」 (SBS 8뉴스 메인자막, 2009.10.26.)

9   정연우 연구원과의 인터뷰는 2010년 11월 7일 경기도 용인의 수암생명공학연구원에서 이뤄졌다.

10   이귀전, 「축산업, 생명공학과 접목… 고부가가치 만든다」 (세계일보 A15면, 2015.8.18.)

11 「당뇨질환모델 복제돼지 연구성과에 대한 경기도 부지사 보고 자료」 (2010.11.16.)

12 경기도청 고위 공직자와의 인터뷰는 2010년 11월 16일 오후 2시 경기도청에서
　　이뤄졌다.

제48부. 줄기세포의 봄

1   President Barack Obama, 「Remarks of the President-As Prepared for
    Delivery-Signing of Stem Cell Executive Order and Scientific Integrity
    Presidential Memorandum」 (The White House online, 2009.3.9.)

2   Shinya Yamanaka, 「Message from the Director」 (교토대학 iPS 세포연구소 CiRA
    booklet, 2010.4) 교토대학의 iPS 세포연구소를 소개하는 Booklet에서 야마나카 신야
    교수(2012 노벨생리의학상 수상자)의 소장 인사말을 보면 다음 구절이 나온다. : It is
    widely believed that iPS cell technology shows great potential for uses in therapies
    and other medical applications. As they can be differentiated into a very wide
    range of functional cell types, they may find applications in providing pure test-
    bed cell populations for use in drug compound screening and toxicology studies.
    Similarly, the derivation of patient-specific iPS cells may contribute to the study of
    pathogenesis and the development of next-generation therapeutics as well. 2007년
    일본 교토대 야마나카 신야팀의 성과가 발표된 뒤 일본 정부는 문부과학성, 경제산업
    청, 후생노동성 등 3개 부처가 적극 지원에 나서 법적 제도적 지원을 아끼지 않고 있다.
    구체적으로 살펴보면 후쿠다 요시오 수상은 iPS 세포를 수립했다는 뉴스가 전해진 지
    일주일 만에 내각대신들에게 iPS 세포에 대한 체계적인 지원을 강력히 촉구했다. 그 자
    신이 과학기술정책위원회(CSTP) 의장이기도 했다. 그러자 한 달 뒤 문부성 장관인 키
    사부로 도카이는 일본의 iPS지원정책을 공식 발표했다. 2008년, 문부과학성은 이 분야
    연구지원에 30억 엔과 15억 엔의 추경예산을 편성했고, 2009년, 문부과학성은 45억 엔
    과 100억 엔의 보조예산을 편성했고, 후생노동성 등 2개 부처예산이 15억 엔 가량 추
    가로 편성되었다. 이와 별도로 일본 내각은 2009년부터 30명의 월드리딩 연구자에게
    5년간 20억~50억 엔의 연구비를 지원하기 시작했다. 그중 한 명인 교토대 야마나카 신
    야 연구팀은 50억 엔(670억 원)의 연구지원을 받았다. 2010년 2월에 신축, 완공된 교토
    대 iPS 세포 연구응용센터는 1만 2천m^2 부지에 지상 5층으로 동물실험실까지 완비했다.
    일본 전역에서 5~6개 주요 거점연구그룹이 정부지원 하에 iPS 연구를 하고 있고, 교토
    대 한 곳에서만 9명의 전임교수와 124명의 연구인력이 이 연구를 하고 있다.

3   Radha Chitale, 「Custom stem cells around the corner」 (abc News online,
    2008.8.1.)

4   Walter F. Roche Jr., 「Pitt researcher again pursues cloning patent」 (Pittsburgh
    Tribune-Review online, 2009.4.4.)

5   전직 국회의원(보건복지위원회 소속)과의 대화는 2015년 5월 7일 오후에 이뤄졌다.

6   황우석 박사의 항소심 최후진술은 2010년 10월28일(목) 오후 2시 서울 서초동에
    위치한 서울고등법원 303호 법정에서 이뤄졌고 필자는 방청석에서 메모했다.

제49부. 그래도 줄기세포는 있다

1   Kitae Kim, George Q. Daley. et al.,「Recombination Signatures Distinguish Embryonic Stem Cells Derived by Parthenogenesis and Somatic Cell Nuclear Transfer」(Cell Stem Cell, Short article, 2007.9.13), Volume 1, Issue 3, pp.346-352. (한편 이 논문의 온라인 게재는 2007년 7월경 이뤄졌고 직후 관련 보도가 이어졌다.)

2   황우석 박사 관련 1심 공판(2007.8.28. 서울중앙지법 417호)에 검찰 측 증인으로 출석한 김선종 연구원에게 검사가 신문한 내용을 방청석에서 메모한 내용이다.

3   서울대 Y 교수와의 인터뷰는 하버드 의대 조지 데일리 교수 등의 셀스템셀지 논문이 온라인에 게재된 2007년 7월경 전화를 통해 이뤄졌다.

4   황우석 박사 관련 1심 공판(2007.8.28 서울중앙지법 417호)에 검찰 측 증인으로 출석한 김선종 연구원에게 황우석 박사가 재판부의 허락을 받아 질문한 내용을 방청석에서 메모한 내용이다.

5   임소형,「황우석 배아줄기세포, 호주특허 등록될 듯」(동아일보 1면, 2008.9.22.), 노원명,「한국서 퇴짜 황우석 줄기세포, 호주는 인정」(매일경제 온라인, 2008.9.22.)

6   이경욱,「濠특허청 "황우석 박사팀 특허출원 아직 심사 중"」(연합뉴스, 2008.9.24.),「IP Australia statement on patent application AU 2004309300 relating to a human embryonic stem cell line」, (IP Australia, 2008.9.24)

7   특허청 생명공학심사과 관계자와의 인터뷰는 실무급 1명, 책임자급 1명 모두 2명으로 2008년 9월 25일 전화 인터뷰를 통해 이뤄졌다.

8   김순응 황우석 박사 측 특허변리사와의 인터뷰는 2010년 11월7일 경기도 용인의 수암생명공학연구소에서 이뤄졌다.

9   David Cyranoski,「Hwang work granted patent」(Nature News 455, 2008.10.1.), doi: 10.1038/455571a, News, pp 571-571.

10 Simon Grose,「Australian agency proceeds cautiously with Hwang patent」(Nature Medicine 14, 1300 (2008) doi:10.1038/nm1208-1300a

11 Simon Grose,「Australian agency proceeds cautiously with Hwang patent」(Nature Medicine 14, 1300 (2008) doi:10.1038/nm1208-1300a.

12 황우석 박사와의 인터뷰는 2008년 11월경 경기도 용인시 수암생명공학연구소에서 이뤄졌다.

제50부. 120일간의 '관악산대첩'

1   「서울대, 황우석 줄기세포 해외 특허출원 포기」(YTN, 2008.12.30.)

2   장하나,「서울대, 황우석 해외특허출원 '포기'(종합)」(연합뉴스, 2008.12.30.)

3   필자가 2009년 1월12일 서울대학교 정문 앞 천막농성 현장을 취재할 때 서울대 입구 앞에 게시되어 있던 플래카드들의 문구다.

4   당시 120일간 서울대 천막농성을 계속한 '폭포수'라는 닉네임의 50대 발명가와의 인

터뷰는 모두 2회에 걸쳐 이뤄졌는데, 2009년 1월 12일 오후에는 서울대 산학재단 앞 천막 안에서, 그리고 2015년 6월 16일 오후에는 경기방송 사무실 내에서 진행되었다.

5 2009년 1월 12일 오후 5시 서울대학교 정문 앞 천막농성 현장에서 닉네임 '현주'라는 50대 시민의 말을 메모했다.

6 장하나, 「서울대, '황우석특허' 에이치바이온에 넘겨」 (연합뉴스, 2009.1.12.)

제51부. "이것은 줄기세포 분야 원천특허입니다."

1 Eui-bae jeung. et al., 「Epigenetic signatures of somatic cell nuclear transfer-derived embryonic stem cells」 (International Journal of Molecular Medicine, 2011.8.11), pp. 697-704.

2 「Embryonic Stemcell Line and Method for Preparing the same」 (Office de la propriete intellectuelle du Canada, 2011.7.26.)

3 허문명, 「[단독] 황우석 '1번 줄기세포' 캐나다 특허 땄다」 (동아일보 A4면, 2011.9.28.)

4 김정윤, 「황우석 교수 "국민께 사죄"… 교수직 사퇴」 (SBS 8시뉴스, 2005.12.23.)

5 2009년 1월 12일 오후 5시 10분경 서울대학교 정문 천막농성 현장에서 김진웅 어르신의 발언을 메모했다.

6 「황우석, 줄기세포주 등록소송 "승소"」 (YTN, 2012.6.28.)

7 2012년 8월경, 필자가 보건복지부 앞에서 황우석 박사 연구재개 1인 시위를 이어가고 있는 닉네임 '캠'이라는 시민으로부터 들은 내용이다.

8 2012년 8월경, 필자가 보건복지부 앞에서 황우석 박사 연구재개 1인 시위를 이어가고 있는 닉네임 '캠'이라는 시민으로부터 들은 내용이다.

제52부. 코요테 어글리

1 대학생과의 대화는 2015년 12월 29일 점심시간 방송국에서 이뤄졌다.

2 김인유, 「황우석 박사 코요테복제성공… 경기도에 기증」 (연합뉴스, 2011.10.17.)

3 위키백과 '코요테', '개', '늑대' 검색 (https://ko.wikipedia.org/), 이후 미국의 스미소니언 박물관에서 운영하는 자연사 검색사이트인 'Smithsonian National Museum of National History'에서 사실 확인했다.

4 오철우·홍용덕, 「'멸종위기종 코요테복제' 꼬리 내린 황우석-경기도」 (인터넷한겨레, 2011.10.19.)

5 김인유, 「황우석 코요테복제… 또다시 검증논란?」 (연합뉴스, 2011.10.20.)

6 오철우·홍용덕, 「'멸종위기종 코요테복제' 꼬리 내린 황우석-경기도」 (인터넷한겨레, 2011.10.19.)

7 위키백과 '코요테', '늑대' 검색 (https://ko.wikipedia.org/), 이후 미국의 스미소니언 박물관에서 운영하는 자연사 검색사이트인 'Smithsonian National Museum of National History'에서 사실 확인했다.

8 김정수, 「복제늑대 스눌프·스눌피 17개월 만에 일반 공개」 (인터넷한겨레,

2007.3.27.), 오철우·홍용덕, 「'멸종위기종 코요테복제' 꼬리 내린 황우석-경기도」(인터넷한겨레, 2011.10.19.), 「서울대 수의대 "늑대 2마리 복제 성공"」(경향신문 온라인, 2007.3.26.), 경태영, 「"코요테는 멸종위기동물 맞나"… 황우석 박사 연구 홍보 논란」(경향신문온라인, 2011.10.19.)

9 황우석 박사는 2015년 1월 29일 인터뷰(서울 구로 수암생명공학연구소)에서 러 시아 연구팀이 객관적인 사실로 입증된 황우석팀의 개복제, 늑대복제, 코요테 복제 성과의 연장선상에서 매머드복제 연구를 제안하게 되었다고 필자에게 말 했다. 이는 지난 2012년 3월 황우석 연구팀과 러시아 북동연방대학의 공동연 구 협약 사실을 보도한 외신들의 기사내용에서도 비슷한 맥락을 확인할 수 있 다. Alan Boyle, 「Years after scandal, scientist leads campaign to resurrect mammoth」(NBC News online, 2012.3.14.), 「South Korean and Russian scientists bid to clone mammoth」(The Telegraph online, 2012.3.13.), Rebecca Boyle, 「Russian and Korean Researchers Will Inject Mammoth DNA Into Elephant Eggs, Resurrecting 10,000-Year-Old Beast」(Popular Science online, 2012.3.15.)

제53부. 매머드 원정대

1 리처드 스톤(김소정 역), 『매머드, 빙하기 거인의 부활』(지호, 2005), 29~30쪽.
2 추성남, 「[경기] 매머드와 함께 선사시대로 떠나요!」(MBN 뉴스 온라인, 2012.4.28.)
3 리처드 스톤(김소정 역), 『매머드, 빙하기 거인의 부활』(지호, 2005), 87쪽.
4 황우석 박사와의 인터뷰는 2015년 1월 29일 서울 구로의 수암생명공학연구소에 서 이뤄졌다.
5 Alan Boyle, 「Years after scandal, scientist leads campaign to resurrect mammoth」(NBC News online, 2012.3.14.)
6 이 사진이 첨부된 이메일이 도착한 날은 2012년 3월 13일이다.

제54부. 탱크 타고 매머드 무덤 속으로

1 수암생명공학연구소에서 제공한 시베리아 1차 원정 당시 사진으로 촬영시점은 2012년 8월 27일이며 황우석팀 연구원들과 러시아 북동연방대학 연구팀, 그리고 내셔널 지오그래픽 촬영팀과의 단체사진이다. 앞줄 가운데에 앉아있는 연구원이 황인성 팀장이다.
2 수암생명공학연구소에서 제공한 시베리아 1차 원정을 위한 사전답사 현장사진으 로 촬영시점은 2012년 5월 19일이다.

제55부. 시베리아 얼음동굴 탈출

1 Richard Gray, 「Will Siberia be home to the first cloned woolly mammoth?

Russian scientists set up new laboratory to resurrect extinct giants」(DailyMail online, 2015.9.2.)

2 　황인성 연구원과의 인터뷰는 2015년 1월 7일 경기도 수원의 경기방송에서 이뤄졌다.

3 　이하 황인성 연구원과의 인터뷰 내용이다.

4 　시베리아 얼음탐사 당시 사진(수암생명공학연구원소 제공)으로 무너져 내리는 얼음동굴을 빠져나온 황우석 박사와 황인성 연구원이 발굴된 매머드 샘플을 꺼내고 있다. 촬영 직후 약 10여 분이 지나 얼음동굴은 완전히 무너져 내렸다. (촬영시점은 2012년 9월 26일 저녁 7시경이다.)

제56부. 가지 않은 길

1 　황우석 박사와의 인터뷰(2015년 8월 4일 서울 구로 수암생명공학연구소)에서 필자가 던진 질문이다.

2 　David Cyranoski, 「Cloning comeback」(nature.com, 2014.1.14.)

3 　강양구, 「'백두산 호랑이'를 돼지 자궁? 한때 신화였던 황우석은…」(프레시안, 2013.9.27.)

4 　황우석 박사와의 인터뷰는 2015년 8월 4일 서울 구로 수암생명공학연구소에서 이뤄졌다.

5 　두산백과에 따르면 『가지 않은 길 (The road not taken)』은 현대 미국 시인 중 가장 순수한 고전적 시인으로 손꼽히는 로버트 프로스트의 시로, 소박한 전원의 정서를 인생의 문제로 승화시킨 서정시다.

6 　데이비드 김 연구원과의 인터뷰는 2015년 12월 13일 서울 구로 수암생명공학연구소에서 이뤄졌다.

7 　황우석 박사와의 인터뷰는 2015년 12월 13일 서울 구로 수암생명공학연구소에서 이뤄졌다.

8 　〈PD수첩〉 제보자 '닥터 K'가 가능성 제로라고 단언한 매머드복제에 도전하고 있는 연구팀은 황우석팀만 있는 것이 아니라는 사실이 하나둘씩 확인되고 있다. 2015년 4월, 미국 하버드대학 연구진은 북극에서 발견한 매머드의 DNA 14종을 현존하는 코끼리의 몸에 주입해 고대 매머드와 가장 유사한 종(種)을 부활시킬 예정이라고 밝혔다.
　매머드 유전자를 이식한 코끼리의 이름은 'Crispr'이다. 매머드 유전자가 현대의 코끼리 유전자와 어떻게 결합해 변화하는지를 연구하는 것이 고대 생물의 비밀을 밝히는 데 도움이 될 것으로 연구진은 보고 있다. (「매머드 유전자 코끼리 이식, 해외 연구진에 황우석 박사도 '관심↑'… '쥬라기공원' 눈앞에?」 동아닷컴, 2015.4.30. 참조)

제57부. "안현수가 누구죠?"

1 　「황우석 교수 연구의혹 관련 조사결과 보고서」(서울대학교 조사위원회,

2006.1.10.), 22쪽.

2 김태종, 「노성일 원장-황우석 전 교수 법정에서 만나」 (연합뉴스, 2007.1.30.)

3 대학홍보실 직원은 제보자가 '언론인터뷰는 일절 응하지 않는다.'라는 방침을 대학본부와 대학병원, 홍보실에 알려왔다며 인터뷰 거절의사를 전해왔고, 대신 자신이 '교수님, 특허 관련 이름을 왜 올리셨느냐는 질문이 쏟아지는데 어떻게 된 겁니까?'라고 묻자 제보자가 '제가 그 연구를 주도했고 특허서류를 직접 꾸민 당사자로서 중간에 이름을 뺄 수도 없는 구조였고….'라고 말했다며 2014년 2월 14일 늦은 오후에 휴대전화를 통해 경기방송 취재 MC에게 알려왔고, 필자는 4일 뒤인 2014년 2월 18일부터 방송된 경기방송 특집 5부작 「황우석의 진실, 어디까지 알고 계십니까?」에서 위 사실을 있는 그대로 다뤘다.

4 '중간에 이름을 뺄 수 없는 구조였다.'라는 제보자 측의 입장을 간접적으로 전달받은 취재진은 2014년 2월 14일 저녁 곧바로 사실확인을 위해 황우석 박사 측 특허 대리인인 김순응 변리사에게 전화를 걸었고 김 변리사는 중간에 이름을 빼달라고 요청하면 언제든 이름을 뺐고 그렇게 해서 이름을 뺀 사람도 있었지만, 제보자와 노성일 이사장은 한 번도 이름을 빼달라는 등의 명시적인 요구를 해온 적이 없었다고 답했다. 이 사실 역시 경기방송 특집 5부작 방송을 통해 공개된 바 있다.

5 이재명·손은민·오다인, 「10살 소년 살리고 싶었다-[나들의 초상] 첫 제보자 '닥터 K' 류영준」 (한겨레 나.들, 2014.3 제17호, 온라인 기사 등록 2014.3.4.)

6 「줄기세포 논문조작 사건 수사결과」 (서울중앙지방검찰청, 2006.5.12.), 48쪽.

7 김명룡, 「노성일 이사장 "황우석 NT-1 美 특허 의미 없다"」 (머니투데이, 2014.2.11.)

8 경기방송 취재 MC K는 특집 5부작 취재를 위해 2014년 2월 14일, 정명희 당시 서울대 조사위원장과 어렵게 통화할 수 있었으나 책 인용부분과 같이 거절당했다.

9 대법원2부(주심 이상훈 대법관)의 2014년 2월 27일 판결내용은 다음 기사 등을 참고했다. 장민성, 「[종합]'줄기세포 논문조작' 황우석 집유 확정」 (뉴시스, 2014.2.27.)

10 김규식·원호섭, 「황우석, 서울대교수 복직 사실상 무산」 (매일경제 A31면, 2014.2.27.)

11 허문명, 「[허문명 기자의 사람이야기] 황우석 박사 단독 인터뷰」 (동아일보 A32면, 2014.2.24, 기사 최종수정일 2014.8.13.)

제58부. 캘리포니아 드리밍

1 지난 2014년 9월에 개봉된 영화 〈제보자〉에서 황우석 박사를 연상시키는 이장환 교수(이경영 분)이 방송국으로 피디(박해일 분)를 찾아가 협박하는 장면이다.

2 「[특집] PD수첩은 왜 재검증을 요구했는가?」 (MBC 〈PD수첩〉, 2005.12.15.)

3 지난 2014년 9월에 개봉된 영화 〈제보자〉에서 피디들이 마을 어귀에 누워있는 복제개를 발견했을 때 개에 대해 마을주민과 나눈 대화 장면이다.

4 인기 웹툰 '닥터 프로스트'의 작가 이종범 씨가 2013년 9월 1일 경기방송 「라디오 특강」에 출연해 강의한 내용이다.

5 안은필, 「"영화 〈제보자〉, 10년 전 PD수첩 논리 그대로 따라 사실 왜곡"-노광준 피디
   "황우석 박사가 가짜 만든 사기꾼이면 PD수첩에 순순히 샘플 내줬겠나"」 (국민TV뉴
   스, 2014.11.11.) : 노 피디는 이날 국민라디오 '조상운의 뉴스바'와의 인터뷰에서 '가
   장 핵심적 사안인 가짜줄기세포 부분은 미즈메디 배양책임을 맡고 있던 김선종 연구
   원에 대한 업무방해 유죄가 확정됐다.'라며 '황우석 박사팀이 정상적 줄기세포를 만
   드는 업무를 하고 있는데 배양을 맡은 미즈메디 책임자가 가짜줄기세포를 섞어심고
   DNA 검증결과까지 조작하면서 정상적 연구를 자빠뜨렸다는 것'이라고 설명했다.
6 'The Mamas & Papas'가 부른 〈California Dreaming〉은 1966년에 발표되었으
   며 책에 인용된 해당 가사의 원문은 다음과 같다. : All the leaves are brown, And
   the sky is grey, I've been for a walk On a winter's day, I'd be safe and warm
   If I was in L.A. California dreaming On such a winter's day.

제59부. 제주도의 푸른 밤

1 전필수, 「[특징주]홈캐스트, 황우석 中 합작사 설립 조인식… ↑」 (아시아경제,
   2015.1.14.)
2 허문명·구자룡, 「황우석, 美-中과 생명공학 공동연구」 (동아일보 A1면,
   2015.2.9.)
3 David Cyranoski, 「Cloning comeback」 (nature.com, 2014.1.14.)
4 Dennis Normile, 「The Second Act」 (Science Journal Article, 2014.1.15.)
5 Dennis Normile, 「The Second Act」 (Science Journal Article, 2014.1.15.)
6 인터내셔널 뉴욕타임스 기사는 아래와 같다. Choe Sang-Hun, Andrew Pollack,
   「A scientist's quest for redemption」 (International New York Times page01,
   2014.2.22.~23), 「Discredited South Korean scientist seeks research
   comeback」(International New York Times page03, 2014.2.22.~23) : 기사는
   본문에서 미국 코네티컷 대학 복제전문가인 신디 티안의 황 박사에 대한 평가 '그
   는 몇 가지 실수를 범했지만, 무척 열심히 일하고 인내심이 강한 과학자이다. 누구
   에게나 두 번째 기회를 주는 걸 막아선 안 된다.'라는 말을 인용, 강조했다. 그리고
   미국에서 발행되는 뉴욕타임스 기사는 아래와 같다. Choe Sang-Hun, 「Scientist'
   s New Project: Rebuild After Disgrace」 (New York Times A4, 2014.3.1.) 황
   박사의 연구현장을 취재한 뉴욕타임스 기자는 황 박사의 연구장면을 담은 사진
   하단에 다음과 같은 설명을 붙였다: Hwang Woo-suk at his lab last month in
   Seoul, South Korea. Dr. Hwang, now focused on animal cloning, wants to
   return to research on human stem cells.
7 Andrew Pollack, 「Disgraced Scientist Granted U.S. Patent for Work Found
   to be Fraudulent」 (New York Times online, 2014.2.14.) 기사원문 : Despite
   all that, Dr. Hwang has just been awarded an American patent covering the
   disputed work, leaving some scientists dumbfounded and providing fodder
   to critics who say the Patent Office is too lax. "Shocked, that's all I can
   say," said Shoukhrat Mitalipov, a professor at Oregon Health and Science

University who appears to have actually accomplished what Dr. Hwang claims to have done. "I thought somebody was kidding, but I guess they were not."

8 허문명, 「"지난 과오 속죄하며 다국적팀 통해 난치병 치유 성과 내겠다"-[허문명 기자의 사람이야기]美中과 생명공학 합작회사 설립하는 황우석 박사」(동아일보 A28면, 2014.2.9.)

9 허문명, 「"지난 과오 속죄하며 다국적팀 통해 난치병 치유 성과 내겠다"-[허문명 기자의 사람이야기]美中과 생명공학 합작회사 설립하는 황우석 박사」(동아일보 A28면, 2014.2.9.)

10 David Cyranoski, Boer Deng, 「Stem-cell star lands in same venture as disgraced cloner」(nature.com, 2015.2.11.) : "I was very surprised to see all those zeroes," says Mitalipov. "We've only had one small meeting." According to Mitalipov, Hwang and Boyalife will build on a previous collaboration in animal husbandry, for agriculture and farm animals. If the talks progress, Mitalipov will work with Boyalife on non-human-primate modelling and clinical translation. He does not know how, if at all, the two efforts will fit together.

11 황우석 박사와의 전화 인터뷰는 〈네이처〉 기사가 전해진 직후인 2015년 2월 12일에 이뤄졌다.

12 황우석 박사와의 인터뷰는 2015년 3월 26일 서울 구로 수암생명공학연구소에서 이뤄졌다.

13 황우석 박사와의 인터뷰(2015년 12월 13일 서울 구로 수암생명공학연구소)이다.

14 한국의 록밴드 〈들국화〉의 멤버였던 '최성원'이 밴드가 해체된 이후 1988년 8월 개인 독집 앨범으로 발표한 곡으로 앨범제목도 〈제주도의 푸른 밤〉이다. 그는 실제로 제주도에서 귀농생활을 하는 것으로 전해진다.

제60부. 도전과 응전

1 시골피디, 「[대법판결속보] 황우석 최종승소. 줄기세포 등록거절은 부당함」(다음 블로그 '시골피디저널리즘', 2015.6.24.)

2 장덕수, 「대법 "황우석 1번 줄기세포 등록 허용해야"」(KBS online, 2015.6.24.), 한연희, 「황우석 '1번 줄기세포' 등록 허용… 연구 길 열려」(YTN, 2015.6.24.), 장민성, 「대법원 "황우석 줄기세포 등록 허용… 연구 목적 사용 가능"」(뉴시스, 2015.6.24.), 조동주·박민우, 「대법 '황우석 1번 줄기세포' 실체 인정」(동아일보 A16면, 2015.6.25.), 임장혁, 「황우석 줄기세포주 등록 허용해야」(중앙일보 온라인, 2015.6.24.), 나성원, 「황우석 '1번 배아줄기세포' 공식 인정」(국민일보 10면, 2015.6.25.), 조은정, 「황우석 박사 '1번 줄기세포' 정식 등록 확정」(노컷뉴스, 2015.6.24.), 이준혁, 「황우석 줄기세포 연구 11년 만에 길 열렸다」(한국경제 1면, 2015.6.25.)

3 이봉구 변호사와의 인터뷰는 2014년 1월 24일 서울 구로의 수암생명공학연구소에서 이뤄졌다.

4 보건복지부 산하 질병관리본부의 줄기세포 등록업무 담당자와의 전화 인터뷰는

경기방송 특집 5부작 취재 MC K 씨에 의해 2014년 2월 13일에 이뤄졌다.

5   황우석 박사와의 인터뷰는 2015년 8월 4일 서울 구로 수암생명공학연구소에서
    이뤄졌다.

6   구자룡, 「"손오공 머리카락 뽑아 자기복제, 소설 아닌 현실이 될 것"-황우석 박
    사와 생명공학 공동연구 中 보야라이프그룹 쉬샤오춘 회장」 (동아일보 A26면,
    2015.2.10.)

7   Josh Dean, 「[Features] For $100,000, You Can Clone Your Dog」 (Bloomberg
    Businessweek online, 2014.10.22.)

8   김영석, 「"국민 68.3%, 황우석 박사 국내서 줄기세포 연구 재개 긍정 평가"」 (국민일
    보 온라인, 2015.7.4.) : 이번 조사는 7월 2일 전국 19세 이상 성인 500명을 대상으로
    휴대전화(50%)와 유선전화(50%) 임의전화걸기(RDD) 자동응답 방식으로 진행했
    고, 행정자치부 주민등록 인구통계 기준 성, 연령, 권역별 인구비례에 따른 가중치 부
    여를 통해 통계 보정했다. 응답률은 5.1%, 표본오차는 95% 신뢰수준에서 ±4.4%p.

9   Elizabeth Shim, 「South Korean scientist at center of mammoth cell clone
    dispute」 (UPI online, 2015.7.15.)

10 조수영·조미현, 「여당 '황우석 사면' 논의…줄기세포 연구 탄력받나」 (한국경제
    6면, 2015.7.23.)

11 Tom Phillips, 「Largest animal cloning factory can save species, says Chinese
    founder」 (theguardian.com, 2015.11.24.)

12 황우석 박사와의 인터뷰는 2015년 12월 13일 서울 구로 수암생명공학연구소에서
    이뤄졌다.

13 지호일, 「대법원, "황우석 박사 서울대 파면은 정당"… 9년 다섯 차례 재판 끝에 확
    정」 (국민일보 온라인, 2015.12.23.)

14 김수진, 「'죽은 애완견 부활' 英커플에 성탄 선물… 황우석 연구원서 복제」 (연합
    뉴스, 2015.12.25.)

15 Diane Taylor, 「UK couple have dead dog cloned in South Korea」
    (theguardian.com, 2015.12.23.)

16 한국의 팟캐스트 방송 포털사이트인 「팟빵닷컴」 (podbbang.com)에서 방송 중인 「황
    우석 10년 취재 특별기획」 채널의 댓글란에 올라온 닉네임 'Hooneee' 님의 글이다.

17 한국의 팟캐스트 방송 포털사이트 「팟빵닷컴」 (podbbang.com)에서 방송 중인
    「황우석 10년 취재 특별기획」 채널의 댓글란에 올라온 닉네임 'Hooneee' 님의 글
    에 대한 필자의 답글(2015.12.28 07:52)이다.

STICK

이 책을 읽을
당신과 함께
하고 싶습니다!

사랑합니다, 스틱. 스틱은 당신을 응원합니다.
가까이 있는 당신을 생각합니다. 멀리 있는 그대를 그리워합니다. 가족을 사랑합니다.

뉴스레터 신청
stickbond@naver.com
모니터링요원 모집

이 책을 읽은
당신과 함께
하고 싶습니다!